文化和旅游部产业发展司委托编写

国际文化市场报告 2018

REPORT ON INTERNATIONAL CULTURAL MARKETS 2018

主　编 ◎ 李怀亮
副主编 ◎ 方　英

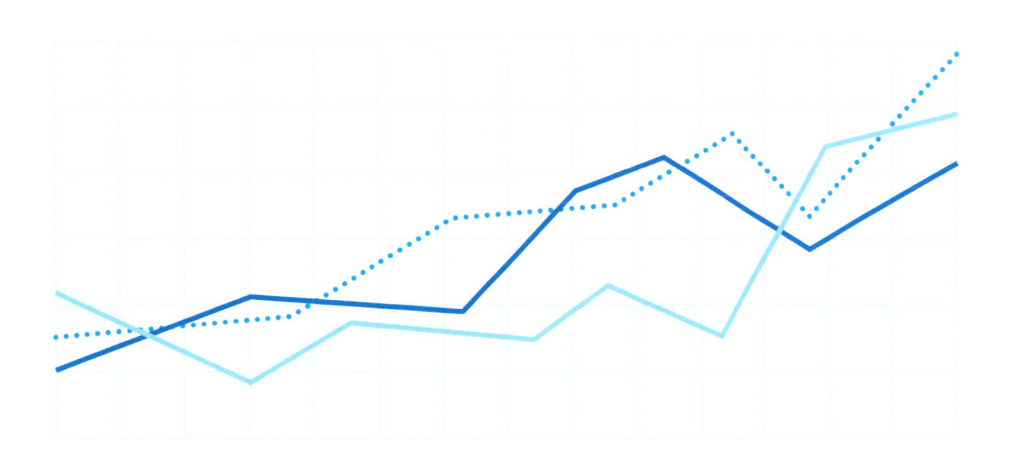

首都经济贸易大学出版社
Capital University of Economics and Business Press
·北京·

图书在版编目(CIP)数据

国际文化市场报告.2018/李怀亮,方英主编.--北京:首都经济贸易大学出版社,2019.9

ISBN 978-7-5638-2966-8

Ⅰ.①国… Ⅱ.①李… ②方… Ⅲ.①文化市场-研究报告—世界—2018 Ⅳ.①G114

中国版本图书馆 CIP 数据核字(2019)第 146403 号

国际文化市场报告 2018
主　编　李怀亮
副主编　方　英
Guoji Wenhua Shichang Baogao 2018

责任编辑	王玉荣　彭伽佳
封面设计	砚祥志远·激光照排　TEL:010-65976003
出版发行	首都经济贸易大学出版社
地　　址	北京市朝阳区红庙(邮编 100026)
电　　话	(010)65976483　65065761　65071505(传真)
网　　址	http://www.sjmcb.com
E-mail	publish@cueb.edu.cn
经　　销	全国新华书店
照　　排	北京砚祥志远激光照排技术有限公司
印　　刷	北京玺诚印务有限公司
开　　本	787 毫米×1092 毫米　1/16
字　　数	762 千字
印　　张	29.75
版　　次	2019 年 9 月第 1 版　2019 年 9 月第 1 次印刷
书　　号	ISBN 978-7-5638-2966-8/G·443
定　　价	188.00 元

图书印装若有质量问题,本社负责调换
版权所有　侵权必究

前 言 | PREFACE

在文化和旅游部产业发展司的具体指导下,在课题组各位同仁团结协作、共同努力下,《国际文化市场报告2018》就要面世了。从2012年开始,"国际文化市场研究"课题组就开始分行业、分国别对国际文化市场进行深入研究,已相继出版2部报告。在我们的团队中,方英教授专注于国际版权市场的宏观研究和"一带一路"文化贸易研究,佟雪娜教授专注于国际音乐市场研究,王娟副教授和曹宇博士专注于国际图书市场研究,魏婷副教授和葛欣航博士专注于国际动漫市场的研究,王锦慧副教授专注于国际电视市场的研究,虞海侠副教授专注于国际电影市场的研究,刘静忆博士专注于国际游戏市场的研究,薛华副教授专注于国际创意设计市场的研究,闫玉刚副教授和马明教授注重国际演出市场的研究,魏晓阳教授注重国际文化市场法律法规的研究,布赖恩·耶赛斯(Brian Yecies)教授注重东亚国家的国别研究。这些研究者通过国际组织、各国政府和行业协会官方网站的权威发布、行业报告、研究报告和上市公司年报获得了大量第一手资料,在此基础上大量研读相关国家和行业的学术论文,对各自所研究行业的市场特征和发展趋势作出深入的分析和准确的把握,形成深度的报告。随着研究的深入,他们已经成长为各个行业领域的专家。在研究过程中,这些年来课题组召开过多次以"国际文化市场"为主题的研讨会,与国内外专家学者、业界人士一起共同探讨国际文化市场的规律,找准中国文化走出去的市场机会。

根据中国商务部发布的数据,2018年,中国文化产品和服务进出口总额超过1 370亿美元。这个数字大约相当于30年前全球文化贸易的年度总额,是一个了不起的成绩。这说明中国文化产品已经走入了国际市场,中国文化产业已经和国际文化市场交织在一起。马克思在《共产党宣言》中说:"资产阶级,由于开拓了世界市场,使一切国家的生产和消费都成为世界性的了。过去那种地方的和民族的自给自足的闭关自守状态,被各民族的各方面的互相往来和各方面的互相依赖所代替了。物质的生产是如此,精神的生产也是如此。各民族的精神产品成了公共的财产。民族的片面性和局限性成为不可能,于是由许多种民族的和地方的文学形成了一种世界的文学。"文化的多样性让我们的世界显得缤纷绚丽、异彩纷呈。不同文化之间的沟通和交流消弭着各个民族固有的片面性。不同文化在彼此之间的交流过程中相互冲突、相互适应、相互学习、相互促进,从而弥补了彼此固有的不足,吸取了彼此的精华,共同促进了人类社会的进步。本书截稿的时候正值中美贸易战不断升级。但我们从文化和软实力的视角看,经过了全球化的洗礼,任何"逆全球化"的波澜都会是短暂的。为了使中国文化产品能够更好地走入国际市场,我们今后还将继续这方面的研究。前进的脚步不会停歇,本系列报告第四卷《国际文化和旅游市场报告》的研究工作已经启动,我们会不断完善,把该系列报告打造成国际文化和旅游市场研究方面的一个品牌。

李怀亮

中国传媒大学人文社科学部学部长、教授、博士生导师

中国新闻史学会传媒经济与管理学会副会长

国家对外文化贸易理论研究基地负责人

2018年12月

目 录 | CONTENTS

绪论 2018年全球文化市场趋势 / 1

1 全球文化贸易概况 / 18
    1.1 全球文化产品贸易概况 / 18
    1.2 全球文化服务贸易概况 / 30

2 国际图书出版市场 / 35
    2.1 国际图书出版市场发展现状 / 35
    2.2 国际图书出版市场国别比较 / 41
    2.3 中国图书出版产业"走出去" / 54
    2.4 中国图书出版"走出去"对策建议 / 64
    2.5 案例：俄罗斯电子书发行商 LitRes / 64

3 国际电影市场 / 67
    3.1 国际电影市场发展概况 / 67
    3.2 国际电影市场国别比较 / 72
    3.3 中国电影市场 / 87
    3.4 案例：万达电影国际化之路 / 90
    3.5 小结 / 95

4 国际游戏市场 / 97
    4.1 国际游戏市场发展状况 / 97
    4.2 国际主要游戏市场分析 / 112
    4.3 中国游戏产品"走出去" / 144
    4.4 中国游戏市场出口分析 / 156
    4.5 中国与"一带一路"沿线国家的游戏贸易 / 157
    4.6 促进中国与"一带一路"沿线国家游戏贸易合作的政策建议 / 164
    4.7 小结/ 165
    4.8 案例：《王者荣耀》国际化分析 / 167

5 国际音乐市场 / 175
- 5.1 国际音乐市场发展概况 / 175
- 5.2 国际主要音乐市场分析 / 187
- 5.3 中国音乐产业"走出去" / 204
- 5.4 案例：腾讯音乐与SPOTIFY互换股权的发展策略分析 / 212

6 国际动漫市场 / 219
- 6.1 国际动漫市场发展状况 / 219
- 6.2 美国动漫市场 / 222
- 6.3 日本动漫市场 / 226
- 6.4 韩国动漫市场 / 241
- 6.5 中国动漫产业市场 / 250

7 国际电视市场 / 267
- 7.1 国际电视市场发展概况 / 267
- 7.2 国际主要电视市场分析 / 287
- 7.3 中国电视节目"走出去" / 385
- 7.4 案例：Hulu的差异化发展策略分析 / 394

8 国际创意设计服务市场 / 401
- 8.1 国际创意设计服务市场发展概况 / 401
- 8.2 全球主要国家/地区创意设计服务产业发展状况 / 408
- 8.3 中国创意设计服务市场发展概况 / 418

9 中国与"一带一路"沿线国家文化贸易发展状况 / 433
- 9.1 促进中国与"一带一路"沿线国家文化贸易发展的政策和措施 / 433
- 9.2 中国与"一带一路"沿线国家文化产品贸易状况 / 436
- 9.3 中国与"一带一路"沿线国家的影视服务贸易 / 446
- 9.4 "一带一路"倡议下中国对外文化投资 / 456
- 9.5 案例：中俄影视合作与腾讯游戏海外布局 / 464

后记 / 469

绪论　2018年全球文化市场趋势

《国际文化市场报告2018》通过对近千份外文原版资料,包括市场统计、专题报告、行业资讯、著作和论文等的梳理、挖掘和研究,以专业流畅的文字、翔实准确的数据和生动直观的图表,对2015—2017年国际文化市场的规模、结构、市场主体、地区差异、市场偏好及未来走势等进行了概括、扫描和分析,呈现出2018年全球文化市场的大趋势。

一、2018年全球文化市场趋势之一：高增长

2018年,全球文化市场只有个别行业出现下降,总体上继续呈现高增长趋势。

2018年,全球游戏市场同比增长13.3%,增长速度最快,全球游戏市场总收入达1 379亿美元。

2010—2018年,全球电视收入平均每年增长6.20%。2018年,全球电视收入约5 244亿美元(包括付费电视收入、电视广告和公共基金),居文化产业各行业之首。

2017年,全球录制音乐同比增长8.1%,全球录制音乐收入总计达173亿美元。

2012—2017年,国际电影市场年均复合增长率近4%。2017年,全球电影票房收入达406亿美元。

2016年全球出版市场下降了0.5%,全球出版市场价值达2 597亿美元。

值得一提的是,创意设计行业增幅巨大。在联合国教科文组织出版的《2009年文化统计框架》中,关于文化产业的统计标准,F大类为创意与设计服务,包括:时装设计、平面造型设计、室内设计、园林设计、建筑服务和广告服务六个小类。根据联合国贸易和发展会议(UNCTAD)发布的数据,设计占创意产业总产值的比重由2008年的42.93%上升到2013年的60%。

英国数字文化体育媒体部(Department for Digital, Culture, Media&Sport)发布的数据显示,2010—2016年,英国广告和市场营销服务的总附加值增长率为98.1%,设计和时尚设计的总附加值增长率为79.7%。根据数据网站Statista的统计,欧洲广告行业收入由2011年的88.84亿欧元增长到2015年的100亿欧元;2016—2026年,美国平面设计行业就业增长率预计将达4%;加拿大平面设计总营业收入从2008年的12.67亿美元增至2017年的20.14亿美元,增幅高达58.9%。

根据中国国家统计局2018年发布的文化产业最新统计标准,第三大类为创意设计服务,包括广告服务和设计服务两个小类。国家统计局的数据显示,2017年全年和2018年前三季度,我国文化创意和设计服务相关规模企业营业额分别达到11 891亿元人民币和7 565亿元人民币,分别比上一年同期增长14.5%和18.7%。

二、2018年全球文化市场趋势之二：数字化

2018年,数字文化产业已经成为全球文化市场的主流。

全球数字3D银幕的数量还在继续增长。2017年,全球数字3D银幕的增速为14%,总

量接近 10 万块，在全球数字电影银幕中的占比达到了 59%。四大区域中 3D 数字银幕占比最高的为亚太地区，为 81%。这在很大程度上源于亚太地区的后发优势。如图 1 所示。

图 1　2017 年全球电影银幕区域分布图

巨型电影银幕现在的数量还比较少，但是发展速度很快，近年来年增长率保持在 20% 以上。目前拥有最多巨型电影银幕的地区是亚太地区，达到了 1 397 块；其次是北美地区，数量为 1 115 块。截至 2017 年，全球巨型电影银幕的总数量为 3 162 块。根据 HIS 的研究，巨型电影银幕将成为今后十年电影产业最主要的业绩增长点，有着极大的增长潜力。

总体来看，全球电视用户数量基本保持稳中有升的态势，预计到 2023 年仍会有小幅增加。从各电视细分市场来看，模拟信号有线电视和模拟信号地面电视的用户将持续大规模减少；数字信号有线电视、付费网络电视、付费卫星电视、免费卫星电视、数码地面电视、付费数码地面电视用户数在 2010—2023 年间将会不断增加，其中付费网络电视、付费卫星电视、数字信号有线电视、数码地面电视用户增速尤为明显。如图 2 所示。

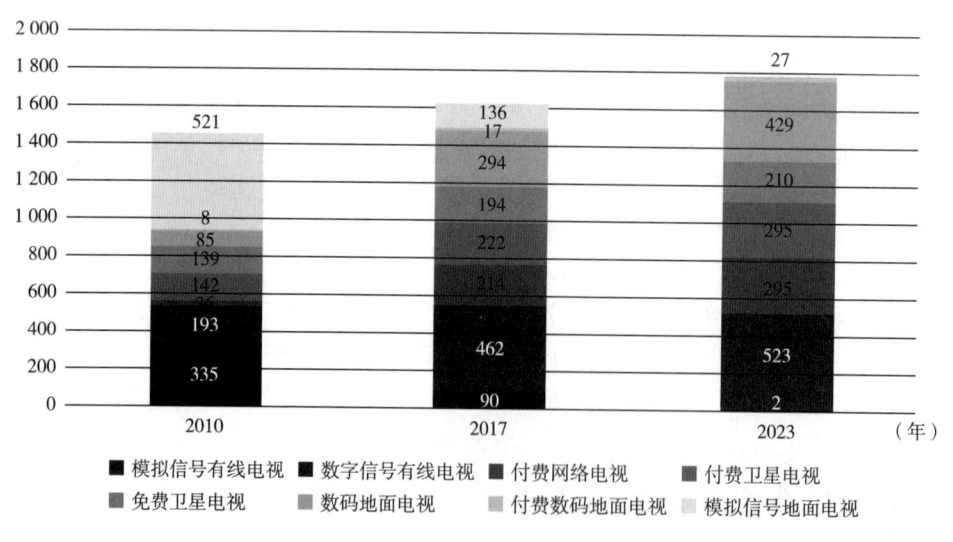

图 2　按平台计算，2010—2023 年全球电视家庭数量（以百万计）

实体音乐行业总收入自 1999 年开始几乎是一路下滑,2010 年跌破三位数,2017 年已跌至 52 亿美元,由市场占比 100% 下滑为 30%,见图 3。

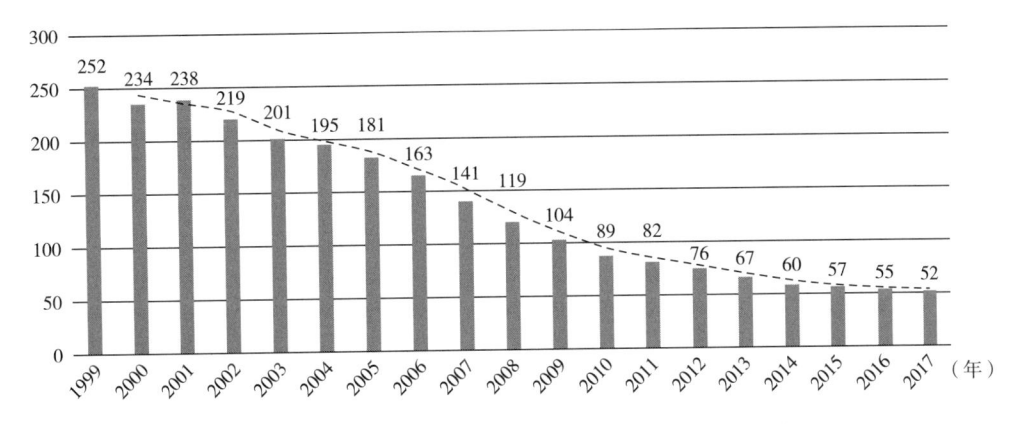

图 3　1999—2017 年实体音乐收入情况示意图(单位:亿美元)

截至 2017 年,数字音乐的收入增长了 19.1%,达 94 亿美元,并首次占到全球录制音乐产业收入份额的一半以上,高达 54%。数字音乐产业收入的稳健增长足以抵消实体音乐收入的连续下滑,见图 4。

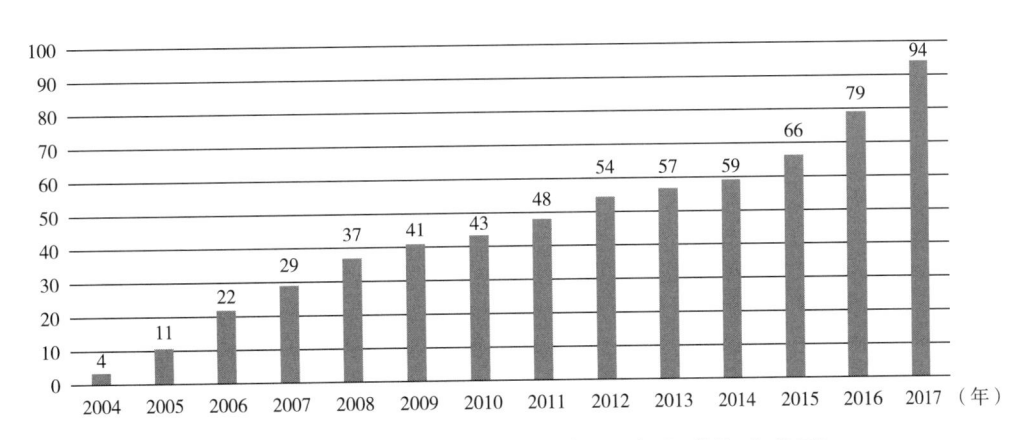

图 4　2004—2017 年数字音乐收入情况示意图(单位:亿美元)

三、2018 全球文化市场的趋势之三:实时化

实时化正在成为全球文化市场的显著特点,人们越来越渴求随时随地进行文化消费,实时跟进最新情况。

其中一大表现就是在线视频的崛起。近年来,随着智能手机、平板等移动终端的普及,在线观看视频受到越来越多用户的青睐。在全球范围内,以 Netflix、亚马逊 Prime 为代表的视频流媒体凭借平台、用户、技术优势对传统电视业务造成冲击。2016—2027 年,预计全球在线视频收入将持续增长,图 5 显示了相关预测数据。

从盈利模式上来讲,2010—2020 年,如图 6 所示,全球在线电视和视频收入主要来自

图 5　2016—2027 年全球在线视频收入(单位:十亿美元)

订阅费收入、广告收入、付费电视和下载收入。其中最主要的来源是广告收入和订阅费收入(即付费会员)。

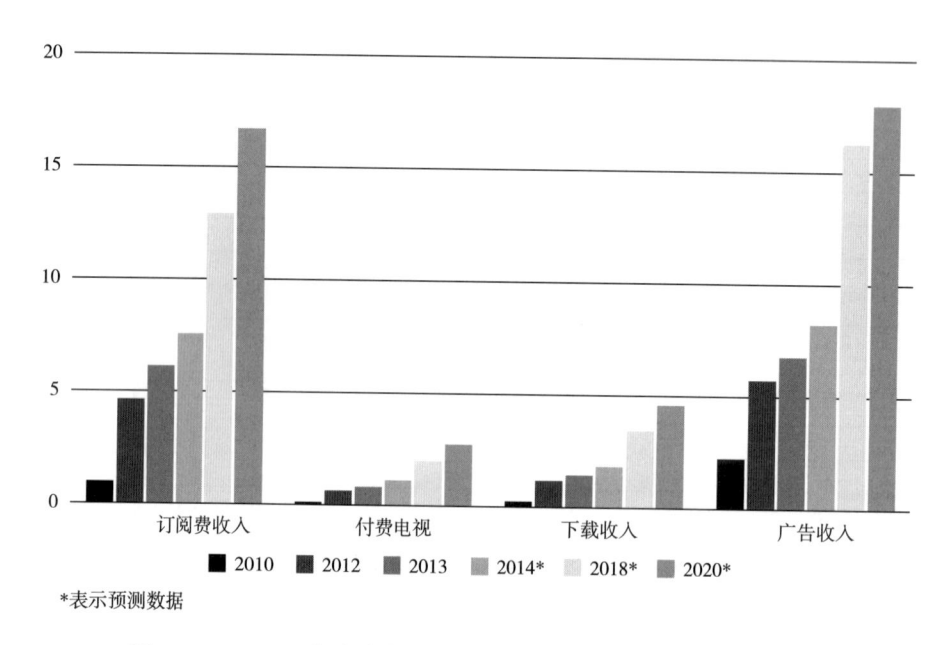

图 6　2010—2020 年全球在线电视和视频收入来源(单位:十亿美元)

资料来源:Digital TV Research,Statisa 2018

近年来,流媒体视频作为后起之秀发展迅速,其用户数量和广告收入都不断增加,成为传统电视媒体最强劲的竞争者。据最新的统计显示,Netflix 占到了全球互联网下行流量的 15%。如图 7 所示,Netflix 订阅数量从 2011 年第三季度的 2 293 万一路攀升至 2018 年第一季度的 1.25 亿,用户规模增长了 4.45 倍。Netflix 在过去一年增加了近 2 700 万用户,在视频流媒体服务领域处于领先地位,其全球市场份额达到 26.58%。

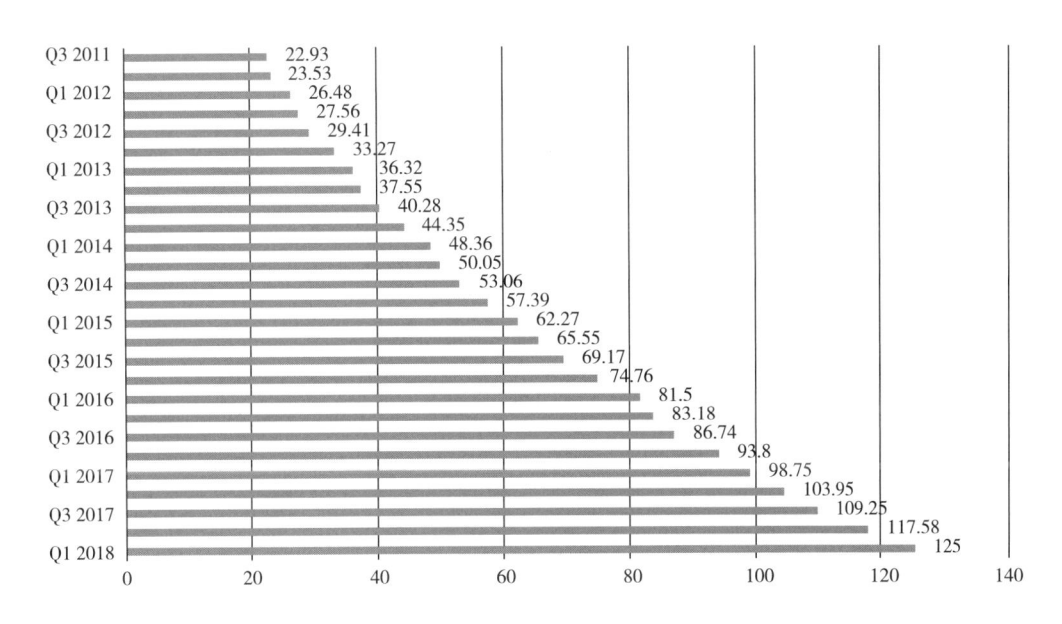

季度	数量
Q3 2011	22.93
Q4 2011	23.53
Q1 2012	26.48
Q2 2012	27.56
Q3 2012	29.41
Q4 2012	33.27
Q1 2013	36.32
Q2 2013	37.55
Q3 2013	40.28
Q4 2013	44.35
Q1 2014	48.36
Q2 2014	50.05
Q3 2014	53.06
Q4 2014	57.39
Q1 2015	62.27
Q2 2015	65.55
Q3 2015	69.17
Q4 2015	74.76
Q1 2016	81.5
Q2 2016	83.18
Q3 2016	86.74
Q4 2016	93.8
Q1 2017	98.75
Q2 2017	103.95
Q3 2017	109.25
Q4 2017	117.58
Q1 2018	125

图7 2011年三季度至2018年一季度全球Netflix流媒体订阅者数量（单位：百万）

当今的音乐产业从基于拥有的音乐模式向基于使用的音乐模式转变，总体体现出实体持续下滑、下载市场趋于成熟饱和、音乐流媒体持续激增的态势等特征。从2015—2017年全球音乐各产业产值规模对比图中可以看出，实体唱片下降了5.4%，付费订阅音频流媒体增长了45.5%。见图8。

类别	2015年	2016年	2017年
实体	57	55	52
数字(不含流媒体)	38	32	28
流媒体	28	47	66
表演权	20	23	24
同步	4	3	3

单位：亿美元

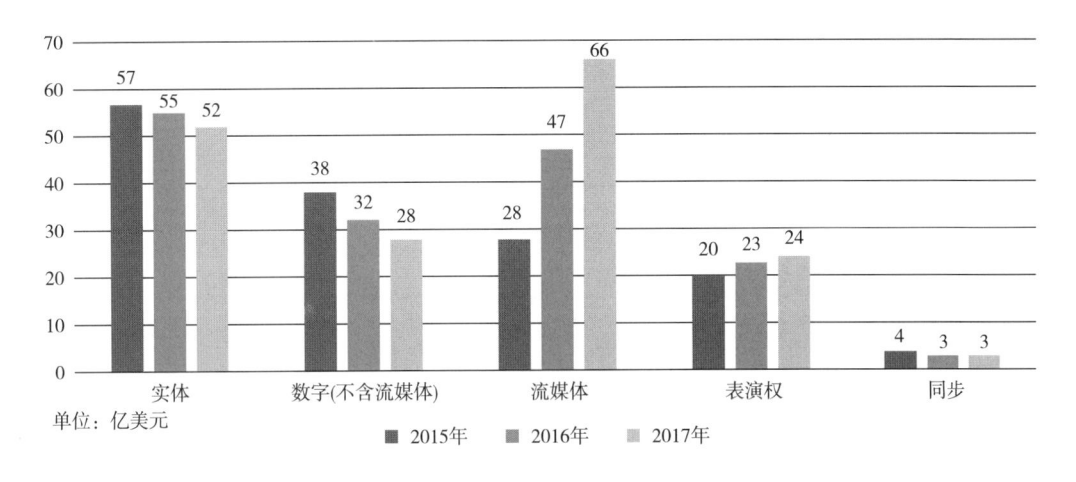

图8 2015—2017年全球音乐各产业产值规模对比（单位：亿美元）

带动数字音乐收入激增的"核心动力"是音乐流媒体以及付费订阅音频流媒体。截至2017年，全球流媒体收入增长了41.1%，其中，付费订阅流媒体的收入更是激增45.5%，付费用户的数量增加了6 400万，到2017年年底这一数字为1.76亿，增长超过五成。至此，流媒体在全球数字音乐市场中的占比已高达80%。见图9。

2013—2017流媒体的同比增长

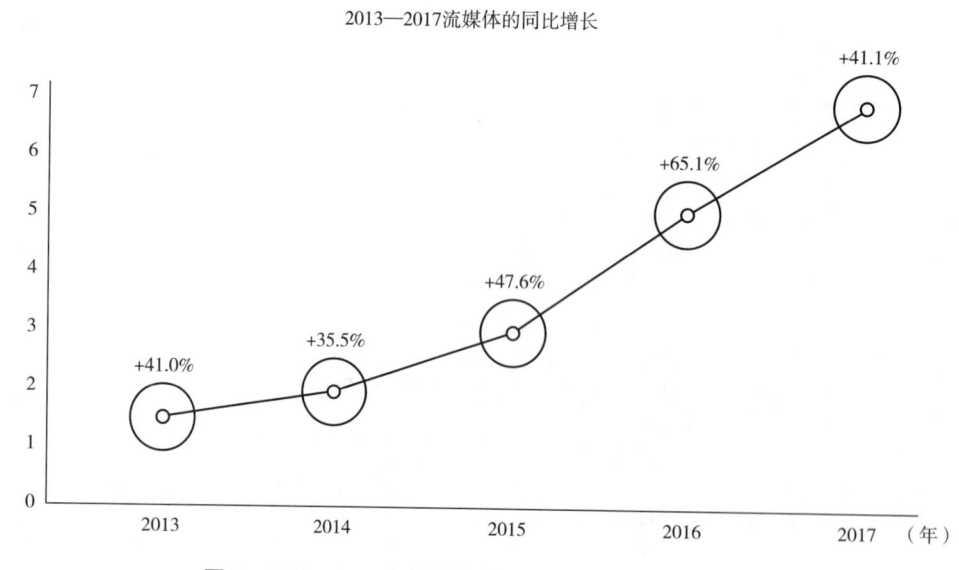

图 9　2013—2017 年流媒体的同比增长(单位：十亿美元)

2006—2016 年英国在线电视收入大幅上升,从 2006 年的 1 100 万英镑增至 2016 年的 17 亿英镑,2012 年开始增速明显提升,10 年增长 150 倍之多。见图 10。

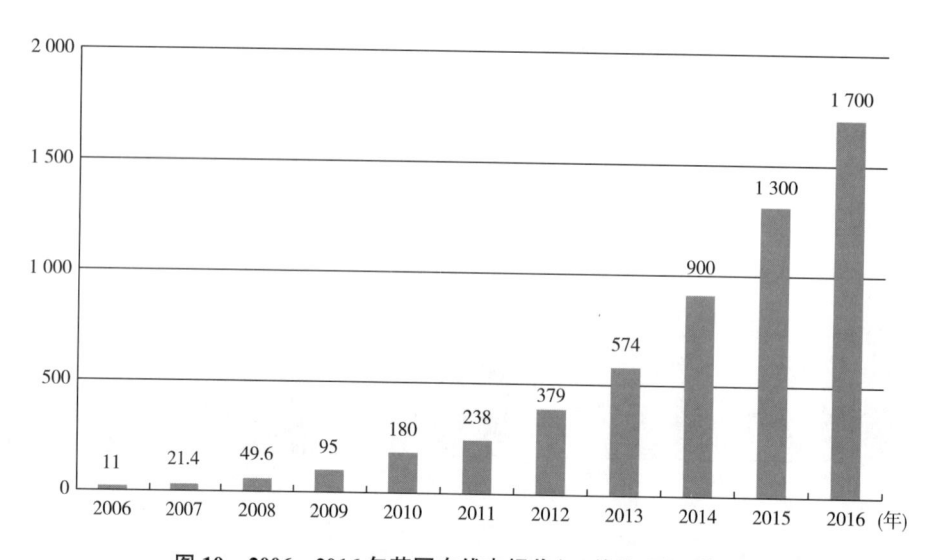

图 10　2006—2016 年英国在线电视收入(单位：百万英镑)

在游戏领域,实时化同样渐成趋势。2014 年,移动游戏首次超过家庭主机游戏及 PC 和 Mac 游戏,成为用户支出最多的游戏类别。到了 2017 年,移动游戏的领先优势在全球范围内继续扩大,移动游戏用户支出是 PC 和 Mac 游戏支出的 2.3 倍,是家庭主机游戏支出的 3.6 倍。如图 11 所示。

自 2012 年开始,市场调研机构 Newzoo 开始采用设备及终端类型来评估市场结构。

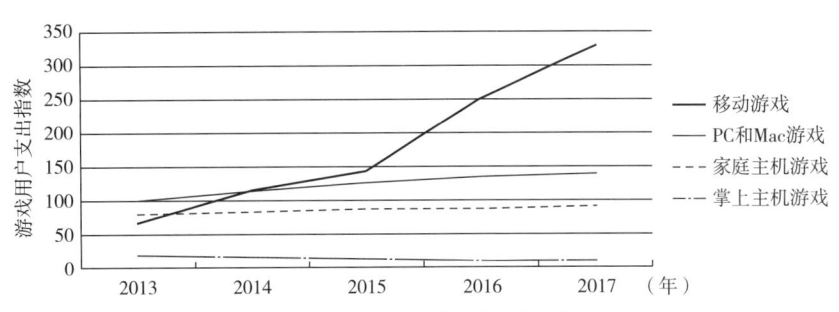

- 所有统计均包括适用的数字和实体游戏支出，但不包括广告收入。
- 移动游戏统计包括所有App商店(iOS应用商店、Google Play、Windows Phone App商店、亚马逊、Samsung Galaxy和第三方Android App商店)的支出。
- 家庭主机游戏总计包括光盘、数字游戏及游戏相关订阅服务(Xbox Live和PlayStation Plus)的支出。

图11 2013—2017年全球游戏用户支出(按设备)

据调查，全球手游玩家数量将达到22亿，占世界总人口的1/3左右，其中大多数都是通过智能手机玩游戏。主机和PC游戏市场也在持续增长，从收入规模来看，主机是第二大游戏市场，2018年收入预计为346亿美元，并且在未来3年里将会以4.1%的年复合增长率增至390亿美元。PC游戏市场2018年收入预计为329亿美元，是第三大游戏平台。DLC、盒装游戏的增长被PC网页游戏的收入下滑所抵消，网页游戏玩家很大一部分转移到了手游平台。Newzoo预计，网页游戏市场在最近五年(2017—2021年)内会以-16.1%的年复合增长率下滑，到2021年降至25亿美元。如图12所示。

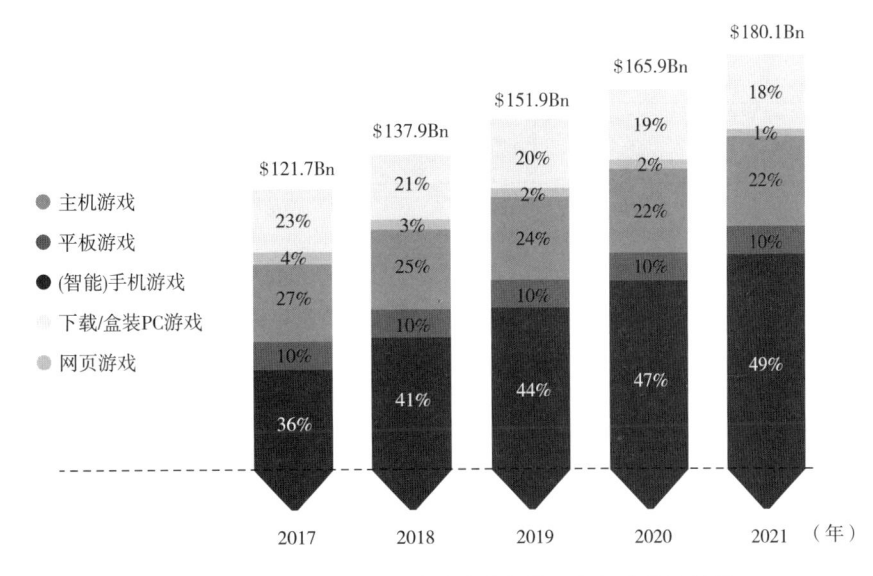

图12 2017—2021年全球游戏市场按设备细分发展趋势

四、2018全球文化市场趋势之四：移动化

移动游戏的强势崛起是近年来游戏市场的主要趋势之一。2017年，移动端游戏消

费支出指数继续遥遥领先于 PC 和 Mac、家用游戏机和掌上游戏机。而在 2016 年,手机游戏的占有率仍小于 10%,这表明手机游戏已迅速在全球范围内占据前沿和核心地位。

2018 年,全球游戏市场收入总计达 1 379 亿美元,手游市场是当前最大的游戏市场,手机游戏(占比 41%)和平板游戏(占比 10%)收入预计 2019 年将增至 703 亿美元,占全球游戏总收入的 51%。全球手游玩家数量将达到 22 亿,占世界总人口将近 1/3,其中大多数都是通过智能手机玩游戏。

移动视频市场发展迅猛,短视频内容更受年轻用户的青睐。智能终端的普及为移动视频平台带来了海量用户,其便携性、智能化与社交场景的融合满足了用户个性化的需求以及碎片化的时间安排。

由于移动视频的播放量大规模增长,将会带动移动视频广告支出的增长。2017 年移动视频广告支出将达 180 亿美元,首次超过非移动设备视频广告支出,预计到 2018 年,这一数字将增长到 225 亿美元。相比之下,非移动设备广告支出从 2016 年开始基本保持不变,甚至出现小幅下滑。见图 13。

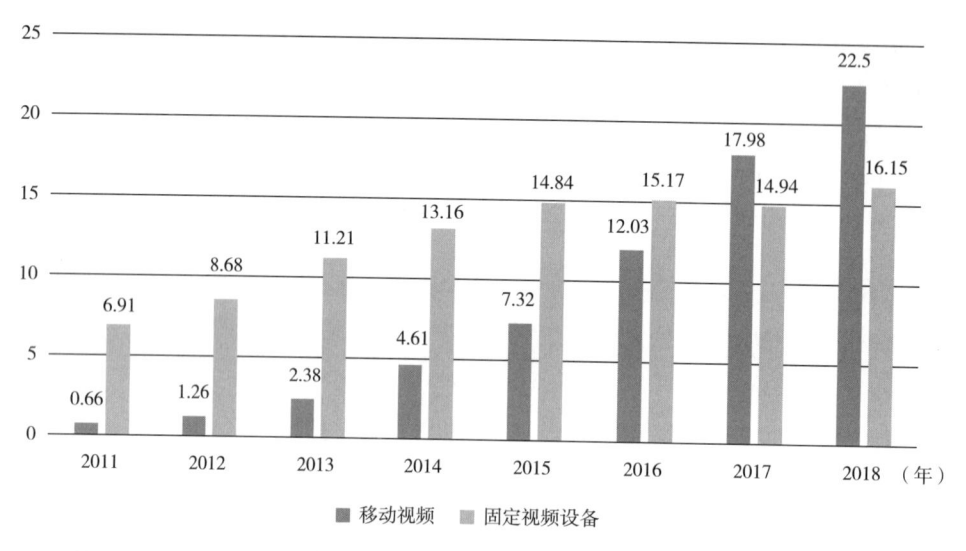

图 13 2011—2018 年全球移动视频和非移动视频广告支出情况(单位:十亿美元)

从全球在线视频用户观看时长来看,2012—2019 年,全球用户每天在移动设备上观看视频花费的时间从 4.2 分钟增加到 46.3 分钟,增长迅速;相比之下,从 2013 年开始,用户在非移动设备观看视频的时间基本保持在 18 分钟左右,并且预计未来将呈缓慢下降趋势。如图 14 所示。

近年来,移动视频市场逐渐分化,出现了综合性视频、聚合视频、垂直视频、网络电视、移动短视频等各个细分领域。其中,门槛低、时长短、碎片化、易传播的短视频受到用户的追捧。短视频的内容特点和传播路径契合广大用户碎片化的时间和内容需求,通过智能化推荐和高频的信息流吸引用户,同时借助在社交媒体上的扩散,短视频行业得以迅速成长。国外的 YouTube、Snapchat 短视频平台,以及国内的快手、抖音都积累了大量的用户群体,并开始进行海外市场扩张,Facebook、Netflix、亚马逊 Prime Video、Twitter 也

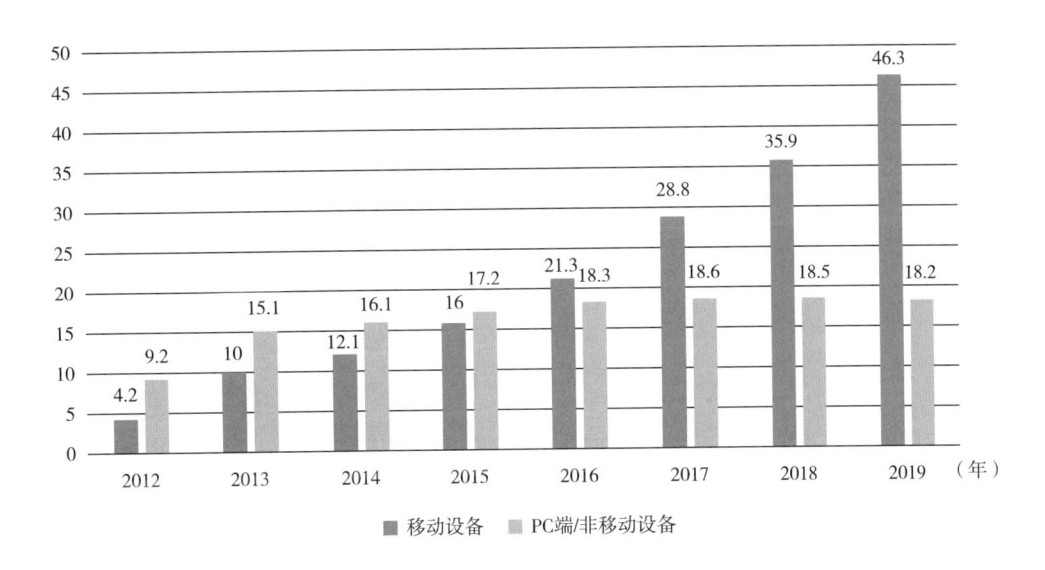

图 14　从平台看,预计全球用户观看在线视频花费的时间(以每天观看分钟数计)

纷纷布局短视频平台。

AOL(美国在线)曾对英国的 1 000 名视频浏览用户做过一项调查,结果显示,1~10 分钟的短视频内容在互联网用户中的受欢迎程度不断增长,其中,"千禧一代"("00 后")更是短视频的主要用户群体。

五、2018 全球文化市场趋势之五:社交化

社交化体现在很多方面。例如,音乐流媒体与社交媒体平台的融合。

融媒体时代的到来已势不可挡,音乐产业同样需要在此背景下找到连接音乐人、乐迷与音乐的最新方式。现今流媒体音乐平台中原创音乐人的作品更加高效地被分享,很大程度上依赖于社交媒体自身的特点——坚实的用户黏性和高效的人际传播。

社交电视结合电视与社交媒体的特性,使用户在观看节目的过程中通过社交媒体在线互动,围绕节目内容形成特定的社交情景和群体,通过分享参与构建共同的认知。社交电视能够突破传统电视媒体的局限,电视收视与在线社交互动结合的形式为新时代的用户群体提供了丰富的信息和互动性的观看体验。尼尔森的一项研究表明,人们在观看电视节目的过程中热衷于发 Twitter,电视节目的收视率与人们在 Twitter 上讨论的热度成正比。用户的社交需求为电视平台助力,如何将电视与社交深度结合并准确把握用户需求变化对电视台来说至关重要。

美国的 Social TV2、英国的 Zeebox、日本的 Teleda 系统以及中国的 CCTV 微视都是社交电视应用的成功案例。

社交电视和移动电视解决了传统电视单向传输的弊端和时空的局限性,满足了多屏时代用户跨场景的消费需求。全球社交电视市场的收入从 2012 年的 1 511.4 亿美元上升到 2017 年的 2 564.4 亿美元(见图 15)。未来,随着电视和社交媒体更多合作渠道的打通,电视和社交媒体的深度融合将为社交电视提供更多的发展空间和路径。

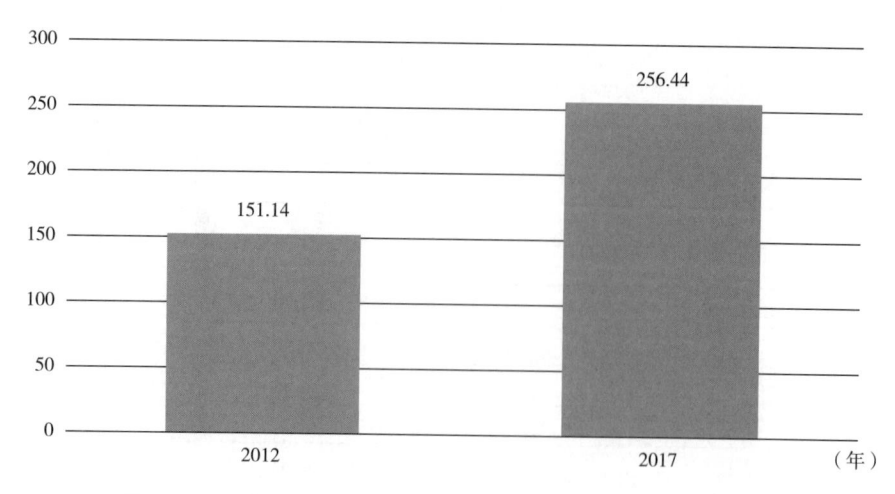

图 15　2012 年和 2017 年全球社交电视市场收入（单位：十亿美元）

六、2018 全球文化市场趋势之六：付费

预计到 2023 年，全球付费电视和订阅型视频点播用户数量将达到 18.77 亿，相比 2017 年，订阅型视频点播用户将会实现两倍的增长，而传统的付费电视订户仅增加 9 400 万（见图 16）。至 2021 年，全球付费电视用户将达到 10.74 亿户，付费电视的到达率为 63.4%，亚太地区付费电视用户将达到 6.47 亿户，占全球总数的 60%；中国将成为全球付费电视用户最多的国家，预计到 2021 年，中国付费电视用户将达到 3.29 亿，其次是印度，为 1.78 亿，再次是美国，为 0.95 亿。见图 17、图 18。

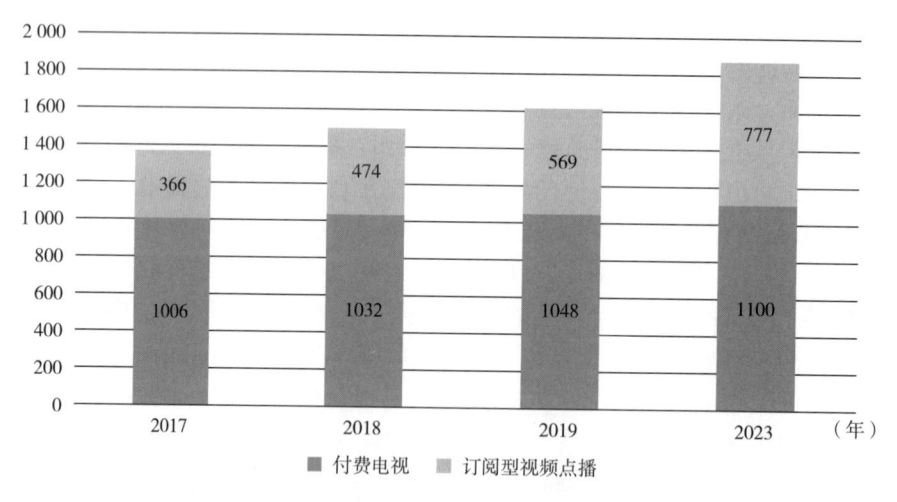

图 16　按平台计 2017—2023 年全球订户数量（单位：百万）

云计算公司 Zuora 和市场调查公司 YouGov 联合发布的调查显示，有 78% 的英国人（4 000 万英国人）都至少会为一项付费订阅买单。视频流媒体服务是最受欢迎的付费订阅类型，有超过 27% 的被调查者会选择订阅这一服务。至于音乐流媒体 Spotify 和 Apple

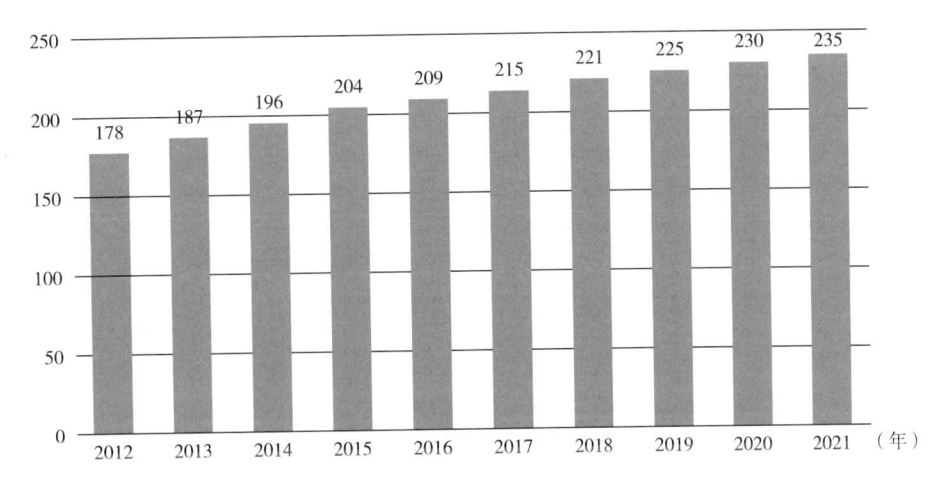

图 17 2012—2021 年全球电视订阅收入(单位:十亿美元)

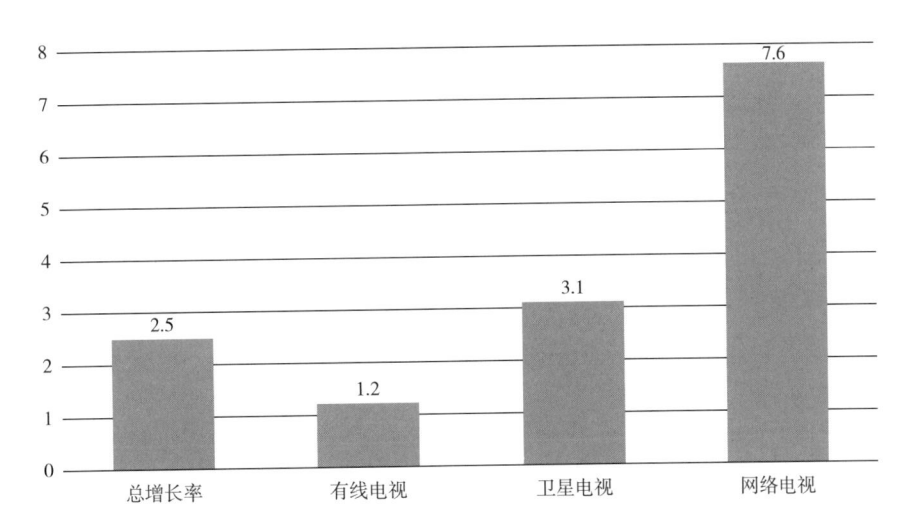

图 18 按平台计算 2015—2020 年全球付费电视订阅收入的年复合增长率(单位:%)

Music,付费订阅比例分别是 11% 和 5%,付费习惯正在养成。如图 19 所示。

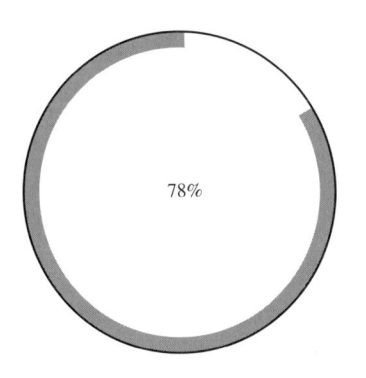

- 78%的英国人(4 000万英国人)如今都会为订阅产品和服务买单
- 40%的英国人声称,相比5年前,他们如今使用更多付费服务
- 超过1/4的英国人认为,在未来5年中,他们还将使用更多付费服务

图 19

七、2018 全球文化市场趋势之七：智能化

电视更加智能化，多屏互动成为潮流。智能电视凭借其大屏、高清、多屏互动、人机交互等属性为用户带来了个性化的观影体验，打破了传统电视的束缚，实现了随时、随地、分类、多屏观看。具体数据如图20、图21所示。

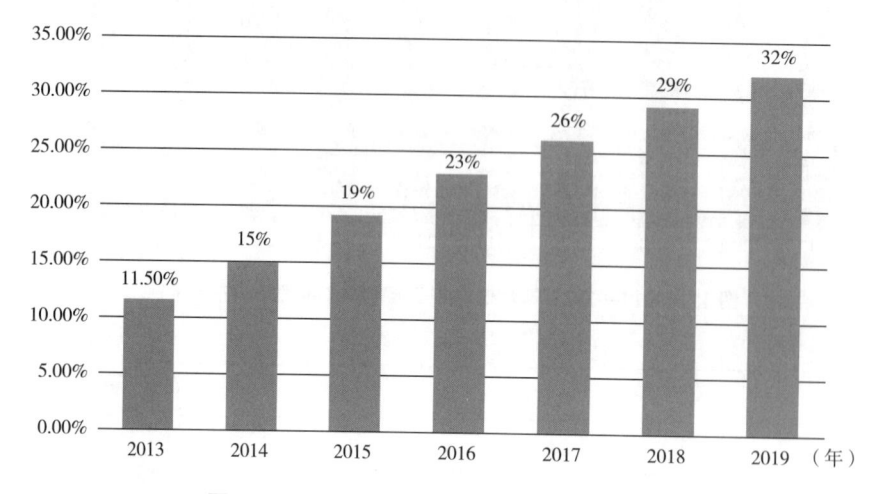

图20　2013—2019年全球智能电视家庭普及率

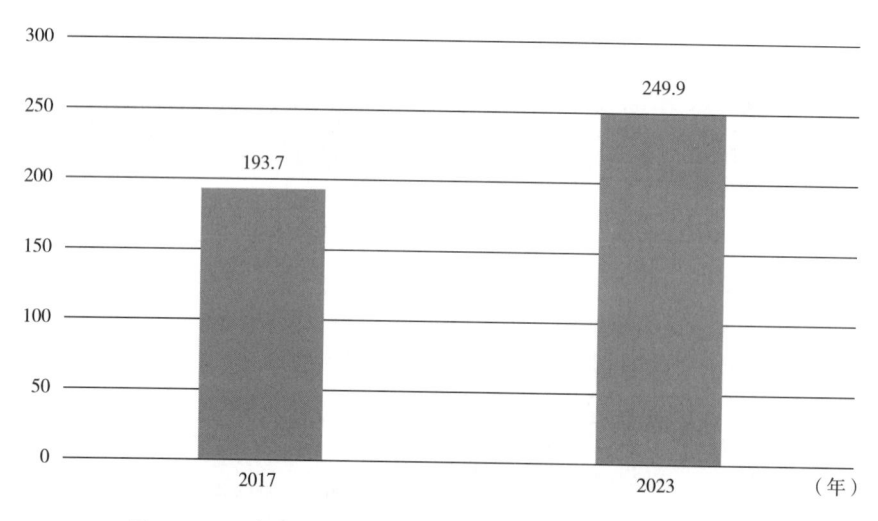

图21　2017年和2023年全球智能电视销售额（以百万美元计）

八、2018 全球文化市场趋势之八："一带一路"促进发展

"一带一路"沿线国家的创意产品进出口贸易相互依赖程度日益加深。

2017年1月，原文化部（现文化和旅游部）发布的《"一带一路"文化发展行动计划（2016—2020年）》（以下简称《行动计划》）公布了文化交流合作机制、交流合作平台、文化交流品牌、文化产业发展、文化贸易合作五项重点任务。

原国家新闻出版广电总局(现国家广播电视总局)组织实施了"丝路书香工程",充分发挥新闻出版和影视强化沿线国家民心相通,服务国家外交大局,加强国际传播能力建设以及营造"讲信修睦、合作共赢、守望相助、心心相印、开放包容"的文化舆论氛围方面的独特作用。

商务部会同有关部门发布《服务贸易发展"十三五"规划》,积极与"一带一路"沿线重点国家和地区签订服务贸易合作协议,扩大服务业相互开放,积极发展与"一带一路"沿线国家和地区文化贸易,扩大图书、影视剧、动漫、网络游戏等文化产品与服务出口,提升中华文化影响力。

中国对"一带一路"沿线国家文化创意产品的进出口总额由2010年的208.19亿美元,增长到2015年的410.57亿美元,年均增长率为14.51%。中国对"一带一路"沿线国家创意产品出口额从2010年的185.55亿美元,增长到2015年的375.15亿美元,年均增长率为15.10%。中国对"一带一路"沿线国家创意产品进口额却一直处于较低水平,从2002年的22.64亿美元,增长到2015年的35.43亿美元,年均增长率为9.37%。中国在与"一带一路"沿线国家的文化创意产品贸易中一直处于贸易顺差的地位,2010—2015年,中国对"一带一路"沿线国家文化创意产品出口额占中国文化创意产品总出口额的比重稳中有升,2015年为22.3%,进口比重在2010—2014年稳中有升,2015年有所降低,达到24.0%。

九、2018年全球文化市场趋势之九:北美依然领跑

2018年,北美地区文化市场高度成熟,趋于饱和,占据全球领先地位;欧洲文化市场表现平平,着眼点是如何保护本土市场,总体处于守势;亚太市场增长强劲,成为后起之秀。

例如,美国电影世界霸主的地位仍不可动摇。2017年,美国国内电影票房(含加拿大)总计111亿美元,仍然是世界第一大电影市场。在美国电影市场上,美国本土电影占据了92.1%的市场份额,处于绝对优势地位。除了在本土市场上所向无敌之外,美国电影在海外市场的成绩也非常亮眼。2017年,美国电影在欧盟电影市场上的市场份额达到了66.2%,在其他大多数国家的市场份额也都在50%以上,可以说,美国电影是国际电影市场上当之无愧的龙头老大。

在所有美国电影中起到中流砥柱作用的,则是美国传统的大制片厂。2017年,全球票房前20名的电影被迪士尼、环球影业、20世纪福克斯、索尼影业、华纳兄弟以及派拉蒙这六大传统大制片厂包揽,而这20部电影所创造的全球电影票房就达到了近140亿美元,美国大制片厂在国际电影市场上的影响力可见一斑。

从国别来看,2014年,全球收入最高的在线电视和视频市场依次是:美国、日本、英国、德国和中国。从图22可以看出,全球在线电视和视频市场的收入在2014—2020年会显著增加。美国仍然是在线电视和视频收入最高的国家,总收入增幅为65.03%。中国在线电视和视频总收入虽然不高,但预计增长最快,到2020年将达到30.3亿美元,位居世界第三位。

随着智能电视用户数量的增加,全球智能电视销售收入不断增加,从2017年的1.94亿美元上升到2023年的2.5亿美元。从收入渠道来看,美国智能电视收入主要来自4K超高清电视、全屏高清电视和高清电视,8K电视也逐渐开始成长。2014—2025年,美国

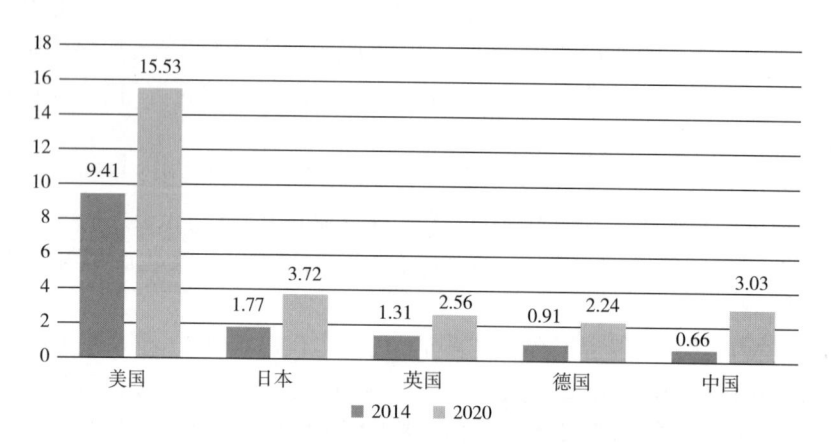

图 22　按收入分 2014 年和 2020 年全球最大的在线电视和视频市场(单位:十亿美元)

智能电视市场收入逐年增加,预计 2025 年将达到 700 亿美元。见图 23。

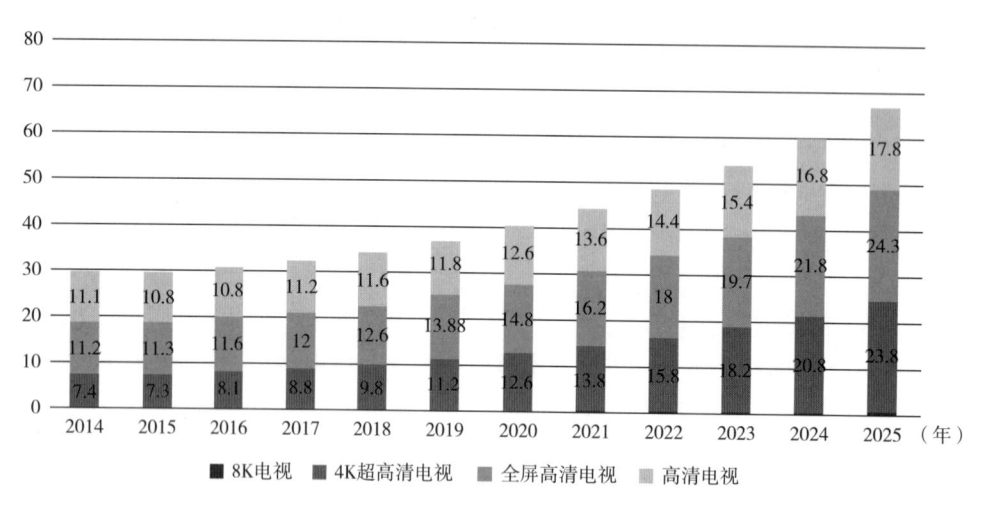

图 23　2014—2025 年美国智能电视市场收入情况(单位:十亿美元)

全球音乐产业报告中显示,北美地区已经连续三年实现音乐行业收入增长,2017 年增长了 12.8%,数字收入增长了 17.4%,流媒体收入增长强劲,达 49.9%,实体音乐收入下降 0.7%。以市场为导向的美国音乐产业在版权保护开发、艺人经纪演出、数字化生产与服务等领域都有着先进的经验。

目前美国依旧是世界上最大的录制音乐市场,其数字音乐占录制音乐市场的份额已经增长到 3/4。2017 年,数字渠道的收入在其市场中的占比高达 75%,其中付费音频流媒体收入增长了 59.6%,几乎占到数字总收入的一半(47%)。随着科技的发展,美国音乐产业逐步建立起了成熟的版权保护制度和行业协会,有力地保护了版权人的利益。

欧洲各国则在努力保护国内文化市场。从市场总规模来看,欧洲属于另一个电影重镇。以 2017 年为例,欧盟区的总票房达到了 79.3 亿美元,观影人次达到了 9.844 亿人次,人均年观影人次达到了 1.9 次。然而自第一次世界大战以来,欧洲国家始终没有为国内电影产业找到在商业上可行的赢利模式,在好莱坞影片的强势进攻之下拱手交出了大部分的市场。根据欧洲视听观察中心出具的报告,2017 年的欧洲电影市场上,来自美国的电影占据了 66.2% 的市场份额,而欧洲本土生产的电影只获得了 27.5% 的市场份额,另外,美国与欧洲合作生产的电影占据了 3.7% 的市场份额。

十、2018 全球文化市场趋势之十:亚太地区增长最快

2018 年亚太地区是全球文化产业增长最快的地区。

2012 年,国际电影市场的票房规模是 347 亿美元,2017 年为 406 亿美元,5 年间全球票房仅增长了 17%,年均复合增长率不到 4%。而如果剔除掉高速增长的中国市场(中国电影市场票房从 2012 年的 24.7 亿美元增长到了 2017 年的 82.7 亿美元),其余地区 5 年间总票房几乎是零增长。

就亚太地区来看,中国付费电视市场发展迅速。2015 年,中国以 2.637 亿用户数量成为全球付费电视用户最多的国家,是印度的近两倍(见图 24)。Digital TV Research 的最新报告显示,在全球付费电视用户中,中国占据 1/3 的比重,到 2023 年年底,中国付费电视订户数将达到 3.75 亿;同时指出,届时印度将占总数的 16%,可能达到 1.8 亿户,中国和印度将拥有世界上一半的付费用户。

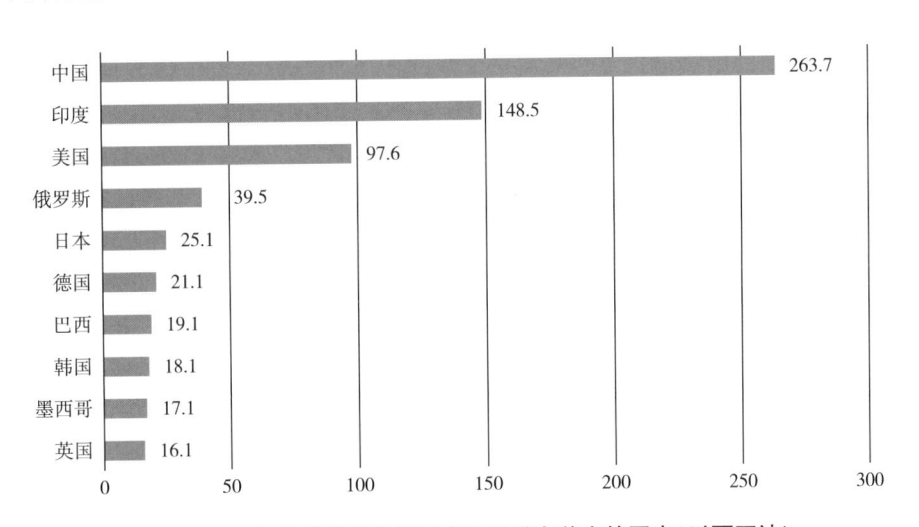

国家	用户数(百万)
中国	263.7
印度	148.5
美国	97.6
俄罗斯	39.5
日本	25.1
德国	21.1
巴西	19.1
韩国	18.1
墨西哥	17.1
英国	16.1

图 24　2015 年全球付费电视用户数量排名前十的国家(以百万计)

到 2020 年,印度在线视频市场用户数量将远远超过美国的 2.36 亿,成为仅次于中国的全球第二大在线视频市场。如图 25 所示。不同于北美和西欧地区传统付费电视服务的颓势,受到中国和印度的推动,亚太地区消费者在传统付费电视服务上的开销仍将继续稳定增长。2022 年,亚太地区将占据全球电视与视频消费者和广告开销的 23.4%。

根据《2017 中国音乐产业发展报告》,2016 年,中国音乐产业总规模约为 3 253.22 亿元,比 2015 年增长了 7.79%,同比增速高于同期 GDP 增速 1.09%,中国音乐产业整体快速增长。在政策扶持和资本青睐下,传统音乐产业与新兴音乐产业将加快融合,不断重构产业链条、创新商业模式、激发消费活力,推动中国音乐产业在经济新常态下

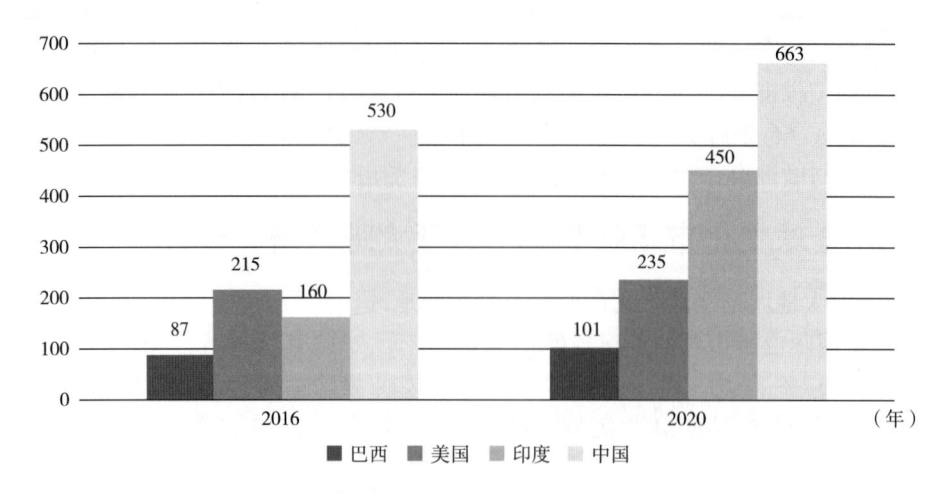

图 25　不同国家在线视频用户数量对比（以百万计）

正式进入快速增长的"新时代"。同时,中国音乐产业迈进全球前十,成为音乐数字化程度最高的国家之一,实现了历史性的突破。要知道,十年前的中国音乐产业还处在三十名开外。

2013—2020 年,预计全球电视收入增长最高的国家是印度,亏损最大的国家是美国。从整体趋势上来看,印度、巴西、中国、日本等国家电视收入都处于增长状态,其中印度增长了 66.43 亿美元;而美、加、英、法等发达国家都处于电视行业亏损状态,美国亏损额达 78.59 亿美元。可以看到,北美、欧洲等发达国家电视市场基本饱和,用户数量基本保持稳定,而印度、中国等亚洲国家依靠庞大的人口红利和技术进步,电视行业将不断开拓新的空间,未来全球电视市场的增长空间将主要来自发展中国家。

2016—2020 年,印度在线视频用户数量不断增长,从 1.6 亿上升到 4.5 亿,实现了将近 3 倍的增长。见图 26。

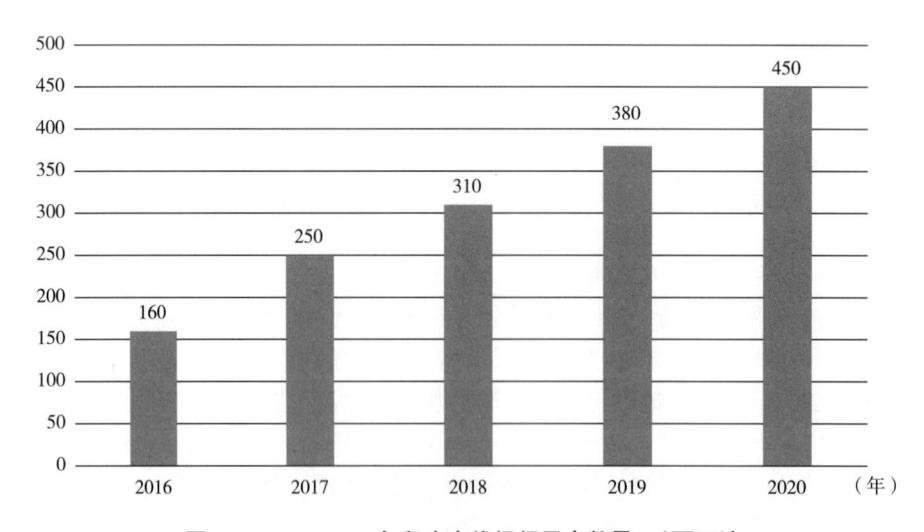

图 26　2016—2020 年印度在线视频用户数量（以百万计）

图 27 显示,2011—2020 年,印度将成为付费电视增长的最大贡献者(不包括中国内地),占累计订阅量的 68.8%;而日本仅占累计订阅量的 2.6%,说明日本付费电视的增速放缓。

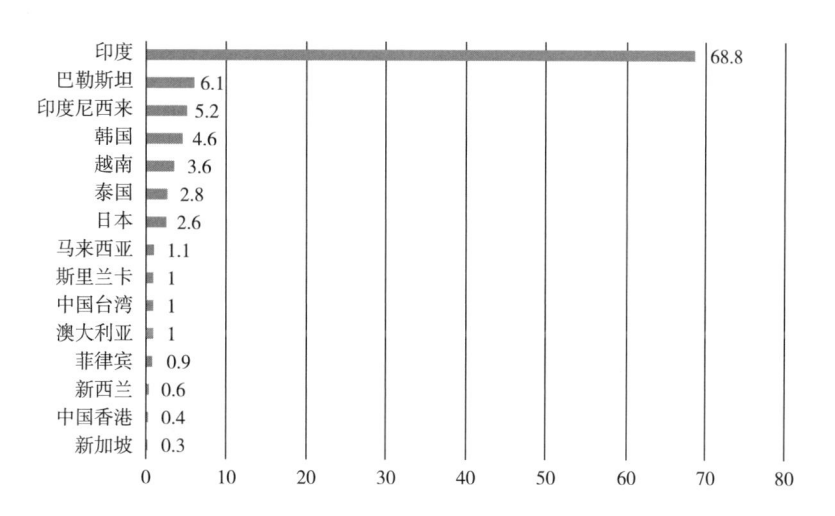

国家/地区	占比(%)
印度	68.8
巴勒斯坦	6.1
印度尼西来	5.2
韩国	4.6
越南	3.6
泰国	2.8
日本	2.6
马来西亚	1.1
斯里兰卡	1
中国台湾	1
澳大利亚	1
菲律宾	0.9
新西兰	0.6
中国香港	0.4
新加坡	0.3

图 27　2011—2020 年亚洲付费电视增长的最大贡献者(不包括中国内地,单位:%)

资料来源:Statista2018

1 全球文化贸易概况

1.1 全球文化产品贸易概况

2015年,全球文化产品出口贸易额达到5 097.53亿美元(见表1-1),几乎是2002年贸易额的2.5倍。虽然金融危机影响了文化产品的创造、生产和分销,但其贸易业绩总体上保持平稳,2002—2015年的平均增长率超过7%。

然而,尽管增长良好,但2014—2015年市场状况恶化,导致贸易额下降近12%,反映出全球商品贸易普遍放缓的趋势。

表1-1 2002—2015年全球文化产品出口贸易额 （单位:亿美元）

年份	2002年	2003年	2004年	2005年	2006年	2007年	2008年
出口额	2 084.93	2 320.26	2 631.94	2 915.92	3 174.13	4 006.20	4 391.73
年份	2009年	2010年	2011年	2012年	2013年	2014年	2015年
出口额	3 772.84	4 197.66	4 915.36	5 198.94	5 317.88	5 771.91	5 097.53

数据来源:联合国贸发会创意经济数据库

1.1.1 经济危机对全球文化产品贸易的影响

联合国教科文组织数据研究院对2002—2015年全球文化产品的流动进行了统计分析。文化产品和服务属于特殊商品,具有符号价值、美学价值、艺术价值和文化价值。各国文化产品和服务贸易规模反映了不同国家文化产业的竞争力和文化产品的供需状况,文化贸易推动了各国的经济增长。例如,中国在过去20多年中保持了较快的经济增长速度,其文化产品和服务起到了重要作用。

然而,在各国逐步开放国内文化市场的同时,也有必要采取一些措施保护国内市场,以保护文化的多样性,确保本土文化产品不会被国外产品所取代。此外,价值链全球化意味着某一产品的生产并不一定在特定国家完成,在数字化时代,文化产品的实物形态可以在国与国之间流动,同时,文化产品所代表的价值观和理念等则可以通过网络传播。

2008年的金融危机严重影响了世界经济的发展,导致2009年全球贸易额下降,2011—2013年,国际贸易增速明显低于经济危机前的水平。文化产品贸易额也受到金融危机的影响,在2009年出现明显下跌。

2015年,全球文化产品出口额达5 097.53亿美元,进口额达4 543.95亿美元。2015年,全球文化产品出口额与2002年的2 084.93亿美元相比增长了近2.5倍。图1-1和图1-2对2002—2015年文化产品进出口额的发展变化进行了对比,可以看出文化产品的出口受到金融危机的影响。2008—2009年,文化产品出口总额下降了14.09%。

从 2010 年开始,文化产品贸易额开始增长,然而,从 2011 年开始,文化产品出口增速大幅放缓,2011—2012 年增长 5.77%,2012—2013 年增长 2.29%,2013—2014 年增长 8.54%,2014—2015 年出现了负增长,为-11.68%。2011—2015 年,文化产品出口额总体呈现下降趋势。

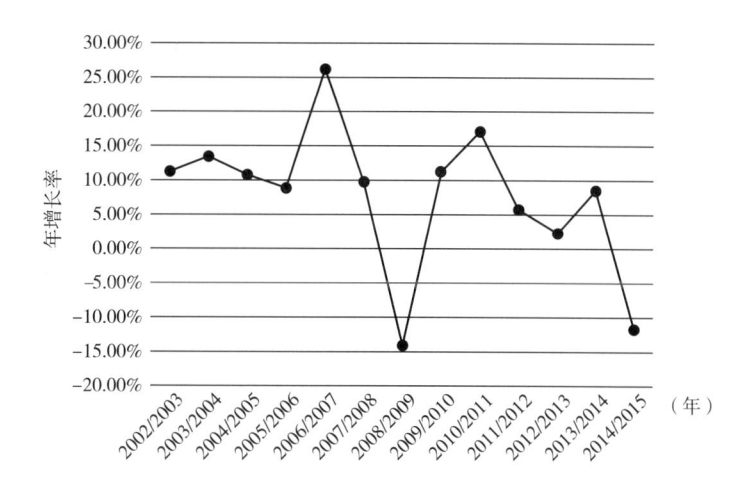

图 1-1 2002—2015 年全球文化产品出口额年增长率
数据来源:联合国贸发会创意经济数据库

2008—2009 年,文化产品进口额大幅下降,年增长率为-18.51%。然而,金融危机后文化产品的进口难以恢复,2010—2011 年,文化产品进口额年平均增长率为 10.42%,2011—2013 年,年平均增长率均维持在 0.38%,2014—2015 年,年平均增长率为-7.38%,明显低于金融危机前文化产品进口额的增长率。

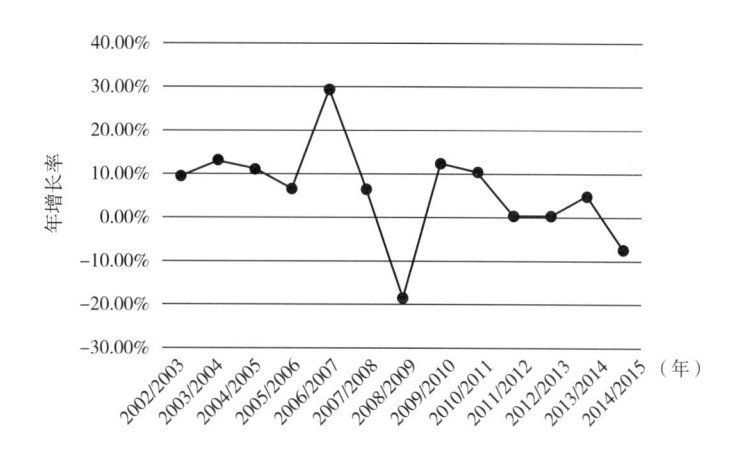

图 1-2 2002—2015 年全球文化产品进口额增长率
数据来源:联合国贸发会创意经济数据库

1.1.2 全球文化产品贸易的地区结构

2015 年,前三大文化出口区域分别是东亚、南亚和东南亚地区、欧洲和美国。中美洲和南美洲文化出口额占比为 1.45%,相比 2002 年的 2.57% 下降了 1% 以上,见图 1-3。阿拉伯国家联盟、大洋洲和撒哈拉沙漠以南非洲等国家和地区在文化产品出口中发挥的作用甚微,其比例不足 1%。2015 年,大洋洲文化出口额占比仅有 0.26%,撒哈拉沙漠以南非洲文化出口额占比仅为 0.17%。见图 1-4。

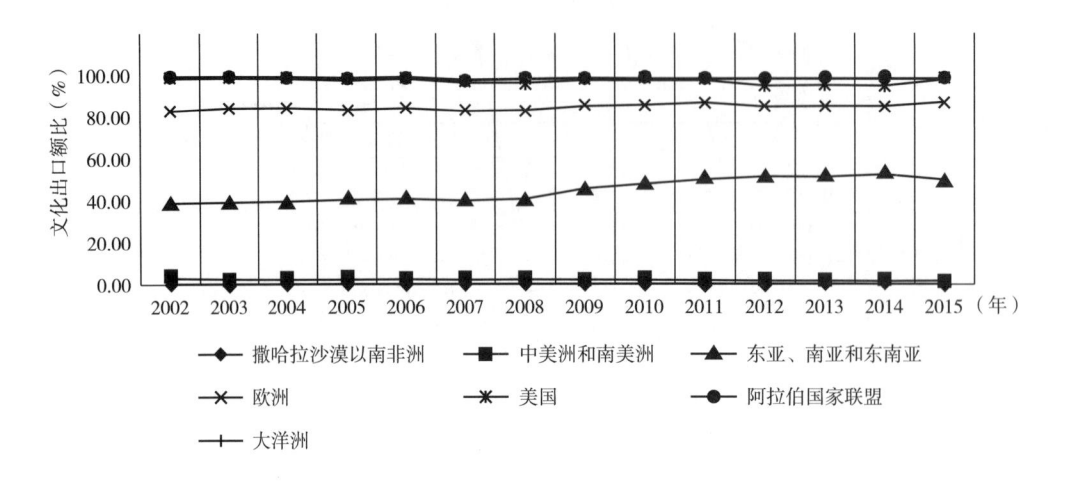

图 1-3 2002—2015 年世界各地文化产品出口份额

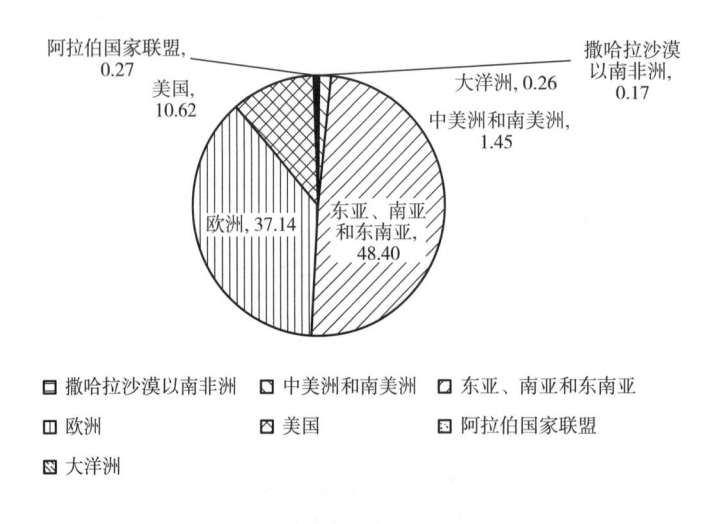

图 1-4 2015 年文化产品出口额的地区分布(%)

数据来源:联合国贸发会创意经济数据库

2002—2015 年,欧洲地区文化进口额占比维持在 40% 左右,并且 2008—2009 年文化产品进口额维持在 44%~45%,一直是文化产品进口占比最高的地区。同期,东亚、南亚和东南亚地区文化进口额占比总体呈现上升趋势,但 2015 年有所下降,从 2014 年的 18.96%下降至 2015 年的 16.38%。美国文化进口额占比总体呈现下降趋势,2015 年略微上升,从 2014 年的 26.47%上升至 2015 年的 29.76%(见图 1-5)。

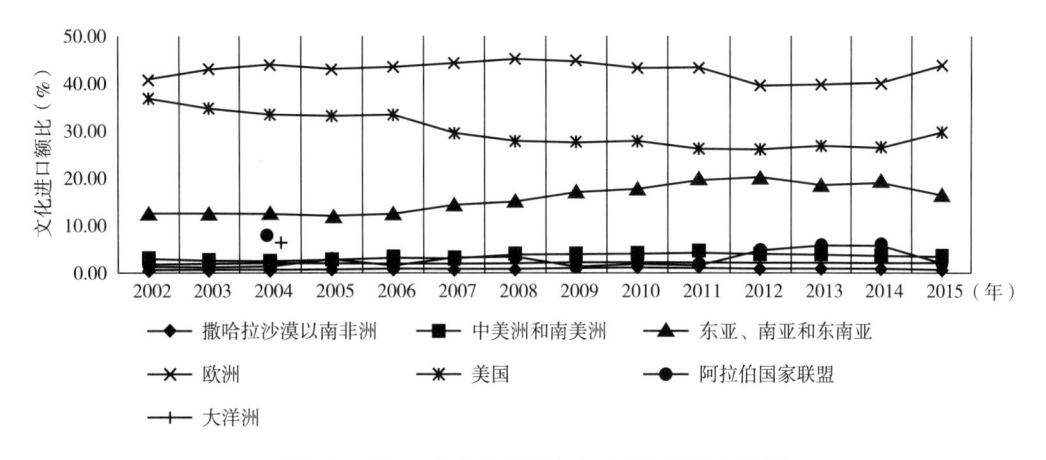

图 1-5　2002—2015 年世界各地文化产品进口份额

2015 年,欧洲地区文化产品进口额占全球文化产品进口额的比重为 43.79%,美国文化产品进口额占比为 29.76%。东亚、南亚和东南亚地区文化产品进口额占比位列第三,中美洲和南美洲以 3.43%的文化进口额占比位列第四名。见图 1-6。

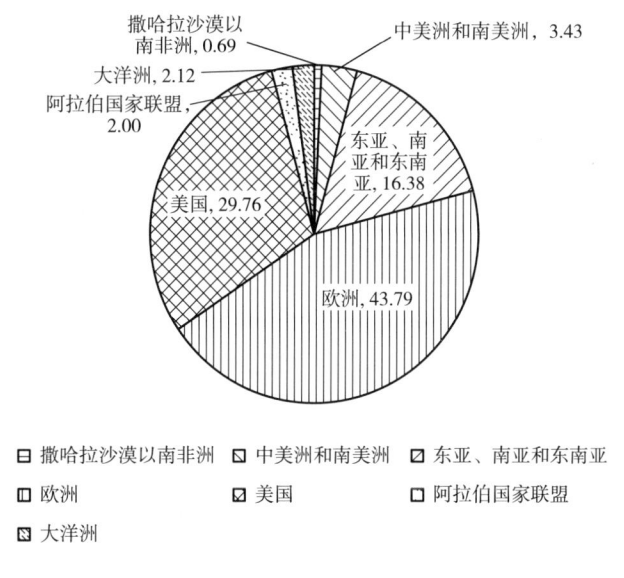

图 1-6　2015 年文化产品进口额的地区分布(%)
数据来源:联合国贸发会创意经济数据库

1.1.3　不同收入水平国家的文化贸易比较

表 1-2 和表 1-3 列出了 2015 年度不同收入水平国家各类文化产品出口额和进口额。图 1-7 表明,2002—2015 年,高收入国家的文化产品出口份额明显下滑,从 2002 年

的 72.08% 下降到 2015 年的 54.78%,并从 2013 年开始维持较平稳的出口份额。与此同时,中高收入国家的出口份额增长超过 1.7 倍,从 2002 年的 22.76% 上升到 2015 年的 39.46%。同时,出口额以超过 4 倍的速度增长,从 2002 年的 474.49 亿美元增长到 2015 年的 2 011.72 亿美元,这在很大程度上源于中国文化产品出口的快速增长。2008 年的金融危机主要影响了高收入和中高收入国家,它们的文化产品出口额分别下降了 20% 和 12%。

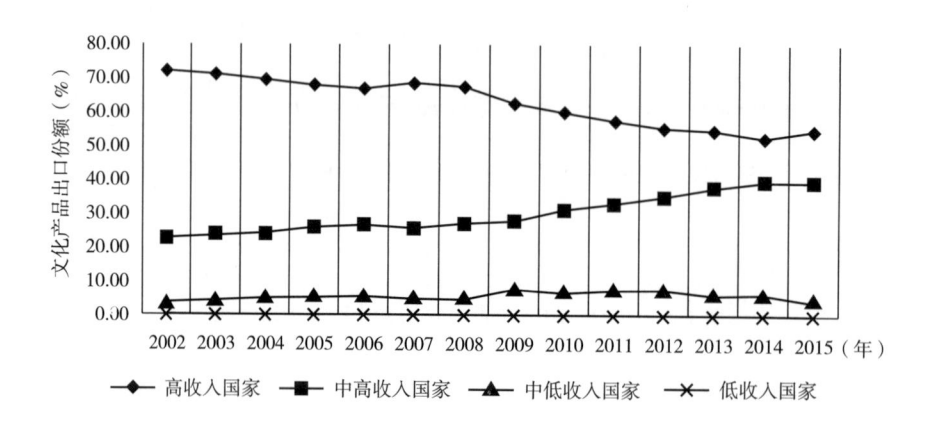

图 1-7　2002—2015 年不同收入水平国家文化产品出口份额比较(%)

表 1-2　2015 年不同收入水平国家文化产品出口额　　(单位:亿美元)

	工艺品	视听产品	设计品	新媒体产品	乐器	出版物	视觉艺术品
高收入国家	112.97	188.82	1 543.43	203.94	26.00	278.69	438.44
中高收入国家	211.04	26.39	1 446.48	165.02	16.76	52.34	93.70
中低收入国家	21.29	1.57	170.81	2.99	0.20	3.94	2.82
低收入国家	1.26	0.01	1.57	0.00	0.02	0.06	0.28
总计	346.56	216.79	3 162.28	371.95	42.97	335.03	535.24

表 1-3　2015 年不同收入水平国家文化产品进口额　　(单位:亿美元)

	工艺品	视听产品	设计品	新媒体产品	乐器	出版物	视觉艺术品
高收入国家	225.88	140.58	2 357.05	379.71	39.62	259.13	508.12
中高收入国家	42.29	56.07	245.38	73.82	6.41	41.37	11.71
中低收入国家	13.55	13.31	48.32	8.41	0.76	17.65	1.96
低收入国家	1.81	1.11	5.78	1.83	0.06	2.59	0.20
总计	283.53	211.07	2 656.52	463.77	46.85	320.74	521.99

2002—2015年,高收入国家的文化产品进口占据主导地位,从2002年的2 068.97亿美元增长到2015年的3 910.08亿美元。2002—2015年,高收入国家文化产品进口份额减少了4.9%(见图1-8),而同期文化产品出口份额减少了17.28%。2015年,高收入国家文化产品进口份额占比为86%。在这一时期,其他收入水平国家的文化产品进口份额较小。

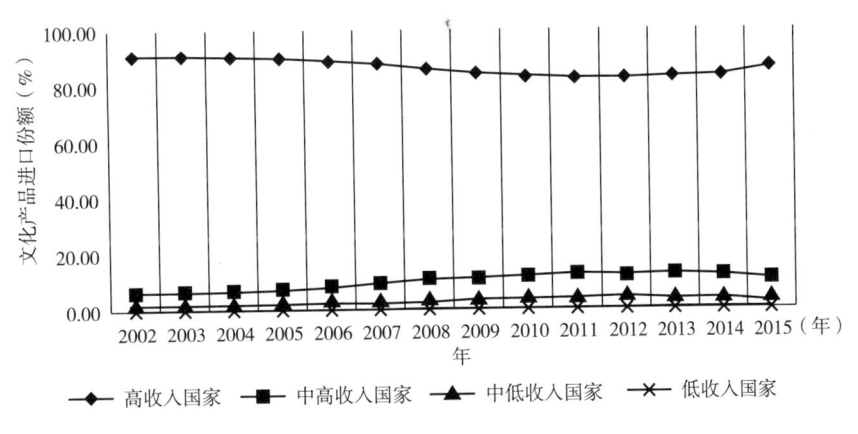

图1-8 2002—2015年不同收入水平国家文化产品进口份额比较(%)
数据来源:联合国贸发会创意经济数据库

1.1.4 全球文化贸易的产品结构

根据联合国教科文组织数据研究院的文化产业统计框架,文化产品包括以下7类:工艺品、视听产品、设计品、新媒体产品、乐器、出版物和视觉艺术品。表1-4显示:2002—2015年,新媒体产品出口额年增长率为284.47%,进口年增长率为268.05%;视觉艺术品出口额年增长率约为236.07%,进口额增长率约为197.32%;图书等出版物的出口和进口年增长率为7类文化产品中的最低值,分别为11%和2.21%;视听产品和设计品的出口和进口年增长率较为显著;工艺品和表演艺术品(乐器)的出口和进口的年增长率较为缓和。

表1-4 2002—2015年不同门类文化产品贸易的年增长率

2002—2015年增长率	工艺品	视听产品	设计品	新媒体产品	乐器	出版物	视觉艺术品
出口	79.33%	113.05%	169.20%	284.47%	55.73%	11.00%	236.07%
进口	34.60%	77.56%	107.74%	268.05%	44.85%	2.21%	197.32%

数据来源:联合国贸发会创意经济数据库

除此之外,根据联合国贸发会创意经济数据库提供的数据,可以分析出各类文化产品的市场趋势(见表1-5)。2002—2015年,设计品在文化产品的出口中始终占据主导地位,市场份额位居第一。出版物的出口贸易额从2002年的303.36亿美元上升到2015年的334.61亿美元,但是出口占比从14.55%(第二位)下降到6.60%(第五位)。

新媒体产品的出口由 2002 年的 109.74 亿美元提高到 421.94 亿美元,在国际文化产品的出口中占比由 5.26%(第五位)上升到 8.28%(第三位)。

视觉艺术品的出口额从 2002 年到 2015 年的增长超过 3 倍,市场份额由 2002 年的 7.66%(第四位)上升到 2015 年的 10.53%(第二位)。

工艺品、音像品和表演艺术在国际文化产品的出口贸易额占比较小,并且市场份额在 2004—2015 年呈现下降趋势,2015 年的出口贸易额分别为 357.20 亿美元(占比 7.01%)、218.75 亿美元(占比 4.92%)和 43.87 亿美元(占比 0.86%)。

表 1-5　2002 年和 2015 年各类文化产品出口额和市场份额

	全部文化产品	工艺品	视听产品	设计品	新媒体产品	乐器	出版物	视觉艺术品
2002 年出口额(亿美元)	2 084.93	199.18	102.68	1 182.10	109.74	28.17	303.26	159.79
2002 年市场份额(%)	100.00	9.55	4.92	56.70	5.26	1.35	14.55	7.66
2015 年出口额(亿美元)	5 097.53	357.20	218.75	3182.16	421.94	43.87	336.61	537.00
2015 年市场份额(%)	100.00	7.01	4.29	62.43	8.28	0.86	6.60	10.53

数据来源:联合国贸发会创意经济数据库

1.1.5　全球文化产品贸易的国别结构

2002—2015 年,发展中经济体对文化产品贸易的参与度明显高于发达经济体,主要是受中国业绩的推动。中国、中国香港、印度、新加坡、中国台湾、土耳其、泰国、马来西亚、墨西哥和菲律宾是十大发展中经济体。亚洲国家在前十名中的统治地位清楚地表明了它们在刺激和促进全球文化经济方面的重要作用。来自发达经济体的集团——美国、法国、意大利、英国、德国、瑞士、荷兰、波兰、比利时和日本是十大文化产品出口国。

东南亚国家联盟(东盟)和欧洲联盟区域强国共同主导了文化产品的出口。2002 年,欧洲的文化产品出口额占全球的 44%,占据主导地位;然而到 2014 年,则下降到 32.72%,2015 年微增至 37.14%。2015 年,来自欧盟的文化产品出口额为 1 710 亿美元,而 2002 年为 850 亿美元,贸易额翻了一番。欧盟的文化产品出口年平均增长率为 5.5%(2002—2015 年)。文化和创意产业在欧盟地区雇用了近 1 200 万人。

同期,东亚、南亚和东南地区在全球文化产品出口中的地位有所上升,其文化产品出口额从 2002 年的 35.92%上升至 2014 年的 50.96%,2015 年略微下降至 48.4%。2015 年,中国仍然是文化产品的主要出口国。2002—2015 年,中国创意产品出口的年平均增长率为 14%。中国的突出表现推动了全球创意经济的发展,有迹象表明,未来,中国在电影、电视和人工智能等领域的文化产业实力将不断扩大。此外,2015 年,中国文化产品出口额是美国的 4 倍,总额达 1 685 亿美元。由于出口数量众多,它还拥有世界上最高的文化贸易顺差 1 540 亿美元。美国除 2012—2014 年外,其文化出口额占比均维持在 10%以上,其他国家和地区在世界文化产品出口中的占比较小。

图 1-9 列出了 2015 年文化产品出口 10 强的国家和地区。中国以 1 680 亿美元的出口额位列第一。图 1-10 列出了 2015 年文化产品进口 10 强的国家和地区,美国以 1 050 亿美元的文化产品进口额位列第一,中国以 130 亿美元位列第八。

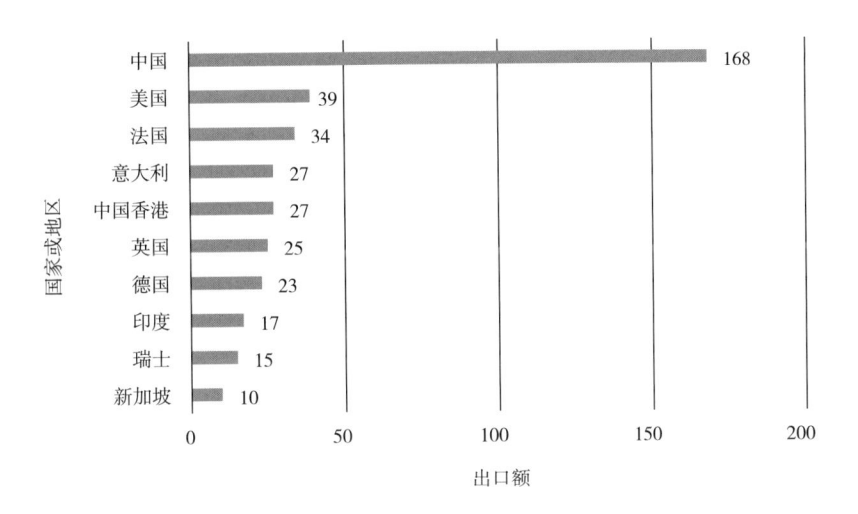

图 1-9　2015 年文化产品出口 10 强国家和地区 (单位:十亿美元)
数据来源:联合国贸发会创意经济数据库

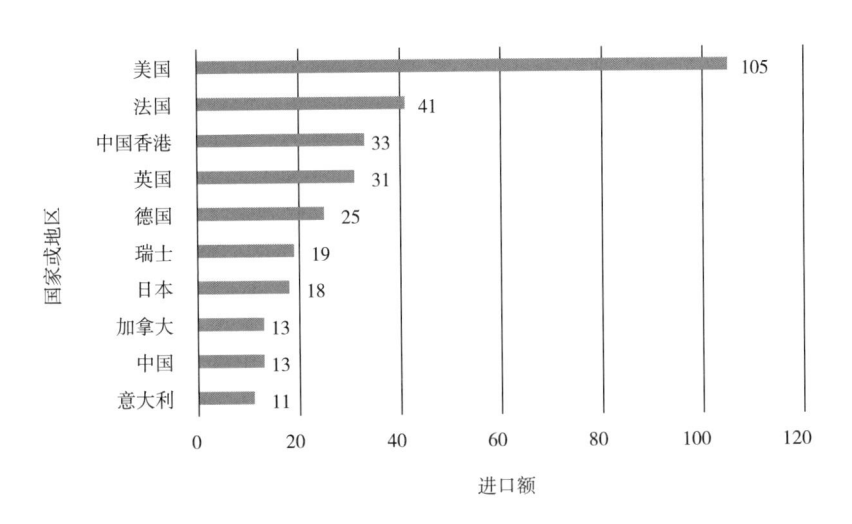

图 1-10　2015 年文化产品进口 10 强国家和地区 (单位:十亿美元)
数据来源:联合国贸发会创意经济数据库

图 1-11 和图 1-12 分别列示了 2002 年和 2015 年文化产品进出口贸易顺差和逆差前 10 的国家和地区。2002 年,中国的全球贸易顺差最高。由于出口大幅增加,这一趋势继续,顺差额从 2002 年的 290 亿美元增加到 2015 年的 1 540 亿美元。相反,美国 2002 年的贸易逆差为 520 亿美元,2015 年高达 650 亿美元。

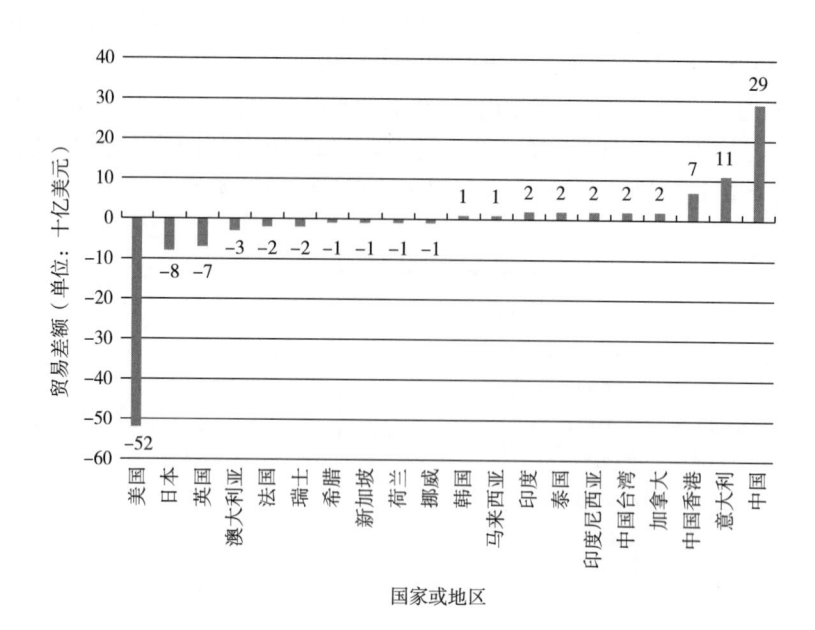

图 1-11　2002 年文化产品进出口贸易顺差和逆差前 10 的国家和地区
数据来源：联合国贸发会创意经济数据库

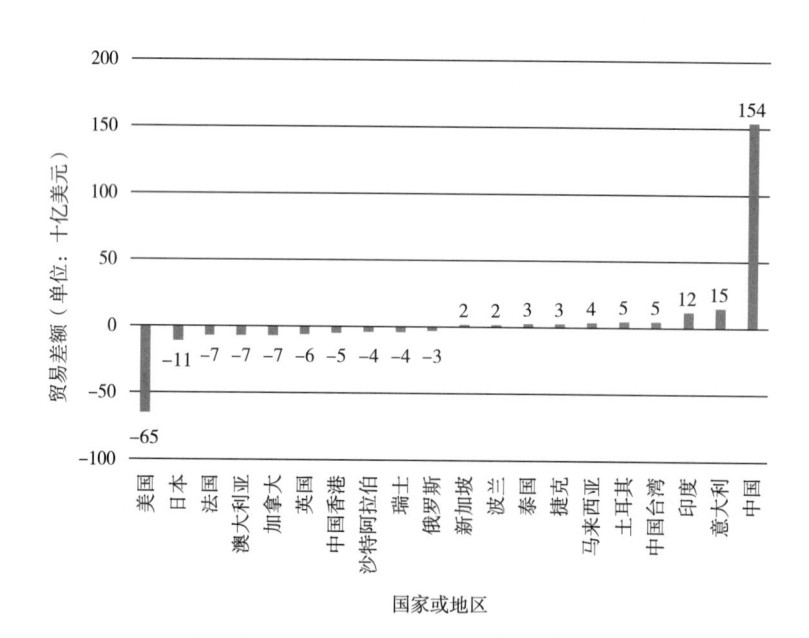

图 1-12　2015 年文化产品进出口贸易顺差和逆差前 10 的国家和地区
数据来源：联合国贸发会创意经济数据库

表 1-6 和表 1-7 分别列出了 2015 年发达国家和地区文化产品出口 20 强和发展中国家和地区文化产品出口 10 强。发达国家中，美国的文化产品出口额最高，为 4 050 万美元。发展中国家中，文化产品出口额最高的是中国。

表1-6 2015年发达国家和地区文化产品出口贸易20强(单位:百万美元)

排序	国家	出口额	排序	国家	出口额
1	美国	40.504	11	捷克	6.277
2	法国	34.446	12	加拿大	6.188
3	意大利	26.672	13	西班牙	5.968
4	英国	25.926	14	澳大利亚	4.513
5	德国	25.882	15	丹麦	3.202
6	瑞士	14.980	16	瑞典	2.920
7	荷兰	9.391	17	葡萄牙	1.409
8	波兰	7.434	18	斯洛伐克	1.356
9	比利时	7.056	19	爱尔兰	1.329
10	日本	6.631	20	匈牙利	1.324

数据来源:联合国贸发会创意经济数据库

表1-7 2015年发展中国家和地区文化产品出口贸易10强

(单位:百万美元)

排序	国家或地区	出口额	排序	国家或地区	出口额
1	中国	168.507	6	土耳其	8.690
2	中国香港	27.872	7	泰国	6.105
3	印度	16.937	8	马来西亚	6.066
4	新加坡	10.277	9	墨西哥	5.447
5	中国台湾	8.671	10	菲律宾	1.010

数据来源:联合国贸发会创意经济数据库

表1-8列出了2015年各类文化产品出口20强,可以看出全球文化产品出口市场比较集中。图1-13展示了2015年前十位文化产品出口国家和地区的市场份额,这10个国家和地区依次为中国、美国、法国、中国香港、意大利、英国、德国、印度、瑞士和新加坡。其中,中国的市场份额为33.05%,美国的市场份额为7.95%,法国的市场份额为6.76%。中国香港、意大利、英国和德国文化产品出口市场份额均在5.00%~5.50%之间。印度文化产品出口的市场份额为3.32%。

表1-8 2015年文化产品出口贸易20强 (单位:百万美元)

	工艺品		视听产品		设计品	
排序	国家和地区	出口额	国家和地区	出口额	国家和地区	出口额
1	中国	17 383.18	德国	3 158.49	中国	122 356.59
2	土耳其	2 753.75	新加坡	2 941.82	意大利	23 590.66
3	中国香港	1 759.04	美国	2 304.95	中国香港	19 657.58
4	印度	1 591.64	日本	1 626.68	美国	16 900.00

续表

排序	工艺品 国家和地区	出口额	视听产品 国家和地区	出口额	设计品 国家和地区	出口额
5	比利时	1 565.78	荷兰	1 370.82	法国	16 077.67
6	美国	1 399.12	中国	1 091.94	印度	14 663.73
7	中国台湾	1 063.27	波兰	1 063.82	德国	13 480.97
8	德国	1 029.21	中国香港	1 063.75	瑞士	12 105.23
9	荷兰	915.66	英国	978.48	英国	10 266.10
10	意大利	884.55	奥地利	943.55	土耳其	5 792.32
11	法国	550.16	马来西亚	845.45	泰国	5 323.49
12	西班牙	467.98	法国	634.01	新加坡	4 288.33
13	英国	407.44	爱尔兰	582.19	荷兰	4 066.65
14	泰国	355.02	捷克共和国	478.15	西班牙	3 976.22
15	日本	295.01	瑞典	424.53	波兰	3 931.52
16	奥地利	289.09	墨西哥	323.89	捷克共和国	3 902.87
17	波兰	259.88	中国台湾	196.62	马来西亚	3 729.00
18	加拿大	251.73	意大利	160.66	墨西哥	3 679.26
19	墨西哥	221.84	瑞士	153.67	比利时	3 658.03
20	丹麦	171.55	比利时	148.01	加拿大	2 534.72

排序	新媒体产品 国家和地区	出口额	乐器 国家和地区	出口额	出版物 国家和地区	出口额
1	中国	14 096.68	中国	1 499.36	德国	4 130.57
2	中国台湾	4 998.72	美国	589.75	美国	3 953.99
3	美国	3 670.65	德国	541.79	英国	3 535.95
4	中国香港	2 856.64	日本	480.95	中国	3 185.63
5	德国	2 136.60	荷兰	269.90	加拿大	2 431.71
6	新加坡	1 938.07	法国	188.53	中国香港	1 614.24
7	荷兰	1 288.99	英国	142.73	法国	1 563.00
8	英国	1 194.32	意大利	92.87	波兰	1 236.79
9	马来西亚	1 169.21	中国台湾	89.50	荷兰	1 128.12
10	捷克共和国	1 024.61	墨西哥	73.82	意大利	1 072.25
11	法国	894.70	加拿大	53.15	比利时	1 001.47
12	日本	836.66	马来西亚	53.02	西班牙	957.16
13	波兰	831.44	瑞典	45.90	俄罗斯联邦	846.98
14	墨西哥	662.91	比利时	41.54	捷克共和国	689.50

续表

排序	新媒体产品		乐器		出版物	
	国家和地区	出口额	国家和地区	出口额	国家和地区	出口额
15	奥地利	590.21	捷克共和国	40.35	瑞典	628.38
16	加拿大	434.19	西班牙	32.05	新加坡	623.81
17	比利时	377.83	奥地利	30.38	瑞士	458.30
18	爱尔兰	258.65	中国香港	28.82	奥地利	426.20
19	斯洛伐克	254.88	瑞士	24.83	墨西哥	374.02
20	意大利	247.76	波兰	22.69	日本	311.83

排序	视觉艺术品		排序	视觉艺术品		排序	视觉艺术品	
	国家和地区	出口额		国家和地区	出口额		国家和地区	出口额
1	法国	14 541.11	8	日本	682.81	15	西班牙	229.72
2	美国	11 706.35	9	意大利	627.83	16	印度	181.42
3	英国	9 433.07	10	新加坡	396.04	17	中国台湾	176.08
4	中国	8 894.39	11	瑞士	362.60	18	丹麦	133.80
5	瑞士	1 843.98	12	加拿大	337.27	19	巴西	125.44
6	德国	1 432.19	13	比利时	264.06	20	墨西哥	111.41
7	中国香港	892.23	14	奥地利	248.75			

数据来源:联合国贸发会创意经济数据库

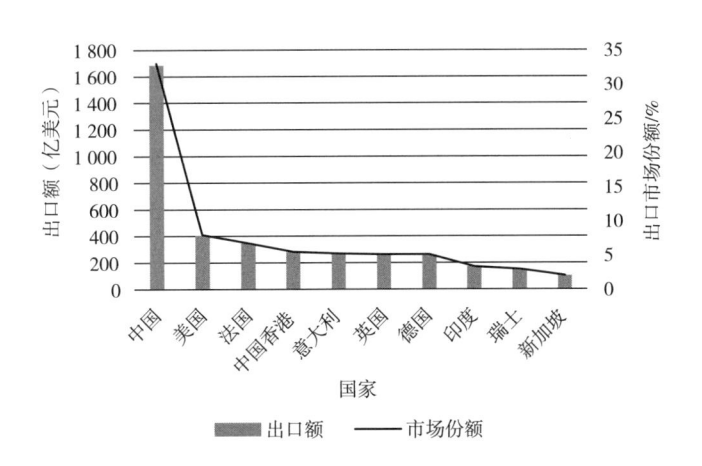

图 1-13　2015 年文化产品出口前 10 个国家和地区的出口额和市场份额

图 1-14 展示了 2015 年前 10 个文化产品进口国家和地区的市场份额,这 10 个国家和地区依次为:美国、法国、中国香港、英国、德国、瑞士、日本、中国、加拿大和意大利。其中,美国的进口市场份额为 23.27%,法国的市场份额为 9.12%,中国香港的市场份额为 7.31%,中国文化产品进口的市场份额为 3.25%。

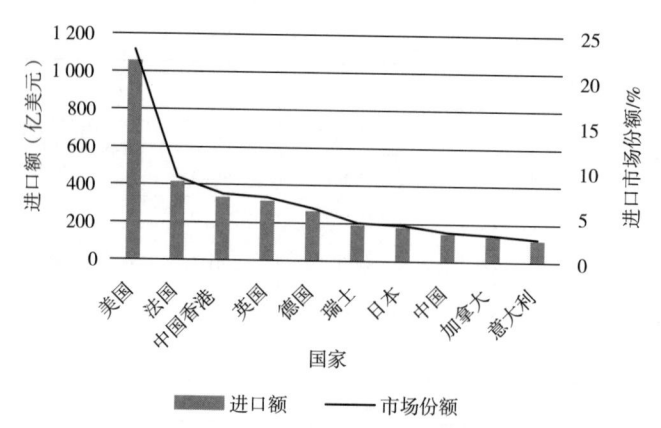

图 1-14 2015 年文化产品出口前 10 个国家和地区的进口额和市场份额
数据来源：联合国贸发会创意经济数据库

1.2 全球文化服务贸易概况

1.2.1 文化服务的经济贡献

根据联合国贸发会 2018 年发布的创意经济报告：文化服务是文化经济的重要组成部分，但衡量和估算文化服务的经济贡献更为复杂，它很可能成为未来增长最快的领域之一。首先，文化服务随着数字技术和共享经济的发展而不断增长；其次，文化服务对抗经济下行的能力更强；最后，文化服务与新兴的电子商务活动密切相关。报告分析了 2011—2015 年 38 个发达经济体文化服务贸易的发展状况。发达经济体的文化服务贸易在 2011—2015 年发展比较稳定，发达国家 2011—2015 年文化服务贸易的年均增长率为 4.3%，是所有服务贸易增长率的两倍多。由于这种较高的增长率，文化服务在服务贸易总额中的份额从 2011 年的 17.3%稳步增加到 2015 年的 18.9%。尽管 2014 年全球服务贸易发展放缓，但仍保持着积极的增长趋势。在此期间，这些国家的文化服务贸易在总服务贸易额中的占比增加了 1.6%（见表 1-9）。

表 1-9 2011—2015 年 38 个发达经济体文化服务贸易额占比

年度	2011 年	2012 年	2013 年	2014 年	2015 年
占比	17.3%	17.6%	17.6%	18.2%	18.9%

从传统意义上讲，文化服务是指满足人们文化兴趣及需要的行为。这种行为一般不以货物的形式出现，而是政府、私人机构和半公共机构对社会文化实践提供的文化支持。这种文化支持包括举行各种演出、组织各种文化活动、推广文化信息和文化收藏品（如图书馆、博物馆和文献资料中心）等。联合国贸发会创意经济数据库中的文化服务包括：广告和市场调查、建筑工程和技术服务、研发服务、个人文化娱乐服务。由于多数国家数据不全，而且是 2003—2012 年数据，无法反映现实情况，故本书文化服务贸易数据使用联合国贸发会服务贸易数据库中的个人文化娱乐服务和知识产权使用费。个人文化娱

服务包括视听及相关服务、其他文化娱乐服务。视听及相关服务是指与电影制作、无线广播和电视节目制作以及音乐录音等相关的服务;其他文化娱乐服务指教育、医疗及其他服务。知识产权使用费包括研发成果和商标使用费、计算机软件和视听及相关产品的复制或分销许可费用。

图1-15展示了2005—2017年不同收入水平国家知识产权使用费出口市场份额。2005—2017年,高收入国家在此期间一直保持着97%~98%的出口市场份额;中高收入国家知识产权使用费的出口市场份额呈现轻微上升的状态,最高市场份额出现在2017年,为1.91%;全球范围内的知识产权服务出口由高收入国家主导。从图1-15中可以看出,金融危机对知识产权出口的影响不明显。

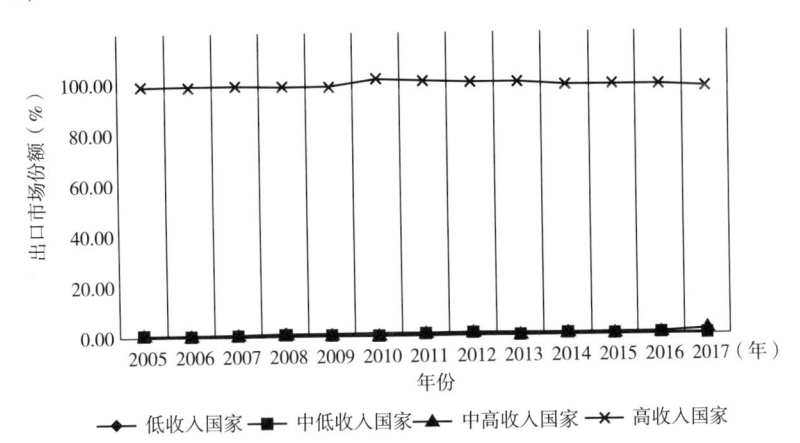

图1-15 2005—2017年不同收入水平国家知识产权使用费出口市场份额
数据来源:联合国教科文组织数据研究院

2005—2017年,全球个人娱乐文化服务出口市场仍然由高收入国家占据主导地位,其市场份额在69%~78%区间内波动;中高收入国家个人娱乐文化服务出口市场份额呈现"下降—上升—下降"的波动趋势;中低收入国家和低收入国家在个人娱乐文化服务出口的市场中占据较小比例。见图1-16。

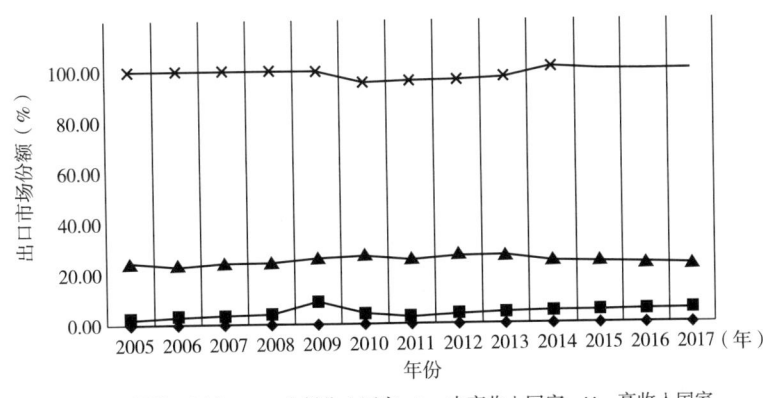

图1-16 2005—2017年不同收入水平国家个人娱乐文化服务出口市场份额
数据来源:联合国教科文组织数据研究院

2017年,知识产权使用费出口额前10位的国家如图1-17所示,依次为美国、瑞士、日本、列支敦士登、德国、英国、法国、爱尔兰、新加坡和韩国。其中,美国知识产权使用费出口额为1 279.34亿美元,瑞士为549.22亿美元,日本为417.22亿美元。2017年,个人娱乐文化服务出口额前10位的国家分别为英国、马耳他、法国、卢森堡、德国、加拿大、荷兰、土耳其、印度和比利时。英国、马耳他和法国的出口额相近,均在39亿美元左右。见图1-18。

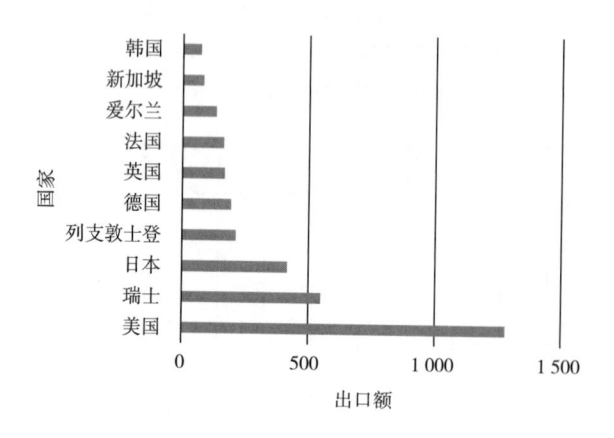

图1-17 2017年知识产权使用费前10个国家的出口额(单位:亿美元)
数据来源:联合国贸发会创意经济数据库

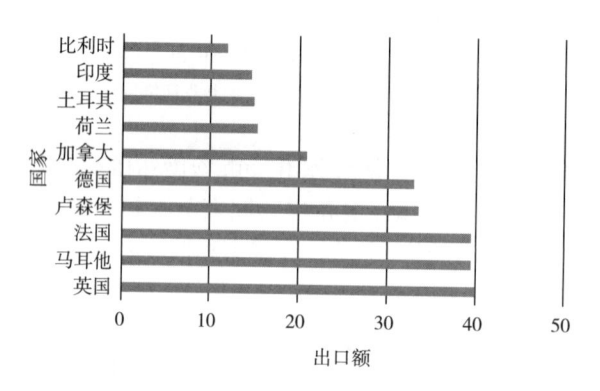

图1-18 2017年个人娱乐文化服务前10个国家的出口额(单位:亿美元)
数据来源:联合国贸发会创意经济数据库

1.2.2 文化服务的特征

根据联合国贸发会2019年发布的创意经济报告,美国、中国、印度、瑞士和巴西的文化服务呈现出以下特征。

1.2.2.1 以美国为首的发达国家的技术创新

美国文化传媒和娱乐市场比亚洲、欧洲、拉丁美洲、中东或北非更大,美国电影业2015年的收入为103亿美元,票房收入比2014年增长7%。

美国市场的发展对全球创意产业的产出影响很大,随着技术创新的发展,人工智能已经可以帮助编写流行民谣,模仿伟大画家的绘画风格,并在电影制作中为创意决策做出支持。很明显,随着数字内容和交付平台不断渗透各种形式的媒体和表达,人工智能的作用将会进一步扩大。比如IBM Watson 认知平台,就用于制作20世纪福克斯公司恐怖电影《摩根》的电影预告片。在IBM研究员兼IBM研究院多媒体与视觉经理约翰·史密斯(John Smith)的带领下,该项目工作人员通过Watson分析了数百部现有恐怖电影预告片的视觉效果、声音和构图,Watson随后从已完成的摩根电影中选择场景进行编辑,以便整理到预告片中,极大地提高了制作效率和视觉效果。

凭借数字技术和创意的优势,英国电视节目成为在Netflix和iTunes平台上最受欢迎的欧盟电视内容。2015年,英国的信息技术、软件和计算机服务的收入近130亿美元,增长率为11%,其次是电影、电视、视频、广播和摄影,这些行业的收入将近70亿美元。此外,2014年,英国创意产业的就业人数增长了6.4%,达到190万人,远远超过英国全行业平均2.1%的就业增长率。

根据欧洲视听观察站的数据分析,原产于欧盟28个成员国的Netflix八大类电视节目中,英国有160个(占所调查的欧盟电视节目的44%),法国有72个(占20%),德国有52个(占14%)。

1.2.2.2　中国电影市场的崛起

近年来,中国电影市场蓬勃发展,每天平均推出22部新电影。2015年,中国电影票房比2014年增长近50%,未来有可能超过美国电影票房。阿里影业公司与斯皮尔伯格的安布林娱乐公司达成全面战略合作一揽子协议,双方将共同投资、共同制作和发行电影。中国希望通过配额制度保护其不断增长的电影产业,每年将进口大制作电影的数量限制在34部。中国也在人工智能方面投入巨资,科技巨头阿里巴巴、百度和腾讯也大规模投入开发人工智能。

中国制造业也试图融入全球价值链,作为国家"中国制造2025"计划的一部分,中国设计师正在努力从模仿者转变为创新者。中国纺织和服装协会副主任陈大鹏表示,与法国或意大利不同,中国的时尚产业在互联网兴起的时代起飞和发展,这使得业内人士更容易拥有"互联网心态"和计算机技能,能更好地利用技术手段传播中国文化。

1.2.2.3　印度的动画和视觉特效行业

印度动画和视觉特效行业2016年增长16.4%,达到82亿美元(595亿卢比),其中视觉特效行业增长31%,是主要的推动力量,动画行业保持稳定的9%的增长率。此外,各州政府正在实施各项政策鼓励创意产业的发展。例如,马哈拉施特拉邦政府划拨土地成立国家动画、游戏、漫画和视觉特效中心,卡纳塔克邦政府主张将数字艺术教育纳入某些艺术学校的课程中,特伦甘纳在海德拉巴成立一个创意孵化中心,支持动画和视觉特效行业发展。这些将使印度动画和视觉特效行业能够有效地与成熟的美国和加拿大市场,以及正在发展的韩国、法国、中国和马来西亚等新兴市场竞争。

视觉效果是电影制作中不可或缺的部分,印度是世界上电影产量最大的国家。印度每年以20多种语言制作1 500~2 000部电影。截至2015年,印度共有2 000多家多屏影院。2016 年，印度电影票销售超过 22 亿张，使该国成为世界领先的电影市场。相比之下，2016 年排名第二的中国售出约 12.5 亿张电影票。

1.2.2.4　瑞士的"机器人硅谷"

3D 机器人公司首席执行官克里斯安德森称，瑞士现在是"机器人硅谷"，苏黎世拥有谷歌在加利福尼亚州以外最大的园区，拥有近 2 500 名工程师，其中包括 250 多名人工智能专家，带动周边的劳动力总数达到 5 000 人。

瑞士拥有先进发达的高科技制造和建筑服务等相关设计类行业，其他行业也正在兴起。瑞士的视频游戏正在蓬勃发展。瑞士游戏设计虽然还处于初期阶段，但在不到 10 年的时间里，它已经从初创行业发展成为具有出口竞争力的成熟行业。Pro Helvetia 是促进瑞士艺术和文化发展的国家基金会，致力于推动瑞士创意产业的发展，它在 2010 年启动了第一个视频游戏支持计划，为游戏设计、软件设计和虚拟现实等提供资金和支持。

1.2.2.5　巴西

目前巴西拥有全球第十一大电影票房市场，2014 年总票房达 8 亿美元。预计到 2020 年年底，巴西将拥有全球第五大视听市场。这种增长的关键是美国和巴西电影业之间的紧密联系和合作。在 2010—2014 年，两国共同合作制作了 100 多部电影，这些联合制作不仅促进了文化交流，而且带动了两国创意经济的发展。2014 年，巴西视听行业创造了 168 880 个直接就业岗位和 327 482 个间接就业岗位。

巴西创意产业发展潜力巨大，目前约有 5.5%的巴西人(1 100 万人)在与创意产业相关领域工作，包括 320 000 家创意公司和数百万新工作岗位。相比之下，农业部门雇用了 15%的巴西人，但正在迅速萎缩。农业占巴西国内生产总值的 5.6%，而创意产业占 2.6%，在过去 10 年中增长了近 70%。在巴西创意产业中，时尚是主导行业，其次是音乐、电影和网络媒体行业，这些都是巴西创意经济增长的基础。

2 国际图书出版市场

2.1 国际图书出版市场发展现状

2.1.1 国际图书出版产业格局

从市场价值来看,2016年度全球出版市场下降了0.5%,市场价值为2 597.358亿美元,2012—2016年的复合年均变化率为-0.9%。具体而言,2016年,欧洲出版市场下降了2.6%,市场价值为854.21亿美元,2012—2016年的复合年均变化率为-2.7%;美国出版市场2012—2016年的复合年均变化率为-2.7%,2016年市场价值为644.356亿美元;而2016年,亚太出版市场则上涨了3.1%,价值达到920.736亿美元,2012—2016年的复合年均增长率达2.1%。[①]

从市场价值前景来看,全球出版市场将转跌为升,预计到2021年市场价值将达到2 600.514亿美元。同期预测,美国自2016年以来下降了7.4%,到2021年出版市场价值预计为596.7亿美元,未来5年的复合年均变化率为-1.5%;而亚太地区自2016年以来增长了14.3%,到2021年预计将达到1 052.643亿美元,未来五年的复合年均增长率将达2.7%。

从类别细分来看,图书市场是全球最大的出版子市场,2016年图书出版市场创下最多利润,年度总收入达到1 154.072亿美元,占全球出版市场总收入的44.4%。在欧洲,图书占出版市场总价值的41.0%;在美国,图书占据42.3%的出版市场份额;在亚太地区,图书所占比例达到50.7%。

从区域划分来看:2016年,在全球出版市场中,欧洲出版市场所创价值占全球的32.9%,亚太约占35.4%,美国占24.8%,

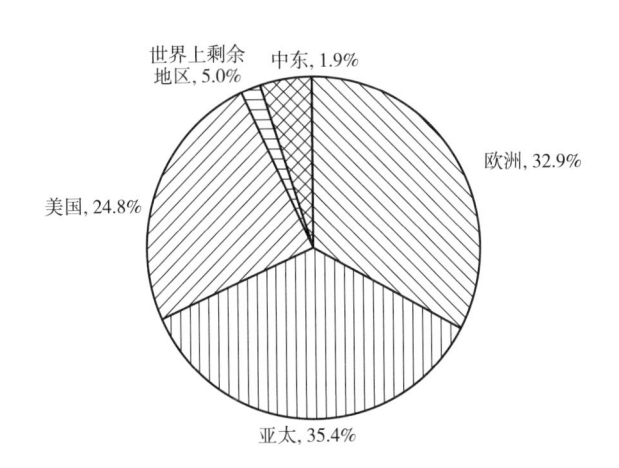

图2-1 2016年全球出版市场创造价值比例图
资料来源:MarketLine Industry Profile, Global Publishing, April 2017

中东占1.9%,其余地区约占全球市场的5%。如图2-1所示。

2016年度,从欧洲出版市场分布来看,德国占欧洲出版市场价值的比例最高,达

---

① 本部分数据来源:MarketLine Industry Profile, Global Publishing, April 2017。

到 24.1%，英国次之，占 13.5%，法国又次之，占 12.2%，意大利和西班牙分别占 8.0% 和 4.6%的比例，如图 2-2 所示。

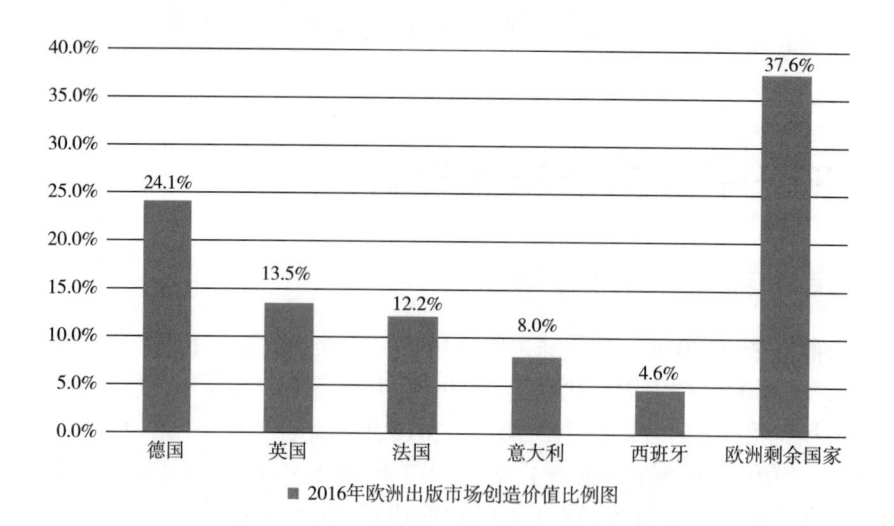

图 2-2　2016 年欧洲出版市场创造价值比例图

资料来源：MarketLine Industry Profile, Publishing in Europe, April 2017

欧洲受世界经济和欧债危机影响，各地区出版市场普遍呈现下跌态势。其中，意大利和西班牙的出版市场受到的影响最为剧烈，两国的经济发展低迷使其出版市场的发展也随之受挫，市场价值大大缩水。德国占据欧洲出版市场市值第一位，其在电子书和有声书出版方面呈现出良好的发展态势。相比而言，法国的电子书市场则因 2016 年年初新的增值税政策受到冲击，这也部分解释了法国由从前的第二位滑落至第三位的原因。

2016 年，从亚太出版市场分布来看，中国占亚太出版市场价值的比例最高，达 41.6%；日本次之，占 29.6%；韩国和印度分别占 5.9%和 4.9%。如图 2-3 所示。

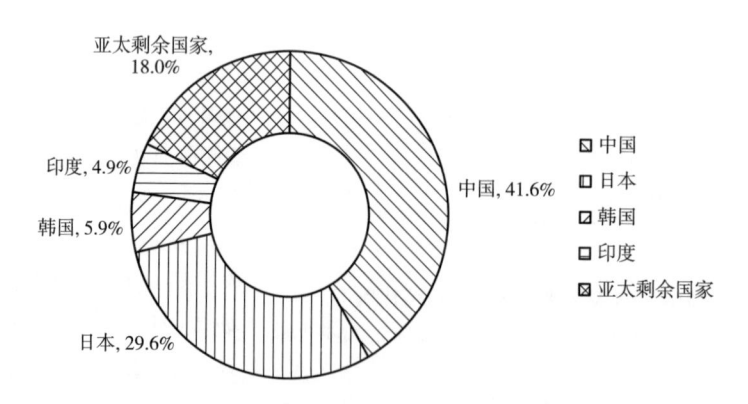

图 2-3　2016 年亚太出版市场创造价值比例图

资料来源：MarketLine Industry Profile, Publishing in Asia-Pacific, April 2017

2.1.2 国际图书市场主要出版集团

2.1.2.1 法国拉加代尔集团(Lagardere Groupe)

法国的拉加代尔集团是一家多元化的媒体集团,其业务范围涉及内容生产、出版、传播和发行服务,业务遍及美洲、欧洲和亚太等地区的40个国家。拉加代尔集团业务的四个主要分支为:旅游零售、出版、传媒和体育娱乐。

拉加代尔旅游零售业务包括旅游区的零售业务和旅行必需品、免税与时尚、食品服务三个领域的特许经营。该部门在全球30个国家开展业务。拉加代尔旅游零售业共有4 714家门店,其中欧洲、中东和非洲地区拥有3 623家,亚太地区有321家,北美地区有770家,商店品牌包括爱马仕、维多利亚的秘密、Costa咖啡、雀巢、汉堡王、孤独星球和悉尼歌剧院等。

阿歇特(Hachette Livre)作为拉加代尔主要的出版运营部门,负责该集团的图书出版和电子书出版及其发行,领域涵盖教育、大众文学、插图册、丛书、词典、青年作品等多个图书类别,在以英语、法语和西班牙语为主的图书出版市场中占据主要地位。除法国以外,阿歇特出版集团的出版业务还面向西班牙、英国和美国等国家开展。该集团每年印刷2.5亿册图书,供应法国12 000家书店、新闻机构、报刊亭和超级书店,其业务规模已经直接或间接地覆盖到全球70多个国家和地区。

拉加代尔集团传媒业务包括杂志出版、广播、电视频道、音像出版和分销、广告销售经纪以及数字业务等。该集团主要提供15种杂志和81家国际许可的杂志,大多为女性杂志,但也拥有一些以时事、室内设计、青年和休闲娱乐为内容的其他杂志。其中旗舰杂志包括著名的《她》(Elle)、《巴黎竞赛画报》(Paris Match)、《费加罗报》(Tele 7 Jours)等。在法国,拉加代尔拥有3个国家无线电网络,包括欧洲广播一台、维珍广播和RFM电台。位于东欧、德国和南非的8个国际电台拥有1 300万听众,分设21家广播站。

拉加代尔体育娱乐是一家综合性的全球运动市场中介,为体育经纪公司、品牌、运动员和体育媒体提供一系列服务,包括营销、赞助和公共关系维护,内容生产,媒体管理、制作和发行,品牌咨询,数字服务,球场管理,运动员管理,活动管理,剧院管理和赛事直播。该部门服务于各大体育赛事,包括足球、高尔夫、网球、奥运会和其他大赛,与欧洲70多家足球俱乐部有业务联系。拉加代尔集团旗下拥有超过两百家体育经纪公司,为其提供内容生产和后期制作服务。它还为各大世界品牌的赞助宣传战略出谋划策,客户遍布美国和欧洲。集团还建议客户们发展运营大型体育馆和多功能场馆。此外,拉加代尔还开发或合作开发音乐剧,例如《嗨,伙伴》(Salut les Copains)、《德古拉》(Dracula)、《爱的马戏团》(Love Circus)、《辛德瑞拉/灰姑娘》(Cendrillon)、《巴黎圣母院》(Elle en scene)和《迪斯科》(Disco)。

2.1.2.2 美国新闻集团(News Corporation)

美国的新闻集团(公司)集多媒体、新闻、教育和信息服务为一身,业务范围涉及新闻和信息服务、澳洲有线网络、数字房地产、图书出版、澳洲付费电视、数字教育。旗下品牌包括华尔街日报、道·琼斯、先驱太阳报、太阳报、泰晤士报、柯林斯出版等,在北美、澳大利亚和英国开展业务。

公司的新闻和信息服务业务主要由道·琼斯公司、新闻集团澳大利亚公司(包括新闻有限公司及其附属公司)、《英国新闻》(前身是新闻国际)、《纽约邮报》和美国新闻营销集团运营。道·琼斯是一家全球新闻和商业信息的供应商,主要通过报纸、通讯社、网站、电子阅读器、移动应用、时事通讯、杂志、专利数据库、会议、广播和视频等多种媒介渠道来分配内容和数据。其中,图书出版部门为哈珀·柯林斯出版集团,是全球最大的英文书籍出版商之一。该出版社专注于通俗小说、非小说类文学、儿童图书和宗教书籍的出版,也从事数字出版业务。该出版社包括120多个有独立品牌的出版公司,如雅芳出版公司(Avon Publishers)、哈珀·柯林斯儿童图书出版商(Harper Collins Children's Publishers)、威廉·莫罗和基督教出版商(William Morrow and Christian publishers)等。

2.1.2.3　德国阿克塞尔·施普林格出版集团(Axel Springer SE)

总部位于德国的阿克塞尔·施普林格出版集团是一家出版报纸和杂志的媒体公司。施普林格出版集团平均每年出版新书2 000多种,期刊500多种,其中400多种期刊有电子版。在版图书共19 000种,其中60%是英文版。[①] 该公司最大的地理市场分布是德国,德国施普林格出版社是世界上最大的科技出版社之一,它有着170多年的发展历史,以出版学术性出版物而闻名于世,它也是最早将纸本期刊做成电子版发行的出版商。除了德国总部之外,施普林格出版集团还在其他47个国家中都有业务,主要是通过其子公司、合资企业和许可证经营开展业务。该集团主要有四种运营模式,包括付费模式、营销模式、分类广告模式和服务模式。

公司还经营数字销售渠道,通过SpringerLink平台提供学术期刊及电子图书的在线服务,该平台包括了各类期刊、丛书、图书、参考工具书以及回溯文档数据库。

2.1.2.4　英国皮尔森公司(Pearson plc)

英国的皮尔森公司是一家全球性的出版和教育公司,在北美、欧洲和亚太地区的70多个国家和地区开展业务,主要为教师和学生提供教育材料、技术、评估及相关服务,为教育机构、公司和专业机构提供电子学习程序和开发测试、审核和评分服务。该公司与其受众市场的连接主要有三种:一是为学校提供教学内容和电子设备;二是与公共教育机构或者私人培训机构合作;三是公司自建学校和学院。

皮尔森公司主要有两大业务:一是提供全球范围内的教育服务;二是企鹅兰登书屋的出版业务(该集团在企鹅兰登书屋持有47%的股份)。其中,皮尔森教育出版集团是世界最大的教育出版集团,主要提供教育材料和学习技术。企鹅兰登书屋的出版范围包括成人、儿童的虚构类、非虚构类图书和电子书出版。

皮尔森公司业务又细分为三大部门:北美部门、欧洲部门和发展中国家部门。北美教育业务主要是为美国和加拿大师生服务。它的产品和服务包括教材和其他学习资料、学生评估和测试服务以及教育技术。在皮尔森数字化系统学习中,该公司还提供了数字

---

① 数据来源:https://baike.baidu.com/item/%E6%96%BD%E6%99%AE%E6%9E%97%E6%A0%BC%E5%87%BA%E7%89%88%E9%9B%86%E5%9B%A2/1400244。

化教学方案，通过皮尔森学校系统提供学生信息、评估、报告和教学解决方案来记录和管理学生的出勤和表现；并通过"校园网"这一教学改进系统，实现教师的个性化教学。此外，北美教育业务部门为美国的学院和大学编辑出版教科书及相关教材。

皮尔森的欧洲部门主要在北美以外的英国、澳大利亚、德国、法国和比荷卢联盟国家展开业务。在英国，皮尔森开设职业学历与学术考试机构，包括英国爱德思国家职业学历与学术考试机构（英国最大的颁证机构）、英国商业与技术教育委员会、英国伦敦工商会等。世界上有80多个国家都认可这些机构颁发的证书。该公司还开发了在线批卷系统和相应的批卷结果分析报告服务（Results Plus）。

2.1.3　国际图书出版产业发展趋势

2.1.3.1　超级畅销图书推动市场回暖

过去10年，国际图书出版市场先后经历了全球性金融危机和以互联网为代表的数字化浪潮的冲击，图书出版种类及其销售市场都受到较大的影响。其中波动幅度较大的是英国、法国和韩国，这些国家的出版种数年均差距很大，最高值和最低值相差50%以上。相应的，图书销售市场也面临一样的境况，美国年平均销售额大约在1 733亿元人民币，德国、日本、英国、韩国、法国和俄罗斯等国依次为694亿元人民币、495亿元人民币、272亿元人民币、219亿元人民币、197亿元人民币和72亿元人民币。[①] 在这些销售额中，畅销书尤其是超级畅销书的影响巨大，对市场的刺激作用和强势拉动作用明显。

超级畅销书一般分两类：一类是政治类书籍；另一类是与热门影视作品联动的超级大IP图书。

与政治事件相关的政治类图书常常会成为超级畅销书。在英美等国家的大选年份，国家领袖或是政府首脑的热门候选人纷纷在选举阶段推出纪实类的随笔、传记等图书来为自己造势，以宣传自己的主张，争取更多的选票。比如，美国特朗普的《做生意的艺术》和希拉里的《艰难抉择》。

畅销书还与卖座的影视作品渐成共生关系，相互影响，彼此拉动，成为多栖联动的超级大IP。在美国，《美国狙击手》《火星救援》等小说因2015年上映的同名影片受到观众喜爱，从而在当年的大众畅销书排行榜上名列前茅。在法国畅销书榜单上，2014年有4个系列20部少年小说受影视作品带动，有9部绘本和插画类作品与当年上映的《冰雪奇缘》有关。在韩国，《奶酪陷阱》《心里的声音》《未生》等漫画作品均被改编成电视剧，引发收视高潮，也带动了纸质图书的大卖。

2.1.3.2　科技创新促进图书线上线下销售互动

席卷全球的数字化浪潮在冲击图书出版市场的同时，改变了人们的阅读习惯，也促成了人们购买行为的变化。这种改变是互联网技术进步和发展的直接结果。电商平台迅速占领市场，其触角延伸至世界的角角落落，其影响体现在人们生活的方方面面。连

---

① 范军,王卉莲,王珺.风云变幻、跌宕起伏：国际出版业10年发展报告[R/OL]. https://mp.weixin.qq.com/s/-oERsK7llquoN3tWGvcdjQ.

锁书店和独立书店等传统的销售渠道长期处于低迷的状态,可谓是经历了线下书店的"大萧条"。10 年来,美国实体书店年均减少 600 余家,英国平均每年约有 500 家独立书店倒闭。

实体书店难则思"变",凭借技术和销售思路创新,形成了线上线下互动互补的销售模式。一方面,实体书店通过线上来促进销售,减小库存压力,维持实体运行;另一方面,线上销售也通过实体书店带给消费者更直接的体验,一些图书、文化衍生品也开始在线下销售。也有实体书店凭借其个性化和小众化,以及购书即时性的优势,线下销售反超线上。亚马逊作为在线图书销售的美国电商巨头,利用大数据分析用户特征及地理分布,有针对性地进行实体书店布局和图书选取,线上线下销售互动,业绩显著。

2.1.3.3 东南亚、南亚国家:教育出版领跑

与欧洲市场一片低迷的景象不同,东南亚、南亚国家的出版市场展现出惊人的上升速度和良好的发展态势,这得益于其目前的经济状况和人口背景。其国内市场正在稳步增长且处于年轻化人口阶段,因此东南亚、南亚出版业的总体前景是乐观的。东南亚国家联盟在 2015 年实现全面经济一体化,也进一步促进了东南亚地区的经济增长,从而为其国内出版市场的发展提供了机遇。

但东南亚、南亚国家的出版市场也面临着特殊的挑战,其复杂的历史文化背景对本国的图书阅读文化和图书出版市场影响深远。版权和盗版问题、基础设施落后等硬件设施问题都直接限制了这些国家图书市场的发展。除此之外,城乡经济文化水平差距过大也使得农村地区的市场开发很难进行。在这些国家,政府政策和行业规范的出台将对市场产生有效的影响。

面对东南亚、南亚出版市场困局,教育方面的出版将成为突破口——学校的教科书,包括基础教育和职业技术学习。鉴于东南亚、南亚地区的人口结构以及英语作为东盟工作语言的地位,英语学习和英语材料的需求将非常大,这对出版商来说是一个巨大的机遇。

以印度为例,印度政府大力发展教育,不断降低文盲率,促进数字技术的发展,鼓励出版服务外包,促进了印度出版市场的扩大和发展。而英语作为印度这一世界第二人口大国的通用语言,直接使其成为世界上最大的英语图书市场之一。

2.1.3.4 电子书市场发展趋于平缓

自 2010 年起,电子书得到了迅速发展,但近年来的增长速度放慢,销售增幅逐渐放缓,在有些国家甚至出现销售额下滑的现象。目前,美国、德国、英国、法国等国的电子出版物市场已进入平稳发展期。2017 年,这 4 国电子书销售额占该国家整体出版物市场份额分别为 10%、4.5%、15% 和 6.5%。尽管近年来俄罗斯、日本和韩国电子书市场发展势态良好,但所占出版市场份额比例不大,分别仅有 2.9%、10.6% 和 2.9%。[①]

可见,经过前几年的飞速发展之后,电子图书的发展步伐已经放缓,主要图书出版国

---

① 范军,王卉莲,王珺. 风云变幻、跌宕起伏:国际出版业 10 年发展报告[R/OL]. https://mp.weixin.qq.com/s/-oERsK7llquoN3tWGvcdjQ.

家的电子书市场也趋于平稳。读者对纸质书籍还是具有消费偏好惯性。纸质书籍的销售仍然占据世界各国出版市场的主要份额。

2.2 国际图书出版市场国别比较

2.2.1 美国图书出版市场

2.2.1.1 美国图书出版市场现状

从市场价值来看,美国出版市场2016年降低了2.8%,达到644.356亿美元,2012—2016年期间的复合年均变化率为-2.7%。就市场前景而言,市场整体表现预计将进一步持续下降,预计2016—2021年期间的复合年均变化率为-1.5%,比2016年下降7.4%,到2019年年底,美国出版市场价值预计将缩水至596.7亿美元。从类别细分看,图书作为美国第二大出版市场,2016年年度贡献收入值为272亿美元,约占美国市场总价值的42.3%,占比紧跟美国第一大市场——新闻出版的43.2%。从地理划分来看,美国占全球出版市场价值的24.8%,呈上升趋势,位列世界第三。从市场竞争来看,美国图书市场上的图书差异化明显,一定程度上减少了竞争。如图2-4所示。

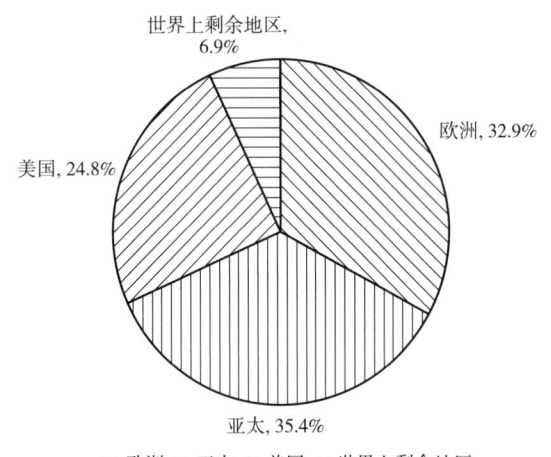

图2-4 美国在全球出版市场的价值所占比例图

资料来源:MarketLine Industry Profile, Publishing in the United States, April 2017

美国出版市场近年来处于小幅下降中,预测表明,未来5年内市场仍将会持续轻微负增长。美国出版市场价值不断下滑的原因很大程度上与美国新闻出版行业不景气有关,新闻出版作为美国第一大出版市场,其年度收入值和年发行量都在下滑,而这一现象是随着移动终端和智能设备的不断普及而产生的,纸质报纸正在被电子版新闻所替代。

美国出版商协会的报告指出,2016年,美国图书销售量基本与以往持平,但具体来看,不同类别的书籍面对的市场表现各有不同。从潜在受众的年龄划分上看,成人读物增长,而儿童读物、青少年读物下降。从形式上看,简装书和有声书在美国市场上有着显著的增长。

美国四大报业集团正在创建一个专注于新兴在线平台的全国性网络广告销售联盟,这四家报业集团分别为甘尼特集团(Gannett Co.)、论坛出版集团(Tribune Publishing Co.)、麦克拉奇报业集团(McClathy Co.)和赫斯特集团(the Hearst)。

2.2.1.2 美国图书对外贸易

近10年来,美国图书年出口额已突破22亿美元,其出版强国的地位无人能撼动。在其出口的图书中,教科书、科技专业类图书、大众平装类图书位列前三名。加拿大、澳大利亚、英国、日本、墨西哥、新加坡、德国、韩国、中国和印度是美国的十大图书出口地。随着电商平台及其物流的逐步成熟,中国、韩国、马来西亚、印度尼西亚等亚洲国家成为美国图书出口的新兴市场。

在图书进口方面,2009年似乎是美国各类图书进口的一个分水岭,进口额均在2009年出现骤减。其背后原因一方面是经济不景气,致使国内市场对图书特别是进口图书的需求量减小;另一方面,随着电子书的逐渐流行,更多的读者选择阅读相对廉价的电子书。

2.2.2 英国图书出版市场

2.2.2.1 英国图书出版市场现状

从市场价值来看,英国出版市场2014年减小了4.1%,总计115.41亿美元,2012—2016年期间的复合年均变化率为-3.4%。就市场价值前景而言,英国图书市场表现将进一步下滑,2016—2021年期间的复合年均增长率预计为-3.2%,到2019年年底,英国出版市场价值预计仅为98.077亿美元(详见图2-5),自2016年以来下降了15%。从地理划分来看,英国占欧洲出版市场价值的13.5%,德国约占24.1%,法国占12.2%,意大利占8%,西班牙占4.6%,欧洲其余地区约占37.6%。英国出版市场近年来处于小幅下降中并且预计这样的趋势将会持续,主要原因是数字出版的发展。从类别细分来看,图书作为英国最大的出版市场,2016年贡献收入值约为46亿美元,约占英国市场总价值的40.2%,新闻出版市场紧随其后,贡献了40%的英国出版市场。但根据《卫报》的报道,英国新闻出版市场近年来一直处于下降趋势,平均每年销售量减少50万份。

英国出版市场印刷书籍表现不凡,电子书行业却遭遇了其自从受到关注并大肆受到推崇以来的"滑铁卢"。《书商》周刊的数据显示,2015年英国五大电子书出版商的电子书销售量均下降,合计下滑了2.4%。

英国出版行业整体发展受阻的另一方面也有数据显示,即使宏观经济环境面临重重挑战,英国出版市场仍表现出强劲的消费者购买能力。英国出版商协会的最新数据显示,英国出版市场的核心优势在于国际市场对英国出版书籍的需求,尤其是教育类书籍。

2.2.2.2 英国图书对外贸易

2008—2018年,英国凭借其语言优势,在图书出口方面保持了良好的业绩,图书出口

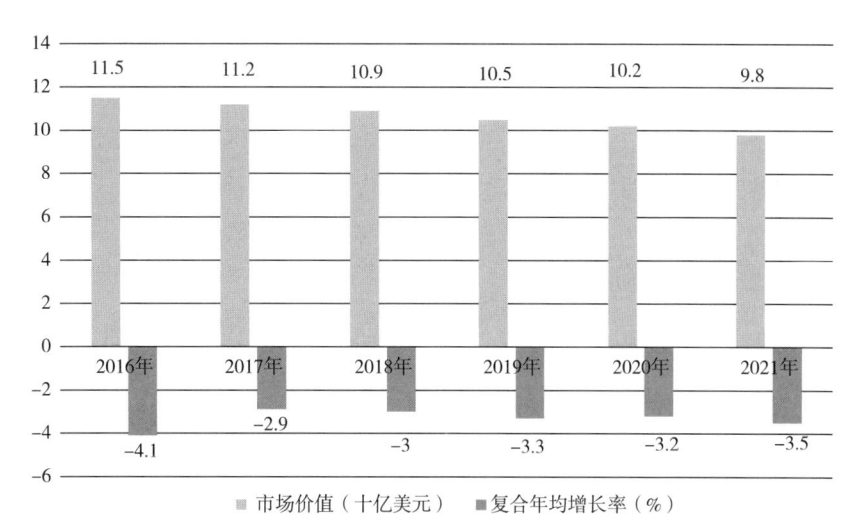

图 2-5　2016—2021 年英国出版市场价值预测图

资料来源：MarketLine Industry Profile, Publishing in the United Kingdom, April 2017

销售额每年平均增长 20%。英国出版协会 2017 年度报告的数据显示，2017 年，英国图书出口额占英国图书行业年收入总额的 60%，[①] 主要来源是版权销售和合作出版的收入。英国本土出版商所出版的英语教育类图书不仅在英国本土占据着支配地位，而且在美国市场和全球其他国家市场上都占有很大的份额。近年来，英国图书在欧美市场份额正在萎缩，而亚洲市场对英国来说越来越重要。

2.2.2.3　英国的童书出版

2016 年，英国童书市场再创辉煌，连续第三年刷新纪录。根据尼尔森图书检测（BookScan）统计的数据，2014—2016 年的 3 年间，童书销售码洋虽然都不到 10.8 亿英镑，但都以 9%、6.8% 和 6.5% 的速度保持着增长。在各类别图书细分中，童书出版领跑英国图书出版市场，一直保持最高的增长率。2016 年，英国消费者购买纸质图书的支出中 24% 都用于购买童书，从销量上看，34% 的纸质图书都是童书。取得这个成绩主要依赖于排行榜排名靠前的几位畅销作家的贡献，包括 J. K. 罗琳、茱莉亚·唐纳森、戴维·威廉姆斯等。[②]

与其他图书部门相比，童书市场对实体书店的依赖度远高于其他类别。电子童书的销售增长也慢于其他部门。这是由于电子阅读器在呈现童书内容时存在缺陷，大部分阅读器都是黑白的文本呈现，缺乏色彩、图解和互动，而这些恰恰是童书所需要的，解决这些问题也是数字童书在硬件设备开发上必须攻克的难题。

当然也有一些软件、电子书和有声书大获成功，很好地满足了童书出版的需求。比如，瓢虫（Ladybird）经典读物系列成功开发出一款互动式电子书，并在苹果手机和苹果平

[①] 数据来源：https://publishingperspectives.com/2018/07/publishers-association-2017-yearbook-emphasis-book-export/。

[②] 数据来源：Tom Tivnan. 2016 Report on International Publishing Trend, Booksellers。

板电脑的软件商店上架,每本售价 1.99 欧元。还有一个童书出版的成功案例:英国卫报开发了一个网站,专门提供电子版童书阅读,内容包括童书推荐、儿童书评、作者采访、阅读比赛、读书俱乐部、读书讨论会、博客、写作绘画课程等,在实现数字化方式的同时进行数字内容的生产。

2.2.3 德国图书出版市场

2.2.3.1 德国图书出版市场现状

从市场价值来看,德国出版市场 2014 年降低了 2%,达到 205.712 亿美元,市场在 2012—2016 年期间的复合年均变化率为-2.6%。就市场价值前景而言,德国图书市场表现预计将持续下滑,2016—2021 年期间的复合年均增长率预计将达到-2.3%,自 2014 年以来下降了 11%,到 2021 年年底,德国出版市场价值预计将为 183 亿美元。从类别细分来看,图书是德国出版市场中最大的市场,总收入达到 101 亿美元,占市场总价值的 49.1%。从地理划分来看,德国占欧洲出版市场价值的 24.1%。[①] 德国出版市场在过去的几年里处于停滞阶段,预计未来仍将处于停滞状态。

在欧洲出版市场整体不景气的背景下,德国的数字出版正在蓬勃发展中,并且在一般图书销售中获得越来越大的市场份额。2013 年,德国电子书品牌"Tolino"成立。该联盟由包括贝塔斯曼图书俱乐部(Club Bertelsmann)在内的四家传统书商和德国最大的电信公司之一的德国电信创立,其电子书书库内含 30 万本电子书籍,动摇了亚马逊(Amazon)在电子书出版市场的主导地位。根据《出版展望》(*Publishing Perspectives*)数据,Tolino 已占据电子书市场 15%~20%的份额,位列第二。虽然亚马逊仍位列第一,占据超过 50%的市场份额,但这种一家独大的局面已经被逐渐打破。

2.2.3.2 德国出版集团:贝塔斯曼集团(Bertelsmann SE & Co. KGaA)

贝塔斯曼集团是一家国际传媒公司,旗下的子集团主要包括 RTL 电视集团、欧唯特服务集团、企鹅兰登书屋、古纳雅尔杂志社和贝塔斯曼印刷集团等。目前该公司已在全球 50 多个国家开展电视广播、图书出版、杂志出版、音乐唱片制作及发行、服务和印刷等业务。

RTL 电视集团是欧洲领先的娱乐网络公司,在全球 55 个电视频道和 27 个广播电台以及多个制作公司持有股份。作为欧洲最大的广播电视公司,其电视频道包括德国的 RTL 电视、法国的 M6 频道,荷兰、比利时、卢森堡、克罗地亚和匈牙利的 RTL 频道以及西班牙的安提纳 3(Antena 3)频道。

欧唯特服务集团是一个做业务流程外包(BPO)服务的全球供应商,为将近 40 个国家的客户提供一系列服务,并为各行各业的商业客户提供定制的解决方案,其服务范围广泛,主要包括数字营销、金融服务、客户关系管理(CRM)、供应链管理(SCM)和信息技术服务等。

企鹅兰登书屋是领先的图书贸易出版集团,在五大洲拥有将近 250 家独立出版社。

---

① 资料来源:MarketLine Industry Profile, Publishing in Germany, April 2017。

该出版集团每年出版15 000种新书,在全球范围内售出7亿多册纸质书、有声书和电子书。旗下包括许多历史上著名的出版社,例如美国的双日(Doubleday)出版社、维京(Viking)出版社、阿尔弗雷德·克诺夫(Alfred A. Knopf)出版社、英国的埃伯雷(Ebury)出版社、哈米什·汉密尔顿(Hamish Hamilton)出版社、乔纳森·凯普(Jonathan Cape)出版社、西班牙的普拉扎·简斯(Plaza & Janés)出版社、阿根廷的苏达美瑞凯(Sudamericana)出版社等。

古纳雅尔杂志在30多个国家提供超过500项媒体活动、杂志和数字业务。该集团旗下最重要的棱镜媒体(Prism Media)是法国第二大杂志出版商。古纳雅尔还在中国、意大利、荷兰、奥地利、波兰、西班牙等地区出版、发行杂志以及其他媒体内容,并在亚得里亚海地区和墨西哥地区从事销售或市场方面的业务。

贝塔斯曼集团的其他经营活动被归为集团投资部门,主要包括BMG音乐版权管理公司、贝塔斯曼数字媒体投资基金(BDMI)、贝塔斯曼亚洲投资基金(BAI)以及贝塔斯曼教育集团,致力于在亚洲、美国和欧洲市场寻求符合贝塔斯曼发展的战略。

2.2.3.3 德国的版权贸易

2016年5月初,德国联邦最高法院做出裁决,判定从作者作品获得的复印机费和图书馆版权费只归版权所有者享有,同时出版社还必须向作家退还自2012年以来的所有相关收入,其数额可能总计超过3亿欧元。

2011年,德国学术作家马丁·沃格尔(Martin Vogel)就文字版权管理协会将复印机费和图书馆版权费所得按照现有比例分给作者和出版社的办法提起诉讼。[1]此前,德国惯例为,版权管理机构将版权收入按一定比例分别分配给出版社和作家。一般来说,学术类和科技类的图书五五分成、文学和虚构类图书三七分成。

而2016年5月初,德国联邦法院判定沃格尔胜诉,并裁定文字版权管理协会将部分收入支付给出版社的做法是违法的。也就是说,从现在开始,这类版权收入应该只归作家。

这一判决除了是一场保护版权所有者利益的胜利之外,引发更多关注的是出版社偿还作家2012年以来相关收入的问题,尤其是对本来就举步维艰的小型出版社来说,这样的政策出台可谓是灭顶之灾。更有学者和作家公开反对,称这一做法将会把德国出版拖入泥潭。

2.2.3.4 德国图书对外贸易

图书在德国出口业务中扮演着重要的角色,2015年图书和图画书占全部出口总额的67%,其中,图画书的出口额为3 800万欧元。由于使用德语,奥地利一直是德国图书最大的出口国。但从2015年开始,奥地利从德国进口的图书明显减少,仅为16.9%。由于2014年电商亚马逊公司在波兰的波森和布勒斯劳建了两个新的仓库,为波兰和德国边境的一些地区发货,所以波兰以4.5亿欧元攀升为德国第一大进口贸易伙伴,而从波

---

[1] 喻小唛. 德国版权案裁决:将给德出版带来什么[OL]. 中国出版传媒网,2016-06-28.

兰进口的图书总额占据了德国全部图书进口额的 40.9%。①

翻译类,即版权进口类图书在德国新书中的占比明显增加。2015 年的进口版权类新书达 9 454 种,占新书总品种的 12.4%,2016 年增加至 9 882 种,占比 13.6%。增长的主要动力是引进版虚构类图书的增加,2016 年共计 5 737 种,比上一年增加 337 种。② 最主要的语言来源依然是英语、法语和日语。

2.2.4 法国图书出版市场

2.2.4.1 法国图书出版市场分析

法国图书出版市场近年来处于停滞状态,预测市场在未来的一段时间内仍将继续保持这种状态。

从市场价值看,2016 年法国出版市场降低了 3.2%,市场价值达到 104.4 亿美元,2012—2016 年期间的复合年均变化率为-2.9%。从市场价值前景而言,市场整体表现预计将会进一步下降,自 2016 年以来降低了 13.4%,预计到 2021 年,法国出版市场价值将低于 100 亿,降至 90 亿美元,2016—2021 年 5 年内法国出版市场的复合年均变化率预计为-2.8%。从类别细分来看,图书作为法国最大的出版市场,2016 年度贡献收入值达 40.8 亿美元,约占法国市场总价值的 39.1%。从地理划分来看,法国占欧洲出版市场价值的 12.2%。③

一方面,与西方国家总体的发展趋势同步,法国出版市场也面临着传统纸质图书发展不景气的命运,电子书的蓬勃发展冲击着传统的图书出版市场。尤其是智能手机和各种移动终端的出现和普及,为读者购买图书提供了便捷的网络途径,并且改变着读者的阅读习惯,从而发展出一种新型的读者关系和模式。另一方面,法国政府新出台的针对电子书的增值税征收政策将电子书增值税由 5%上调至 20%,一定程度上冲击了法国的图书业,阻碍了其发展。

值得一提的是,法国的独立出版社在法国市场竞争中发挥着重要的作用,因为这样的独立出版社往往致力于发掘和培养新兴作家,虽然这些小众作家无法轻易地被主流市场所接受,但为市场发掘有潜力的新人是法国独立出版社的重要工作。

2.2.4.2 法国图书对外贸易

法国出版业依靠高质量的原创内容生产和政府各种政策、项目的扶持,不管是在图书出口还是版权输出方面,都取得很大成绩。据统计,目前法国图书出口占出版业产值的 1/4,是法国出口贸易的重要组成部分。在版权输出方面,法语是世界第二大语种。④ 10 年来,除受金融危机影响的 2009 年略低外,法国图书年出口额均超过 6.7 亿欧元。出口对象仍然是欧洲国家,占法国图书出口贸易额的 61.5%;比利时、卢森堡、瑞士、

---

① 范军,王卉莲,王珺. 风云变幻、跌宕起伏:国际出版业 10 年发展报告[R/OL]. https://mp.weixin.qq.com/s/-oERsK7llquoN3tWGvcdjQ.
② 资料来源:德国书商与出版商协会官网 www.boersenverein.de。
③ 资料来源:MarketLine Industry Profile, Publishing in France, April 2017。
④ 资料来源:https://ex.cssn.cn/dubao/201802/t20180205_3839822.shtml。

加拿大四大主要法语国家的出口占到53.7%,其中,比利时是法国最大的图书出口贸易国,占比达26.6%;法国海外省、非洲法语区、马格里布地区分别各占8.9%、4.4%、5.5%。

在图书整体市场不景气的大背景下,进口版权的翻译作品一直表现稳定,且市场占比越来越大。在各类翻译作品中,宗教类、连环画、启示类图书、青少年游戏类图书的市场份额仍持续增长。[1] 英语国家引进的图书销售有所下滑,但仍占据半壁江山。而译自日语、德语、葡萄牙语和汉语的图书却呈现增长态势。其中,译自日语的图书持续强劲增长。

2.2.5 日本图书出版市场

2.2.5.1 日本图书出版市场分析

日本出版市场近年来处于停滞状态,预测市场在未来的一段时间内下降速度会放缓,并仍将继续保持这种小幅下滑的状态。

从市场价值来看,2016年日本出版市场降低了2.3%,市场价值达到272亿美元,2012—2016年期间的复合年均变化率为-3.3%。从市场价值前景而言,市场整体表现预计将会进一步下降,但下降速度放缓,自2016年以来降低了10.4%,预计到2021年,日本出版市场价值将达到244亿美元,2016—2021年5年内日本出版市场的复合年均变化率预计为-2.2%。从类别细分来看,报纸依旧是日本最大的出版市场,2014年贡献收入值约为131亿美元,约占日本市场总价值的48.2%。图书仅占市场份额的25.4%,位列第三。从地理划分看,日本占亚太出版市场价值的29.6%,中国约占亚太市场的41.6%,差距呈扩大趋势。[2]

日本出版市场上的外国书籍并不多,且日本的一些超级畅销书具有很强的竞争力,所以对外国作家来说,开发日本图书市场具有一定的难度。举例来说,每个国家对于本国翻译出版外国图书都有数量上的限制,而这个数字在日本仅为8%,也就是外国图书出版每年仅占全部图书市场的8%。

尽管日本的智能手机普及率和网络覆盖率都很高,但其电子书市场的发展却并不如其他发达国家,发展相对缓慢。虽然在日本,电子书市场得到了一定的发展,但无论是国内的出版公司还是读者,对于这种转变都表现得有些迟缓。但是这种迟缓是相对于日本国内硬件升级以及普及的速度而言的,电子书这种新型的阅读形式仍对日本出版业以及日本民众的生活带来极大的影响。

2.2.5.2 日本图书市场主要出版集团

(1)一桥集团(Hitotsubashi Group)。一桥集团是日本规模最大的出版集团,下设小学馆(Shogakukan)、集英社(Shueisha)和白泉社(Hakusensha)等株式会社。小学馆成立于1922年,是一家综合出版社,主要业务是出版和销售图画书、字典、百科全书和文学作品等书籍和杂志;集英社是1926年从小学馆的娱乐图书部门独立出来的会社,销售近40

---

[1] 资料来源:https://www.cbbr.com.cn/article/105981.html。
[2] 资料来源:MarketLine Industry Profile, Publishing in Japan, April 2017。

种杂志以及一系列跨多个领域的书籍;而白泉社成立于1973年,主要出版书籍、漫画、杂志、绘本等。

(2)讲谈社(Kodansha Ltd.)。讲谈社是日本一家主要从事图书和杂志的出版、销售和发行的综合性出版社。讲谈社的前身是1909年在东京创立的大日本雄辩会,以创始人野间清治在当时出版的《辩论》杂志为标志。然而,当今大众所知的"讲谈社"主要得名于1911年推出的《柯丹俱乐部》(Kodan Club)杂志。讲谈社还出版了一系列包括虚构类、非虚构类、插图本、儿童书等在内的图书。讲谈社出版的著名漫画作品有《无限之住人》和《噢!我的女神》。

(3)日经公司(Nikkei Inc.)。日经公司是日本一家大型媒体公司,重点关注金融和商业信息,以及报纸、数字、出版、广播和市场等活动。其出版部门包括日经出版公司(Nikkei Publishing Inc.),主要出版经济类和商业类、非虚构类等书籍和工作手册。

日经公司的主打报纸是一家专门从事经济新闻的《日经报》(The Nikkei),公司在日本和海外的33个地区印刷报纸,出版的其他报还包括《日经商业日报》(The Nikkei Business Daily)、《日本经济新闻》(The Nikkei MJ)和《日经新闻社》(The Nikkei Veritas)。

日经公司发行了40种杂志,包括《日经公司季刊》(Nikkei Corporate Quarterly)、《日经商业》(Nikkei Business)、《日经电子》(Nikkei Electronics)和《日经计算机》(Nikkei Computer)等。除了与外国媒体公司合作外,日经公司还出版了《日本国家地理杂志》(Nikkei Geographic)和《日经科学》(Nikkei Science)等。

日经公司(Nikkei Inc.)的子公司——日本商业出版公司(Nikkei Business Publications Inc)(简称Nikkiei BP),是日本最大的出版商和内容供应商,以杂志、图书和网站等多种媒体组合的形式提供服务。日本商业出版公司还通过举办展览会和研讨会进行研究和提供咨询服务。日本商业出版公司的杂志和时事通讯包含了商业、个人电脑、计算机、电信、电子、机械、建筑和医疗保健的生活方式、健康和娱乐等范围的信息。

2.2.5.3 日本的二手书市场

日本二手书店的发展也大大减少了图书的销售,进而在一定程度上阻碍了图书出版业的发展。因为比起正价购买全新的书籍,消费者们更愿意选择以相对低廉的价格购买二手书籍。除此之外,日本出版市场还面临着其他挑战,那就是节节攀升的增值税。日本的增值税在2014年由5%上调至8%,在2015年10月又经历了第二次增值税上调,在原来8%的基础上又上升了2个百分点,达到10%。

2.2.6 越南的图书出版市场

2.2.6.1 越南图书出版业发展概况

越南图书出版的发展最早可以追溯到1945年,在过去的几十年中有了很大的改善。在1945年独立日之前,越南的出版业十分薄弱。甚至在1975年越南南北统一前,南北每年也只有4 000种新书出版。到2010年,越南有2万种新书出版,全国的报纸杂志有近400种,发行量达到50万份。如今,越南每年平均出版新书2.5万种,但是其中超过 80%都是教材。①

从图书阅读类别来看,最新研究显示,越南读书的年轻人中,62%的人读漫画书,57%的读长篇小说、爱情小说和科幻小说,27%的人读非小说类书籍。值得注意的是,67%的人阅读过外文翻译书籍,当地翻译最多的前六种语言分别是英语、法语、汉语、日语、德语和法语。

从图书分布来看,1975 年以前,图书馆只在城市或者中心城区。如今,越南河内有 63 个省级图书馆和 1 个国家图书馆。全国有区级图书馆 626 个,社区和村级图书馆约 1 万个。在农村,大约有 30 万个读书俱乐部,为想读书的人提供阅读场所。目前,越南共有超过 12 000 家书店,这些书店分布在全国 63 个省份和地区,但是很少位于农村。越南最大的连锁书店是拥有 87 家分店的胡志明书店(FAHASA)。第二大连锁书店是在全国有 34 家分店的南方书店(Phuong Nam)。

越南出版业的现状和发展历程与其国情息息相关。越南是世界上第 13 个人口大国,人口总数在亚洲排名第八,人均 GDP 为 2 230 美元。收入较低使得越南人在书籍购买方面受到资金不足的限制。另一方面,越南的人口状况正处于黄金期,1979 年,43%的人口年龄低于 15 岁,但是从 2012 年起,这个比例下降到 24%。15~64 岁人口在今天占到人口总数的 69%。年轻的人口结构为越南的图书出版提供了良好的发展机遇,因此,越南的出版市场在未来有很好的发展前景,值得期待。

2.2.6.2　越南出版业的政府垄断

越南共有 63 家政府出版机构,全部隶属于越南信息传媒部。

目前,越南有超过 100 家私人出版社和图书发行公司。越南的新《出版法》自 2013 年 7 月 1 日起实施。根据《出版法》,所有私人出版公司都可以参与图书出版和发行。这意味着越南如今约有 200 家的出版机构将在开放的市场中展开竞争。同时,根据越南法律,所有图书都必须有出版决定或出版许可。也就是说,私人出版社想出版任何书籍都必须得到政府出版社的批准。因此,政府在事实上控制了越南的出版行业。

在越南,如果一个编辑想要在出版物上发表一篇"颓废"或"反动"的文章,他就可能会面临被训斥甚至被解雇的风险。越南出版的每本书的最后一页都要有一个人"对这本书的出版负责"。许多越南作家为了继续创作,会选择在海外出版自己的作品。

2.2.6.3　越南的书展及图书推广

越南每年都在胡志明市或河内市举办一次大型书展。2000 年,胡志明市举办了第一届书展。胡志明书展作为越南最大的书展,每两年举办一次,2014 年的参观者达到 100 万人。胡志明市还承办了越南农历新年图书节。河内市在 2016 年举办了第一届河内书展和第一届河内国际书展,之后每两年举行一次。越南每年 4 月还会举行"最佳图书"和"最美图书"颁奖典礼,吸引全国出版商、作家和读者参与前往。

除了书展和图书节之外,在越南还有三种主要的出版物,即出版期刊、读者期刊、书

---

① 越南部分资料来源:Hung, N.M. Pub Res Q（2016）32:266. https://doi.org/10.1007/s12109-016-9466-3.

籍与生活期刊,都有助于书籍阅读的推广。

越南拥有 838 个新闻机构,包括 86 家中央报纸、507 家全国性期刊和杂志;地方各省的 113 家报纸、132 家期刊;70 种电子报纸、19 种电子期刊。这些报纸、期刊和杂志上会发布图书信息、新书出版信息、阅读文化和图书分析,有利于越南阅读的推广和图书的出版。

越南图书出版协会的作用正在不断扩大,它们通过组织图书会议、图书参观和版权研讨会来代理作者和出版社的权益,保护他们的作品。

2.2.6.4　越南出版市场发展展望

2015 年,越南出版发行印刷的总收入是 3.309 万亿越南盾(1 美元约等于 22 000 越南盾)。出版业进出口总额是 2 400 万美元,其中进口额为 2 000 万美元,出口额为 400 万美元。越南是最早加入东盟 ABPA 图书出版协会的 5 个成员国之一,也是"经济北约"(TPP)12 个成员国之一。同时,越南加强了与欧盟之间的自由贸易往来。这些外部因素都是越南图书出版市场发展和转型的机遇。

从内部而言,越南的阅读出版文化正在日益改善。一方面,越南正在组织定期的版权研讨会,吸引更多的出版商和读者参与。另一方面,从读者阅读文化的形式变化来看,以往越南读者们喜欢到书店去浏览所有的书目,自行挑选然后购买。如今,年轻人可以在网络上看到所有的新书发布,并开始通过网络订购图书。考虑到在越南信用卡的使用并不流行,所以一些快递公司通过送货上门来收取书费。

今天,越来越多的越南书籍被翻译成其他语言,在其他国家授权出版。尤其是有关越南文化、越南美食、传统音乐和艺术方面的书籍。有声图书在越南还是新兴事物,目前只有一家机构出版有声图书。据悉,他们出版的是免费的有声图书。有声图书在未来有望成为阅读的一个新领域。

越南是一个拥有众多人口,尤其是以年轻人为主的国家。家庭在教育方面投资的比重不断上升。同时,政府和国家出台的一些有利于图书产业发展的政策,将引领国内阅读文化的进步,从而为图书出版业提供了一个绝佳的发展机遇。另外,越南与其他国家协议达成的版权法并没有得到很好的遵守,更加有序的市场秩序仍待建立。

2.2.7　泰国的图书出版市场

2.2.7.1　泰国图书出版市场发展概况

泰国自 1997 年经济危机以来,虽然其他行业都在走下坡路,但图书出版业却一直处于增长态势,市场收益以每年 10%～15% 的速度在增长,而且这一增长趋势预计还将持续。

泰国图书出版业增长的原因主要有三个:第一个是读者群体的扩大。A.C. 尼尔森关于泰国媒体意识的研究显示,经济危机前,泰国的读者群体约占总人口的 20%,比例相当低,但危机过后,人们开始反思,努力提升自我以提高竞争力。因此,图书就成为优质的知识来源和廉价的消遣方式。第二个原因是泰国书店数量的增加,尤其是连锁书店的增加,使得人们获取图书的途径也随之增加。在泰国,有 4 家连锁书店在不断扩张,它们的扩张范围并不仅限于曼谷,而是整个泰国。泰国目前的书店数量约为700家。第三个原因是泰国政府对教育的支持。政府发起过一些与阅读相关的活动,如"每天阅读15分钟"的阅读活动。泰国总理对出版业十分支持,尤其是对管理类图书。总理每个月都会推荐一些管理类的书籍,而他推荐的图书通常都会十分畅销。

泰国出版商可以直接与海外出版社接洽,也可以与海外出版社驻泰国或亚洲的分社联系。一般情况下,泰国出版商需提前支付许可费,比例为5%~8%,预付金额在800~15 000美元不等,具体数额取决于该图书的知名度。

聚焦泰国出版市场2006—2016年以来的发展(详见图2-6),与2005年相比,2006年图书年销量增长了10%~12%。全行业的销售额为168亿泰铢。[①] 然而,泰国出版商此前一直面临着许多社会和经济问题,如燃料价格上涨、利率提高、洪灾以及泰国国内的政治冲突。这些问题过后,泰国图书市场不断增长,一直持续到2009年。2009年金融危机后,图书销量开始下滑,下滑趋势持续至2011年,长达3年。而且泰国在2011年遭受洪灾,一些出版商也因受灾而倒闭。但2012年图书销量却突然反弹。阅读是泰国人民在灾后进行心理重建和治愈的方式。但在2013—2014年泰国政治危机期间,图书销量再次下降。泰国人的消费水平停滞不前。这些数字变化的趋势与曼谷国际书展的参展人数变化趋势有所不同。如图2-7显示,相比于2012年,2013—2015的参展人数一直在增长。

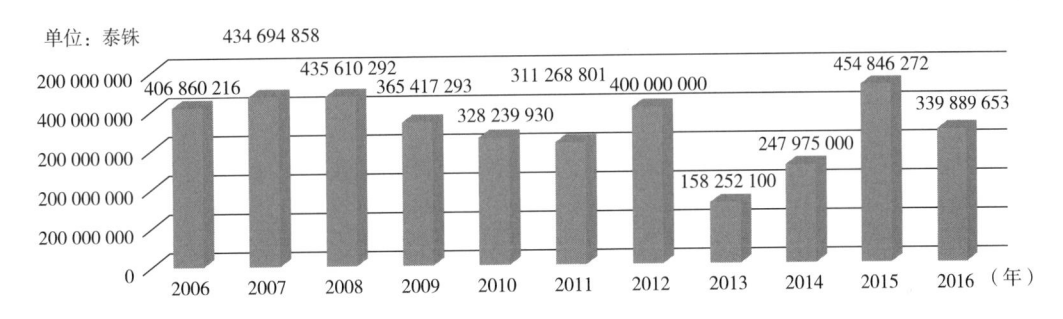

图2-6 2006—2016年曼谷国际书展图书销售额统计图
数据来源:书商协会(PUBAT)报告

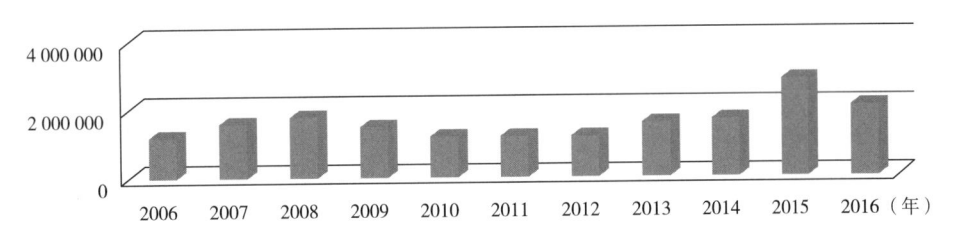

图2-7 2006—2016年曼谷国际书展参展人数统计图
数据来源:书商协会(PUBAT)报告

---

① Yutisri P. The publishing industry in Thailan[J]. Publishing Research Quarterly, 2016, 32(3): 261-265.

据泰国出版商与书商协会（PUBAT）的报告显示，曼谷国际书展的参展人数一直很多，2014年的参展人数超过了280万。2015年前两个季度，与此相关的图书销量不断增长。其中的原因不仅是书展参展人数的增加，还有图书价格的上涨。但是，在2015年后两个季度，情况开始发生变化，并影响到2016年前两个季度，书展的图书销量严重下滑，尤其是龙头出版社出版的图书。

2.2.7.2 泰国出版市场参与者分析

根据PUBAT 2015年12月4日在其网站上发布的出版商分类标准，泰国出版商可以分为以下四类：①龙头出版商，包括9家年收入近3.15亿泰铢的出版社，所占的市场份额超过35.49%；②大出版商，包括29家年收入在1.15亿~3.15亿泰铢之间的出版社，所占的市场份额超过34.54%；③中型出版商，包括41家年收入在3500万~1.15亿泰铢之间的出版社，所占市场份额超过16.09%；④小型出版商，包括319家年收入不到3500万泰铢的出版社，所占市场份额约为13.88%。

上述数据表明，龙头出版商对泰国出版业的影响十分突出，尤其在当下，受到电子出版物的冲击，泰国出版业正处于转型之中。龙头出版社成为发起变革的引领者，因为它们曾统治图书的分销市场。泰国是世界上唯一基于寄售体系出售图书的国家。这些领先企业的投资能力和分销能力使他们成为紧跟世界潮流的行业引领者。因此，龙头出版商们现在需要为进军电子书领域做好准备。

另一方面，出版业同样受中小型出版商的影响。这些出版社面向特定的市场出版图书。在过去20年间，小型出版社不断冲击龙头出版商。他们在图书选择和封面设计方面表现优异，通过社交媒体等富有自身特色的渠道展开销售，并与读者直接互动。因此，那些龙头出版社也跟随它们的脚步做出改变，尝试选择相似类型的新书出版，采用风格相似的封面设计并引入其他更具竞争力的元素。

2.2.7.3 泰国电子书的处境

尽管龙头出版商正尝试发行更多的电子书，希望把图书市场引向真正的数字时代，但是这些电子书的销量并不如预期。不过，它们的做法却使得中小型出版商也开始追随这一潮流，开始购买翻译版权和电子书版权。

电子书的最大机遇在于新一代对智能手机和平板电脑的依赖。根据朱拉隆功大学经济学院对阅读行为的研究，2014年，41.4%的泰国公民每周有3天会进行阅读（平均每天46分钟）。与2013年的数据相比，泰国人的阅读量有所提高。但是，这些阅读行为主要是在网上进行的。研究表明，泰国人的阅读行为正在发生变化，其中漫画书的变化尤为显著。许多漫画书出版商停止印刷实体书，而转为发行电子书。因此，出版商必须选择符合其利益的发展方向。然而，纸质书的销量并没有大幅下降，因为泰国读者仍然喜欢收藏纸质书。

2.2.7.4 泰国版权产业现存的问题

关于泰国版权产业存在的问题，主要有以下四个：

第一个问题是本地出版商与海外出版商的沟通问题。分社及海外出版商回复迟缓，使得本地出版商难以及时获知是否被授予版权,阻碍了出版工作的继续进行。

第二个问题则是竞价。在联系海外出版商购买版权的过程中,当竞争出版商出现时,会产生竞价。而竞价抬高了图书的价格,因此出版图书的售价也会相应提高。这也是有些出版社退出版权竞争的原因之一。

第三个问题是图书本土化问题。原语言出版商能提供的帮助很少,很难在翻译图书时得到关于如何改善译本的信息,比如一些推荐书评或者在他国发行时的市场营销手段。

第四个问题是语言障碍。目前,由于语言障碍,泰国出版商购入的版权主要来自美国、英国以及一些欧洲国家,非常有限。[①]

2.2.8 马来西亚的图书出版市场

2.2.8.1 马来西亚图书出版市场概况

过去十几年来马来西亚良好的经济、社会环境为其国内图书出版业的发展提供了必要条件,但出版业的发展仍有不足,仍无法满足其人民对阅读、对图书的需求。因而,马来西亚图书市场上多为进口图书。而国内图书出版也多以课本、辅导书、习题册和儿童图书为主,缺乏其他类型的书籍,无法满足各年龄段不同层次的阅读需求。出版图书以儿童书籍为主,并不意味着马来西亚能够在童书方面做到自给自足,儿童书籍、高等教育使用的教材和学术类书籍还是依赖进口。这类进口书籍通常价格不低,但依然热销。原因在于家长们在教育投资上对价格的敏感度并没有那么高,他们特别希望通过买书鼓励孩子多读书。

从分销环节来看,马来西亚国内拥有超过 400 家零售实体书店,其中既包括个人经营的书店,也包括像是泰晤士、大众书局(POPULAR)这样的连锁书店。一些超市里上架销售的童书也常常很快销售一空。政府大力投资建设图书馆,为国内图书创造了良好的市场。图书馆内的图书销售是马来西亚非常重要的销售渠道。此外,马来西亚国内的一些出版商也会选择自己独立负责其图书的销售和市场营销。

2.2.8.2 马来西亚的童书出版

正如概况中提到的,马来西亚的童书出版和销售占据了出版市场非常大的份额。政府通过建设图书馆来助力童书出版的发展。这样的图书馆通常配备供儿童使用的设备和设施。如超媒体中心(The Hypermedia Centre),该中心配备了各种装有录音录像软件的综合型电脑设备,通过操作这些设备,孩子们在听故事的同时可以看到画面,并与其互动,进行创意写作、图画创作和图形上色等活动。这些都是通过无线电子设备和平板电脑实现的。孩子们在这儿可以真正地享受寓乐于学。大龄儿童们除了在故事角感受互动学习带来的乐趣之外,还可以在科学角和艺术角培养兴趣爱好,增加学习动力。超媒体中心是马来西亚首家广泛利用 IT 技术和设备的儿童图书中心,对国内其他地区的儿童图书馆起到示范作用。

---

① Utakapan R. Thailand: A publisher's view[J]. Publishing Research Quarterly, 2005, 2(21): 72-73.

而数字时代的到来也对儿童图书出版提出了新的挑战。传统的印刷童书已经无法提供互动性的学习体验,图书的启蒙效果和趣味性也大打折扣。对童书在互动性和趣味性上的需求促进了多媒体童书的创作和出版。

2.2.8.3 马来西亚的电子书出版

在马来西亚,电子书在2017年度达到700万美元,预计将继续保持连年增长的态势。其用户渗透率在2017年达到了5.6%,预计在2022年将达到8%。① 马来西亚电子书最大的用户市场是高等教育机构。对出版商而言,虽然电子出版有利于加快出版过程,简化图书销售和分发环节,但是印刷出版物还是更受欢迎。

马来西亚的电子出版始于2012年,由马来语文局发起,该计划现已停止。发展中国家的企业在开展电子业务之前必须考虑组织和环境的条件是否成熟、完备,政府和私人机构在电子商务发展和改善组织管理方面发挥着重要作用②。Rozilah Katan、Siti Ezaleila Mustafa1和Hamedi M. Adnan三位研究人员从基础设施或技术、人力资源和管理的内部因素三个方面对马来西亚电子书发展的条件进行了评估,结果显示,在马来西亚,电子书出版的意识和理解程度适中,但仍无法满足电子出版业务。出版商们能够认识到技术在图书出版业的变革中发挥着重要作用,他们认为电子出版将会改变阅读、写作、印刷以及图书的销售和分发等传统出版业务链中的每一个环节,因此也相应地在信息基础设施以及人力资源方面做好了准备。然而,许多出版商尚未出版他们的第一本电子书,这说明了问题就出在管理等内部因素上。出版社的管理层虽然认识到电子出版大有前景,但仍然持"观望"态度。这是因为他们对电子出版业务模式仍不确定。相比充满不确定的电子出版,出版社更愿意选择自己更熟悉也更适应的传统图书出版。

此外,一些外部因素也影响着管理层是否推出电子书的决定,比如市场需求、技术压力、竞争、消费者习惯以及政府政策等。其中,政府与出版业组织机构的策略能够比较有力地推进马来西亚电子书出版的进程。

2.3 中国图书出版产业"走出去"

2.3.1 中国图书出版概况

2.3.1.1 中国图书出版市场

近几年,中国图书出版市场呈现良好的发展态势,产业规模和效益稳步提升。据原国家新闻出版广电总局的数据,2017年,中国图书出版营业收入为879.6亿元,比2016年增长了5.7%;利润总额137.5亿元,比2017年增长了2.4%。③ 尽管从总体上看,图书

---

① 数据来源:Katan, R., Mustafa, S. E. & Adnan, H. M. Pub Res Q (2018) 34: 362. https://doi.org/10.1007/s12109-018-9589-9.
② MollaAlemayehu, Licker Paul S. Perceived e-readiness factors in e-commerce adoption: an empirical investigation in a developing country[J]. International Journal of Electronic Commerce. 2005,10(1):83-110.
③ 数据来源:《2017年新闻出版产业分析报告》。

出版市场增速较缓,但结构不断优化,重印图书的品种与印数均超过了新版图书,图书品种数量控制取得了一定效果,跟风出版、盲目扩大出版范围的现象有所缓解。在产品结构上,文学类和少儿类图书继续保持领先优势,尤其是本土原创图书成为亮点,涌现出一批优秀的原创作品,在国际市场上也获得了较好的反响。在地区结构上,区域集中度提高,总体经济规模前10位的地区中,东部地区占7位。在增长速度和增长贡献方面,东部地区的表现也优于其他地区。除了结构的优化,数字出版的高速发展以及图书版权输出的大幅增长也给中国图书出版市场的发展带来了巨大空间和活力。

2.3.1.2 中国数字出版的新发展

"十二五"以来,数字出版作为中国出版业的主要增长点和重要板块,产业规模逐年递增。中国新闻出版研究院调查汇总数据显示,2017年,中国数字出版实现营业收入7 071.9亿元,比上一年增长了23.6%,增速位居新闻出版业第一。其中,移动出版收入1 796.3亿元,在线教育收入1 010亿元。[①] 这些数字出版新形态的规模占到了39.7%,而电子书收入只有54亿元,占比不到1%。随着国民数字阅读接触率逐年上升,越来越多的图书被制作成电子书,且相比于纸质书而言,电子书价格更低、使用更便捷,因此电子书未来将呈现较好的发展态势。根据互联网数据中心Statista的预测,中国电子书市场到2021年复合年增长率有望达到5.5%。[②] 但传统出版数字化的增速仍远远低于行业平均水平,移动出版等新的数字出版业态依旧是重要发展方向,尤其是在线教育发展迅猛,且持续发力,潜能很大。综观近几年数字出版产业的发展,主要呈现出以下五个特点。

(1)政策扶持力度加大,数字出版融合不断深化。中国数字出版的高速发展离不开国家政策的大力支持。2009年,国务院颁布的《文化产业振兴规划》将数字出版纳入重要扶持领域,可见国家对数字出版发展的高度重视。2010—2014年,国家又陆续发布了《关于加快我国数字出版产业发展的若干意见》《数字出版"十二五"发展规划》《关于加强数字出版内容投送平台建设和管理的指导意见》《关于推动新闻出版业数字化转型升级的指导意见》等支持数字出版发展的政策和措施,各地也纷纷出台了一系列针对数字出版行业发展的导向性政策,数字出版的产业环境得到进一步优化。2015年,《关于推动传统出版和新兴出版融合发展的指导意见》正式出台,明确提出要"立足传统出版,发挥内容优势,运用先进技术,走向网络空间,切实推动传统出版和新兴出版在内容、渠道、平台、经营、管理等方面深度融合",给出版融合指明了具体方向。2016年,数字出版首次列入国家五年规划纲要,这对数字出版产业发展具有划时代的意义。2017年,原国家新闻出版广电总局联合财政部再次发布《关于深化新闻出版业数字化转型升级工作的通知》(以下简称《通知》),对进一步推动新闻出版业的数字化转型提出了新的目标和任务,数字出版融合的步伐迈得更大。《通知》同时对相关工作进行了部署,保障了数字化转型的顺利实施。

在政策的推动下,数字出版融合取得了许多可喜的成绩。在内容融合方面,积极探

[①] 数据来源:《2017—2018中国数字出版产业年度报告》。
[②] 数据来源:Statista。

索出版流程的数字化升级,创新内容生产和服务形式,将传统出版的内容资源优势延伸到数字出版领域,推出集多种表现形式为一体的新产品与服务,满足用户多样化和个性化的需求。比较典型的如人民出版社、安徽少年儿童出版社、长江少年儿童出版社等200多家知名出版单位基于 RAYS 系统[①]打造的具有交互功能的融合性纸质出版物,开创了极具特色的"现代纸书"出版运营模式,实现了传统出版的数字化转型。截至2017年年底,5亿多册传统纸书成功对接 RAYS 系统,产生了近3亿元线上增收。[②] 在渠道融合方面,创新传统发行渠道,大力发展电子商务、社交网络平台,努力寻找适合自身融合发展的数字化道路,构建线上线下一体化传播体系,形成产业链延伸效应。在平台融合方面,出版单位积极投入到出版内容发布投送平台的建设中,如中国出版集团的数字精品内容综合运营平台、重庆出版集团的自主出版发行平台、北方联合出版传媒集团的数字化资源生产加工平台和全媒资库。一批国家级的出版产品信息交换平台、数字出版服务云平台、版权在线交易平台也在搭建中。这些平台构建了基于数字技术和互联网的立体出版新格局,形成传统出版和新兴出版融合的新模式,有效推动了数字出版的发展。

(2)知识付费渐成趋势,知识服务模式更加多元化。知识服务是数字出版重要的发展方向,是传统出版企业实现数字化转型升级的最佳路径之一,受到业界的广泛关注。数字出版业开展知识服务是知识经济发展的必然趋势,也是其在发展过程中面临的困境和挑战所要求的。同时,现代数字技术的发展和国家政策的扶持也给知识服务的发展提供了坚实的基础。2015年,原国家新闻出版广电总局发布了《关于开展专业内容数字资源知识服务模式试点工作的通知》,国家知识服务建设工作正式启动,目前已组织开展了三批知识服务模式(专业类)试点工作。截至2018年8月,55家新闻出版单位确定为专业数字内容资源知识服务模式试点,已完成的知识服务产品达103款。在线教育、网络出版、头条、分答、微课、听书等日益丰富的线上内容变现形式加剧了对纸书的冲击,[③]越来越多的传统出版企业加速向知识服务转型。以科学出版社为例。在出版业数字化转型的浪潮中,科学出版社大胆创新,明确了从传统出版向知识服务转型发展的战略路径,建立了"中国生物志数据库""科学智库""科学文库"等专业类知识服务产品,同时利用资源优势和互联网技术大力发展各个专业领域的知识产品和机构定制化平台服务。[④]

知识服务的本质是基于内容信息资源进行开发,为用户提供各种解决方案,满足用户个性化服务需求。欧美出版机构在知识服务领域起步较早,威利、爱思唯尔等学术出版商已建立了较为完善的知识服务模式,给中国的数字出版企业在技术应用、资源投入、服务对象、服务方式、服务主体等方面提供了许多宝贵经验。经过多年的积极探索和实践,中国数字出版在知识服务领域也取得了一些成果,内容变现方式更加多元,得到APP、百道学习、知乎 Live、果壳分答、网易公开课、十点读书、千聊等知识服务新业态不断涌现,知识付费时代来临。《2017年新闻出版业互联网发展报告》数据显示,以"90后"为

---

① 国家广播电视总局出版融合发展(武汉)重点实验室共建单位——武汉理工数字传播工程有限公司自主研发的一套出版融合解决方案。
② 数据来源:《2017年新闻出版产业分析报告》。
③ 白立华. 出版融合发展现状与未来趋势[N]. 中国出版传媒商报,2018-03-13.
④ 数据来源:科学文库网站 https://book.sciencereading.cn/shop/helpCenter1.html。

主的知识付费用户已达到 5 000 万,2017 年,中国知识付费的总体规模有望达 500 亿元。① 知识付费的风口真的来了,而且还在不断扩大。网络用户已逐渐形成了对知识内容付费的习惯,这对数字出版企业提供知识服务来说是一个十分有利的条件。但不容忽视的是,经历了最初的盲目和跟风,用户对知识付费的需求更加理性,对知识付费产品也提出了更高的要求,这将给数字出版企业带来更大的挑战。

(3) 人工智能加速发展,数字教育出版和有声书迎来新突破。2017 年,国务院《新一代人工智能发展规划》的发布标志着人工智能建设已上升到国家战略层面,未来几年有望持续获得国家大力支持。前瞻产业研究院的数据显示,2017 年,中国人工智能产业规模达 135.2 亿元,比上一年增长了 41.4%。当时预计,到 2018 年中国人工智能产业规模将达到 203.3 亿元。② 人工智能在出版领域的应用逐渐加强,出版流程中的选题策划、编辑加工、发行环节均有人工智能的新突破,尤其是数字教育中人工智能的应用开始被广泛关注。人工智能能够实现学生学习的个性化和大数据化,为学生量身定制学习计划,符合国家提出的"减负"要求,比较适合学前教育和基础教育。因此,出版单位纷纷基于各自在教育出版方面的资源优势,加大对人工智能的布局,积极探索人工智能与数字教育的有机融合。湖南教育出版社在"互联网+教育"大背景下,从 2015 年开始建设教学互动平台贝壳网。经过 3 年的发展,已形成了一套基于互联网生成、聚合、发布优质教育资源的解决方案。③ 2018 年,湖南教育出版社又与腾讯合作,共同推进教育信息化和教育数字出版,促进人工智能技术与教育和出版的结合。除了湖南教育出版社,人民教育出版社在此之前也与腾讯达成战略合作,主要看重的也是腾讯在人工智能、大数据、平台等方面的优势。

作为人工智能的核心技术之一,语音识别和语义识别技术的发展越来越成熟,直接促进了智能音箱和听书平台等硬件的创新与普及。智研咨询发布的数据显示,2017 年,中国智能音箱市场规模达到 2 亿元,增长率将近 50%。预计到 2020 年,智能音箱销售规模将超过 10 亿元。④ 喜马拉雅、阿里巴巴都推出了各自品牌的智能音箱,有声阅读的种类越来越丰富,直接推动了中国有声书的发展。艾媒咨询数据显示,2017 年,中国有声书市场规模达 32.4 亿元,用户规模为 2.96 亿人,预计 2018 年市场规模增至 45.4 亿元,用户规模也有望达到 3.83 亿人,发展势头强劲。⑤ 一些市场主体的表现也十分突出。喜马拉雅于 2012 年进入有声书领域,目前拥有市场上 70% 畅销有声书的版权,与中国出版集团、中信出版集团、上海译文出版社、阅文集团、磨铁中文网以及企鹅兰登等中外出版商和出版机构均有良好的合作。喜马拉雅连续推出的"123 知识狂欢节""万人十亿新声计划""423 听书节"等活动均反响良好。截至 2018 年 4 月,喜马拉雅的活跃有声书用户每天听书 180 分钟,高频有声书用户一年听书 15 本以上,热门有声书收听人次破十亿。⑥

(4) 自出版活动异军突起,商业模式尚未成熟。随着数字技术和移动互联网的快速

---

① 数据来源:《2017 年新闻出版业互联网发展报告》。
② 数据来源:《2017 年人工智能行业现状与发展趋势报告》。
③ 数据来源:贝壳网,https://www.bakclass.com/。
④ 数据来源:《2018—2024 年中国智能音箱行业市场需求预测及投资前景报告》。
⑤ 数据来源:《2018 中国有声书市场专题研究报告》。
⑥ 数据来源:《中国移动音频市场年度综合分析》。

发展,人们的阅读习惯逐渐改变,数字阅读越来越普遍。《2017 年数字阅读报告》中的数据显示,2017 年,中国数字阅读独立 App 行业月活跃用户规模达到 2.53 亿,比年初增加了 1 392.5 万。[①] 在数字阅读环境下,自出版活动应运而生,成为数字出版产业发展的一个新方向。自出版中"自"的内涵可以进一步分解为"六个自":自创作品、自持版权、自筹资金、自主经营、自担风险、自享收益。[②] 由此可见,自出版赋予了作者更多的自主权,也极大地发挥了作者的自主性,出版效率更高;而且作者获得的分成比传统出版社的版税高很多,网易云阅读更是高达图书销售总额的 100%,这大大刺激了更多的作者参与到自出版中。除新人作家外,也吸引了一些知名作家,郑渊洁和连岳分别与当当、网易云阅读签约。在满足读者需求方面,自出版的内容更丰富,也更适合数字环境下读者的碎片化阅读和移动阅读习惯。

中国自出版主要是指网络自出版,网络平台的建设是基础。2011 年,豆瓣阅读率先依托网络平台进行自出版运营,随后时光流影、京东、网易云阅读、当当网等行业竞争者也成立了自己的自出版平台。目前,中国的自出版平台主要有五种主体:一是传统出版社,以译林出版社和学林出版社为代表。它们分别打造了"来出书"和"人文社科学术著作自出版平台",其中,"来出书"是中国第一家国家级出版社打造的自助出版平台。二是网络文学,以掌阅和盛大文学为代表。盛大文学较早就开始涉足自出版,掌阅也不甘落后,成立了专门的自出版部门,在 2017 年推出了《再见,顾南浔》等深受用户喜爱的作品。三是社区论坛,以豆瓣和网易云为代表。豆瓣不仅是最早成立自出版平台的网站,也是目前中国最成熟的自出版平台之一。网易云阅读上线的"自出版书"栏目声势浩大,作者在这里能获得最大程度的支持。四是电子商务,以京东为代表。京东在 2014 年进入自出版领域,依托其平台销售数据,成功推出了《大卫·贝克汉姆》等一系列名人传记,至今其自有图书超过百种。五是自媒体,以微信为代表。微信公众号的优势使自出版得到了新的发展,也获得了更多的可能。总体上来看,中国的自出版产业正在不断发展壮大,但也受到来自政策法规、内部环境方面的制约,存在内容把关不严、版权管理混乱、商业模式不成熟等问题,自出版还有一段很长的路要走。

(5)数字出版人才培养日趋完善,复合型专业人才仍短缺。中国数字出版呈加速发展态势,对 GDP 的贡献逐年提升,但距离世界发达国家水平还有一定差距。中国数字出版要提升在国际上的竞争力,特别关键且有效的一点是加大对数字出版人才的培养,提高人才的竞争力。但就目前中国数字出版行业发展的情况来看,复合型、应用型人才十分缺乏,许多城市都把数字出版人才列为紧缺人才,如数字出版内容产业人才就被列入杭州稀缺人才需求目录中。另外,出版单位在数字出版人才培养的过程中也存在很多问题,对数字出版人才的界定太过狭隘。传统出版业对人才的需求主要侧重创意策划能力、文字编辑能力、沟通协调能力、运营管理能力等,而数字出版除了要求具备上述专业能力外,还需具备数据分析能力、多媒体叙事能力、社交媒体运用能力、内容经营管理能力、用户画像能力、图片视频加工处理能力等新能力。[③] 数字出版人才的构成也更加多

[①] 数据来源:《2017 年数字阅读报告》。
[②] 李唯梁. 自出版概念探析:基于社会分析的视角[J]. 现代出版,2016(11).
[③] 数据来源:《2017—2018 年数字出版趋势报告》。

元,除了编辑、发行、管理人员外,跨行业、跨文化的专业人才更受欢迎,公众号大 V、短视频 UP 主、VR/AR 设计师等也加入其中。

数字化人才是数字出版行业最重要的战略资源,为推动数字出版的进一步发展,国家和地方政府在数字出版人才队伍建设方面进行了积极探索,培养体系日益完善。2016 年,新闻出版广电总局发布的《新闻出版业数字出版"十三五"时期发展规划》中明确提出要"加强数字出版人才队伍建设","数字出版千人培养计划"作为重点项目开始实施。"十三五"期间,该项目将分年度、分类别、分层次培养一千名左右数字出版高端战略人才和精通专业技能的骨干人才。① 在国家政策的带动下,地方政府也踊跃开展数字出版人才培养工作。北京市率先推出中国数字出版的第一个职称——数字编辑,至今已开展了三批数字编辑专业技术资格考试和申报工作;辽宁省组织出版单位与高校、科研机构联合成立"数字出版人才培养互助联盟",为出版单位定向培养行业人才;河北、湖南、湖北等省市也都积极举办数字出版专题培训,数字人才的培养和考评机制逐步健全。

2.3.2　新时代中国图书出版业"走出去"政策分析

中国图书出版业在 20 世纪初就有了"走出去"的活动,以商务印书馆为代表的中国出版企业展开了一系列对外沟通、交流、合作活动,通过中国出版人走出去、中国出版机构走出去、中国图书走出去②等方式尝试将中国图书推向世界,让中国图书出版"走出去"。虽然当时的"走出去"活动和今天的"走出去"战略还有差距,但当时中国出版企业的积极探索为如今的图书出版对外贸易奠定了良好的基础,也给了我们很多有益的启示。中国图书出版业真正意义上的"走出去"是从 21 世纪初开始的,2000 年,中国共产党十五届五中全会明确提出"走出去"战略为中国发展四大新战略之一。2003 年,出版"走出去"正式成为中国新闻出版业五大发展战略之一。

经过十几年的努力,中国图书出版在"走出去"方面取得了引人注目的成就。2017 年,中国出版物进出口经营单位累计出口图书、期刊、报纸 1 870.72 万册(份、盒、张),比 2016 年增长 6.0%;出口金额 6 024.66 万美元,比 2016 年增长 2.3%。版权输出成果显著。2017 年,中国输出出版物版权 12 651 项,比 2016 年增长 29.0%,提高了 18.3 个百分点,并高出引进出版物版权增速 24.0 个百分点。③ 在欣喜中国图书出版取得成绩的同时,还应看到中国图书出版企业在"走出去"的过程中还存在对外贸易产品结构不合理、专业人才匮乏、国际传播力不强等问题。中国图书出版业要真正实现"走出去",并且"走进去",提升国际竞争力,提升国际话语权,可以从增强文化输出能力、打造本土特色图书出版物、创新童书"走出去"模式、加快网络文学"走出去"步伐、紧抓"一带一路"倡议机遇五个方面扎实推进。

2.3.2.1　增强文化输出能力

改革开放 40 年以来,中国经济发展取得了举世瞩目的成就,成为全球第二大经济

---

① 数据来源:国家广播电视总局网站,https://www.sapprft.gov.cn/sapprft/contents/6580/353660.shtml。
② 姜伟娜. 近代中国出版走出去研究[D]. 北京:北京印刷学院,2014.
③ 数据来源:《2017 年新闻出版产业分析报告》。

体,为世界经济贡献了巨大力量。随着中国经济的崛起,中国文化重新引起全世界的注目,越来越多的人开始关注中国,中国的对外文化传播发展到一个新的历史阶段。中国出版物作为中华传统优秀文化以及当代中国价值观念和文化科技成果的传承与传播的重要载体,在提高国家文化软实力、增强中华文化国际影响力等方面发挥着十分重要的作用。[①] 图书出版对外贸易输出的不仅是产品本身,还有图书中所承载的文化,输出的是中国的主流价值观。而且图书出版物在文化输出中的权威性是其他载体无法比拟的,因此,图书出版对外贸易是对外文化传播、提升国家形象的重要方式。实施出版"走出去"战略以来,中国的图书出版对外贸易品种逐渐丰富,从最初的实物出口到数字产品再到版权输出都赢得了良好的口碑,但文化输出能力还比较弱。图书输出品种主要以文学、历史、教育为主,反映当今中国经济发展、科技成果、思想文化的出版物很少,世界了解中国的渠道有限。不可否认的是,中国在世界出版领域的话语权还很小,文化影响力也不强。因此,必须增强文化输出能力,这是实施出版"走出去"战略的核心基础。

文化"走出去"是中国图书出版"走出去"的最终目标。为了实现这个目标,国家出台了一系列政策,除了2014年国务院发布的《关于加快发展对外文化贸易的意见》,还先后推出了大中华文库、中国图书对外推广计划、中国当代文学百部精品对外译介工程、经典中国国际出版工程、中国文化著作翻译出版工程等项目,对推动中国文化登上世界舞台起到了极大的促进作用。尤其是从2004年开始启动的重大文化工程——中国图书对外推广计划,大力向全世界推介中国传统文化和当代文化创新成果。截至2016年年底,该计划已同美国、英国、俄罗斯、澳大利亚、越南、南非等71个国家的603家出版机构签订资助协议2 676项,涉及图书2 973种,语言版本47个。[②] 依托国家对外文化推广项目,中国图书产品进入了世界190多个国家,文化输出范围逐步扩大。

但要切实履行图书出版在传播中国声音、展示中国形象、提升中国文化软实力方面的使命,还需图书产品本身内容过硬。作为文化"走出去"的重要载体,图书出版物要针对国际市场需求,深度挖掘中国文化精髓,讲好中国故事,把"中国精神、中国价值、中国力量"融入图书出版对外贸易中。近几年,主题图书在国际书展上崭露头角。《习近平谈治国理政》《摆脱贫困》《之江新语》《中国的民主道路》《中国走社会主义道路为什么成功》[③]等主题图书立足中国实际,找准焦点,阐释具有中国特色的道路和价值理念,切实增加国际社会对中国的理解和认同,是向世界展示中国文化的有效手段。所以应进一步发挥主题图书在文化输出中的作用,把主题出版作为图书出版对外贸易的重要抓手,多推出一些精品,提升中国图书产品和中国文化的海外传播力、影响力。

2.3.2.2 打造本土特色图书出版物

中国地大物博,有着非常丰富的出版资源,尤其是极具特色的本土文化。文化没有国界,越是民族的,就越是世界的。中国异彩纷呈的本土文化吸引着全世界的目光,也是世界了解中国的窗口。如果把本土文化特色融入图书出版物中,不仅提高了产品的原创

[①] 陈英明. 变化的世界文化格局与推动中国出版走出去[J]. 出版发行研究,2016(12).
[②] 姜珊,胡婕. 不忘初心,连通中国与世界——"中国图书对外推广计划"项目十年进展情况介绍[J]. 出版参考,2017(8).
[③] 数据来源:中国图书对外推广网 https://www.chinabookinternational.org/。

性和文化内涵,还形成了出版特色,并且对中国图书出版物进入国际市场也是很有益的。具备本土特色的图书出版物既包括具有地域文化和民族文化特色内容的图书,也包括中国传统文化经典。在第25届北京国际图书博览会上,这两类具有本土特色的图书都受到了热烈欢迎,如北京十月文艺出版社出版的介绍大运河文化的作品《刘绍棠文集》,北京出版社出版的体现京味文化的作品《古都北京中轴线》、人民文学出版社出版的展现中国优秀传统家风文化的作品《谢谢了,我的家》等,其中《谢谢了,我的家》的版权已输出至9个国家。这些图书出版物之所以能够进入国际市场,其核心便是充分展示了中国本土文化的特色。

图书出版物要打造成为具备本土特色的产品,进而提升在国际市场上的竞争力,应注意以下三点:一是利用地缘条件,加大与邻近国家贸易往来。文化折扣现象令一国图书出版物在全世界范围内的接受程度受到影响,限制出版"走出去"的步伐,但我们可以充分利用区位优势,以邻近国家为突破口,根据不同国家和地区的读者需求,有针对性地发展图书出版对外贸易。云南教育出版社利用毗邻缅甸、老挝、越南的地缘优势,深入挖掘云南本土资源,开发与澜湄合作相关的出版物,成功推出《共饮一江水——澜湄合作简明知识读本》,并在老挝举办新书发布会,效果很好。二是搭建文化交流平台,增加本土特色文化认可度。"用文化交流引领文化商贸,以文化商贸拓展文化影响"的理念逐渐成为行业共识,[1]本土特色图书出版物"走出去"需重视传播渠道和交流平台的创新。黑龙江出版集团在这方面做出了示范。黑龙江出版集团将旗下的出版社、书店建成对外文化交流平台,通过一系列文化活动增加中俄、中韩、中法之间的互动和了解,为图书出版物及文化输出奠定基础。三是重视本土化翻译,满足国际读者的阅读需求。中国文化博大精深,地域文化多种多样,国际读者在阅读中国图书出版物时容易出现难以理解的情况,从而影响阅读体验。因此,本土化翻译至关重要。承载中国优秀传统文化的《于丹〈论语〉心得》一书之所以在国际市场上热销,离不开好的翻译。此书中《论语》原文采用的是汉学家刘殿爵的英译本,这是目前公认的最好的一个译文版。英语读者读到的不是《论语》的简单翻译,而是一篇篇优美的英文散文,大大增加了对此书的好感,为其在国外市场的成功发行打下了扎实基础。

2.3.2.3 创新少儿图书"走出去"模式

近十年来,中国少儿图书市场以年均两位数的速度增长。2017年,中国出版少儿图书8.2亿册,占图书零售市场码洋24.64%,依然是最大的细分类。[2] 少儿图书出版成为中国图书出版发展最快、成长最好的一个板块,潜力巨大。伴随中国少儿图书的飞速崛起,一大批知名儿童文学作家相继涌现,创作出大量优秀原创精品,如《草房子》《没头脑和不高兴》《狼王梦》《淘气包马小跳》等,在国际出版市场引起广泛关注。2016年,中国儿童文学作家曹文轩荣获国际安徒生奖,这是中国作家首次获此殊荣,开启了世界认识中国文化的新窗口。在此背景下,中国少儿图书"走出去"的步伐开始加快,更多的儿童文学作品被国外出版集团引进。中国少儿图书出版机构也更加积极地参与国际活动,扩

---

[1] 梁昌,赵傲莉,王爽."量体裁衣"打开版贸市场[N].中国新闻出版广电报,2018-08-20.
[2] 数据来源:《2017年中国图书零售市场报告》。

大对外合作交流和影响。2018年,中国以主宾国身份参加了第55届博洛尼亚国际儿童图书博览会,举办了一系列精彩活动,展示了中国少儿图书出版取得的成果,成为展会的一大焦点。

中国少儿图书最大的优势是来源丰富,华夏五千年积淀的文化和历史都可以变成好的故事,是中国图书出版"走出去"的理想切入点。未来几年,中国本土原创少儿图书将继续快速发展,"走出去"的成果将越来越丰硕。从"走出去"的模式来看,中国少儿图书尝试了拓展海外营销渠道、参加国际书展、资本融合、设立境外分支机构等方式,取得了较好的效果。这些模式仍然可以继续应用,但当下中国少儿图书的出版要从简单的实物和版权贸易,上升为"中国主导,中国创意,全球参与"的新模式。① 在这种模式下,一个少儿图书出版项目可以变成全球共同参加的项目,形成中国出版机构+国外出版机构、中国作家+国外插画家、中国作家+国外编剧等合作出版的方式。比如,海豚出版社与美国OCDF公司合作出品的《感知中国文化——互动学习丛书》、中国儿童文学作家徐鲁与意大利插画家爱丽丝·卡普尼共同创作完成的《神奇的小草》、西欧的编剧法缇玛为周锐的作品进行绘本改编等。共同创作的过程也是互相交流的过程,新的想法和理念被注入,作品更容易受到国际读者的欢迎,中国少儿图书"走出去"的道路也会更加顺畅。在少儿图书出版的国际合作中,特别需要注意人才的储备:一方面重引进,建立国际知名儿童文学作家、插画家数据库,吸引海外高端人才;另一方面,加强培养,以项目带动创作,以奖项激励成长,聚集一批具备"走出去"实力的少儿图书出版人才。

2.3.2.4　加快网络文学"走出去"步伐

2017年,掌阅科技和阅文集团分别在A股和中国香港上市,这对中国网络文学来说是具有里程碑意义的事件。中国网络文学越来越受到资本的青睐,发展迈上了一个崭新的台阶。《2017年中国网络文学发展报告》数据显示,截至2017年年底,中国各类网络文学作品累计高达1647万部(种),驻站创造者数量达1400万,读者规模突破4亿,实现营业收入129.2亿元,比2017年增长35.1%。② "走出去"方面也有新的突破。2017年,亚马逊Kindle中国电子书店首次建立网络小说板块,起点中文网海外版——起点国际正式上线,爱奇艺文学、阿里文学等也都纷纷布局海外市场,超过500部中国网络文学作品被译为英、日等十多种语言文字,日均访问量超过500万人次,③影响范围从亚洲文化圈逐步扩大到英语文化圈。如同韩国的电视剧、日本的动漫、美国的电影一样,中国的网络文学将成为向国外输送文化的排头兵,成为中国文化"走出去"的新路径,对提升中国文化软实力发挥主力作用。

中国网络文学精品深受国外读者喜爱,以晋江文学城网站为例,其海外用户流量比重超过15%,200多个国家和地区的用户访问过晋江,其中美国、澳大利亚等发达国家的用户占到很大比重。④ 晋江文学城推出的《明朝那些事儿》《花千骨》《步步惊心》等作品都在海外热销。中国的网络文学作品一步步走出国门,在国际市场上越来越受欢迎。同

---

① 赵依雪. 童书是文化"走出去"的最佳切入点[N]. 国际出版周报,2018-03-19.
② 数据来源:《2017年中国网络文学发展报告》。
③ 数据来源:《2017年中国网络文学发展报告》。
④ 数据来源:晋江文学城网站,https://www.jjwxc.net/。

时我们也应该看到,当前中国网络文学"走出去"还处在起步阶段,尚有很多国家和地区的市场等待开拓。为进一步推动中国网络文学"走出去",改变中国图书出版对外贸易中存在的不对等、不平衡问题,可以重点推进以下三方面的工作:一是提高原创内容质量。中国网络文学作品类型多种多样,但输出的题材比较有限,国外读者也更偏爱玄幻、武侠类小说,这样并不能真正实现文化层面的"走出去"。因此,应进一步丰富作品类型,推出更多现实题材的精品,提升中国网络文学的总体品质,引导国外读者消费高水准、高质量的网络文学作品。二是扩大 IP 影响力。中国网络文学"走出去"应重视优质 IP 的孵化,避免出现数量多但质量参差不齐的情况。优质的 IP 才能顺利完成产业转化,实现对网络文学的反哺,形成多种类、多领域、多平台的立体化输出模式。三是增强版权保护意识。中国早期的网络文学在海外传播时,盗版侵权现象比较严重,造成了巨大损失。随着网络文学"走出去"程度的加深,中国的版权保护意识也在不断增强。国家大力整治网络文学盗版侵权行为,并将版权保护上升至战略层面,今后还应建立起更加规范的版权保护机制,为中国网络文学"走出去"保驾护航。

2.3.2.5 紧抓"一带一路"倡议带来的机遇

2013 年,习近平总书记提出共同建设"丝绸之路经济带"的倡议。2015 年,《推动共建丝绸之路经济带和 21 世纪海上丝绸之路的愿景与行动》正式颁布,"一带一路"的战略布局开始全面实施,对中国各个领域都产生了深远影响。文化本身就是"一带一路"的核心,图书出版物作为文化的重要载体之一,对于推动"一带一路"沿线国家文化交流和互惠互利具有重要意义。"一带一路"给中国图书出版"走出去"带来了空前的发展机遇。对整个行业来说,自实施"一带一路"倡议以来,图书版权贸易逆差有了明显改善,对越南、泰国、印度尼西亚、印度、尼泊尔、吉尔吉斯斯坦、阿联酋、黎巴嫩、埃及等"一带一路"沿线国家版权输出增加较多。[①] 对出版企业来说,"一带一路"沿线国家是"走出去"的极好突破口。山东出版集团一直在"走出去"方面收效甚微,但自从响应国家"一带一路"倡议以来,版权输出跃居全国前列,成果斐然。

"一带一路"沿线国家拥有丰富的出版资源,又有极富潜力的市场,对促进中国图书出版发展提供了良好条件。那么,在"一带一路"框架下,中国图书出版如何开创"走出去"的新局面呢?在顶层设计方面,政策的大力扶持与合作长效机制的建立是"一带一路"图书出版的前提。具体落实到企业层面,还是要抓好内容和渠道。一方面,开发本土化出版。"一带一路"沿线国家众多,社会环境、风土人情、宗教文化差异较大,因此,在"一带一路"图书出版中,应与对方国家开展合作,整合当地资源,聘用当地出版人,并与当地渠道商合作,确保中国图书能够顺利进入当地市场。在选题方面,应充分考虑"一带一路"国家受众的需求,重点策划关注度较高的对外汉语、科学技术、中医药学、历史哲学、传统文化类图书。另一方面,扩宽国际传播渠道。根据不同国家的情况,制定不同的传播途径,用"一带一路"国家受众熟悉的方式推广中国图书出版物。比如,对于俄罗斯等文化市场繁荣的国家,可以采用建立书店等市场化运作方式。对尼泊尔等经济落后的

---

① 数据来源:《2017 年新闻出版产业分析报告》。

国家,设立中国书架、捐赠图书等比较容易落实。①

2.4 中国图书出版"走出去"对策建议

近年来,国际图书出版市场,因受到经济大环境的影响,整体走势低迷,呈现下滑趋势,其中,欧洲国家地区尤为明显。数字化浪潮的冲击也使得世界各主要出版市场竞争激烈,给出版行业带来了严峻的挑战。电子书在经历了高速发展阶段之后,发展步伐开始放缓,呈现出回归纸质图书出版的态势。在各类图书出版中,教育类图书发展较为稳定,在出版市场整体不景气的现状下成为中流砥柱,尤其是在东南亚国家地区,教育领跑并带动了整个出版市场的发展。基于市场对教育、教材类图书的刚性需求,我国图书出版业应当注重教育类内容的开发和出版,不断优化教育类图书质量,丰富出版形式。

虽然中国图书出版市场呈现出良好的发展态势,产业规模和效益都在稳步提升,但面对新的国际形势和愈发激烈的国际竞争,文化"走出去"和图书出版"走出去"仍然遇到了一些发展瓶颈。中国图书出版业要真正实现"走出去"且"走进去",提升国际竞争力,获得国际话语权,则必须紧抓"一带一路"这一战略机遇。相关政府部门和图书出版企业应该充分研究"一带一路"沿线国家的图书市场情况,抓住"一带一路"历史机遇,拓展图书出版"走出去"思路,同相关国家和地区展开多渠道的合作与交流,积极塑造并提升中国良好的国家形象,推动中国图书出版"走出去"。

2.5 案例:俄罗斯电子书发行商 LitRes

在俄罗斯电子书市场中,LitRes 占据了俄罗斯电子书市场的一半份额。LitRes 成立于 2005 年,是最大的俄语电子书分销商以及俄罗斯最大的数字内容提供商。LitRes 平台出版的电子书以文学类书籍为主,其中小说占 47%,专业文献 11.2%,中学教材教辅类图书 10.8%,大众图书 9.8%,儿童文学 3.6%,文化与艺术类图书 1.5%,其他占 16.2%。LitRes 直接与俄罗斯大型出版商签订合同,购买其纸质书的版权,这些大型的出版商包括艾科斯摩、阿斯特、玛尼、伊万诺夫、阿尔法图书、里杰罗、里博尔经典等。②

LitRes 推出了自己的电子图书阅读器,其中内存的图书资源不会被其他系统下载与复制,从而保护了自己的利益。此外,LitRes 与 Facebook 社交网站积极开展互动,鼓励读者在俄罗斯网站对 LitRes 电子图书商店的图书发表评论,获得购书优惠折扣。LitRes 在营销、图书内容、支付方法等方面进行了革新。③ 为了扩大销量,更好地销售以及宣传自己的产品,LitRes 积极开发阅读类 App,包括专门阅读电子书的"LitRes:读!"和收听有声书的"LitRes:听!",还有"LitRes 图书馆""LitRes 中学""我的图书"等。LitRes 还提供自出版服务。④

2018 年上半年,LitRes 电子书销售同比增长 45%,预计到年底电子书销售将增

---

① 刘叶华. 中国出版企业的"一带一路"国际传播路径研究[J]. 出版广角,2018(6).
② 李娜,王一鸣. 俄罗斯电子书市场概况及其发展战略[J]. 出版发行研究,2017(5).
③ 肖定丽. 俄罗斯电子图书市场[J]. 出版参考,2013(6).
④ 李娜,王一鸣. 俄罗斯电子书市场概况及其发展战略[J]. 出版发行研究,2017(5).

长47%。而俄罗斯图书市场预计2018年全年增幅只达到个位数。据悉,增长主要是由于俄罗斯消费者使用移动设备阅读的热情大涨。2018年上半年,LitRes通过移动应用程序售出电子书的数量增长了79%,而有声书的收入增长了几乎一倍。LitRes在2018年上半年的总收入增长了46%,在俄罗斯图书市场的占比达到了60%。[①]

参考文献

[1]白立华.出版融合发展现状与未来趋势[N].中国出版传媒商报,2018-03-13.

[2]陈英明.变化的世界文化格局与推动中国出版走出去[J].出版发行研究,2016(12).

[3]付海燕,郭凯娟.中国出版物出口区位选择实证研究[J].出版发行研究,2018(2).

[4]范军,王卉莲,王珺.风云变幻、跌宕起伏:国际出版业10年发展报告[EB/OL].[2018-08-10] https://mp.weixin.qq.com/s/-oERsK7llquoN3tWGvcdjQ.

[5]方英,刘静忆.中国与"一带一路"沿线国家间的出版贸易格局[J].科技与出版,2016(10).

[6]姜珊,胡婕.不忘初心,连通中国与世界——"中国图书对外推广计划"项目十年进展情况介绍[J].出版参考,2017(8).

[7]姜伟娜.近代中国出版走出去研究[D].北京:北京印刷学院,2014.

[8]李娜,王一鸣.俄罗斯电子书市场概况及其发展战略[J].出版发行研究,2017(5).

[9]李诗言.近十年来我国图书版权贸易情况及发展对策[J].出版发行研究,2018(1).

[10]李唯梁.自出版概念探析:基于社会分析的视角[J].现代出版,2016(11).

[11]梁昌,赵傲莉,王爽."量体裁衣"打开版贸市场[N].中国新闻出版广电报,2018-08-20.

[12]刘叶华.中国出版企业的"一带一路"国际传播路径研究[J].出版广角,2018(6).

[13]陆云.俄罗斯:电子书、有声书销售大增[N].中国出版传媒商报,2018-07-27.

[14]"新闻出版实用知识丛书"编委会.著作权与版权贸易[M]重庆:西南师范大学出版社,2017.

[15]肖定丽.俄罗斯电子图书市场[J].出版参考,2013(6).

[16]王娟.中国图书对外贸易问题及对策研究[M].北京:中国书籍出版社,2013.

[17]杨琪.中国出版物"走出去"40年——中国对外发行事业历史变革的回顾[J].出版广角,2018(17).

---

① 陆云.俄罗斯:电子书、有声书销售大增[N].中国出版传媒商报,2018-07-27.

[18]叶文芳.西方出版贸易实务[M]北京:中国人民大学出版社,2012.

[19]喻小唛.德国版权案裁决:将给德出版带来什么[EB/OL].中国出版传媒网,2016-06-28.

[20]赵依雪.童书是文化"走出去"的最佳切入点[N].国际出版周报,2018-03-19.

[21]张宏.全球视野下的中国出版走出去:话语权和传播力构建[D].上海:上海外国语大学,2014.

[22] Hung N M. PubResQ（2016）32：266 [EB/OL]. https://doi.org/10.1007/s12109-016-9466-3.

[23] Katan, R., Mustafa, S. E. &Adnan, H. M. PubResQ（2018）34：362. https://doi.org/10.1007/s12109-018-9589-9.

[24]Market Line Industry Profile,Global Publishing,April2017.

[25]Market Line Industry Profile,Publishing in Europe,April2017.

[26]Market Line Industry Profile,Publishing in United States,April2017.

[27]Market Line Industry Profile,Publishing in Asian-Pacific,April2017.

[28]Market Line Industry Profile,Publishing in United Kingdom,April2017.

[29]Market Line Industry Profile,Publishing in Germany,April2017.

[30]Market Line Industry Profile,Publishing in France,April2017.

[31]Market Line Industry Profile,Publishing in Japan,April2017.

[32] Molla Alemayehu, Licker Paul S. Perceived E-readiness Factorsin E-commerce Adoption：An Empirical Investigationina Developing Country[J]. International Journal of Electronic Commerce. 2005;10(1):83-110.

[33]Tom Tivnan. 2016 Reporton International Publishing Trend,Booksellers.

[34]https://ex.cssn.cn/dubao/201802/t20180205_3839822.shtml.

[35]https://www.cbbr.com.cn/article/105981.html.

[36]Yutisri P.The Publishing Industry in Thailand [J]. Publishing Research Quarterly, 2016,32(3):261-265.

[37] Utakapan R. Hailand：A Publisher's View[J]. Publishing Research Quarterly, 2005,2(21):72-73.

3 国际电影市场

3.1 国际电影市场发展概况

3.1.1 国际电影市场票房格局

2018年,全球电影票房收入创下历史新高,达到了417亿美元,较之2017年增长了2.7%。其中北美市场的票房收入为118.58亿美元,与2015年持平,较之2017年下降了6.9%,也创下了历史新高。在2017年国际电影市场的票房构成中,北美市场占到了27%的市场份额,较之2016年的29%有所下降,延续了近几年来北美市场票房在全球票房市场份额的占比稳中有降的趋势。其他国家的市场份额总和则达到了73%[1],创下了历史新高。从总体上看,北美市场票房规模在全球票房中的占比在缓慢下降。这是因为经过多年的发展,北美电影市场已经非常成熟,人均观影人次已经接近4次/年,总观影人次基本稳定,而北美之外的中国、俄罗斯、阿根廷等电影市场出现了高速增长,由此导致美国电影国内市场在国际市场份额中相对下降。

美国电影市场协会将全球电影市场按照地理位置分为北美,欧洲、中东及非洲地区,亚太地区以及拉丁美洲四大区域。由于近年来中国电影市场的爆发性增长,亚太地区已经取代北美地区成为全球最大的票仓(见表3-1)。2017年,亚太地区的票房总额为160亿美元,年增长率达到6.7%。虽然从增速上来看不是很高,但是10亿美元的增幅还是使亚太地区成为驱动国际电影票房增长的主要力量。其中,中国电影市场的票房总额达到79亿美元,占据了亚太区电影总票房的半壁江山,已经成为除美国之外最大的电影市场,比尾随其后的全球票房第三名日本的电影票房多了将近60亿美元。

表3-1 国际电影市场票房格局　　　　　　　　　　　(单位:亿美元)

	2012年	2013年	2014年	2015年	2016年	2017年	2017年较2016年增长率	2017年较2012增长率
北美地区	108	109	104	111	114	111	-2.6%	2.8%
欧洲、中东及非洲地区	107	109	106	97	96	101	5.2%	-5.6%
亚太地区	104	111	124	141	150	160	13%	53.8%
拉美地区	28	30	30	34	28	34	21.4%	21.4%
全球	347	359	364	383	388	406	4.6%	17%

资料来源:Theatrical Market Statistics 2015,MPAA Theme Report 2017,MPAA

---

[1] 资料来源:MPAA Theme Report 2017, MPAA.

2017年,拉丁美洲电影票房增长率达到了21.4%,成为全球增速最高的区域。但是仔细分析2015以来的数据,可以发现2017年的高速增长源于2016年票房下滑之后的反弹,其实2017年的票房只是与2015年持平而已。2017年,欧洲、中东及非洲地区的票房较之2016年增长了5.2%,但也是基于2015年、2016年票房下滑之后的回升,较之2012年、2013年以及2014年的票房仍有所下降。从总体上看,只有亚太地区呈现稳定的增长趋势;北美地区和欧洲、中东及非洲地区的票房基本稳定在100亿美元左右,在一个较狭窄的区间内上下波动;拉美地区也呈现较明显的上升趋势,但增长并不稳定。

3.1.2 国际电影银幕格局

2017年,全球电影银幕增长了8%,总量已经超过17万块。全球电影银幕的高速增长很大程度上归功于亚太地区高达16%的增速。截至2017年,全球98%的电影银幕实现了数字化,仅有的2 481块模拟银幕全部位于亚太地区,其他地区的银幕已经完全实现了数字化[1](见图3-1)。

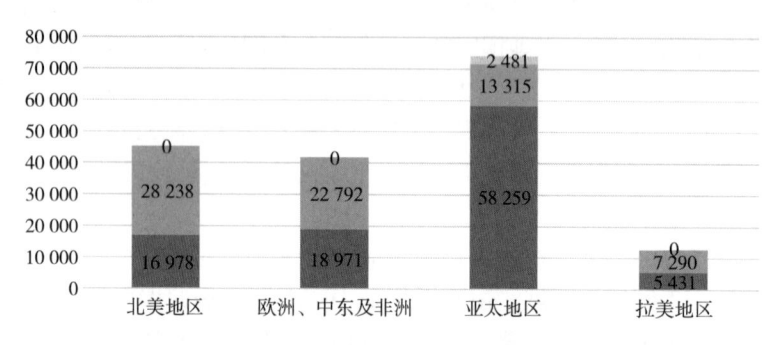

图 3-1　2017年全球电影银幕区域分布图(单位:块)
资料来源:MPAA Theme Report 2017,MPAA

全球数字3D银幕的数量还在继续增长。2017年,全球数字3D银幕的增速为14%,总量已经接近10万块,在全球数字电影银幕中的占比达到了59%。四大区域中,3D数字银幕占比最高的为亚太地区,为81%[2]。这很大程度上源于亚太地区的后发优势。

巨型电影银幕现在的数量还比较少,但是发展速度很快,近几年来年增长率保持在20%以上。目前拥有最多巨型电影银幕的地区是亚太地区,达到1 397块,其次是北美地区,数量为1 115块。截至2017年,全球巨型电影银幕的总数量为3 162块。根据HIS的研究,巨型电影银幕将成为今后10年电影产业最主要的业绩增长点,有着极大的增长潜力[3]。

---

[1] 资料来源:MPAA Theme Report 2017,MPAA。
[2] 资料来源:MPAA Theme Report 2017,MPAA。
[3] 资料来源:MPAA Theme Report 2017,MPAA。

3.1.3 国际电影市场格局及发展趋势

从近几年国际电影市场发展状况来看,国际电影市场体现了以下几方面的格局特点与发展趋势。

3.1.3.1 中国之外的国际电影市场已经形成了基本稳定的总体规模

2012年国际电影市场的票房规模是347亿美元,2017年为406亿美元,5年间全球票房仅增长了17%,年均复合增长率不到4%。如果剔除掉高速增长的中国市场(中国电影市场票房从2012年的24.7亿美元增长到2017年的82.7亿美元),其余地区5年间总票房几乎是零增长[1]。从这个角度来说,积极拓展海外市场较之深耕国内市场更难以获得理想的经济回报,因为海外电影市场总体上已经比较成熟,市场发展空间不大。

3.1.3.2 美国电影世界霸主的地位仍不可动摇

自第一次世界大战后,美国便登上了电影世界霸主的宝座,并一直牢牢占据这个位置。统计数据显示,2017年,美国国内电影票房(含加拿大)总计111亿美元,仍然是世界第一大电影市场。在美国电影市场上,美国本土电影占据了92.1%的市场份额,处于绝对优势地位。除了在本土市场所向无敌之外,美国电影在海外市场的成绩也非常亮眼。2017年,美国电影在欧盟电影市场上的市场份额达到了66.2%,在其他大多数国家的市场份额也都占到50%以上,可以说,美国电影是国际市场上当之无愧的龙头老大。在所有美国电影中起到中流砥柱作用的,是美国传统的大制片厂。2017年,全球票房前20名的电影被迪士尼、环球影业、20世纪福克斯、索尼影业、华纳兄弟以及派拉蒙这六大传统大制片厂包揽,而这20部电影所创造的全球电影票房就达到了近140亿美元,美国大制片厂在国际电影市场上的影响力可见一斑。

3.1.3.3 欧洲各国努力保护国内电影市场

从市场总规模来看,欧洲属于另一个电影重镇。以2017年为例,欧盟区的总票房达到79.3亿美元,观影人次达到9.844亿人次,平均年观影人次达到了1.9次。然而自第一次世界大战以来,欧洲国家始终没有为国内电影产业找到在商业上可行的赢利模式,在好莱坞影片的强势进攻之下拱手交出了大部分市场。根据欧洲视听观察中心出具的报告,2017年,欧洲电影市场上来自美国的电影占据了66.2%的市场份额,而欧洲本土生产的电影只获得了27.5%的市场份额,美国与欧洲合作生产的电影占据了3.7%的市场份额。[2]

在欧洲,电影被视为一种重要的文化产品,是国家文化财富的一部分。因此,基于文化保护的需要,动用政府力量对电影产业给予支持便成为欧洲电影产业不可分割的一部分。美国一直谴责欧洲的影视节目"配额制"和系列区域互惠政策等"贸易保护主义"的做法,希望欧洲能遵循世界贸易组织(WTO)的贸易自由化原则开放欧洲影视市场;而欧

---

[1] 数据来源:Focus 2018与Focus 2013,WORLD FILM MARKET TRENDS,European Audiovisual Observatory。
[2] 数据来源:Focus 2018,P14,European Audiovisual Observatory。

盟则以保护"文化多样性"为由,指出视听产业承担着传播社会价值的重要职责,不能也不应该像其他鞋、帽等普通商品一样进入自由市场,应该允许欧洲对其视听产业进行管理和补贴。

这场发端于20世纪80年代初的美国要求实行视听市场自由化而欧洲坚决反对的没有硝烟的战争,在2001年世界贸易组织多哈部长会议上取得了阶段性成果:2001年11月2日,教科文组织全体会议通过了《联合国教科文组织文化多样性宣言》。根据这一宣言,文化和视听领域的"文化例外"原则成为欧洲对抗好莱坞文化入侵的重要盾牌,保障了其广泛的视听产业公共资助体系的合法性。

事实上,自20世纪50年代末以来,欧洲已经较普遍地建立起公共财政对电影的资助体系。英国与意大利率先于20世纪20年代通过了保护国内电影产业的法案。最初的公共资助体系采用的是对电影生产的自动资助模式,即根据票房收入的一定比例自动给予制作商或发行商一定金额的资金支持,从而为他们的下一部电影提供资助。意大利于1938年建立了对电影制作的自动支持系统,而法国和西班牙则分别于1948年和1964年建立了这一自动资助模式。第一个选择性资助制度的国家是在电影观影人数第一次出现急剧下降后推出的,主要面向电影制作。英国于1949年推出了选择性资助制度,法国在1959年成立其文化部的同时推出了这一制度,而西班牙则在1983年开始实行这一制度。选择性资助制度是一种要求制作商以将来的收入进行偿还的软贷款。后来,葡萄牙(1971年)、希腊(1980年)、奥地利(1981年)、卢森堡(1990年)都建立了公共财政资助体系。自动资助体系的目的在于保持整个产业广泛的竞争力(通过给予成功电影奖励的形式提供补贴),即意在保障电影的生产数量,而选择性资助制度旨在达到更多的文化目标,更多资助的是实验性电影,主要关注的是电影品质[①]。

虽然欧洲各国在抵抗好莱坞文化入侵方面不遗余力,然而好莱坞大片冲击欧洲各国电影市场的形势依然难以逆转。欧洲各国抗击好莱坞文化入侵任重道远。

3.1.3.4 中国电影市场异军突起

欧美电影市场是传统上的主要电影市场,中国则是近年来跻身国际主要电影市场行列的生力军。

自2002年启动院线制改革以来,中国电影产业便进入了发展的快车道。从2002—2018年的短短17年间,中国院线内电影院数量从2002年的1 019家增加到了2018年的10 463家,增幅达927%;银幕数从1 834块增加到了2018年的60 079块,增幅达3 276%,从电影银幕数量来看,中国已经超越美国成为银幕数量最多的国家;城市电影票房收入从9.5亿元人民币增长到了609亿元人民币,增幅达6 411%。这样的增速和增幅在全球范围内独一无二。2012年,中国电影票房以170.7亿元人民币(约合27亿美元)的历史新高,一举超越日本成为全球第二大电影市场,从此以后便牢牢占据全球第二的宝座,并以越来越大的差距,把日本远远甩在了身后,同时不断接近美国的电影票房总额,有望在近几年取代美国成为全球电影票房第一大国。可以说,中国已经成为全球电影市场最主要的增长点,构成了推动全球电影市场持续发展

---

① Olivier Debande, Guy Chetrit. The European Audiovisual Industry: An Overview[R]. EIB Sector Papers, 2001:79.

的重要力量。

3.1.3.5 数字技术在电影产业得到广泛应用

虽然近年来全球票房收入变化不大,但是电影产业链的各个环节却在数字技术的影响下悄然发生着多种变化。2009年年底,由卡梅隆导演的3D电影《阿凡达》横空出世,一举刷新了由他自己保持的《泰坦尼克号》创下的全球最高票房纪录,票房总收入超过27亿美元,至今无人能破。《阿凡达》的成功带动了3D电影制作、3D影院建设以及数字影院建设的热潮。2015年,北美票房最高的4部电影都是3D电影,北美票房排名前25的电影中,3D电影占了14部。3D技术成为电影获取高票房的重要工具。在影院建设环节,数字银幕取代模拟银幕成为普遍趋势,而3D银幕在数字银幕中的比例也在不断上升。2017年,全球数字银幕的占有率达到了98%,3D银幕在数字银幕中的比例也达到了59%,德国、法国、韩国等国家已经实现了全部银幕的数字化。目前剩余的模拟银幕主要存在于印度。相信,随着数字技术的进一步扩散,越来越多的国家会实现银幕的完全数字化,3D银幕的比例也会进一步提高,从而为影院留住观众提供了更好的技术条件。

3.1.3.6 互联网企业纷纷进军电影产业

尽管好莱坞目前仍然是当之无愧的世界电影制作中心,在传统电影行业的霸主地位仍然不可动摇,但是,一个值得注意的现象是,传统电影行业之外的互联网公司正在不断积蓄力量,以其高度关注受众需求与反馈的独特制作方式和视频点播服务吸引了大量观众。以Netflix为例,作为一家以DVD租赁起家的公司,Netflix在2007年投入重金毅然转型为流媒体企业。2013年投入重金打造电视剧爆款《纸牌屋》之后,Netflix不断加大对原创内容的投入,以高额的成本预算来制作和发行自制内容。2015年,Netflix共计发布了8部自制故事影片。到2016年,其自制影片数量高达28部,2017年的生产数量也基本持平,达到26部,其中影片《光灵》的预算高达9 000万美元。[①] 而另一个互联网巨头全球最大电商亚马逊也在努力通过原创电影的生产制作和独家发行行为来扩大自己的市场份额。亚马逊买下版权的《海边的曼彻斯特》更是为其赢得了2017年第89届奥斯卡最佳原创剧本奖和最佳男主角奖,成为历史上第一家获得奥斯卡小金人的互联网公司。亚马逊甚至把触角延伸到实体影院领域,打算竞购线下大型电影院线,从而为自己的电影内容开拓分销渠道。无独有偶,中国大型互联网企业也在纷纷进军电影产业,阿里巴巴成立了阿里影业、腾讯成立了腾讯电影、百度旗下拥有爱奇艺影业等,互联网基因的融入,将对传统电影产业带来很大的影响,推动传统电影产业在内容制作、发行、运营各方面做出新的改变。

---

① 胡钰鑫,这些变化正在重塑全球电影产业:行业发展篇[EB/OL].搜狐网,(2018-01-26),https://www.sohu.com/a/219039681_100097343.

3.2 国际电影市场国别比较

3.2.1 北美电影市场

3.2.1.1 北美电影市场票房分析

2017年，北美电影市场观影人次为12.4亿人次，较2016年减少了6.1%，创下了1992年以来的新低。由于2017年北美电影平均票价有所上涨，这使得北美电影票房的下降幅度没有那么明显，仍然达到了111亿美元，较2016年下降了2.6%，与2015年持平。

2017年，北美电影市场共发行了777部电影，较2016年的718部有较大幅度的增长。与往年一样，电影票房呈现很高的市场集中度，票房排名前20的电影创造了47%的观影人次。2017年，迪士尼成为北美电影市场最大的赢家，其根据动画电影翻拍的真人版《美女与野兽》成为北美电影票房冠军，观影人次达5 660万。在北美观影人次排名前20的电影中，迪士尼发行的电影以7部之多独占鳌头，其余13部则被华纳兄弟、索尼影业、环球影业以及20世纪福克斯这几大传统大制片商瓜分，美国大制片商的市场地位由此可见一斑（见表3-2）。除了头部电影被美国本土电影包揽之外，北美整个电影市场也基本被美国电影所垄断。在美国电影市场上，美国本土电影占据了92.1%的市场份额；在加拿大电影市场上，加拿大本土电影的市场份额只有2.3%，其余大部分市场份额被美国电影占据[①]。

表3-2　2017年北美电影市场观影人次排名前20名的影片

排名	片名	制片国家（地区）	发行商	观影人次
1	美女与野兽	美国	迪士尼	56 630 804
2	星球大战：最后的绝地武士	美国	迪士尼	52 213 283
3	神奇女侠	美国/中国/中国香港	华纳兄弟	46 355 438
4	银河护卫队2	美国	华纳兄弟	43 799 224
5	蜘蛛侠：英雄归来	美国	索尼影业	37 550 353
6	它	美国/加拿大	华纳兄弟	36 795 701
7	雷神3：诸神的黄昏	美国	迪士尼	34 873 060
8	神偷奶爸3	美国	环球影业	29 733 066
9	金刚狼3：殊死一战	美国	福克斯	25 424 389
10	速度与激情	美国/中国/日本	环球影业	25 394 200
11	正义联盟	美国	华纳兄弟	25 207 748

---

① 资料来源：Focus 2018, European Audiovisual Observatory。

续表

排名	片名	制片国家(地区)	发行商	观影人次
12	敦刻尔克	英国/美国…	华纳兄弟	21 165 522
13	乐高蝙蝠侠大电影	美国	华纳兄弟	19 747 233
14	逃出绝命镇	美国/日本	环球影业	19 740 096
15	宝贝老板	美国	福克斯	19 663 261
16	加勒比海盗:死无对证…	美国	迪士尼	19 388 637
17	寻梦环游记	美国	华纳兄弟	19 367 691
18	金刚:骷髅岛	美国/中国	华纳兄弟	18 882 337
19	隐藏人物	美国	福克斯	18 700 316
20	赛车总动员 3	美国	迪士尼	17 179 899

数据来源:Focus 2018,European Audiovisual Observatory

3.2.1.2 北美市场电影生产分析

2017 年,美国共生产了 821 部影片,较之 2016 年的 789 部增加了 32 部。美国影片生产数量的增长主要源于投入在 100 万美元以上的电影产量的增加,从 2016 年的 510 部提高到了 2017 年的 544 部。其中,好莱坞大制品厂的产量从 2016 年的 99 部增加到了 2017 年的 112 部;其他电影制片商的产量则从 2016 年的 411 部提高到了 2017 年的 432 部。其他电影制片商所生产的低成本电影数量则变化不大,2017 年为 277 部,与 2016 年的 279 部,基本持平。加拿大 2016—2017 财政年度总共生产出 92 部故事片,比 2016 年减少了 13 部,创下了 10 年来的新低。但是,电影制片环节的总投资增长了 3.6%,达到 3.18 亿加元,这意味着 2017 年加拿大电影的平均制作成本提高了 30%。其中,法语电影在产量上占到加拿大国产电影的 1/3 左右,所投入的制作资金达到了 1.01 亿加元[①]。

3.2.1.3 北美电影市场观众分析

2017 年,北美地区 2 岁以上的人口中有 76% 的人至少去过一次影院,也就是说,有 2.63 亿北美人曾在 2017 年看过电影。这些电影观众的人均观影次数达到了 4.7 次。有 12% 的北美人是电影院的常客,每个月至少会看一场电影,这部分电影观众贡献了 49% 的观影次数,成为北美电影市场的中坚力量。从电影观众的年龄分布来看,12~17 岁为观影热情最高的人群。这一年龄段的人口占总人口的比例为 8%,观影人次占比达到了 11%,而 60 岁以上老年人的观影热情较低,这一年龄段的人口占比为 22%,观影人次占比仅为 16%。这样的人口分布特征意味着电影在北美仍然受到年轻人的欢迎。

另外,对于 3D/巨幕电影这种近年来出现的新型电影,年轻观众的接受程度要明显高于其他群体。数据显示,2017 年,12~17 岁这一年龄段电影观众观看 3D/巨幕电影的平

---

① 资料来源:Focus 2018,European Audiovisual Observatory。

均次数为 3.8 次,是各年龄段中人均观影次数最高的群体,而 60 岁以上电影观众观看 3D/巨幕电影的平均次数为 2.8 次,是所有年龄段人均观影次数最低的群体。3D/巨幕电影代表着电影未来发展的方向,这一发展趋势刚好符合未来电影观众的需求。

由此可见,北美电影市场仍然有着良好的发展前景。而从北美电影观众的种族构成来看,拉美裔观看电影的热情最高,人均观影次数达到了 4.5 次,亚裔以 4.3 次紧随其后,白人的人均观影次数最低,只有 3.2 次[①]。而从美国人口增长趋势来看,亚裔人口的增速最快,拉美裔次之,白种人的人口增长几乎已经停滞,从这个角度来看,美国人口结构的变化对电影市场的发展存在有利的影响,北美电影市场的未来仍然可期。

3.2.2 西欧电影市场

从欧洲电影观众的角度来看,欧洲电影市场已经进入了平台期,观影人次停留在 10 亿人次左右,较之前些年的高点甚至有所下降,但是从电影从业人员的角度来看,他们并没有放弃推动欧洲电影产业发展的努力,欧洲电影的生产仍在稳步增长。在 2007—2016 年这 10 年间,欧洲[②]共生产了超过 18 000 部电影,故事片年生产量从 2007 年的 1 444 部提高了 2016 年的 2 124 部,增幅达到了 44%。欧洲电影的生产呈现出很高的市场集中度。10 年内,前五大电影生产国——英国、法国、德国、西班牙和意大利——生产的电影占到欧洲电影总产量的 53.6%,前十大电影生产国的产量则占到了总产量的 73%[③]。积极参与国际电影合拍是欧洲电影生产的另一个明显特征,欧洲电影生产大国与欧洲电影合拍大国的榜单有着较高的重合度。2007—2016 年,在电影合拍数量上居前三名的分别是法国(566)、西班牙(460)和德国(411)[④]。从观影人次来看,欧洲合拍电影的效果要明显优于欧洲各国的国产电影。2010—2015 年,欧洲合拍电影的数量占欧洲电影生产总量的比例为 24.2%,但是这些电影所创造的观影人次占到了欧洲电影总观影人次的 50.3%。2010—2015 年,每部欧洲合拍电影创造的观影人次为 676 758,而每部欧洲国产电影所创造的观影人次仅为 213 810,前者是后者的 3 倍多。这些合拍片中票房尤为成功的是英国的合拍片。即使把英国合拍片排除在外,欧洲合拍片的片均观众仍然达到了国产片的 1.71 倍[⑤]。尽管这些年欧洲电影市场波澜不惊,但西欧电影市场上的三大电影大国:法国、英国与德国仍然不容忽视,这 3 个国家凭借其多年来形成的电影生产基础与观众良好的观影习惯,仍然每年跻身全球十大电影票房国家行列。下面我们便通过最新的数据,来解读这三个西欧国家最近的电影市场动态。

3.2.2.1 法国

法国是世界电影的发源地。1895 年,法国卢米埃尔兄弟在巴黎公开放映了他们自己

---

① 数据来源:MPAA Theme Report 2017,MPAA。
② 关于欧洲电影的总体统计数据来自欧洲视听观察委员会对欧洲 36 个主要电影生产国的调查统计,下同。
③ 数据来源:Film production in Europe-Production volume, co-production and worldwide circulation, P1, European Audiovisual Observatory (Council of Europe), Strasbourg, 2017。
④ 数据来源:Film production in Europe-Production volume, co-production and worldwide circulation, P24, European Audiovisual Observatory (Council of Europe), Strasbourg, 2017。
⑤ 数据来源:Film production in Europe-Production volume, co-production and worldwide circulation, P47-48, European Audiovisual Observatory (Council of Europe), Strasbourg, 2017。

制作的电影,由此正式宣告电影的诞生。在电影诞生后最初的 20 年间,法国电影因其先发优势风靡全球,成为世界电影的主导者。然而好景不长,第一次世界大战之后,法国电影就因为在电影技术和设备上的投入不足、第一次世界大战的影响以及法国大电影制片厂对电影生产的赢利能力缺乏信心等原因逐渐丧失了领先地位,被美国、德国等国家迎头赶上。为保护法国文化,抵抗好莱坞电影的入侵,法国政府采取了一系列旨在保护法国电影产业的措施。具体包括建立法国国家电影中心(The Centre National de laCinématographie,CNC)对法国电影产业进行扶持,成立信用保证履约公司(Institut de Financement du Cinéma et des Industries Culturelles,IFCIC)为电影制作企业申请银行贷款提供信用保障,利用税收减免政策吸引私人和社会资本进入电影产业,要求电视台承担扶持本国影视产业发展的责任,等等。在政府的大力扶持之下,法国仍然保持了其电影观影大国的地位。

2017 年,法国电影市场的观影人次仍然保持在较高的水平,达到 2.094 亿人次,较 2016 年下降了 1.8%,但仍然实现了 50 年来的第三高,并保持着欧洲观影人次第一大国的地位。其中,法国本土电影(包括法国与其他国家的合拍电影)创造了 7 710 万观影人次,较 2016 年上升了 2%,占总观影人次的 37.4%;美国电影创造了 1.012 亿观影人次,较 2016 年下降了 8.8%,占总观影人次的 49.2%;来自其他国家的电影创造了 2 760 万观影人次,较 2016 年上升了 18.8%,占据 13.4% 的市场份额。虽然观影人次下滑了 1.8%,由于电影平均票价较 2016 年上涨了 1.2%,法国电影总票房只是出现了轻微下降,较 2016 年减少了 0.6%,达 13.806 亿欧元,创造了 10 年来第二高票房[①]。

2017 年,法国影院共上映了 7 899 部电影,较 2016 年增加了 1.4%,其中 693 部电影为首轮上映影片,较 2016 年下降了 3.2%。这些首轮上映影片创造的观影人次占总观影人次的比例为 92.2%[②],突出体现了首轮影片的吸睛效应。这 693 部首轮上映电影中,359 部来自法国本土(其中包括以法国作为主要投资方的 60 部合拍片以及以法国作为次要投资方的 48 部合拍片),124 部来自美国,122 部来自欧洲其他国家,88 部来自除上述各国之外的其他国家[③]。

法国电影市场在不同电影的观影人次方面也呈现出较高的市场集中度。2017 年,观影人次排名前 10 位的电影创造了 20.3% 的总观影人次。有 56 部电影的观影人次达到 100 万人次以上,其中 18 部为法国本土电影,32 部为美国电影;有 24 部电影创造了 200 万以上的观影人次,其中 5 部为法国本土电影,17 部为美国电影;有 4 部电影创造了 400 万以上的观影人次,法国与美国各占 2 部,其中美国影片《卑鄙的我:3》以 574 万的观影人次荣登榜首,另一部是美国科幻影片《星球大战:最后的绝地武士》,以 535 万的观影人次位居第二[④]。这些数据表明,在法国电影市场上创造了良好票房成绩的电影基

[①] 数据来源:Results 2017 Films, television programs, production, distribution, exhibition, exports, video, new media,P13,CNC。

[②] 数据来源:Results 2017 Films, television programs, production, distribution, exhibition, exports, video, new media,P17,CNC。

[③] 数据来源:Results 2017:Films, television programs, production, distribution, exhibition, exports, video, new media,P36-37,CNC。

[④] 数据来源:Results 2017:Films, television programs, production, distribution, exhibition, exports, video, new media,P18-20,CNC。

本被法国和美国所包揽,其中美国电影的优势更为突出。

喜剧片是法国电影市场上最受欢迎的电影类型。2017年,首轮上映影片中有89部是喜剧片,在所有首轮影片中占比为12.8%,创造了17.2%的观影人次,其中12部喜剧片创造了100万以上的观影人次,3部喜剧片的观影人次超过了200万。法国本土喜剧片在喜剧片这一类型中占据绝对优势,91.7%的喜剧片观影人次为法国本土喜剧片所创造,200万观影人次以上的喜剧片更是被法国本土喜剧片包揽[1]。

2017年,法国电影市场上艺术电影的观影人次为4 000万次,较2016年下降了15.4%,占总观影人次的比例为19.4%,创下了10年来的新低[2]。

从观影时间来看,法国电影市场有着明显的周末效应。2017年,周五至周日这3天创造了54%(2016年的比例为53.9%)的总观影人次以及55.9%(与2016年持平)的总票房收入[3]。

法国电影的发行市场有着很高的集中度,美国大制片厂优势突出。2017年,法国发行市场的前四名被美国大制片厂包揽,这四大制片厂的市场份额合计达到了41.6%。法国本土电影公司的最高排名为第五,取得了7.2%的市场份额[4]。

根据康塔传媒研究所的调查,2017年,72.6%的首轮上映影片通过各种渠道(不包括网络媒体)进行了广告投放,比2016年的73.5%略微有所下降。其中,法国本土电影进行广告投放的比例在71.9%,而美国电影的广告比例则达到了95.2%。除了比例上的区别之外,两国电影在平均广告费用上也存在明显差异。2017年,258部进行了广告投放的法国电影的广告总费用为2.044亿欧元,片均广告费用为79.22万欧元;而118部美国电影的广告总费用为2.209亿欧元,片均广告费用为190万欧元,是前者的2.4倍,这一定程度上为美国电影在法国市场上的成功提供了有力的注脚。电影院是法国电影市场最主要的广告投放渠道,2017年,首轮上映电影在电影院投放的广告费用为2.175亿欧元,占到了其总广告费用的43.4%;海报是电影广告投放的第二大渠道,2017年的海报投放总额为1.46亿欧元,占广告总费用的29.1%,纸媒以9 270万欧元的广告投放量名列第三,占比为18.5%[5]。

2017年,法国三岁以上的人口中,有4 260万人进过影院,占比为67.7%。所有电影观众的年均观影次数达到4.9人次。从观众的年龄结构来看,观影热情最高的是15~24岁这个年龄段的观众,以12.2%的人口占比创造了19%的观影人次[6],由此可见,看电影仍然是法国年轻人喜闻乐见的娱乐方式。

---

[1] 数据来源:Results 2017: Films, television programs, production, distribution, exhibition, exports, video, new media,P22,CNC。

[2] 数据来源:Results 2017: Films, television programs, production, distribution, exhibition, exports, video, new media,P23,CNC。

[3] 数据来源:Results 2017: Films, television programs, production, distribution, exhibition, exports, video, new media,P26,CNC。

[4] 数据来源:Results 2017: Films, television programs, production, distribution, exhibition, exports, video, new media,P44,CNC。

[5] 数据来源:Results 2017: Films, television programs, production, distribution, exhibition, exports, video, new media,P46-47,CNC。

[6] 数据来源:Results 2017: Films, television programs, production, distribution, exhibition, exports, video, new media,P53,CNC。

法国每年都会有影院和银幕停止运营,同时又会有新的影院和银幕投入使用。2017年,法国共有 2 046 家影院处于运营状态,比 2016 年增加了两家,其中有 219 家为拥有 8 个影厅以上的多厅影院,创造了 60.1%的观影人次,有 1 159 家单厅影院,还有 668 家影厅数量在 2~7 个的影院。2017 年,法国共有 5 913 张银幕处于放映状态,比 2016 年增加了 71 张。2017 年,法国 66.2%的新增银幕位于多厅影院(8 个影厅以上),14.8%的新增银幕位于 4~7 厅影院,19.0%的新增银幕位于 1~3 厅影院①。

2017 年,300 部电影通过了法国 CNC 的制作审批,总投资额达 13 亿欧元,其中 177 部为纯粹由法国投资的本土电影,123 部为法国与 48 个不同国家的国际合拍片。300 部影片中,由法国主导的影片为 222 部,由外资主导的影片为 78 部。在法国主导的影片中,92.8%的影片使用法语摄制,有 16 部影片使用外语进行摄制。2017 年,法国主导影片的平均制作成本是 490 万欧元②。法国电视台是法国电影重要的资金来源。2017 年,法国电视台通过预购电视播映权和合作拍片的方式为 193 部电影提供了资金支持,其中免费电视频道提供的资金支持达到 1.518 亿欧元,收费电视频道提供的资金支持为 2.115 亿欧元。2017 年,有 57 部法国主导的电影没有获得电视台的资金支持,这部分电影的平均制作成本为 112 万欧元,远远低于法国主导电影平均 490 万的制作成本③。

3.2.2.2 英国

和法国一样,英国也有专门的电影委员会负责为本国电影产业提供直接的政府资助,并通过税收减免计划鼓励电影投资。英国慷慨且稳定的税收减免政策吸引了大量海外资金进入英国电影制作市场。只要在英国拍摄的电影达到了"英国本土电影"的标准,政府就可以为这些电影提供最高达 20%的税收减免,这对投资动辄上亿美元的好莱坞来说具有很大的吸引力。最近就有一大批获得英国政府资助的"英籍"电影进入英国市场,包括《复仇者联盟:奥创时代》(政府资助 3 190 万英镑)、《雷神 2:黑暗世界》(2 560 万英镑)、《布偶大电影 2》(670 万英镑)等。④ 这些海外资金的进入大大繁荣了英国电影市场。

2017 年,英国电影市场总观影人次为 1.706 亿人次,仍然保持着仅次于法国的欧洲第二观影大国的地位⑤,票房则创下了历史新高,达到了 13 亿英镑。2017 年,英国与爱尔兰共发行了 760 部电影(发行商通常把英国与爱尔兰视为一个电影市场,因此很多关于英国电影市场的统计数据其实包含了爱尔兰电影市场),总票房达到了 14 亿英镑⑥。跟美国、法国一样,英国电影在票房上也有较高的集中度。2017 年,排名前 20 的电影创造

---

① 数据来源:Results 2017: Films, television programs, production, distribution, exhibition, exports, video, new media,P64,CNC。
② 数据来源:Results 2017: Films, television programs, production, distribution, exhibition, exports, video, new media,P74-75,CNC。
③ 数据来源:Results 2017: Films, television programs, production, distribution, exhibition, exports, video, new media,P82-83,CNC。
④ 胡钰鑫,这些变化正在重塑全球电影产业:行业发展篇[OL]. 搜狐网,(2018-01-26)[2018-09-01]https://www.sohu.com/a/219039681_100097343.
⑤ 数据来源:Film at the Cinema, P3,BFI。
⑥ 数据来源:Film at the Cinema, P8,BFI。

了 54.3%的电影票房,排名前 50 的电影创造了 81%的电影票房①。2017 年,在英国发行的美国电影(不包括与英国合拍的电影)数量上的占比为 25%,却创造了 58%的票房成绩;英国电影(包括与美国的合拍片)在数量上的占比为 21%,票房占比则为 37。如果不考虑合拍片的话,英国独立电影的票房市场份额迅速降到了 9.6%,而这基本上处于 10 年来英国独立电影票房市场份额的平均水平②。2017 年,76%的英国本土电影(包括合拍片)在英国和爱尔兰的票房都没有超过 100 万英镑,只有 7 部英国本土电影的票房超过了 200 万英镑③。在英国与爱尔兰票房排行前 20 名的电影中,有 6 部是英国本土电影,其中 5 部为合拍片,并包揽了票房三甲,一部英国独立电影《帕丁顿》位列第 5,剩下的所有席位被美国影片(包括美国和其他国家的合拍片)一网打尽。从发行商来看,除了《帕丁顿》由法国电影公司发行之外,其他 19 部电影的发行商全部来自美国,包括迪士尼、华纳兄弟、环球、索尼、福克斯、派拉蒙以及狮门④,美国电影公司在英国市场上的影响力由此可见一斑。2017 年,英国共发行了 37 部 3D 电影,除了一部 3D 电影之外,其余 36 部同时采取了 3D 和 2D 两种形式进行放映,3D 银幕创造的票房总额为 8 800 万英镑,与 2010 年创造的 2.42 亿英镑的 3D 电影票房纪录存在不小的差距⑤。

2017 年,英国本土电影在世界范围内创造了 81 亿美元的电影票房,在全球电影票房中占比为 21%,其中与美国大制片厂合作的英国电影创造了 73 亿票房,在全球电影票房中占比为 18.8%,而英国本土独立电影创造的票房则为 8 260 万美元,在全球电影票房中占比为 2.1%⑥。英国合拍片的全球电影票房份额波动较大,会因为少数几部电影的市场表现出现较大的起伏,2002 年以来,英国合拍片的全球市场份额最低点出现在 2003 年,为 6.7%,最高点则出现在 2015 年,达到了 24.6%;英国独立电影的市场份额则相对稳定,基本维持在 2%左右⑦。

跟英国电影的全球票房份额一样,英国电影在北美的市场份额也存在较大起伏。2017 年,英国电影在北美创造了 32 亿美元的电影票房,在北美电影市场获得了 32%的市场份额,其中与美国大制片厂的合拍片获得了 26.4%的市场份额,英国独立电影获得了 2.7%的市场份额。英国独立电影表现最好的海外市场是新西兰和澳大利亚,分别取得了 7.5%和 5.5%的市场份额,在拉美市场的表现则相对较差,市场份额基本保持在 1%以下⑧。

3.2.2.3 德国

为了促进德国电影业的发展,德国政府早在 1967 年就颁布了《电影促进法》,迄今已建立了联邦和州两级电影促进基金。其中,地区性的电影促进基金构成德国电影公共资助资金的主体,而国家电影资助机构(Film Frderungs Anstalt,FFA)则是德国最大的联邦

---

① 数据来源:Filmat the Cinema, P10,BFI。
② 数据来源:Filmat the Cinema, P12,BFI。
③ 数据来源:Filmat the Cinema, P15,BFI。
④ 数据来源:Filmat the Cinema, P17,BFI。
⑤ 数据来源:Filmat the Cinema, P18,BFI。
⑥ 数据来源:UK Films and British Talents Worldwide, P4,BFI。
⑦ 数据来源:UK Films and British Talents Worldwide, P5,BFI。
⑧ 数据来源:UK Films and British Talents Worldwide, P8-13,BFI。

资助机构。FFA 是德国经济部控制下的公共机构,每年为德国电影的制作、发行与保存提供数千万欧元的财政支持。

2004 年元旦,德国新《电影促进法》生效,政府每年给本国的优秀故事片和纪录片颁发 120 万美元高额奖金,以刺激和繁荣德国电影市场。2007 年,德国设立了"德国电影促进基金",为电影业提供雄厚的财力支持。

在经历了 2016 年创下 20 多年新低的观影人次纪录之后,德国电影 2017 年并没有迎来大家预料中的大幅反弹,只是比 2016 年的 1.211 亿人次微涨了 1%,达到了 1.223 亿人次。而这还得益于平均票价的上涨,德国电影总票房在 2017 年上升了 3.2%,达到了 10.6 亿欧元,属于历史第二高票房,连续三年突破了 10 亿欧元大关①。

2017 年,德国观影人次的小幅增长主要源自德国本土电影,其市场份额从 22.7%上升到了 23.9%,而美国电影和欧洲其他国家电影的市场份额则出现了轻微下降。德国本土系列喜剧电影《该死的歌德》(第三部)表现突出,斩获了 590 万观影人次,击败了包括美国大片在内的所有影片,成为德国票房冠军。2017 年,德国上映的电影中有三部电影创造了 400 万以上的观影人次。2017 年,德国共发行了 587 部首轮上映电影,比 2016 年减少了 23 部。其中 233 部为德国电影,152 部为美国电影,140 部为来自欧洲其他国家的电影,还有 62 部电影来自上述国家之外的世界各国②。从观影人次来看,这些首轮上映电影共创造 1.110 1 亿的观影人次,其中美国电影占比 64.9%,德国电影占比 22.8%,来自欧盟其他国家的电影(不包括英国与美国的合拍片)占比 11.0%,其余国家则占据了 1.4%的市场份额③。2017 年,德国发行市场的最大赢家是迪士尼,取得了 16.4%的市场份额,紧随其后的是环球(15.9%)和华纳兄弟(13.1%)④。

在 2016 年达到 256 部的历史高点之后,2017 年,德国故事片产量出现了轻微下降,共生产了 247 部国产故事片⑤。

德国财政资金为德国电影产业的发展提供了很大的支持。2017 年,德国联邦电影基金为德国电影院提供了 7 500 万欧元的资金支持;德国电影协会则为电影产业提供了 7 692 万欧元的资金支持,其中故事片制作环节获得了 3 110 万欧元,电影发行环节获得了 1 480 万欧元,影院投资环节获得了 1 390 万欧元⑥。

德国有关机构统计了 2000—2017 年德国电影在阿根廷、澳大利亚、比利时、巴西、丹麦、法国、意大利、墨西哥、荷兰、新西兰、挪威、西班牙、瑞典、英国及爱尔兰、美国及加拿大这 15 个海外市场的票房表现。18 年间,这 15 个市场的总票房达到了 3 000 亿欧元,德国作为唯一或主要投资方生产的电影在这 15 个市场总共获得了 12 亿欧元的收入,占比仅为 0.4%,而德国作为次要合作者参与拍摄的电影则获得了 78 亿欧元的票房,占比为 2.5%左右⑦,后者的表现明显优于前者。从这个角度来看,德国本土电影在国际上的

---

① 资料来源:Focus 2018,P25,European Audiovisual Observatory。
② 资料来源:FFA Info Compact,FFA。
③ 资料来源:FFA Info Compact,FFA。
④ 资料来源:Focus 2018,P25,European Audiovisual Observatory。
⑤ 资料来源:Focus 2018,P25,European Audiovisual Observatory。
⑥ 资料来源:FFAInfoCompact,FFA。
⑦ German Films in the New Millennium 2010-2017[M]. Split Screen for German Films,2018:2.

竞争力并不高。

3.2.3 东亚电影市场

东亚电影市场是另一个值得关注的区域电影市场。中国电影市场近十几年来以爆发式增长成为国际电影市场的后起之秀,而日本和韩国电影则以其鲜明的民族文化特色抵抗住了好莱坞电影的入侵,国产电影在最近十年里保持了50%以上的国内市场份额,同时在国内电影票房总量上保持在全球前十名。日本更是曾经拥有全球电影票房第二大市场的宝座,2012年被中国超越之后则保持在全球第三的位置,实力不容小觑。

3.2.3.1 日本

日本电影在新世纪的发展主要得益于日本内容产业的发展。早在1996年,日本文化厅就正式提出了《21世纪文化立国方案》,这标志着日本"文化立国"战略的正式确立。

进入21世纪后,这一战略得以实质性贯彻。日本政府于2003年6月颁布了《内容产业促进法》,以法律形式推进内容产业国家战略;2004年5月制定《知识产权推进计划》;2007年5月通过的《日本文化产业战略》成为日本文化产业的纲领性文件。另外,日本还出台了《内容产业振兴政策》,将内容产业确定为国家的重要支柱产业,大力推行"文化外交新构想",以全面推销日本文化。2010年更是确定了《文化产业大国战略》。围绕此战略,日本政府推出了一系列政策,并采取了相关措施,如逐年增加内容产业的政府预算,并通过政府出资与民间捐款相结合的方式设立了"艺术文化振兴基金",对各领域的文化艺术活动进行资金援助。此外,还分阶段推行不同的内容产业促进项目与活动等。例如,在海外输出方面,无论是日本经产省与文部省联手促成建立民间的"内容产品海外流通促进机构",拨专款支持该机构在海外市场开展文化贸易与维权活动,还是将日本时装、设计、漫画、电影等文化商品向海外推行的"酷日本"计划,都对日本文化产业的输出发挥了重要作用。

2017年,日本观影人次为1.745亿,较2016年下降了3%,但仍然是1974年以来观影人次第二高的年份,票房收入为2 286亿日元(20.4亿美元),较之2016年也下降了3%;电影银幕则延续了最近几年的上升趋势,较2016年增加了1.5%,总量达到3 525块,实现了100%的银幕数字化。[①]

2017年,日本共上映了1 187部电影,其中本土电影594部,进口电影593部,在数量上平分秋色,但从票房排行前10位的电影来看,来自美国的电影占据了8个席位,日本本土电影只占据了两个席位,其中票房三甲被美国好莱坞电影包揽,《美女与野兽》更是以124亿日元的总票房高居榜首,美国好莱坞电影强大的市场影响力可见一斑。虽然头部电影市场上美国电影独领风骚,但日本本土电影仍然凭借大量广受欢迎的中小制作电影在整个电影市场占据了超过一半的份额。在票房达到10亿日元以上的电影中,本土电影占了38部,进口电影只有24部,在市场总份额上,本土电影的份额是54.9%,较2016年的63.1%出现了明显下降,这是因为2016年出现了一部本土爆款动画电影《你的名字》,创下了超过1 800万的观影人次,而2016年本土电影创造的最高观影人次

---

① 资料来源:Focus 2018,P53, European Audiovisual Observatory。

只有不到950万。

总体上,日本仍然延续了自2008年以来本土电影份额一直高于进口电影的趋势。2017年,票房排名前20名的电影创造的电影票房占总票房的42.9%,较2016年48.1%的市场集中度有所下降。动画片是日本本土电影的中坚力量。每年都有新作的三大国民系列动画《名侦探柯南》《哆啦A梦》《精灵宝》已经成为稳定的票房收割机。2017年,《名侦探柯南:唐红的恋歌》以68.9亿日元的票房成为年度本土票房冠军,并在总票房排行榜上名列第四,在进入票房前20位的9部本土电影中,动画电影占了6部①。2016年,日本电影在海外市场上的销售收入达到68亿美元,较前一年增长了30%以上。但是,很多日本动画电影制片厂已经接近全负荷运转,初级动画人才低廉的薪酬水平以及整个日本社会快速老龄化的趋势会进一步加剧日本动画制作人才稀缺的程度,因此,政府正在积极通过签订国际合作协议把日本IP推向海外。②

3.2.3.2 韩国

韩国电影的发展与20世纪90年代韩国政府出台的一系列政策不无关系。1998年,韩国官方废除了电影审查制度,采用西方的分级制度,这大大提升了韩国电影的创作空间,推动了一批反映韩国社会现实的高水平电影的出现。1999年的光头运动推动了韩国电影的本土保护机制的诞生,规定韩国影院每年至少需要播放146天本土电影,这为韩国电影抵御好莱坞电影的侵袭提供了有效的保护。此外,韩国政府还推出了对电影产业的各项支持政策,包括为就读影视专业的学生提供更多的就业机会、扶持新人导演、引入国外最先进的技术手段、制定优惠税收政策、设立基金会模式并投资电影等。韩国政府文化观光部下属韩国电影振兴委员会是韩国电影发展的重要推动力量。一方面,作为韩国非官方性质的最高电影主管机构,它设立基金会模式对电影产业进行实质性的投资,资金主要来自电影票税收及政府预算。此外,通过减免税收的形式吸引投资机构关注电影产业。另一方面,韩国政府建立融资辅导机制,分为抵押无息贷款和低利率电影创业基金。电影创业基金也提供低利率的融资贷款。通过系列措施,韩国电影产业已经形成畅通的融资渠道,目前,韩国具有信保基金、技术信用保证基金对风险实业提供融资信用保证,从而降低金融机构或政府基金的投融资风险③。2011年开始,韩国电影振兴委员会还对在韩国拍摄的外国电影和电视剧的制作费给予部分补贴,以吸引更多的外国制作公司进入韩国电影产业,由此推动韩国电影产业乃至韩国经济的繁荣。

2017年,韩国电影票房延续了3年来的增长趋势,达到了1.757万亿韩元(15.537亿美元),创下了历史新高;观影人次则达到了2.199亿人次,较2016年增长了1.3%,延续了7年来的稳定增长趋势,人均观影次数达到了4.3次。2017年总共上映了1 765部电

---

① 王小Sa. 2017日本电影市场回顾. 本土电影十年不败超英大片水土不服[EB/OL]. 时光网. (2018-1-28). https://news.mtime.com/2018/01/26/1577701-all.html.
② 资料来源:Focus 2018,P53, European Audiovisual Observatory。
③ 亚洲国家和地区典型的电影融资方式[EB/OL]. https://wenku.baidu.com/link?url=lbTxG-eQJ93iw80Azko28ljcuYoEWwWOBGnPoebStv0yK9GVbwXRoHVrssWbZduigetJMdd9kEa7Sb4rkzRRbVGXS9zMAsxs5JgePm_GiMe.

影,较 2016 年增加了 191 部,较之 2013 年则增长了 62%。[1]

韩国国产电影在 2017 年表现优异,在电影票房排名前十的榜单上占据了 7 个席位,并且包揽了冠亚季军三大宝座,其中国产电影《手扶拖拉机司机》以 1 220 万观影人次斩获票房冠军,成为当年唯一一部观影人次超过 1 000 万的电影。从整个市场来看,韩国国产电影的市场份额达到了 51.8%,较 2016 年的 53.7%稍微有所下降。2017 年,韩国本土电影的生产数量也创下了新高,达到了 494 部。[2]

3.2.4 "一带一路"沿线国家电影市场

2013 年,中国国家主席、中共中央总书记习近平同志提出了建设"新丝绸之路经济带"和"21 世纪海上丝绸之路"的战略构想,强调相关各国要打造互利共赢的"利益共同体"和共同发展繁荣的"命运共同体"。"一带一路"倡议对推进我国新一轮对外开放和沿线国家共同发展意义重大。当前,经济全球化深入发展,区域经济一体化加快推进,全球增长和贸易、投资格局正在酝酿深刻调整,亚欧国家都处于经济转型升级的关键阶段,需要进一步激发域内发展活力与合作潜力。"一带一路"倡议的提出契合沿线国家的共同需求,为沿线国家优势互补、开放发展开启了新的机遇之窗。"一带一路"倡议构想的宏伟蓝图勾勒出了中国与沿线各国在交通基础设施、贸易与投资、能源合作、区域一体化、人民币国际化等领域的合作前景,同时也创造了中国与沿线各国加强文化交流的新机遇。电影作为一种国际传播力极强的文化产品,无疑是促进国际文化交流的重要载体。本部分将对"一带一路"沿线的几个重点电影市场进行梳理,为今后中国电影拓展"一带一路"沿线电影市场提供参考。

3.2.4.1 印度

从电影产量上看,印度是当之无愧的世界第一电影大国。印度每年的电影产量在 1 000 部以上,以数百部的差距遥遥领先美国、中国等电影大国,2017 年的电影产量更是接近 2 000 部。在印度,不论国有公司、私营公司还是外国公司,只要拿到进口许可,都能进口影片,并且印度对进口外片没有指标限制,然而,除了《泰坦尼克号》和《阿凡达》,能在印度引起轰动的好莱坞大片可谓凤毛麟角。在全球电影市场形成席卷之势的好莱坞,平均每年在印度所取得的票房成绩大概只占印度总票房收入的 5%左右。

印度电影与印度电影市场有其独特的特点。首先从影片内容来看,印度电影总是充斥着大量歌舞场面,很好地契合了印度人民能歌善舞的民族传统,因此为当地观众喜闻乐见;其次,印度电影也不乏对现实的客观映射,例如《摔跤吧,爸爸》就因为直面印度男女不平等的社会现象而引起了广泛的社会关注,票房大获成功。把观看电影作为群体行为的独特观影文化、庞大的人口数量和低廉的票价则为印度创造全球第一的观影人次奠定了坚实的社会和经济基础。

2017 年,印度票房较 2016 年增长了 4.4%,达到了 1 042 亿印度卢比(合 16 亿美元),观影人次增长了 0.7%,达到了 19.8 亿人次。印度国产电影在本土市场上占据着绝

---

[1] 资料来源:Focus 2018,P57,European Audiovisual Observatory。
[2] 资料来源:Focus 2018,P57,European Audiovisual Observatory。

对优势,通常市场份额在90%以上。印度电影产业由若干个基于不同地方语言体系的电影生产系统构成,其中最重要的是印地语电影生产体系,也就是我们所熟知的"宝莱坞"。尽管2017年印地语电影在上映电影的数量上只占17%,但所创造的票房占了2017年总票房的40%左右。印地语电影的票房呈现很高的市场集中度,50部印地语电影创造了总印地语电影票房的98%左右。2017年,印地语版本的印度史诗电影《巴霍巴利王2:终结》登顶宝莱坞电影排行榜,收获了7 850万美元的票房,成为印度电影史上最受欢迎的电影之一。①

使用其他印度语言(包括泰米尔和泰卢固)拍摄的电影占印度电影总产量的75%,在票房方面的市场份额则超过了50%。市场表现最好的好莱坞电影是《速度与激情》,取得了1 600万美元的票房收入②。

印度仍存在银幕严重不足的问题。截至2017年,印度共有电影银幕11 209张,其中数字银幕9 530张。目前每百万人口只拥有8张银幕(美国每百万人口拥有124.1张银幕,中国则拥有36.5张银幕),这意味着印度电影市场存在广阔的发展空间。中国电影票房近年来的爆发式增长,就跟中国银幕数量的快速扩张不无关系。近几年来,印度边远地区的单厅影院不断减少,城市里的多厅影院则不断增加,影院经营状况不断改善。虽然多厅影院的银幕数量只占印度银幕总量的29%,却创造了50%的票房收入。2017年,印度获得上映许可的本土电影达到了1 986部,比2016年增加了4.4%。不断上升的电影制作成本、猖獗的盗版行为以及政府支持不足等原因限制了印度电影产业的发展,当地电影公司开始开拓其他收入来源,比如说引入影院广告、构建电影点播与移动电影平台等。2018年,印度与以色列签订了合作协议,同时在两个国家为符合条件的两国合拍片提供激励措施。③

3.2.4.2 俄罗斯

苏联电影曾作为与美国好莱坞迥异的电影流派在世界影坛上独树一帜,以卓越的艺术表现力和丰富的哲理内涵赢得了国内外观众的尊重和喜爱。《这里的黎明静悄悄》《办公室的故事》《莫斯科不相信眼泪》等一大批优秀电影曾经在20世纪80年代风靡中国,成为整整一代人的集体记忆。

苏联电影观众数量在20世纪60年代达到顶峰,全国平均年观影量达45亿人次,年人均观影次数20次。虽然由于电视的冲击,进电影院的人数有所下降,但在苏联解体前的1990年依然保持在高位,全国年观影人次达到15亿,年人均观影次数为10~11次。1991年苏联解体后,国家经济政治的危机影响到了俄罗斯电影业的发展,私有化冲垮了苏联电影原有的国有发行体制。国家全面开放电影市场,私营发行机构以追求短期经济效益为主,把美国电影作为他们的发行重点,但是这些以"B"级片为主的进口电影只是在短期内带来一些人气,并没有恢复电影市场的元气,更没有出现如中国一样的成就:以美国大片作为"引擎",启动国内电影市场,进而带动本土电影大片的发展。俄罗斯本

---

① 资料来源:Focus 2018,P55,European Audiovisual Observatory。
② 资料来源:Focus 2018,P55,European Audiovisual Observatory。
③ 资料来源:Focus 2018,P55,European Audiovisual Observatory。

土电影在"自由化"影响下,一味地批判过去、宣扬暴力和情色,背弃了苏联电影的优良传统,令观众失望和疏离。1993年的观影人数仅有3亿人次,年人均观影次数为2次,1997年的观影人次下滑到8 700万,年人均观影次数仅为0.6次。①

面对俄罗斯电影市场的不断萎缩,俄罗斯政府开始采取措施改变这种局面。1996年,俄罗斯通过《国家电影法》,将国家支持电影的措施、国家对电影的投资以及国家对电影活动实行的调节关税政策以法律的形势加以确定。此后,政府又相继通过了《在电影领域实行关税保护的重要措施》《维持和发展电影发行的措施》《建立和支持国产电影的联邦社会经济基金会》《保护和发展国产电影发行、提高电影为国民服务的水平的措施》等决议,其中要求其国家财政部和国产资源部从物资及财力上给电影支持,为本民族电影提供相对宽松的发展环境。自2002年起,俄罗斯启动电影市场化改革,学习西方各国的电影产业,重建新的电影商业模式,在电影生产、影院建设、票房产出、电影艺术影响力等方面取得了阶段性的成果。② 经过十几年的努力,俄罗斯电影市场开始走出低谷,逐步恢复往日的荣光。

2017年,俄罗斯电影市场再次出现了强劲增长,观影人次增加了10%,达到了2.212亿人次的新高,票房增长了9.5%,达到了533亿卢布,同样创造了历史纪录(由于卢布贬值,以美元衡量的票房为9.13亿美元,并没创造历史新高)。从观影人次的角度,俄罗斯在2017年首次成为欧洲第一大电影市场。③ 截至2017年,俄罗斯共有电影银幕4 793张,其中数字银幕4 786张,3D数字银幕3 773张,银幕数字化比例接近100%,3D数字银幕比例也远高于世界平均水平。这是因为俄罗斯和中国一样,电影的产业化改革出现在21世纪以后,刚好赶上了电影产业的数字化浪潮,也算是体现了经济学上所谓的产业发展的后发优势。

有别于2016年,2017年俄罗斯电影票房增长的驱动力主要来自于国产大片,而不是好莱坞巨制。2017年,俄罗斯前20的电影票房排行榜上,俄罗斯本土电影占据了5个席位,而2016年的数字是2,从而使俄罗斯本土电影的市场份额从2016年的17.6%上升到了2017年的24.1%。这样的成绩是在俄罗斯政府推出若干通过限制外国影片,尤其是美国影片,以促进本土电影发展的背景下取得的。2017年,俄罗斯文化部提出了若干立法草案,包括规定每天单部电影在影院上映的时间不能超过总放映时间的35%。草案还提出要把政府向每部电影征收的发行费从60美元提高到8万美元,后来因为遭到放映商和发行商的反对而改为对每张电影票征收3%的税,用于支持国产电影的生产。文化部拥有发放放映牌照的权力,同时有权调整外国电影的上映时间以保护国产电影。④

伴随着电影票房的增长,俄罗斯本土电影的产量也有所增加。2017年上映的本土电影达到了108部,这是近年来的最高水平。但是,根据俄罗斯电影基金——俄罗斯主要的电影财政资助机构的估计,只有7%的俄罗斯电影实现了盈亏平衡。为了改善本土电影机构的财务状况,电影基金计划为俄罗斯电影的海外上映提供额外的资助,用于配音、

---

① 邵奇. 俄罗斯电影产业发展现状[J]. 当代电影,2016(02):89-94.
② 支菲娜. 俄罗斯电影产业发展管窥[N]. 中国电影报,2013-12-12(034).
③ 资料来源:Focus 2018,P33,European Audiovisual Observatory。
④ 资料来源:Focus 2018,P33,European Audiovisual Observatory。

字幕制作、营销以及广告等方面。①

3.2.4.3 波兰

波兰是东欧剧变的第一个国家。1989 年波兰开始政治转型后,电影业也开始由国家行为变为市场行为。转型带给电影业最显著的变化就是国属的电影制片厂与发行部门纷纷成为营利性企业,面临巨大的经营压力。电影生产方式的急剧转型发生在经济衰退的背景之下,双重压力的存在使波兰电影跌入了历史低谷,年产量从 20 世纪 80 年代的 40 部骤减为 24 部,波兰的银幕拥有量也急剧减少。20 世纪 80 年代末,波兰尚有 1 830 块银幕,到 1993 年只剩 755 块了,而同期捷克共和国却拥有 1 200 块,德国拥有 3 709 块,法国拥有 4 397 块银幕。与银幕数量大为减少同时出现的是进电影院的人次急剧下降:1993 年人均进电影院的次数为 0.35,而同期匈牙利显示的数据是 1.26 人次/年,捷克共和国是 2.06 人次/年,德国是 2.15 人次/年。更让人吃惊的是,就连这为数不多的观影人次的数据也大都来源于美国影片的贡献,整个波兰电影市场被好莱坞全线占领。据 1993 年的统计,波兰最卖座的 10 部影片全是美国片。②

21 世纪初,波兰电影找准了文学名著改编片和商业类型片两大电影类型,本土电影业渐渐出现好转势头。随着 2005 年波兰实施新的电影法规及依据该法规成立波兰电影研究所,波兰电影不仅产量开始迅猛增长,并且质量有所提高。波兰电影研究所的一大重要职责是为电影产业提供补贴和贷款。2015 年,该研究所为实施业务计划拨付了总额达 3 000 多万欧元的资金,其中电影制作费 2 070 万欧元,电影教育及电影文化传播费 400 万欧元,电影基础设施开发费 260 万欧元,波兰电影的海外推广费 180 万欧元。2012 年,波兰重新成立了电影委员会(Film Commission Poland,FCP),致力于推动波兰电影业的发展和协调国际市场拍摄地。与电影部门及区域电影委员会紧密合作的最新纪录显示,FCP 已成为一些有兴趣在波兰制作电影并与波兰联合制作影片的电影制片人的第一个联络点。除了波兰电影委员会外,波兰还有很多专业的电影组织,为波兰电影的快速、有序发展提供了保障。波兰电影制片人协会(Stowarzyszenie Filmowcow Polski,SFP)是波兰最大的电影和电视专业人士的组织,其主要任务是整合电影界资源、保护电影的利益。其中,音像作者和制作人联盟(ZAPA)是波兰最成功的集体管理组织之一。自成立以来,ZAPA 不断加强波兰版权市场的管理和提高国际地位,与公共和私人使用者谈判并签署协议,与许多国家和国际组织合作,监测有线电视运营商的动态市场。SFP 与 ZAPA 的基本工作是实时监管视听作品是否按照作者或者出品人的授权进行使用,并支持打击电影行业的盗版行为。SFP 有多个部门和业界圈子,是波兰最重要的电影节的组织者或联合组织者。③

2017 年,波兰延续了 4 年来明显的增长趋势,观影人次较 2016 年上升了 9%,创下了 5 660 万人次的历史新高。再加上电影平均票价的小幅上涨,波兰电影票房在 2017 年首次突破了 10 亿波兰兹罗提大关,达到了 10.7 亿波兰兹罗提(合 2.85 亿美元)。截

---

① 资料来源:Focus 2018,P33,European Audiovisual Observatory。
② 黎煜. 转型后的波兰电影(1989—2008)[J]. 当代电影,2009(01):80-87.
③ 董立晶. 波兰电影生产扶持机制研究[J]. 当代电影,2017(08):88-94.

至 2017 年，波兰共有电影银幕 1 364 块，其中数字银幕 1 250 块，3D 数字银幕 710 块①。

跟 2016 年一样，波兰本土电影占据了票房排行榜冠亚军的位置。2017 年的票房冠军是圣诞主题的浪漫喜剧系列的《写给圣诞老人的信 3》，吸引了 300 万的观影人次，是迄今为止波兰历史上最成功的本土电影。2017 年，波兰本土电影在国内市场整体的市场占有率是 23.4%，较 2016 年的 25% 出现了轻微的下滑。2017 年在波兰电影发行市场上表现最亮眼的是由派拉蒙影业与环球影业合资的联合国际影业（UIP），占据了 25.8% 的市场份额，排名第二的则是波兰本土电影公司 Kino Swiat，拥有 19.2% 的市场份额，迪士尼以 13.7% 的市场份额位居第三。②

2017 年，包括 14 部波兰作为小投资方的国际合拍片在内，波兰共生产了 71 部本土电影，比 2016 年多了 17 部，是近年来产量最高的一年。波兰电影研究院（PISF）以及 12 个地区性基金会对波兰电影的生产提供资金支持。2017 年，波兰研究院提供了大约 3 600 万美元用于电影制作。2017 年，波兰政府宣布要推出现金返还制度③，为包括本土电影、外国电影和高端电视剧在内的发生在波兰、符合条件的生产费用提供 25% 的现金返还。④

3.2.4.4 土耳其

土耳其电影从起步到起飞经历了一个从模仿到崛起的过程，1938—1944 年，由于国内电影发展缓慢，好莱坞影片和埃及影片相继打入土耳其市场，使土耳其电影事业受到严重打击。如同许多国家一样，在外力的冲击下，必要时还是需要来自国家的扶持政策，土耳其政府首先是减少了进口影片的数量，使得本国制片厂数量剧增，之后又于 1948 年减少了对国产片的娱乐税，从而支持了国产片的拍摄，影片的质量也有所提高。2004 年出台了电影审查、分级和扶持的《5224 号法案》，每年都对 30% 以上的国产电影施以实际资助，这有效地推动了土耳其电影制作业的蓬勃发展，并扩大了土耳其电影的国际影响力。很多得到政府资助的土耳其国产电影在国际电影节上获奖，并获得了很好的本土票房。近十几年来，土耳其电影观影人次快速增长，电影上映数量稳步增加。⑤

在经历了两年影院观影人次的停滞不前后，2017 年，土耳其观影市场出现了爆发式增长，较 2016 年增长了 22%，达到 7 120 万人次，这是自 20 世纪 80 年代以来的最高水平，进一步巩固了土耳其在观影人次上位居欧洲第七的排名。另外，得益于票价的提高，2017 年土耳其的电影票房收入较 2016 年增长了 26%，创下了 8.71 亿土耳其里拉的记录。⑥

土耳其是欧洲唯一一个本土电影市场份额超过 50% 的国家。⑦ 2017 年，土耳其本土电影在土耳其十大电影票房排行榜上占据了 7 个席位，土耳其本土电影创造了 56.5% 的

---

① 资料来源：Focus 2018,P34,European Audiovisual Observatory。
② 资料来源：Focus 2018,P34,European Audiovisual Observatory。
③ 资料来源：Focus 2018,P34,European Audiovisual Observatory。
④ 资料来源：Focus 2018,P34,European Audiovisual Observatory。
⑤ 李小刚. 土耳其电影概况[J]. 电影艺术,1995(01):60-66.
⑥ 资料来源：Focus 2018,P35,European Audiovisual Observatory。
⑦ 石岚. 近年来土耳其电影创作观察[J]. 电影新作,2015(03):110-114.

观影人次。2017 年,土耳其系列喜剧电影《Recep Ivedik》第五部创造了 740 万观影人次,成为土耳其历史上最卖座的电影。在欧洲的几个电影大国中,土耳其电影市场的集中度是最高的,票房排名前 10 的电影合计的市场份额达到了 40%,前三大发行商合计的市场份额达到 77%,分别是 CGV 火星传媒集团(33%)、联合国际影业(27)以及华纳兄弟(17%)。截至 2017 年,土耳其拥有电影银幕 3 013 块,其中数字银幕 2 630 块,3D 数字银幕 700 块。①

2017 年共上映了 148 部土耳其本土电影,这是近几十年来的最高水平。虽然有少数主要制作喜剧大片的电影公司能够利用自有资金进行生产,但绝大多数土耳其电影制作商在为电影生产寻找资金时存在很大的困难。2017 年,148 部电影中只有 29 部获得了政府的财政支持,总额为 2 560 万土耳其里拉(700 万美元),因此,各大电影节提供的各种小额融资和奖励机会也成为土耳其电影制片商重要的融资渠道。因此,当土耳其两大电影节之一——安塔利亚电影节的国内电影竞赛单元宣布与国际竞赛单元进行合并时,很多土耳其电影人对此表示失望,土耳其电影协会还发起了抵制安塔利亚电影节的活动。②

3.3 中国电影市场

3.3.1 中国电影市场概况

3.3.1.1 中国电影市场票房收入

2017 年,中国电影市场在经历了 2016 年的低速增长之后重新恢复了较快的增长势头。根据国家广播电视总局网站披露的信息,2017 年全国电影总票房为 559.11 亿元(包括网络订票服务费),同比增长 13.45%;国产电影票房 301.04 亿元,占票房总额的 53.84%;票房过亿元影片 92 部,其中国产电影 51 部;城市院线观影人次 16.2 亿,同比增长 18.08%。③ 2016 年,中国电影总票房为 459.4 亿元,较 2015 年仅增长了 3.2%,远远落后于业界持有的 2016 年票房可能破 600 亿的乐观预期,较之 2015 年高达 48.7%的增速出现了严重下滑。面对意料之外的票房数据,很多人的观点也开始出现一百八十度大转弯,开始担心中国电影市场的高速发展期就此结束,将进入像欧美电影市场一样的平台期。在笔者看来,对中国电影市场发展过于乐观和过于悲观的预期未免都有失偏颇。事实上,2014 年、2015 中国电影票房出现爆发式增长的一个重要原因在于那两年在线票务市场处于发展初期,为了吸引更多用户下载 App,各大在线票务平台使用了大规模票补的低价策略来开拓市场。正如经济学基本规律所揭示的,价格是影响需求的重要因素,在低价电影票的刺激下,更多的观众进入了影院观看电影,由此推动了票房的急剧增长。而到了 2016 年,在线票务平台在完成了初期的用户习惯培养之后逐渐减少了票价补贴的力度,2016 年的电影票房增幅有所回落也就在情理之中了。通过欧洲视听观察委员会

---

① 资料来源:Focus 2018,P35,European Audiovisual Observatory。
② 资料来源:Focus 2018,P35,European Audiovisual Observatory。
③ 2017 年中国电影票房 559 亿元同比增长 13%[EB/OL]. 国家广播电视总局网站,https://www.sapprft.gov.cn/sapprft/govpublic/6951/356916.shtml.

的统计[1],2017年,中国的人均观影次数为1.2,而美国、法国、英国的人均观影次数分别为3.8、3.1和2.6,从这个角度看,中国电影市场仍存在较大的上升空间。事实上,近年来正是对这种上升潜力的不断挖掘,推动着中国电影市场的不断扩大。自2012年中国超越日本成为全球第二大电影市场以来,中国电影市场规模与北美票房市场规模的差距在不断缩小。2017年,北美市场票房总额为111亿美元,如果两个市场都保持同样的增长速度,中国有望在2020年以前超越北美,成为全球最大的电影市场。

3.3.1.2 中国电影生产状况

2017年,中国生产电影故事片798部、动画电影32部、科教电影68部、纪录电影44部、特种电影28部,总计970部。[2] 从生产数量上来看,中国已经成为仅次于印度的世界第二大电影生产大国。2017年共上映国产电影412部,可见,从生产数量的角度,现在的规模已经超出了影院的承载能力,不宜再盲目扩大,而是应该把主要精力放在提高电影质量上。

2017年全年共有13部国产影片票房超过5亿元,6部国产影片票房超过10亿元;影片《战狼2》以56.83亿元票房和1.6亿观影人次创造了多项市场纪录。[3]《战狼2》创下了中国历史上单部影片票房收入的最高纪录。《战狼2》的成功让我们看到了主旋律电影创作与市场需求高度契合的可能性,为我国电影内容创作开拓了新的天地。

3.3.1.3 中国电影影院与银幕数量

2017年,中国银幕总数超越北美银幕数量总和,稳居全球首位。中国新增城市影院1 622家,影院总数达到9 504家;新增银幕9 697块,银幕总数量达到50 776块。[4] 银幕的不断扩容带来了放映市场竞争的加剧,从2015年开始,单银幕票房收入和影院场均收入都出现了下降。银幕票房收入从2015年的139.34万下降到了2016年的119.68万,2017年更是降到了110.11万,而全国影院场均收入则从2015年的810元下降到了2016年的662元,2017年进一步降到了589.66元[5]。经营数据的下滑意味着单纯依靠粗放式的数量扩张已经遇到了市场瓶颈,需要通过精细化管理挖掘盈利空间。因此,接下来应该放慢影院与银幕建设的步伐,把更多的精力放在提升现有影院与银幕的营收能力上。

3.3.2 中国电影走出去概况

3.3.2.1 中国政府积极推动中国电影对外合作

电影是推动文化交流的重要工具。为更好地推动中国文化走出去,利用文化的力量

---

[1] 资料来源:Focus 2018,European Audiovisual Observatory。
[2] 2017年中国电影票房559亿元同比增长13%,国家广播电视总局网站。
[3] 2017年中国电影票房559亿元同比增长13%,国家广播电视总局网站。
[4] 中国电影家协会,中国文联电影艺术中心.2018中国电影产业研究报告[M].北京:中国电影出版社,2018:160.
[5] 中国电影家协会,中国文联电影艺术中心.2018中国电影产业研究报告[M].北京:中国电影出版社,2018:162-163.

推动人类命运共同体的建设,中国政府在推动中国电影对外合作方面进行了积极的探索。2017年6月,中国与来自印度、匈牙利、希腊等"一带一路"沿线国家代表共同签订了"一带一路"电影文化交流合作机制备忘录以及"一带一路"电影节战略合作协议。这些协议的签署将为进一步拓展"一带一路"沿线国家的电影合作与交流开辟新的领域。为更有效地推动中国电影"走出去",中国还积极帮助沿线亚洲国家进行电影资源的共享和共建,强化技术产业合作,推动广播影视基础设施联通。2017年11月2日,"丝绸之路沿线家庭电影播放系统"海外第一台智能电视在越南落地,开启了海外用户通过智能电视应用程序观看影院热映中国电影的大门。① 2017年,中国与希腊、丹麦、哈萨克斯坦、卢森堡、俄罗斯、巴西签署了电影合拍协议,加上以前已经签署电影合拍协议的加拿大、意大利、澳大利亚、法国、新西兰、新加坡、比利时(法语区)、英国、韩国、印度、西班牙、马耳他、荷兰、爱沙尼亚,中国已经与20个国家签署了电影合拍协议。② 电影合拍协议的签署为中国与其他国家之间的电影合作项目搭建了良好的政策平台,可以为电影合作方提供相应的优惠政策,由此推动电影合作项目的开展。中国政府还通过在海外举办电影节,积极推动中国电影走出去。2017年,中国在俄罗斯、伊朗、意大利、法国、坦桑尼亚、毛里求斯、摩洛哥、匈牙利、哈萨克斯坦等多个国家举办了电影节展类活动③,为中国电影走向海外搭建了良好的舞台。

3.3.2.2 中国企业积极拓展国际市场

除了积极在国内电影市场排兵布阵外,很多中国企业开始将目光投向海外,寻求在更广阔的范围内开拓电影产业的疆土。万达无疑是我国电影企业开启国际化征程的领军者。自2012年以来,万达分别并购了美国第二大院线AMC、澳洲第二大院线Hoyts以及美国传奇影业,并通过旗下的AMC院线并购了欧洲、美国等地的其他院线,一举成为全球最大的院线运营公司。万达大举进军海外并不是这个领域的个案,近年来,受到全社会广泛关注的以腾讯、阿里为代表的互联网企业同样在电影领域不断发力。2016年,腾讯旗下的腾讯影业直接投资了电影《魔兽》和《金刚:骷髅岛》,腾讯投资的影视公司STX购买了好莱坞影视制片公司IM Global的控股权。阿里也与斯皮尔伯格旗下的安布林公司签订了投资协议,还参与投资了2016年上映的《碟中谍5》,并享受其全球票房分账。可以说,以腾讯、阿里为代表的互联网企业都在为其自身平台的影视自制内容提前布局。④ 2017年6月,阿里影业以近12亿卢比(约合1 870万美元)收购了印度第二大互联网售票平台TicketNew的大部分股权,⑤把自己的在线票务业务拓展到了海外。

---

① 中国电影家协会,中国文联电影艺术中心.2018中国电影产业研究报告[M].北京:中国电影出版社,2018:25.

② 中国电影家协会,中国文联电影艺术中心.2018中国电影产业研究报告[M].北京:中国电影出版社,2018:26.

③ 中国电影家协会,中国文联电影艺术中心.2018中国电影产业研究报告[M].北京:中国电影出版社,2018:27.

④ 孙佳山.中国电影"走出去",高潮为何转瞬即逝[EB/OL].2017-04-23,https://baijiahao.baidu.com/s?id=1598551798757984935&wfr=spider&for=pc.

⑤ 中国电影家协会,中国文联电影艺术中心.2018中国电影产业研究报告[M].北京:中国电影出版社,2018:28.

3.3.2.3　中国国产电影在国际上的市场份额仍非常有限

2017年,中国国产电影海外票房和销售收入达42.53亿元,比2016年的38.26亿元增长了11.16%。① 虽然这几年国产电影海外票房和销售收入一直在增长,但与国内票房相比,其规模完全不在一个量级之上,文化折扣现象非常明显。这种难以开拓海外市场的困境并非中国所独有。在当今国际电影市场上,美国好莱坞电影独占鳌头的现象非常明显。北美本土市场基本上完全是美国电影的天下,即使是高水准的欧洲电影,也难以在北美获得理想的市场份额;欧洲市场的大部分份额也被美国电影所占领,剩下的市场空间则主要被本国及其他欧洲国家的电影所分享,留给其他国家的机会非常有限;亚洲的几个电影大国倒是抗住了好莱坞电影的压力,但本国电影占据了市场的大半壁江山,中国电影也很难分得一杯羹。从目前的情况看,中国国产影片要想拓展海外市场,仍然面临着严峻的挑战。

3.4　案例:万达电影国际化之路

3.4.1　万达集团及万达电影业务简介

万达集团创立于1988年,业务范围包括商管、文化、地产、金融四大产业。2017年,企业资产7 000亿元,收入2 273亿元,位列财富世界500强第380位。② 其中,万达文化集团2017年收入637亿元。旗下包括影视集团、宝贝王集团、文旅集团、体育集团,已成为万达新的支柱产业。万达影视集团已经形成电影制作、发行、放映全产业链,拥有美国AMC、欧洲欧典、中国万达院线等,全球开业1 551家影院,拥有16 000块屏幕。③

万达集团在电影业的布局始于2004年。2004年1月17日,万达集团董事长王健林和华纳兄弟国际影院公司总裁米勒·奥克斯在人民大会堂正式签署了双方共同合作建设华纳万达国际影院的合作协议。协议规定:华纳将协助万达集团在所有在建及拟建的万达商业广场建设一流水准的多厅影院,并对影院的设计及建设提供全面的技术支持,负责影院落成后的管理与运营,而待时机成熟,美国华纳公司同万达集团双方将对影院进行合资经营④。

2004年12月15日,北京万达电影院线股份公司正式成立,万达和华纳合作建设的哈尔滨华纳万达电影城、大连华纳万达电影城、天津华纳万达电影城、南宁华纳万达电影城、武汉华纳万达电影城纷纷加入万达院线,拉开了万达院线在放映市场上攻城略地的序幕。当时的政策预期是中国影院建设对外资的限制性规定会逐步放开,待到时机成熟,就改由华纳控股经营各影院。不料到了2005年年底,当时的文化部、国家广播电影电视总局、新闻出版总署、国家发展和改革委员会、商务部联合颁布了《关于文化领域引

---

① 中国电影家协会,中国文联电影艺术中心.2018中国电影产业研究报告[M].北京:中国电影出版社,2018:13.
② 资料来源:万达集团官网,https://www.wanda.cn/about/group/。
③ 资料来源:万达集团官网,https://www.wanda.cn/。
④ 万达院线发展史[EB/OL].搜狐财经,2012-05-18.https://business.sohu.com/20120518/n343469389.shtml.

入外资的若干意见》,进一步收紧了外资投资电影院的政策,在这样的背景下,华纳兄弟于 2006 年退出了影院合作经营,万达开启了自有品牌影院经营的新时代。借助万达商业地产在全国各地的扩张,万达自有投资影院也如雨后春笋般在全国各地迅速出现,票房份额节节攀升,在 2009 年便摘得了年度票房冠军的桂冠,并以无可比拟的优势稳居冠军宝座。在建立了国内放映市场的绝对优势之后,万达集团又把眼光投向了国外,开始了万达电影国际化发展的征程。2012 年,万达集团以 26 亿美元的对价外加 5 亿美元运营资金的代价并购了美国第二大院线 AMC;2015 年 6 月,万达院线以 3.66 亿美元的价格收购了澳洲第二大电影院线 Hoyts;2016 年 3 月,青岛万达影视投资公司以 35 亿美元的价格收购了美国传奇影业。这一系列大手笔的国际化并购是否成功?到底给万达电影业务的发展带来了什么样的影响?这正是本案例研究想要探讨的问题。

3.4.2 万达集团并购北美第二大院线 AMC

3.4.2.1 AMC 简介

美国 AMC 院线公司的历史可以追溯到 1920 年,在这一年,AMC 的第一家影院开始营业。AMC 是世界上第一家推出多厅影院的院线公司。截至 2011 年,AMC 公司旗下拥有 347 家影院,共计 5 048 块屏幕,是美国第二大院线公司,还是全球最大的 IMAX 和 3D 屏幕运营公司。AMC 公司拥有的影院集中在北美大型城市中心地带,拥有北美票房最多的前 50 家影院中的 23 家。除了首次引入多厅概念外,还有很多影史第一。例如,将座位扶手设为可调节式,将扶手抬起来就变成情侣座;扶手上设置一个杯托,方便观众放置饮料。[1]

3.4.2.2 并购详情

2010 年上半年,万达开始与 AMC 的股东和管理层就并购相关事务进行交涉。2012 年 3 月,并购项目信息得到中国发改委确认。经过两年的谈判,2012 年 5 月 21 日,双方在北京签订并购协议。2012 年 7 月 26 日,该并购获得中美两国相关部门所必需的审核批准。2012 年 8 月 30 日,王健林接管 AMC。2012 年 9 月 4 日,万达集团正式宣布已成功完成对 AMC 的并购。[2] 万达此次并购总交易金额为 26 亿美元,包括购买 100%股权和承担债务两部分。同时,万达并购后投入运营资金不超过 5 亿美元,万达总共将为此次交易支付 31 亿美元。[3]

3.4.2.3 并购结果分析

在完成收购后,万达集团通过持续性资本投入改善了 AMC 的债务结构,推行了全新、高效的管理层激励机制,并大力支持管理层进行一系列以增强顾客体验为中心的业务创新。2013 年,美国经济持续复苏,股市也出现历史性上涨,万达集团抓住这一契机迅

---

[1] 莫丽萍. 万达收购美国第二大院线 AMC 意义何在[EB/OL]. 网易娱乐,https://ent.163.com/special/amc/.
[2] 邵春燕,刘晓燕,曹梦露. 我国文化企业跨国并购案例分析——万达并购 AMC[J]. 陕西学前师范学院学报,2016,32(06):51.
[3] 莫丽萍. 万达收购美国第二大院线 AMC 意义何在[EB/OL]. 网易娱乐,https://ent.163.com/special/amc/.

速启动 AMC 的 IPO 和上市工作。2013 年 12 月,AMC 院线公司以 18 美元的价格首次公开发行 18 421 053 股 A 类普通股,募集资金近 3.316 亿美元;并于美国当地时间 2013 年 12 月 18 日正式登陆纽约证券交易所上市交易。AMC 上市当日开盘价为 19.18 美元,较发行价上涨 7%。AMC 上市后,公司股权总市值达到 18.68 亿美元,其中万达集团持有股权市场价值约 14.60 亿美元[1]。对比上市后万达集团拥有的 AMC 院线公司的股权市场价值和当初万达为购买 AMC 院线支付的 26 亿美元的交易金额,万达多支付了 11.4 亿美元,溢价率达到了 78%,一定程度上印证了当时大家普遍认为的万达购买 AMC 价格过高的判断。即使是以现在的市值来看,2018 年 8 月 11 日,AMC 电影院的总市值是 22.26 亿美元[2],按当时的持股比例,万达集团持有的股权价值也只有 17.4 亿美元,仍远低于当时的交易金额,从财务收益的角度,显然万达收购 AMC 并不是一项划算的交易。

再来看 AMC 院线在并购之后的经营状况。2013—2016 年分别实现了 3.64 亿美元、0.64 亿美元、1.04 亿美元和 1.12 亿美元的利润,较收购之前的亏损状态有了一定改善,然而除了 2013 年的利润较为可观之外,之后几年都只是微利的状态,到 2017 年则出现了 4.87 亿美元的大幅亏损,进入 2018 年之后,仍然没有扭转亏损的迹象,东方财富网披露的 AMC 近 12 个月的经营业绩为亏损 2.79 亿美元[3]。由此可见,这两年来的亏损已经吞噬了前几年的所有利润,AMC 的经营并没有出现万达原来期望的持续向好的局面。而这两年 AMC 院线经营业绩严重下滑跟 AMC 过快的扩张步伐不无关系。2016 年 7 月,AMC 宣布以 9.21 亿英镑并购欧洲 Odeon & UCI 院线;12 月,AMC 以 12 亿美元收购美国卡迈克(Carmike)电影院线公司。2017 年 1 月,AMC 再次宣布斥资 9.3 亿美元收购北欧最大院线 Nordic。一系列的资产并购给 AMC 院线带来了沉重的财务负担,全球累积债务高达 42.9 亿美元[4]。在沉重的债务压力之下,AMC 又开始寻求出售部分资产以减轻经营压力。无论是万达集团并购 AMC 院线还是 AMC 并购其他院线的案例,都说明并购本身并不一定带来经营业绩的改善,需要谨慎对待。

3.4.3 万达院线并购澳大利亚第二大院线

2015 年 11 月 2 日,万达电影院线股份有限公司发布公告称,公司以 22.46 亿元完成收购英国公司 HG ANZ 持有的 HG Holdco 100% 股权以及 7 000 万澳元的债权。收购完成后,万达院线将 100% 控股 HG Holdco 持有的澳大利亚第二大电影院线运营商 Hoyts。万达院线在拥有 Hoyts 后,将获得澳大利亚和新西兰的 52 家影院(其中澳大利亚 42 家,新西兰 10 家)、424 块银幕(其中澳大利亚 361 块,新西兰 63 块),成为澳洲和新西兰电影院线行业主要市场参与者之一。此外,Hoyts 的影片租赁业务覆盖了澳大利亚全部行政区,拥有超过 25 万活跃用户。并且 Hoyts 是澳大利亚和新西兰地区最大的电影广告渠道

---

[1] 王松才. 万达 AMC 美国上市"赔钱生意"赚了一倍[N]. 中国经济时报,2013-12-26(010).
[2] 资料来源:东方财富网,https://quote.eastmoney.com/us/AMC.html。
[3] 资料来源:东方财富网,https://f10.eastmoney.com/usf10/dtgjzb.aspx?code=AMC。
[4] 李晓青. 万达海外资产 AMC 院线持续亏损,全球总负债 42.9 亿美元[EB/OL]. 澎湃新闻,https://www.thepaper.cn/newsDetail_forward_1856238.

运营商,同时还提供商场和加油站的户外广告渠道运营业务。① 截至 2015 年 3 月 31 日,HG Holdco 归属于母公司所有者的净资产账面价值为 17.94 亿元。② 从交易价格的角度,这次院线收购基本上不存在溢价,较之 AMC 的并购更具备财务上的合理性。而从资产质量的角度来看,根据审计报告,Hoyts 在 2014 年实现营业收入 24.02 亿元,归属于母公司股东的净利润 5 790.24 万元;2015 年一季度实现营业收入 5.87 亿元,归属于母公司股东的净利润 6 007.96 万元③。也就是说,在并购之时,Hoyts 就有着稳定的利润来源;而在并购之后,HG Holdco 更是分别于 2016 年和 2017 年创造了 2.43 亿元④和 3.36 亿元⑤的利润,相对于 22 亿元的并购费用,年投资回报率在 10% 以上,从财务投资的角度看,这已经算是很理想的回报了。另外,从战略协同的角度看,Hoyts 影院的票房销售原来以线下为主,而万达院线近年来在线上销售方面已经积累了较丰富的经验,完成并购之后,可以把线上销售的经验引入 Hoyts 的票房销售系统,从而进一步开拓 Hoyts 票房增长的潜力。从近两年 Hoyts 院线的票房收入来看,2016 年,Hoyts 实现票房收入 14 亿元,观影人次 2 020 万,澳洲票房占有率达到 20%⑥;2017 年,实现票房 15.24 亿元,观影人次达 2 112.14 万,澳洲票房占有率达到了 22%⑦,呈现良好的增长趋势。综上所述,从目前来看,万达院线对澳洲 Hoyts 院线的并购还是比较成功的。

3.4.4 青岛万达影视投资公司并购美国传奇影业

在完成对美国第二大院线公司 AMC 和对澳洲第二大院线公司 Hoyts 的收购之后,万达已经成为全球最大的院线运营商,旗下的电影院遍布亚洲、美洲、欧洲和澳洲各地,成为放映环节无可争议的老大。为了完善电影产业链,万达又把目光投向了上游的影视制作环节,并于 2016 年 1 月 22 日宣布以不超过 35 亿美元(约 230 亿元人民币)的现金收购美国传奇影业公司 100% 的股份。

美国传奇影业成立于 2000 年,是美国一家二流电影制作公司。虽然曾经制作了《盗梦空间》《环太平洋》等有影响力的影片,但多为与其他公司共同制作,其独立制作、发行的能力并不强,与好莱坞六大制片公司相比存在很大的差距。另外,传奇影业的经营状况也不理想,2014 年和 2015 年的亏损分别高达 22.4 亿元与 36.3 亿元⑧。在这样的情况下,万达仍然以高达 35 亿美元的价格收购了传奇影业,遭到了外界对交易价格过高的广泛质疑。

在收购完成后,传奇影业推出了《长城》《魔兽世界》《金刚:骷髅岛》这几部投入巨资

---

① 牟璇. 万达院线 22 亿并购澳洲第二大院线 [EB/OL]. 每日经济新闻, 2015-06-25, https://money.163.com/15/0625/00/ASTROULC00253B0H.html.
② 万达院线跨入南半球 22 亿元完成收购澳洲第二大院线 [EB/OL]. 时光网, 2015-11-04, https://news.mtime.com/2015/11/04/1548519.html.
③ 牟璇. 万达院线 22 亿并购澳洲第二大院线 [EB/OL]. 每日经济新闻, 2015-06-25, https://money.163.com/15/0625/00/ASTROULC00253B0H.html.
④ 资料来源:2016 年万达院线股份有限公司年报。
⑤ 资料来源:2017 年万达院线股份有限公司年报。
⑥ 资料来源:2016 年万达院线股份有限公司年报。
⑦ 资料来源:2017 年万达院线股份有限公司年报。
⑧ 传奇影业连续两年巨亏,王健林此次是否"栽了跟头" [EB/OL]. 环球老虎财经, 2016-05-13, https://www.sohu.com/a/75203841_115708.

制作的影片。除了《金刚:骷髅岛》表现尚可外,其他两部电影的票房收入都未达到预期,《长城》更是出现了巨额亏损。传奇影业的创始人托马斯·图尔已经辞职,主导了传奇影业并购的高群耀在接任临时 CEO 9 个月之后也宣布辞职。在并购传奇影业之时,万达曾希望在一年之内实现传奇影业资产的上市,如今两年多过去了,传奇影业并没有登陆资本市场的迹象。而当初曾为万达收购传奇影业提供融资的鸿海、华策也纷纷行使当初约定的回售权,出售了自己所持有的传奇影业的股份,并获取了 15% 的年化收益。这些迹象表明,在并购之后两年多的时间里,传奇影业的表现并没有达到万达的期望。

3.4.5 万达电影国际化的启示

虽然现在断言万达电影国际化是成功还是失败为时尚早,但通过万达以上几大国际化并购的举措,我们还是可以得到一些启示。

3.4.5.1 并购资产的质量是并购时需要关注的重要问题

从 AMC、Hoyts 和传奇影业在并购完成后的经营状况来看,其表现与并购之前存在很大的相关性。AMC 和传奇影业在并购之前本身就是亏损企业,在并购之后发生亏损也在情理之中。而 Hoyts 在并购之前有着较稳定的利润,在并购之后能延续盈利趋势也就不令人意外了。中国企业本身普遍缺乏跨国经营的经验,收购亏损企业后,使其扭亏为盈将面临巨大的挑战。在跨国投资的初级阶段,还是应该选择有着良好经营状况的企业,以减少经营压力。

3.4.5.2 合理的并购价格是跨国并购需要注意的另一个重要问题

在 AMC 和传奇影业这两个并购案例中都出现了交易价格过高的问题。交易价格是并购交易中的一项关键要素,直接决定了交易是否合理以及并购交易后续的经济效益。在 AMC 和传奇影业存在连续亏损的情况下,万达仍然以远高于净资产的交易价格收购了这两家公司,而并购之后这两家公司的表现也反映了当时并购价格的严重高估,从而使这两项并购业务的价值大打折扣。

3.4.5.3 并购资产的未来成长性是并购交易需要考察的核心因素

从万达的这三大并购案例来看,万达关注的仍然是电影传统产业链上的几个环节。事实上,目前中国电影市场仍然处于高速增长阶段,而像北美、欧洲、澳大利亚这些地区的电影市场已经进入成熟期,票房收入处于低速增长甚至停滞状态,整体的市场成长性并不高。从 2010 年博纳影业赴美国 IPO 获得的市盈率远低于 2009 年华谊兄弟在创业板上市的市盈率就可以反映美国和中国的资本市场对电影产业未来成长性的不同预期,而不同预期的背后反映的是不同地区的人们对自己身边电影市场的观察。在现阶段介入海外传统电影产业链上各环节的并购,虽然契合万达本身国际化和向文化产业转型的总体战略,但并非是最优选择。就电影产业来说,像 Netflix 这种流媒体的发展速度明显要高于传统电影产业,因此,万达应该把并购眼光放在更具有发展前景的业务上,而不是局限于传统电影产业链的范围。

3.5　小结

近年来,中国电影产业仍然保持了较快的发展势头,无论是票房、电影生产还是影院建设,仍处于快速发展的通道,但是中国电影市场的发展仍不足以改变全球电影产业的竞争格局。美国好莱坞电影仍然是当之无愧的全球霸主,无论是国内市场的规模还是在国际市场上的占有率,尚无人能望其项背;欧洲市场的规模虽然近几年基本停滞不前,从国内市场规模、人均观影次数等指标来看,英国、德国、法国等国家仍然属于电影大国,保持着全球电影排行前10的市场地位,并努力通过为国内电影生产以及国际合拍提供优惠的财政与税收政策保持本国电影产业的活力;亚太地区电影市场仍然保持着较快的发展势头,日本、印度、韩国等国的国内票房规模都名列全球前10名,而且本土电影的市场占有率都超过了50%,印度电影的本土市场占有率更是超过了85%,同时这些国家也非常重视本土电影向国际市场的输出,并取得了一定成效。中国仍然是推动亚太地区电影市场高速发展的最主要力量。按照目前的发展速度,中国国内的电影市场规模将在2020年左右超越美国成为全球第一电影大国。但就国际竞争力而言,中国国产电影仍然与好莱坞电影存在很大的差距,而这也是中国电影下一步努力的方向。

参考文献

[1] 传奇影业连续两年巨亏,王健林此次是否"栽了跟头"[EB/OL]. 环球老虎财经,[2016-05-13]. https://www.sohu.com/a/75203841_115708.

[2] 董立晶. 波兰电影生产扶持机制研究[J]. 当代电影,2017(08):88-94.

[3] 东方财富网.

[4] 2017日本电影市场回顾:本土电影十年不败 超英大片水土不服[EB/OL]. 时光网[2018-1-28]. https://news.mtime.com/2018/01/26/1577701-all.html.

[5] 2017年中国电影票房559亿元 同比增长13%[EB/OL]. 国家广播电视总局网站,https://www.sapprft.gov.cn/sapprft/govpublic/6951/356916.shtml.

[6] 2017年万达院线股份有限公司年报.

[7] 2016年万达院线股份有限公司年报.

[8] FFAInfoCompact[R]. FFA.

[9] Filmat the Cinema[R]. BFI.

[10] Film production in Europe – Production volume, co-production and worldwide circulation[R], European Audiovisual Observatory (Council of Europe), Strasbourg, 2017

[11] Focus 2018[R], European Audiovisual Observatory.

[12] German Films in the New Millennium 2010—2017[R] 2018, by Split Screen for German Films.

[13] 胡钰鑫,这些变化正在重塑全球电影产业:行业发展篇[EB/OL]. 搜狐网,(2018-01-26)[2018-09-01]. https://www.sohu.com/a/219039681_100097343.

[14]李小刚. 土耳其电影概况[J]. 电影艺术,1995(01):60-66.

[15]李晓青,万达海外资产 AMC 院线持续亏损,全球总负债42.9亿美元[EB/OL],澎湃新闻,https://www.thepaper.cn/newsDetail_forward_1856238.

[16]黎煜. 转型后的波兰电影(1989—2008)[J]. 当代电影,2009(01):80-87

[17]莫丽萍,万达收购美国第二大院线 AMC 意义何在?[EB/OL],网易娱乐,https://ent.163.com/special/amc/.

[18]MPAA Theme Report 2017, MPAA.

[19]牟璇,万达院线22亿并购澳洲第二大院线[EB/OL],每日经济新闻,2015-06-25,https://money.163.com/15/0625/00/ASTROULC00253B0H.html.

[20] Olivier Debande, Guy Chetrit. The European Audiovisual Industry:An Overview[OL]. EIB Sector Papers,2001:79.

[21] Results 2017 Films, television programs, production, distribution, exhibition, exports, video, new media[R]. CNC.

[22]邵奇. 俄罗斯电影产业发展现状[J]. 当代电影,2016(02):89-94.

[23]石岚. 近年来土耳其电影创作观察[J]. 电影新作,2015(03):110-114.

[24]孙佳山. 中国电影"走出去",高潮为何转瞬即逝[OL]. 媒介之变,2017-04-23. https://baijiahao.baidu.com/s?id=1598551798757984935&wfr=spider&for=pc.

[25]亚洲国家和地区典型的电影融资方式[EB/OL]:https://wenku.baidu.com/link?url = lbTxG - eQJ93iw80Azko28ljcuYoEWwWOBGnPoebStv0yK9GVbwXRoHVrssWbZduigetJMdd9kEa7Sb4rkzRRbVGXS9zMAsxs5JgePm_GiMe.

[26]UK Films and British Talents Worldwide[R]. BFI.

[27]邵春燕,刘晓燕,曹梦露. 我国文化企业跨国并购案例分析——万达并购 AMC[J]. 陕西学前师范学院学报,2016,32(06):51

[28]支菲娜. 俄罗斯电影产业发展管窥[N]. 中国电影报,2013-12-12(034).

[29]中国电影家协会,中国文联电影艺术中心. 2018中国电影产业研究报告[M]. 北京:中国电影出版社,2018.

[30]万达院线发展史[EB/OL]. 搜狐财经,2012-05-18. https://business.sohu.com/20120518/n343469389.shtml.

[31]万达院线跨入南半球22亿元完成收购澳洲第二大院线[EB/OL]. 时光网,2015-11-04. https://news.mtime.com/2015/11/04/1548519.html.

[32]万达集团官网.

[33]王松才. 万达 AMC 美国上市"赔钱生意"赚了一倍[N]. 中国经济时报,2013-12-26(010).

4 国际游戏市场

4.1 国际游戏市场发展状况

4.1.1 国际游戏市场规模

美国娱乐软件协会 ESA(Entertainment Soft Association)主席兼 CEO Michael D. Gallagher 提道:"游戏业之所以发展卓越,是因为它满足了人们的需求——给予人们想要的,甚至在他们意识到之前——游戏业引领着娱乐业的发展趋势并且超越了其他很多部门。游戏产品在不断地进化,改变了人们对媒体的消费和互动方式。硬件和软件的创新已经使得游戏业成为高科技研发的领导行业之一。"[1]

2018 年,电子游戏业的收入继续保持高速增长,根据市场调研机构 Newzoo 发布的《2018 年全球游戏市场报告》(《2018 Global Games Market Report》)[2],2018 年,全球游戏市场总收入达 1 379 亿美元,较上一年增长 162 亿美元,同比增长 13.3%。

Newzoo 的数据显示,2018 年,中国将创造 397 亿美元的游戏收入,占全球市场 1/4 以上(见图 4-1)[3]。得益于智能机的增长,亚太地区在全球游戏市场的份额逐年提高。Newzoo 预计,2018 年,亚太地区将创造 714 亿美元的游戏收入,占全球总市场收入的 52%,同比增长 16.8%。北美仍是全球第二大游戏市场,占据全球游戏市场总收入的 23%,同比增幅达 10%,预计在 2018 年将达到 327 亿美元规模。欧洲、中东和非洲地区的份额略微落后于北美地区,占据全球游戏总收入的 21%,预计 2018 年将达到 287 亿美元。拉丁美洲地区的游戏市场规模将在 2018 年增至 50 亿美元,占据全球市场份额的 4%(如图 4-1 所示)。

NewzooCEO 和联合创始人 Peter Warman 认为:"游戏市场运作的方式发生了根本性的变化,无论是游戏平台还是游戏的组织形式和商业模式,都发生了改变,再加上持续全球化的分销渠道、大作 IP 以及业务模式的拓展,游戏行业同时在很多细分领域发生变化,而消费者则是其背后的决定因素。没有其他娱乐或媒体能够像游戏业一样赋予消费者如此大的权力。今天,没有任何形式的娱乐或者媒体可以像游戏这样给予玩家如此之

---

[1] 2018 Essential Facts About the Computer and Video Game Industry[EB/OL]. ESA. [2018-07-02] https://newzoo.com/insights/trend-reports/newzoo-global-games-market-report-2018-light-version/.

[2] Newzoo 的《2015 年全球游戏市场报告》将游戏市场按照游戏设备和表现形式划分为电脑型(含网页游戏和客户端游戏)、个人型(含智能手机和智能手表)、流动型(含掌机和平板电脑)以及娱乐型(含家用游戏主机和虚拟现实设备)。

[3] Newzoo 2018 全球游戏市场报告发布[EB/OL]. (2018-06-20)[2018-07-02]. https://www.gamersky.com/news/201806/1063034.shtml.

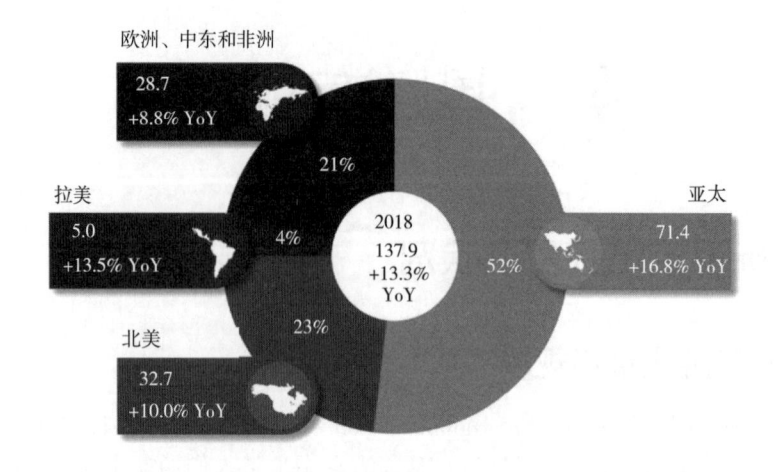

图 4-1　2018 年全球游戏市场按地区统计游戏收入和份额(单位:百万美元)①

大的能力,他们不仅可以主动参与,还可以让不同情绪、兴趣、生活方式、区域和收入水平的玩家享受对游戏的热情。"②在全球 App 产业中,游戏产业的收入相较于下载量在总量中占据的份额始终高出许多。2017 年,游戏占全球 iOS 应用商店和 Google Play 综合用户的支出总量接近 80%,同时占全球总下载量约 35%。与 iOS 相比,游戏在 Google Play 用户支出中占据更大的份额;就支出数额而言,iOS 上的用户支出比 Google Play 高出近 2 倍③。如图 4-2 所示。

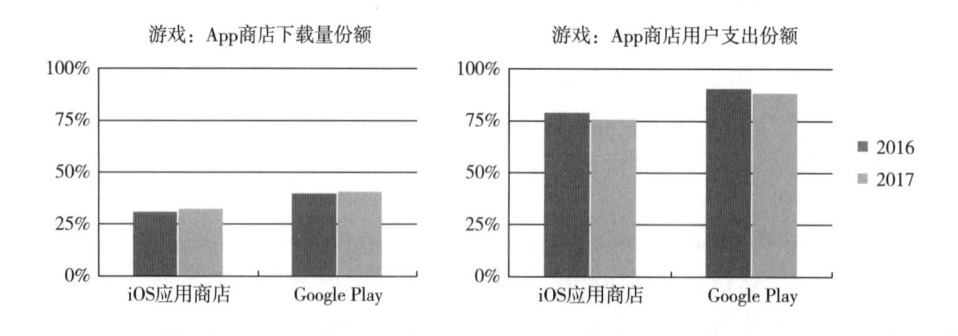

图 4-2　2017 年游戏在 App 商店下载量份额与用户支出份额④

---

① 图 4-1、图 4-3、图 4-4 引自 Newzoo 2018 全球游戏市场报告发布[EB/OL].(2018-06-20)[2018-07-02]. https://www. gamersky. com/news/201806/1063034. shtml.
② 2018 Essential Facts About the Computer and Video Game Industry[EB/OL]. ESA.[2018-07-02] https://newzoo. com/insights/trend-reports/newzoo-global-games-market-report-2018-light-version/.
③ App Annie&IDC:2017 年度游戏回顾报告[EB/OL].(2018-03-16).[2018-07-03]. https://www. 199it. com/archives/700018. html.
④ 图 4-2、图 4-5、图 4-6、图 4-7 引自 App Annie&IDC:2017 年度游戏回顾报告[EB/OL].(2018-03-16).[2018-07-03]. https://www. 199it. com/archives/700018. html.

按国别和地区来看,2018年,全球游戏市场收入规模Top 20分别是:中国、美国、日本、韩国、德国、英国、法国、加拿大、西班牙、意大利、俄罗斯、墨西哥、巴西、澳大利亚、中国台湾、印度、印度尼西亚、土耳其、沙特阿拉伯和泰国(见表4-1)[①]。中国仍是全球最大的游戏市场,TOP20国的游戏收入占全球游戏收入的90%以上。

表4-1 截至2018年6月各国(或地区)游戏市场收入排行榜TOP20

排名	国别	人口(百万人)	网民(百万人)	总收入(百万美元)
1	中国	1 415	850	37 945
2	美国	327	265	30 411
3	日本	127	121	19 231
4	韩国	51	48	5 647
5	德国	82	76	4 687
6	英国	67	64	4 453
7	法国	65	58	3 131
8	加拿大	37	34	2 303
9	西班牙	46	39	2 032
10	意大利	59	40	2 017
11	俄罗斯	144	113	1 669
12	墨西哥	131	86	1 606
13	巴西	211	142	1 484
14	澳大利亚	25	23	1 269
15	中国台湾	24	20	1 268
16	印度	1 354	481	1 169
17	印度尼西亚	267	82	1 130
18	土耳其	82	53	878
19	沙特阿拉伯	34	26	761
20	泰国	69	38	692

4.1.2 国际游戏市场结构

自2012年开始,Newzoo开始采用设备及终端类型来评估市场结构。从历年的数据来看,全球游戏市场各种设备所占的份额正在趋于平均化。2018年,全球游戏市场总计收入1 379亿美元,手游市场是当前最大的游戏市场,占比首次超过一半,手机游戏(占比41%)和平板游戏(占比10%)收入预计2018年将增至703亿美元,占全球游戏总收入的51%(见图4-3)。全球手游玩家数量将达到22亿,占世界总人口的1/3左右,其中大

① Top Countries by Game Revenues[EB/OL]. Newzoo.[2018-07-02]. https://newzoo.com/insights/rankings/top-100-countries-by-game-revenues/.

多数都是通过智能手机玩游戏。主机和PC游戏市场也在持续增长,从收入规模来看,主机是第二大游戏市场,2018年收入预计为346亿美元,并且在未来3年将会以4.1%的年复合增长率增至390亿美元。PC游戏市场2018年收入预计为329亿美元,是第三大游戏平台,DLC、盒装游戏的增长被PC网页游戏的收入下滑所抵消,网页游戏玩家很大一部分转移到了手游平台,Newzoo预计,网页游戏市场在最近5年(2017—2021)内会以-16.1%的年复合增长率下滑,到2021年将降至25亿美元(见图4-4)[①]。

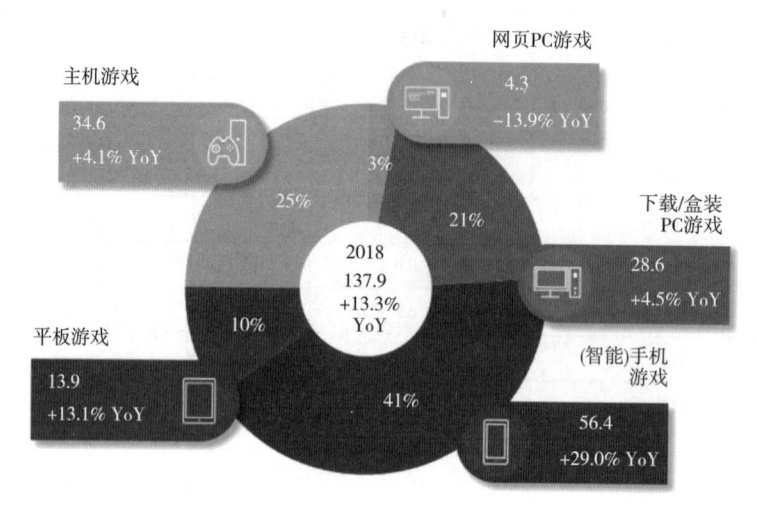

图4-3　2018年全球游戏市场按设备与细分市场统计数据(单位:十亿美元)

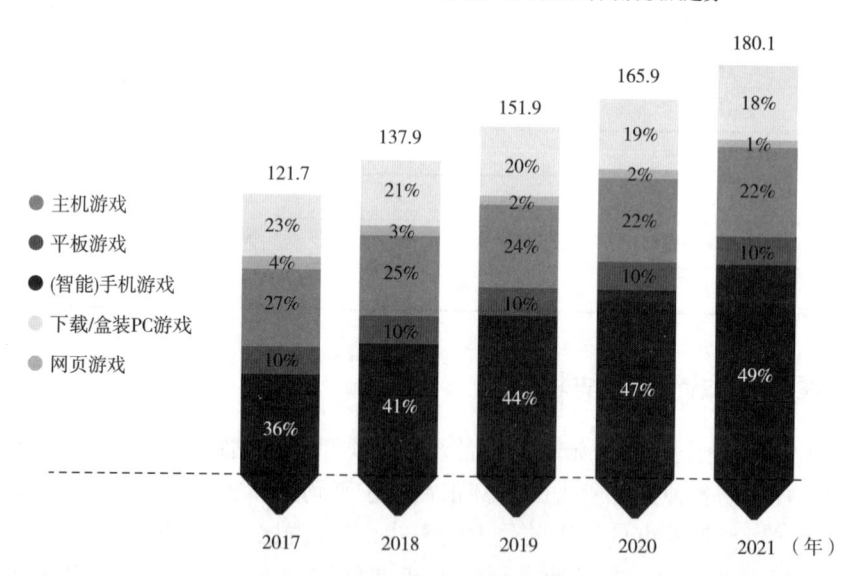

图4-4　2017—2021年全球游戏市场按设备细分发展趋势(单位:十亿美元)

---

① Newzoo. 发布2018全球游戏市场报告:中国占全球游戏收入28%[EB/OL]. (2018-06-22) [2018-07-02]. https://www.duowan.com/news/393594061763.html.

移动游戏的强势崛起是近年来游戏市场的主要趋势之一。App Annie[①]和 IDC[②]发布的《2017年度回顾聚焦游戏》[③]显示,2014年,移动游戏首次超过家庭主机游戏和 Mac 游戏,成为用户支出最高的游戏类别;2017年,移动游戏依靠优势在全球范围内继续扩大;2016年,移动游戏用户支出是 PC/Mac 游戏支出的 2.3 倍,是家庭主机游戏支出的 3.6 倍。2017年,移动端游戏消费支出指数继续遥遥领先于 PC 和 Mac、家用游戏机和掌上游戏机(见图 4-5)。而在 2016 年,手机游戏的优势还小于 10%,这突出表明手机游戏已迅速在全球范围内占据前沿和核心地位。

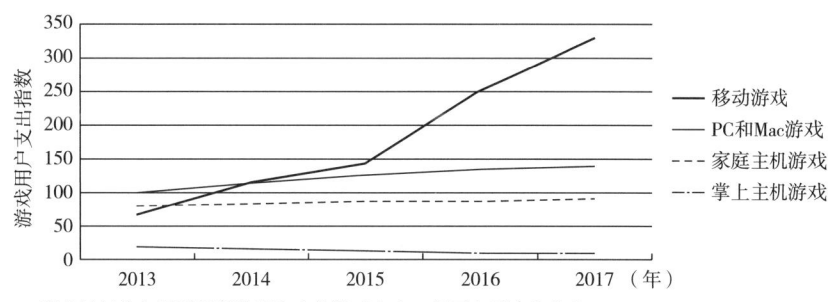

- 所有统计均包括适用的数字和实体游戏支出,但不包括广告收入。
- 移动游戏统计包括所有App商店(iOS应用商店、Google Play、Windows Phone App商店、亚马逊、Samsung Galaxy和第三方Android App商店)的支出。
- 家庭主机游戏总计包括光盘、数字游戏及游戏相关订阅服务(Xbox Live和PlayStation Plus)的支出。

图 4-5　2013—2017 全球游戏用户支出(按设备)
资料来源:App Annie 和 IDC

尤其是亚太区地区的中国、日本和韩国等几个主要市场的快速增长,助推了 2017 年移动游戏业的发展。虽然所有地区都出现了增长,但 2017 年移动游戏支出的 60% 以上均来自亚太地区,该地区的市场份额持续扩大(见图 4-6)。2017 年,亚太地区在 iOS 应用商店及 Google Play 综合游戏支出中所占的份额获得了可观的增长,这主要归功于移动游戏在中国和日本 iOS、以及在韩国 Google Play 上的显著增长。日本的强势也大幅提升了掌上主机游戏在亚太地区用户支出的份额。从家庭主机游戏来看,北美和西欧占主导地位,但是受发展中经济体增长的影响,世界其他地区的游戏相关总支出增长最快;亚太地区的 PC/Mac 游戏支出也有所增加。

更进一步,我们尝试总结各细分市场呈现的不同特点,具体如下。

---

① App Annie 是移动应用和数字内容时代数据分析和市场数据的行业领导者,其平台帮助企业主、市场人员和投资者了解其自身应用业务状况以及整个应用市场的趋势,帮助他们更好地制定产品、国际化、营销和投资策略相关的市场决策。

② 国际数据公司 International Data Corporation(IDC)是全球著名的信息技术、电信行业和消费科技市场咨询、顾问和活动服务专业提供商,帮助 IT 专业人士、业务主管和投资机构制定以事实为基础的技术采购决策和业务发展战略,是国际数据集团(International Data Group,IDG)旗下子公司。

③ App Annie,IDC. 2017 年度游戏回顾报告[EB/OL]. (2018-03-16). [2018-07-03]. https://www.199it.com/archives/700018.html.

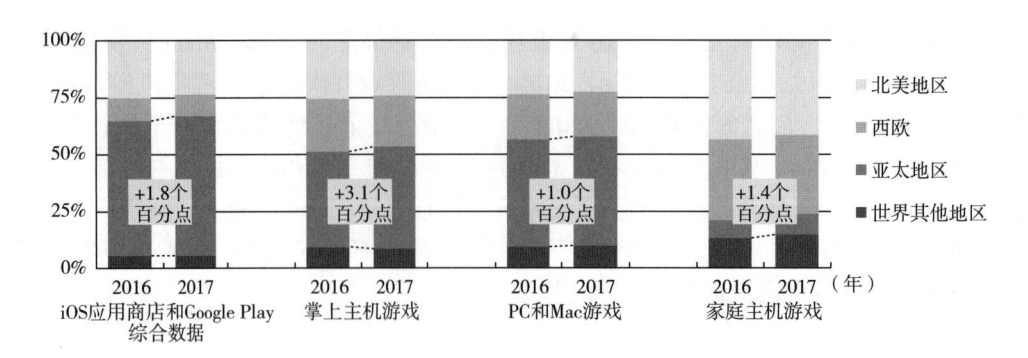

图 4-6　2017 年全球游戏用户支出份额（按设备和区域）

资料来源：App Annie 和 IDC

4.1.2.1　移动游戏奠定王者地位

移动游戏市场依旧是 2018 年最大的游戏市场，全球收入达 703 亿美元，占比 51%，世界总人口 1/3 的人是移动游戏玩家。

App Annie&IDC 联合发布的《2017 年度游戏回顾报告》[1]显示，2017 年，全球按平台来看，iOS 平台、Google Play 平台和掌上主机最畅销的移动游戏分别是《王者荣耀》《天堂 2：革命》《精灵宝可梦》。得益于中国移动市场规模的快速扩张，其中中国腾讯出品的《王者荣耀》和网易出品的《梦幻西游》分列 iOS 平台畅销移动游戏前两位（见图 4-7）。

排名	iOS应用商店	Google Play	掌上主机游戏
1	《王者荣耀》★ 腾讯，中国	《天堂2：革命》 Netmarble，韩国	《精灵宝可梦 究极之日》 《精灵宝可梦 究极之月》★ N3DS；Game Freak/The Pokemon Co.，日本
2	《梦幻西游》 网易，中国	《天堂M》★ NCSOFT，韩国	《勇者斗恶龙11》★ N3DS；Square Enix，日本
3	《怪物弹珠》 Mixi，日本	《怪物弹珠》 Mixi，日本	《怪物猎人XX》★ N3DS；Capcom，日本
4	《命运-冠位指定》★ 索尼，日本	《命运-冠位指定》 索尼，日本	《马里奥赛车7》 N3DS；任天堂，日本
5	《部落冲突：皇室战争》 Supercell，荷兰	《糖果传奇》★ Activision Blizzard，美国	《新超级马里奥兄弟2》★ N3DS；任天堂，日本

★ =2017年首次进入前5名（相较于2016年）

图 4-7　2017 年全球五大畅销移动游戏（按平台）

资料来源：App Annie 和 IDC

移动游戏市场在游戏同质化和用户年轻化的大势之下，用户越发成熟，需求越发细化，精细化运营将成为"后移动时代"的突围关键。2018 年，移动游戏市场随着 MOBA[2]类和吃鸡类游戏的火爆，吸引玩家投入更多时间。

---

[1]　App Annie&IDC. 2017 年度游戏回顾报告［EB/OL］.（2018-03-16）［2018-07-03］. https://www.199it.com/archives/700018.html.

[2]　MOBA（Multiplayer Online Battle Arena）是指多人在线战术竞技游戏，如《王者荣耀》等。

4.1.2.2 PC 游戏稳步发展

2018 年,PC 游戏市场收入预计为 329 亿美元,是仅次于移动游戏、主机游戏的第三大游戏平台。据国外数据统计网站 Superdata Research 发布的统计公告,《英雄联盟》仍以 21 亿美元的年收入当选 2017 年年收入最多的免费游戏。《地下城与勇士》和《穿越火线》分别以 16 亿和 14 亿美元的年收入分列第二、第三位[1](见表 4-2)。腾讯公司产品占据前三位。

表 4-2 2017 年免费 PC 游戏收入 Top 10 排行

排名	游戏名称	类型	公司	收入(百万美元)
1	英雄联盟	MOBA	腾讯/Riot Games	2 100
2	地下城与勇士	RPG	Nexon/腾讯	1 600
3	穿越火线	Shooter	Nexon/腾讯	1 400
4	坦克世界	Shooter	Wargaming.net	471
5	刀塔 2	MOBA	Valve	406
6	Roblox	Virtual World	Roblox Corporation	310
7	冒险岛	RPG	Nexon	279
8	炉石传说	CCG	动视暴雪	217
9	剑灵	RPG	NCSOFT/腾讯	178
10	FIFA Online3	Sports	Nexon/腾讯	163

2017 年,在 Superdata 收费 PC 游戏的年收入排行榜中,2017 年的大热游戏《绝地求生》排名第一(见表 4-3)[2]。

表 4-3 2017 年收费 PC 游戏收入 Top 10 排行

排名	游戏名称	发行商	收入(百万美元)
1	绝地求生	Bluehole	714
2	守望先锋	动视暴雪	382
3	反恐精英:全球攻势	Valve	341
4	命运 2	动视暴雪	218
5	GTA5	Rockstar Games	118
6	战地 1	EA	113
7	我的世界	微软	92
8	激战 2	NCSoft	87
9	神界:原罪 2	Larian Studios	85
10	彩虹六号:围攻	育碧	67

---

[1] SuperData. 2017 年全球游戏市场收入规模排名[EB/OL]. (2018-01-31)[2018-08-10]. https://www.199it.com/archives/685172.html.

[2] SuperData:2017 年全球游戏市场收入规模排名[EB/OL]. (2018-01-31)[2018-08-10]. https://www.199it.com/archives/685172.html.

PC 游戏发行商渴望减少对 Steam 平台的依赖。作为全球第一家提供数字游戏发行的平台，Valve（维尔福软件公司）的 Steam 在过去的 15 年中牢牢掌握了 PC 游戏数字发行的大权，毫无疑问成为全球 PC 游戏最大的分发平台。由于游戏厂商渴望减少对 Steam 的依赖，在过去的几年中，他们陆续推出了自己的 PC 游戏平台，用以发布自己的游戏，这些平台也取得了或多或少的成功。与此同时，新的平台层出不穷，试图挑战 Steam 的主导地位。这些平台往往关注 Steam 所缺乏的部分元素，例如，加强游戏内容管理、提供经典游戏系列或云端流媒体服务。发行商和这些平台都致力于招纳优质的开发商（以及他们的游戏），以加强他们在日渐壮大的游戏订阅服务领域的竞争力[1]。

Newzoo 每个月都会发布美国和欧洲市场核心 PC 游戏排行榜，2018 年 8 月，该榜 TOP10 游戏见表 4-4[2]。

表 4-4 2018 年 8 月美国和欧洲 PC 游戏市场 TOP10 排行

IMAGE 标识	排名	游戏名称	发行商
	1	英雄联盟（League of Legends）	Riot Games
	2	堡垒之夜（Fortnite）	Epic Games
	3	炉石传说（Hearthstone: Heroes of Warcraft）	动视暴雪
	4	绝地求生（PLAYERUNKNOWN'S BATTLEGROUNDS）	Bluehole Studio
	5	反恐精英：全球攻势（Counter-Strike: Global Offensive）	Valve Corporation
	6	我的世界（Minecraft）	Mojang

---

[1] Newzoo. 2018 全球游戏市场报告发布［EB/OL］.（2018-06-20）［2018-07-02］. https://www.gamersky.com/news/201806/1063034.shtml.

[2] Newzoo. Most Popular Core PC Games | Global［EB/OL］.［2018-09-20］. https://newzoo.com/insights/rankings/top-20-core-pc-games/.

续表

IMAGE 标识	排名	游戏名称	发行商
	7	魔兽世界(World of Warcraft)	动视暴雪
	8	守望先锋(Overwatch)	动视暴雪
	9	汤姆克兰西的彩虹6：围攻(Tom Clancy's Rainbow Six：Siege)	Ubisoft Entertainment
	10	侠盗飞车5(Grand Theft Auto V)	Rockstar Games

4.1.2.3 主机游戏显现生机

2017年，主机游戏的大量销售以及整体市场向"游戏即服务(Game-as-a-Service, GaaS)"商业模式的转变，将推动主机游戏的市场规模在2018年达到346亿美元，同比增长4.1%。Superdata的数据显示，2017年主机游戏年度收入最高的是《使命召唤14：二战》，《FIFA18》紧随其后（见表4-5）。

表4-5 2017年主机游戏收入排行榜 TOP10

排名	游戏名称	发行商
1	使命召唤14：二战	动视暴雪
2	FIFA18	EA
3	绝地求生	Bluehole
4	星球大战：前线2	EA
5	GTA5	Take-Two Interactive
6	NBA 2K18	2K games
7	命运2	动视暴雪
8	堡垒之夜	Epic Games
9	疯狂橄榄球18	EA
10	刺客信条：起源	育碧

2017年3月,任天堂推出了旗舰产品Switch,主机采用家用机、掌机一体化设计,上市即受追捧,成为未来任天堂娱乐事业蓝图的中心。根据VGChartz的销量数据,任天堂新主机Nintendo Switch的全球销量已经达到696万台[①](见表4-6),美国也是这款主机最大的市场,Switch主机已经成为美国历史上最畅销的游戏主机。

表4-6　各大主机全球销量及份额

主机		2016	2017	2018	产品生命周期
PS4	销售	17 590 843	20 144 528	8 667 771	82 303 287
	占比	67.8%	49.3%	46.2%	58.3%
XBOXOne	销售	8 368 621	7 647 153	3 117 997	38 691 236
	占比	32.2%	18.7%	16.6%	27.4%
Switch	销售	—	13 097 768	6 960 809	20 058 577
	占比	—	32.0%	37.1%	14.2%
总数		25 959 464	27 791 681	18 746 577	141 053 100
手持		2016	2017	2018	产品生命周期
3DS	销售	7 294 655	6 950 204	1 978 097	72 645 886
	占比	78.1%	90.4%	91.8%	81.9%
PSVITA	销售	2 041 540	737 094	176 129	16 053 128
	占比	21.9%	9.6%	8.2%	18.1%
总数		9 336 195	7 687 298	2 154 226	88 699 014

从总销量对比来看,PS4起点高、增速快。只有新发布的Switch的增速能勉强跟上,而且可以看出Switch正在蚕食老态龙钟的Xbox One的市场份额。

2021年,主机游戏市场将以4.1%的复合年增长率增长至390亿美元,其稳定的增长主要由于出版商完善了游戏内购选项并保持了前期的价格点。此外,彼时主机游戏将向直播和电竞完全开放,这将进一步推动玩家的参与度[②]。

4.1.3　国际游戏市场热点趋势

4.1.3.1　游戏IP化推动产业融合深入发展

以知识产权(IP)为媒介,与其他娱乐产业联动的游戏产品越来越多,融合形式也多种多样,成为游戏产业重要的组成部分。IP在文学、影视、游戏几个领域内的深度挖掘、孵化和变现,外加互联网和粉丝经济的助力,期待能够实现1×1×1的跨领域、跨平台的复合叠加规模效应。而游戏市场的激烈竞争使得游戏厂商为降低游戏开发风险,愈发依赖

---

① VGChartz. Year on Year Sales & Market Share Charts [EB/OL]. (2018-09-01). [2018-09-20]. https://www.vgchartz.com/article/392673/year-on-year-sales-amp-market-share-charts-september-1-2018/.

② Newzoo. 2018全球游戏市场报告发布[EB/OL]. (2018-06-20) [2018-07-02]. https://www.gamersky.com/news/201806/1063034.shtml.

大 IP 的天然流量优势。

传统的知识产权游戏依然是融合的主力,也是构成市场实际销售收入的主力。由于 IP 游戏在市场上表现出色,客观上使得优质小说、漫画、影视剧 IP 要价大幅提高。很多企业围绕 IP 融合发展进行了更多的实践。首先,方式更加多样,从以 IP 研发游戏向"影漫游联动""动漫、游戏、小说联动"拓展,在影视文化和游戏产业的结合上进行了诸多探索。其次,融合模式步入多元化,以现有的游戏 IP 创造出品类多元的文创作品。游戏企业利用游戏 IP,联合全球知名的影视剧、动漫团队打造了包括大电影、网剧、游戏、3D 动画等全新的商业发展模式,其内容从游戏角色、游戏模式、游戏内容进行延展,对游戏用户来讲有非常深刻的代入感,对非游戏用户则以影视剧及动画内容来增加吸引力。

4.1.3.2 电竞+直播推动游戏服务产业链拓展

根据 Newzoo 的报道,作为一种新的消费现象,电竞将继续在全球范围内激发狂热的粉丝群。作为一项产业,电竞正在步入一个全新的成熟发展阶段。在这个过程中,对于电竞产业的大型投资正在逐渐增加,新的联赛架构正在组建,对于电竞的广告赞助正在从实验阶段向持续投入阶段转变,电竞的国际版权交易正在升温。与此同时,电竞运动员的薪酬也水涨船高[1]。

Newzoo《2018 全球电竞市场报告》[2]中的数据显示,2018 年,全球电竞产业收入将达到 9.06 亿美元,同比去年增长了 38.2%(见图 4-8)。北美电竞市场收入将占到全球总收入的 38%,为 3.45 亿美元。而中国电竞市场收入将占到全球总收入的 18%,为 1.64 亿美元。

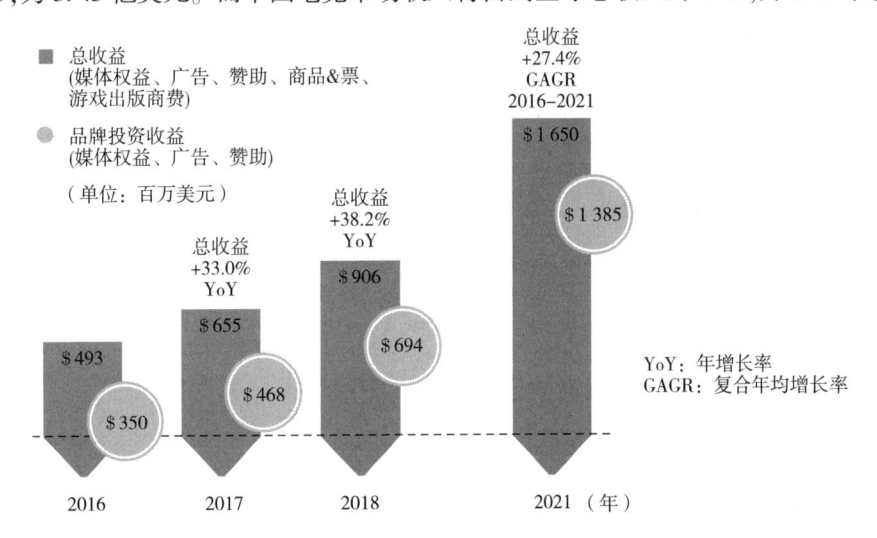

图 4-8 2018 全球电竞收入情况[3]

---

[1] Newzoo2018 全球电竞市场报告[EB/OL].(2018-02-28)[2018-09-08]. https://wemedia.ifeng.com/50448392/wemedia.shtml.

[2] Newzoo 2018 Global Esports Market Report Excerpt[EB/OL].[2018-07-02]. https://newzoo.com/insights/trend-reports/global-esports-market-report-2018-light/.

[3] 图 4-8,4-9,4-10,表 4-7 引自 Newzoo 2018 Global Esports Market Report Excerpt[EB/OL].[2018-07-02]. https://newzoo.com/insights/trend-reports/global-esports-market-report-2018-light/.

2018 年,全球电竞重度用户①数量从 2017 年的 1.43 亿增长到 1.65 亿,增长幅度为 15.2%;全球电竞观众(轻度、重度用户总和)从 2017 年的 3.35 亿增长到 3.8 亿,增长幅度为 13.5%(见图 4-9)。

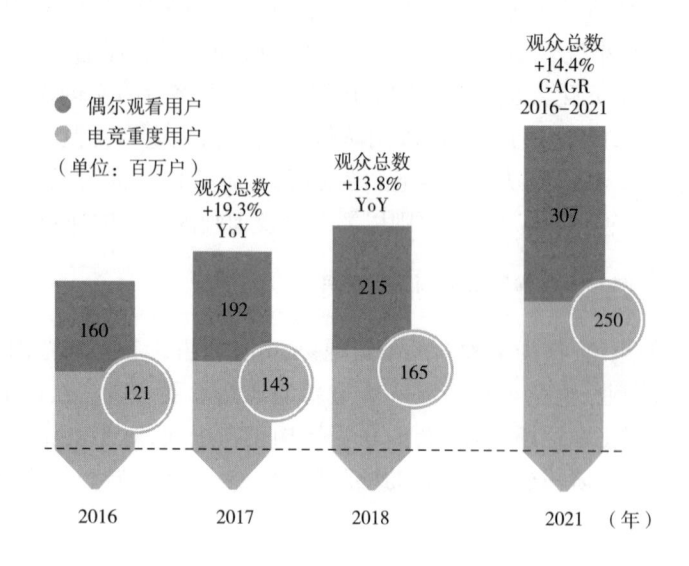

图 4-9　2018 全球电竞观众情况

2018 年,全球电竞行业收入将达 9.06 亿美元,比 2017 年增加 38.2%(见图 4-10),各类品牌厂商在电竞中的广告投入达到了 6.94 亿美元,这几乎占到了 2018 年全年电竞总收入的 77%。

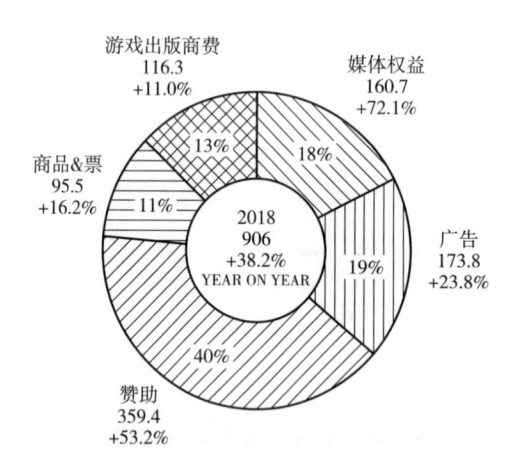

图 4-10　2018 年全球电竞业收入来源(单位:百万美元)

---

① 观看电竞赛事时长超过 30 天。

2018年,全球平均每位电竞深度用户贡献的收入将达到5.49美元,而2017年这一数字为4.58美元,增长幅度为20%。2017年,全球大约有588个主要的电竞赛事,带来门票总收入约为5 900万美元,2016年为3 200万美元,同比增长84.4%。2017年,全球电竞的奖金收入达到1.12亿美元,首次突破了1亿美元大关。2017年,《英雄联盟》全球总决赛S7是海外最大直播平台Twitch上最受关注的电竞赛事,总共的观看时长达到了4 950万小时,带来的门票收入达到了550万美元(见表4-7)。

表4-7　2017年Twitch平台电竞观看时长TOP25的游戏

游戏名称	观看时长(单位:百万小时)
LEAGUE OF LEGENDS(《英雄联盟》)	274.7
COUNTER-STRIKE: GLOBAL OFFENSIVE(《反恐精英:全球攻势》)	232.9
DOTA 2(《刀塔2》)	217.9
HEARTHSTONE(《炉石传说》)	76.9
OVERWATCH(《守望先锋》)	25.2
STARCRAFT II(《星际争霸 II》)	21.2
HEROES OF THE STORM(《风暴英雄》)	19.6
ROCKET LEAGUE(《火箭联盟》)	17.3
STREET FIGHTER V(《街头霸王5》)	11.5
SMITE(《神之浩劫》)	10.7

对中国电竞市场来说,电子竞技游戏产业链逐渐完善,电子竞技赛事体系成型,电子竞技也与综艺结合,游戏、直播平台、场地、俱乐部、赛事组织进一步融合发展。电子竞技小镇是新兴起的一种模式,由游戏厂商和地方政府合作,在地理位置适宜的区域来构建电子竞技产业园区。这类园区通常聚集电子竞技产业链上下游企业、引进电子竞技俱乐部、设置职业选手训练基地、建造比赛举办场地等,同时将上述要素集合成旅游景点。电子竞技小镇尚处于探索阶段,其成效仍然有待市场验证。

4.1.3.3　移动游戏中\重度化程度加深

近两年来,游戏厂商成功地将被视为太过复杂的游戏类别搬上了移动设备,成功推出的几款移动游戏可以媲美角色扮演游戏(RPG)的沉浸式体验或MOBA的竞技性。竞技类和沉浸式游戏开始在移动设备上兴起。

2015年年底,腾讯推出的《王者荣耀》是2017年收入最高的移动游戏,仅在中国就拥有超过两亿的活跃用户。通过限制每场比赛的时间和每次在屏幕上飞行的能力数量,腾讯创造了前所未有的MOBA移动体验,可与PC MOBA在"竞技性"上媲美。Netmarble的《天堂2:誓言》(Lineage II: Revolution)为玩家带来了震撼人心的视觉效果,提供了身临其境的大型多人游戏体验,但通过游戏"自动打怪"的机制有效限制了MMO-RPG典型的研磨形式,让玩家在玩游戏时专注于其他任务。2017年,《堡垒之夜》和《绝地求生》在手游上的成功证明西方游戏市场同样做好了迎接核心手游体验的准备。

移动端口或将助力甚至复兴热门游戏系列。在出版商确定了 PC 和主机游戏的机制可以成功借鉴到手机屏幕后,移动端口越来越受欢迎。热门游戏系列或大型 IP 都陆续登入移动平台,或为日后更大型的游戏发布造势。例如,《Pokémon Quest》的发布可能预示着今年晚些时候任天堂将在 Switch 上推出两款全新的精灵宝可梦游戏。在移动游戏成为首选游戏发行方式的地区,发行商也受益于其游戏品牌在这些地区的受欢迎程度,甚至对部分夕阳品牌,是重整旗鼓的良机,如即将发行的《冒险岛 M》或最近宣布的《终极运动员令:竞争者》等。介于核心游戏类别的成功,向移动端口进军已不仅仅限于特定的游戏类别。相反,即便是操作较复杂的游戏,如 MOBA、MMO-RPG、体育游戏或格斗游戏,都在往移动设备进发[1]。

4.1.3.4 虚拟现实稳步发展

根据 SuperData 的报告,虚拟现实(VR)大众消费市场在 2017 年达到 22.5 亿美元的营收,其中硬件为 17 亿美元,软件为 5.5 亿美元。相比之下,2016 年的总营收为 18 亿美元,其中硬件为 15 亿美元,软件为 2.3 亿美元。SuperData 预测,2018 年虚拟现实大众消费市场总营收将实现 100%的增长,达到 45 亿美元,其中硬件有望达到 34 亿美元,软件有望达到 11 亿美元(见图 4-11)。

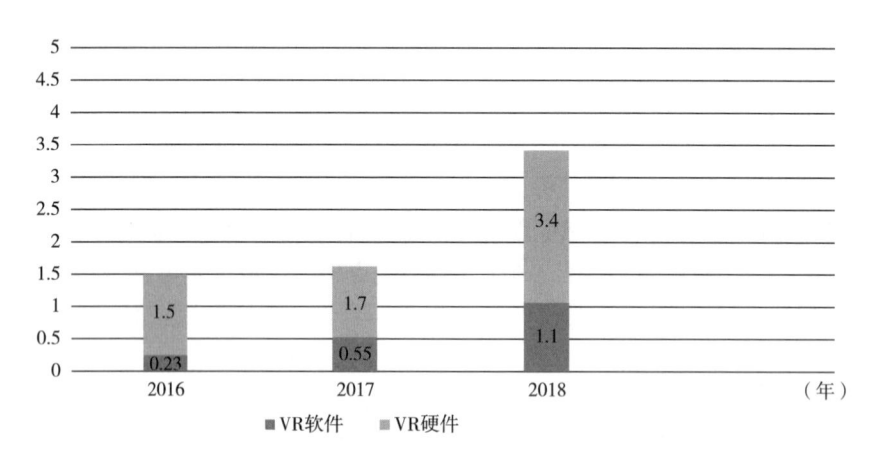

图 4-11 2016—2018 年 VR 收入(单位:十亿美元)

2017 年头显(头戴式显示设备)的降价也大大推动了市场的发展。根据 SuperData 的报告,2017 年,三星 Gear VR 销量达到 451.3 万,PlayStation VR 为 169.3 万,Oculus Rift 为 32.6 万,HTC Vive 为 29.7 万,Daydream View 为 15.3 万,Windows MR 为 9.5 万(见图 4-12)。

对内容开发商和硬件生产商而言,想要在 VR 市场获得成功,就需要了解目标人群。SuperData 这份报告以美国为例,把 VR 用户划分为四类:第一类为 18~24 岁的男生(Immersed Console Player),这类用户使用 PS VR(PlayStation VR,虚拟现实装置)的比例高达 52%,高于其他任何头显;第二类为 18~24 岁的女生(Starstruck Explorer),这类用户

---

[1] 2018 Essential Facts About the Computer and Video Game Industry[EB/OL]. ESA. [2018-07-02] https://newzoo.com/insights/trend-reports/newzoo-global-games-market-report-2018-light-version/.

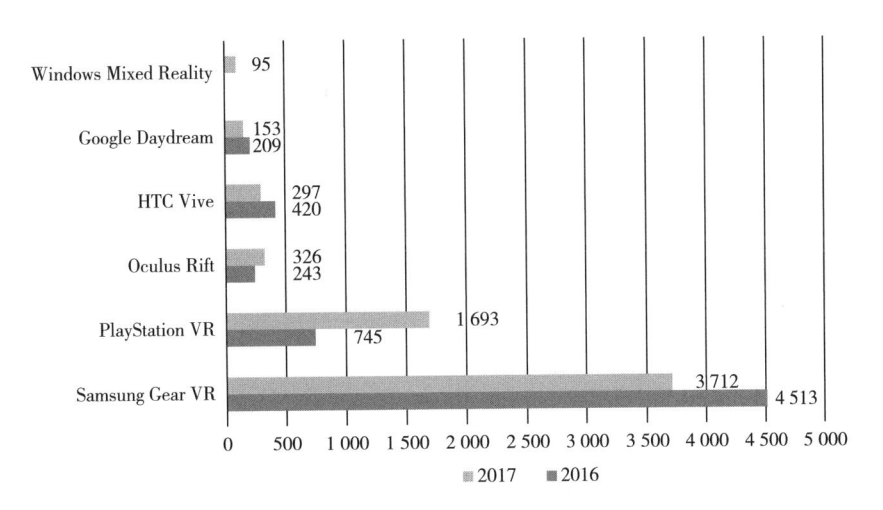

图 4-12　2016—2017 年 VR 设备销量(单位:千)

设备	2017	2016
Windows Mixed Reality	95	
Google Daydream	153	209
HTC Vive	297	420
Oculus Rift	326	243
PlayStation VR	1 693	745
Samsung Gear VR	3 712	4 513

偏爱的是能够让她们探索建筑物和各类位置的游戏;第三类为 35 岁(及以上)的男性(High Earning Virtual Tourist),这类用户使用移动头显的比例高达 70%,高于其他任何人群;最后一类则是 35 岁(及以上)的女性(Engaged Mobile Crusaders),这类用户首次使用 VR 设备最有可能是在自己家里(占比为 48%),而且常常是用她们孩子的头显①。

根据 SuperData 的数据,2017 年 1 月 1 日至 11 月 30 日,收入最高的 5 款 PC VR 游戏和主机 VR 游戏如表 4-8 所示②。从统计数据来看,PC VR 游戏中收入最高的是《Superhot VR》,高达 256 万美元。该游戏由独立团队开发,是一款简单而特别的第一人称射击游戏。玩家在游戏的角色为一名杀敌的特工,游戏中的一大特色就是只要玩家静止不动,时间就会停止,呈现了截然不同于传统射击游戏的策略性。而在主机 VR 游戏方面,由 Bethesda 推出的《上古卷轴 VR》位居第一,收入达 214 万美元。虽然收入略低于 PC 游戏,但相信随着《上古卷轴:天际 VR》的发布,局面将扭转。毕竟《上古卷轴:天际 VR》可是迄今 PS VR 上最受期待的 VR 游戏。

表 4-8　2017 年最畅销的 VR 游戏

排名	PCVR 游戏	主机 VR 游戏(PSVR)③
第一名	Superhot VR(256 万美元)	上古卷轴 VR(214 万美元)
第二名	亚利桑那阳光(240 万美元)	工作模拟器(155 万美元)
第三名	工作模拟器(236 万美元)	Superhot(106 万美元)
第四名	Raw Data(224 万美元)	蝙蝠侠:阿克汉 VR(97.7 万美元)
第五名	Tilt Brush(185 万美元)	I Expect You Die(76.3 万美元)

---

①　SuperData 发布最新报告:2020 年,VR 市场规模将达到约 300 亿美金[EB/OL].(2017-08-04)[2018-08-23]. https://vr.sina.com.cn/news/report/2017-08-04/doc-ifyitapp0497191.shtml.

②　SuperData 公布 2017 最赚钱 VR 游戏榜 高达 256 万美元位居榜首的竟是它[EB/OL].(2017-12-22)[2018-08-23]. https://www.87870.com/game/1712/30221.html.

③　鉴于目前任天堂 Switch 和微软 Xbox One X 和 PS4 三大主机中,只有 PS4 支持 VR,因此主机 VR 游戏的数据均来自 PS VR。

SuperData Research 的沉浸式技术分析师 Stephanie Llamas 指出:"在 2017 年,我们看到 XR(AR/VR/MR)正在走向成熟,因为消费者壁垒开始消退,而内容产品变得更加强大。然而,VR 在占据更大的消费者市场份额上仍有很长的道路要走,因为我们看到了更多的投资者把资金投向了增强现实(AR)和混合现实(MR)。"[1]

4.2 国际主要游戏市场分析

4.2.1 美国游戏市场

4.2.1.1 市场概况

根据 Newzoo 的数据,截至 2018 年 6 月,美国游戏市场收入为 304 亿美元,互联网人口数 2.65 亿[2]。美国娱乐软件协会(ESA)发布的《2017 年美国电脑和视频游戏行业重要事实》报告数据显示,2017 年,美国游戏行业的总体收入规模为 360 亿美元,同比增长了 18%。这项统计数据包括硬件、软件和游戏配件产生的收入(表 4-9)[3]。其中,视频游戏内容收入达 291 亿美元,硬件收入达 47 亿美元,配件收入(包含 VR)达 22 亿美元(见图 4-13)[4]。

表 4-9 2016 年、2017 年美国电子游戏产业软硬件总收入

(单位:十亿美元)

美国电子游戏产业收入	2017	2016	增长率
硬件收入(包括配件)	6.9	5.8	19%
软件收入(包括游戏内购和订阅收入)	29.1	24.6	18%
总收入	36	30.4	18%

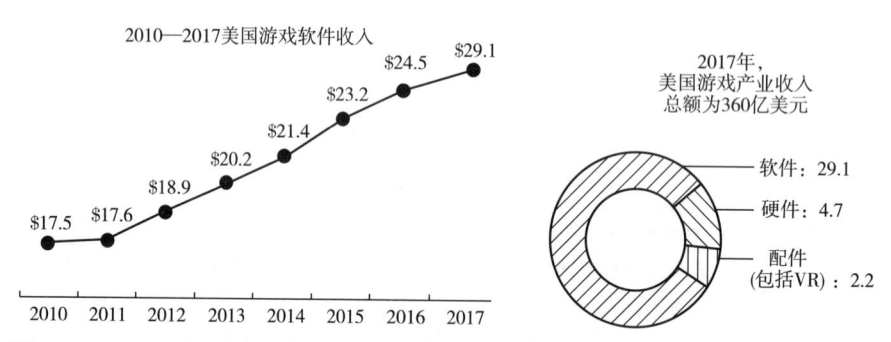

图 4-13 2010—2017 美国游戏软件收入及 2017 年美国游戏收入总计(单位:十亿美元)

---

[1] SuperData 报告:2017 VR 收入达 22 亿美元,其中硬件为 17 亿美元[EB/OL].(2018-02-02)[2018-08-23]. https://www.vrzy.com/vr/95516.html.
[2] Newzoo. Top 100 Countries/Markets by Game Revenues[EB/OL].(2018-06)[2018-09-10]. https://newzoo.com/insights/rankings/top-100-countries-by-game-revenues/.
[3] ESA 发布 2017 美国游戏行业年终报告:总收入达 360 亿美元,同比增长 18%[EB/OL].(2018-01-22)[2018-08-10]. https://youxiputao.com/articles/13996.
[4] Esa. Essential Facts About the Computer and Video Game Industry[EB/OL].[2018-08-10]. https://www.theesa.com/about-esa/essential-facts-computer-video-game-industry/.

2017年,美国游戏硬件占79%,游戏软件占21%,游戏软件包括订阅用户收入、完整数字游戏、数字增值内容、移动游戏App和社交网络游戏(见图4-14)。

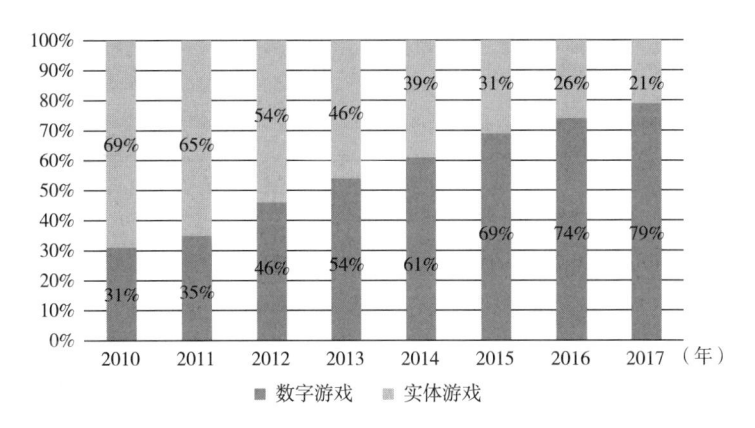

图4-14 2010—2017年美国数字游戏和实体游戏销售情况

4.2.1.2 美国游戏分级制度

美国游戏有相当成熟的游戏分级制度。在北美,娱乐软件分级委员会(The Entertainment Software Rating Board,ESRB)针对美国与加拿大发行的电脑、游乐器游戏与其他娱乐软件进行分级的非营利性自律组织,1994年由美国娱乐软件协会(Entertainment Software Association,ESA)成立。游戏厂商需向ESRB提交一份包含完整游戏内容的拷贝,ESRB评审小组通常由3人组成,来自社会不同阶层和领域,有退休的学校校长、家长、专家,也有不同年龄的玩家,但是评估员与互动娱乐业不能有任何关系。也就是说,ESRB评估员代表着不同的背景,具有异质特征,以确保评估的质量。每个游戏软件的发行都需要首先获得ESRB的等级认定。当3人对该游戏的评级无异议后会提交给ESRB总部,游戏厂商不得隐瞒任何不利于评审的内容,否则会遭到处罚,最严重的情况可能会导致游戏被禁止上市。

ESRB分级制度是依据游戏内容来进行分类,目前分为6级,还有等待分级结果出炉的上市前暂时标识RP[①](见表4-10)。

表4-10 ESRB游戏分级制度

等级	图标	启用年	内容要求	示例[1]
幼儿 (EARLY CHILDHOOD)	EARLY CHILDHOOD eC ESRB	1994	内容适合3岁或以上的儿童	稀少。《探险者多拉:紫色星球之旅》

---

① ESRB. Rating categories, content descriptors, and interactive elements from [EB/OL]. https://www.esrb.org/ratings/ratings_guide.aspx#rating_categories.

续表

等级	图标	启用年	内容要求	示例[1]
所有人 （EVERYONE）		1997	包含少量幻想或适度暴力或轻度的不良语言	《小小大星球》《GT赛车》
10岁以上所有人 （EVERYONE 10+）		2005	卡通级的暴力和最低限度的争议内容	《3D点阵英雄》《乐高印第安纳琼斯》《像素垃圾》《三位一体》
青少年(13岁及以上)[2] （TEEN）		1994	包含少量暴力、轻微粗口、争议主题和粗鲁幽默	《最终幻想 XIII（美版）》、《波斯王子》、各类无双、球类/滑板运动游戏
17岁以上成年人 （MATURE）		1994	包含暴力、血腥、性、脏话、宗教等内容	《战神》《生化危机》《忍龙》《猎天使魔女》《但丁地狱》《暴雨》
18岁以上成人限定[3] （ADULTS ONLY）		1994	包含强烈的暴力倾向、令人不适的血腥场面、明显的性和裸露场景	
等待分级 （RATING PENDING）		1994	该标志通常会出现在游戏厂商对游戏进行前期宣传时放出的试玩、预览、PV片段中，表明正在接受ESRB分级，最终零售版上是不会有这个标志的	

[1] 游民星空．北美ESRB游戏评级制度图文详解［EB/OL］．https://www.gamersky.com/handbook/201506/597839.shtml.

[2] ESRB-T级游戏是游戏市场的主力军，各大游戏厂商都会针对该年龄层制作各种游戏。

[3] 由于所有的游乐器平台厂商都不允许发行AO级的游戏，加上大部分的连锁大卖场也不贩售AO级的游戏，因此一般的游戏在送审时通常会以M级以下(含)为底线。

ESRB的游戏分级标识分为两种：分级缩略标识（Rating Categories）和详细的内容描述标识（Content Descriptors）。内容描述标识要详细列出游戏中对应该等级的内容详情，按规定必须出现在游戏包装背面。ESRB 分级内容描述主题词包括程度与表现手法不同的暴力、血腥、色情、裸露、粗话、赌博等行为，以及对酒精、药品、烟草的描写或使用，让玩家除了年龄分级标示外，还能针对特定内容进行筛选。

整个 2017 年，34%的游戏被评为 E 级，22%的游戏被认定为 E10+级，31%的游戏得到 T 级评定，13%的游戏被认定为 M 级。82%的家长知道 ESRB 评级，95%的家长相信 ESRB 评级是准确的。

分级制度对游戏业的多层次、富内容发展是十分必要的。美国游戏分级制度出台以后，日本、欧洲、韩国等地也陆续推出了游戏分级制度，本章后续在日本、韩国、欧洲游戏市场的介绍中也会逐一对当地的游戏分级制度进行介绍。中国目前尚没有游戏分级制度这导致很多 AAA 级大作在引入中国市场时都进行了相应修改和删减，例如，Ubisoft 的《刺客信条》在引入中国市场时做了一些调整①，导致很多玩家纷纷表示不会选择国行版本。其他诸如《魔兽世界》《CSOL》等史诗级游戏作品也在删减后无奈失去了很多游戏精髓。"他山之玉，可以攻石。"如果未来游戏分级制度是不可避免的，那么从现在着手推进就是合适的时机。

4.2.1.3 美国玩家特征解析

（1）游戏设备偏好角度的解析。从游戏设备偏好来看，北美市场对家用游戏机的偏好明显高于其他地区，在家庭主机游戏领域，北美地区游戏用户支出占全球份额接近 50%，其次是西欧，日本在该领域的强势也大幅提升了亚太地区用户的支出份额。北美游戏用户在 iOS 和 Google Play 商店、掌上主机支出的份额占全球市场 1/4 上下（见图 4-15）。

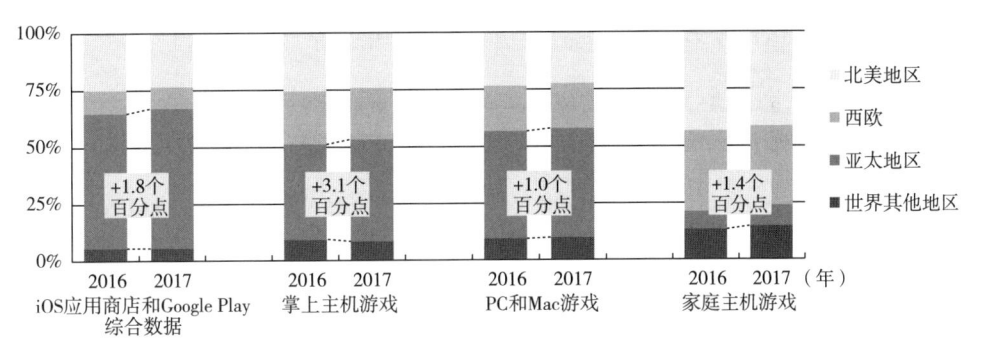

- 去年，亚太地区在 iOS 应用商店及 Google Play 综合游戏支出中所占的份额获得了可观的增长，这主要归功于移动游戏中国和日本的 iOS，以及在韩国 Google Play 上的显著增长。
- 日本的强势也大幅提升了掌上主机游戏在亚太地区用户支出的份额。
- 从家庭主机游戏来看，北美和西欧占主导地位，但是受发展中经济体增长的影响，世界其他地区的游戏相关总支出增长最快；亚太地区的 PC/Mac 游戏支出也有所增加。

图 4-15　2017 年全球游戏用户支出份额（按区域）

---

① 删去了"信仰之跃"。信仰之跃（Leap of Faith）指在游戏《刺客信条》《Assassin's creed》中，从高处跳入草垛（草堆）的跳跃动作，在跳下中途前翻 270 度背朝下落入草垛中。其动作优美，华丽（从高处跳下壮观的景色，同时配有类似鹰的叫声），有急速下降的快感。

在所有主要游戏平台上正迅速聚集人气的实时 PvP 或多人合作类游戏中,美国游戏玩家更多地选择在家庭游戏主机和 PC\Mac 端参与游戏,而智能手机和掌上游戏机(如任天堂 3DS/2DS、索尼 PlayStationn Vita)的实时 PvP① 或多人合作类游戏的渗透率均低于前者(见图 4-16),但差距在缩小,未来仍将延续这一趋势。

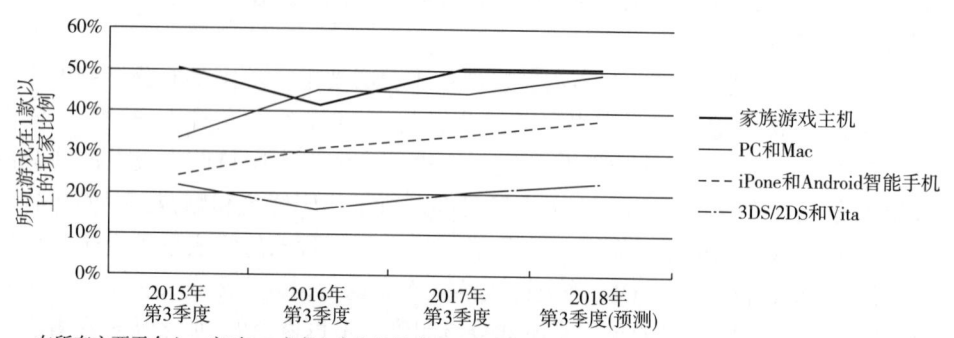

- 在所有主要平台上,实时 PvP 或多人合作类游戏正迅速聚集人气
- 这一趋势与电竞相关游戏以及锦标赛直播和观看的兴起相吻合
- 2017 年,智能手机和掌上游戏机(例如任天堂 3DS/2DS、索尼 PlayStation Vita)的实时 PvP 或多人合作类游戏的渗透率均低于家庭游戏和 PC/Mac,但差距却在缩小,预计今年仍将延续这一趋势

图 4-16 2015Q3—2018Q3(预测)美国实时 PvP 或多人合作类游戏月度渗透率(按主要设备类别)

(2)游戏玩家性别角度的解析。从美国游戏玩家性别划分来看,55% 的玩家为男性,45% 的玩家为女性,女性玩家比例在稳步上升。具体到近来大热的实时 PvP 或多人合作类游戏领域,年轻人和男性居多,并且游戏时长更趋近于每周超过 5 小时。在抽样对比中发现,2017 年第 3 季度,实时 PvP 或多人合作类游戏的智能手机玩家消费 1 款移动游戏的可能性比非 PvP 或多人合作类游戏玩家高出近 2 倍;而掌上主机玩家消费移动游戏的可能性比非 PvP 或多人合作类游戏玩家高出 3 倍有余(见表 4-11)。

表 4-11 美国智能手机和掌上主机游戏玩家——
2017Q3 实时 PvP 或多人合作类游戏玩家与非实时 PvP 或多人合作类游戏玩家

	未玩过实时 PvP 或多人合作类游戏的智能手机和掌上主机游戏玩家	实时 PvP 或多人合作类游戏的智能手机玩家	实时 PvP 或多人合作类游戏的掌上主机游戏玩家
平均年龄(岁)	38	30	26
性别			
女性比例(%)	64	44	25
男性比例(%)	36	56	75
2016 年平均家庭收入(千美元)	63	63	76
平均每周游戏时长			

---

① PvP 是指玩家对战玩家(Player versus Player),即玩家互相利用游戏资源攻击而形成的互动竞技。与其相对的是 PvE(玩家对战环境,Player VS Environment)。

续表

	未玩过实时 PvP 或多人合作类游戏的智能手机和掌上主机游戏玩家	实时 PvP 或多人合作类游戏的智能手机玩家	实时 PvP 或多人合作类游戏的掌上主机游戏玩家
小于 5 小时的比例(%)	48	33	38
6~15 小时的比例(%)	33	35	42
超过 16 小时的比例(%)	20	32	20
消费 1 款以上游戏的玩家比例(%)	25	49	79
n	2 496	1 284	211

（3）年龄角度的解析。从年龄来看，2017 年美国游戏玩家的平均年龄为 34 岁,有略微降低的趋势。其中女性游戏玩家平均年龄为 36 岁，男性游戏玩家平均年龄为 32 岁。对美国男性游戏玩家来说，18 岁以下玩家占 17%,18~25 岁玩家人数占 16%,36~49 岁玩家占 12%,50 岁以上的玩家占 11%。对美国女性游戏玩家来说，18 岁以下玩家占 11%；18~35 岁玩家人数最多,占 13%；36~49 岁玩家占 8%,50 岁以上的玩家占 12%（见图 4-17）。

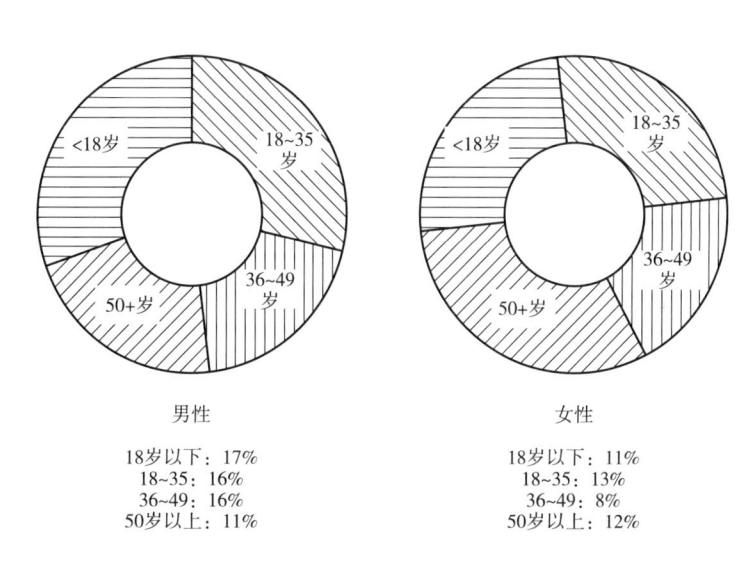

男性
18岁以下：17%
18~35：16%
36~49：16%
50岁以上：11%

女性
18岁以下：11%
18~35：13%
36~49：8%
50岁以上：12%

图 4-17 美国游戏玩家年龄性别图

最常付费的玩家平均年龄是 36 岁，最常付费的游戏玩家男性占比 61%，女性占比 39%。与我们通常认为的大多是小男孩在玩游戏的想法不同，数据显示，18 岁以下的男性玩家仅占游戏总人口的 17%，而 18 岁以上的女性玩家却占到 33%。

4.2.1.4 美国市场类型偏好及销量排行

（1）美国游戏市场类型偏好。2017 年美国畅销视频游戏中，最受欢迎的游戏类型是射击游戏(25.9%)、动作游戏(21.9%)、运动游戏(11.6%)，其后依次是角色扮演游戏

(11.3%)、冒险游戏(9.1%)、格斗游戏(6.0%)、赛车游戏(6.4%)、策略游戏(4.2%)、其他游戏(3.6%)等(见图4-18),其中,运动游戏占比大幅下滑。

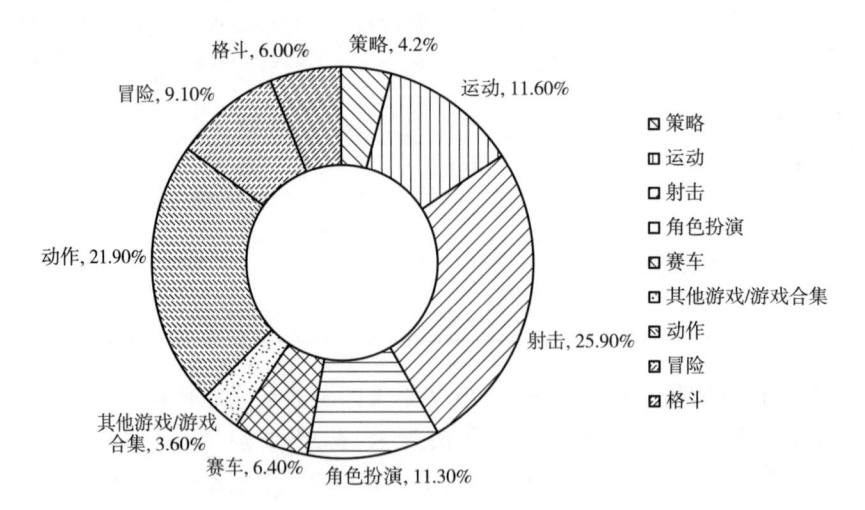

图 4-18　2017 年美国畅销视频游戏类型分布

(2)美国游戏畅销排行。2017 年美国视频游戏中,销量排名前五的是《CALL OF DUTY：WWII（M）》(《使命召唤：二战》)、《NBA 2K18（E）》《GRAND THEFT AUTO V（M）》(《侠盗猎车手 5》)、《MADDEN NFL 18（E）》(《疯狂橄榄球 18》)、《DESTINY 2》(《命运 2》),见表 4-12。

表 4-12　2017 年美国视频游戏销量 TOP20[①]

排名	游戏名称(游戏分级)	排名	游戏名称(游戏分级)
1	使命召唤:二战(M)	11	彩虹六号:围攻(M)
2	NBA 2K18(E)	12	马里奥赛车 8(E)
3	侠盗猎车手 5(M)	13	刺客信条:起源(M)
4	疯狂橄榄球 18(E)	14	FIFA 18(E)
5	命运 2(T)	15	火箭联盟(E)
6	泽尔达传奇:呼吸野生(E 10+)	16	地平线:黎明时分(T)
7	幽灵行动:荒野(M)	17	荣耀战魂(M)
8	星球大战:前线 2(T)	18	不义联盟 2(T)
9	超级马里奥:奥德赛(E 10+)	19	NBA 2K17(E)
10	我的世界(E 10+)	20	守望先锋(T)

---

① 图 4-17、图 4-18、表 4-12 引自 Esa. Essential Facts About the Computer and Video Game Industry[EB/OL].[2018-08-10]. https://www.theesa.com/about-esa/essential-facts-computer-video-game-industry/.

4.2.1.5 美国移动游戏市场探析

(1) 美国移动游戏市场规模概况①。Newzoo 数据显示,2017 年,美国约 3.3 亿人口中近半人数为游戏玩家。美国智能手机用户约 2.26 亿,普及率高达 69.3%,其中移动游戏玩家有 1.5 亿,其中,安卓(Android)平台是最大的市场,占据约 63%市场份额。2017 年,美国手游市场规模约为 68 亿美元,市场规模仅次于中国和日本,排名全球第三。2017 年,美国 Google Play&iOS 畅销手游 TOP10 榜单中,美国仍然依靠本土强劲的实力占据了半壁江山,腾讯凭借资本"走出去"为中国争取到 3 个席位,俄罗斯则以其本土"消除撒手锏"《梦幻花园》突出重围、杀入榜单(见表 4-13)②。

表 4-13 2017 美国 Google Play&iOS 畅销手游 TOP10

游戏排名	游戏名称	游戏类型	发行商	国家
1	糖果粉碎传奇	消除	动视暴雪	美国
2	皇室战争	策略	腾讯	中国
3	部落战争	策略	腾讯	中国
4	战争游戏:火力时代	策略	腾讯	中国
5	糖果苏打传奇	消除	动视暴雪	美国
6	雷霆天下	策略	腾讯	中国
7	精灵宝可梦	冒险	Niantic	美国
8	Slotomania	博彩	巨人网络	中国
9	梦幻花园	消除	Playrix	俄罗斯
10	漫威格斗:冠军之争	动作	Kabam	美国

资料来源:App Annie

《糖果粉碎传奇》《皇室战争》《部落战争》三款游戏分别拿下 2017 年美国 Google Play&iOS 畅销手游前三名,《糖果粉碎传奇》系列一直都是美国手游市场收入的重头戏,常年盘踞美国月度榜单 TOP5 左右席位的《糖果粉碎传奇》在 2017 年下半年突然回血,以无敌之势杀出重围,一举夺冠,此后连续 6 个月稳居冠军宝座,最终首次摘得美国地区年度畅销桂冠。同时,美国也是 2017 年《糖果粉碎传奇》全球榜单排名最好的市场,甚至超过其在大本营英国的表现。除《糖果粉碎传奇》外,TOP10 还上榜有 2 款消除游戏——King 家另一款《糖果苏打传奇》和俄罗斯 Playrix 的《梦幻花园》。

曾在榜单 TOP3 位置的 MZ 旗下策略游戏《战争游戏:火力时代》在 2017 年下半年热度减退,除其他头部产品抬头赶上因素之外,美国市场上策略品类等中重度游戏对于用

---

① Teebik:2017 全球手游市场报告之美国篇[EB/OL].(2018-01-11)[2018-08-20]. https://www.sohu.com/a/216039504_535138.
② Teebik.2017 全球手游市场报告之美国篇[EB/OL].(2018-01-11)[2018-08-20]. https://www.sohu.com/a/216039504_535138.

户的挖掘已进入瓶颈亦是主要原因。不光在美国,目前整个欧美市场的中重度游戏实际上已经走过了巅峰期,近年欧美市场的策略游戏用户已经被《战争游戏:火力时代》《雷霆天下》两款游戏挖掘得所剩无几,大 R 用户[1]也基本上被筛选出来,而且市场上目前还没有能够接棒的续作出现。

(2)美国移动游戏畅销类型。App Annie 数据显示,2017 年,美国 Google Play 平台畅销游戏主要类型有博彩、策略、消除等品类(见图 4-19)。

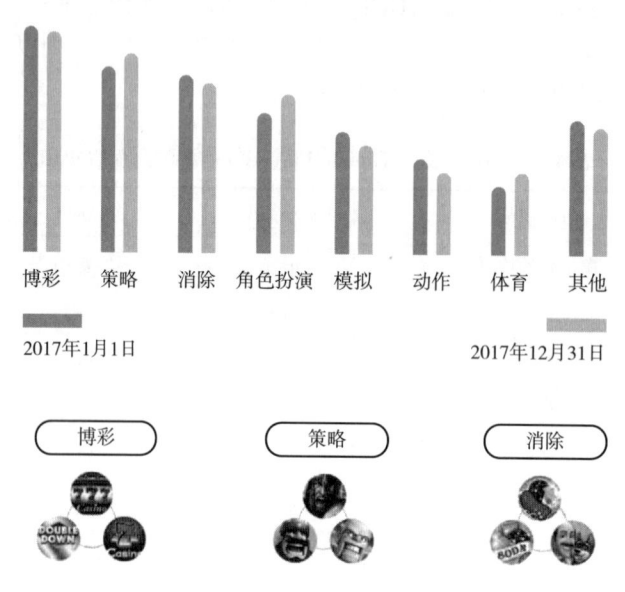

图 4-19 美国 Google Play 畅销榜 TOP100 类型分布
资料来源:App Annie

美国市场上的博彩游戏 70%来自本土,其次是以色列、韩国、波兰等国家;策略游戏基本上是中国、美国各占 40%,其余则来自芬兰等国家;消除游戏基本呈现美国本土 Jam City 公司、英国 King 公司游戏各占 40%、俄罗斯 Playrix 公司拿下 19%的格局。

以美国为首的北美地区一直都是全球博彩游戏的主要战场。在游戏内容方面,美国市场上的博彩游戏主要有老虎机、扑克牌和宾果三大类,其中老虎机游戏市场占比最大,占近 80%市场份额。美国畅销榜单 TOP100 中博彩游戏约占 1/4,其中以色列 Playtika 旗下老虎机游戏《Slotomania》、美国本土博彩游戏《Double Down Casino》《Big Fish Casino》三款博彩游戏霸占美国畅销榜单长达 5 年之久,活跃时间超长,吸金能力惊人。尤其是《Slotomania》,近年来都是美国博彩游戏的龙头老大,连续多年入围美国年度手游综合畅销榜 TOP10。2017 年第二季度,《Slotomania》创收 1.2 亿美元,排名全球博彩游戏收入第一,排名第二的则是《Double Down Casino》,营收约 6 600 万美元。

此外,美国博彩游戏市场的活跃还体现在博彩游戏公司的资本合作方面。2017 年上半年,美国上市公司 IGT 宣布将旗下《Double Down Casino》研发工作室 Double Down Interactive 卖给韩国 Double U Games,以达成新的战略合作关系;同年 12 月初,澳大利亚

---

[1] 即游戏大额付费用户,也叫"鲸鱼用户"。

赌博机制造商 Aristocrat Leisure 宣布以 9.9 亿美元的价格收购《Big Fish Casino》开发商 Big Fish，而完成收购后，Aristocrat 在社交博彩游戏市场的收入规模将只低于 Playtika，或成为全球第二大社交博彩游戏发行商。这些博彩公司的资本合作无疑给未来美国博彩市场的发展注入了新的活力，2018 年美国博彩游戏市场迎来了一波新增长。

在策略游戏方面，前文也有所提及，虽然目前美国市场上策略品类对于用户的挖掘已近瓶颈，但作为全球主流品类之一，老游戏或继续发光发热，新游戏有备而来，未来美国策略游戏市场仍然值得期待。对于消除类游戏，从 2017 年美国畅销榜单上《糖果粉碎传奇》的回血夺冠，到《糖果苏打传奇》《梦幻花园》《梦幻家园》在美国榜单的持久卓越表现，消除类游戏在美国市场的热度在 2017 年未减反增，未来也将继续是美国市场的大热品类。

（3）美国畅销移动游戏国别分布。美国本土游戏占 46% 的份额，以博彩和策略类游戏见长；其次来自中国、英国、俄罗斯、日本的游戏各占 12%、9%、7% 和 6%（见图 4-20）。

美国本土游戏占据近 50% 的市场份额，其中手游大佬 MZ 公司主打策略游戏，MZ 公司不仅在全球游戏市场（包括主机、PC 等所有平台）中占据超过 1% 的市场份额，在全球手游市场中也占 4% 的份额。Zynga 公司主打博彩，Electronic Arts（艺电）则主要出品体育类、模拟经营类游戏，Jam City 公司则几乎承包了美国本土所有的消除游戏。

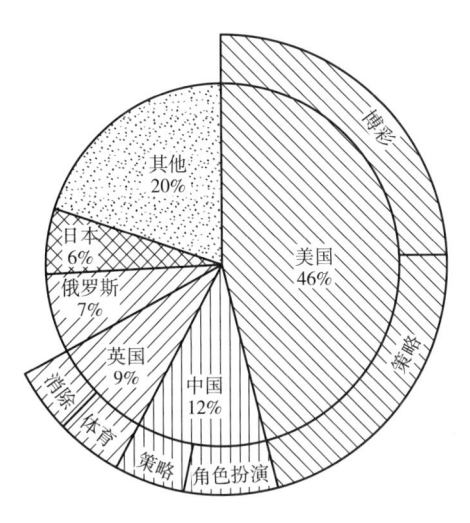

图 4-20 2017 年美国畅销游戏国家分布

中国在美国市场占据 12% 的市场份额，主打策略和角色扮演游戏，活跃在美国的中国发行商以早期进入美国的智明星通为首，FunPlus、IGG、昆仑游戏、壳木游戏、龙创悦动、Tap4Fun 等近年在美国市场也都有不俗表现。英国公司在美国市场主打消除、体育类游戏，英国 King 公司的消除游戏占美国 40% 的市场份额，旗下 6 款消除游戏均上榜美国日畅销榜，且排名都在 TOP50 内，成绩之优异令美国本土消除游戏企业望尘莫及。

（4）在美中国游戏概况。2017 年，智明星通旗下的策略类游戏《列王的纷争》仍是美国最畅销的国产手游。2017 年美国市场上中国畅销手游 TOP10 中，绝大多数都是策略类手游（见表 4-14）。

表 4-14 2017 年美国市场上中国畅销手游 TOP10

排名	游戏名称	游戏类型	发行商
1	列王的纷争	策略	智明星通
2	阿瓦隆之王	策略	FunPlus

续表

排名	游戏名称	游戏类型	发行商
3	王国纪元	策略	IGG
4	狂暴之翼	角色扮演	游族
5	战火与秩序	策略	壳木游戏
6	城堡争霸	策略	IGG
7	丧尸之战	策略	龙创悦动
8	战地风暴	策略	Tap4Fun
9	苏丹的复仇	策略	龙腾简合
10	神魔圣域	角色扮演	昆仑游戏

资料来源：App Annie

  2017年美国最佳中国产游戏零悬念花落智明星通旗下的《列王的纷争》，该游戏依靠良好的长线运作和深入的用户营销，3年来依旧是全球热门手游之一，在美国同样如此，虽然从榜单排名来看，与同类型策略游戏《战争游戏：火力时代》一样在下半年排名都出现下滑，但也基本保持在TOP20的位置，并且鲜有国内新作可以挑战它营收第一的位置。《列王的纷争》多年深耕美国用户，在美国玩家心中已奠定一定地位，2017年9月，该游戏运营团队在美国洛杉矶举办了一场玩家见面会暨美国区世界杯开幕赛，并通过Facebook进行全球直播，亿万玩家共享游戏欢乐。

  《奇迹暖暖》海外版本《奇迹暖暖：换装女王》于2017年4月登录Google Play商店，虽然到5月初才挤进美国畅销榜前500，但之后排名直线上升，10月初进入TOP50，12月排名44位。《奇迹暖暖》在2017年10月的营收中，除中国区外，在日本、韩国、中国台湾和美国都收获颇丰，在Google Play平台和iOS平台上，美国月收入最高。《阴阳师》在美国却遭遇滑铁卢，从26位下滑至199位，整体流水下滑。这款游戏由于高颜值、好口碑，吸引了初期用户，但在刷完剧情之后，由于英文版迟迟未推出、PvP门槛高、社交性差等不足便逐渐浮现，再加上新游戏的冲击，便逐渐走低。《阴阳师》在美国上架的首先是中文版本，一直以来吸引的人群更多是华人用户，目前来看，华人用户的吸量也基本接近天花板。2018年1月，《阴阳师》英文版全球上线，在美排名登上TOP50，画风、人设和声优表现受到赞美，但SSR[①]出货率低也遭到吐槽。上述3个游戏的排行情况如图4-21所示。

  中国国产游戏在海外主打策略、角色扮演以及动作类型三大类，在美国也一样（见图4-22），自从以《部落冲突》《海岛奇兵》《战争游戏：火力时代》为代表的策略游戏成为欧美市场的主流类型后，中国厂商就顺势向美国推出《列王的纷争》《城堡争霸》等策略产品并相继取得成功，之后策略类游戏就成为中国出海欧美的重要品类。之后，随着游

---

① SSR全称为superior super rare，特级超稀有。一般为卡牌类游戏最高稀有等级。

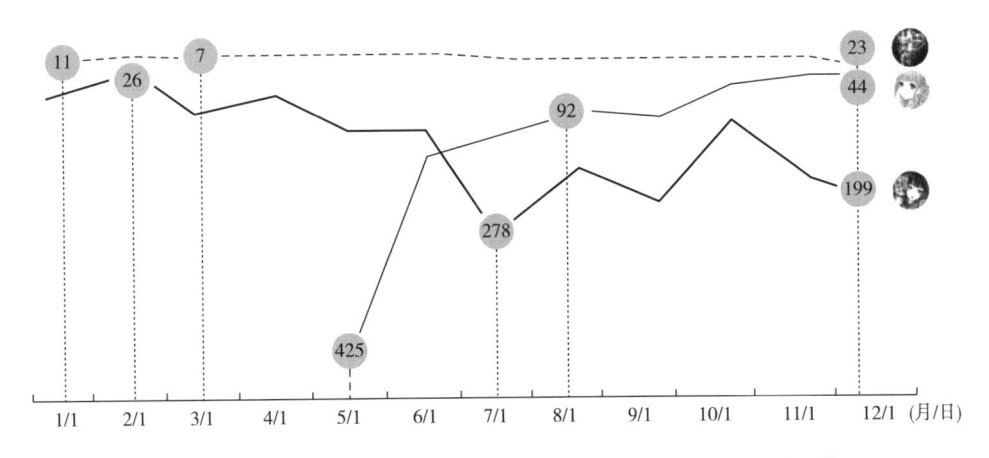

图 4-21 《列王的纷争》《奇迹暖暖》《阴阳师》2017 在美排名情况[1]

资料来源：App Annie

族《狂暴之翼》和昆仑万维《神魔圣域》在海外的卓越表现，ARPG 游戏作为角色扮演游戏的重要分支在海外也成功占据一席之地。针对美国市场流行博彩、策略、消除和角色扮演等游戏品类的特点，中国游戏厂商从策略、角色扮演、博彩游戏类型进入美国市场后表现出色。

4.2.2 日本游戏市场

4.2.2.1 市场概况

据日本游戏综合情报杂志《Fami 通》（《电玩通》）年度报告，2017 年日本家用游戏市场规模达 3 878.1 亿日元，增长 21.8%；其中硬件收入增长 52.7%，达到 2 003.1 亿日元，游戏软件收入增长 0.1%，达 1 874.9 亿日元。值得一提的是，2017 年 3 月 3 日发售的任天堂 Switch 主机大受欢迎，在日本的销量合计已经突破 400 万台，极大地推动了 2017 年度整个游戏市场规模的增长。继 2016 年后，日本游戏市场整体收入已经连续两年呈大幅上涨趋势[2]。

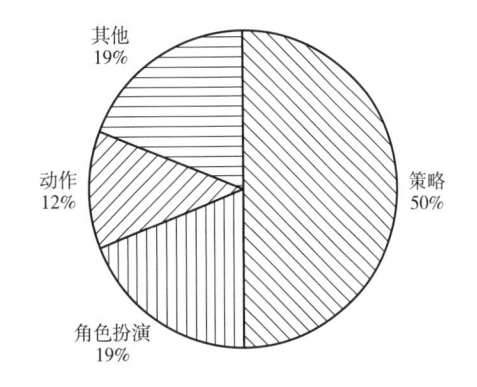

图 4-22 2017 年在美中国畅销游戏类型分布

资料来源：App Annie

4.2.2.2 日本游戏分级制度

电脑娱乐分级组织（Computer Entertainment Rating Organization，CERO）是由日本电脑

---

[1] 《阴阳师》因未在美国上架 Google Play 平台，故统计数据来自 iOS 平台，其他游戏均来自 Google Play 平台。
[2] 2017 年日本游戏市场规模达 230 亿 Switch 本土销量突破 400 万[EB/OL]．(2018-04-03)[2018-08-22]．https：//games.qq.com/a/20180403/024670.htm.

娱乐软件协会(Computer Entertainment Software Association,CESA)[①]于2002年成立的特定非营利活动法人团体,主要业务为负责日本发行的电脑与主机游戏的分级制度的制定,以及游戏分级审查,从而指导消费者购买符合自己年龄的游戏产品。

在CERO正式成立之前,包括任天堂、SEGA、SCE等游戏主机平台厂商都采用各自的基准来审查旗下平台发行的游戏。由于业界团体对于整合游戏分级制度以及社会对于游戏批判的迫切需求,因此CESA在2002年参考美国ESRB设立了CERO。

CERO分级制度适用对象涵盖日本各主要游戏平台游戏,包括世嘉的SEGA DC,索尼的PS/PS2/PSP/PS3,任天堂N64/NGC/GB/GBA/NDS/Wii,BANDAI的WS,微软的Xbox/Xbox 360与PC Windows/Mac等游戏(见表4-15)。

表4-15 CERO分级制度适用对象

世嘉株式会社(SEGA Corporation)	Dreamcast
索尼电脑娱乐公司(Sony Computer Entertainment Inc.)	PlayStation PlayStation 2 PlayStation Portable(incl. PSPgo) PlayStation 3 PlayStation Vita
任天堂(Nintendo Co., Ltd.)	NINTENDO64 GAMECUBE GAMEBOY GAMEBOY ADVANCE NINTENDO DS(incl. DSLite, DSi, DSiLL, 3DS) Wii
万代(BANDAI Co., Ltd.)	WonderSwan
微软日本(Microsoft Japan Co., Ltd.)	Xbox Xbox 360
PC电脑制造商	Personal computers(Compliant OS:Windows, Mac)
手机制造商	Cellphones, Smart phones(Compliant OS:Android, iPhone, Windows Phone, etc.)

CERO新分级制度为五种,分别是A、B、C、D、Z 5级,同时要求以鲜明的黑、绿、蓝、橘、红5种底色标示在游戏封面左下角与侧边下缘,这样红色的Z级看上去特别明显。大多数游戏为A、B、C级,D级很少,Z级更少。CESA同时也规范了Z级游戏软件的销售、陈列与展示的参考准则,包括:所有Z级游戏的订单都将注明级别;Z级游戏全面禁止销售给18岁以下玩家;Z级游戏必须陈列于150厘米以上、儿童无法拿取的高度;针对Z

[①] 自1996年成立以来,CESA每年都举办代表世界最高水平的电玩游戏的东京电玩展(TGS),并且评选日本游戏大赏大奖,用来表彰当年度的优秀作品。获得CESA游戏大赏的游戏可以在游戏包装盒上注明"CESA受赏"的标志,这个标志也是高质量游戏的象征,是玩家购买的导向。

级游戏的试玩展示希望店家自律等。除 5 种基本级别外，CERO 还有 3 种较特殊的级别（继承自旧分级策略），这 3 种并不需要颜色指定，分别是教育类、审查预定和试玩版[1]（见表 4-16）。

表 4-16 日本 CERO 游戏分级制度[2]

标识	分级	描述
CERO A 全年龄对象	All ages（全年龄对象）	内容适合全年龄对象，不包含可能会冒犯小孩的内容
CERO B 12才以上对象	Ages 12 and up（12 岁以上对象）	包含父母不想让 12 岁以下儿童看到的内容，可能涉及轻微暴力、性、不敬言语
CERO C 15才以上对象	Ages 15 and up（15 岁以上对象）	内容不适合 15 岁以下观看，可能涉及轻度性、更多暴力和不敬言语的内容
CERO D 17才以上对象	Ages 17 and up（17 岁以上对象）	17 岁以下不能购买，成人需出示 ID 才能购买。包含大量血腥、暴力、暴露、不敬言语内容
CERO Z 18才以上のみ対象	Ages 18 and up only（18 岁以上对象）	18 岁以下不能购买，可能包含长时间的暴力血腥内容、裸体和性、大量的不敬言语内容
CERO 审查预定 レーティング	Rating pending（审查预定）	游戏尚未被评级

---

[1] Rating System. Computer Entertainment Rating Organization [EB/OL]. https://www.cero.gr.jp/e/rating.html.
[2] WIKIPEDIA. Computer Entertainment Rating Organization [EB/OL]. https://en.wikipedia.org/wiki/Computer_Entertainment_Rating_Organization.

续表

标识	分级	描述
(CERO 规定适合)	Demonstration（试玩版）	应用于游戏试用版，有此评级的游戏还没包括最终版游戏的全部内容
(CERO 教育·データベース)	Educational/Database（教育类）	教育和数据库

CERO 与美国 ESRB 的对比如下：A 级——介于 ESRB 的 E 级和 E10＋级之间；B 级——介于 ESRB 的 E10＋级和 T 级之间；C 级——介于 ESRB 的 T 级和 M 级之间；D 级——相当于 ESRB 的 M 级；Z 级——相当于 ESRB 的 M 级和 AO 级。

参考 ERSB 的制定，CERO 同样也采用了内容描述来针对游戏所包含的特定内容做进一步说明，总共分为 9 个项目，包括：恋爱、性、暴力、恐怖、饮酒/抽烟、赌博、犯罪、毒品、不当言语与其他。这些项目将会以图示方式标示于游戏包装的背面（见图 4-23）。

| 恋爱 | 性内容 | 暴力 | 恐怖 | 饮酒/吸烟 | 赌博 | 犯罪 | 毒品 | 不良语言 |

图 4-23　CREO 内容描述标识

CERO 评级流程大致分为四步[1]：①被审查的作品要求由两个或多个审查员对游戏表现的内容进行审查。游戏的每一个表现项目（就是审查内容的）都有一个上限标准，超过这个标准是不允许的。对包含禁止项目的软件不予评级。②每个游戏都以审查结果为依据来决定年龄段。③将判断结果通知软件发行商。④软件制作发行商根据评级结果，在产品上标示年龄标识。

当 CERO 受理游戏发行商提出的审查委托后，会派出多名审查员来针对委托审查游戏的表现内容进行审查。审查员将在 20 岁以上、与游戏业界无关的一般民众中广泛招募，并接受 CERO 的事先训练[2]。

现实情况是，CERO 并不像美国 ESRB 那样受欢迎，反而受到不少游戏玩家的吐槽。

---

[1]　游戏强国分级制一览　中国分级路在何方［EB/OL］. 17173. https://news.17173.com/content/2010-08-23/20100823172541344_all.shtml#pageanchor1.

[2]　178 记者编译. 日本游戏分级制度 CERO 游戏开发者［EB/OL］. https://developer.178.com/201004/66586909968.html.

意见大都针对 Z 级标准上,存在一些不到 18 岁也能买到、判断标准不明确或因为画面限制而影响游戏体验的问题。CERO 虽不强制执行对游戏画面的限制,但有时制作厂商为了让游戏顺利过审并如期上市进行的"自主规制"有可能会导致"过度规制"的发生①。

4.2.2.3 日本游戏市场类型偏好及销量排行

2017 年,日本游戏市场单从软件销售数字来看,有八款百万级游戏,2016 年只有四款。2017 年在日本表现最出色的作品当属任天堂在 3DS 平台发布的《精灵宝可梦:终极太阳/终极月亮》,销量达 200 多万份。根据这份数据,《勇者斗恶龙 11》的单 IP 影响力在日本是很高的,3DS 和 PS4 两个版本的合计销量超过 300 万,超过榜首②。在 2017 年日本畅销家用游戏销量排行榜的前十名中,有五款游戏是由任天堂开发的,有四款作品是 3DS 平台的,Switch 平台异军突起,也有四款游戏上榜(见表 4-17)。

表 4-17 2017 年日本国内家用游戏销量 TOP10

排名	游戏名	开发商	平台	销量
第一名	《精灵宝可梦:终极太阳/终极月亮》	任天堂	3DS	2 198 231
第二名	《喷射战士 2》	任天堂	Switch	2 146 190
第三名	《怪物猎人:世界》	CAPCOM	PS4	1 917 492
第四名	《勇者斗恶龙 11:追寻逝去的时光》	Square Enix	3DS	1 763 948
第五名	《超级马里奥:奥德赛》	任天堂	Switch	1 613 076
第六名	《马里奥赛车 8 豪华版》	任天堂	Switch	1 397 018
第七名	《勇者斗恶龙 11:追寻逝去的时光》	Square Enix	PS4	1 353 432
第八名	《塞尔达传说:旷野之息》	任天堂	Switch	563 274[1]
第九名	《妖怪手表破坏者 2 秘宝传说》	LEVEL5	3DS	491 779
第十名	《怪物猎人××》	CAPCOM	3DS	417 119[2]

[1] Fami 通发布的 2017 年度日本家用游戏市场数据速报,统计期间为 2017 年 3 月 27 日—2018 年 3 月 25 日,而《塞尔达传说:旷野之息》的发售日在统计期间之前,所以集中在首发那几天的销量没被计入上述数据。《塞尔达传说:旷野之息》(从 2017 年 3 月 3 日发售开始计算)的累计销量是 870 895 套。

[2] Fami 通发布的 2017 年度日本家用游戏市场数据速报,统计期间为 2017 年 3 月 27 日至 2018 年 3 月 25 日,而 3DS《怪物猎人××》的发售日在统计期间之前,所以集中在首发那几天的销量没被计入上述数据。3DS《怪物猎人××》(从 2017 年 3 月 18 日发售开始计算)的累计销量是 1 687 451 套。

2017 年度日本家用游戏市场主要由硬件增长带动。任天堂 Switch 是日本 2017 年最畅销的主机硬件,共卖掉 340 万台(见表 4-18)。位列第二的是索尼 PS4,销量达 193 万台。任天堂 3DS 被自家 Switch 拉下王座,屈居第三,销售量达 182 万台,其中包括

---

① Liyunfei. 日本游戏分级机构 CERO 遭玩家吐槽 18 禁还要打码. https://www.3dmgame.com/news/201411/3393192.html.

② 氢离子. 2017 年度日本家用游戏市场报告:市场规模达 3878.1 亿日元[EB/OL].(2018-04-02)[2018-08-22].https://www.vgtime.com/topic/945989.jhtml.

3DSLL、新 3DS、新 3DSLL、2DS、新 2DSLL 等各种版本①。

表 4-18　2017 年日家用游戏市场硬件销售排行榜　　　　（单位：台）

排名	硬件平台	年度销量	累计销量[1]
第一名	Nintendo Switch[2]	3 407 158	3 407 158
第二名	PlayStation 4[3]（包含 PlayStation 4 Pro 的合计值）	1 935 247	5 856 863
第三名	Nintendo 3DS[4]（包含 3DSLL、新 3DS、新 3DSLL、2DS、新 2DSLL 的合计值）	1 827 131	23 738 544
第四名	PlayStation Vita[5]（包含 PSVita TV 的合计值）	396 207	5 643 626
第五名	X-BOX ONE[6]（包含 X-BOX ONE S、X-BOX ONE X 的合计值）	14 644	87 592

资料来源：《Fami 通》。
［1］累计销量的统计时间为发售日至 2017 年 12 月 31 日。
［2］任天堂 2017 年 3 月 3 日发售，首周计算 3 天。
［3］SONY Interactive Entertainment Japan Asia2014 年 2 月 22 日发售，首周计算两天。
［4］任天堂 2011 年 2 月 26 日发售，首周计算两天。
［5］SONY Interactive Entertainment Japan Asia2011 年 12 月 17 日发售，首周计算两天。
［6］日本 Microsoft2014 年 9 月 4 日发售，首周计算四天。

4.2.2.4　日本移动游戏市场探析②

（1）日本移动游戏市场规模概况。亚太地区一直都是全球游戏市场的领头羊。Newzoo 数据显示，2017 年，亚太地区游戏市场规模约为 512 亿美元，占全球市场最高份额约 47%，年增长 9.2%。日本作为全球一个非常特殊且极具特色的游戏强国，作为亚太地区仅次于中国的第二大游戏市场，从过去到现在一直在全球游戏、手游产业中扮演着非常重要的角色，在未来亦会大放异彩。

据 Newzoo 数据，2017 年，日本人口约为 1.3 亿，其中游戏人口高达 6 800 万。日本智能手机用户约有 6 300 万，普及率约达 50%，其中移动游戏玩家为 5 400 万，Android 平台占 67%，iOS 用户占 30%左右。近几年，日本主机游戏市场虽有所下滑，但移动游戏整体规模则在持续扩大。日本《Fami 通》白皮书数据显示，2014—2017 年，日本游戏市场/手游市场规模持续增长（见图 4-24），2014—2015 年，得益于手游市场规模 30%的涨幅，整体游戏市场规模增长 15%；2015—2016 年，手游市场规模增长 3%，整体游戏市场规模增长 2%，正是这两年日本手游市场规模被中国超过，退居第二；2016—2017 年，游戏整体市场规模增长 13%，手游增长 5%。整体而言，日本手游市场已进入成熟期，未来预计也不会发生剧烈变化，游戏市场整体规模将趋于稳定③。

---
①《Fami 通》公布 2017 年日本家用游戏市场规模、年度硬件销量及软件销量 TOP10 榜［EB/OL］.（2018-01-09）［2018-08-20］. http://club.tgfcer.com/thread-7426560-1-1.html.
② 本节内容参考《Teebik：2017 全球手游市场报告之日本篇》。
③ Teebik：2017 全球手游市场报告之日本篇［EB/OL］.（2018-01-25）［2018-07-05］. https://www.gameres.com/793953.html.

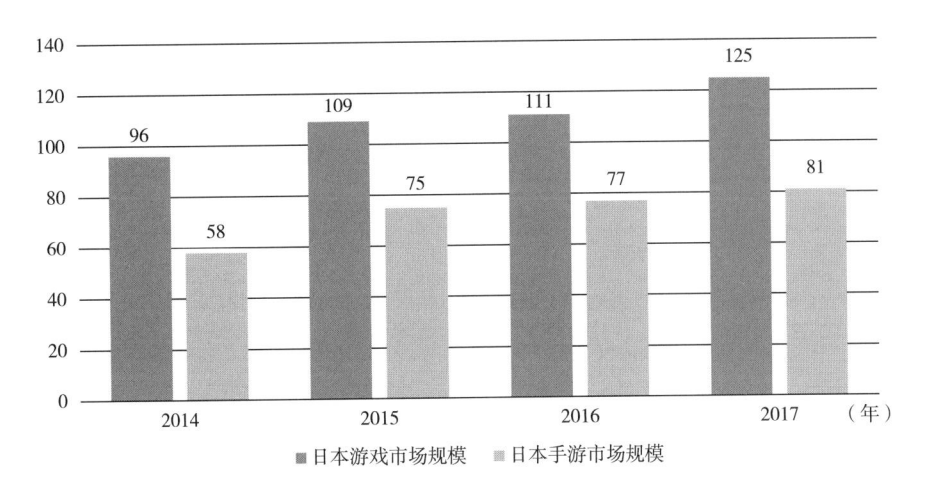

图 4-24　2014—2017 年日本游戏/手游市场规模(单位:亿美元)

（2）日本移动游戏畅销排名和类型。据《Fami 通》报道,日本手游销售额(2017 年 1 月 1 日至 10 月 3 日)冠军为《怪物弹珠》(见表 4-19),总销售金额为 1 041 亿日元,平均每月收入超过 100 亿日元,约为 6 亿元人民币,数额可谓相当惊人。《怪物弹珠》作为一款 2013 年下半年开始运营的常青树游戏,曾在 2015 年 5 月将霸主《智龙迷城》拉下冠军神坛,成为日本收入最高的手游,虽然在 2017 年下半年遭受《Fate/Grand Order》(《命运/冠位指定》)的强力冲击,但仍凭借多年积累的忠实用户和良好口碑登顶 2017 年年度畅销冠军,可谓老当益壮。位居年度榜单第二的《Fate/Grand Order》(下文简称 FGO)在 2017 年前三季度收入约 896 亿日元,虽然该游戏在日本的玩家数量较少,但用户忠诚度奇高,并且都肯投入相当额度游戏花费,所谓少数狂热分子"异常氪金"[①]。《FGO》于 2015 年下半年在日本上线,2016 年开始大放异彩,上线后基本都保持月度畅销 TOP10 的位置,2016 年下半年曾超越《智龙迷城》上位月度畅销亚军,2017 年下半年,尤其是 8、9 月份,更是超越《怪物弹珠》成为日本乃至全球最畅销的手游,表现出彩。

作为 2016 年最大的黑马,AR 游戏《Pokemon Go》(《精灵宝可梦》)创造了手游历史上的诸多纪录。据统计,该游戏每小时的收入超过 100 万元,82 天营收突破 31 亿元,发布之后连续三个月在全球社交媒体引发了病毒式传播,虽然后来游戏热度有所下降,"《Pokemon Go》已经凉了"的声音也不断涌现,但从榜单排名来看,截至目前,《Pokemon Go》仍然在世界各地的营收榜上名列前茅,其成功并非昙花一现。2017 年《Pokemon Go》仍然凭借其在日本的高人气搭上了年度畅销 TOP10 末班(见表 4-19)。而《Pokemon Go》开发商 Niantic 更是完成了 2 亿美元的融资并准备推出基于"哈利波特"的 AR 游戏,AR 游戏的又一波狂潮或将来袭。

2017 年,日本畅销游戏主要类型有角色扮演、消除、策略等品类,其中角色扮演类最受欢迎。日本一直都是角色扮演类游戏的主战场,畅销 TOP100 榜单上,角色扮演类游戏占比超过 40%,并且 85% 都是本土游戏,畅销 TOP100 中的本土角色扮演游戏来自包括史

---

① 氪金,原为"课金"(源于日语词汇),是指支付费用,特指在网络游戏中的充值行为。

克威尔艾尼克斯、万代南梦宫、DeNA等在内的近20家厂商,市场竞争非常激烈。日本市场上剩余15%的角色扮演游戏被中国和韩国瓜分,中国的掌趣、乐元素、网易以及韩国Netmarble、Com2uS旗下的角色扮演游戏在日本也有一定市场。

表4-19 2017年日本 Google Play & iOS 畅销手游 TOP10

游戏排名	游戏名称	游戏类型	发行商
1	怪物弹珠	动作	Mixi
2	Fate/Grand Order(命运/冠位指定)	角色扮演	Sony
3	智龙迷城	消除	GungHo Online Entertainment
4	迪士尼 TsumTsum	消除	LINE
5	龙珠Z:激战	动作	BANDAI NAMCO
6	偶像大师灰姑娘女孩:星光舞台	音乐	BANDAI NAMCO
7	碧蓝幻想	角色扮演	DeNA
8	实况野球	体育	KONAMI
9	白猫计划	角色扮演	COLOPL
10	精灵宝可梦	冒险	Niantic

资料来源:App Annie

消除类游戏堪称日本手游一大特色,日本市场上的消除游戏基本属于自给自足状态,以日本LINE公司的消除游戏为代表的本土消除游戏在日本市场都是经过多年用户深耕的,玩家对消除游戏的模式及画风等的习惯喜好已基本成型,所以基本上很难有外部消除游戏可以挖走大量用户。英国king旗下的消除游戏《糖果粉碎传奇》系列在其他国家榜单可以轻松入围TOP10,但在日本市场基本徘徊在畅销榜单100名左右,来自俄罗斯Playrix的经典消除游戏《梦幻花园》相较之下排名会好些,但也基本都在TOP50开外,日本本土消除游戏的实力可见一斑。

日本TOP100榜单中策略类游戏约占1/10,并且在这数十款游戏中,来自中国的就有七八款,可见中国策略类游戏在日本的策略游戏市场表现出色,智明星通的《列王的纷争》、游久的《君临天下》以及奇酷工场的《战舰帝国》等策略游戏深受日本玩家喜爱。

(3)日本畅销移动游戏国别分布。日本游戏市场一直以来都相对封闭、自给自足,鲜有海外公司能成功打入日本市场。据App Annie畅销榜单TOP100统计,日本本土游戏占据78%的市场份额,其次是中国游戏,占据11%,美国、韩国和其他国家则占据剩余的份额。

日本虽由本土公司垄断市场,但本土公司间的竞争相当激烈,光畅销榜单TOP100中上榜的本土公司就超过30家,除了mixi、GungHo Online这种靠一张王牌称霸市场的公司外,从数量上来说,万代南梦宫、史克威尔艾尼克斯以及LINE公司都有超过5款产品上榜,其中万代南梦宫更是有超过10款产品上榜,其产品品类也极其丰富,包括角色扮演、动作、音乐、模拟经营、赛车等多种品类。

中国在日本市场约占11%的市场份额(见图4-25),主打策略类和角色扮演类游戏,活跃在日本游戏市场的中国游戏公司包括乐元素、网易、智明星通、奇酷工场、米哈游、掌趣、龙城悦动等,其中乐元素、奇酷工场、米哈游属于专攻日本市场的公司,在日本已成功发行多款游戏并冲上榜单前列,包括乐元素的《偶像梦幻祭》《梅露可物语》、奇酷工场的《战舰帝国》以及米哈游的《崩坏》系列游戏。

(4)在日本的中国游戏概况。2017年,在日本市场上活跃的中国游戏总量虽不到 20 款,但考虑到封闭的日本游戏市场格局,已经颇为难得了。中国游戏目前在日本游戏市场主打 IP 和契合日本文化的游戏,包括二次元游戏和旧日本海战题材游戏,从日本游戏市场中国手游畅销 TOP10 来看(见表 4-20),《拳皇 98 终结之战 OL》是拳皇的老 IP,《君临天下》是三国大 IP;《偶像梦幻祭》《阴阳师》《崩坏 3》都属于二次元游戏;《战舰帝国》是硬派海战,《碧蓝航线》则是拟人化海战游戏。对日本这个难啃的市场,这些中国游戏都表现出了令人敬畏的生命力及活力。

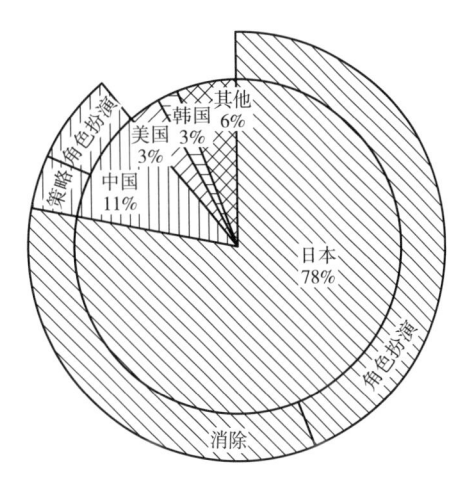

图 4-25 2017 年日本畅销游戏国家分布

表 4-20 2017 日本市场上中国畅销手游 TOP10

游戏排名	游戏名称	游戏类型	发行商
1	拳皇 98 终极之战 OL	角色扮演	腾讯
2	偶像梦幻祭	养成	乐元素
3	列王的纷争	策略	智明星通
4	战舰帝国	动作	华清飞扬
5	碧蓝航线	动作	Yostar
6	阴阳师	角色扮演	网易
7	君临天下	策略	游久
8	崩坏 3	动作	米哈游
9	女王的纷争	策略	智明星通
10	阿瓦隆之王	策略	FunPlus

资料来源:App Annie

掌趣开发的《拳皇 98 终极之战 OL》凭借街机元老《拳皇》IP 的影响力,深受日本玩家欢迎,多次在日本畅销榜单 TOP30 内出现,是 2017 年最畅销的中国手游。此外,该游戏凭借其海外市场的优秀表现,还获得了"2017 年度十大最受海外欢迎游戏"的殊荣。

2016 年末,网易出品的《阴阳师》在中国玩家之间掀起了久违的日风二次元游戏狂潮,该游戏于 2017 年 3 月初在日本发行后也立刻受到玩家热捧,Google Play 排名直冲 TOP30,然而随着该游戏的问题逐渐显现,再加上同期新游戏的冲击,《阴阳师》全球流水出现下滑,同样日本市场也未能幸免,表现堪忧。

《碧蓝航线》是2017年日本手游市场的一匹黑马,发布至今短短数月就创造了中国手游在日本的新纪录,日本市场发行初期在畅销榜单200名开外,之后打败了日本本土多年的榜单霸主们,于12月首次问鼎iOS畅销榜首,也创造了中国手游在日本的最好成绩,最后仅凭借不到3个月时间的收入就跻身日本畅销中国手游TOP10。《碧蓝航线》作为纯国产二次元游戏,能在以IP竞争为核心的日本市场上站稳脚跟确实很不容易,此前的国产二次元游戏如《崩坏3》和《阴阳师》等,都难以杀入畅销榜TOP10或无法长期保持佳绩,就连在日本市场上一直表现最好的《拳皇98终结之战OL》,最好成绩也几乎没进入过TOP5。当然,《碧蓝航线》在日本的大热离不开《舰队Collection》(《舰C》)等前辈们的市场奠基。此外,游戏本身媲美日本美术的设计、氪金性价比高也是其容易被玩家接受的重要原因。

2017年,中国游戏厂商依然在日本市场主打策略类和角色扮演类游戏,然后有少许动作类(包括卡牌动作)和养成类游戏(见图4-26)。整体来说,策略类游戏中有中国在全球海外市场走全球化路线的游戏,比如《列王的纷争》《阿瓦隆之王》《王国纪元》等,也有主攻日本市场的游戏,比如《战舰帝国》《君临天下》,而角色扮演类游戏几乎都是主攻日本市场的游戏,比如《拳皇98终极之战OL》《阴阳师》等。动作类和养成类游戏市场份额相对较少,但数量少、市场份额少不代表该品类不热门、不吸金,关键还得看游戏本身,比如,2018年年末的黑马《碧蓝航线》作为集策略、卡牌、养成、战斗为一身的卡牌动作类游戏就表现很耀眼,《偶像梦幻祭》作为日本市场上最成功也是目前仅有的一款国产女性恋爱养成游戏,表现也很出色。

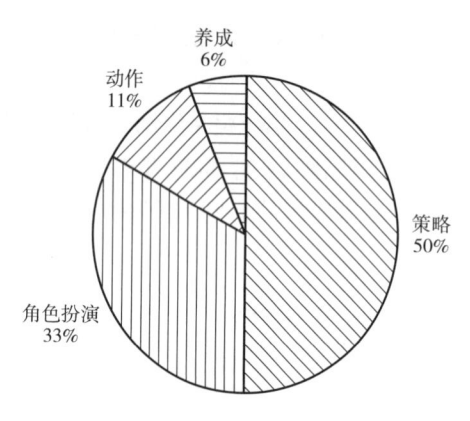

图4-26 2017年在日中国畅销游戏类型分布
数据来源:App Annie

未来想要进军日本市场的游戏厂商,对于日本市场上最畅销的角色扮演、消除、策略三大主流品类而言,消除类已被日本本土和英国、俄罗斯的企业垄断,机会渺茫。角色扮演类和策略类固然是相对比较安全的品类,但由于取得成功的游戏前作不少,如果作品本身没有质量更高的玩法或者创意更好的话,最好不要盲目涉及。反而像契合日本特色文化,如二次元、女性向恋爱或者海战战舰以及其他具有日本特色文化的产品反而较容易得到当地玩家的垂青,而且相对而言竞品较少,成功概率较高。

4.2.2.5 日本游戏孤岛化问题探析

"孤岛化"又被称为"加拉帕戈斯化",是指产业内部封闭保守,自身特点鲜明,但呈现与世界其他国家相异的发展特征,最早被用来描述日本手机行业。日本的3G手机在日本国内市场广受好评,但在国外并没有引发同样程度的追捧。这些手机有一些几乎完全相似的特性:翻盖式的设计,构思奇巧却并无实际创新性的各种功能,比如太阳能电池、防水灯等。

这样的款式在日本国内吸引了大量消费者,但在海外市场却完全无法流行开来。京都大学研究所当时率先提出:"日本的手机就像是达尔文在加拉帕戈斯群岛上遇到的特有物种,与它们的大陆表亲们相比,它们存在惊人的演变和分歧。日本手机产业饱受'加拉帕戈斯综合征'之苦,它们的形式太复杂,根本无法在国外的环境中生存下来。"从此"加拉帕戈斯化"这一用语开始被日本学术界广泛引用,许多研究者也将其应用于日本国内的其他市场[①]。美国人类学家鲁思·本尼迪克特在《菊与刀》一书中曾将日本文化总结为一组日本人的矛盾性格:喜新而顽固,服从而不驯等。正是这种岛国文化的双重性,使日本民族在文化心理上趋向于封闭和警惕,日本游戏产业的孤岛性特征也根源于此。

日本电子游戏产业的衰落确实要部分归因于其自身的高度封闭性,封闭导致落后,这使得日本游戏产业与全球市场脱节。[②] 日本电子游戏与发行公司史克威尔艾尼克斯及其子公司 Taito 原会长、现任电脑娱乐供应商协会理事与数字内容使用促进大会副主席和田洋一于 2009 年 4 月 27 日接受《金融时报》的采访时表示,日本游戏产业已经成为一个"封闭的环境"和"完全排外体"。他还表示称:"(日本游戏产业)与美国的差距现在已经非常明显。美国游戏产业过去并不景气,但由于采取了包容的态度,现在吸引了来自计算机行业和好莱坞的人们,这一点给美国游戏业带来了强劲的增长。"[③]

本部分将从行业结构、市场行为、市场绩效三个方面展开,在 SCP 模型中详述日本游戏产业面对欧美游戏研发技术进步、经济环境变化、消费习惯变迁等外部冲击时所展现出的孤岛化问题。

从行业结构来看,日本游戏产业已经形成了寡头垄断的市场现状。在传统家用机市场,绝大多数市场份额是由 6 家传统第三方游戏内容厂商长期把持,它们分别是卡普空、史克威尔艾尼克斯、光荣、科乐美、NEC 和 SNK,每年日本游戏产业向海外输送的新游戏产品几乎都由这 6 家日本游戏厂商出品,新兴的日本手游市场也呈现出寡头垄断的状态。同时,日本游戏产业的准入门槛非常高,产品也呈现出同质化的趋势。近年来占据日本游戏市场主导地位的日本手机游戏市场充斥着具有角色扮演要素、卡牌收集类型和消除类型特征的休闲游戏,它们大多依靠动漫原作,依托着 ACG 产业完备的链条,往往能够达成低投入、高回报的经济效益。而坚持独特风格与创新性的中小型日本游戏厂商却面临着艰难的经营处境。

从市场行为来看,由于日本各大游戏厂商寡头之间竞争激烈,而且产品又高度同质化,因而日本游戏厂商竞争策略较为保守,加之考虑到对主机游戏的冲击,未能及时勇敢地拥抱手游时代,造成日本手游一度落后于世界一流水平。目前日本各大游戏厂商已经开始积极部署手机游戏。

从市场绩效来看,技术革新的代价高昂,随着游戏研发费用的不断升高,许多原本处于领先地位的日本游戏厂商正面临前所未有的挑战。日本手游市场的两家游戏巨头 GREE 和 DeNA 从 2013 年以来营业收入和净利润不断下滑,对国际市场动向的迟滞反应也是他们竞争优势丧失的一个主要原因。日本游戏厂商一方面对国际市场的动向反应

---

① Tabuchi, Hiroko. Why Japan's Cellphones Haven't Gone Global[J]. New York Times, 2009(7).
② Cieslak, Marc. Is the Japanese gaming industry in crisis[J]. BBC News. 2010(9).
③ Cieslak, Marc. Square Enix eyes further acquisitions[J]. Financial Times. 2011(9).

迟钝,同时又会优先针对国内本土游戏消费市场进行产品最适化生产,这种差别化的开发思路使得日本本土的热门游戏产品在其他国家并不能享受到同等程度的热度,水土不服现象层出不穷。多款在日本收入 Top10 的游戏在进入中国之后运营状况都不甚乐观,这些针对通勤途中上班族消费者、注重收集体验的手机游戏并不适合中国国情。

日本游戏产业的"孤岛化"教训告诉我们,故步自封、沉溺于往日的文化优势没有任何意义,反而会影响产业的长期发展。中国想要游戏出海成功,必须对产业内的孤岛心态加以警惕。第一,要注重游戏产品的海外本土化。根据自己的实际情况,谨慎选择出海国家或地区,量身定做或者修改现有游戏产品,以符合当地文化习俗和用户消费习惯。第二,要制定差异化的产品类型。持续重复开发同类型的游戏会使游戏创作环境失去活力,整个产业都会陷入裹足不前的危险之中。而成熟的差异化产品往往能够更加有效率地吸引多样化的游戏消费者群体。第三,要降低游戏行业准入门槛。日本中小型企业经营艰难的困局源于行业的恶劣环境。放松准入壁垒可以使更多中小型游戏厂商参与进来,使游戏市场焕发活力,更加公平。政府相关部门应当降低行业投融资门槛,出台相关扶持政策,给予中小型游戏企业更多的融资机会。第四,要密切关注全球市场动向。要与世界需求接轨,积极寻求跨国合作的机会,积极布局全球发行网络,并参与海外收购布局全产业链,开展海外并购,到目标市场建立桥头堡,从而直接掌握海外研发、发行的现有渠道,壮大全球研发和发行实力。第五,要搭建产销分离平台。日本游戏开发商的僵化体制扼杀了人才发挥创造力的空间,这提醒我们要顺应国际趋势,搭建游戏产品的产销分离平台,使游戏开发与游戏发行相分离,赋予独立游戏开发者更多的自主空间。平台的搭建使行业内部的交流沟通成为可能,同时也能够保障独立的游戏开发团队得到大型企业的投资,又可以让团队不受制于商业考虑,自由地发挥创造力。

日本游戏产业曾经在全球范围内有着巨大的文化影响力,然而,随着 21 世纪以来欧美游戏产业的快速崛起,日本游戏产业封闭与保守的短板在外部冲击下逐渐暴露出来,生产规模持续缩小、一线开发人才流失、行业准入门槛居高不下、厂商固执而短视的决策与态度最终使整个游戏产业走向萎缩,日本游戏产业与世界先进地区的差距正在不断扩大。日本本土游戏市场的竞争也随着海外大量高品质、低价格游戏的涌入而变得愈发激烈,日本游戏市场的国际竞争力也因此受到打击。日本游戏产业的"孤岛化"现象告诉我们,只有整合全球资源,实现全球研发,坚守国际视野,才能使一个国家的游戏在国际游戏市场立于不败之地。

4.2.3 欧洲游戏市场

4.2.3.1 欧洲游戏市场概况

根据 Newzoo 估计,2018 年,西欧游戏市场规模预计同比增长 5.6%,达 200 亿美元,占全球游戏市场总收入的 14.5%,该地区游戏玩家占总人口比例 50% 以上,收入主要来自主机游戏平台[1](见图 4-27)。具体到国家来说,收入居前的分别是德国、英国、法国、

---

[1] Newzoo. 2018 全球游戏市场报告:中国占全球游戏收入 28%[EB/OL].(2018-06-22)[2018-07-02]. https://www.duowan.com/news/393594061763.html.

西班牙和意大利。

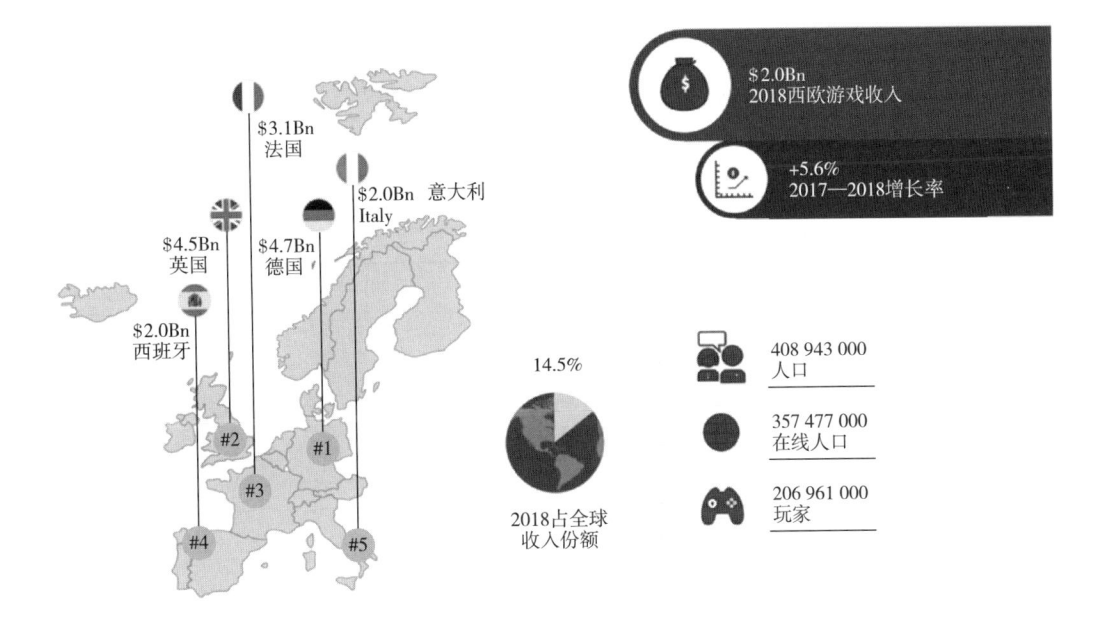

图 4-27　2018 年西欧游戏市场

东欧游戏市场规模预计为 39 亿美元，占全球总收入的 2.8%，同比增长 9.1%，其中俄罗斯在该区域占比为 43.5%，排名居全球第 11 位。与北美、西欧相比，东欧地区的玩家数占总人口比例稍低，只有 42%（见图 4-28）。

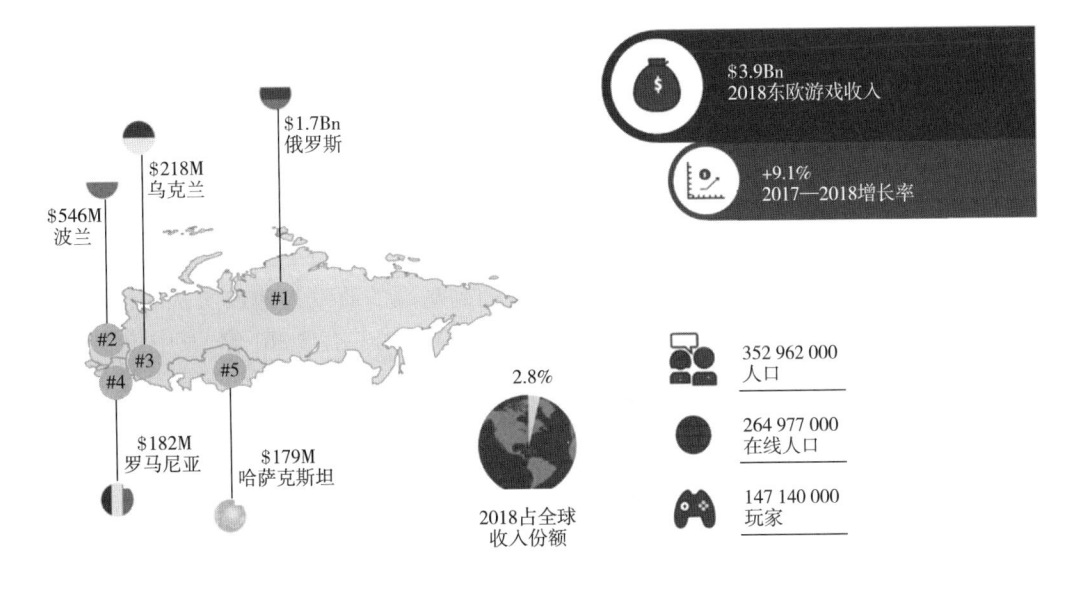

图 4-28　2018 年东欧游戏市场

本报告以英国游戏互动发市场为例来介绍欧洲游戏市场。根据英国游戏及互动娱乐贸易机构(UKIE)和游戏杂志 MCV 发布的年度市场调查,2017 年,英国游戏市场规模前所未有地达到了 51.1 亿英镑,比 2016 年增长了 78 亿英镑(12.4%),其中移动游戏市场高达 10.7 亿英镑,首次超过 10 亿英镑;主机硬件市场规模达 6.59 亿磅(见表 4-21 和图 4-29)①。

表 4-21 2014 年、2015 年、2017 年英国游戏产业收入对比

(单位:百万英镑)

细分市场	2014	2015	2017
数字在线内容	1 082	1 224	1 600
主机硬件	915	689	659
周边设备及配件	289	360	296
二手游戏软件	113	123	101
图书和杂志	23	16	18
盒装软件	935	904	790
移动游戏	548	664	1 070
玩具	69	62	72.9
赛事	6	6	8.4
电影及原声	5	7	17.6
专业游戏 PC 硬件	N/A	138	376
VR 硬件			101

英国游戏市场对英国整个文化创意产业来讲贡献良多。有一些因素共同推动了英国游戏业的蓬勃发展,具体来说包括这样几个方面:第一,人才储备。英国游戏业共储备有近万名游戏研发人员,总人数超过法、德两国之和,共有超过 500 家的游戏开发公司,约有 100 所大学开设游戏开发专业和课程。而且英国在主机游戏课程方面领先全球,有 56 所大学都专门开设了视频游戏发展课程,每年共有 31 000 名毕业生。而且英国游戏人才雇佣价格相对低廉,投资回报率较高,雇佣到高端的研发人才或团队的价格约比美国便宜近 30%。截至 2018 年 7 月,英国活跃的游戏公司共有 2 261 家,其中位于伦敦、曼彻斯特的游戏公司数量最多。第二,游戏付费比例高。早在 2012 年,英国活跃游戏用户的占总人口比例就高达 53.1%,付费游戏用户规模为 2 150 万人,占英国总人口的 34%,付费游戏用户比重高达 64%。第三,通信技术实现快速的发展。优秀的通信技术基础使得英国成为通向欧洲与世界市场的起点和试验场,也因此该国吸引了许多大型跨国游戏企业前来设立欧洲总部,如《糖果粉碎传奇》的开发商 King。还有《愤怒的小鸟》开发商 Rovio 也是通过英国游戏发行公司 Chillingo 来发行游戏的。第四,政府和行业

---

① Ukie. The games industry in numbers[EB/OL]. [2018-09-02]. https://ukie.org.uk/research#Market.

图 4-29　2017 年英国游戏产业收入详情

bn：billion（十亿）　　m：million（百万）

协会的支持。英国有大量的政府组织和行业协会支持游戏产业的发展。例如,英国政府的 Great Britain Campain[①]("伟大英国运动")旨在向国际社会推广英国是一个伟大的旅游、教育、商业往来之地的理念。每年该基金会会给予优秀的文化创意作品成千上万的赞助。例如,超群绝伦的解谜类游戏《纪念碑谷》(《Monument Valley》)就由英国公司 USTWO 开发,是这项运动的主打产品之一[②]。再比如,科技战略委员会(Technology Strategy Board,TSB)为支持企业创新,每年英国政府会投资 5 000 万英镑用于其发展。第五,税收优惠政策。英国认定游戏产业是重要的增长领域,政府从 2013 年 4 月份开始提供税收减免,而对企业所得税率的征收从 2014 的 21% 降至 2015 年的 20%。政府同时为专利发明所带来的利润提供税收减免,而大多数游戏开发行为在英国都可以被定义为科研,为此英国政府花费了超过 10 000 英镑研发费用。这些税收减免措施大大降低了游戏企业的开发成本,进一步推动了暴雪、微软、Konami 和 GREE 等国际大公司对英国工作室的投资[③]。

4.2.3.2 欧洲游戏分级制度

(1)欧洲 PEGI 的游戏分级制度。欧洲游戏分级制度较为复杂,其中欧洲游戏信息组织(Pan European Game Information,PEGI[④])的游戏分级系统现在被 30 多个国家所采用,但是 PEGI 只对芬兰、以色列、荷兰、挪威、波兰、西班牙、瑞士这些国家有法律强制作用,而在其他国家仅仅是参考性质。如英国、德国、爱尔兰、葡萄牙等又有自己的一套详尽的分级制度[⑤]。

PEGI 具体可以分为五种年龄等级和八种内容描述[⑥],由这八种内容描述来决定年龄分级(见表 4-22 和表 4-23)。

表 4-22 欧洲 PEGI 游戏分级

标识	含义	描述
3	3 岁以上	游戏内容适合全年龄层。部分卡通背景下的暴力是允许出现的。不能让儿童通过角色联想到现实生活,角色应该完全是想象的。游戏不能包含可能会吓到儿童的声音或图像。不能出现脏话
7	7 岁以上	游戏内容一般可以被定为 3 岁以上的等级,区别在于这一等级还包含了一些惊吓的声音或图像

---

① GREAT Britain campaign. BRITISH COUNCIL. https://www.britishcouncil.org/organisation/facts/programmes-and-initiatives/great-campaign.
② International Trade Activities. Ukie. https://ukie.org.uk/international-trade-shows.
③ 英国贸易投资总署:2014 年英国游戏产业报告.中文互联网数据资讯中心. https://www.199it.com/archives/237874.html.
④ PEGI 官方网站地址:https://www.pegi.info/.
⑤ 游戏强国分级制一览 中国分级路在何方.17173. https://news.17173.com/content/2010-08-23/20100823172541344_all.shtml#pageanchor1.
⑥ PEGI Pan European Game Information - What do the labels mean? PEGI. https://www.pegi.info/en/index/id/33/.

续表

标识	含义	描述
	12 岁以上	游戏内容允许出现轻微的针对幻想角色的暴力画面或者针对人形角色或可辨识动物角色的非画面形式的暴力,允许轻微的裸露、温和的粗话和很短的性内容
	16 岁以上	游戏内容允许有接近现实生活的暴力或者性内容、包含更多的粗话、吸食烟草和毒品或犯罪行为
	18 岁以上	成人类别包含严重暴力内容或者特定类型的暴力。严重暴力在很多情况下很难定义,但总体可以用是否使观者产生强烈反感来区分
	全年龄	不包含任何可能会引起争议的内容

表 4-23 欧洲 PEGI 分级内容描述

图示	含义	内容
	粗话	游戏包含恶劣语言
	歧视	游戏包含歧视或者可能鼓励歧视
	毒品	游戏涉及或描述吸食毒品
	恐惧	游戏可能会吓到儿童

续表

图示	含义	内容
	赌博	游戏鼓励或教赌博
	性	游戏包含裸体、性行为或性相关内容
	暴力	游戏描述暴力内容
	在线游戏	游戏可以在线玩

欧洲 PEGI 分级流程如下:①在每一个游戏版本发售之前,发行商必须完成一份在线的声明表格。表格第一部分是欧洲特定一些国家的法律规范。②发行商完成表格第二部分,要填写游戏中可能出现的任何暴力、性和其他敏感的视觉或听觉内容。③根据发行商填写的内容,PEGI 根据自己的分级内容描述规定来对游戏进行年龄分级。④PEGI 管理部门将接到一份检查结果和所有审查需要的材料,根据 PEGI 标准进行复查。⑤最后发行商将得到一张由 PEGI 颁发的年龄分级证书,并且有详细的分级内容描述。[1]

(2)德国的游戏分级制度。德国有自己的游戏分级制度(Unterhal tungss of tware Selbs tkontrolle,USK),即"娱乐软件自我监控局"(Self-Monitoring of Entertainment Software)[2],专门对在德国境内发售的游戏进行分级,相比欧洲的 PEGI,USK 对德国更有法律强制性。德国的 USK 制度相当严格,禁止进口射击游戏和暴力游戏。

USK 游戏分级制度将游戏分为五类[3],见表 4-24。

---

[1] 游戏强国分级制一览 中国分级路在何方[N/OL]. https://news.17173.com/content/2010-08-23/20100823172541344_all.shtml#pageanchor1.
[2] USK 官方英文网站地址 https://www.usk.de/en/.
[3] USK:The five ratings and what they mean. USK. https://www.usk.de/en/classification/age-rating-symbols/.

表 4-24　德国 USK 游戏分级制度详情

标识	含义	描述
USK 0	无年龄限制	该等级没有任何年龄限制，仅仅是以性和暴力标准来衡量的，游戏的难度和复杂度可能依然不适合幼儿
USK 6	6 岁以上	该等级的游戏可能是抽象化的或者漫画风格的，可能含有阴暗主题或者容易让低于 6 岁的儿童过于投入的内容
USK 12	12 岁以上	该等级的游戏可能注重于战争或者打斗，有少量的歌词和争议性话题。战斗应该是历史性的或者科幻类的，并且被控制在最小限度内
USK 16	16 岁以上	该等级的游戏含有频繁的枪战、现代暴力内容，但是流血不可见，并带有成人主题
USK 18	18 岁以上	该等级的游戏可能会有野蛮场面、血腥暴力、鼓励战争或者违反人权。

（3）世界游戏分级制度对比。除本报告详细介绍的美国、日本、欧洲、德国的游戏分级制度外，世界上很多国家的政府都对游戏分级有所规定，见图 4-30。

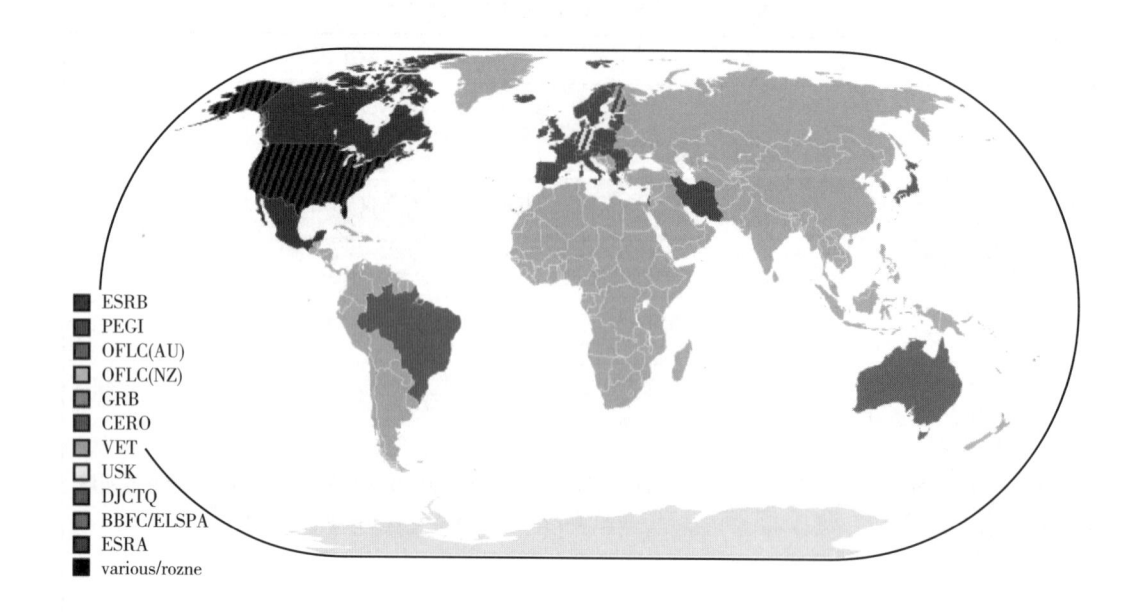

图 4-30　游戏分级制度体系世界地图

囿于篇幅所限,无法将分级制度一一列举,仅在表 4-25 中做简单对比①。

表 4-25　各国游戏分级制度对比

Country/System	1	2	3	4	5	6	7	8	9	10	11	12	13	14	15	16	17	(年龄)18+	Other
阿根廷:INCAA	ATP												+13					+18	N/A
澳大利亚:ACB	G														M			R18+	禁止 RC*
	PG														MA15+				
巴西:DJCTQ	L								10		12		14		16			18	
Europe/Israel/Quebec/南非:PEGI	3				7					12					16			18	

---

① Video game rating system[EB/OL]. Wikipedia. https://en.wikipedia.org/wiki/Video_game_rating_system#UK_Interactive_Entertainment_Association.

续表

Country/System	1	2	3	4	5	6	7	8	9	10	11	12	13	14	15	16	17	（年龄）18+	Other
芬兰：KAVI			3+				7+					12+				16+		18+	
德国：USK			0			6						12				16		18	
伊朗：ESRA			+3				+7					+12			+15			+18	
日本：CERO			A									B			C		D	Z	审查予定
新西兰：OFLCNZ						PG										M		R18	
					G							R13		R15	R16				
俄罗斯：Content rating law			0+			6+						12+				16+		18+	
新加坡：MDA							ADV											M18	
韩国：GRB					ALL							12			15			18	
美国/加拿大（ex. Quebec）/墨西哥：ESRB				EC														AO	RP
			E					E10+					T			M			
联合国教科文组织：IARC			3				7					12				16		18	

：年龄较小的受众。

：所有年龄都可以玩。

：建议在家长指导下玩。

：不建议较年轻一点的受众玩但也并不严格限制。

：仅限大一点的观众除非有成人陪同。

：仅限大一点的观众除非有成人陪同，存在于电影分级制度中。

：仅限较大的观众。

：仅限成人。

：其他分级。

＊ RC 指 Refused Classification。

前文详述了美国、日本、欧洲、德国四地的游戏分级制度,列举了包含中国台湾在内的 20 个国家和地区的游戏分级标准,那么,中国作为世界第一大游戏市场,尚没有官方的游戏分级制度,这是很难想象的。

在我国,一款游戏要想在内地市场运营,需要经过多个部门审批备案。游戏运营商需提供关于游戏的说明以及样品等文件材料,甚至游戏中全部的对白、旁白、描述性文字及游戏主题曲、插曲的歌词文本等内容都需经过官方审核。玩家最后能接触到的游戏版本可能已经丧失了很多趣味性[1]。其实早在 2004 年,中国青少年网络协会(以下简称"中青网")与游戏工委就联合推出了国内第一套游戏分级制度《中国绿色游戏评测与推荐制度》。与前文提到的其他国家的分级制度一样,这项制度也包含两个方面:一是年龄层次标准;二是内容描述。年龄层次标准分为全年龄、12+、16+和 18+[2],内容描述则分为静态指标[3]和动态指标[4]。中青网提出该制度的初衷可能是为了确立行业地位,推动行业发展,但收效甚微,不光厂商和玩家不买账,连行业主管部门也并未认可重视。所以从行政体系上来说,在中国由行业协会出台制定并推广游戏分级制度是不现实的。

诚然,游戏分级制度的确立和推行并不是一件容易的事情,但最好的时机或许正是当下。我们暂时也没必要期许一个十分完美完善的分级制度出现,而要允许在实践中试错、改错,不断丰富和优化游戏分级制度。以今时今日中国游戏市场在世界上的地位,合理借鉴它国经验制定一套我们自己的分级制度是十分必要的,这会帮助我们的游戏厂商规范化运作,从标准上为游戏"走出去"做好准备。

4.3 中国游戏产品"走出去"[5]

4.3.1 中国游戏市场概况

4.3.1.1 市场基本数据和各细分市场特点

2017 年,中国游戏(包括客户端游戏、网页游戏、社交游戏、移动游戏、单机游戏、电视游戏等)市场实际销售收入达到 2 036.1 亿元人民币,同比增长了 23%[6](见图 4-31)。

---

[1] 游戏机解禁 中国游戏分级制度还会远么[EB/OL]. 中关村在线. https://game.zol.com.cn/472/4722875_all.html#p4724213.

[2] 游戏强国分级制一览 中国分级路在何方[EB/OL]. 17173. https://news.17173.com/content/2010-08-23/20100823172541344_all.shtml#pageanchor1.

[3] 静态指标包括 5 个项目:暴力度(无明显暴力、轻度暴力、严重的暴力现象),色情度(无色情及关于性的描述、涉及两性关系的内容、直接出现对两性关系的暗示),恐怖度(无明显血腥恐怖场景、轻微的血腥恐怖场景、严重的血腥恐怖场景),社会道德度(有健康的主题、主题虽以揭露批判为主,但有一定数量的粗俗文字、主题较为颓废且有较多的粗俗文字),文化内涵度(游戏在历史文化层面上进行了深度的发掘、游戏内容有一定的深度、游戏内容及规则极为简单)。

[4] 动态指标包括 PK 行为、非法程序(外挂)、聊天系统的文明度、游戏内部社会体系的秩序、游戏形象宣传、游戏时间限制、社会责任感。

[5] 本部分内容参考《2017 年中国游戏产业报告(摘要版)》。

[6] 2017 年中国游戏产业报告. 收入超 2 000 亿,手游增幅 300 亿[EB/OL]. (2017-12-19)[2018-09-03]. https://www.gameres.com/787780.html.

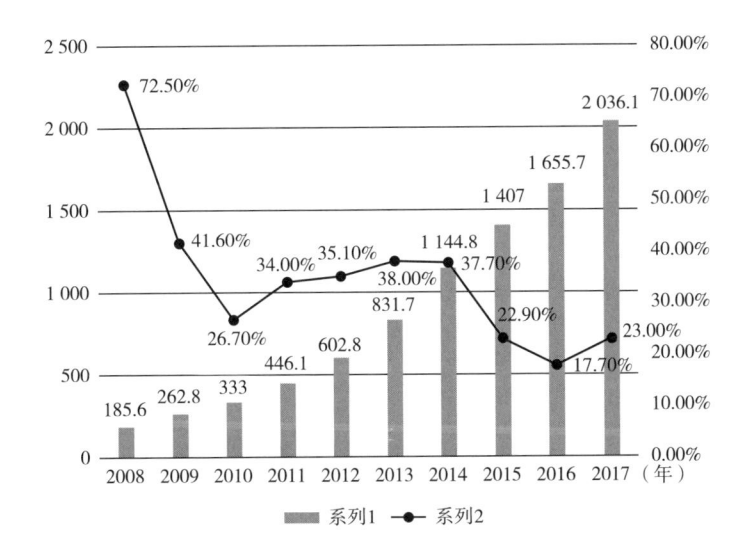

图 4-31　2008—2017 年中国游戏市场实际销售收入(单位:亿元人民币)[1]
资料来源:GPC、IDC 和 CNG

2017 年,中国游戏用户达到 5.83 亿人,同比增长 3.1%,见图 4-32。

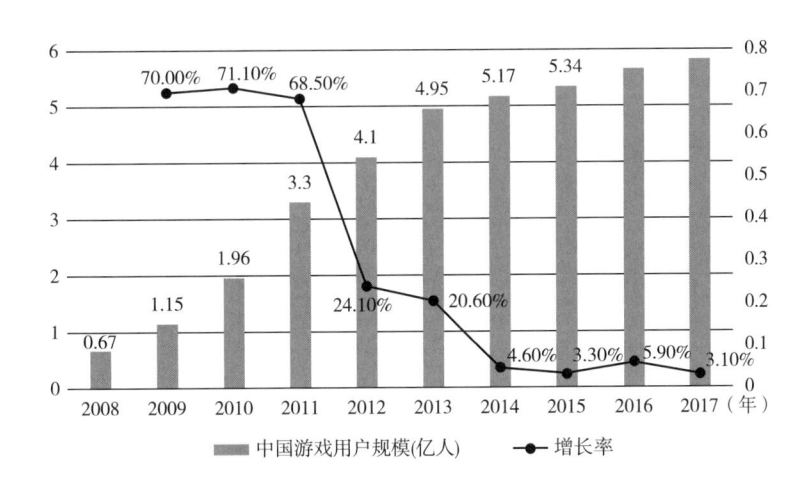

图 4-32　2008—2017 年中国游戏用户规模
资料来源:GPC、IDC 和 CNG

2017 年,中国游戏市场中移动游戏市场实际销售收入达 1 161.2 亿元,份额继续增加,占 57.0%;客户端游戏市场实际销售收入达 648.6 亿元,份额减少,占 31.9%;网页游戏市场实际销售收入达 156.0 亿元,份额大幅减少,占 7.6%;家庭游戏机游戏市场实际销售收入达 13.7 亿元,份额有所增加,占 0.7%(见图 4-33)。

---

[1] 资料来源:图 4-31 至图 4-38 和图 4-48 引自 2017 年中国游戏产业报告(摘要版). 中国音像数字出版协会游戏出版工作委员会(GPC)/CNG 中新游戏研究(伽马数据)/国际数据公司(IDC). https://www.cgigc.com.cn/.

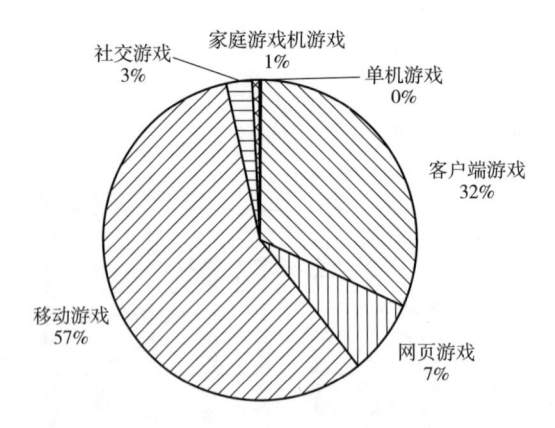

图 4-33 2017 年中国游戏细分市场占比

资料来源：GPC、IDC 和 CNG

2017 年,中国自主研发网络游戏市场实际销售收入达到 1 397.4 亿元,同比增长 18.2%(见图 4-34)。

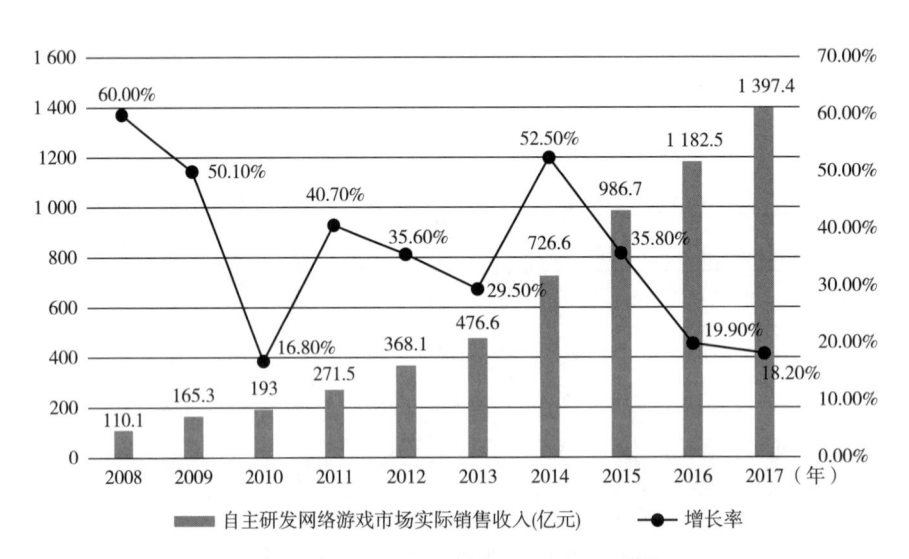

图 4-34 2008—2017 年中国自主研发网络游戏市场实际销售收入

资料来源：GPC、IDC 和 CNG

分市场来看,2017 年,中国客户端游戏市场实际销售收入达 648.6 亿元人民币,同比增长 11.4%(见图 4-35)。2017 年,中国客户端游戏用户规模达到 1.58 亿人,同比增长 1.7%。受成本上升等因素影响,客户端游戏产品呈现少而精的特征,新品产出数量有所下降,但 2017 年中国客户端游戏市场增长出现反转态势,说明客户端游戏对应的市场需求仍然存在,创新性的玩法加过硬的产品质量使老客户端游戏依旧表现出色,而且直播平台的迅速发展为客户端游戏提供了新的推广渠道。

2017 年,中国网页游戏市场实际销售收入达 156 亿元人民币,同比下降 16.6%(见图 4-36)。2017 年,中国网页游戏用户规模达 2.57 亿人,同比下降 6.6%。受用户需求

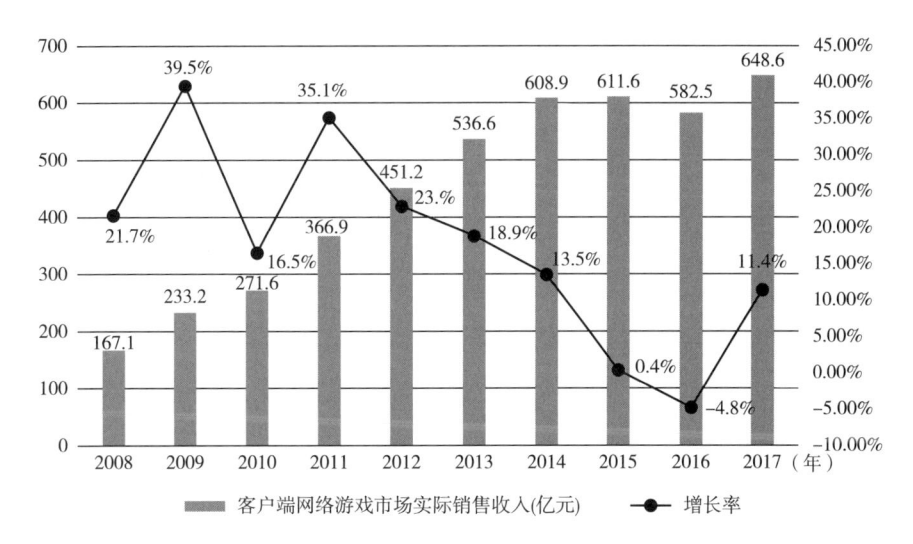

图 4-35　2008—2017 年客户端网络游戏市场实际销售收入

资料来源：GPC、IDC 和 CNG

改变、新产品减少等因素影响，网页游戏市场进一步萎缩，市场实际销售收入明显降低，用户数量减少。受限于网页这一载体，网页游戏在游戏类型、表现力、画面创新力方面都面临挑战。虽然网页游戏实现了游戏产品"点开即玩"，但仍无法如移动游戏一样"随时随地"体验，便捷性存在不足。网页游戏的运营成本也在不断攀升，广告成本不断增加，但用户导入效果却越来越差。

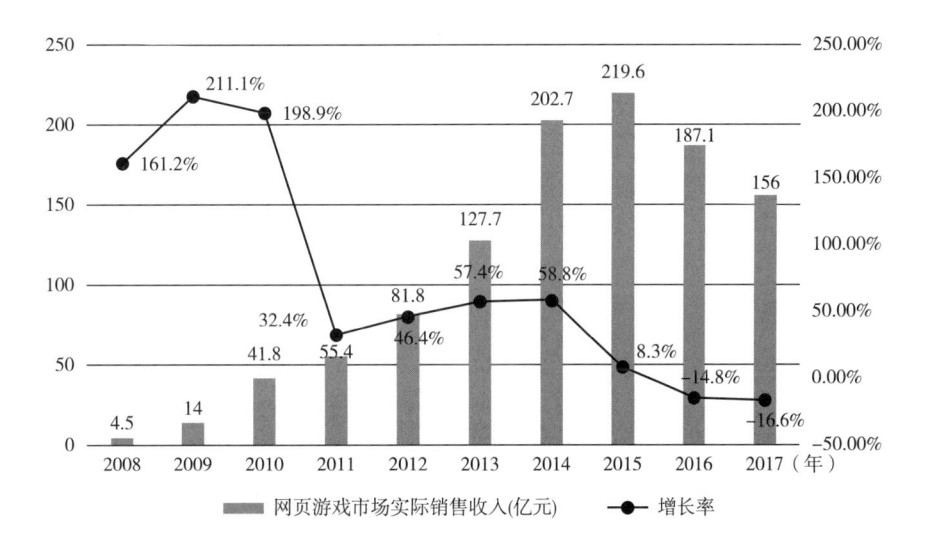

图 4-36　2008—2017 年网页游戏市场实际销售收入

资料来源：GPC、IDC 和 CNG

2017 年，中国移动游戏市场实际销售收入达到 1 161.2 亿元人民币，同比增长 41.7%。2017 年，中国移动游戏用户规模达到 5.54 亿人，同比增长 4.9%。移动游戏市场依然保持高速增长,但较前些年增速已明显放缓(见图4-37)。移动游戏市场增速放缓,市场实际销售收入向优质产品集中,两极化趋势明显:一方面,优质产品的收入持续大幅增长;另一方面,大量中游甚至中上游的游戏市场实际销售收入锐减。部分游戏公司为避免与优质产品直接竞争,将研发和运营重心转向细分市场,如集换式卡牌类、桌游类以及以女性、二次元、"00"后用户为主的游戏产品。2017年发布的新品已经明显具备细分市场的特点,加上用户对游戏的个性化需求等因素的共同作用,移动游戏行业开始注重细分化、差异化经营策略。

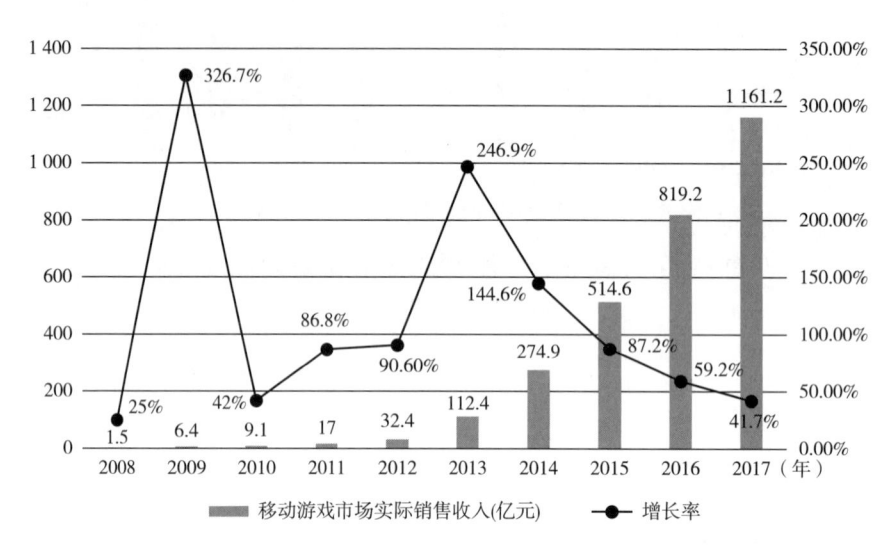

图 4-37 2008—2017 年移动游戏市场实际销售收入

资料来源:GPC、IDC 和 CNG

2017 年,中国电子竞技游戏市场实际销售收入达到 730.5 亿元,同比增长 44.8%;其中,客户端电子竞技游戏市场实际销售收入达到 384.0 亿元,同比增长 15.2%。受《王者荣耀》等知名电子竞技产品的拉动,移动电子竞技游戏市场实际销售收入达到 346.5 亿元(见图 4-38),同比增长 102.2%,已经成为电子竞技市场的重要组成部分。

图 4-38 2016—2017 年我国电子竞技游戏市场实际销售收入(单位:亿元)

资料来源:中国音数协游戏工委(GPC)& 伽马数据(CNG)

根据中国文化娱乐行业协会信息中心与中娱智库 2017 年 11 月联合发布的《2017 年中国游戏行业发展报告》[①]数据,家用游戏机市场仍处于成长期,用户付费习惯逐渐养成,全年实现营业收入约为 38.8 亿元,同比增长 15.1%;游戏游艺行业进入高速发展阶段,游戏游艺机销售收入约为 135.8 亿元,同比增长 24.7%。

4.3.1.2 中国移动游戏市场

(1)中国移动游戏市场基本数据分析。2018 年上半年,中国移动游戏市场实际销售收入 634.1 亿元,同比增长 12.9%(见图 4-39)。移动游戏市场仍为整体游戏市场增长的主要部分,但增速明显放缓。

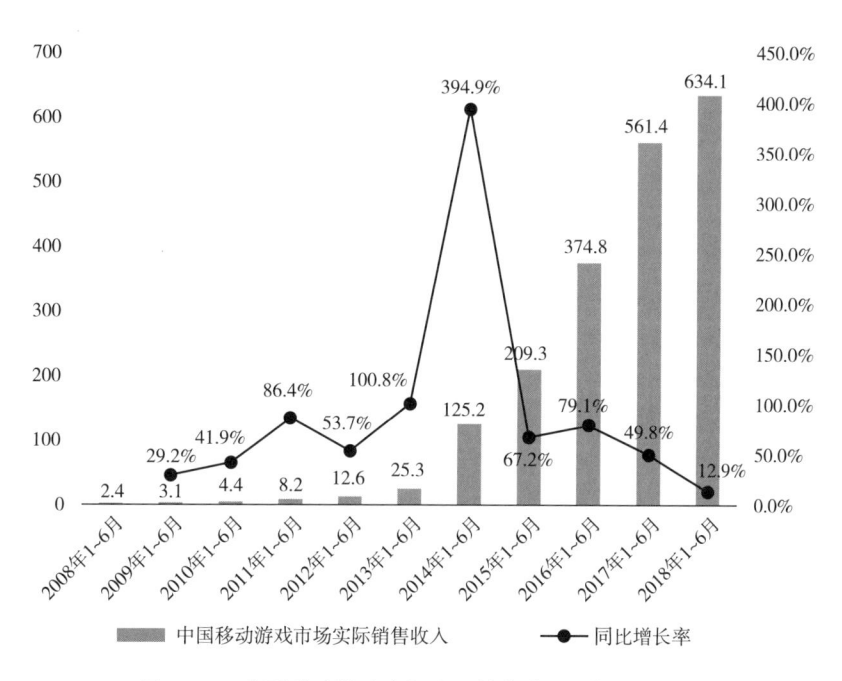

图 4-39 中国移动游戏市场实际销售收入(单位:亿元)
资料来源:中国音数协游戏工委(GPC)& 伽马数据(CNG)

2018 年 1—6 月,中国移动游戏用户规模 4.6 亿人,同比增长 5.4%(见图 4-40)。随着中国移动游戏市场整体用户基数越来越庞大,用户增速将逐步放缓。

2018 年上半年,动作角色扮演类、战术竞技类、回合制角色扮演类为移动游戏市场实际销售收入排名前三的产品类型(见图 4-41)。竞速类、射击类占比明显提高,竞速类产品得力于产品《QQ 飞车》手游版上架,射击类产品则主要受《荒野行动》等的影响。

(2)中国移动游戏市场特点。

一是中国移动游戏市场行业集中度进一步提高,腾讯和网易两巨头市场份额占比达 80%。2018 年上半年,测算收入排在市场前 20 的移动游戏中,由腾讯、网易运营的游

---

① 新华网.2017 年中国游戏行业发展报告[EB/OL].(2017-11029)[2018-09003]. https://www.xinhuanet.com/info/2017-11/29/c_136786870.htm.

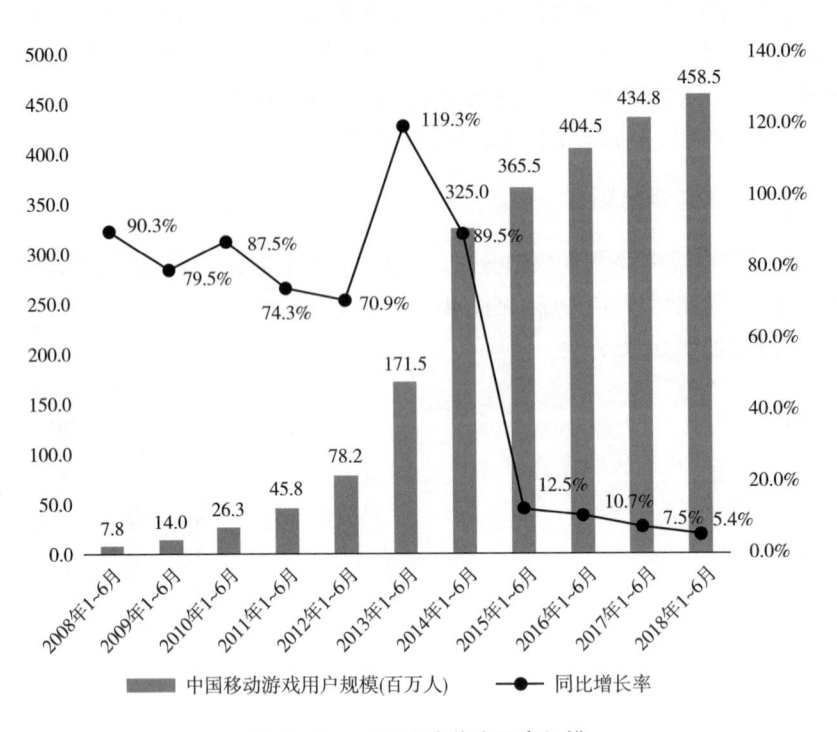

图 4-40 中国移动游戏用户规模

资料来源：中国音数协游戏工委（GPC）& 伽马数据（CNG）

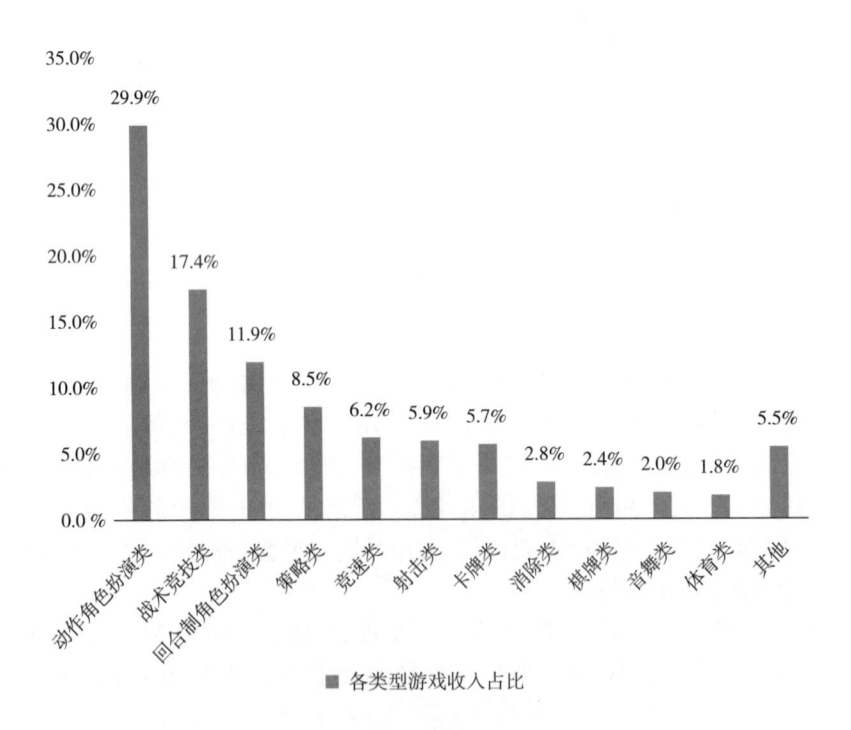

图 4-41 收入前 100 移动游戏收入分布（按玩法类型）

资料来源：中国音数协游戏工委（GPC）& 伽马数据（CNG）

戏产品共计 16 款,其中腾讯 10 款,网易 6 款。(见表 4-26)。

表 4-26　2018 年上半年收入前 20 移动游戏名单

排名	游戏名称	游戏类型
1	王者荣耀	战术竞技类
2	QQ 飞车	竞速类
3	梦幻西游	回合制角色扮演类
4	楚留香	动作角色扮演类
5	乱世王者	策略类
6	奇迹:觉醒	动作角色扮演类
7	倩女幽魂	动作角色扮演类
8	QQ 炫舞	音舞类
9	大话西游	回合制角色扮演类
10	阴阳师	回合制角色扮演类/卡牌类
11	命运-冠位指定	卡牌类
12	天龙八部手游	动作角色扮演类
13	魂斗罗:归来	横版射击类
14	穿越火线:枪战王者	第一人称射击类
15	恋与制作人	恋爱类
16	新剑侠情缘	动作角色扮演类
17	开心消消乐	消除类
18	荒野行动	第三人称射击类
19	崩坏 3	动作角色扮演类
20	欢乐斗地主	棋牌类

资料来源:中国音数协游戏工委(GPC)& 伽马数据(CNG)

从 2018 年第一季度的研发、发行收入来看,腾讯、网易两家研发收入共占比 64.8%,腾讯、网易两家发行收入共占比 78.4%(见图 4-42)。

二是端游 IP 占据主导地位,IP 精细化运作趋势明显。随着移动游戏市场竞争的升级,游戏企业从"粗放式"发展转变为精准性和精细化发展。利用多年积累的用户数据,企业尝试根据不同的需求,为不同的用户定制产品,从不同用户群体、不同玩法、不同题材三个层面形成多样的细分市场,如女性游戏市场、二次元游戏市场、策略游戏市场等。细分市场的发展是移动游戏现阶段高速增长的重要因素,同时也能催生出新的市场机会,推动一些专注于细分领域的企业的发展,如叠纸网络依靠女性游戏用户获得快速发展,哔哩哔哩(Bilibili)则借助二次元消费群体实现自身收入的快速增长。根据游戏工委和伽马数据,2017 年第四季度和 2018 年第一季度,TOP50 移动游戏中 IP 游戏收入占比

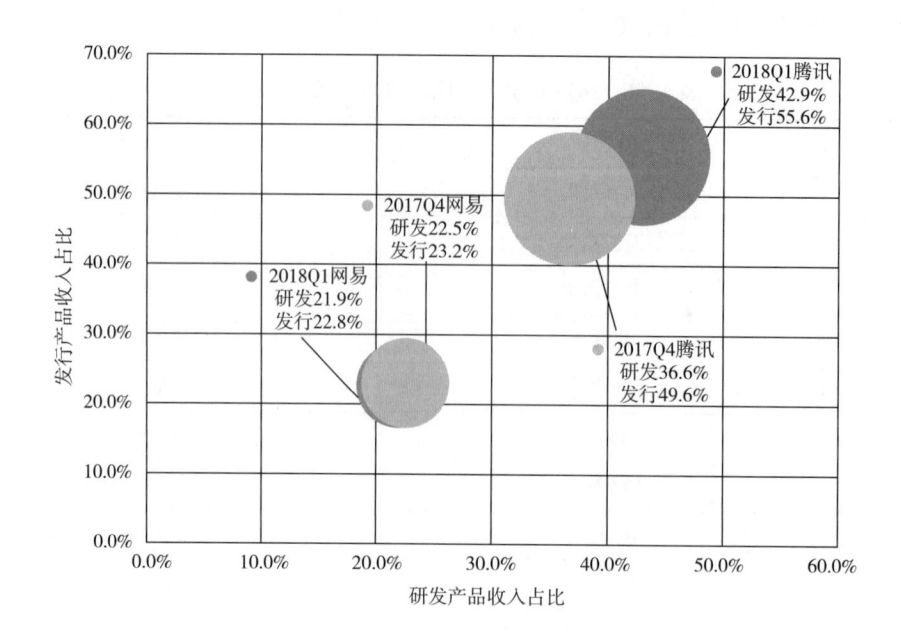

图 4-42　TOP50 移动游戏中腾讯和网易游戏产品收入占比

分别为 57.2% 和 58.6%，款数分别为 33 款和 31 款。

三是移动游戏竞技化趋势明显，未来市场空间潜力大。移动游戏研发技术不断成熟，更能满足用户对游戏可玩性、可操作性、碎片化的要求。移动电子竞技游戏凭借其竞技的特点，以局为单位的玩法模式，得以快速发展并呈现出多样化的特征：既有强调智力对抗的卡牌，也有考验反应能力、战术能力的战术竞技类（MOBA）、军事训练类等，如《王者荣耀》《炉石传说》《荒野行动》等。受此影响，移动电子竞技赛事也取得快速发展，多项赛事观看人次过亿。根据游戏工委和伽马数据，2017 年第四季度和 2018 年第一季度中，TOP50 移动游戏中电竞游戏收入占比分别为 31.9% 和 42.4%，款数分别为 12 款和 15 款。

4.3.1.3　中国游戏市场发展趋势

（1）电子竞技与游戏直播快速发展。2018 年 1—6 月，中国电子竞技游戏市场实际销售收入达 417.9 亿元，同比增长 16.1%（见图 4-43）。移动电子竞技游戏市场实际销售收入增长明显，超过客户端电子竞技游戏。

2018 年 1—6 月，中国移动电子竞技游戏市场中，战术竞技类游戏依然占有优势（见图 4-44），其他类型游戏发展较为均衡，呈现多样化的特征。

随着电子竞技的发展以及秀场化运营的推动，2018 年 1—6 月，中国游戏直播市场实际销售收入达 24.3 亿元，同比增长 54.1%（见图 4-45）。

2018 年，游戏直播产业链进一步完善（见图 4-46）。头部游戏直播平台虎牙敲钟上市，登陆纽交所，行业内部开始兼并整合；腾讯注资入股多个头部游戏直播平台，如虎牙、斗鱼等，确保控制游戏内容传播渠道，如快手等短视频也进军游戏直播。在战术

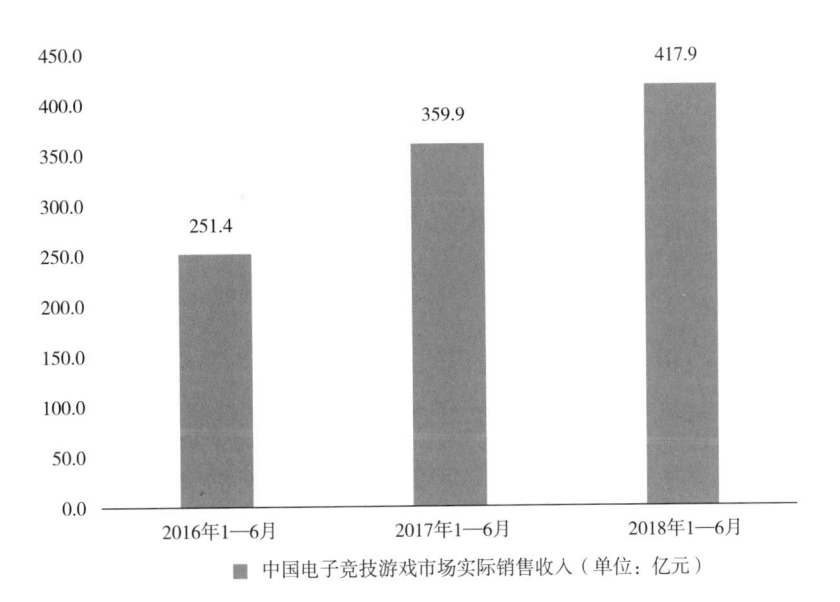

图 4-43　中国电子竞技游戏市场实际销售收入

资料来源：中国音数协游戏工委（GPC）& 伽马数据（CNG）

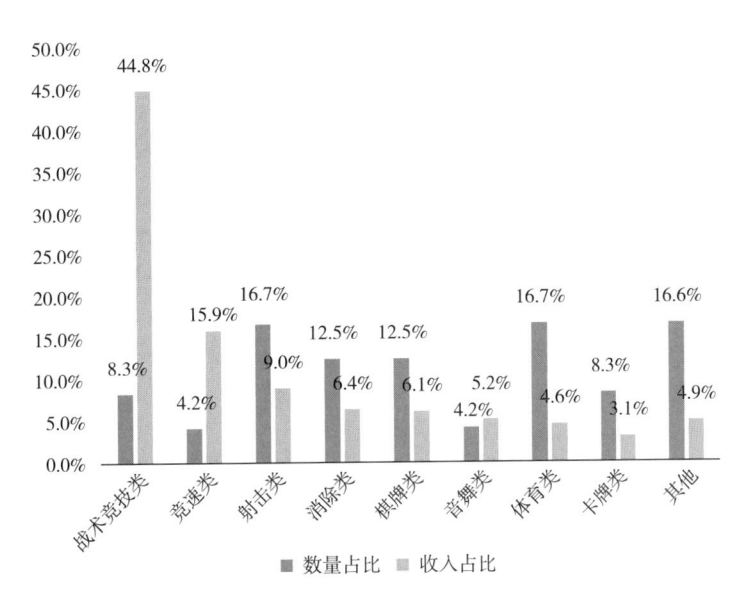

图 4-44　收入前 100 移动游戏中各类型移动电子竞技游戏分布情况

资料来源：中国音数协游戏工委（GPC）& 伽马数据（CNG）

竞技类游戏成为平台热点内容的同时，游戏直播平台也尝试收入多元化，进军游戏分发领域，并与外部娱乐形式竞争用户的在线娱乐时间，也与短视频应用合作吸引更多新的用户。

（2）产业融合深入推进。知识产权（IP）是产业融合的重要媒介。当前中国游戏产业对于 IP 的使用正逐渐趋于理性，注重对游戏本身内容的打造和对原 IP 内涵的挖掘。

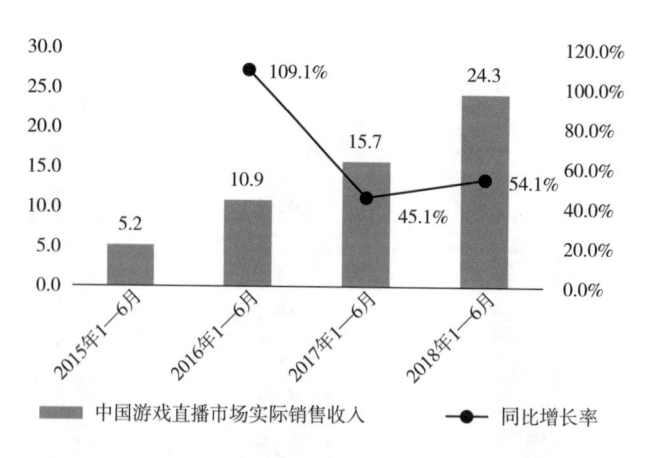

图 4-45　中国游戏直播市场实际销售收入（单位：亿元）

资料来源：中国音数协游戏工委（GPC）& 伽马数据（CNG）

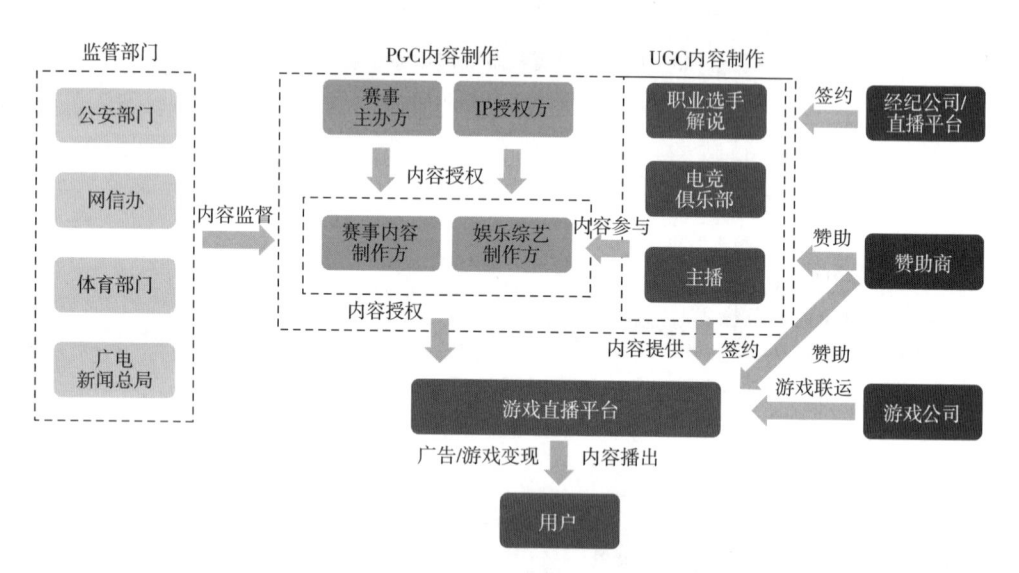

图 4-46　2018 年中国游戏直播产业链

资料来源：艾瑞咨询研究院自主研究

IP 商业价值持续凸显，体系逐渐完善，游戏企业围绕 IP 改编游戏的模式愈发成熟，IP 开发呈现出细分化、多元化的趋势。受益于此，市场对于 IP 改编游戏产品认可度增强，IP 改编游戏的成功率持续提升，优质产品开始逐渐增多。IP 改编游戏成为游戏市场实际销售收入的重要组成部分。根据游戏工委和伽马数据，收入前 100 位的移动游戏中，各类型 IP 游戏收入以客户端游戏 IP 最多，小说、影视、动漫也占一定比例（见图 4-47）。

与此同时，部分知名和经典的游戏改编成为电影、电视剧、动漫、综艺节目、小说等不同类型文化产品，成为围绕 IP 的另一种融合方式。这一方式能丰富游戏世界观和剧情，为游戏本身注入文化内涵，促进不同类型产品的用户转换，提升游戏的潜在价值。

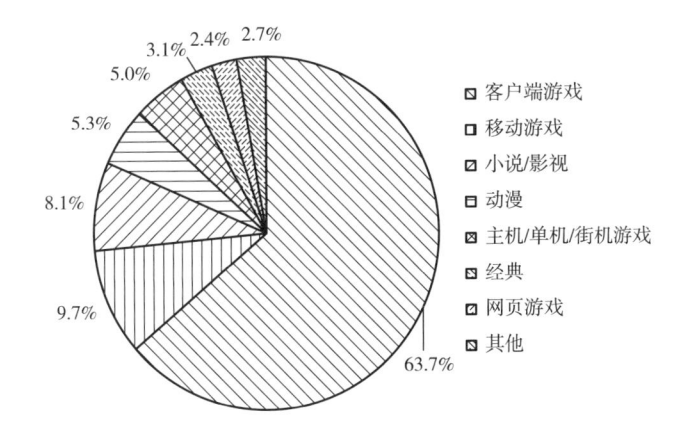

图 4-47 收入前 100 位移动游戏中各类型知识产权（IP）游戏收入分布
数据来源：中国音数协游戏工委（GPC）& 伽马数据（CNG）

（3）功能游戏崭露头角。传统的游戏以娱乐为主要目的，主要是为了让玩家消磨时间，在游戏中获得满足感与虚荣感，且绝大多数的游戏公司是通过玩家的充值付费来获得营收的。而"功能游戏"的主要目的是解决现实社会与行业问题，在游戏的娱乐性基础上增加了专业性以及实用性，根本目的是通过游戏帮助人们解决工作、教育和生活中的实际问题[1]。例如，华盛顿大学贝尔实验室曾开发了一款名为《foldit》的游戏，玩家在 3D 画面下试着操纵简单的类蛋白质构造，变形、折叠、拼接。该游戏在开放一年后就有 8.2 万台计算机成为这一项目的活跃志愿者，曾经花费科学家 15 年之久来研究的一类艾滋病毒逆转录蛋白酶的结构，在 10 天之内被玩家们破解。这项科研成果发表在英国《自然》杂志的结构分子生物学分册上，玩家们成了该文的主要作者[2]。

根据国内外报告的总结，功能游戏具有跨界性、多元性和场景化三大特征。首先，跨界性是功能游戏的核心。功能游戏更多是为了学习、生活、生产等非游戏目的，同时又能满足基本的游戏休闲需求，是一种寓教于乐的游戏。其次，多元性是指功能游戏涉及的题材丰富、内容广泛，并且玩家能从游戏中获得提高专业技能、社交能力等额外附加收益。最后，场景化是指功能游戏要和具体的场景深度结合、定制开发。专业性较高也导致开发门槛较高，尤其是医疗、军事领域许多模拟类的功能游戏，需要大量的专业知识与游戏设计的复合应用。

腾讯从 2018 年开始对功能游戏进行全方位调整和布局，包括传统文化、前沿探索、理工锻炼、科学普及以及亲子互动类型，并公布了几款功能游戏产品，包括《榫卯》《纸境奇缘》《欧氏几何》《坎巴拉太空计划》《肿瘤医生》以及一款以重新演绎中国北方少数民族传统文化为背景的游戏《尼山萨满》，游戏所包含的领域涉及传统文化、理工锻炼、科学普及三大领域。

总之，功能游戏可以使知识转移更加有效，能为创新提供试验场，为破解社会难题提

---

[1] 十分钟了解大家都在谈的功能性游戏[EB/OL].（2018-03-05）[2018-09-27]. https://gad.qq.com/article/detail/41550.
[2] 功能性游戏：玩中学，为游戏正名的时候到了[EB/OL].（2018-03-28）[2018-09-27]. https://www.xinhuanet.com/info/2018-03/28/c_137071579.htm.

供新思路,并成为采集科研训练数据的重要手段,这在当前游戏备受诟病的舆论环境中不失为"为游戏正名"的良好思路。

4.4 中国游戏市场出口分析

2017年,中国自主研发网络游戏海外市场实际销售收入达82.8亿美元,同比增长14.5%。2018年上半年,中国自主研发网络游戏海外销售收入达46.3亿美元,同比增长16%(见图4-48),中国自主研发网络游戏在全球游戏市场占据了重要位置,中国游戏企业及其游戏产品也在持续引领着全球移动游戏产品类型的迭代。

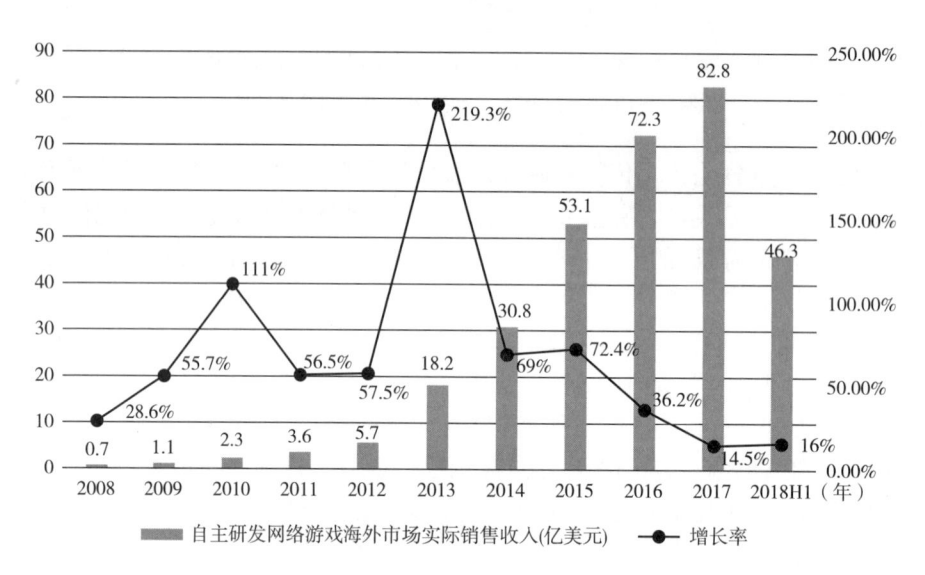

图4-48 2008—2015年中国自主研发网络游戏海外市场实际销售收入

资料来源:GPC、IDC和CNG

2017年,中国游戏企业"走出去"有别于以往,表现出了一些新的特征:第一,中国自主研发网络游戏海外市场销售收入结构更加优化、产品类型更加多样;目标市场不再局限于文化相近的东南亚,欧美、日韩、俄罗斯、中东等地区都取得不同程度突破,实现了海外地区的"多点开花";产品类型既有海外地区本身强势的策略类,也有中国游戏企业擅长的角色扮演类。此外,音舞类、经营类、军事训练类、多人在线战术竞技类(MOBA)等不同类型产品均出现在海外市场上(见表4-27)。第二,大、中、小游戏公司以不同方式参与全球游戏市场竞争。其中,实力较强的组建海外团队;拥有资本优势的,借助收购、并购,快速建立自身的海外市场地位;自主研发能力突出的,借助优秀游戏产品打入海外市场。多数中、小游戏企业则与成熟的海外发行企业合作,还有部分企业为区域海外市场定制开发游戏。第三,中国自主研发移动游戏的海外影响力扩大,产品的品牌地位显著提升。目前,中国已经成为游戏输出大国,东南亚、日本、韩国排名靠前的进口游戏多为中国自主研发游戏,而且一批中国自主研发网络游戏也得到了苹果、脸书(Facebook)等渠道在全球范围内的推荐(见表4-27)。

表 4-27　中国自主研发网络游戏出口产品名单(部分)

游戏名称	主要市场
荒野行动	日本、韩国、欧美、中国港澳台
王国纪元	日韩、欧美、中国港澳台
偶像梦幻祭	日本、韩国
碧蓝航线	日本、韩国
崩坏 3	日本、韩国、欧美、中国港澳台
拳皇 98 终极之战 OL	日本、韩国、欧美、中国港澳台
少女前线	韩国、欧美、中国港澳台
热血江湖	韩国、中国港澳台

数据来源:中国音数协游戏工委(GPC)& 伽马数据(CNG)

4.5　中国与"一带一路"沿线国家的游戏贸易

随着"一带一路"倡议的有序推进,中国游戏出海的路线也开始与"一带一路"不谋而合。在丝绸之路经济带上,由中国经过西北、西南,由俄罗斯、中亚、中东到欧洲;从 21 世纪海上丝绸之路,由东南亚下海,东南亚、南亚、阿拉伯半岛到东非海岸,整个庞大的欧亚大陆和半个非洲都被覆盖在这个计划当中。这也为中国游戏出海指明了方向[①]。

中国已经成为全球最大的游戏经济体,目前正在以一个成熟且规模巨大的游戏经济体形象,把中国的游戏产品、运营方式和文化 IP 向东南亚、中东、印度、俄罗斯和欧洲等地输出。这些区域对中国来说是最佳的影响力辐射区域,它们有足够庞大的游戏需求,却没有跟得上玩家脚步的产业,中国游戏可以抓住战略窗口期,以国内游戏市场为核心,辐射"一带一路"沿线国家,发展出一个属于自己的手游体系,打造属于中国游戏的新时代。

4.5.1　"一带一路"沿线上的传统游戏

"一带一路"沿线汇集了各个古代文明,是人类文化与文明的重要发源地,古代丝绸之路也大大促进了人们语言、艺术、信仰等方面的交流。作为文化遗产一部分的传统游戏也因丝绸之路而传播和扩散开来,并衍生出不同的名称和规则。北京胡同里滚动碰撞的弹球也可以在撒马尔罕、伊斯坦布尔、新德里、耶路撒冷、雅典、罗马这些古丝路重镇上找到影子。

敦煌壁画记录了超过 40 种丝绸之路上流行的游戏。通过丝绸之路,传统游戏连接起不同的国家、民族与文化。从敦煌出发,丝绸之路最早因游牧民族的足迹而形成。牛羊的骨关节也是最常见的游戏工具,在中国新疆和中亚地区,人们叫这种传统游戏为"阿

---

① 借力"一带一路",中国游戏出海更有了底气[EB/OL]. 钛媒体.(2017-05-18)[2018-03-25]. https://www.tmtpost.com/2609705.html.

斯克",也就是"髀石";在蒙古语地区和中国东北的通古斯民族地区则称为"嘎拉哈"。强大的成吉思汗带着这个游戏从亚洲征战到欧洲,还用来占卜和筹划战争。在古希腊,这个游戏被称为"阿斯绰噶落伊",大英雄阿喀琉斯的朋友帕特洛克罗斯在游戏时杀人致死。这个故事被记录在荷马所写的《伊利亚特》里。这种游戏在海上丝绸之路也非常流行,只是在不同地区,动物关节被其他材料替代。通过丝绸之路它被带到了世界各地,包括那些没有游牧习惯的民族,锻炼和提升了当地人的智慧和敏捷度。古代波斯有关于木条的游戏,它是波斯男性最流行的游戏,也是一种训练战士的方法。用一根木棍连续击打另一根,对手再去追逐飞起的木条,最终英国人把它引入北美和其他地方,并且演化为现代的棒球运动。另一个传统游戏是弹球。考古学家最早在埃及金字塔里发现了黏土球,这种球后来延伸为大理石球、石子、玻璃球等。在丝绸之路上,弹球的规则无穷无尽,在印度就至少有4种玩法。"曼卡拉"这个词是东非的斯瓦希里语和古典阿拉伯语的结合。玩家把自己的棋子放进棋盘上的小坑里去捕获对方的棋子,这些棋子象征着种子,也可以直接在土地上挖出棋盘进行对弈。所以曼卡拉,在很多地方都被称为"播种游戏",反映了人们对土地和生命的热爱。棋盘一般要东西走向放置,代表太阳的升起和落下,种子和石子是星星,摆来摆去的种子代表通过时间和空间移动的神。阿拉伯商人把传统游戏"曼卡拉"和非洲的黄金、宝石、象牙一起带到中东,再通过丝绸之路带到中亚、南亚和东南亚。在每一个地方,"曼卡拉"也都有一个属于自己的名字,并随丝绸之路传播和变化,在中国河南叫作"散窑",在安徽叫作"老牛棋",在广东叫作"分六煲"①。

虽然同一种游戏在不同地区、国家或部落都会体现出不同的性情和风貌,但那些体现人类发展的关键共性在丝绸之路上保留了下来:对峙和博弈、追逐和探索、智慧和推理、协作和技巧、冒险和极限,这就是丝绸之路上的共同命运。

新华社旗下瞭望智库、腾讯互娱及联合国教科文组织自2017年年初启动了针对"一带一路"沿线的传统游戏收集与研究项目,并利用现代信息技术对传统游戏进行重现和演绎,使其具备在网络上进行传播、展示和交流的能力,从而最终推动传统游戏和传统文化的延续与发展。目前,该项目已经储备了超过20款丝路游戏。这一项目也是自2015年启动的联合国教科文组织—腾讯互娱"开放的传统游戏数字图书馆"的子项目之一。目前,该项目已经完成4个试点国家一共36款传统游戏的收集和保护工作,搭建起一个囊括179项游戏信息的网站②。

4.5.2 中国游戏在"一带一路"沿线重点国家的发展现状

4.5.2.1 俄罗斯

俄罗斯人口约1.43亿,其中互联网人口超过1.13亿,俄罗斯年轻人广泛使用移动设备上网,有超过5 000万用户使用移动设备上网。游戏玩家总数约有7 200万,其中游戏付费玩家为4 040万,2016年人均游戏付费约35美元。移动游戏玩家约有5 290万,其

---

① 传统游戏把"一带一路"上各国连接起来[EB/OL]. 澎湃新闻. (2018-03-25). https://www.thepaper.cn/newsDetail_forward_1684949.
② 财经国家周刊公众号. 波普风致敬众神与祖先!瞭望智库、UNESCO、腾讯互娱联合发布"一带一路"传统游戏创意产品[EB/OL]. 新浪网. (2018-03-25). https://finance.sina.com.cn/wm/2017-05-12/doc-ifyfecvz1144851.shtml.

中移动游戏付费用户约 1 300 万。

Newzoo 在《全球游戏市场报告 2017》中提到,2016 年,俄罗斯游戏市场规模为 14.9 亿美元,居东欧第一位,世界第十一位。其中 PC 端为最大市场,有 6 亿美元;其次是移动端,有 5 亿美元;主机游戏市场则有所萎缩,仅有 3 亿美元。

俄罗斯玩家最喜欢战争题材的 SLG 类游戏,中国出海厂商早年正是凭借战争题材的 SLG 游戏征战海外的。目前,俄罗斯的畅销手游,中国出品的能够占半壁江山。AppAnnie2018 年 2 月份手游指数①显示,俄罗斯 iOS&Google Play 收入前 10 的产品中,中国手游占了 4 席,依次是智明星通的《列王的纷争》、网易的《坦克世界闪电战》、IGG 的《王国征战》和《城堡争霸》(见表 4-28)。

表 4-28　俄罗斯 2018 年 2 月 Ios&Google Play 合并收入排行

#	收入排行		公司	
1	Vikings:War of Clans	=	Aristocrat	
2	Clash of Kings《列王的纷争》	=	Elex Technology(智明星通)	
3	Gardenscapes-New Acres	=	Playrix	
4	World of Tanks Blitz《坦克世界闪电战》	=	Wargaming.net NetEase(网易)	
5	Lords Mobile《王国征战》	▲3	IGG	
6	Lineage 2 Revolution		Netmarble	
7	VK	▼2	Mail.Ru Group	
8	Empires & Puzzles	▼1	Small Giant Games	
9	Clash Royale	▲4	Supercell	
10	? Castle Clash(******)	=	****** ******	

4.5.2.2　中东:谁能抓住神秘多金的长袍长老

中东地区是落实"一带一路"倡议的重要地区,在逐步成型的"六廊六路、多国多港"的大格局中,中国与中东国家在"六廊②"中的合作在于共同建设"中国—中亚—西亚经济走廊"。

目前,中东市场游戏玩家总数已超千万。用户多集中于 18~30 岁年龄段。父权社会下,游戏市场仍以男性用户为主,占比 70%。中东作为仅次于亚洲的全球第二大智能手机出货地,拥有世界上最年轻的人口构成。以沙特为例,47%的人口年龄在 24 岁以下,手机普及率已超 90%,高占比的年轻群体和手机持有量为游戏产业的发展提供了用户基础

---

① 俄罗斯手游指数[EB/OL].(2018-03-23). https://www.appannie.com/indexes/all-stores/rank/? store=all-stores&country=RU&date=2018-02-01&category=overall.
② "六廊六路、多国多港"是"一带一路"倡议的合作框架。其中,"六廊"是指新亚欧大陆桥、中蒙俄、中国—中亚—西亚、中国—中南半岛、中巴和孟中印缅六大国际经济合作走廊。

和设备基础。此外,以"多金"闻名世界的中东,外来劳动力充足,在高福利的社会保障体制下,有钱有闲的人群占比超 20%。

中东玩家富有而神秘,而中国游戏厂商则以精细化运营见长。2016 年年初,国产手游《苏丹复仇》在中东月收入超 2 000 万的消息让不少从业者感到惊讶,其实国内已经出现了针对中东市场的发行商、渠道运营和翻译等服务商。不管中东玩家多神秘,中国厂商都有足够的耐心,通过彻底的本地化和精细化运营来敲开新市场大门。

4.5.2.3 东南亚:近水楼台先得月

东南亚地区总人口为 6.44 亿,其中互联网用户占 53%。东南亚地区当前总 GDP 规模为 27 170 亿美元,手游市场份额总值为 13 亿美元。东南亚当前的手游市场份额约为国内的 1/9,印尼、泰国和越南在手游营收上居前三位,占市场整体的 60%。

由于地域和历史渊源,东南亚用户对中国文化认可程度较高,这也是不少中国厂商将东南亚作为手游出海首站的重要原因。国内凭借过硬的产品品质和运营表现,在当地市场有相当不错的竞争力。无论是当地热门的卡牌、RPG 类游戏还是暂未成为主流的 SLG、MOBA 等游戏,都是中国出品打头阵。

4.5.2.4 印度:中国成功模式的实践地

2017 年,印度游戏业规模达到 8.19 亿美元,居于世界第 17 位。印度人口总数为 13.39 亿,互联网用户为 4.28 亿。如此庞大的互联网人口仅次于中国,可谓是相当值得开发的市场。印度不仅是一个人口大国,更是一个年轻的大国,印度大约 2/3 的人口年龄在 35 周岁以下,这些庞大的年轻用户孕育着巨大的市场。谷歌印度公司和毕马威(KPMG)发布的一份研究报告称,预计印度网络游戏玩家基数到 2021 年将从目前的 1.20 亿增长近两倍,将达到 3.10 亿,印度网络游戏市场规模到 2021 年将达到 10 亿美元。

中国手游行业从萌芽到成熟仅仅花了数年时间,而今天的印度就像是昨天的中国。如今,小米、华为等智能机厂商在印度的加速扩张也为手游输出打下了坚实的基础。至于培养用户娱乐习惯、付费习惯,中国以前是从欧美照搬模式,时至今日,已经有自己的一套模式可以在印度市场上尝试。

4.5.2.5 波兰:辐射中东欧的据点

2017 年,波兰的独立游戏公司数量超过 250 家,行业产值 5.04 亿美元,世界排名第 23 位。面对激烈的游戏业全球竞争,波兰游戏公司一开始举步维艰,不得不从简单的本地化和游戏代理做起,逐步向独立研发靠拢。"精锐部队"是波兰游戏公司的一大特点,波兰驻华大使馆文化处主任蔡梦灵接受《环球时报》记者采访时表示,波兰多数游戏公司规模很小,仅有数名雇员,但数据显示,波兰游戏公司研发的游戏成功率远高于其他国家。《巫师》系列、《影武者》系列、《死亡岛》等作品均战绩不俗。"这是因为所有公司都是有备而来,"蔡梦灵说:"有激情、有决心、敢想敢做,否则根本无法参与国际竞争。"

行业典范 11 studios 负责人帕维尔米耶考斯基认为,波兰游戏公司取胜的秘诀是"质量取胜"。"永远颠覆流派,寻找令人兴奋的主题,传递新玩法,所有推出的游戏,必须在市场上留下痕迹。因此,我们只提供高质量付费游戏,从来不做免费的事。"帕维尔表示,这也是多数波兰游戏公司的特点。11 studios 推出的反战主题游戏《这是我的战争》在国际上获奖很多,中国游戏分享平台 TapTap 在 2016 年德国科隆游戏展会上遇到这款游戏后,经过多次沟通拿到了其中国代理权,上线以后大获成功。11 studios 在中国市场上取得的成功有目共睹,这让越来越多的波兰游戏公司对中国产生兴趣,渴望寻找中国合作伙伴[1]。

中波两国在游戏产业的合作发展空间巨大,但中西方游戏偏好差异很大,没有公式可循,需要磨合。归根到底还是要回归产品本身,开发优质产品是取胜的核心。一方面,波兰公司借助中国合作伙伴开拓市场,另一方面也希望把中国产品带回国,并以波兰为据点辐射中东欧乃至整个欧洲。

4.5.2.6 巴基斯坦

2017 年,巴基斯坦人口总数达 1.97 亿,互联网用户 4 500 万,游戏市场产值 1.34 亿美元,居世界第 52 位。巴基斯坦游戏显示出从 PC 端向移动端休闲类游戏转变的趋势。当地的游戏开发商非常关注游戏市场趋势和玩家习惯的变化,并会做出迅速反应。比如,巴基斯坦玩家对西方文化兴趣增长,巴基斯坦游戏企业就开发出万圣节等西方主题的游戏。游戏商针对本地市场开发的游戏很多都带有政治因素,这与巴基斯坦人对政治事件的敏感和浓厚兴趣有关,比如描述人类社会复杂性的《Extreme Metro Run》。

博彩类游戏在巴基斯坦也一度很受欢迎,可能与这个国家浓厚的宗教氛围有关。根据其宪法规定,巴基斯坦国教为伊斯兰教,97%的居民信奉伊斯兰教,其中多数为逊尼派(占 75%),少数为什叶派(占 20%),还有艾哈迈迪亚教派。另外 1.5%信奉印度教,1.3%信奉基督教,0.2%信奉琐罗亚斯德教等其他宗教。但是无论是何种宗教,赌博在他们的教义里都是不受欢迎的行为,因此,很多人选择在家里玩博彩类游戏[2]。

"一带一路"倡议不仅是中国的强国之路,也是沿线各国的强国之路。游戏领域的"一带一路"同样如此,既能输出中国的游戏和文化,也不断以自身的技术、品牌和文化影响当地游戏产业的发展[3]。

4.5.3 动漫游戏产业"一带一路"国际合作行动计划的重点任务

2017 年 4 月,中国原文化部在《关于推动数字文化产业创新发展的指导意见》[4]中提到,着力发展数字文化产业重点领域,要推动动漫产业提质升级和游戏产业健康发展,丰富网络文化产业内容和形式,参与数字文化产业国际分工与合作。2017 年 12 月,文化部

---

[1] 邢晓婧. 行业产值近 5 亿美元 波兰游戏产业吸引中资[EB/OL]. 环球网.(2017-08-30)[2018-05-29]. https://tech.huanqiu.com/original/2017-08/11193305.html.
[2] 一带一路游戏市场新蓝海 极具潜力的巴基斯坦[EB/OL].07073 产业频道.(2017-05-19)[2018-03-25]. https://chanye.07073.com/guowai/1615529.html.
[3] 中国游戏在游戏市场一带一路中扮演什么?[EB/OL].07073 产业频道.(2017-05-19)[2018-03-25]. https://chanye.07073.com/guonei/1615646.html.
[4] 文化部关于推动数字文化产业创新发展的指导意见[EB/OL].(2017-04-11).[2018-05-31]. https://zwgk.mcprc.gov.cn/auto255/201704/t20170424_493319.html.

印发了《动漫游戏产业"一带一路"国际合作行动计划》①,现将重点任务列举如下。

4.5.3.1 丰富内容供给

鼓励动漫游戏企业加大对优质内容的创作生产投入,通过动漫游戏讲好中国故事;扩大与沿线国家和地区的创意合作,鼓励针对沿线各国民众文化需求和消费习惯,进行原创内容开发,创作生产一批适应沿线国家文化需求、贴合当地市场的优质动漫游戏作品;支持引进沿线国家特色文化资源,共同打造一批具有鲜明文化特色、为双边市场认可的畅销动漫游戏产品;支持面向全球市场开展创作,与沿线国家共同开发适应性强、在世界范围内被广为接受的国际化动漫游戏产品。

加强动漫游戏"一带一路"创意合作。举办交流会、采风团、训练营等多种形式的合作交流活动,促进我国与沿线国家动漫游戏创作者、创意团队之间的了解沟通与学习合作;鼓励国内动漫游戏企业传播机构与沿线国家深度合作,共同创作100部有影响力的反映"一带一路"文化特色的优秀动漫游戏产品。

4.5.3.2 拓展合作渠道

针对动漫游戏产业的不同传播特点,畅通中国与沿线国家间动漫游戏产品交流渠道,提升产品双向传播、运营的便利性;加强推广机构、运营机构、销售平台、服务平台、新媒体平台的能力建设,鼓励在有关国家和区域通过多种方式开展产业合作;支持通过建立数据库等手段,聚合沿线国家的重点渠道平台机构,为企业牵线搭桥;充分考虑不同国家的历史与文化,提高翻译质量,创新翻译思维,加强翻译能力建设,积极开展译制、配音合作,支持发展众包翻译,鼓励建设在线翻译社区,广泛整合全球翻译资源参与译制。

4.5.3.3 搭建交流平台

发挥政府引导作用,积极搭建产业沟通交流平台,鼓励开展针对不同国别的动漫游戏产业对外合作的专业服务;构建全方位、多层次、高质量的产业交流合作体系;加强会展合作,支持中国动漫游戏企业参加国际各类国际会展,在会展中开展"一带一路"动漫游戏产业对接交流活动,提升参展水平;支持在国内举办的与"一带一路"相关的综合性会展中设立动漫游戏展区,开展相关活动;支持在沿线国家举办或合作举办动漫游戏展会;支持利用行业协会、商会、联盟等推动与沿线国家产业对接、项目推介、行业信息交流等多种形式的交流合作。

加强动漫游戏产业"一带一路"会展合作。建设"一带一路"动漫游戏会展信息库,发布重点会展目录,支持和鼓励中国动漫游戏会展与沿线国家和地区动漫游戏会展之间开展合作,组织和引导互相参展,设立展示专区、开展专项推介活动,实现动漫游戏企业双向参展100家次/每年。充分利用中国国际动漫游戏博览会等有影响力的国内文化展示平台,欢迎和支持沿线国家和地区参展。

---

① 关于转发《文化部关于印发<动漫游戏产业"一带一路"国际合作行动计划>的通知》的通知[EB/OL].(2018-01-22)[2018-05-31]. https://www.sz.gov.cn/wtlyjnew/ztzl_78228/tszl/whcy/shgg/201801/P020180122414049966893.pdf.

4.5.3.4 发展本地化经营

注重动漫游戏产业的文化属性,针对各国历史、传统文化习俗、自然条件的差异,开展差异化定位,进行有针对性的开发,构筑适应当地特点的动漫游戏产业海外发展路径,提升文化品牌和企业形象;支持开展针对性运营服务,加强企业在产品推出后的持续运营、维护、周边开发等相关服务,并针对所在国情况推出特色服务与产品;支持企业在海外通过合资、投资、并购、开设分公司等形式设立本地化机构和营销网络,雇佣本地员工,提供本地化产品与服务。

4.5.3.5 促进文化资源数字化

支持和鼓励国内数字文化企业和研究机构加强与沿线国家合作。运用3D显示、虚拟现实、增强现实、智能语音等数字技术,共同开发挖掘传统文化资源,促进当地文化资源数字化保护开发与创造性转化,丰富数字丝绸之路的文化内涵;积极与沿线国家和地区合作发展数字艺术展示产业,以数字艺术展示丝路文明;发挥数字艺术展示的高互动性、高应用性、高融合性特点,积极探索与沿线国家博物馆、美术馆展览创新相结合,与旅游开放相结合。

加强"一带一路"文化资源数字化合作。支持和鼓励国内数字文化企业和研究机构与沿线国家和地区合作,依托互联网,运用数字技术,以沿线国家传统文化资源为基础,合作开发30个文化资源数字化项目,让丝路文化资源活起来。

4.5.3.6 加强技术创新与应用

顺应数字技术发展潮流,把握互联网和智能终端在沿线国家加快普及的趋势,鼓励内容、装备和平台企业协同发展。加强新技术领域创新能力建设和示范应用推广;支持新技术装备企业与优秀内容企业在沿线国家融合发展,提升动漫游戏创作生产传播的技术水平,注重动漫游戏内容与智能终端的融合发展;支持虚拟现实、增强现实、智能终端、移动互联网、数字新媒体、可穿戴设备、人工智能等新技术创新发展与推广应用;加强手机(移动终端)动漫、交互娱乐、数字艺术展示等数字文化产业领域技术和标准的开发合作与推广应用。

4.5.3.7 推动动漫游戏与相关产业融合发展

充分利用动漫游戏产品易于跨国、跨文化传播的特点,鼓励将先进制造能力和优秀创意能力结合,推动实体经济企业和动漫游戏企业在"一带一路"国际合作中实现融合发展,通过在产品中运用品牌授权、形象宣传等多种方式,在沿线国家和地区加强"中国制造"的品牌建设;提升产品的文化内涵和附加值,实现动漫游戏产业与礼仪休闲用品、家用电器、服装服饰、家居用品、食品、体育文化用品等消费品工业融合发展,与信息业、旅游业、广告业、商贸流通业等现代服务业融合发展,在教育、展览展示、地理信息等领域积极开拓应用。

4.6 促进中国与"一带一路"沿线国家游戏贸易合作的政策建议

4.6.1 中国游戏出海的策略

第一,实施全球化和本土化战略的有机结合。我们需要构建国别信息服务和国别投资指南,在深度了解海外市场的前提下谨慎理性地选择出海目的地,并根据不同市场的差异特征建立海外本土化策略。在进入海外市场前,充分认清目标市场的用户、发行渠道以及市场发展趋势等,尽可能与当地工作室、玩家联盟、发行商合作,实现人才的全球化、资本的全球化、创意的全球化和用户的全球化。在做到本土化的过程中,既要了解当地的民俗风情、用户喜好、审美情趣,尤其是在中东地区,文化、语言、宗教等都是需要格外注意的问题,所以游戏厂商要根据地区游戏玩家所喜爱的游戏类型精准设计研发投放,还要充分考虑当地的宏观和微观环境,包括政策法律法规及经济发展状况等。此外,游戏厂商在向本土化靠拢的过程中也可以变被动为主动,依托当地的力量进行游戏创作或发行,做到充分的本土化。

第二,游戏产品自身的品质、玩法创新是开拓海外市场的基石。在此基础上,游戏厂商要充分认清自己,认清自己的产品及运营团队是否能够适合这一市场。这就需要游戏厂商在进入目标市场之前充分运用数据调研,对目标市场进行深度剖析,在尊重当地习俗、理解目标市场游戏偏好之后,以高质量的游戏产品满足目标市场玩家的需求,把产品做到极致,进而提高游戏在海外市场的口碑,这也是国内游戏出海取胜的关键,是其本质所在[1]。

第三,"资本走出去"也是中国游戏出海的重要实现方式。以世界排名第一的游戏公司腾讯为例,通过投资并购实现游戏全球化是腾讯的一大战略。腾讯曾分别成功收购了全球 PC 端排名第一的游戏《英雄联盟》的开发商 Roits games,以及移动端排名第一的游戏公司 Supercell,"现金牛"的威力使腾讯尝到了资本出海的甜头,资本"走出去"带动游戏"走出去",这是被腾讯游戏证明行之有效的一条路径。对于自主研发能力尚不够强大的中国游戏来说,可以预见到,未来将会持续布局海外市场,力争在移动游戏时代借助资本的力量拓展海外市场。

4.6.2 推进动漫游戏产业"一带一路"国际合作的对策建议

动漫游戏已经成为当下中国与"一带一路"沿线国家加强文化交流、增强相互理解、面向未来促进民心相通的重要载体。推进动漫游戏产业"一带一路"国际合作。2017年7月,当时原文化部党组成员、部长助理于群提出了以下五点建议:

第一,鼓励中国与"一带一路"沿线国家动漫游戏企业秉持共商、共建、共享的原则,相互尊重、合作共赢,开展动漫游戏产业合作,共同打造良好的产业生态体系,使之成为

---

[1] 樊佩借力"一带一路",中国游戏出海更有了底气[EB/OL]. 钛媒体. (2017-05-18)[2018-03-25]. https://www.tmtpost.com/2609705.html.

"一带一路"沿线国家新的经济增长点,满足沿线国家人民个性化、多样化的文化消费需求,造福"一带一路"沿线国家人民。

第二,鼓励中国与"一带一路"沿线国家动漫游戏企业开发传承弘扬沿线国家优秀文化、反映中国与"一带一路"沿线国家友好的动漫游戏产品,把宝贵丰厚的文化资源转化为产业优势。目前,中国与"一带一路"沿线国家动漫游戏项目合作步伐不断加快。捷克、哈萨克斯坦、俄罗斯、阿联酋、沙特等多国的国家电视台或重点企业与我国动漫企业已经合作拍摄了《熊猫和小鼹鼠》《阿廖沙和龙》《阿拜之路》《孔小西与哈基姆》等多部动漫。

第三,鼓励中国与"一带一路"沿线国家文化企业共建有利于动漫游戏传输、分发、运营、翻译等的渠道;相互参加各自举办的动漫展会,使之成为企业、信息、资本、人才交流的平台。中国国际动漫游戏博览会自举办以来,国内参展商累计达到2 400多家,国外参展商累计达100余家。过去两年,泰国政府组织多家动漫游戏企业赴上海参加中国国际动漫游戏博览会,中方也连续两年赴泰国参加或举办动漫会展。常州动漫艺术周、重庆西部动漫节等中国的动漫游戏展会也都设立了专门的"一带一路"展区,以色列、爱沙尼亚、土耳其、波兰等国企业积极参展。

第四,鼓励中国与"一带一路"沿线国家动漫游戏企业将包括艺术品、文物、非物质文化遗产等在内的优秀历史文化资源,利用动漫游戏技术进行数字化转化、开发和展示。水晶石公司运用动漫和虚拟现实技术将吴哥窟进行数字化展示,促进了柬埔寨文化在中国的传播;数字敦煌展亮相莫斯科,让中国文化遗产在国外活起来、动起来。未来,数字艺术展示一定会为数字丝绸之路建设增色。

第五,鼓励中国与"一带一路"沿线国家动漫游戏企业将动漫游戏产业与旅游、教育、健康、地理信息、公共事业等其他领域融合发展,与先进制造业、消费品工业、农业融合发展,与实体经济深度融合,与虚拟现实购物、社交电商、"粉丝"经济等营销新模式相结合,主动融入国民经济发展的大格局[①]。

近年来,游戏产业实质上一直是中国文化产业和文化贸易发展的一面旗帜,国内市场发展节节攀升,势头良好,国外市场也开疆辟土、捷报频传。但当前不能不引起忧虑的是国内舆论环境对游戏产业的负面污名化认识,使游戏企业不复前几年高歌猛进的发展势头。"上帝的归上帝,恺撒的归恺撒。"部分青少年对游戏的过度沉迷,实际是亲子关系淡漠、沟通不良、未能树立合理人生愿景的反映,片面归咎于游戏产业显失公平。危中有机,希望中国游戏能不破不立,把握未来。随着"一带一路"计划的进一步展开,已在海外市场耕耘多年的中国游戏必将找到更多可供挖掘的沃土,将中国的游戏与文化不断传播出去,使更多的世界青年通过游戏了解"中国智造",认可并喜爱当代中国文化。

4.7 小结

本章首先介绍了国际游戏市场的市场规模、市场结构和热点趋势。市场规模按地区

---

① 何天娇. 动漫游戏产业借"一带一路"东风开拓海外市场[EB/OL]. 第一财经. (2017-07-07) [2018-05-31]. https://www.yicai.com/news/5312955.html.

来看,亚太地区占比超过50%,其中中国仍是游戏市场总收入最高的国家,达到379亿美元,TOP20国的收入占全球游戏收入的90%以上。就市场结构来看,手游市场是当今最大的游戏市场,占比达51%;主机游戏、PC游戏分列第二、第三大市场。2017年,移动游戏市场60%的收入来自亚太地区,并持续扩大。移动游戏市场在游戏同质化和用户年轻化的大势之下,用户越发成熟,需求愈发分化细腻,精细化运营将成为"后红利时代"突围的关键。主机游戏借助任天堂推出大热产品Switch之势,整体向"游戏即服务"的商业模式转变,未来将向直播和电竞进一步开放,将有效提升玩家的参与度。PC游戏稳步发展,腾讯公司产品占据前三位。当前国际游戏市场的热点主要有:游戏IP化、产业融合推进发展;直播与电竞引发全方位娱乐发展;竞技类和沉浸式手游带来"核心"游戏体验;虚拟现实稳步发展。

本章重点聚焦美国、日本、欧洲游戏市场,介绍了它们的市场概况、分级制度、玩家特征解析、市场类型偏好和销量排行,并重点关注第一平台的移动游戏市场。美国市场仍然举足轻重,占全球份额的1/4,其中软、硬件收入占比分别为71%、19%,数字游戏占比进一步提高;移动游戏市场规模仅次于中、日,游戏类型以博彩、策略、消除类为主。日本游戏市场整体收入大幅上涨,主机游戏市场主要由硬件增长带动,移动游戏整体收入居世界第二位,角色扮演、消除、策略类游戏较受欢迎。欧洲游戏市场以主机游戏为主,并且对VR设备的接受度是最高的;这一部分以英国为例分析了欧洲游戏市场代表性国家英国的游戏市场规模、结构和兴盛原因。本章详述了美国、日本、欧洲、德国四地的游戏分级制度,列举了包含中国台湾在内的20个国家和地区的游戏分级标准,期待中国能早日出台有自己特色的游戏分级制度,以推动游戏产业的规范性发展和游戏出海。

除此之外,韩国游戏市场在全球排名也居于前5,其中手游市场仅次于中国和日本,也呈现重度化的特点。在新兴市场中,巴西、俄罗斯等地也表现出色,分列世界第11、12位。

本章最后描述了中国游戏市场的概况和出口状况。当前中国游戏市场以移动游戏为主,客户端游戏、网页游戏进一步减少。中国自主研发网络游戏在全球游戏市场占据了重要位置,中国游戏企业及游戏产品也在持续引领全球移动游戏产品类型的迭代。本章最后介绍了中国与"一带一路"沿线国家的游戏贸易,并对促进中国与"一带一路"沿线国家游戏贸易合作提出了建议:首先,实施全球化和本土化战略的有机结合;其次,游戏产品自身的品质和玩法创新也是开拓海外市场的基石;最后,"资本走出去"也是中国游戏出海的重要实现方式。

推进动漫游戏产业"一带一路"国际合作,原文化部党组成员、部长助理于群提出五点建议,对游戏企业的发展很有借鉴意义:第一,与沿线国家动漫游戏企业开展合作,共同打造良好的产业生态体系,使之成为沿线国家新的经济增长点;第二,与沿线国家动漫游戏企业开发传承弘扬沿线国家优秀文化、反映中国与沿线国家友好合作关系的动漫游戏产品,把宝贵丰厚的文化资源转化为产业优势;第三,与沿线国家文化企业共建有利于动漫游戏传输、分发、运营、翻译等的渠道;相互参加各自举办的动漫展会,使之成为企业、信息、资本、人才交流的平台;第四,与沿线国家动漫游戏企业将包括艺术品、文物、非物质文化遗产等在内的优秀历史文化资源,利用动漫游戏技术进行数字化转化、开发和展示;第五,与沿线国家动漫游戏企业将动漫游戏产业与旅游、教育、健康、地理信息、公共事业等其他领域融合发展;与先进制造业、消费品工业、农业融合发展,与实体经济深度融合;与虚拟现实购物、社交电商、"粉丝"经济等营销新模式相结合,主动融入国民经济发展的大格局。

4.8 案例:《王者荣耀》国际化分析

4.8.1 《王者荣耀》的国际化进程

《王者荣耀》是由腾讯游戏天美工作室群开发并运行的一款运营在 Android、iOS、NS 平台上的 MOBA 类手机游戏,于 2015 年 11 月 26 日在 Android、iOS 平台上正式公测,游戏前期使用名称有《英雄战迹》《王者联盟》。根据 sensortower 公司的数据[①],在 2017 年年末的手游类应用的下载量和收入汇总排名中,《王者荣耀》在 AppStore 商店的下载量和收入排名中均位列第一,因此,在 2017 年全球手游收入榜中,《王者荣耀》以近 300 亿的收入在全球夺冠(见图 4-49)。除此之外,其综合下载量和收入也进入前三名。当然,《王者荣耀》优异成绩的取得主要来自于中国市场的贡献,平日日活量过亿。

图 4-49 2017 年收入领先之手游类应用(全球 App Store 及 Google Play)

从 2016 年开始,腾讯开始探索《王者荣耀》的特色国际化道路,其国际版定名为

---

① 王者荣耀火了一整年 2018 哪些游戏值得期待[EB/OL]. (2018-01-17) [2018-10.02]. https://tech.ifeng.com/a/20180117/44848461_0.shtml.

《Arena of Valor》(简称《AOV》)。2016年10月、11月和12月,港澳台版本、越南版本、泰国版本先后由 Garena 代理发行;2017年3月,韩国版本由 Netmarble Games 代理发行;2017年年底和2018年,美国和欧洲版本由腾讯自己代理发行,版本都是统一的 AOV 国际版[①]。具体如表4-29所示。

表4-29 《王者荣耀》国际版运营情况

地域	开发或代理公司	该版译名	运营或代理起始	代理终止	官方网址
中国	腾讯	王者荣耀	2015年11月26日		https://pvp.qq.com/
台港澳	Garena	Garena 传说对决	2016年10月13日		https://moba.garena.tw/
越南	Garena	Garena Lien Quan Mobile	2016年11月21日		https://lienquan.garena.vn/
泰国	Garena	Garena ROV Thailand	2016年12月26日		https://rov.in.th/
韩国	Netmarble Garena		2017年3月6日		https://cafe.naver.com/pentastorm
印尼	Garena	Garena AOV Indonesia	2017年		https://aov.garena.co.id/main/
新马菲	Garena	Garena AOV	2017年10月		https://event.moba.garena.com/version14/
欧洲	腾讯	Arena of Valor	2018年		https://www.arenaofvalor.com/
美国	腾讯	Arena of Valor	2017年		https://www.arenaofvalor.com/

总体来看,《AOV》在中国台湾市场表现最好,东南亚市场竞争激烈,韩国市场水土不服,而欧美市场则布局较晚。2017年,《AOV》上线伊始曾在土耳其双平台登陆榜首,并在美国、英国、法国、德国、西班牙、意大利等欧美主流市场名列前茅。在美国手游市场,《AOV》下载量已经突破100万次,营收超过300万美元。

2018年5月14日,亚洲奥林匹克理事会正式宣布:《王者荣耀》国际版——《Arena of Valor》会在第18届亚洲运动会电子体育表演项目的赛场亮相。这是第一款登上国际体育赛事的移动 MOBA 游戏,也是首款应邀加入亚运会的中国自研产品,这不仅意味着中国自研游戏的实力被肯定,更是中国自研游戏的一大里程碑。

4.8.2 《王者荣耀》国际版的困境

4.8.2.1 欧美市场表现欠佳

《王者荣耀》国际版在欧美市场的占有率远远不及《王者荣耀》在国内的占有率。在欧美,《AOV》的营收与上线多年的《虚荣》持平,且落后于美国营收最高的 MOBA 手游《无尽对决》(Mobile Legends)。根据市场研究机构 SensorTower 的数据,《AOV》需要花费6个月的时间才能拿下美国 App Store 和 Google Play 两大商店100万的安装量。此外,截至目前,《AOV》在美国市场的累计收入仅为300万美元——低于《王者荣耀》在中国市场的单日收入[②]。《AOV》之所以在美国市场表现欠佳,主要有以下两大原因:一是发布时机不对,"大逃杀"游戏在当时占据市场主导地位。正如 SensorTower 指出的那样,

---

[①] 《王者荣耀》的电竞全球化困局[EB/OL].(2018-07-19)[2018-10-01]. https://new.qq.com/omn/20180719/20180719A1NZE5.html.

[②] 叶子猪.《王者荣耀》国际版为何在美国市场表现不尽如人意[EB/OL].(2018-08-13)[2018-09-20]. https://news.yzz.cn/eyes/text-m/201808-1481856.shtml.

《AOV》在2017年12月正式登陆美国市场,发力移动平台。但在当时整个游戏行业的注意力都集中在两款"吃鸡"游戏上——《绝地求生》和《堡垒之夜》。SuperData 的数据显示,2017年12月,《绝地求生》表现尤为亮眼,一举拿下了 PC、主机平台收入榜第五名和第二名的好成绩,成为市场绝对热点,相较之下,《王者荣耀》未能占得先机。二是中美游戏文化不同。从类型来看,相比美国市场,MOBA 手游更受中国市场青睐;从渠道来看,中国手游"得渠道者得天下",微信和 QQ 作为腾讯游戏的主要分发渠道,是《王者荣耀》成功的重要助力,帮助游戏有效地触达数亿级别的用户量。而微信和 QQ 的社交属性又进一步增强了游戏的用户黏性;从文化基因来看,深入浅出的历史文化基因是《王者荣耀》成功的重要因素,玩家在游戏中获得了对历史人物的亲近感和代入感,又通过社交环节增强了话题性。而《AOV》虽然也试图加入蝙蝠侠、超人等 DC 动漫角色,但带给玩家的文化体验仍无法与国内版同日而语。

4.8.2.2 《AOV》海外联赛势头未及预期

《AOV》在欧美地区布局较晚,直到2018年3月才与 ESL 合作在欧美举办了 Valor Series 联赛,季后赛放在 E3 展上进行。在用户数量与收入上与主要竞品《虚荣》《无尽对决》相差不多,但电竞赛事的体量上差距却很大。从 youtube 观看量来看与《虚荣》差距较大,职业联赛的关注度在海外不够高,整体发展不够均衡。

4.8.2.3 版本难以统一

《王者荣耀》国内版和国际版可算是两款相对独立的游戏,人物、画风、地图、玩法均有差异。纵观全球,能成功撬动全球电竞市场的游戏都是使用全球统一的版本。双版本让《王者荣耀》国内与海外市场无法统一。随着两个版本在国内外市场的影响力逐渐增大,也带着各自地区的玩家和电竞市场渐行渐远。《王者荣耀》在国内的社交优势已深入人心,国际版在针对海外市场的人物和画风设计优化上也做出了一定努力,业内人士认为,也许两个游戏可以先从英雄上做一些融合,逐渐实现版本互通。

实际上,很多玩家已经对《王者荣耀》两个版本的融合问题进行过深入探讨,普遍认为在地图的设计改动、英雄发布和互通、打击感的平衡等诸多方面,想让两个游戏互通甚至统一需要很大的改动,而这可能会影响已有的市场份额。如何平衡,避免损害国内与海外玩家的习惯,让全球玩家达成一致,也是一件难事。

2018年的雅加达亚运会选择将《AOV》作为电竞比赛项目,中国队也拿下亚运会史上第一枚电竞金牌。未来的国际电竞领域,《AOV》可能要比《王者荣耀》更具优势,届时国内的玩家和选手需要去适应《AOV》。[①] 所以双版本的问题加重了《王者荣耀》的海外困局。

4.8.3 《王者荣耀》国际化的经验教训

《王者荣耀》作为腾讯在国内大获成功的现象级作品,顺势进行"海外本土化"修改优化后登陆全球,并成为国产游戏电竞全球化的标杆,其国际化策略为国产手游出海打

---

① 《王者荣耀》的电竞全球化困局[EB/OL].(2018-07-19)[2018-10-01]. https://new.qq.com/omn/20180719/20180719A1NZE5.html.

造了一面旗帜,同时在运营过程中也遭遇了文化差异水土不服的困境,为中国国产游戏出海提供了宝贵的经验教训。

《王者荣耀》的"海外本土化"尝试值得称赞。从《AOV》不同国家和地区的游戏版本来看,本地化做得十分用心,包括为各个国家和区域设计本地化的英雄,例如,该款游戏在推出海外版本时,曾与美国 DC 动漫合作,推出了在美国市场具有国民知名度的超人、蝙蝠侠等英雄;同时在美术风格、地图设计分布、打发战术节奏等方面进行了适配海外市场的改动,增强了海外玩家对该游戏的亲近度;在产品研发和运营上,真正去了解当地市场的需求。《AOV》花费了两年的时间才实现全球化,速度虽有些缓慢,但也反映了《AOV》团队追求质量的思路,前期做了大量用户市场调研和挖掘工作,继而因地制宜,精细化运营,为后续海外市场的持续开拓奠定了良好的基础①。

《王者荣耀》在移动电竞领域的全球化布局也彰显了腾讯游戏的战略眼光。在移动电竞领域,以中、韩为代表的亚洲电竞市场,无论是技术水平、发展程度,还是产业体系,都属世界顶级。《AOV》通过在东南亚、北美以及欧洲等各大赛区开展联赛,不断提高其在主流视野下的曝光率,打造良好的海外移动电竞生态。《AOV》战略布局的卓越还体现在对 Switch 平台的重视上。在此之前,几乎没有移动电竞产品去触及主机平台,硬核的用户属性让主机平台很难实现迅速变现。《AOV》登录 Switch,尝试打破不同平台之间的壁垒,主机平台硬核的玩家属性能够大大增强游戏用户生态的平衡,再加上 NS 的操作模式和 MOBA 手游极为熨帖,《AOV》很有可能实现跨平台的电竞统一体,这已然是一个颠覆现有市场规律的战略布局②。

《王者荣耀》精心布局进军海外,仍然有一些教训可供借鉴。首先是版本的全球统一问题,其实反映了本土化和国际化的两难选择。《王者荣耀》国内版本的成功和海外遭遇文化折扣恰恰反映了"越是民族的,就越不是世界的"。绝世舞姬貂蝉、青莲剑仙李白、暗影刀锋兰陵王这种历史的反差与错位赋予了《王者荣耀》神奇的吸引力。而国际版的英雄设置便难再有此魅力。对未来者而言,到底是为了本土玩家体验牺牲国际普适性,还是为了国际化考量牺牲对本土文化的挖掘和深入,或者存不存在"墙内开花内外皆香"的可能性,这是需要极高智慧去平衡的事情。其次是时间与品质的平衡。《王者荣耀》国际版为了追求品质,其推出距离国内版本已有两年的时间。而众所周知,手游市场更新迭代极快,部分手游的生命周期也就几个月,而两年的时间,从玩法、理念、创新性上是否还能引领国际前沿,已很难说。所以 2017 年年底《AOV》的推出,正面硬扛大热的"吃鸡"类型游戏《绝地求生》《堡垒之夜》,颇有"虽得其主不得其时"之憾。最后在于创新能力的匮乏。国产手游的繁荣难掩创新缺失的危机。《王者荣耀》一直备受抄袭《英雄联盟》的诟病,也鲜有类型、玩法上的创新,都是在成熟的类型底下深耕制作。游戏思维也是 F2P(Free to Play)居多,P2W(Pay to Win)规则仍有残留,很难贴合海外玩家追求可玩、有趣、公平的口味。

诚然,近年来中国游戏产业发展迅速,已成为全球第一大游戏市场,但行业本身仍不

---

① 能人必有异处:《王者荣耀》国际版的起与承[EB/OL].(2018-07-25)[2018-09-25]. https://www.thedcc.cn/reference/20329.html.

② 能人必有异处:《王者荣耀》国际版的起与承[EB/OL].(2018-07-25)[2018-09-25]. https://www.thedcc.cn/reference/20329.html.

够成熟,仍在学习与模仿中探索自己的发展道路。对于迈出全球化步伐的游戏产品和团队而言,还有很多事情有待尝试、试错和检验。这是中国游戏市场真正构建全球影响力的第一步。《王者荣耀》作为这个历史进程中的先行者,为国产手游出海打造了品质标杆,也为后来者奠定了宝贵的经验基石。希望未来的中国游戏能真正成为"中国智造"的有力名片,像日本打造动漫之于日本文化的地位一样,成为中国创新、匠心与品质的代表,为中国文化"走出去"添砖加瓦。

参考文献

[1] ESA. 2018 Essential Facts About the Computer and Video Game Industry[EB/OL]. [2018-07-02]. https://newzoo.com/insights/trend-reports/newzoo-global-games-market-report-2018-light-version/.

[2] Newzoo 2018 全球游戏市场报告发布[EB/OL].(2018-06-20)[2018-07-02].https://www.gamersky.com/news/201806/1063034.shtml.

[3] 2018 Essential Facts About the Computer and Video Game Industry[EB/OL]. ESA.[2018-07-02]. https://newzoo.com/insights/trend-reports/newzoo-global-games-market-report-2018-light-version/.

[4] App Annie&IDC:2017 年度游戏回顾报告[EB/OL].(2018-03-16)[2018-07-03].https://www.199it.com/archives/700018.html.

[5] Newzoo. Top Countries by Game Revenues[EB/OL]. [2018-07-02]. https://newzoo.com/insights/rankings/top-100-countries-by-game-revenues/.

[6] Newzoo. 发布 2018 全球游戏市场报告:中国占全球游戏收入 28%[EB/OL].(2018-06-22)[2018-07-02]. https://www.duowan.com/news/393594061763.html.

[7] The State and Future of Mobile Esports in Asia and the West[EB/OL]. [2018-07-02]. https://newzoo.com/insights/trend-reports/mobile-esports-in-asia-and-the-west/.

[8] Newzoo Monthly China Mobile Update:Sixth Edition 2018[EB/OL]. [2018-07-02]. https://newzoo.com/insights/trend-reports/newzoo-monthly-china-mobile-update-sixth-edition-2018/.

[9] SuperData:2017 年全球游戏市场收入规模排名[EB/OL].(2018-01-31)[2018-08-10].https://www.199it.com/archives/685172.html.

[10] Newzoo 2018 全球游戏市场报告发布[EB/OL].(2018-06-20)[2018-07-02].https://www.gamersky.com/news/201806/1063034.shtml.

[11] Newzoo. Most Popular Core PC Games | Global[EB/OL]. [2018-09-20].https://newzoo.com/insights/rankings/top-20-core-pc-games/.

[12] VGChartz. Year on Year Sales & Market Share Charts[EB/OL].(2018-09-01)[2018-09-20]. https://www.vgchartz.com/article/392673/year-on-year-sales-amp-market-share-charts-september-1-2018/.

[13] Newzoo. 2018 全球游戏市场报告发布[EB/OL].(2018-06-20)[2018-07-02]. https://www.gamersky.com/news/201806/1063034.shtml.

[14] Newzoo. 2018 Global Esports Market Report Excerpt[EB/OL].[2018-07-02]. https://newzoo.com/insights/trend-reports/global-esports-market-report-2018-light/.

[15] 2018 Essential Facts About the Computer and Video Game Industry[EB/OL]. ESA.[2018-07-02] https://newzoo.com/insights/trend-reports/newzoo-global-games-market-report-2018-light-version/.

[16] SuperData. 2020年,VR市场规模将达到约300亿美金[EB/OL].(2017-08-04)[2018-08-23]. https://vr.sina.com.cn/news/report/2017-08-04/doc-ifyitapp0497191.shtml.

[17] SuperData. 2017最赚钱VR游戏榜 高达256万美元位居榜首的竟是它[EB/OL].(2017-12-22)[2018-08-23]. https://www.87870.com/game/1712/30221.html.

[18] SuperData. 2017 VR收入达22亿美元,其中硬件为17亿美元[EB/OL].(2018-02-02)[2018-08-23]. https://www.vrzy.com/vr/95516.html.

[19] Newzoo. Top 100 Countries/Markets by Game Revenues[EB/OL].(2018-06)[2018-09-10]. https://newzoo.com/insights/rankings/top-100-countries-by-game-revenues/.

[20] ESA. 2017美国游戏行业年终报告:总收入达360亿美元,同比增长18%[EB/OL].(2018-01-22)[2018-08-10]. https://youxiputao.com/articles/13996.

[21] ESA. Essential Facts About the Computer and Video Game Industry[EB/OL].[2018-08-10]. https://www.theesa.com/about-esa/essential-facts-computer-video-game-industry/.

[22] 北美ESRB游戏评级制度图文详解[EB/OL]. 游民星空. https://www.gamersky.com/handbook/201506/597839.shtml.

[23] Teebik:2017全球手游市场报告之美国篇[EB/OL].(2018-01-11)[2018-08-20]. https://www.sohu.com/a/216039504_535138.

[24] 2017年日本游戏市场规模达230亿 Switch本土销量突破400万[EB/OL].(2018-04-03)[2018-08-22]. https://games.qq.com/a/20180403/024670.htm.

[25] Rating System. Computer Entertainment Rating Organization[EB/OL]. https://www.cero.gr.jp/e/rating.html.

[26] Computer Entertainment Rating Organization[EB/OL]. WIKIPEDIA. https://en.wikipedia.org/wiki/Computer_Entertainment_Rating_Organization.

[27] 游戏强国分级制一览 中国分级路在何方[EB/OL]. 17173. https://news.17173.com/content/2010-08-23/20100823172541344_all.shtml#pageanchor1.

[28] 日本游戏分级制度 CERO[EB/OL]. 游戏开发者. https://developer.178.com/201004/66586909968.html.

[29] 日本游戏分级机构CERO 遭玩家吐槽18禁还要打码[EB/OL]. 3DMGAME. https://www.3dmgame.com/news/201411/3393192.html.

[30]2017年度日本家用游戏市场报告:市场规模达3878.1亿日元[EB/OL].(2018-04-02)[2018-08-22]. https://www.vgtime.com/topic/945989.jhtml.

[31]Fami通.2017年日本家用游戏市场规模、年度硬件销量及软件销量TOP10榜[EB/OL].(2018-01-09)[2018-08-20]. https://club.tgfcer.com/thread-7426560-1-1.html.

[32]Teebik.2017全球手游市场报告之日本篇[EB/OL].(2018-01-25)[2018-07-05]. https://www.gameres.com/793953.html.

[33]Tabuchi, Hiroko. Why Japan's Cellphones Haven't Gone Global[J]. New York Times,2009(7).

[34]Cieslak, Marc. Is the Japanese gaming industry in crisis?[J]. BBC News. 2010(9).

[35]Cieslak, Marc. Square Enix eyes further acquisitions[J]. Financial Times. 2011(9).

[36]Newzoo.2018全球游戏市场报告:中国占全球游戏收入28%[EB/OL].(2018-06-22)[2018-07-02]. https://www.duowan.com/news/393594061763.html.

[37]Ukie. The games industry in numbers[EB/OL].[2018-09-02]. https://ukie.org.uk/research # Market GREAT Britain campaign. BRITISH COUNCIL. https://www.britishcouncil.org/organisation/facts/programmes-and-initiatives/great-campaign.

[38]International Trade Activities[EB/OL]. Ukie. https://ukie.org.uk/international-trade-shows.

[39]英国贸易投资总署.2014年英国游戏产业报告[EB/OL].中文互联网数据资讯中心. https://www.199it.com/archives/237874.html.

[40]游戏强国分级制一览 中国分级路在何方[EB/OL].17173. https://news.17173.com/content/2010-08-23/20100823172541344_all.shtml#pageanchor1.

[41]PEGI Pan European Game Information - What do the labels mean[EB/OL]. PEGI. https://www.pegi.info/en/index/id/33/.

[42]游戏强国分级制一览 中国分级路在何方[EB/OL].17173. https://news.17173.com/content/2010-08-23/20100823172541344_all.shtml#pageanchor1.

[43]USK. The five ratings and what they mean[EB/OL]. USK. https://www.usk.de/en/classification/age-rating-symbols/Video game rating system. Wikipedia. https://en.wikipedia.org/wiki/Video_game_rating_system#UK_Interactive_Entertainment_Association.

[44]游戏机解禁 中国游戏分级制度还会远么[EB/OL].中关村在线. https://game.zol.com.cn/472/4722875_all.html#p4724213.

[45]游戏强国分级制一览 中国分级路在何方[EB/OL].17173. https://news.17173.com/content/2010-08-23/20100823172541344_all.shtml#pageanchor1.

[46]2017年中国游戏产业报告:收入超2千亿,手游增幅300亿[EB/OL].(2017-12-19)[2018-09-03]. https://www.gameres.com/787780.html.

[47]2017年中国游戏行业发展报告[EB/OL].新华网.(2017-11029)[2018-09003]. https://www.xinhuanet.com/info/2017-11/29/c_136786870.htm.

[48] 借力"一带一路",中国游戏出海更有了底气[EB/OL]. 钛媒体. (2017-05-18) [2018-03-25]. https://www.tmtpost.com/2609705.html.

[49] 传统游戏把"一带一路"上各国连接起来[EB/OL]. 澎湃新闻. 2018-03-25. https://www.thepaper.cn/newsDetail_forward_1684949.

[50] 波普风致敬众神与祖先!瞭望智库、UNESCO、腾讯互娱联合发布"一带一路"传统游戏创意产品[EB/OL]. 新浪网. 2018-03-25. https://finance.sina.com.cn/wm/2017-05-12/doc-ifyfecvz1144851.shtml.

[51] 俄罗斯手游指数[EB/OL]. 2018-03-23. https://www.appannie.com/indexes/all-stores/rank/? store=all-stores&country=RU&date=2018-02-01&category=overall.

[52] 行业产值近5亿美元 波兰游戏产业吸引中资[EB/OL]. 环球网. (2017-08-30) [2018-05-29]. https://tech.huanqiu.com/original/2017-08/11193305.html.

[53] 一带一路游戏市场新蓝海 极具潜力的巴基斯坦[EB/OL]. 07073产业频道. (2017-05-19) [2018-03-25] https://chanye.07073.com/guowai/1615529.html.

[54] 中国游戏在游戏市场一带一路中扮演什么[EB/OL]. 07073产业频道. (2017-05-19) [2018-03-25]. https://chanye.07073.com/guonei/1615646.html.

[55] 文化部关于推动数字文化产业创新发展的指导意见[EB/OL]. (2017-04-11) [2018-05-31]. https://zwgk.mcprc.gov.cn/auto255/201704/t20170424_493319.html.

[56] 关于转发《文化部关于印发〈动漫游戏产业"一带一路"国际合作行动计划〉的通知》的通知[EB/OL]. (2018-01-22) [2018-05-31]. https://www.sz.gov.cn/wtlyjnew/ztzl_78228/tszl/whcy/shgg/201801/P020180122414049966893.pdf.

[57] 借力"一带一路",中国游戏出海更有了底气[EB/OL]. 钛媒体. (2017-05-18) [2018-03-25]. https://www.tmtpost.com/2609705.html.

[58] 动漫游戏产业借"一带一路"东风开拓海外市场[EB/OL]. 第一财经. (2017-07-07) [2018-05-31]. https://www.yicai.com/news/5312955.html.

[59] 王者荣耀火了一整年 2018哪些游戏值得期待[EB/OL]. (2018-01-17) [2018-10.02]. https://tech.ifeng.com/a/20180117/44848461_0.shtml.

[60]《王者荣耀》的电竞全球化困局[EB/OL]. (2018-07-19) [2018-10-01]. https://new.qq.com/omn/20180719/20180719A1NZE5.html.

[61] 叶子猪.《王者荣耀》国际版为何在美国市场表现不尽如人意[EB/OL]. (2018-08-13) [2018-09-20]. https://news.yzz.cn/eyes/text-m/201808-1481856.shtml.

[62] 能人必有异处:《王者荣耀》国际版的起与承[EB/OL]. (2018=07-25) [2018-09-25]. https://www.thedcc.cn/reference/20329.html.

[63] 十分钟了解大家都在谈的功能性游戏[EB/OL]. (2018-03-05) [2018-09-27]. https://gad.qq.com/article/detail/41550.

[64] 功能性游戏:玩中学,为游戏正名的时候到了[EB/OL]. (2018-03-28) [2018-09-27]. https://www.xinhuanet.com/info/2018-03/28/c_137071579.htm.

5 国际音乐市场

5.1 国际音乐市场发展概况

5.1.1 国际音乐市场规模

2017年,全球录制音乐收入总计达173亿美元,比2016年同期增长了8.1%,其中实体唱片下降了5.4%,数字音乐收入超越实体唱片收入,占全球录制音乐产业收入的54%,增长了19.1%。流媒体收入上涨了41.1%,其中付费订阅音频流媒体增长了45.5%。[①] 如今发达国家的音乐产业基本上都是有多种收入来源的综合性产业,从基于拥有的音乐模式向基于使用的音乐模式转变,总体体现出实体持续下滑、音乐流媒体持续激增、下载市场趋于成熟饱和并开始出现下滑态势等特征。

2017年,全球录制音乐产业的实体收入在产业总收入中的占比继续下降至30%,但在有些国家则占比更高,仍保有较为强大的实体市场份额,如德国(43%)、日本(72%)等。黑胶唱片销量复苏态势仍在继续,其收入在全球范围内增长了22.3%,占2017年录制音乐市场总量的3.7%。数字音乐产业发展势头迅猛,其收入增长了19.1%,达94亿美元,并首次占到全球录制音乐产业收入总额的一半以上(54%),是近年来最高的增长幅度。数字时代的到来使音乐产业开始了从仅有一两个主要收入来源到拥有许多不同业务模式的多元化过程。如表5-1所示。

表5-1 2017年国际音乐产业市场规模估算数据　　（单位:亿美元）

行业类别	产业规模	同比增幅
实体音乐产业	52	-5.4%
数字音乐(包含流媒体)	94	19.1%
表演权[②]	24	2.3%
同步播放权[③]	3	9.6%
合计	173	8.1%

数据表明,数字音乐产业仍然以强劲的势头和动力推动着全球录制音乐产业快速增长,数字音乐产业收入的稳健增长也足以抵消实体音乐收入的连续下滑。值得一提的

---

① 数据来源:国际唱片业协会(IFPI)2018年数字音乐报告。
② 表演权(Performance Rights)是指著作权人自己或者授权他人公开表演作品,以及用各种手段公开播送作品的权利。
③ 同步播放权(Synchronisation)是指电影、广告、游戏和电视节目播放等使用录制音乐的权利。

是,随着全球市场中各个国家及地区政策力度的加强、立法的逐步完善以及音乐消费者版权意识的日益提高,使得来自广告、电影、游戏和电视节目中使用音乐(即同步播放音乐)的版权收入增幅比去年快,达到9.6%(2016年同步播放权收入仅增长了2.8%)。在经历了15年的下滑之后,2017年全球录制音乐继前两年后实现了第三年的增长,这使得音乐消费者能够以越发丰富和沉浸式的体验方式倾听来自全球风格各异的音乐。见图5-1。

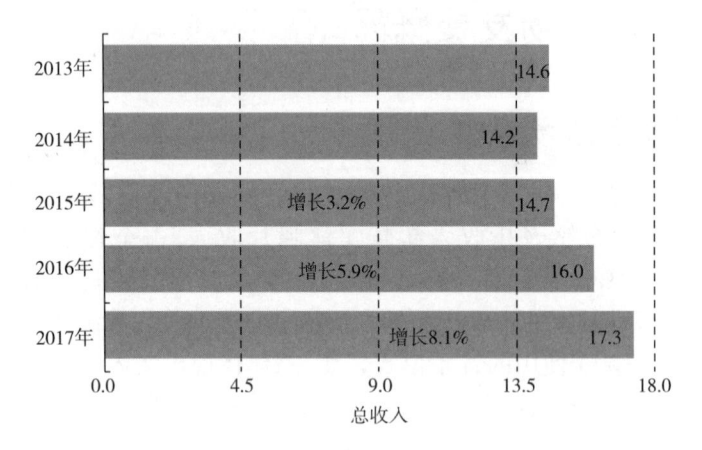

图5-1 2013—2017年全球录制音乐市场规模对比图(单位:亿美元)

然而纵向看来,虽然2017年的录制音乐行业总收入仍为1999年市场高峰期的68.4%,但可喜的是,近三年来,全球录制音乐市场规模正逐步扩大,呈现复苏崛起的态势。这也得益于现代科技的飞速发展,它使得音乐的生产方式先进化、传播模式多样化,而且也使流通速度迅猛提升。见图5-2。

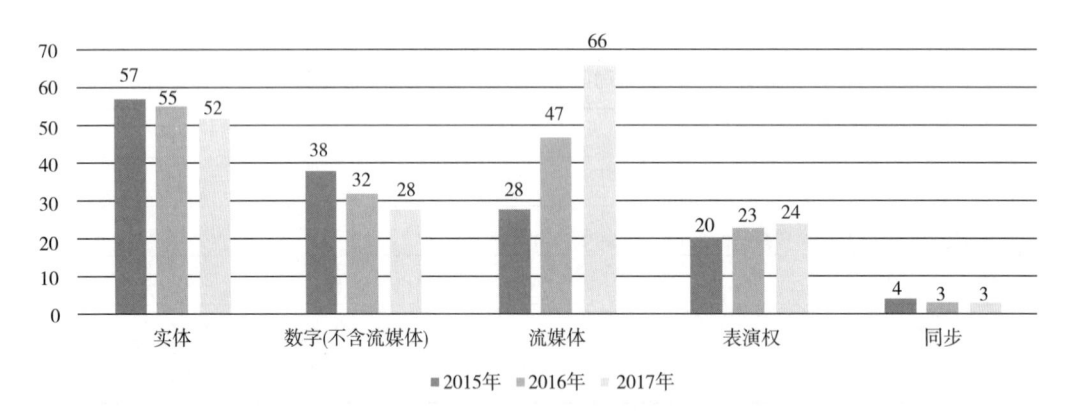

图5-2 2015—2017年全球音乐各产业产值规模对比(单位:亿美元)

全球录制音乐产业总收入在历经15年下滑后连续第三年上升,良好稳健的复苏态势也让各大唱片公司重燃斗志,环球音乐正在全球范围内对他们的基础架构进行重大投资,试图扭转过去15年的业务发展颓势。华纳音乐数字战略与商务拓展副总裁John Rees重申:"我们希望这个良好的态势能够在未来5年、10年甚至更长时间里继续下去,但这并不会一蹴而就,需要持续努力来增进和维持。"2017年对全球录制音乐市场来说确实是非同凡响的一年,数字音乐产业尤其是付费流媒体行业的迅猛发展成为音乐产业历经数字化转型、呈现良好态势的驱动力。全球十大音乐市场中的八个以及其他大多数音乐市场的收入都有所增加。见图5-3。

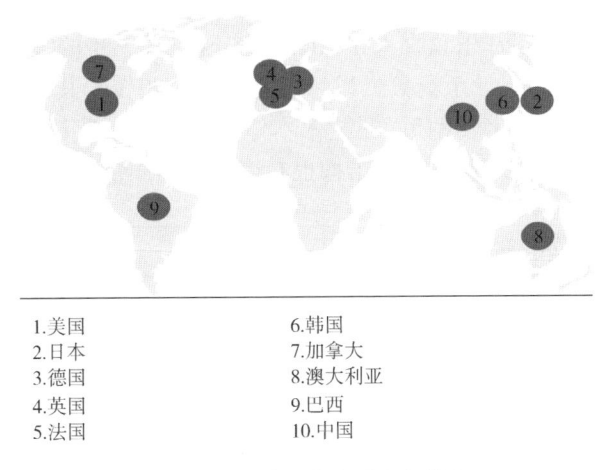

1.美国　　　　　　6.韩国
2.日本　　　　　　7.加拿大
3.德国　　　　　　8.澳大利亚
4.英国　　　　　　9.巴西
5.法国　　　　　　10.中国

图5-3　全球十大音乐市场排名

资料来源:2018年IFPI全球音乐报告

　　根据国际唱片业协会(IFPI)发布的《2018全球音乐报告》不难发现,美国作为北美洲的代表,仍然是世界上最大的音乐市场,其数字音乐收入占全球总收入的75%,这完全得益于流媒体收入的高速增长。2017年,美国流媒体尤其是付费音频流媒体的收入几乎占据整个美国数字音乐总收入的一半,为47%。纵观亚洲与澳大利亚地区,进步最快的仍然是韩国,从2016年的全球排名第八名提升至第六名;而作为亚洲最大、也是全球第二大音乐市场的日本,其音乐产业总收入却下降了3%,细究今年日本逆势而动的原因,则为其数字音乐收入增长缓慢,仅为8%,而阻碍日本数字音乐增长速度的一大因素是其坚挺的实体唱片市场。日本实体唱片的市场份额居全球首位,高达72%,而缓慢增长的数字音乐收入又不足以抵消包括唱片业在内的实体音乐产业逐渐衰退而造成的下滑(-6.1%),故日本实体音乐产业占有全球市场最高份额,数字音乐增长却最为缓慢,那么其作为全球第二大音乐市场,却呈现总收入下滑的颓势,也就不足为奇了。

　　2017年全球十大音乐市场排名中,中国的出现可以说是最大的亮点。中国的录制音乐市场总收入增长35.3%,较上年提升了两个位次且首次跻身全球前10位。中国的音乐产业和音乐生态相较于10年前可谓是发生了天翻地覆的变化和前所未有的进步,行业的快速回暖与流媒体风驰电掣般的发展,政府的政策引导、大力扶持,以及唱片公司和版权方一起致力于尊重版权价值的版权保护行动是息息相关的。纵观全球其他地区,相比于拉美地区良好的上升势头,欧洲总体收入增长放缓,但数字收入激增。

　　尽管2017年全球音乐产业已是连续第三年增长至173亿美元,但其规模仍只是1999年市场高峰值的68.4%,这意味着全球音乐市场仍处于复苏之中,行业发展潜力巨大。无论数字音乐还是实体音乐等各细分行业,都在努力完善产业链条、创新商业模式、激发消费活力,面对复杂且极具挑战的前路,在艺术上、技术上和商业上,共同促进全球音乐产业在经济新常态下继续快速、稳健地增长。

5.1.2 国际音乐市场结构

音乐产业作为世界文化产业的重要组成部分,在历经近 20 年的低迷期之后,以其音乐形式创新能力、音乐消费者渗透力和横向融合力的特点触底反弹,逐渐回暖。据国际唱片业协会统计,全球录制音乐总收入在 2017 年实现连续三年的增长,并且这次增长幅度是 IFPI 自 1997 年开始统计市场数据以来的最高值。相较于其他产业,音乐产业把握科技发展前沿动态,历经数字转型后,在艺术本体、技术创新、营销模式等各方面皆步入了发展的快车道,全球音乐产业的市场结构也在悄然发生调整与变化。

图 5-4 2015—2017 年全球音乐各产业占比情况对比①

5.1.2.1 实体音乐

2017 年,全球录制音乐产业总收入达到 173 亿美元,实体音乐收入虽仍在市场中占比达 30%,但依然抵挡不住继续下滑 5.4% 的颓势。在数字音乐时代还未到来之时,唱片行业曾经无比辉煌:20 世纪 50 年代到 70 年代,猫王的唱片销量超过 1.5 亿张;1979 年,迈克尔·杰克逊的专辑《Off the Wall》

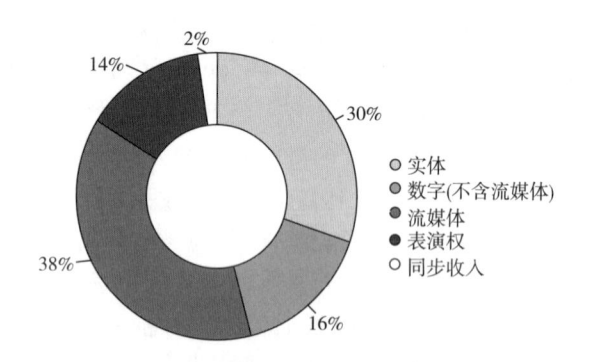

图 5-5 2017 年全球录制音乐收入占比情况②

在全球市场劲销 2 000 万张,至今其个人唱片的全球销量已超过 3 亿张。唱片的火爆销售离不开其幕后推手——唱片公司。在 20 世纪,全球近乎 75% 的唱片市场都在华纳、EMI、BMG、SONY、环球这五大唱片公司手中。而时间推移至 90 年代末期,随着数字音乐技术的发展与播放设备的快速更新,人们的视听方式在不知不觉中发生了变化,自此,全球实体音乐尤其是唱片行业开始进入震荡发展期,销量日益萎缩,产业走向低迷。2004 年,原本世界五大唱片公司变成了"四大",原因是欧盟无条件通过了世界五大唱片公司中的两大成员 SONY 和 BMG 的合并案,而它们在唱片上的营收也大不如前。

---

① 资料来源:2018 年 IFPI 全球录制音乐产业报告。
② 资料来源:2018 年 IFPI 全球录制音乐产业报告。

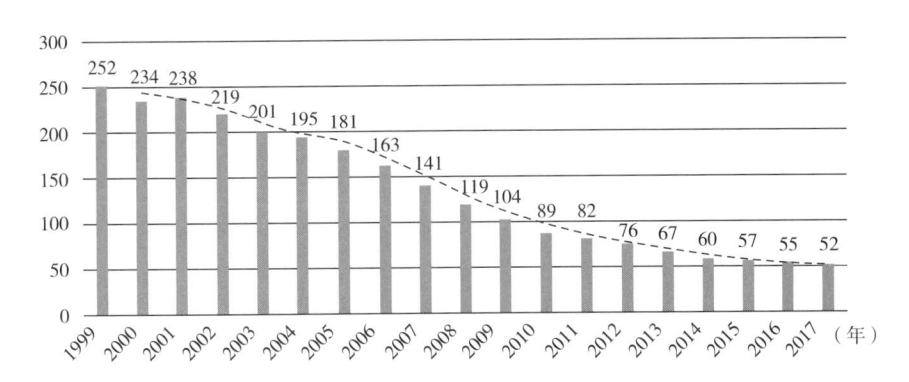

图 5-6　1999—2017 年实体音乐收入示意图(单位：亿美元)

数据表明,实体音乐行业总收入自 1999 年开始几乎是一路下滑,2010 年跌破三位数,2017 年跌至 52 亿美元,从市场占比 100% 下滑为占比仅 30%。尽管全球唱片产业持续低迷,收入持续下滑,在日本和德国等国家,实体音乐行业却依旧坚挺,尤其是日本。日本是世界第二大音乐市场,也是全球实体唱片销量最高的国家,2017 年,日本的实体音乐收入依然居高不下,占全国音乐产业总收入的 73%。有分析称,除了日本唱片业的行业壁垒和消费者习惯,日本实体唱片坚挺也源于日本音乐消费者趋于老龄化,严重的老龄化问题也阻碍了属于年轻一代流媒体的发展。

5.1.2.2　数字音乐

随着现代科技的日益发展和音乐播放器的广泛流行与更新,早在 2004 年,数字音乐的形式就开始受到人们关注,开始进入音乐消费者的视野并悄然改变着人们的音乐欣赏方式,其行业收入也随之大幅度上升。直至 2017 年,数字音乐的收入增长 19.1%,达到 94 亿美元,并首次占到全球录制音乐产业收入份额的一半以上,高达 54%。其中下载收入下降了 20.5%,只占全球数字音乐收入总额的 20%。据统计,数字音乐收入在全球 32 个市场中都占录制音乐市场一半以上,成为市场结构的主要构成部分,另有 6 个国家的市场占比 2016 年刚刚过半。如图 5-7 所示。

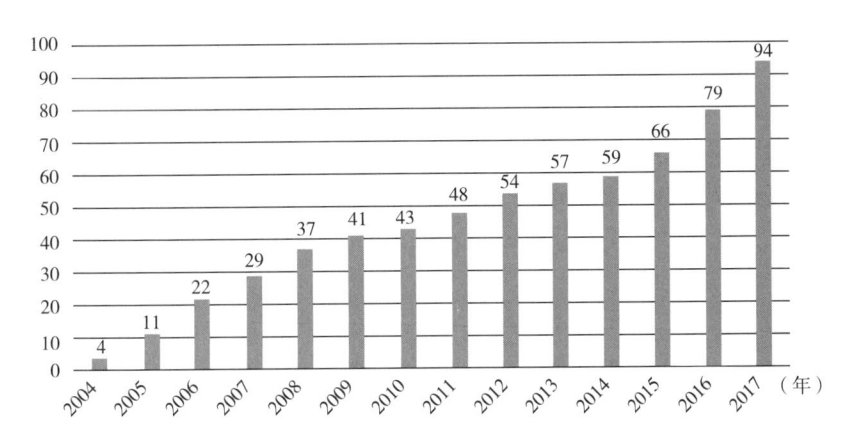

图 5-7　2004—2017 年数字音乐收入情况示意图(单位：亿美元)

（1）音乐流媒体尤其是付费订阅流媒体迅速发展。数字音乐的迅猛发展促进了全球音乐产业结构的优化调整，是近年来全球音乐产业的"主要动力"。而带动数字音乐收入激增的"核心动力"则是音乐流媒体以及付费订阅音频流媒体。截至2017年，全球流媒体收入增长了41.1%，其中付费订阅流媒体的收入更是激增45.5%，付费用户的数量增加了6 400万，到2017年年底，这一数字达到1.76亿，增长超过五成。见图5-8。至此，流媒体在全球数字音乐市场中占比已高达80%。其实以上数据的产生并不意外，由于流媒体音乐服务的不断进步，越来越多的音乐消费者都愿意通过这种途径欣赏歌曲，而且也愿意付费订阅流媒体音乐服务；与此同时，像iTunes等类数字下载渠道的销售额则出现了大幅下跌，毕竟现在每个月可能只需要不到10美元就能合法收听大量歌曲，相信很少有人愿意花1美元去购买一首歌曲了。

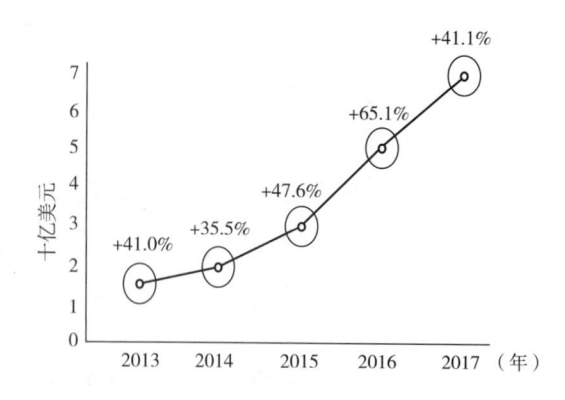

图5-8　2013—2017年流媒体的同比增长情况[1]

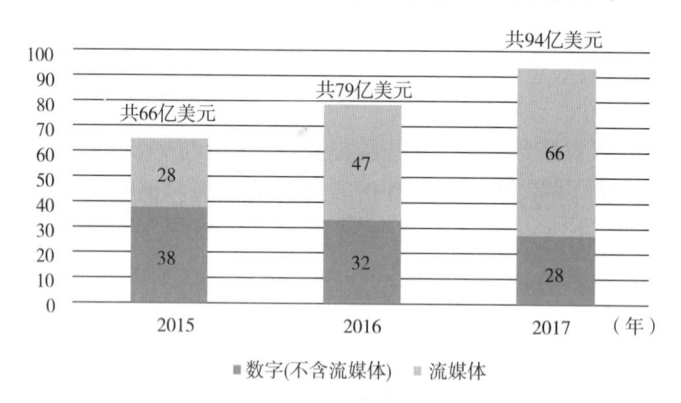

图5-9　2015—2017年下载与流媒体收入对比（单位：亿美元）

根据图5-9的数据，流媒体以其音乐消费者的快速增长以及音乐产品营销商业模式的创新，在短短几年内就超越了数字下载，成为数字音乐行业的主要业务模式。流媒体的日益普及悄然改变了人们的收听音乐的方式，它直接带来了消费者与音乐关系的转变。随着人们音乐欣赏观念和消费模式的更新，越来越多的消费者倾向于通过付费订阅的方式享受音乐，而不再是永久下载和直接购买音乐，由此看来，2017年付费订阅流媒体收入激增45.5%也是在意料之中了。目前，全球流媒体市场最大的平台Spotify，其用户数量已达1.4亿，紧随其后的Apple Music和Amazon Music Unlimited的付费用户也分别达到2 800万和1 600万[2]，而其他主流音乐流媒体平台如Deezer、YouTube、Sound Cloud

[1] 资料来源：2018年IFPI全球录制音乐产业报告。
[2] 数据来源：新浪科技 https://tech.sina.com.cn/i/2017-09-12/doc-ifykuffc5362213.shtml。

以及中国的网易云音乐、腾讯旗下的 QQ 音乐等也拥有大量的付费用户群体。见图 5-10。

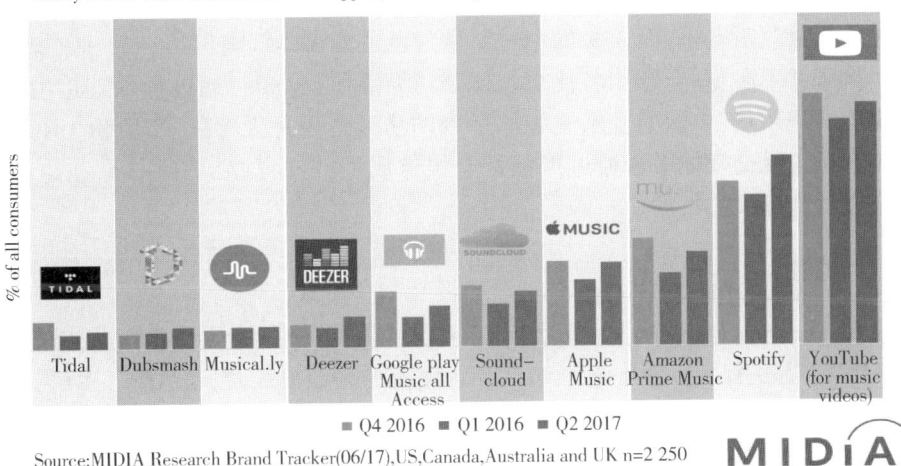

图 5-10　2016—2017 年全球主流音乐流媒体平台用户数量情况①

（2）音乐流媒体与社交媒体平台的融合。融媒体时代的到来已势不可挡，音乐产业同样需要在此背景下找到连接音乐人、乐迷与音乐的最新方式。放眼全球，社交媒体的发展速度和影响深度几乎没有技术可与之比肩。而现今流媒体音乐平台中原创音乐人的作品更加高效地被分享，绝大程度上倚赖于社交媒体自身的特点——坚实的用户黏性和高效的人际传播。环球音乐市场开发执行副总裁亚当·格郎尼提（Adam Granite）将其视为最近的"超越传统的音乐传播平台扩大艺人音乐创收"这一目标的一部分，并强调音乐在社交信息中的潜力。他认为："这是一个巨大的机会，甚至会使社交媒体黯然失色。音乐与我们的身份和品味如此密切相关，以至于更适合于交流和分享。"

图 5-11　关注音乐社交媒体的用户情况分布②

---

① 数据来源：MIDiAResearch Brand Tracker。
② 资料来源：中国音乐财经 https://k.sina.com.cn/article_5255791141_139450225001009af3.html。

数据调研公司音乐观察(Music Watch)近日发布调查结果称,有90%的用户会在社交媒体上进行多种与音乐相关的活动。图5-11中的数据显示,关注音乐社交媒体的大多为年龄在13~24岁的年轻消费者,他们热衷于欣赏嘻哈音乐,喜爱的乐器是电吉他。有75%的受访用户会在社交媒体上浏览与音乐相关的内容,而65%的听众会选择社交媒体中的无线广播收听音乐,而35%的用户愿意为音乐流媒体订阅付费。全球流媒体市场中这样的例子并不少见:全球知名社交媒体公司斯缪尔(Sumle)通过音乐连接世界从而成功地征服音乐市场,中国的音乐流媒体平台网易云音乐每天产生42万份UGC[①]歌单等。这些音乐与社交媒体平台通过加强社交媒体属性,进而盘活平台内的内容,从而达到音乐产业功能延展的目的。

5.1.2.3 表演权

表演权(Performance Rights)是指著作权人自己或者授权他人公开表演作品,以及用各种手段公开播送作品的权利。公开表演,包括音乐会、餐厅等公开场合,还包括广播和电视等组织。截至2017年年底,涉及表演权中所使用的录制音乐收入为24亿美元,增长了2.3%。

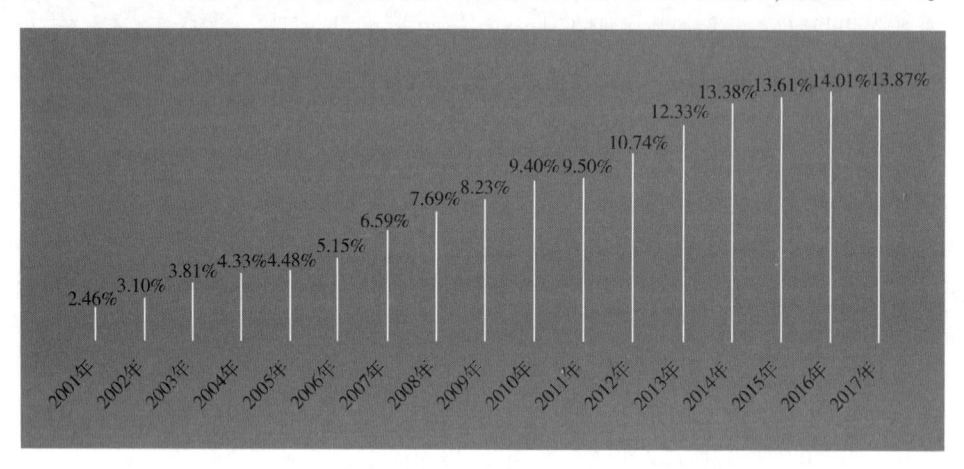

图5-12 2001—2017年表演权在全球音乐产业收入中的占比情况

从2001年IFPI开始统计表演权收入数据以来,其收入份额在全球音乐产业市场中一直稳中有升。近年来,随着独立厂牌和独立音乐人的崛起,独立音乐也逐渐成为国际音乐产业市场结构中的重要组成部分。作为音乐行业最传统、盈利最明确的商业模式,现场音乐演出包括音乐会、音乐节以及各种音乐类综艺节目、现场(Live)演出也正释放出更大的商业价值。见图5-13。

此外,各大音乐流媒体平台也向独立音乐人抛出了橄榄枝,他们不断扶持独立音乐人,支持他们原创音乐,并以最新颖、最多元的形式与本土甚至全球的粉丝建立联系;他们使音乐消费者通过线上数字音乐和线下现场音乐演出接触到独立音乐人的作品,这就构成了完整的音乐内容生产和分发链条。近年来也有不少独立厂牌在全球音乐市场上运作得非常

---

① UGC(User Generated Content)是指用户原创内容,是伴随着以提倡个性化为主要特点的Web2.0概念而兴起的。它并不是某一种具体的业务,而是一种用户使用互联网的新方式,即由原来的以下载为主变成下载和上传并重。

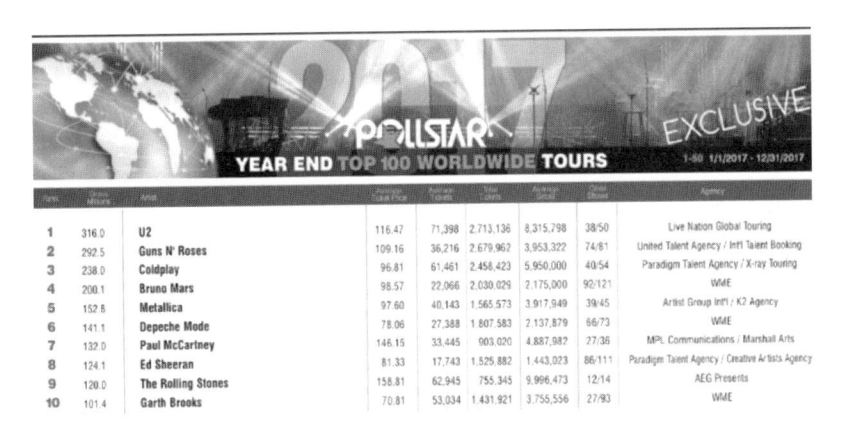

图 5-13 2017 年音乐类全球巡演排名(前 10 位)①

资料来源：Pollstar

成功。像阿黛尔(Adele)、切特·福克(Chet Faker)、公制乐队(Metric)、泰勒·斯威夫特(Taylor Swift)这样的艺人均签约的是独立厂牌，却丝毫不影响他们在全球拥有无数乐迷。充满活力的独立音乐悄然兴起，也使全球音乐演出市场结构变得更加丰富与多元。

5.1.2.4 同步播放权

同步播放权的收入来自电影、广告、游戏和电视节目等渠道。2017 年，全球同步播放权收入增长了 9.6%，产值为 3 亿美元，比上年同期有较大幅度提升(2016 年同步播放权收入增长了 2.8%)。

图 5-14 中的数据表明，同步播放权收入自 2010 年开始统计以来，在全球音乐产业收入缓慢下滑的大背景下，其产值维持得十分平稳，市场占比始终保持在 2%，产值在 3 亿美元上下。可见，全球音乐关联型产业发展较为保守与平稳，但也从侧面影射出版权与价值差距仍然存在且不断演变，音乐创作者与投资者收到的回报与其交付作品的回报严重不对等，这将对今后全球音乐产业的可持续发展造成一定的阻碍，且不利于国际音乐市场结构的优化。

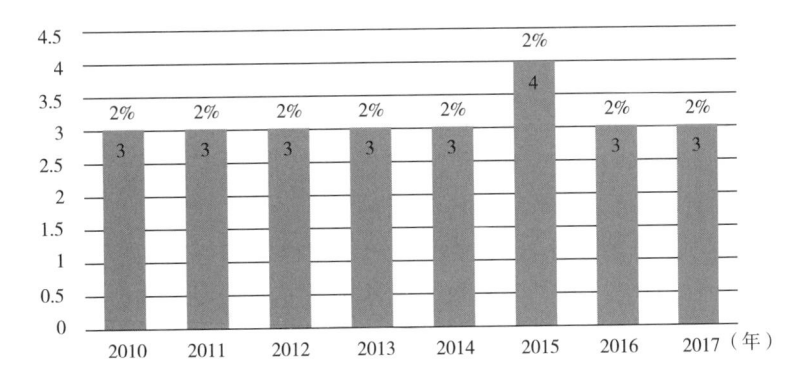

图 5-14 2010—2017 年同步播放权收入及占比情况(单位：亿美元)

---

① 资料来源：《明星票选》(Pollstar)，https://www.pollstar.com。

5.1.3 国际音乐市场趋势

5.1.3.1 科技手段促进跨产业融合

2018年,以智能音箱为代表的AI体验更新了音乐收听环节中的感官体验。权威市场分析公司科纳仕(Canalys)发布了一份智能音箱报告,称2018年将是智能音箱普及的"决定性年份",并预测2019年可能全球出货量破1亿台。更有分析公司预测,到2024或2025年,智能音箱出货量可达10亿台。这是继智能手机后另一可达10亿级的智能产品。日本苹果情报网站苹果手机迷(iPhone Mania)根据声音机器(Voicebot)以美国成年人为对象进行的调查得知,近2成(19.7%)的受访者表示已拥有智能音箱产品,若单纯以美国成年人口2.52亿人计算,相当于在美国已有约4 730万台智能音箱产品被使用(该数值并非绝对,因为有可能一台智能音箱产品多人使用或是一人持有多台产品)[①]。Voicebot是在2018年1月,也就是在苹果家庭音响(Home Pod)开卖前(HomePod于2月开卖)透过网络进行的调查,成功获得了1 057名18岁以上美国成年人的回复。就持有的智能音箱厂商别市占率来看,亚马逊(Amazon)市占率达71.9%,远高于谷歌(Goolge)的18.4%。就产品别市占率来看,亚马逊的回声(Echo)市占率达35.8%,居冠,其次分别为迷你回声(Echo Dot)占32.3%,迷你谷歌家庭(Google Home Mini)占9%,谷歌家庭(Google Home)占8.7%。另外,在尚未持有智能音箱产品的美国成年人消费者中,有9.8%的消费者表示预计会在2018年内购买智能音箱产品,而在这些智能音箱潜在买家中,有26%表示预计购买的产品为苹果HomePod[②]。

科技市调机构Canalys指出,Google Home、Amazon Echo(亚马逊回声)以及HomePod等智能音箱产品已经成为2018年成长最快速的消费性科技产品,预估成长速度将更胜虚拟现实(VR)/增强现实(AR)机器以及穿戴式装置。Canalys曾预估,2018年,全球智能音箱销售量将达5 630万台,比2017年的不到3 500万台呈现大幅度增长[③]。

同时需要注意,虽然语音控制设备主要来自亚马逊和谷歌等公司,但是唱片公司通过提供近乎无障碍的音乐访问才最终实现了语音控制下的音乐接入,这也是人们购买智能音箱的首要原因,也是这些设备的主要用途。可以预见,随着科学技术的日益发展,受众对音乐的接受途径和感官体验的更新迭代速度会大幅加快,音乐产业将迎来新的机遇与挑战。一方面,受众基数将呈几何倍数级增加,原来以年轻人为主要受众群体的音乐产业将面临全年龄段的不同用户体验的针对性服务;另一方面,受众基数的增加带来的是所需音乐产品的日趋多元化,流媒体音乐版权的授予量必将是未来争夺用户市场的一个重要突破口和增长点,这无疑将是一个系统性跨产业融合工程。

改善数据是一项艰巨的任务,只有使语音识别变得足够可靠和简单易用,才能满足大众市场的定位,而只有唱片公司做出非常重要的投资来改善元数据的复杂性和质量,人们才能在需要时获得他们想要的东西,才能真正推动语音识别在音乐方面的应用,最

---

① 数据来源:日本苹果情报网站iPhone Mania,https://iphone-mania.jp。
② 数据来源:https://www.voicebot.net。
③ 数据来源:https://www.canalys.com。

终形成的结果极有可能是音乐产业与其他产业的深度融合,即以硬件发展反作用于软件建设。随着用户界面被 AI 取代,确保听觉体验和艺人挖掘的深度不受影响,是我们面临的新挑战。

5.1.3.2 本土音乐国际化趋势更加显著

音乐产业作为文化产业的重要组成部分,将进一步成为发展中国家着力发展的对象。如今的产业已经与原来大不相同,它正在为新一代数字音乐带来最大化的机遇,并将处于未来变革的前沿。今后新兴市场国家的音乐产业势必会参考欧美发达国家成熟的机制与运用模式,力求在产业化的推动下使得本土音乐全面发声。本土音乐全球化势必成为全球音乐产业未来的一个重要发展倾向。

近年来,以拉美地区国家为代表的新兴经济体的音乐产业规模和专业程度不断壮大和完善,与其本国整体经济发展的窘境相比可谓一枝独秀,当地政府也日益重视通过包括在音乐在内的文化软实力加强国际影响力,借助国际与地区的文化交流,努力促使本土音乐国际化,促进多边主义建设。以歌曲 Despacito 为例,在业界已不是简单将其当作一个奇迹,更视其为一种趋势的风向标,并且这一趋势得到了来自世界各地的数据的支持。无独有偶,南非作为新兴经济体国家,演艺活动和音乐庆典类演出近年来为本国创造了巨大的经济效益,据相关数据统计,其每年营业额为 20 亿兰特,总产值达到 10 亿兰特,解决了 1.77 万人的就业问题。这与南非一直处于世界领先水平的音乐产业发展是分不开的,南非政府专门制定了《音乐产业战略》来促进音乐产业的发展,这实际上是在国家层面为音乐产业的发展提供了强有力的制度与政策保障,进而促进本土音乐在全球范围的推广和接受。与此同时,中国也与南非等 12 个国家的著名音乐组织与协会的代表(其他为格鲁吉亚、印度、日本、英国、法国、德国、瑞典、意大利、俄罗斯、比利时、美国)正式签署了音乐合作协议,成立了"海上丝绸之路国际音乐产业合作联盟",未来将在这一协议框架下开展广泛交流。因此,亚太地区、非洲和其他拉美地区的发展将进一步提速,全球影响力将进一步增强,音乐产业未来数年将会出现更多的"拉丁音乐神话"。

由此看来,随着"南南合作"的进一步深化和借助"一带一路"倡议促成的更加多元的"南北对话"形式,在全球实体经济尚未走出阴影、经济发展走势持续疲软的大环境下,音乐产业作为新旧动能转换的试验田,已经吸引了发展中国家政治与资本的兴趣。发展中国家基于庞大的人口基数和庞大的消费群体,政府对音乐产业的重视程度必将进一步加深,一系列政策乃至法律法规会日趋完善,发展中国家的音乐市场也将更加规范。在制度保障的前提下,良性投资正扩展到世界各地,帮助发掘本地艺人,丰富当地音乐文化。从这些市场中涌现出来的音乐随后被推广至全球舞台,为世界各地的乐迷所享。未来发展中国家的本土音乐发展逐渐明确了三条途径:①全球性唱片公司的挖掘与本土音乐产业联姻合作艺人开发,大力拓展本土市场。②跨国跨区域性的商业演出模式,扩大国际影响力。③线上流媒体途径推广带来几何级数的受众增加。

当全球变成一个整体市场时,"出身"是哪里并不重要了。在全球范围内都拥有巨大的创新机会,通过努力,可将热门曲目推广到全球并推动艺人跨区域发展。

5.1.3.3 转型、维权、缩距:唱片公司的转型重塑之路

在音乐产业中,唱片公司的角色可谓风向标,其发展程度的优劣很大程度上也是整

个音乐产业的晴雨表。随着人口红利逐步消退和用户增量的日益变缓,以实体音像为代表的传统音乐产业出现进一步下滑将是不可避免的趋势,过剩产能的消化仍然需要很长一段时间才能完成,但是这不代表整个音乐产业将会萎靡不振,相反,它标志着音乐产业对存量用户深耕时代的到来;受惠于多媒体展演技术在内的多种科技、艺术形式的强大助推,日新月异的音乐现场演出的崛起,数字音乐付费用户的快速增长以及由此带来的商业模式的创新都将推动核心层产业进入快速增长的轨道,也就不可避免地驱动音乐产业加快数字转型,这也要求其必须迅速找到连接艺人音乐与乐迷的新方式。可喜地是,各大唱片公司积极迎接挑战,不仅在前沿支持艺术创作,而且还在后方推动数字和技术创新。唱片公司正不断地利用收入来投资发掘和培养新艺人,从而为世界各地的乐迷创作并提供更多的优质音乐,良性循环的模式已经显现。毕竟未来产业规模持续做大做强的方向依然是以用户为核心,持续供应优质的音乐产品,依然是以优化人对音乐的体验为核心。因此,音乐产业依然是朝阳产业,依然充满活力,当然我们也要清醒地认识到,在这个转型过程中,双刃剑效应已渐趋明显。

(1) 音乐社交媒体。千载难逢的机会正出现在我们的面前。数字音乐产能消化的一个重要途径就是社交媒体,与它的结合早已是音乐产业转型的必选之路,但重点在于未来结合方式的重新洗牌。当前,唱片公司从以产品为基础的音乐公司转型为以音乐为基础的媒体公司正成为大的趋势,唱片公司纷纷超越传统的音乐传播平台来扩大艺人音乐创收,从而进一步鼓舞和促进其继续深入创作,机遇不可谓不多,效益不可谓不大,这样的转型使得原来"社交媒体音乐"转变成现在"音乐社交媒体",文字顺序差异背后所隐藏的不仅是主次关系的倒置,更是用户体验的重新定义,它标志着转型后的数字音乐从原来的社交功能点缀转向主动性专业化发展方式。在专业艺人作品的流通周期加速和影像范围扩大的同时,草根艺人与业余爱好者也有了更加广阔的发声契机与施展平台,激发更加多元的音乐创作形式与交流机制。这种发展不排除会使原有社交媒体的功能被进一步更新和日趋专业化。进一步来看,借助社交媒体,音乐艺人还拥有除音乐作品之外吸引人气的方式,借助非音乐制品,例如抖音、直播等形式,随时制造话题,进而拉拢受众关注,进一步丰富了音乐作品的传播途径。

(2) 流媒体翻录的解决。我们也要清醒地看到,通过社交媒体获得几何级数传播效果的唱片公司同样面临着新的盗版形式和侵权危机——流媒体翻录。首先应该强调的是流媒体翻录这项技术本身具有中立性,它可以同时服务于合法与非法目的。而且这一危机在未来相当长的一段时间内还会呈现扩大趋势,它正在成为整个音乐产业面临的共性问题,也是全球范围内发展最快的音乐侵权形式。

英国知识产权局与音乐著作权集体管理组织 PRS for Music 的一项研究成果表明,流媒体翻录已成为英国发展最迅猛且最流行的盗版方式。报告指出,2014—2016 年,流媒体翻录网站的使用量增长了 141.3%,远超其他形式的盗版服务,如今这一数字仍在高水位徘徊。事实上,流媒体翻录侵权已不是什么新闻,但是其程度扩大和技术更新却是必须警惕的趋势,因为"翻录"已然构成了"盗录"。但与 P2P 直接涉嫌从事盗版行为不同,流媒体翻录服务进行版权法规制确实存在一定的障碍。

就下一步发展来看,各国法律应对流媒体翻录的具体行为实施类别进行清晰明确的定义。这一问题已经引起了足够的重视,搜狐网"版话"曾专门分析了流媒体翻录存在的问题及未来趋势与对策,文章提出:"如果依旧允许将欣赏目的作为合理使用的考虑因素,也应将用户本身是否已经合法享有复制件作为认定自行复制行为是否构成合理使用的前提要件。这样一来有了直接侵权,对流媒体翻录服务提供者间接责任的追究才有其他规制路径。而与此同时还应追究破解技术措施行为的法律责任。如果我们认为合理使用有着保护公民获取信息的自由等更高层面的考量,则需要对以技术措施来排除合理使用的行为的合法性做出审慎考量。与之相对应,为满足合理使用的需求而破解技术措施的行为,也就具有了一定的正当性。"而对于接下来的趋势,文章也提出从合同角度追究用户的违约责任:"网络内容提供商用户协议中对用户行为的约束,也能在一定程度上解决流媒体翻录带来的问题。通过用户协议,网络内容提供商可以对用户复制的权限做出合乎己方利益的限制。但这样的方式存在诸多疏漏:首先,合同的相对性意味着流媒体翻录服务提供者并不能受到约束;其次,在版权人与网络内容服务商并非同一主体之时,版权方也无法追究任何责任。"

经营"流媒体盗录服务"的网站侵蚀了合法地获得授权并向艺人和权利人支付报酬的音乐服务商的利益,对音乐生态系统造成了威胁。作为唱片公司,致力于确保音乐能获得全部和公平的回报既是他们的责任,也是事关自身生存的命脉。然而,单靠唱片公司一己之力来与流媒体盗录等新形式盗版斗争还远远不够,整个音乐产业必须同样被调动起来,甚至需要其他产业技术的支持。尽管行业采取的行动正在产生积极的影响,一定程度上减少了主要音乐市场的流媒体盗录侵权。然而,这个问题还远未得到解决,未来打击流媒体盗录将是维权领域的重点。

(3) 缩小价值差距。毋庸置疑,数字音乐的文化和商业价值同样重要,在进一步保证版权权益的前提下,音乐产业在发展过程中也应该进一步建立健全市场运作机制,也就有必要继续让消费者认识到付费订阅服务的价值,从而更专注于在全球范围内为音乐寻求全面而公平的价值。

更重要的是,音乐产业要实现确保音乐获得全面公平回报的目标,必须依赖于一个公平的数字市场。数字平台通过使用音乐创造的价值与平台支付给创作者的费用严重不对等。价值差距的问题是阻碍可持续增长的最大障碍,即某些在线用户上传服务使用音乐却不向音乐的创作者和投资者支付合理报酬。从音乐中获取的利润与返给音乐产业的收入之间的价值不匹配是目前音乐行业面临的最大政策挑战。因此,就下一步发展来看,应保证基于自由协商条款获得授权的那些数字音乐服务商能够在公平的环境中竞争,尽管实施起来有相当大的难度,但显然是音乐产业需要努力的方向。此外,为了让音乐在数字世界中繁荣,音乐的创造者和投资者必须能与其音乐的使用者商定合理的商业条款,这无疑又是一个系统的建设。

5.2 国际主要音乐市场分析

5.2.1 美国音乐市场

5.2.1.1 市场概况

美国作为全球文化最为发达的国家之一,其音乐产业的市场规模十分庞大,保护机制也相对健全,在音乐版权保护与开发、艺人经纪、数字化生产等领域都处于领先地位。美国 2017 年上半年的数据报告显示,美国音乐消费总量持续上涨,比 2016 年上涨了 9.9%。2017 年,已经销售 2.93 亿首音乐单曲,2016 年度为 2.666 亿首。2017 年上半年,歌曲播放总量为 15 亿首,同比增长了 29.5%。2016 年上半年,歌曲消费总量 12 亿首。音频流创新纪录。2017 年上半年,音频流达到 1 798 亿,和 2016 年上半年相比增长了 58.5%。[①]

此外,2017 年上半年,订阅流媒体同比增长了 69.3%。目前,订阅流媒体占音频流的 78.6%,和 2016 年上半年的数字(73.6%)相比稍有增长。整体专辑销量下降了 13.9%。2017 年上半年,专辑总销量 7 400 万张,而 2016 年上半年专辑总销量为 8 600 万张。

数字音乐专辑销量下降了 24.3%,2017 年上半年,数字专辑销量降至 3 450 万张,占总销量的 46.6%;而 2016 年上半年,数字专辑销量为 45.6 万张,占总销量的 53.0%。实体专辑销量下降了 2.1%。2017 年上半年,实体专辑销量为 3 960 万张,占专辑总销量的 53.4%;2016 年上半年,实体专辑销量 4 040 万张,占总销量 46.9%。2017 年上半年,黑胶唱片销量同比增长 20.4%,占专辑总销量的 4.9%,比 2016 年(3.5%)的份额增长明显。

在美国,处于音乐产业链上的各个组织、机构存在供给和需求的关系,从唱片生产到消费者最终消费要涉及各个不同的产业部门,他们之间的关系既是供应与需求的关系,也是上下游关系。

5.2.1.2 竞争格局

在全球音乐产业报告中显示,北美地区已经连续三年实现音乐行业收入增长,2017 年增长了 12.8%,数字音乐专辑收入增长了 17.4%,流媒体收入增长强劲,达 49.9%,实体音乐收入下降了 0.7%。以市场为导向的美国音乐产业在版权保护开发、艺人经纪演出、数字化生产与服务等领域都有着先进的经验。

目前,美国依旧是世界最大的录制音乐市场,其数字音乐占录制音乐市场的份额已经增长到 3/4。2017 年,数字渠道的收入在其市场中的占比高达 75%,其中付费音频流媒体收入增长了 59.6%,几乎占到了数字音乐总收入的一半(47%)。随着科技的发展,美国音乐产业逐步建立起了成熟的版权保护制度和行业协会,有力地保护了版权人的利益。

由市场研究公司尼尔森发布的美国 2017 年音乐年中报告中显示,2016 年,流媒体首次占美国音乐收入的 50%以上。尼尔森的最新报告再次强调,流媒体已经成为音乐行业的重要一环。根据尼尔森的数据,2017 年上半年,按需音乐流达到 1 843 亿,同比增长 62%。2016 年,与流媒体相比,数字下载和实体唱片销量都有所下滑。歌曲下载量下降了 23.8%。2017 年上半年,音乐下载量为 3.133 亿首;而 2016 年上半年是 4.109 亿首。2017 年上半年,平均每周点播音频流 1 080 亿首;2017 年上半年,流媒体播放最多的音乐人是 Drake,共播放 37 亿次;而最受欢迎的音乐流则是 MIGOS 的 Bad and Boujee,播

---

① 数据来源:Nielsen Music:2017 Year-End Music Report U.S.。

放了 7.113 亿次。最热门的专辑是 Drake 的 More Life,在流媒体上播放了 18 亿次。①

5.2.1.3 美国音乐版权保护体系

音乐产业良好发展的基础和前提是版权,美国音乐版权的实现是通过一系列的许可授权制度完成的。这些许可授权制度大概分为五类:表演授权许可、印刷授权许可、同步授权许可、机械复制许可、原版录音使用授权许可。

现行《美国著作权法》规定,作品可以转让和使用,甚至可以雇佣他人代为创作作品或出卖著作权,并可以以自己的名义发表买下来的作品。美国长期采取著作权登记取得制度,但为了加入《伯尔尼公约》,于 1988 年通过了《伯尔尼公约实施法》,修改了其著作权法中的公告和登记制度。美国目前已加入《世界版权公约》《伯尔尼公约》《唱片公约》等国际著作权公约。

美国音乐著作权的有效期一般比多数国家长,为作者有生之年到逝世后 70 年。若是多位作者共同创作,则以最后去世的作者死后加上 70 年为期限。《美国著作权法》注重经济权利,例如,对雇用作品,唱片公司就是著作权人,享有各种版权。但由于公司不存在寿命限制,所以《美国著作权法》规定,雇用作品的有效期为作品首次出版后的 95 年或者创作后的 120 年,以其先结束的时间来计算。同大多数国家一样,美国的音乐著作权也是采取"自动取得"制度,作品产生后不需要登记或注册便受到著作权法的保护。但是对于没有登记的作品,当侵权事件发生后,案件诉讼便无法开始。由于登记是要花一定的时间且需要支付一定费用的,所以部分经济状况不好的著作权人在创作音乐作品后以邮件的形式发给自己或一些作品保护机构,作为以后进行诉讼时的证据,这种做法被称为"穷人著作权"登记。

由于约束条件不同,授权所采用的合约模式也有差异。有的采取著作权人与使用人之间直接谈判、签订合约的方式,如戏剧性表演权利以及影音同步权。只要音乐出版商或著作权人同意唱片公司将歌曲录制并公开销售,唱片公司便获得了该歌曲的强制机械生产许可。强制机械生产许可适用于面向公众、经销非戏剧音乐作品的唱片,唱片公司希望得到更低的版税率、更少的支付次数以及有利于唱片公司的返还结算。1909 年的著作权法修订案中,强制机械生产许可的版税率为 2 美分/拷贝,后经多次修改,2007 年改为 9.1 美分/拷贝或 1.75 美元/分钟(二者取其高)。但唱片公司经常以低于法定税率的价格支付版税,通常为法定税率的 75%。

对于频率较高、规模较大地使用歌曲的情形,美国通常通过著作权集体管理组织来完成版税的收取与分发等工作。这类著作权集体管理组织主要是 ASCAP(The American Society of Composers, Authors and Publishers,美国作曲家、作者及出版商协会)、BMI(Broadcast Music Incorporated,广播音乐公司)以及 SESAC(欧洲戏剧作家与作曲家团体)三家表演权利组织(Performing Rights Organization, PRO)来完成。其中, ASCAP 成立于 1914 年,是美国最早也是目前规模最大的 PRO,会员包括词曲作者、音乐出版商等。三家 PRO 负责监控管理各项受托著作权的使用状况,并对外统一征收版税(Royalty)。著作权使用人直接向该三家机构申请授权,并向其统一支付版税,获得合法使用授权。

---

① 数据来源:Nielsen Music: 2017 Mid-Year Music Report U.S.。

他们对外授权往往采取一揽子授权（Blanket License）方式，将多个音乐作品表演权打包出售，然后每年利用广播数据系统或者其他方法抽样监测作品的使用情况，以此作为会员分配权利金的依据，然后再根据一定的标准与方法将收集来的版税分配给各个著作权人。

美国另一个著作权集体管理组织是机械复制权集体管理组织——哈里夫克斯代理机构（Harry Fox Agency，HFA）。如果生产商或销售商对音乐进行复制（也包括网站播放及下载音乐），就可以通过 HFA 获得授权。HFA 所提供的授权服务包括机械性授权（Mechanical）、数字授权（Digital）、限量授权（Limited Quantity Licensing）等。然而，由于科技的快速发展，数字复制技术的进步导致私人复制（Private Copying）更加快捷、方便。虽然人们正版消费意识水平较高，但美国也存在盗版问题。对网络时代的著作权保护制度如何实现网络环境下著作权人和个人用户之间的利益平衡问题，美国建立了著作权补偿金制度，于 1992 年通过了家庭录制法案（Audio Home Recording Act），即国家对那些能够为私人提供音乐、文本、图片等复制的设备、器材（如复印机、录音机、录像带与光盘等）的生产或销售商家收税，并将这部分收入按照一定的分配机制由著作权集体管理组织分配给著作权人，补偿由于私人复制带来的损失，这就是复制补偿金制度。这种机制一方面避免了直接向私人复制者授权并收取版权费，保证了私人复制的便利性，同时又补偿了著作权人由于私人复制可能带来的损失。该制度规定，录音机和空白储存媒体的制造商、进口商必须支付法定补偿金。依照该法的规定，上述企业每卖出一台录音机，必须缴纳批发价 2% 的补偿金；空白介质则缴纳批发价 3% 的补偿金，该税费是依据美国国家图书馆制定的法定方案收取的，每季度进行征收。但非商业性的、个人的家庭数字复制和模拟复制则不在侵犯著作权的惩罚范围之内。美国著作权局每年会主动将这些收入中的 2/3 转分配给录音基金（Sound Recordings Fund），其余的 1/3 则分配给音乐作品基金（Musical Works Fund）。1995 年，艺人与唱片公司联盟（The Alliance of Artists and Recording Companies，AARC）成立，成为美国历史上第一个分配家庭录音法案补偿金的著作权集体管理组织，专门对上述基金进行合理分配。

由此我们可以看出，美国音乐著作权制度较为完善，是根据不同的用途来进行细分与管理的，使分散的版权得以集中管理，降低了直接定价的高昂成本。尽管音乐著作权集体管理组织非政府控制，是非官方的，但音乐消费者对这些组织非常认同，音乐著作权人对版税分配也很认同，这在本质上也是一种节约交易费用的合约安排。随着新的介质、新的创作手段、新的传输系统的不断涌现，将扩展"著作权人""著作权"及"合理使用"的现有概念，无论是哪种著作权集体管理组织来管理，都为音乐著作人提供了丰富、多元的利益源泉，有效激励了音乐作品的生产创作。

5.2.1.4　美国音乐聚集区

（1）百老汇。百老汇（Broadway），原意为"宽阔的街"，但另一种说法认为这个名字是从荷兰文 Brede weg 翻译过来的，这和把 Wall Street 翻成华尔街是相同的道理。百老汇大道为纽约市重要的南北向道路，南起巴特里公园（Battery Park），由南向北纵贯曼哈顿岛。由于此路两旁分布着为数众多的剧院，是美国戏剧和音乐剧的重要发源地，"百老汇"因此成为音乐剧的代名词。① 在美国,最能代表美国演艺业光辉的莫过于"百老汇"。百老汇大道位于美国纽约市,其中心地带是在第42街"时代广场"附近,周围云集了几十家剧院,如今它也是美国现代歌舞艺术、美国娱乐业的代名词。

百老汇歌舞艺术的特点是通俗易懂、娱乐性强,而且舞台布景富丽堂皇,再加上各种现代化的科技手段,配合声响、灯光,使得舞台表演变幻莫测;台上演员载歌载舞,台下观众如醉如痴;现场气氛热烈,演员和观众的交流融为一体,具有很强的观赏性和娱乐性。演员们身着缤纷绚丽的服装在优美动听的音乐中热情奔放、酣畅淋漓地舞蹈,使观众切身感受到美国的音乐文化和文化音乐。百老汇没有任何艺术上的框框,也不介意这台戏是否在别的地方曾出现过,它只信奉一个准则,那就是任何艺术中,只要能让观众视觉得到新的挑战的东西,毫不拘泥于陈规旧俗,拿来就用。像《猫》《歌剧魅影》等著名舞台剧,先是在伦敦西区原创,而后在百老汇方才走红。这是因为百老汇的制作人把它们买过来,加以精细再制作的结果,体现出一种绝不拒绝复制的精神。

如今,百老汇歌剧已经成为纽约市文化产业中的支柱之一。它的表演形式融舞蹈、音乐、戏剧于一体,有些剧目更是融艺术与大众品味于一体,具有很强的观赏性和娱乐性。观赏百老汇歌剧成为每一个来纽约市参观、访问、旅游的人不可或缺的节目。从观众的比例来看,慕名前来的外国人要超过美国人。观众人数以每年3%的比例上涨。观众当中,60%的人来自纽约以外地区;许多来纽约的人的目的之一就是欣赏百老汇歌剧。

"百老汇"的存在使得美国的演艺文化业取得了极高的成就,其健全的商业运营模式大力推动了演艺业的集群化发展,创造了可观的经济效益。

(2)洛杉矶音乐中心。洛杉矶音乐中心(Los Angeles Music Center)地处洛杉矶市中心,建于1964年,由桃乐丝·钱德勒音乐厅(Dorothy Chandler Pavilion)、Mark Taper Forum话剧院、Ahmanson Theatre戏剧音乐舞台以及迪斯尼音乐厅4个部分组成。这里是洛杉矶音乐、歌剧、话剧、音乐舞台剧和舞蹈艺术表演的中心,每年吸引上百万观众。

闻名遐迩的桃乐丝·钱德勒音乐厅是著名的洛杉矶交响乐团和歌剧院的表演场所。洛杉矶交响乐团是世界著名的交响乐团之一,云集世界一流的指挥家、表演家,演奏大量的贝多芬、柴可夫斯基等大师的钢琴协奏曲及小提琴协奏曲。成立于1986年的洛杉矶歌剧院仅有14年历史,在著名男高音多明戈Domigo的艺术指导下,跃居美国五大歌剧院。每年9月到次年6月均推出8部古典与现代歌曲,如《茶花女》(Aida, Tosca)、《蝴蝶夫人》(Madam, Butterfly)、《比利·巴特》(Billy, Budd)、《比德·克莱姆斯》(Peter Grimes)等优秀歌剧。此外,这里还是洛杉矶的文化中心,每年都会有许多的学术奖项授奖仪式在这里举行。此外,这里曾是20余次奥斯卡金像奖颁奖典礼的举办地。Mark Taper剧院是洛杉矶的一家标志性剧场,相邻的Ahmanson剧院和道格拉斯剧院都由中心剧院组操作,演出话剧和实验话剧。Ahmanson剧院于1962年3月9日开始建设,其演出各种各样的戏剧、音乐剧、喜剧,Ahmanson也推出许多百老汇音乐剧,如《音乐之声》《悲惨世界》等美国大众喜闻乐见的百老汇音乐剧。华特·迪斯尼音乐厅(Walt Disney Concert Hall)位于美国加州洛杉矶,是洛城音乐中心的第四座建物,由普利兹克建筑奖得主法兰克·盖瑞设计,主厅可容纳2 265席,还有266个座位的罗伊迪士尼剧院以及百

---

① 资料来源:纽约中文网,https://www.usnyk.com/lvyou/niuyuegonglue/2012/0614/620.html。

余座位的小剧场。迪斯尼音乐厅是洛杉矶交响乐团与合唱团的团本部。这座超现代的大型建筑成为洛杉矶爱乐乐团的新家,同时它更是以其动人心魄的独特外表成为美国第二大城市洛杉矶的新地标,成为一个音乐爱好者和旅游者共同膜拜的艺术殿堂。迪斯尼音乐厅落成于 2003 年 10 月 23 日,造型具有解构主义建筑的重要特征,以及强烈的盖瑞金属片状屋顶风格。落成后,如同毕尔包古根汉博物馆般,引起不少是否破坏市容的纷议,且建筑学界亦置疑其内部空间是否能提供音乐厅良好的声学效果与设计。但在几场音乐演出之后,与洛杉矶音乐中心另一栋重要音乐厅——桃乐丝·钱德勒大厅相比,该音乐厅良好的音响效果广受赞誉。①

洛杉矶音乐中心在 20 世纪 60 年代先后建起三座剧场和音乐厅。由于这个中心不断丰富和扩展,使其成为洛杉矶市中心一颗灿烂的明珠。如,2002 年由美国建筑师拉菲尔·莫尼奥(Rafael Moneo)设计的圣母教堂、日本建筑师矶崎新(ArataIsozaki)设计的现代艺术博物馆,尤其是 2003 年 12 月由弗兰克·盖里(Frank Gehry)设计的沃尔特·迪斯尼音乐厅的落成使这一文化中心大放异彩,引起了轰动效应。

5.2.1.5 美国音乐产业运营模式分析

20 世纪末 21 世纪初,随着 MP3 技术的成熟和互联网的普及,美国数字音乐逐渐发展壮大起来。数字音乐的出现大大减少了音乐产业价值链中的中介数量,以低成本的数字化代替了现有高成本的物质生产、包装、传播等环节。其音乐产业模式从单纯的传统唱片所有权模式逐渐转变为数字所有权模式、音乐访问模式和服务互动模式相互补充。数字音乐产业价值链与传统音乐产业相比有所变化,传统唱片不再是核心产品,由唱片公司垄断音乐产品的提供改变为音乐制作室、原创个人、音乐网站等均可成为内容提供商(CP),运营商可通过服务器的管理成功实施音乐著作权保护,为内容提供商提供权益保障。

美国传统的音乐产业收入流有三种主要的经济模式:一种是对词曲作者创作的歌曲的使用,包括创作歌曲的词曲作者、与词曲作者及其歌曲签约的音乐出版商、广播电视公司及其他经过授权可以使用歌曲的媒介(如用来制作电影配乐等)、公众;第二种是唱片公司对录制歌曲的使用,包括歌手、唱片公司、制作人及录音师、生产商、发行商、零售商、公众;第三种是歌手的现场演出,包括歌手、私人经理、代理公司、宣传商、场地商、公众。有关其详细分工与职责请参考美国田纳西州立大学杰弗里·赫尔(Geoffrey P. Hull)教授写的 *The Recording Industry* 一书,国内已有译本,名为《音像产业管理》。这三种不同的收入流各自形成一个完整的产业链,每个产业链中的各个机构和部门都不是孤立的。它们以产品、技术或资本为纽带,处于同一个利益共同体中,紧密相连。

美国传统的音乐产业可以用下面简单的流程来表示:词曲作者签约音乐出版商——音乐出版商签约艺人(或制作人)录制歌曲——唱片公司制作唱片以及 MTV ——唱片推广部门使歌曲及其 MTV 在广播或电视上播放——律师与各方签有关使用、出版歌曲或 MTV 的协议——唱片公司在线销售以及售卖给批发商,批发商再转卖零售商——艺人机构与唱片公司签约并预订演出——演唱会主办方拉赞助并开始售票——演唱会经纪人

---

① 吕帅,燕翔. 迪斯尼音乐厅的建筑与声学[J]. 电声技术,2014,38(2):1-6.

布置舞台、灯光及音响——艺人演出,音乐著作权管理组织收取版税——财会部门计算收入——政府部门收税。在这个流程中的不同环节有不同的参与角色,发挥着不同的作用,并获得相应的利益,每一个个体行为都会影响产业链中的其他机构乃至整个产业链的整体运作。

当音乐产品由磁带、CD转变成MP3、手机彩铃等形式时,音乐产业也随之转型。随着科技的发展,美国传统的音乐产业受到冲击,但也带来了新的发展机遇。对美国的数字音乐产业而言,其销量及价值量仍然是全球第一。美国的数字音乐产业链相对于传统音乐产业链来说只是发生了一些变化(如互联网取代了发行商、销售商及宣传商的位置),产业链链条缩短,公众更加容易获取想要的歌曲。

5.2.2 欧洲音乐市场

5.2.2.1 英国音乐市场

(1)年度音乐产业报告(Measuring Music 2017)。2016年,英国各个音乐行业的增长势头良好。这份报告显示,2016年,英国的音乐产业为英国经济贡献了44亿英镑的收入,较往年增长了6%;音乐出口为英国经济贡献了25亿英镑,较往年增长了13%;英国音乐产业为英国提供了142 208个就业岗位,比2015年新增23 188个,增长了19%;实体唱片的产值上升了5%;2015—2016年,出口出版业增长了25%。在所有数据中,表现最亮眼的是现场演出,为英国经济贡献了10亿英镑,占据音乐产业总产值的1/4,增长速度位居榜首。以上数据来自英国音乐协会发布的音乐产业报告(Measuring Music 2016)[①],该报告包括音乐出版、现场音乐和音乐录制产业内所有核心领域带来的收入。

音乐出版在2015年为英国经济贡献了4.73亿英镑的收入,但是其音乐产业中对英国经济贡献最大的还是来自"音乐人、词曲作者"们创造的收入。2016年,这一部分收入达到20亿英镑,相当于音乐出版的4倍。音乐人和词曲作者、现场演出、音乐出版带来的收入与去年同期相比均有所增长,而唱片行业的产值增长了6%,这是自Measuring Music分析英国音乐产业5年以来,唱片行业首次出现增长。

值得注意的是,以下四个阶段的业务以及围绕其衍生出来的业务是英国音乐产业的核心业务。这四个阶段的业务为:一段纸上的旋律或者歌词、一支作品的录音、作品的现场表演以及歌手/乐队的名气与形象。

2016年英国脱欧,对英国音乐产业的发展来说也是十分重要的一年。英国音乐(UK Music)首席执行官迈克尔·道格(Michael Dugher)说道:"脱欧为英国音乐产业蒙上了一层阴影。"2016年的Measuring Music报告调查了在音乐产业中工作的人们对英国脱欧的看法。50.1%的人持消极意见、19.5%的人认为对他们的工作没有影响、28.1%的人表示不清楚、2.3%的人持积极意见。见图5-15。可以肯定的是,英国音乐产业中10%的劳动力来自其他欧盟国家。脱欧会增加巡演的困难程度,使费用变得更加高昂,有损海外市场,开发新的海外市场风险加大。但也不必持悲观态度,脱欧会为英国音乐产业带来新的机会,可以重新商定贸易条例,此举将有利于英国扩大海外市场。

---

① 资料来源:Measuring Music,https://www.ukmusic.org。

What impact will the UK leaving the European Union have on your work within the music industry as an artist / as a producer / when managing talent?**

Negative	50.1%
Positive	2.3%
No Impact	19.5%
Don't know	28.1%

图 5-15

  2016 年,英国流媒体零售增长了 65%,也让我们看到了流媒体零售的能力,虽然实体唱片销售呈下降趋势,下降了 7.3%、数字下载也下降了 27.2%,但流媒体零售却涨势惊人。不得不说,使用流媒体已经成为人们听音频的主要方式。我们可以看到用 YouTube 听音频的人占 31%、用 Spotify 的占 16%、用 CD 的占 15%、通过 Face Book 听歌的人首次超过用 iTunes 听歌的人数,成为继 YouTube、Spotify、CD、之后第四大最受民众喜爱的听歌方式,CD 也首次跌至 Spotify 以下,成为第三受欢迎的听歌方式。见图 5-16。与此同时,Face Book 和 YouTube 也成为人们欣赏现场音乐的主要方式,面对这种情况,英国音乐(UK Music)首席执行官 Michael Dugher,和英国音乐(UK Music)主席 Andy Heartmbe 表示担忧:Face Book 和 YouTube 平台都有很多的受众,但他们都是免费平台,能够给到创作者的回报很少,这对他们的知识产权和辛勤劳动是一种挑战。应当尽快建立相应机制,该如何为英国乃至全世界的音乐提供体面的回报,确实是一个刻不容缓的问题。

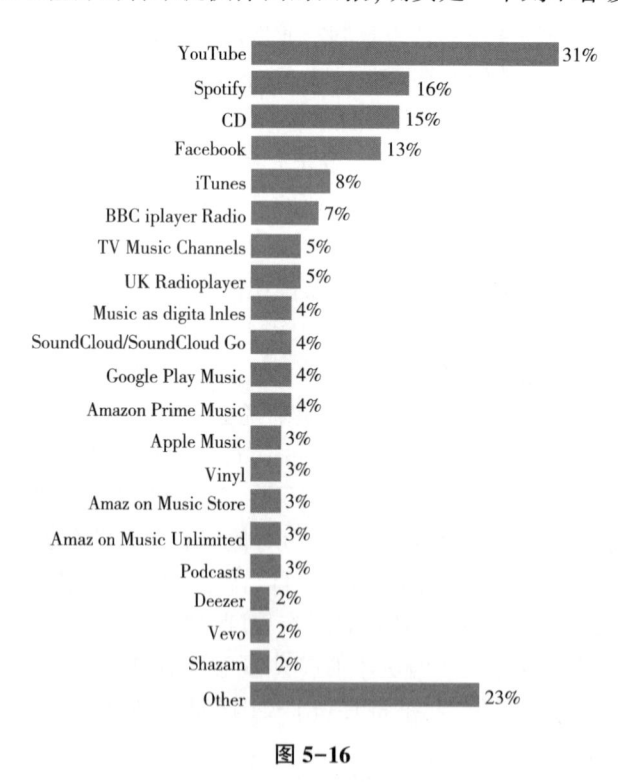

YouTube	31%
Spotify	16%
CD	15%
Facebook	13%
iTunes	8%
BBC iplayer Radio	7%
TV Music Channels	5%
UK Radioplayer	5%
Music as digita lnles	4%
SoundCloud/SoundCloud Go	4%
Google Play Music	4%
Amazon Prime Music	4%
Apple Music	3%
Vinyl	3%
Amaz on Music Store	3%
Amaz on Music Unlimited	3%
Podcasts	3%
Deezer	2%
Vevo	2%
Shazam	2%
Other	23%

图 5-16

值得一提的是,2017年的数据显示,整个音乐行业的总增加值(GVA)增长率为6%,达到了健康发展水平,其中出口收入就达到了25亿英镑,较去年增长了13%,令人印象深刻。这主要得益于在全球范围内取得成功的英国艺人(组合)的大力推动,比如艾德·希兰(Ed Sheeran)、Adele、酷玩乐队(Coldplay)、斯科皮塔(Skepta)和滚石乐队(the Rolling Stones),从中可以看出英国音乐文化的影响和软实力正在不断增强。

(2)英国实体唱片以及流媒体服务发展趋势探索。英国唱片业协会(BPI)最近公布了一份2016年英国音乐市场的报告,其中包括唱片销售情况、流媒体服务趋势以及音乐收入状况。①

音乐零售业在2016年的销售额约为10亿英镑。其收入包含所有形式的专辑销量收入、单曲销量收入和流媒体付费服务收入。英国唱片业协会还推算出了2016年所有的专辑销量(含数字、实体、流媒体)为1.23亿张,同比2015年增长了1.5%。

流媒体收入占英国所有音乐消费的1/3(36.4%),同比2015年实现了大幅度增长,增长比例为68%,相比2013年增长了500%。包括Spotify、Apple、Deezer和Tidal在内的数字平台提供了450亿音频流量,推动了英国音乐流媒体消费的大幅增长。2016年的12月是音乐流媒体服务的里程碑,一星期内达到了10亿音频流量,而在2014年这一数据不到2亿。

2016年,英国流媒体订阅收入增长迅速,同比增幅高达61%,占到总收入的30%。而实体专辑这一年在英国的表现同样稳定,带来的收入占总收入的32%。当年BPI也预测,2017年英国流媒体的收入"无疑"将会超过实体收入,成为英国唱片业收入的主要来源。

在专辑总销量里,2015年流媒体付费试听占了22.1%,同比2014年增长了12.6%,比2013年增长了6.2%;2016年黑胶专辑销量同比2015年增长了53%,达到320万张(见图5-17);数字专辑下载量和数字单曲下载量受到音乐流媒体的影响,呈现持续下降的趋势,这两项的份额仅占2016英国音乐消费的1/5。见图5-18。

应该注意的是,2016年一共有53周,数据增长的一部分受益于额外一周的收益。

BPI肯定了2016年流媒体为英国音乐产业带来的贡献。需要指出的是,2015年在英国,Spotify、Amazon和Apple Music等流媒体的付费订阅总收入就高达2.74亿英镑(3.43亿美元),占到流媒体总收入的87%;免费音频流媒体收入仅为1 100万美元,免费视频流媒体收入为2 500万美元,分别占到流媒体总收入的3.6%和9%。

根据英国娱乐零售商协会的调查,有11%的英国成年人至少会使用一项付费流媒体服务,较2015年同期增长了65.2%。同时,不可避免地是,年度下载收入(包括单曲及专辑下载)骤降了26.8%,仅创收2.14亿英镑。

流媒体数据的计算取决于评判标准。英国唱片业协会的所有数据都是不包含Soundcloud、Youtube、VEVO的数据的。但是这个规则不适用于音乐的年度零售销量。试听收入来自付费的订阅用户,而不包括Spotify的非付费用户。英国唱片业协会的官员透露,之所以不计算非付费用户的数据,主要是因为在技术手段上不太能确定非付费用户

---

① BPI Official UK Recorded Music Market Report For 2016 [OL] https://www.mi2n.com/press.php3?press_nb=195697.

Vinyl LP Sales and Market Share
黑胶唱片销量数量(百万张)
及在专辑市场的销售份额

■ Sales(m) 销量(百万张)   • Share(%) 市场份额

黑胶唱片销量在2007年跌入谷底,仅售出21万张。

年	1994	1995	1996	1997	1998	1999	2000	2001	2002	2003	2004	2005	2006	2007	2008	2009	2010	2011	2012	2013	2014	2015	2016
销量	1.45	1.41	1.08	0.82	0.64	0.67	0.75	0.76	0.66	0.58	0.45	0.35	0.25	0.21	0.21	0.22	0.23	0.34	0.39	0.78	1.29	2.12	3.23

2016年市场份额:4.7%

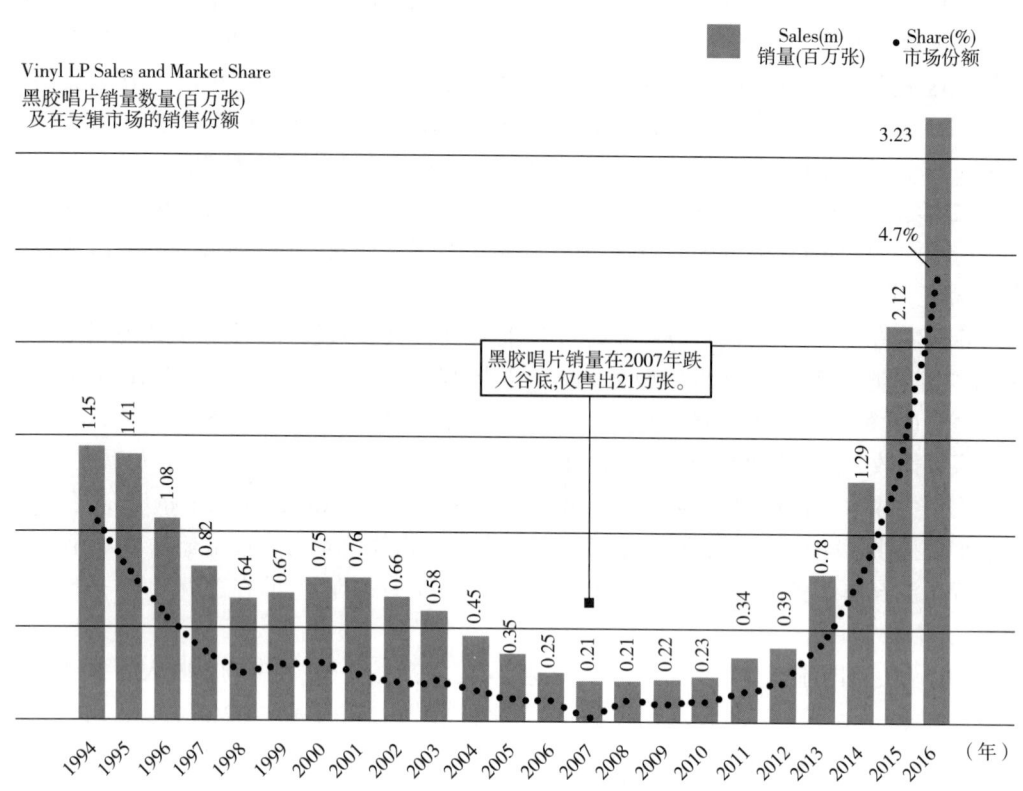

数据来源:英国排行榜公司
Source: Official Charts Company

图 5-17

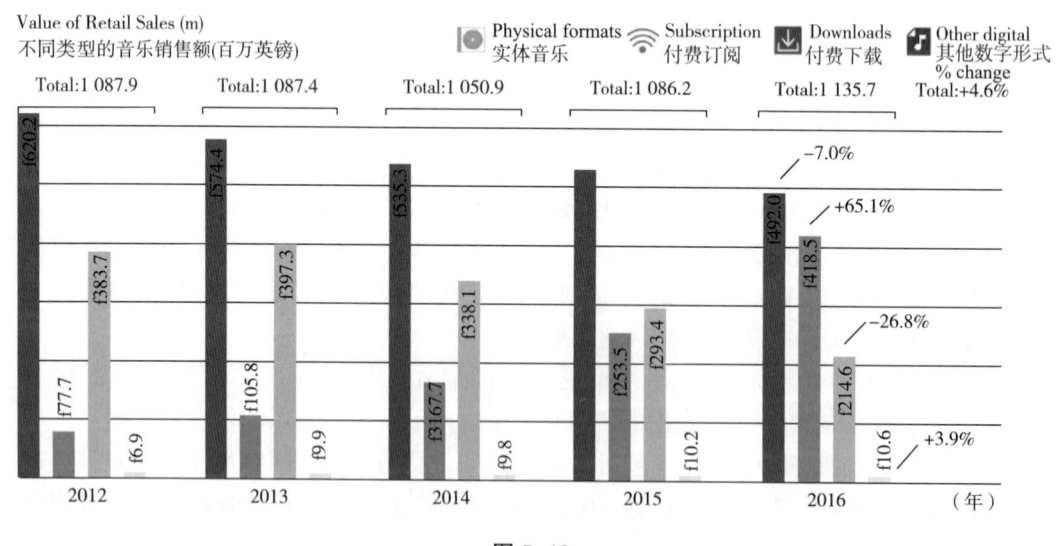

Value of Retail Sales (m)
不同类型的音乐销售额(百万英镑)

■ Physical formats 实体音乐   ⌢ Subscription 付费订阅   ⬇ Downloads 付费下载   ♪ Other digital 其他数字形式
% change

年	Total	Physical	Subscription	Downloads	Other digital
2012	1 087.9	£620.2	£77.7	£383.7	£6.9
2013	1 087.4	£574.4	£105.8	£397.3	£9.9
2014	1 050.9	£535.3	£167.7	£338.1	£9.8
2015	1 086.2	£492.0 (实际值)	£253.5	£293.4	£10.2
2016	1 135.7	£492.0	£418.5	£214.6	£10.6
% change	+4.6%	−7.0%	+65.1%	−26.8%	+3.9%

图 5-18

数据的准确性。全球有 3/4 的 Spotify 用户为非付费用户,那么,到底有多少钱在英国唱片业协会的这个"不计入"规则里被忽略掉了呢?

2016 年,英国流媒体订阅收入增长迅速,同比增幅高达 61%,占总收入的 30%。流媒体的单周播放量在 2016 年的倒数第三周达到全年最高,流量突破 10 亿大关,是流媒体发展的里程碑。见图 5-19。

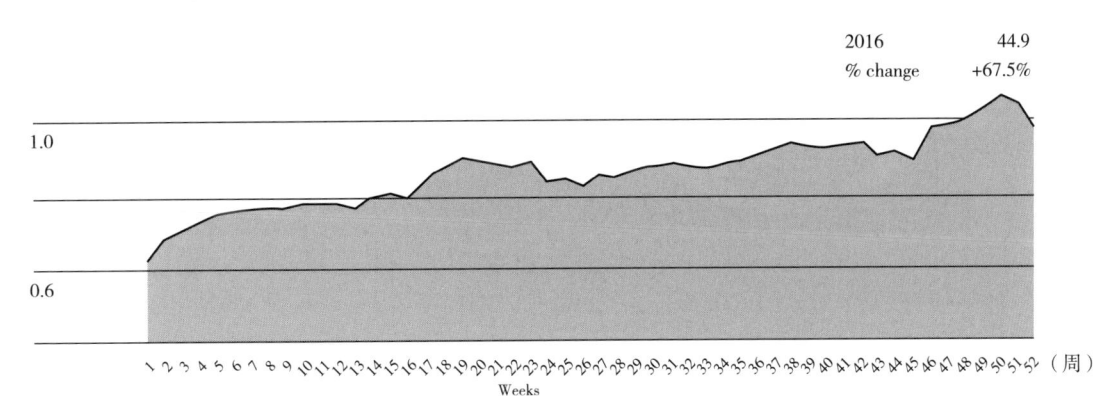

图 5-19 2016 年流媒体单周播放量(单位:十亿次)
数据来源:英国排行榜公司

2015 年,付费流媒体服务销售额增长了 8 300 万,但是专辑销售额下降了 2 600 万,单曲销售额下降了 2 100 万。付费用户弥补了那下降的 4 700 万,同时还给总体带来了 3 600 万增长。这不仅意味着流媒体服务的增长,还意味着 CD 唱片远没有到消亡的境地。①

英国消费者 2015 年的 CD 购买量为 5 360 万张,同比 2014 年下降了 3.9%,但是 CD 销量仍然占据了专辑所有渠道销量的 66%,2014 年比 2013 年的 CD 购买量下降了 7.9%,2012 年更甚,同比 2011 年下降了 20%,但如今回升的趋势非常明显。

不妨来回顾一下数字下载这几年的命运:峰值出现在 2013 年,但是在往后的两年里,它不断下降,从 2014 年的 3 000 万张到 2015 年的不足 2 600 万张。换句话说,去年每有一张专辑被下载,就有两张 CD 专辑被购买。CD 仍然是一个大载体,需要正视的问题是,虽然 CD 这个载体形式总量确实在缓慢地下降,可是付费用户在流媒体上的同步增长也是显而易见的。

云计算公司 Zuora 和市场调查公司 YouGov 联合发布的调查显示,有 78% 的英国人(4 000 万英国人)至少会为一项付费订阅买单(见图 5-20)。视频流媒体服务是最受欢迎的付费订阅类型,有超过 27% 的被调查者会选择订阅这一服务。至于音乐流媒体 Spotify 和 Apple Music,付费订阅比例分别是 11% 和 5%,付费习惯正在养成。

(3)英国音乐产业的周边发展潜力。Soundcloud、Youtube、Spotify 的非注册用户是不在英国唱片业协会的数据考察范围内的。首先需要指出的是,零售额主要来源于消费者在音乐上的消费。就现在的音乐产业而言,厂牌和艺人可以通过很多不同的渠道获得收益。

除此之外,这些数据都不包括消费者的演出门票消费、周边产品消费以及为艺人的众筹或者艺人和消费者点对点的直接消费,也不包括品牌方在艺人和厂牌中的赞助费

---

① 从十个不同角度读懂 2015 年英国音乐产业[OL]. https://mini.eastday.com/keji/160118/130611453.html.

图 5-20

用,这些也是带动产业快速增长的环节。

5.2.2.2 法国音乐市场

(1) 市场规模。法国音乐产业经历了 2011—2015 年连续 4 年营业额的下降,共计损失近 1 亿欧元之后,2016 年法国音乐产业总营业额首次出现了 5.4% 的增长,增值金额高达 2 400 万欧元,是过去 4 年累计下降总金额的 1/4。根据 2015 年全球发达国家音乐产业现状调查,音乐市场的发展情况在各个国家均有所不同,在欧洲市场是有下跌倾向的,显著下滑的是英国(-2.8%)和法国(-3.4%),也就是说,相比之下,法国的音乐产业情况下跌得较严重。但法国音乐行业在 2016 年创造了 628 万欧元的经济规模,并且连续第三年,在国际音乐产业中的经济规模均超过了 6 亿美元。它在 2016 年达到 6.28 亿欧元,在 2015 年达到了 6.17 亿欧元,比 2010 年增长了 30%。法国音乐行业的营业额在 2016 年达到 2.62 亿欧元。从国际上看,法国音乐产业的营业额在 2016 年达到了 2.62 亿欧元,比 2015 年增长了 2%。由此可见市场规模明显扩大。①

(2) 竞争格局。整体来看,版权是 2016 年国际音乐行业最重要的收入来源。2016 年法国音乐行业版权收入达 1.119 亿欧元,较 2015 年增长了 0.1%。其中,娱乐、演出等相关版权收入达到 6 620 万欧元,同比增长 0.3%;实体唱片和数字音乐等相关版权收入达到 5 640 万欧元,同比增长 11%。此外,法国音乐产业出口总收入达到 1 810 万欧元,相关版权收入达到 720 万欧元,占据音乐出口总收入的 1/3。法国实体唱片行业的数据显示,2016 年共有 8 位法国艺术家的专辑销量超过 10 万张,这个数量是 2010 年的两倍。法国新发行的专辑销售量占据了 2016 年全年专辑总销售量的一半以上,1 520 万张专辑销售量中有 800 万张是新专辑,但是其中只有 5% 的新专辑销量超过了 5 万张,平均销售量为 15 000 张,而每 5 张专辑中只有一张能够超过这一平均销售量。此外,在法国签约的艺术家中,46% 来自国外,几乎每两个艺术家中就有一个人是来自欧洲其他国家及欧洲

---

① 数据来源:L'ÉCONOMIE DE LA PRODUCTION MUSICALE 2017, https://www.tplmusique.org/snep-leconomie-de-la-production-musicale-en-2016/。

以外的国家,其他接近60%是法国本土音乐家。因此,法国音乐产业的收入正在慢慢偏向国际化,虽然主要收入仍来自欧洲(占总收入的60%),但"非欧洲"音乐收入占比率逐年上升,从2013年的28%增长到2016年40%。①

(3)消费者特征。在传统的音乐产业格局中,唱片公司是传统音乐产业中最重要的主体,但在法国,音乐者的音乐消费主要集中在流媒体音乐中。2016年,所有的流媒体消费指标都达到了28亿次,这是3年前统计数据的3倍。400万用户订阅了流媒体服务,订阅流媒体成为越来越受欢迎的做法。

GFK为SNEP建立了一个晴雨表,以定期衡量在流媒体中消费者的实践和期望的变化。在GFK消费者小组的基础上,在13 200人(代表法国人)中有4 466人(34%)说他们经常使用流媒体。根据用户经常使用流媒体的消费习惯,流媒体服务商们开始向用户提供流媒体服务的宣传,在短短几个月的时间里(2016年5月至2017年1月),所有的流媒体音频服务都获得了知名度:Deezer + 2点,Spotify + 5点和Apple Music +7分。这样带来的效果无疑是使流媒体播放数量持续上升。从2016年5月到2017年1月,平均播放音乐的时间从每周7小时50分钟增加到每周8小时19分钟。不仅如此,收听次数也不断增多,数据表明,有84%的人每周至少听一次音乐(2016年5月为82%),43%的人听音乐为日常实践(2016年5月为38%)。②

而在流音频和视频的使用方式上,大多数为横幅,流媒体音频的用户调查显示,几乎80%的流线型用户通过他们的智能手机收听音乐。而在流媒体音频文件服务的选择上,有48%的人选择了由流媒体服务推荐的标题和专辑。在一项通过这13个主要市场来研究和比较数字音乐消费者习惯的在线问卷调查中显示,在过去的6个月里,约3/4(74%)的网民积极使用数字音乐。对数字音乐的主要访问是视频流(55%的消费者)。然后是合法下载(45%)、流音频(37%)和非法音乐下载服务(35%)。由此可见,在音乐消费上,法国用户更加倾向于选择流媒体。

5.2.3　东南亚音乐市场

5.2.3.1　日本音乐市场

20世纪70年代开始,日本的本土流行音乐团体逐渐冒头,20世纪80年代规模化、产业化,最终在20世纪90年代到达巅峰,进入21世纪之后,随着通信设备的改进和互联网的发展,消费者的娱乐方式越来越多样化,日本的音乐产业受到一定程度的冲击,但产值仍然位居世界前列。国际唱片业协会(IFPI)统计数据显示,日本2012年度音乐软件(包括CD、DVD和网络下载)销量约为42.82亿美元,首次超过美国成为世界第一。包括音乐的二次使用费用(如电影主题曲、广告曲等)在内的市场销售总额为44.22亿美元,排名仅次于美国,名列世界第二。③

---

①　数据来源:L'ÉCONOMIE DE LA PRODUCTION MUSICALE 2017[OL],https://www.tplmusique.org/snep-leconomie-de-la-production-musicale-en-2016/。

②　数据来源:L'ÉCONOMIE DE LA PRODUCTION MUSICALE 2017[OL],https://www.tplmusique.org/snep-leconomie-de-la-production-musicale-en-2016/。

③　资料来源:Internationl Federation of Phonographic industry,Recording industry in Numbers 2013。

日本唱片协会（RIAJ）最新年度报告 *RIAJ Yearbook* 2018 显示，以 2013 年作为起始点，到 2017 年期间，日本录制音乐产量与生产总值（音频和音乐视频）呈现出持续下降的态势——录制音乐产量从 2013 年的 2.48 亿跌至 2017 年的 2.02 亿，而生产总值从 2013 年的 2 705 亿日元跌至 2017 年的 2 320 亿日元。见图 5-21。

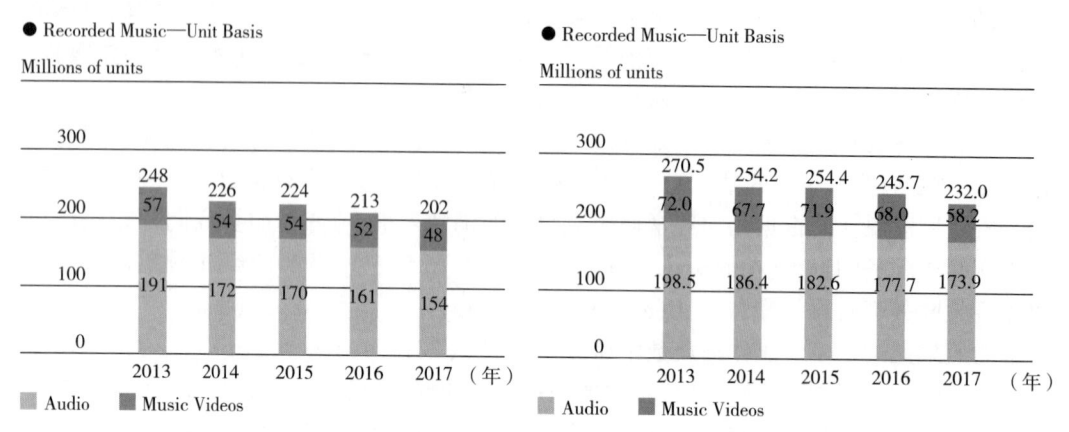

图 5-21　日本 2013—2017 年音频实体唱片产量和销量图
资料来源：RIAJ YEARBOOK 2018

作为对比，数字音乐方面则增长态势良好。相较于往年，虽然数字音乐产量持续降低，从 2013 年的 2.16 亿跌至 2017 年的 1.46 亿，但生产总值在持续增长，从 2013 年的 417 亿日元增长到了 2017 年的 573 亿日元，且增长率整体表现为逐年提升状态。见图5-22。

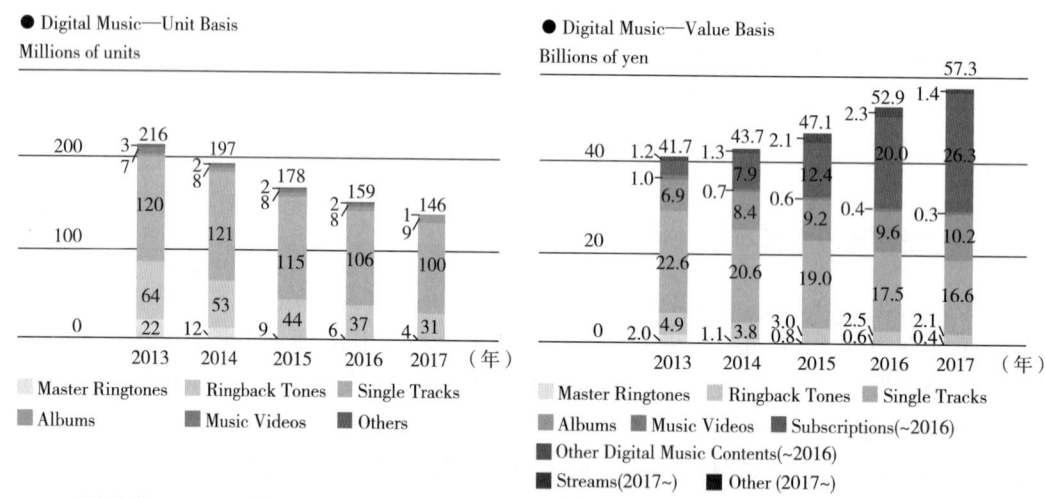

N.B.1. The categories of digital music sales have been changed since 2017. Subscriptions and Other Digital Music Contents were categories until 2016.
　　 2. Figures for Streams are the sum of Subscriptions and Ad-Supported.

图 5-22　日本 2013—2017 年数字音乐产量和销量图
资料来源：RIAJ YEARBOOK 2018

将音频实体唱片与数字音乐二者综合来看，总产值仍表现出略微下降的态势，由 2013 年的 3 122 亿日元下降到 2017 年的 2 893 亿日元；2016 年的数据是 2 986 亿日元,2017年较2016年跌幅为3.1%。见表5-2。

表5-2 日本2017年音乐制品生产及销售情况

(Thousands/Millions of yen)

	Item		Units	Share	vs. prev. yr	Value	Share	vs. prev. yr
Audio	3" CD Singles	D.	39	0%	50%	26	0%	49%
		I.	3	0%	200%	1	0%	211%
		T.	42	0%	53%	27	0%	51%
	5" CD Singles	D.	50 164	32%	92%	40 711	23%	95%
		I.	297	0%	230%	259	0%	476%
		T.	50 461	33%	93%	40 970	24%	96%
	Singles Total	D.	50 202	33%	92%	40 736	23%	95%
		I.	300	0%	229%	260	0%	473%
		T.	50 502	33%	93%	40 996	24%	96%
	5" CD Albums	D.	84 489	55%	100%	112 298	65%	99%
		I.	17 303	11%	86%	17 359	10%	92%
		T.	101 791	66%	97%	129 657	75%	98%
	CD Total	D.	134 691	87%	97%	153 034	88%	98%
		I.	17 603	11%	87%	17 619	10%	93%
		T.	152 294	99%	96%	170 653	98%	98%
	Vinyl Discs	D.	537	0%	136%	991	1%	131%
		I.	526	0%	131%	925	1%	132%
		T.	1 063	1%	133%	1 916	1%	132%
	Cassettes	D.	565	0%	81%	475	0%	78%
		I.	6	0%	223%	6	0%	180%
		T.	571	0%	82%	482	0%	78%
	Others	D.	145	0%	60%	206	0%	67%
		I.	298	0%	132%	597	0%	131%
		T.	443	0%	95%	803	0%	105%
	Total	D.	135 938	88%	97%	154 706	89%	98%
		I.	18 433	12%	88%	19 148	11%	95%
		T.	154 371	100%	96%	173 853	100%	98%
Music Videos	DVDs	D.	38 696	80%	94%	35 390	61%	83%
		I.	704	1%	100%	1 003	2%	103%
		T.	39 400	82%	94%	36 393	63%	84%
	Blu-ray Discs	D.	8 473	18%	88%	21 166	36%	89%
		I.	204	0%	102%	634	1%	93%
		T.	8 677	18%	88%	21 800	37%	89%
	Tapes and Others		1	0%	89%	2	0%	85%
	Total	D.	47 170	98%	93%	56 558	97%	85%
		I.	908	2%	101%	1 637	3%	99%
		T.	48 078	100%	93%	58 195	100%	86%
Recorded Music (Total of Audio/Music Videos)	Audio		154 371	76%	96%	173 853	75%	98%
	Music Videos		48 078	24%	93%	58 195	25%	86%
	Total	D.	183 108	90%	96%	211 264	91%	94%
		I.	19 341	10%	89%	20 784	9%	96%
		T.	202 449	100%	95%	232 048	100%	94%
Videos (inc. Music Videos)	DVDs		77 772	76%	90%	81 873	54%	86%
	Blu-ray Discs		25 128	24%	94%	69 822	46%	97%
	Tapes and Others		1	0%	79%	2	0%	68%
	Total		102 901	100%	91%	151 697	100%	91%
	Total of Audio/Videos		257 272	100%	94%	325 551	100%	94%

N.B. 1. The current year's statistics are compiled results of the member companies of RIAJ. The figures also include OEM sales by RIAJ members for non-RIAJ members.
2. Others in Audio: Total number of SACDs, DVDs-Audio, DVDs-Music and MDs.

资料来源:RIAJ YEARBOOK 2018

从RIAJ所提供的如表5-3所示的日本实体唱片业统计数据(囿于篇幅限制,此处无法给出详细图表)来看,音乐实体唱片产量与产值持续走低的数值背后,是实体唱片业几乎所有子领域的整体滑坡。CD 销售量与产值持续下滑:2017 年的数据为 1.35 亿张、1 530 亿日元,相比去年的 1.39 亿张、1 560 亿日元分别下跌了 2.9%、1.9%;音乐视频销售量与产量持续下滑:2017 年的数据为 4 800 万张、582 亿日元,相比去年的 5 200 万张、680 亿日元分别下跌了 7.7%、14.4%。然而在此大背景下,日本实体唱片业中,本土音乐相对于外国音乐一直占据绝对主导地位(在各方面,最近 10 年市场份额始终保持在 80%以上)。

表 5-3　日本 2013—2017 年音乐制品情况

(Millions/Billions of yen)

		Audio	Music Videos	Recorded Music (Total of Audio/Music Videos)	Digital Music	Total of Recorded Music and Digital Music
2013	Units	191	57	248	216	
	Value	198.5	72.0	270.5	41.7	312.1
2014	Units	172	54	226	197	
	Value	186.4	67.7	254.2	43.7	297.9
2015	Units	170	54	224	178	
	Value	182.6	71.9	254.4	47.1	301.5
2016	Units	161	52	213	159	
	Value	177.7	68.0	245.7	52.9	298.5
2017	Units	154	48	202	146	
	Value	173.9	58.2	232.0	57.3	289.3

资料来源:RIAJ YEARBOOK 2018

在实体唱片业的另一面,数字音乐产业的表现则如图 5-23 所示,自 2013 年来呈现逐年递增的态势。在此数据下,主要体现为在互联网与移动设备的快速发展与普及下流媒体产业的迅速壮大。根据报告原文的解释,2017 年开始计入统计的流媒体指标,是包括了此前的数字音乐订阅服务和广告音乐等类型的,因此,在图表中持续增长的数字音乐订阅服务产量产值,一定程度上可以视为 2017 年流媒体产量产值的前驱。可以看到,在数字音乐消费习惯的演变下,数字音乐单曲购买产值逐年缩水,数字音乐专辑购买产值则逐年提升,而将此二者放在一起,数字音乐单曲或专辑购买的产值走向仍表现为逐年略微下滑。而增长态势迅猛的流媒体音乐产业几乎可以说是担负起了让整个日本数字音乐产业增长的使命——从 2013 年不足整个数字音乐产业产值 10%(30.6 亿日元之于 416.6 亿日元),增长到 2017 年占当年数字音乐产业总产值的 46%(263.0 亿日元之于 579.3 亿日元)。

从图 5-23 的数据可以看出,在现代娱乐方式变革的浪潮下,日本音乐产业与其他国家一样无法避免地受到冲击。但受互联网发展的影响,数字音乐作为音乐产业的一部分,获得了相当强的推动力。另外,日本本国音乐在欧美、韩国等各大外来文化潮流之下,仍然在国内音乐产业中保持着不可撼动的主导地位。

5.2.3.2　韩国音乐市场

(1)韩国音乐市场概况。韩国人口数量少,国内音乐市场需求量较小,所以韩国音乐产业不仅局限于本土化发展,而是以开拓国际市场作为音乐产业发展的立足点,把具有

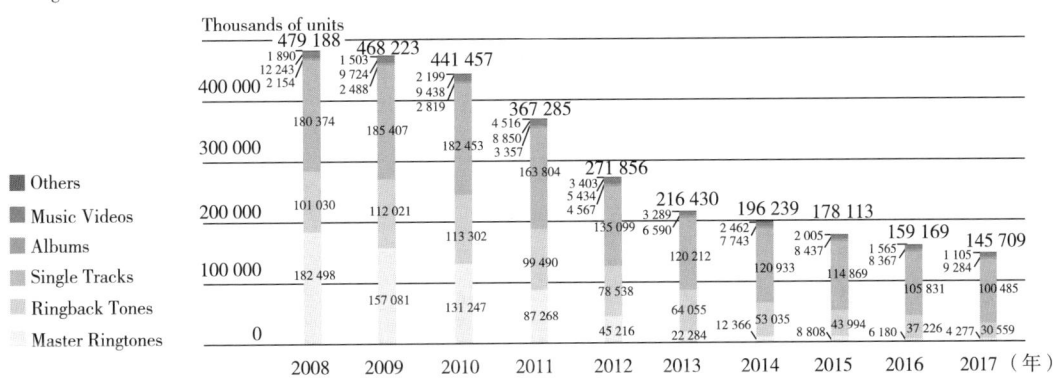

● Digital Music—Unit Basis

图 5-23　日本 2008—2017 年数字音乐整体与各部分产量与销量图

资料来源：RIAJ YEARBOOK 2018

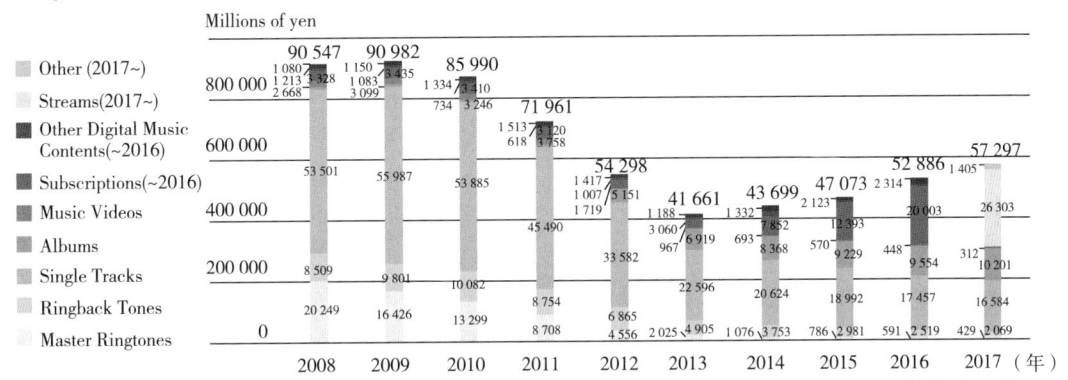

N.B. 1.The categories of digital music sales have been changed since 2017.Subscriptiions and Other Digital Music Contents were categories until 2016.
2.Figures for Streams are the of Subscriptions and Ad-Supported

韩国特色的本土文化加以创新，凭借新技术和新传播渠道，推动韩国音乐产业不断向海外扩张，而且音乐风格也愈加国际化，迅速风靡全球。

根据 IFPI 给出的近年来全球音乐产业数据（如图 5-24 所示），2014 年以前，全世界音乐产业呈持续走低态势，到现在逐渐有所回暖，主要依靠的是流媒体产业产值迅速增长的支撑。而在此背景下，韩国音乐产业的增长则显得十分迅猛。由 IFPI 提供的数据指出，韩国音乐产业的产值从 2003 年的 1.624 亿美元，飙升到 2017 年的 2.97 亿美元。可以看出，2003 年到 2017 年，全球音乐产业总值整体上是下降的，而韩国音乐产值在世界上的排名也从 2005 年的全球第 33 位提高到 2017 年的全球第 6 位，其提升幅度之大可见一斑。而韩国音乐产业的增长态势仍然稳健——2017 年相较 2016 年的产值提升了 9%。

（2）娱乐经纪公司垄断的市场结构。韩国音乐海外传播之所以能有如今的繁荣态势，依赖于韩国国内良好的版权环境、韩国政府的政策支持与资金支持、合理的产业结构与分配比例，以及国内企业的造型计划等多种因素的共同作用。作为国际音乐产业的后起之秀，韩国音乐产业主要得益于娱乐经纪公司的发展和数字音乐的兴起。其中娱乐经

GLONAL RECORDED MUSIC INDUSTRY REVENUES 1999–2017(US$ BILLIONS)

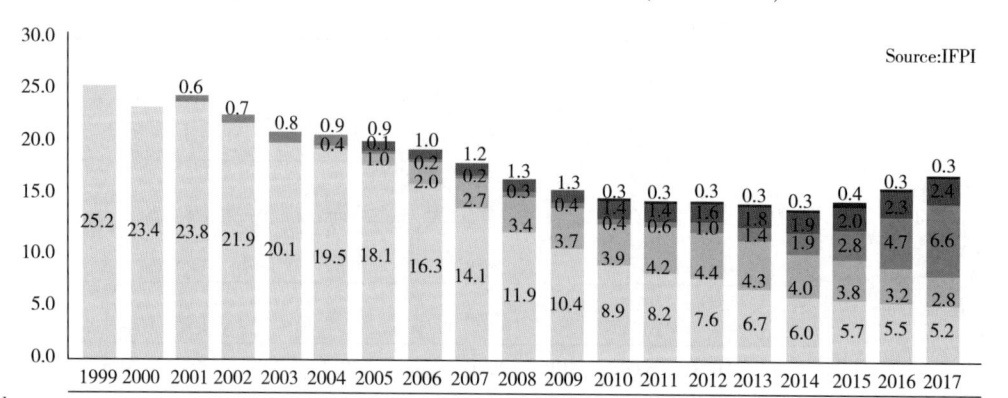

Source:IFPI

图 5-24 国际唱片市场趋势图

纪公司以 SM、YG、JYP 三家公司最为著名,这三家公司几乎垄断了韩国流行音乐中最优秀的艺人资源。目前,韩国最火的歌手与偶像团体都集中在这三大娱乐经纪公司,而且三家公司均已在韩国的 KOSDAQ 上市。[①] SM 占据韩国唱片市场三成以上的份额,超过 30%,是领导者;YG 的市场份额紧随其后,为 8.9%;JYP 仅占 3.6%,但这三家公司总共占市场份额约 50%。在数字音乐领域,YG 以 13%的市场份额位居首位,SM 的市场份额为 4.4%,排名前 8 的经纪公司共占市场份额约 50%。[②] 由此可见,韩国的音乐产业总体上呈现出相对集中的寡头垄断局面。在韩国音乐产业中,娱乐经纪公司是音乐产品的来源、艺人发展演艺事业的基础,娱乐经纪公司需要参与艺人的一切活动,包括挑选练习生,艺人歌手的培训、包装、签约、宣传,再到唱片的发行和定价以及网络音乐的定价。韩国音乐产业的快速发展离不开寡头垄断格局的娱乐经纪公司,公司之间的竞争推动了整个韩国音乐产业的发展。

5.3 中国音乐产业"走出去"

5.3.1 中国音乐市场现状

根据《2017 中国音乐产业发展报告》,2016 年,中国音乐产业总规模约为 3 253.22 亿元,比较 2015 年增长了 7.79%,同比增速高于同期 GDP 增速 1.09%,中国音乐产业整体快速增长。在政策扶持和资本青睐下,传统音乐产业与新兴音乐产业加快融合,不断重构产业链条、创新商业模式、激发消费活力,推动中国音乐产业在经济新常态下正式进入

---

① 刘佳. 美韩印三国音乐产业发展的比较分析及对我国的启示[J]. 科技管理研究,2014(15).
② 朴允善. 韩国音乐产业全球化策略研究——以 SM Entertainment 为例[D]. 中国台湾:台湾"国立"政治大学,2012.

快速增长的"新时代"[1]。同时,中国音乐产业迈进全球前十,成为音乐数字化程度最高的国家,实现了历史性突破。要知道,10年前,中国音乐产业还处在30名开外[2]。

5.3.1.1 音乐图书与音像出版产业

《2017中国音乐产业发展报告》首次将以往的"实体唱片"与"音乐图书出版"合并为"音乐图书与音像出版产业"。

数字音乐浪潮席卷全球,实体音乐的市场份额不断下降。根据《2017中国音乐产业发展报告》,2016年,中国音乐图书与音像出版产业的总体规模达到11.05亿元,同比下降2.84亿元。但是,"黑胶唱片"的复兴可能为音乐图书与音像出版产业带来新发展和新亮点。见图5-25。

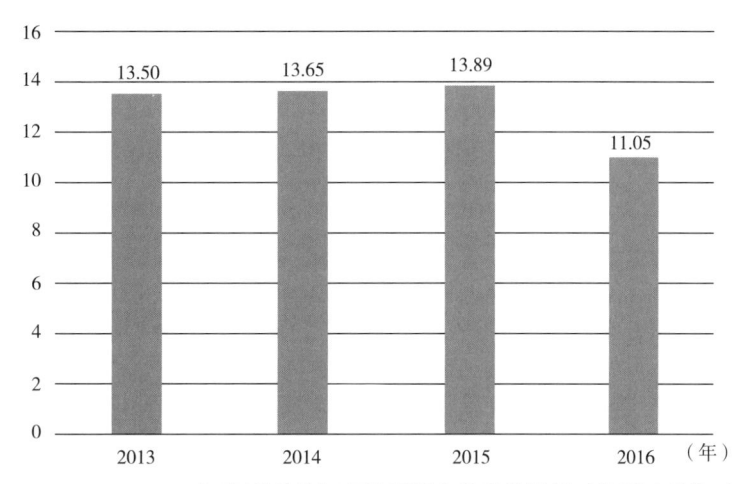

图5-25 2013—2016年音乐图书与音像出版产业总体规模对比图(单位:亿元)

5.3.1.2 数字音乐

2016年,中国数字音乐的产业规模达到529.26亿元,同比增长6.2%。其中PC端与移动端的总产值达到143.26亿元,同比增长39.36%,电信音乐增值业务产值约386.66亿元,同比降低3%,其中彩铃订购业务持续下滑。见图5-26。

根据IFPI的最新数据,中国音乐市场2017年的收入较上一年增加了35.3%,其中流媒体收入增长了26.5%,可以说,中国音乐市场收入增长大部分是由音乐流媒体拉动的,在未来很长一段时间流媒体都会是音乐产业发展的核心。

自2015年国家颁布"最严版权令"之后,正版化帮助音乐行业建立了完整秩序;差异化且优质的版权资源构成了平台核心竞争力的一部分。随着全面正版化的推进,整个行业也从初级资源积累阶段迈向内容、技术、商业模式升级之路。目前,中国音乐市场显然已经进入高质量发展的新阶段。

---

① 资料来源:《2017中国音乐产业发展总报告》。
② 首进全球前10,看全球流媒体音乐大潮中的"中国案例"[EB/OL]. 音乐财经. https://mp.weixin.qq.com/s/l0qHUy_M8JVerTxCVCKTSg.

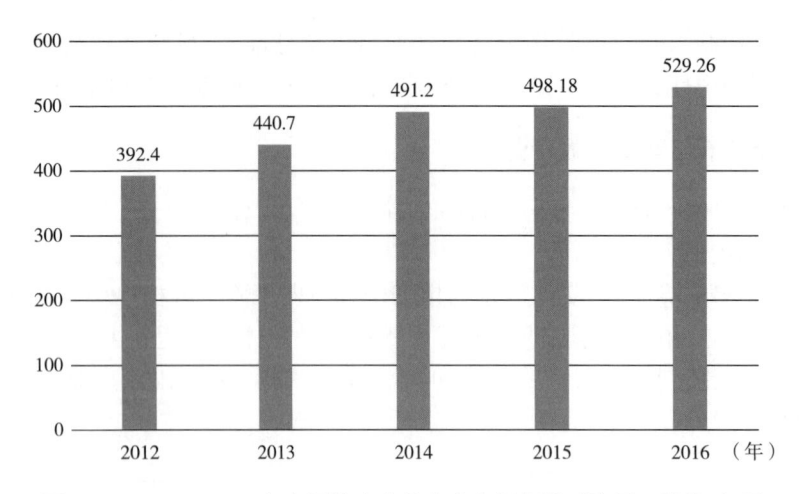

图 5-26　2012—2016 年中国数字音乐产业市场规模对比图（单位：亿元）

5.3.2　中国音乐产业的发展热点

近年来，我国音乐产业实现了稳定的快速增长。产业结构、服务体系进一步优化，版权环境的持续改善激发了原创音乐活力，技术升级、用户需求不断推动音乐产业链的重构与商业模式的创新，"音乐+"融合业态成为发展新动能，"整合、重构、新生"构成了中国音乐产业"新时代"的主旋律。

5.3.2.1　多方积极打造"扶持原创音乐人"平台计划、激发原创音乐内容的生产

在政策扶持和引导下，2016 年以来，各地纷纷推出"扶持原创音乐人"发展的平台计划，聚焦于打造数字音乐时代原创音乐、独立音乐人的成功孵化和培养。国家音乐产业基地各园区均对原创音乐的生产加大资金投入与项目扶持，为原创音乐提供制作、宣传、发行、营销、渠道、平台等产业化服务和资金服务。腾讯、阿里、网易云、咪咕、太合等各大音乐集团也纷纷推出"扶持原创音乐人"平台计划。激发优秀原创的音乐内容生产将成为未来音乐产业发展的潜在爆发增长点。

5.3.2.2　科技创新引领行业变革和模式创新，推动音乐产业融合业态的纵深发展

基于互联网技术和商业模式的创新，2016 年，中国成为世界流媒体音乐市场增长最快的国家之一。大数据和云存储技术的应用使得会员专享曲库、高品质下载、音乐云盘等特权的有偿服务逐渐被市场接受，数字音乐平台推出的音乐流量包服务成为音乐消费的主导形式之一；AR/VR 虚拟现实技术带来的身临其境的沉浸式音乐体验也正在影响人们观赏音乐会的方式；而人工智能（AI）技术的发展催生了智能音乐作曲以及智能音箱、智能乐器等传统制造业的行业变革。科技创新渗透到音乐产业链中的每一个环节，引领行业变革和商业模式创新，推动音乐产业融合业态的纵深发展。

5.3.2.3　在线直播市场开启音乐版权竞价外的新模式

自 2014 年汪峰鸟巢演唱会的付费直播开启了数字音乐盈利的新途径以来，2015 年

掀起了演唱会视频直播版权竞价活动的热潮。腾讯视频花重金买下的简单生活节和王菲演唱会直播权,费用远远超越了其项目创收与流量红利的总和。2016年的在线音乐直播市场除了开启直播版权竞价的传统模式,又出现了新的商业模式的尝试,其中两家领跑者用投资演出和主办的方式直接获取直播权,开始了新的模式探索。一家是乐视音乐,成了2016李宇春"野蛮生长"巡演、周笔畅"Boom！+"演唱会和吴亦凡生日会的主办方;一家是咪咕音乐,它开始把遍布全国的"咪咕汇"系列演出从线下搬至线上,甚至把线上的版权对外做分销,但这也要承担线下票房和整体创收是否能覆盖更高成本的风险。

5.3.2.4 "虚拟—实体唱片"融合现象

从全球范围内来看,一方面,"实体"一直在萎缩,2016年,全球实体唱片收入(Physical Revenue)继续呈下滑趋势,下降了7.6%,另一方面,"实体"与"数字"仍然构成录制音乐行业(Recorded Music Industry)收入的主体,如图5-27所示,二者的握手联合已是行业热点。

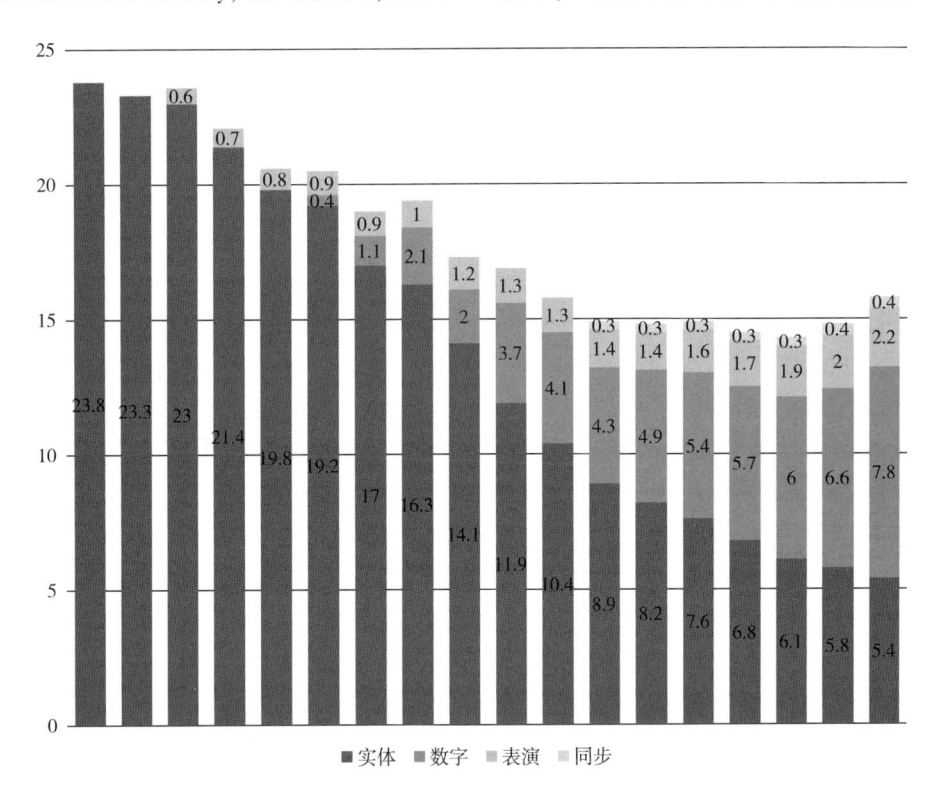

图5-27 1999—2016年全球录制音乐行业收入(单位:十亿美元)[1]

---

① 资料来源:国际唱片业协会(IFPI)发布的《2017全球音乐报告》(GLOBAL MUSIC REPORT 2017),转引自《"数字专辑"不靠谱？让音乐产业再"飞"一会儿》,音乐先声(翻译版)。https://mp.weixin.qq.com/s?__biz=MzIxMjgzNDI5MA==&mid=2247484032&idx=1&sn=7a3ddb29b8b80b8be1afd2f171d9a164&chksm=9741401da036c90b81624895eee1f86178d89ddc23b6d4348b086b412fd2002。

5.3.3　中国音乐产业走出去的趋势

从全球市场来说,中国音乐产业也正在实现华丽转身:2008年,中国音乐产业排名全球第32名,2017年跻身全球前10。10年前,国内音乐市场还是一片混乱:互联网盗版严重,音乐人的正当权益得不到保障,很多人被迫转行。如今,不仅互联网音乐版权得到了规范,以腾讯音乐为代表的互联网音乐平台还创造出了数字音乐专辑、粉丝打榜等一系列适合互联网的新玩法,推动了中国音乐产业的快速发展。

中国音像与数字出版协会音乐产业促进工作委员会(简称"音促会")发布的《2017音乐产业发展报告》显示,2014—2016年,中国在线音乐产业市场规模情况为:三年市场规模增速保持在50%左右。其中,2017年,中国在线音乐市场规模为85亿元,当时预计2018年能够突破100亿元。中国音乐行业正处于世界的聚光灯下。如何让中国音乐走出去、让世界音乐走进来是国内音乐从业者需要思考和努力的方向。

中国作为音乐市场大国,国内音乐产业的发展也正处于急速上升期,但比起中国音乐的国际化发展而言仍相对较弱。而近两年来,中国音乐"走出去"的态势整体向好,发展方向更为清晰。首先,从音乐输出的内容本身而言,形式的创新性更为凸显,不仅原来的传统音乐更容易被海外受众接受,同时音乐内容的传播范围更为广泛化,传播效果更为纵深化,逐渐做到不仅让国际市场了解中国音乐,同时让国际市场对中国音乐达到喜爱和欣赏的程度。其次,从音乐内容的输出方式来讲,不仅仅局限于现场演出的方式,而是向数字音乐平台倾斜,进入国外音乐流媒体平台的榜单也成为音乐走出去效果的评判标准之一。而中国歌手在Itunes上的入榜和在Youtube上喜人的播放量数据也更加表现出中国音乐走出去的进步。最后,音乐类型的"走出去"更为多元化,告别过去传统的单一类型音乐,不断融入新鲜的音乐文化类型,将古风音乐、二次元音乐、嘻哈音乐等外来音乐文化与中国本土音乐文化相结合,进而将中西结合的音乐文化重新创造、组合和包装后输出到国际市场,可以让国际音乐市场更容易认可和了解中国音乐。

5.3.3.1　音乐内容的输出表现形式呈现创新态势

近年来,作为全球化的新生代,国内不少年轻乐迷对欧美女歌唱家(DIVA)、海外乐队的热门单曲如数家珍,海外音乐的"繁星"遍地也曾让青少年们充满向往,听海外热单成为"酷"的标准。不过,最近几年,"酷"音乐已经有了更加"中国"的定义。更加民族化的流行乐让乐迷更有归属感。中国音乐产业能够绝地反击,更多依靠的是与海外"单打独斗"产业思维不同的生态逻辑。

对传统音乐而言,区别于之前单一形式的内容输出,国内传统内容方一直在进行改变和突破。海外演出不再仅限于将原汁原味的传统音乐内容,比如京剧、昆曲等传统剧目搬上海外舞台,而更注重于音乐形式的创新性以及传播效果的广泛性。中国唱片集团有限公司(下面简称"中唱")总经理樊国宾在"中国唱片音乐文化探索与突破"的演讲中表示,从2017年开始,中唱看到了中国音乐产业更大的趋势与空间,做出了业务突破的决策,例如与腾讯合作开发听戏与黑胶相关的App,在鼓浪屿等地建设中唱博物馆,拓展文旅项目,以及进行国家音乐产业园区的升级改造等。对于拥有110年历史、可以被看作中国音乐产业改变探索有效样本的中唱来说,品牌和内容的"再造"更多的是对其代表的传统音乐内容产业方的美学趣味和价值观考验,除了产业考量,还有对民众的审美引导责任。

另外,对国内专注内容的年轻内容方来说,年轻音乐内容的国际化也已经成为他们重点关注的方向。在中国音乐文化出海方面,中国的本土音乐厂牌相继做出了诸多努力,各大厂牌和音乐公司不断推进和增加音乐人的海外巡演,并通过在海外成立分公司、向海外推出艺人等多种方式,努力融入全球音乐网络,并较前 10 年而言,已经取得了很大的进展。另外,音乐内容的创新也是亟待解决的问题,不断更新音乐内容,融合和发展多种音乐文化,带领国内音乐人赴国外学习交流也成为音乐公司的一大发展内容。在摩登天空 CEO 沈黎晖看来,国内厂牌融入国际网络是一个循序渐进、漫长的积累过程,他们一直在摸索中前行。

5.3.3.2　音乐内容的输出方式和渠道更为多样化

中国音乐文化走出去早期,主要的传播渠道是现场演出、唱片售卖等,但是效果并不理想,中国文化仅限于"走出去",而并没有"走进去"。随着数字音乐产业的发展,音乐流媒体的平台数量增多、影响力不断扩大,现今主要是数字音乐、互联网、新媒体等新型传播方式。2018 年 5 月 26 日,王嘉尔、吴亦凡、黄子韬的新歌《Like That》《像那样》、《Fendiman》《芬迪男人》、《Misunderstand》(误会)分别占领了 iTunes 榜单的第一、第二、第九十七位,大有中国流行音乐(C-Pop)成功出圈之势。其中,吴亦凡的新歌在美区 iTunes 登顶超过一周。中国歌手不断进入在国际上具有音乐"风向标"地位的 iTunes 榜单、美国公告牌 Billboard 榜单等都成为中国音乐输出的重要途径和渠道,也是让国际"看到"中国音乐更为有效的方式。传播渠道的多样化也扩宽了中国音乐文化走出去并在国际市场上产生影响的范围。

5.3.3.3　输出的音乐类型更为多元化和广泛化

对国内专注内容的现场演出公司来说,全球化在当下已经不是中国独立音乐的大问题,草台回声 CEO 戈非、迷笛演出公司 CEO 单蔚以及战马时代创始人及 CEO 刘钊在"文化走出去表示,中国视野下的跨国音乐产业"的演讲中表示:国内独立音乐人的海外巡演变得越来越频繁和常态化,在 iTunes、Spotify 等榜单上也已经开始获得世界的关注。

早在 2016 年 10 月,张艺兴发表的个人单曲《what U need》(《你需要什么》)MV 在 YouTube 的播放量 21 小时内突破百万,创中国歌手最快破百万的纪录。同时,该曲在美国 iTunes MV 榜单一度排名总榜第三、POP 类第二。一周后,张靓颖也于北美首发了全新英文单曲《Dust My Shoulders Off》(《大步向前》),正式进军欧美音乐市场,并成为第一位登上美区 iTunes 即时下载榜 Top 5 的中国内地歌手。客观来说,华语歌手在海外榜单的频频上榜与国内粉丝文化的深入和粉丝经济的发展有很大关系。

近年来,粉丝文化和粉丝经济在国内生根发芽,打榜、投票早已成了粉丝"自我修养"的重要部分,甚至是一种精神寄托。而受 2016 年"限韩令"的影响,韩国偶像在国内的活动受到一定的限制,这也给国内本土偶像的崛起提供了重要窗口期。艾瑞咨询《2016 年中国粉丝追星及生活方式白皮书》显示,2015 年,中国娱乐明星粉丝数量超过 5 亿,且以"90 后"为主,其中"95 后"占比近四成,以女性粉丝为主流,其中 6.6% 的粉丝每天都会在追星方面有所消费。但是一味地模仿日韩造星模式并不能真正从源头上维持中国音乐文化走出去的健康发展态势,中国音乐走出去需要完善适合中国本土发展的工业化的音乐产业发展模式。

5.3.4 中国音乐产业走出去的方法

5.3.4.1 创造更有竞争力的音乐审美内容

就内容方面而言,之前"民族化"是中国音乐人走出去的重要标签,而随着全球化发展和乐迷审美的提高,"来自中国"已经不再是主要特点。现今的中国音乐走出去不能仅仅局限于"中国特有",而应发展成为"中国特色",实现从量到质的转变和飞跃。中国音乐人更需要在具有国际水平的艺术性基础上去呈现音乐,代表自身的艺术价值,这样得到的认可才说明中国文化真正进入了国际平台。

从传统音乐的角度而言,中国音乐需要与流行音乐相结合才能做到真正吸引国际市场。随着时代发展和国内音乐产业的复苏,当韩国流行音乐(K-POP)、日本流行音乐(J-POP)纷纷走出去的时候,更加需要具备本土特色的音乐风格来引领 C-POP 市场,而以"电子音乐+中国文化"为代表的电子国风很可能是下一个音乐潮流。以 SING 女团的单曲《寄明月》为例,凭借眼前一亮的电子国风旋律,舞蹈版 MV 一经发布就引发了全球翻跳和翻唱热潮,不仅如此,这首单曲 MV 在 YouTube 上的播放量也突破了 252 万人次,以鲜明的电子国风特色在海外市场成功圈粉。在歌曲评论下方,很多来自中、英、日、韩,甚至包括越南、泰国、西班牙等各国网友各种语言的留言霸占了歌曲 MV 评论区。各国网友们纷纷表示,"因为这首歌想要开始探索中国文化""从不追女团,因为 SING 对中国女团大有好感"。更有网友说,"在这首歌里看到了中国特色风格的造型和中国传统元素,让我感受到中国文化的美感"。在 MV 中,听觉上,在鲜明的中国传统文化底蕴下融入新潮的电子节拍,视觉上辅以汉服与红灯笼、相思树、油纸伞、花瓣、明月等不同元素,配以欢快有活力的扇子舞,创造出了古老与现代相结合的视听盛宴。而 SING 女团借"电子国风"成功探索出了属于中国人的 C-POP,做到了民族文化的世界表达。总而言之,只有用年轻人的语言和沟通方式,才能抓住年轻人;用世界语言讲述本土故事,才能抓住全世界。

5.3.4.2 搭建更有影响力的音乐沟通平台

音乐平台的国际化也是推广中国音乐文化的重要桥梁。流媒体平台作为现今数字音乐的主要承载者,用户的国际化和影响力的品牌知名度对传播中国音乐具有非常大的作用和影响。经过最近五六年的发展,中国音乐产业以腾讯音乐娱乐为首的头部平台进行的音乐生态布局已经深深影响了中国音乐用户。

音乐欣赏已经不只是一种"聆听"行为,已经更深入地关联到短视频、直播、K 歌等娱乐载体,涉及当下年轻人的社交选择、生活态度、品味审美等。这些相关领域也都能展开商业化,这也是中国音乐产业能够在全球范围内迎头赶上的重要原因。目前,中国音乐产业正处于飞速发展阶段,站在全球化焦点格局下,需要更多来自海外的声音和资源帮助中国音乐市场发展得更好,同时也需要一个平台让海外更深入地了解中国,因此,音乐平台承担着传播中国音乐的重要责任,政府和市场更需要重视音乐流媒体平台的国际化发展,促进音乐平台的国际化。

5.3.4.3 挖掘更有创造力的音乐创作人才

现今中国原创音乐作品在出口海外音乐市场方面有了很大程度的进步，传播渠道更为通畅，音乐类型更加多样化，音乐作品创新性不断提升，使得中国原创音乐作品在原有基础上能发挥出更多的可能性。但是，优质原创音乐作品数量的匮乏、内在传播动力的不足依旧是影响中国原创音乐"走出去"的关键因素。由于语言不通、文化差异以及创作乏力等多种因素的制约，中国优质原创音乐作品欲在国际市场发挥更大的影响尚需时日。

数字时代音乐走出国门并无太多技术障碍，而且目前国际发行网络和渠道成熟通畅，但仍缺乏有国际化潜质的原创音乐，建议发掘一些有民族特色和国际化潜质的音乐。中国音像与数字出版协会常务副理事长兼秘书长王炬表示："这是中国音乐走向世界舞台的捷径。"如具有中国民族特色的哈雅乐团和山人乐队 2011 年在国际音乐博览会上登台表演，反响热烈，不少国际业内人士现场发出邀约并达成合作意向。有业内人士表示："我们需要更多的平台，也需要更多有民族特色和感染力的乐队。"音乐自身内容的优质以及具有艺术审美价值是当前中国音乐自身发展以及传播发展的根本性问题。由此看来，中国音乐文化走出去需要从根本动力上补足音乐的原创内容，找准国际化音乐中中国音乐的定位，符合国际化受众的审美品位，创造优质的中国音乐文化。这就需要挖掘优质的国际化音乐创作人才。

5.3.4.4 培养更为专业的全能性从业者

从目前中国音乐产业的发展来看，中国音乐产业链尚未打通。通过世界音乐产业链横向比较可知，美国的音乐产业从很久以前就形成了集创作、词、曲、编、录、混于一体的产业化发展模式，进行工业化生产。但中国恰恰只涵盖了词、曲、编，与后面对接不上。对音乐产业链来说，工业化产业模式的各个环节都是至关重要的，各个环节都要打通。我国是一个音乐人要完成整条产业链上的每一个环节，这就导致每一个环节都略懂皮毛，都会做，但都没有达到精通的程度，而国外则形成了一条工业流水线。由于"全能型"经纪人缺失，成为中国音乐难以走出去的原因之一，所以培养全能型的音乐产业链条人才是当下亟须的。

披头士乐队作为流行音乐史上最伟大、最成功的乐队，他们的影响力遍及全球，拥有众多歌迷。其中，阿斯皮诺尔这个名字虽不为广大歌迷所熟知，但他在乐队中有着多重身份，比如经纪人、领队、管家等，发挥了极重要的作用。当乐队刚组建时，阿斯皮诺尔用自己的马车拉乐队成员去各地演出，帮他们宣传。成名后，他凭借个人能力将这支备受全球歌迷喜爱的乐队的商业价值开发到了极致。他们成立的苹果唱片公司在不到 10 年的时间里取得了空前商业上的成功，创造了被认为是摇滚史上最初也是最后的奇迹。阿斯皮诺尔在这当中发挥了关键的作用，功不可没。

反观我们国内的音乐市场，这样成功的音乐经纪人可谓凤毛麟角。随着我国内地演出市场的渐趋完善，以及政策开放后受港台地区及海外一些相关政策和运作方式的影响，对长期以来从事幕后工作的音乐经纪人提出了更高的要求。首先，好的音乐经纪人要具备良好的艺术鉴赏力，具备专业的音乐知识，是一个懂音乐，对音乐领域有较深刻认识的人。其次，音乐经纪业务就其本质而言是市场运作，这就要求我们的音乐经纪人要熟悉音乐市场环境,掌握音乐营销、音乐市场竞争及交易过程等方面的知识,有效地进行有关计划、组织、领导和控制等方面的活动,调动各方面的积极性,降低成本,提高资源利用率,实现经营的最终目标。一个音乐经纪人的知名度和工作经验是衡量其在业内影响力的重要标准。

在激烈的竞争下,音乐经纪人的经营范围开始呈现多元化特征,有谈判、咨询、研究、服务、电视、赞助、推广等。这就要求音乐经纪人素质不是单一的,在具有专业素质的同时还要富有实践经验,既要有严密的思维能力,又要有综合分析问题、解决问题的能力,以及社交能力、沟通能力、创造能力、判断能力和应变能力等。由于音乐的国际性特点,决定了音乐经纪活动是可以超越国界的,从而使音乐经纪活动在繁荣本国市场经济的同时,也要将触角伸到国际市场,不断向国外扩展业务,与国外的优秀音乐人签约。市场需要全能型经纪人发挥其自身作用,以带动中国音乐走出国门。

5.4 案例:腾讯音乐与 SPOTIFY 互换股权的发展策略分析

2017 年年底,腾讯旗下的腾讯音娱娱乐(以下简称"腾讯音娱")与全球最大的音乐流媒体公司之一 Spotify 双双宣布以现金的形式购入对方少数股权,此外,腾讯将额外从 Spotify 现有股东购入股份。但是,双方均没有透露在此次股权互持交易中的具体数额。成立于瑞典的 Spotify 是市场估值 200 亿美元的音乐流媒体产业巨头,拥有数以亿计的活跃用户,而背靠腾讯集团的腾讯音娱也是中国音乐产业中支持正版数字音乐的领头企业,活跃用户与付费订阅用户数量亦十分巨大,且正在逐渐攀升,有报道称,腾讯音娱即将为其在美国上市递交 IPO 申请,音娱公司估值至少在 130 亿美元,更有甚者称其估值在 280 亿~300 亿美元。实力如此雄厚的音乐流媒体巨头强强联手,此举对两家公司来说堪称双赢,可以助其实现各自的战略目标,让我们看到中国市场对 Spotify 甚至全球流媒体市场的重要性;同时,合作的前路也充满未知与挑战,对 Spotify 来讲,此次易股举动对实现公司上市的短期战略来讲大有裨益,而腾讯则是将目光与目标投向长远定位。

5.4.1 两大平台基本情况及盈利模式

互联网带来的流媒体的兴起标志着新音乐产业的版图就此重构。以 Spotify 和腾讯音娱为代表的全球顶尖的流媒体为人们在网上发现音乐、欣赏音乐、分享音乐、评论音乐提供了极大便利,更为音乐的生产者、传播者和消费者之间搭建了一座互通的桥梁。见表 5-4。

表 5-4 腾讯音娱和 Spotify 的基本情况对比[①]

	腾讯音娱	Spotify
成立时间、地点	2016 年 中国	2006 年成立,2008 年上线 瑞典

---

① 数据来源:参考新浪科技(但已将数据进行了更新),https://tech.sina.com.cn/i/2018-03-01/doc-ifwnpcns4985274.shtml。

续表

		腾讯音娱		Spotify
旗下成员		QQ音乐 酷我音乐 酷狗音乐		Spotify
用户量	月活	7亿		1.59亿
	付费	1 700万		7 100万
曲库数量		1 700万		3 000万
主要收入来源		广告		广告
		包月		包月 (约占总收入90%)
		数字专辑		
		版权分销		
		直播秀场等		
收入规模		截至2016年底,腾讯音娱营业收入近50亿,毛利近15亿,净利润接近6亿。该集团预计2018年收入将超180亿,净利润31亿。		2017年底营收49.9亿美元,去除成本,亏损达15亿美元,公司现有5.82亿美元现金储备
主要市场		中国(子品牌JOOX占据东南亚市场)		全球61个国家和地区
估值		至少130亿美元		200亿美元

5.4.1.1 Spotify的基本情况及盈利模式

Spotify于2008年10月在瑞典首都斯德哥尔摩正式上线,完全独立运营,不依靠任何大公司、大财团,至今已有10年历史,并得到了华纳音乐、索尼、百代等全球几大唱片公司的支持,其所提供的音乐都是正版的,被誉为目前世界上最好的音乐流媒体服务。不过Spotify只提供在线收听,不能下载音乐。这款软件除了可以在电脑上使用外,也可以在移动端上使用。与苹果iTunes的付费下载模式相比,Spotify在用户体验上更趋向于流畅和简便,其曲库容量也更大,但对用户而言,最重要的是Spotify可以免费使用,每个用户都可以享受到流媒体音乐的基本服务,只是免费用户使用时会插播广告。如果用户每月支付9.99美元使用付费版本,就能够离线收听音乐,以及享受无广告体验,音质也将更加优化。

在运营模式方面,Spotify采用"免费增值"策略,主要有两个途径:通过免费版本上的广告收入把免费用户群变现,同时通过订阅模式将他们逐渐渗透转化为付费用户。这就是Spotify的"免费+增值"模式,但业内显然更喜欢Apple Music的完全付费模式。截至目前,Spotify最新的付费包月用户量是7 100万,总用户量1.57亿,付费率高达45%。

Spotify的收入主要来源于两个方面:一是广告;二是用户包月。需要特别注意的是,用户包月收入占其总收入的90%。2018年,Spotify于美国正式上市,上市首日Spotify参考价每股132美元,开盘价165.90美元,以149.01美元每股的价格收盘,比参考价上涨12.89%,市值265亿美元。Spotify的上市意味着"音乐流媒体时代"强势到来。但Spotify选择直接上市(DPO),并不是通常所用的IPO。因为如果以IPO的形式申请上市,以Spotify的收支情况未必行得通。尽管是全球知名的流媒体平台,Spotify至今仍未能实现盈利,在广告业务上始终处于收不抵支状态。Spotify 2017年财报显示,Spotify 2016年收入高达约46亿美元,但仍有约14亿美元的亏损额。而2016财年,这一数字为6亿美元。受我国相关法律法规的限定,Spotify目前暂未进入中国内地市场,但此次与腾讯的互换股权被普遍解读为其进入中国内地市场的前期铺垫。另一个值得注意的是华纳音乐集团在2018年8月8日已经出售了此前所持有的Spotify的全部股份。

5.4.1.2　腾讯音娱的基本情况及盈利模式

腾讯音娱是中国在线音乐服务的领航者,月活跃用户高达7亿。2016年,腾讯与中国音乐集团数字音乐业务进行合并,通过资产置换股权成为新的音乐集团的大股东。目前,腾讯旗下涵盖:音乐流媒体业务酷狗音乐、QQ音乐、酷我音乐;音乐社区业务全民K歌、腾讯音娱人、5Sing;演艺直播业务酷狗直播、酷我聚星。近年来,腾讯音娱致力于深耕中国音乐产业,为用户提供包括视听、社交、K歌、演出、直播、创作在内的多元化、高品质的音乐内容服务;同时也在积极推动中国数字音乐的产业升级,其多元化商业范式为中国音乐市场在全球范围内提供了迅速壮大的机会。腾讯的业务布局广泛,由此形成的商业范式使任何一个业务都可以从其他业务中受益,腾讯音娱也正在效仿腾讯,进行自身的多元化业务布局,同时也在两个维度上积极突破。

第一是腾讯音娱自身的产品体系,在取得了音乐内容的优势后,腾讯音娱不再只是QQ音乐一个单一产品,而是形成了多元化、个性化的产品组合,其打造的演艺直播、音乐社区、音乐人成长体系以及线下演出众多音乐产品甚至衍生出了"音乐泛娱乐"的生态模式,这在全球范围内都是独有的。这也是与Spotify的本质不同。第二是腾讯音娱积极推动国内音乐市场的变革,让数字音乐平台在音乐产业中发挥更大的作用。例如,推动中国数字音乐的正版化释放出了音乐创作市场更大的活力,使得音乐的分销、发行、设计等资源环节被重新进行分配,同时对用户付费习惯的养成、音乐原创者的培养与支持、线下演出事业的蓬勃发展起到推动作用。腾讯音娱的运营策略是借独家版权拓展版权分销,以音乐版权为运营核心,形成了音乐唱片版权+综艺音乐版权+腾讯社交产品为运营平台+多终端传播渠道的运营机制。它的商业模式同样需要关注,其在付费领域深耕已久,会员绿钻等增值服务趋于完善,借助腾讯雄厚的资源,它在数字专辑、在线音乐现场等付费领域卓有建树。但需要注意的是,虽然腾讯音娱月活跃用户高达7亿,但付费率很低。

5.4.2　股权互持带来的利好与隐患

腾讯音娱与Spotify均将目光投向了在全球范围内迅猛发展的音乐流媒体市场,互换股权势必将为艺人、用户以及业务合作伙伴带来巨大的机遇,同时为音乐爱好者和消费者带来更好的音乐体验,共同推动全球音乐生态的发展。然而,近年来,Spotify持续亏损的经营现状与腾讯音娱形成反差,这使得合作带来诸多利好的同时也暗藏隐患。

5.4.2.1 利好

正如 Spotify 首席执行官兼创始人 Daniel Ek 所说:"Spotify 与腾讯音娱娱乐均看好全球音乐流媒体市场,这将为我们的用户、艺人、音乐和业务合作伙伴带来庞大的机遇,这次交易将使两家公司受惠于全球音乐流媒体市场的增长。"同时,腾讯总裁刘炽平表示:"能够促成两家全球最受欢迎数字音乐平台之间建立起战略合作,我们感到欣喜。我们双方同样致力于为音乐爱好者提供音乐和卓越的娱乐体验,并且为艺人及内容合作伙伴拓展全球的数字音乐市场。"此次股权互持的举动也显示了中国市场和海外市场对于双方公司的重要性:Spotify 可以借助腾讯音娱投资未来中国的音乐市场,而腾讯音娱也可以通过 Spotify 投资未来海外潜在的音乐市场。

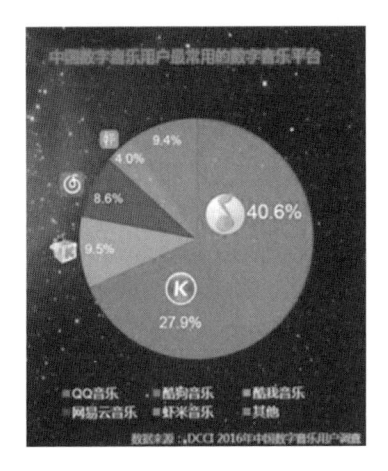

图 5-28　2016 年腾讯音娱成立之初所占市场份额

近年来,腾讯音娱在业内的表现可圈可点,自 2016 年整合 QQ 音乐、酷我音乐、酷狗音乐,成立腾讯音娱娱乐以来,它凭借完善全面的版权曲库给用户提供了优质扎实的音乐体验,旗下的 QQ 音乐已逐渐从消费者视听首选的平台成长为国内数字音乐产业发展的领航者与行业标杆。它在中国在线音乐市场的占有率超过 75%(见图 5-28),此外,腾讯音娱还将触角延伸到东南亚地区,其子品牌为 Joox 在东南亚印尼、泰国、马来西亚和中国香港地区非常受欢迎,占据苹果软件商店和安卓软件商店免费下载排行的榜首。

这些业绩都表明,腾讯音娱是名副其实的行业巨头,在双方公司的发展势头良好,即将进入股票上市程序的关键节点上,对腾讯音娱来讲,与全球最大的音乐流媒体巨头合作无疑会增加其业务资源和渠道,既可以使其在国际市场上崭露头角,又可巩固其在国内的行业地位。

Spotify 在国际数字音乐市场上超过一半的国家,包括欧美以及日本等发达国家中占据重要地位。在与腾讯音娱互持股权之前,Spotify 正处于向纽约申请上市的关键节点,在此时选择互持股权,获得腾讯的资金支持,在增加上市筹码的同时,还可利用手中持有的"中国资源"和"中国故事"吸引包括中国在内的更多国际合作伙伴。就目前的发展情况看来,Spotify 有进入中国市场的需求,随着音乐流媒体行业的井喷,加上腾讯资金的加持,Spotify 在未来极有可能改善公司连年亏损的经营状况。

5.4.2.2 隐患

腾讯音娱联姻 Spotify 的最大隐患就是 Spotify 的营收连年亏损。Spotify 于 2018 年 4 月在纽约以 DPO[①] 的形式直接上市,在欧美、日本及澳大利亚均有着不错的市场占有率。

---

① 所谓 DPO(Direct Public Offering),就是互联网直接公开发行,即证券的发行者不借助或不通过承销商或投资银行公司,而通过 Internet,在互联网上发布上市信息、传送发行文件,从而直接公开发行公司的股票。

截至 7 月 13 日,Spotify 市值约 335 亿美元,相比其在私人市场最后一轮融资时 190 亿美元的估值近乎翻倍①。但纵观其近几年的营收状况,虽然收入年年攀升,但仍然不敌高额的版权成本费用,连续数年亏损。

从图 5-29、图 5-30 数据来看,Spotify 2017 年的营收情况仍不乐观,虽然公司付费用户数在持续增长,但成立 10 年来仍未实现盈利,显而易见,它陷入了典型的"潘多拉式困境",即收入越高,亏损越多。众所周知,2016 年,收入最高的 APP 还是 Spotify,但是 2017 年被 Netflix 抢走了第一名的位置。这也许与 Spotify 的经营方式有关,与大多数在线音乐商业模式大同小异,Spotify 的服务分为免费和付费两种版本。免费版用户只能享受到流媒体音乐基础服务,若每月支付 9.99 美元使用付费版本,就能够离线收听音乐以及享受无广告体验。如果采用"免费增值"策略,Spotify 通过免费版本上的广告收入从而把免费用户群变现,同时通过订阅模式将他们逐渐渗透转化为付费用户。迄今为止,Spotify 在用户群的变现营收从 2015 年的 19 亿欧元增加至 2017 的并且 Spotify 每次播放歌曲都必须向音乐所有者支付一次版权费用,因此它拥有的用户越多,使用的内容就越多,从而造成其内容成本越来越高,这也势必减少其形成规模经济的可能性,另外,其商业模式还包括付费服务和广告。而如果 Spotify 无法让唱片公司降低版权价格,只能提高订阅价格,从而会形成死循环。故而 Spotify 在全球音乐产业链的地位很是不利,被 Netflix 夺走榜首的位置也在意料之中。上述数据显示,Spotify 2017 年第四季度的财务成本为 5.45 亿欧元,这也是亏损的最大原因。

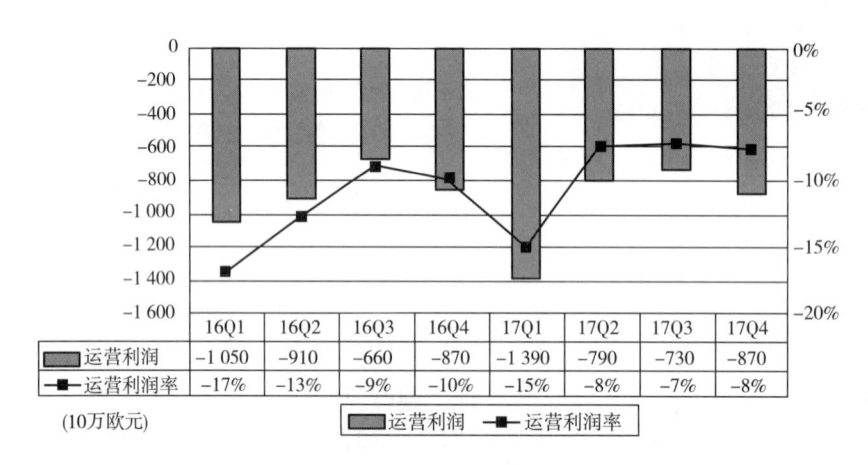

(10万欧元)	16Q1	16Q2	16Q3	16Q4	17Q1	17Q2	17Q3	17Q4
运营利润	-1 050	-910	-660	-870	-1 390	-790	-730	-870
运营利润率	-17%	-13%	-9%	-10%	-15%	-8%	-7%	-8%

图 5-29　Spotify 2017 年第四季度成本示意②

另外,曾经与其合作的全球有威望的唱片公司似乎早已嗅到了这一苗头,曾经的 Spotify 辉煌一时,全球几大唱片公司以及行业巨头均持有其股份。其中就包括在 2017 年年底宣布互持股权的腾讯音娱,其持股比例为 7.5%。见图 5-31。

华纳音乐集团于 2018 年 5 月 7 日在其 2018 年第二财季电话会议期间披露,公司已

---

① 数据来源:红刊财经 https://mp.weixin.qq.com/s/MXETQqP_QOJMohXqLlJT9g。
② 资料来源:雷帝网 https://mp.weixin.qq.com/s/puuShisjdQAVAdte66FHYw。

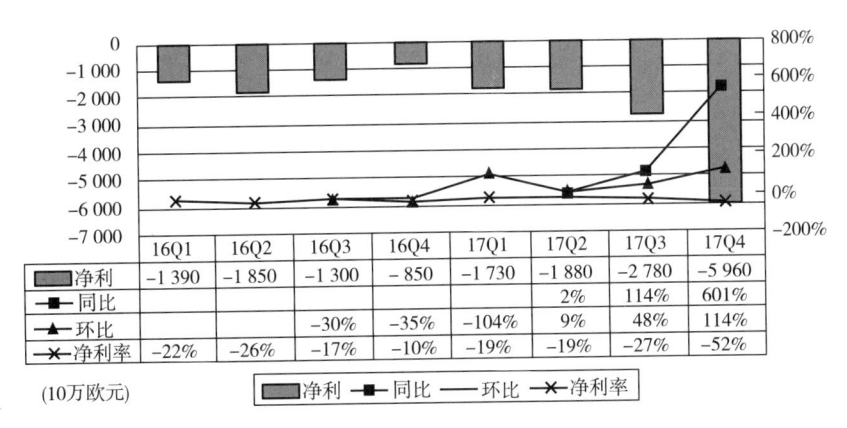

图 5-30　Spotify 2017 年第四季度运营利润

图 5-31　部分持有 Spotify 股份的公司数据统计①

抛售所持有 Spotify 股份中的 75%，套现约 4 亿美元。无独有偶，索尼也在上月通过抛售 Spotify 股票套现近 7.5 亿美元。此次华纳的首席执行官 Stephen Cooper 并没有透露公司在 Spotify 中拥有的股份比例，不过 Variety 报告称，它可能低于 5%。Digital Music News 报道，Spotify 上市时，索尼音乐拥有已发行股票的 5.7%，即 1 016 万股，抛售后，索尼音乐仍然拥有总普通股 840 万股或 4.7% 的股份。据悉，华纳音乐在本季度末抛售约 174 万股。尽管华纳音乐集团首席执行官 Stephen Cooper 表示："此次抛售股票与我们对 Spotify 未来发展的看法毫无关联，我们对订阅流媒体的发展走势持乐观态度。"但是从 Spotify 发布的上市后首份财报来看，不尽如人意且普遍低于华尔街预期的各项数据恐怕也是两大音乐公司尽快变现的缘由所在。就在 Spotify 发布财报后，Spotify 的股价也下跌了 7.7%②。Spotify 这个全球音乐流媒体巨头如果仍然只能依靠唱片公司来提供内容，然后再将内容售卖给消费者的单一商业模式，盈利难度可畏艰巨，也将会给以后与腾讯甚至中国市场的合作带来诸多隐患。

5.4.3　融媒体环境下两大音乐流媒体平台未来的发展趋势

流媒体的出现改变了音乐产业的格局，而且随着近两年流媒体音乐市场的快速发展壮大，在国际数字音乐市场占据重要地位的 Spotify 和腾讯音娱的前路发展也充满了机遇

---

① 资料来源：Spotify、雷帝网 https://mp.weixin.qq.com/s/puuShisjdQAVAdte66FHYw。
② 数据来源：音乐财经 https://www.sohu.com/a/230995215_109401。

与挑战。

在融媒体的全球音乐大环境下,音乐的边界越来越淡化,传播速度越来越快捷,我们也可以从在腾讯音娱的成长过程中得到以下几点启示:

第一,播放方式多元化。播放音乐的场景拓宽。在播放场景上,从手机、电脑延伸到可穿戴设备、电视、汽车等未来的计算中心;在服务场景上,由音乐播放渗透到了直播、K歌、演出等。

第二,找准定位,精准布局。无论是之前的正版化内容布局、推动用户进行音乐付费,还是如今的音乐泛娱乐布局,流媒体公司应当定位适合自身发展的前瞻性的战略布局,比如,此次的换股合作预示着他们将为艺人及内容合作伙伴拓展全球的数字音乐市场。

第三,擅于盘活优质资源。随着流量成本的不断上涨,如何高效地进行流量消化将成为竞争的又一分水岭。腾讯音娱将流量高效地巧妙转化,为市场竞争创造了优势。其多元化布局也提供了一个值得全球音乐玩家借鉴的思路,比如,在满足"听"的基础上同步"唱"和"玩",保证了用户体验的无缝链接和流量以及版权资源的最大化利用。

但由于国内长久处于发展状况不健康的音乐环境中,导致腾讯音娱的用户情况呈现用户基数大、效能资源开发不充分的状况。即每月活跃用户数量巨大,但其中愿意为音乐付费订阅的用户却只占其中的很小一部分,与 Spotify 的付费用户比例相较简直遥不可及,由此看来,增强国人的版权意识,让用户愿意为音乐付费,享受付费带来的优质增值服务及体验,是腾讯音娱将要规划纳入业务蓝图中的,这样说明它作为一个流媒体音乐平台还有很大发展和提升的空间。

而 Spotify 作为 2006 年在瑞典斯德哥尔摩成立的一家仅有十多人办公的小公司,到 2008 年于传统音乐溃败之时上线,至今发展成为全球音乐流媒体巨头的 10 年间,他们用实力证明了自己。但是自从创立以来,公司从未出现盈利是近年来公司发展的硬伤。即使进行了 DPO 直接上市,也未必能扭转当下稍显窘迫的局面,是否会出现适得其反的效果亦不可知。若要继续保持它在数字音乐尤其是音乐流媒体界的地位,不妨做一些大胆的尝试:①缔造优质产品,降低运营成本。②拓展播放模式,带给用户全新音乐体验。③丰富服务形式,力推原创作品。④准确把握用户特性,精准定位产品方向。

在融媒体背景下,主流的音乐流媒体需要保持超前的眼光,探索创新商业模式,拥有广阔的国际视野,只有具备上述素质,才能通过领先国际的泛娱乐布局创造出全新的商业模式,进而取得成功。随着中国音乐市场与国际市场的交流越发紧密,在国际市场保存实力、稳中有升的同时,中国音乐市场的发展同样将具有无限潜力。

6 国际动漫市场[①]

如果把中国的皮影戏算作世界最早的卡通动画的话,那么,动漫这种艺术形式已存在近千年。在此期间,动漫由少数人的爱好变成了一种大众喜闻乐见的娱乐方式,成为现今文化产业的重要组成部分。

6.1 国际动漫市场发展状况

6.1.1 动漫的产业市场结构

动漫简称 ACG(Animation Comic & Game),是动画、漫画、游戏的总称。也有人简称 ACGN,即在 ACG 的基础再加上 N(Novel 小说,泛指轻小说)。英语社会一般用"Anime and Manga"(动画和漫画),不包括 Game(游戏),因此 ACG 这个词并不普及。动漫作品包括动画、漫画、插画、游戏及其周边衍生品。

动漫产业是指以"创意"为核心,以动画、漫画为表现形式的包括动漫图书、报刊、电影、电视、音像制品、舞台剧和基于现代信息传播技术手段的动漫新品种等动漫直接产品的开发、生产、出版、播出、演出和销售,以及与动漫形象有关的服装、玩具、电子游戏等衍生产品的生产和经营产业,因为有着广阔的发展前景,动漫产业被称为"新兴的朝阳产业"。[②]

动漫产业链是产业间以"投入——产出"为目的,以"创意"为核心,以动画、漫画为表现形式,以与动漫内容相关的投融资、设备制造、软件开发、产品代理、发行、放映、播出、衍生品制造、销售、物流等一系列相关经济活动为基础,带动动漫系列产品的"开发—生产—出版—演出—播出—销售"的各个不同产业部门间的上下游链条关系和生产营销过程(如图 6-1 所示)。

纵观全球文化产业和经济发展,动漫对全球消费市场的影响已经具体体现在和衣、食、住、行相关的多种产业上,其衍生产品已经超越了动画、漫画和游戏本身,以其消费群体广、市场需求大、产品生命周期长、高附加值等特点,遍及与大众生活密切相关的电影、旅游、游戏、书籍、杂志、服饰、日用品、玩具、食品、文具、装饰品、家庭装饰、主题公园、游乐场甚至建筑等每一个具体方面。ACG(或 ACGN)早已不再只是全世界低龄受众的最爱,它凭借资金密集型、科技密集型、知识密集型和劳动密集型优势,成为许多发达国家的重要经济支柱产业,完成或即将完成对成人世界的全面征服,并在 21 世纪成为引导世界知识经济快速发展的主导产业之一。

[①] 本文撰稿:葛欣航,南京大学博士后,中国传媒大学传媒经济学博士,研究方向:国际文化贸易。
[②] 资料来源:百度百科,https://baike.baidu.com/subview/645743/5127863.htm。

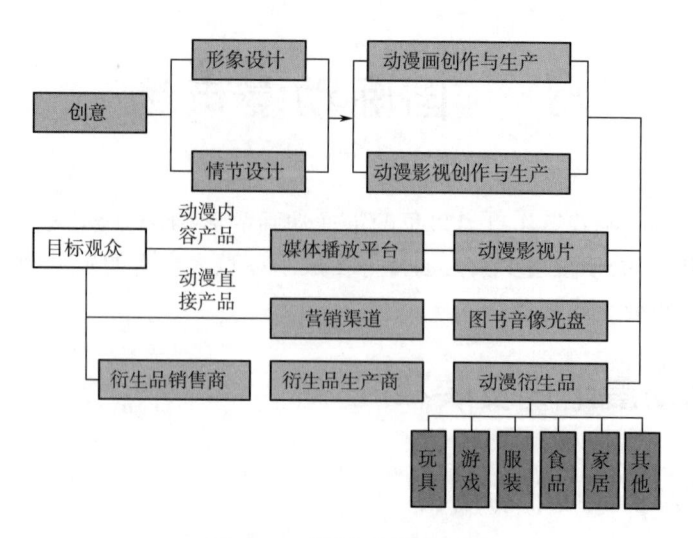

图 6-1 动漫产业链示意图

资料来源：艺恩数据库、安信证券研究中心

6.1.2 国际动漫市场的竞争格局

从全球动漫产业和市场的布局来看，世界主要动漫国和地区主要是日本、美国、韩国和加拿大，以及一些专门承接动画片外包业务的发展中国家和地区，如中国大陆、中国台湾、印度、菲律宾等。

20世纪70年代，日本承接了美国的动画制作加工转移。80年代日本经济开始腾飞，动漫原创也得到迅速发展，并逐渐成为动漫大国。2003年，日本销往美国的动漫产品是其钢铁出口的4倍，目前日本仍然是高水平动画外包的承包国。日本作为世界第一动漫大国，动漫产业是日本文化产业中最为突出的亮点，在全球娱乐经济中占有举足轻重的地位。日本动漫产业涉及影视、音像、出版、旅游、广告、教育、服装、玩具、文具、网络等众多领域，并以超过90亿美元的年营业额成为世界第一动漫大国。日本动漫内容产业市场的总体规模估计已占日本GDP的10%，已经成为日本的第三大产业。在平面书籍领域，日本漫画也占据世界市场半数以上的份额。据统计，目前日本动画片占据全球60%以上的市场份额，80%的欧洲动漫产品来自日本。长期以来，日本形成了销售集团垄断，创作和制作企业小、散、多，以原创为主、外包为辅的产业结构，国际化和市场化并举的市场结构。

美国是动画产业的发源地。20世纪初，动画电影在美国面世并形成产业，至五六十年代进入繁荣时期，美国动漫产业在80多年的发展中，依托强大的经济实力、雄厚的创作和技术力量、完备的市场化组织，始终处于世界领先地位。美国动漫产业在发展中形成了几大动漫垄断企业集团。这些集团对动漫产品进行大投入、大制作、大产出、大运作，形成了进行独立开发和市场独立运营、比较单一的原创产业结构、国内外并举的市场结构，其产品处于向国际社会强势输出的地位，并主导国际动漫产业的发展。此外，美国将大量中低档次的动画制作、衍生品设计和生产发包给其他国家，降低了成本，同时还承接世界上三维动画高水平制作的服务外包。有数据显示,2004年,美国动漫产业规模达到183亿美元,其中,动画产值50亿美元,游戏软件73亿美元(计算机游戏软件11亿美元,游戏机软件62亿美元),游戏机及其接口设备37亿美元,漫画23亿美元。据业界人士估计,美国动漫产业产值远大于此,加上漫画、动画、游戏的衍生产品及其出口收入,至少也有2 000亿美元。

20世纪80年代,韩国承接了日本的动画制作加工转移,从简单的上色到后来承接整套流程,在外包中积累了动漫制作的理念、管理和技术,成为世界上最大的动画加工厂。韩国以数码动画技术为突破口,提高三维以及三维与二维技术的合成能力,以计算机及其网络为基础,实施动漫产业特别化战略。在衍生产品开发上,韩国也坚持了同一战略理念,将动画衍生产品的开发集中在网络游戏上,完成对内容资源的深度开发和对目标消费群的再利用。同时,承接外包仍然是其产业发展的主要支撑。20世纪90年代后期至今,韩国经济崛起,韩国原创动漫迅速发展。2006年,其国内市场动漫产业销售额为116亿美元,而出口竟达到294亿美元,占国际市场近10%的份额,成为第三动漫产业大国。

加拿大从20世纪80年代开始承接美国动画加工,90年代开始发展动漫原创,采取了原创和外包同时发展的模式,其方式灵活,不拘泥于原创和外包的形式。一是合作制片。主要是国际合作,产权大部分由加方控制。这样做既有利于分享更丰厚的市场回报,又能通过合作方有效地拓展国际市场。二是本土原创。这样做市场回报高,但市场销售由自己独立完成。三是承接外包。加拿大拥有世界上一流的动画制作技术和企业管理,拥有多个著名企业,承接美、日、欧外包项目,形成了原创与外包相结合、国际与国内市场并举的结构。

纵观当今世界,以动画产品生产和销售最活跃的国家和地区为研究对象,如美国、欧洲、日本、韩国、中国台湾地区、中国大陆和印度,其动漫产品的国际贸易基本遵循着这样一个规律:日本从1951年开始进口美国的电影和电视动画产品,并在20世纪60年代达到高峰。20世纪50年代后期,日本开始为美国动画产品外包,一直持续到70年代初期。20世纪60年代前期开始,日本向美国出口电视动画产品,70年代前期向韩国和中国台湾地区出口过时动画产品,同时将动画产品的中期制作向韩国和中国台湾地区转移。韩国和中国台湾地区是几乎同时起步的国家和地区。20世纪50年代末和60年代初进口美国和日本的动画产品,20世纪70年代初为日本和美国进行外包,20世纪90年代中期后开始向整片出口转换,并将中期制作部分向中国大陆、泰国、菲律宾等劳动力更便宜的国家转移(见表6-1),20世纪90年代,中国、印度等国家加入国际贸易。在此过程中,美国、日本这两个动漫大国、强国居于国际动漫产业发展的领先地位,对国际动漫产业的创作、制作、生产和市场起着主导作用。此外,从单个国家的角度来看,在进入国际市场的过程中,除了美国是动漫产业的发源国、原创占主导地位外,其他国家都是从外包做起,基本上都有大约10年的大规模承接外包的经历。外包不仅为发包国带来了利润,也为接包国传授了技术、管理以及市场运作经验,使接包国积累了资金,培养了人才,为其原创的大发展奠定了基础,有力地推动了接包国动漫产业的快速发展。

表 6-1　主要动漫国加入国际动漫市场的历程

模式	美国	日本	韩国和中国台湾	中国和印度
整片进口	60 年代初期	50 年代初期	60 年代初期	80 年代初期
外包出口		50 年代后期	70 年代初期	90 年代初期
整片出口	30 年代	60 年代初期	80 年代后期	
外包进口	50 年代后期	70 年代初期	90 年代初期	

资料来源：苏锋．动画产品国际贸易研究[D]．哈尔滨：哈尔滨工业大学，2006：112．

6.2　美国动漫市场

美国动漫 100 年的历史、80 年的产业化进程和自由市场经济特色为动漫产业提供了良好的发展土壤，以美国宪法为基础的法律法规框架是美国动漫产业发展的基础和保障。美国政府将相关职能权限赋予美国动画协会等民间行业组织，对动漫产业行使管理职能，为动漫产业的发展提供了高效的管理与服务平台。在现代教育中融入的卡通形象、动漫故事和经典作品以及电教课程中的动漫元素对一代代青少年进行着美国动漫文化的熏陶与教育，潜移默化地孕育了大量的国内市场需求和人数众多的动漫产品消费群体。庞大的国内市场需求、大资金优势和单边主义霸权成就了美国动漫产业的竞争能力和成本空间，支持了美国动漫产业大投入、大制作、大产出、大运作的领跑世界动漫产业的运营和发展模式。而国外动漫市场规模效应与动漫输出文化折扣相对较低，使美国动漫产业有了充足的国际市场需求。美国特色的以"301"调查为基础的单边贸易等重要因素大大提升了当代美国动漫产业的国际竞争力，让美国动漫从国际市场赢得了在动漫、传媒、时尚、娱乐服务等多个文化产业丰厚的利润、巨大的发展空间和美国意识形态、生活方式及价值观的传播优势。

6.2.1　美国动漫产业发展及现状

从 1907 年开始的一百多年间，美国动漫产业从动画片起步，在发达的经济基础、动漫技术设备和开发上的大手笔投入、引领和保证动漫制作的技术不断提高的多学科动漫人才的聚集、较为完善的知识产权保护法律体系等重要因素基础上，建立了世界公认的形成最早、结构最完整、运作最高效的美国特色动漫产业链。作为世界上最先涉足动漫产业且产业化运营已有 80 年历史的国际重点动漫国家，其市场组织制度和动漫制作产业化程度始终处于世界领先地位。

6.2.1.1　美国动漫产业的发展模式

美国是世界公认的自由市场经济体制较为完善的国家。美国动漫以较为成功的"制片人制作动画片——代理商销售——影视系统播放——制造企业购买动漫产品版权开发衍生产品——商家销售产品"的动漫运营模式，一直领跑其他国家。美国动漫产业成功的主要原因是在本国成熟的自由市场体制、先进的科学技术、雄厚的金融资本、完善的法律法规体系框架、美国特色"优势"国际文化贸易基础上,坚持依靠商业运作,限制过度竞争;媒体监督社会,法律监管媒体;保护知识产权,确保产业链收益;着眼宏观调控,力推文化输出等政策原则下,通过完全的市场化及合理的市场分工与运作机制,以精品动画片的创作和生产为基础,通过商业运营让高质量的动画大片和产品进入市场,继而在国际上流行,被各国接受和喜爱后在世界范围内推出众多美国动漫明星。然后依靠动漫明星和品牌形象授权,在完全市场化的竞争机制下保证动漫衍生品的立体多渠道开发生产。随着品牌和动漫明星形象衍生品的多维度创新和生产运营,进一步促进世界范围内的消费,从而实现动漫产业的利润最大化。

由于知识产权保护体系框架比较完整,资金雄厚,集团化、产业化生产管理水平高,国际文化贸易优势明显,现今美国主流动漫公司一般采用高科技、高投入、高质量动画大片的"迪斯尼"发展模式。动漫巨头公司联合可靠高效的关联公司和企业加入,依托成熟的市场机制,形成一个在动漫公司掌控下的,以好莱坞电影工业制作和影片发行传播平台支持、唱片公司、出版社等为基础,以主题公园设计、高科技动漫设备制造、影视故事创作、卡通形象创新、广告宣传推广、动漫衍生产品开发、网络推广与传播等为手段,集策划、投资、创作、生产、传播、衍生品开发、销售、推广等于一身的多维立体产业链条。既合理又高效地利用动漫产品链模式中的制作、发行、播映和衍生产品开发等环节,迅速形成品牌效应,带动音像、图书、衍生产品的开发、生产和销售及主题动漫乐园项目。

美国动画片充分运用好莱坞"片厂制度"的管理优势,变动画大片的制作为生产线生产。一般都是利用先进的电脑数码技术,使动画大片的画面精美绝伦,而逼真感人的故事情节和超越民族、种族、国界和信仰的普世价值观成就了动画大片的艺术魅力和国际文化影响。然后由美国特色"优势"的国际文化贸易和国际化品牌战略保证动画大片海外市场票房及衍生品销售。这种发展模式既相对降低了投资风险,为竞争者设置了技术和资金壁垒,也为动画大片及其衍生品生产、推广、运营、销售的投资商提供了可靠保障。

美国动漫产业起步早,发展历史悠久,国际影响力大,领先优势明显。在美国政策、外贸、互联网+、数字技术、新媒体传播等多种因素的综合作用下实现了经济效益和社会效益的双赢。和其他产业一样,美国动漫产业从诞生之日起就已经完全融入其自由市场经济的整体竞争环境中。在良好的知识产权法律体系框架和自由经济发展背景中,依托强大的传统媒体与新媒体传播媒介和平台、多样化的营销渠道、行业顶尖人才及创新创作团队、引领世界发展前沿的技术手段、20世纪70年代后动辄就要"301"条款的霸权,经过国内外市场竞争与磨砺从无到有,从小到大。已经扩张到世界各地的"迪士尼"就是将美国动漫产业、卡通形象和文化软实力成功推向世界的优秀代表,仅在中国就已经营建了香港迪士尼和上海迪士尼两个动漫乐园,为迪士尼梦想及美国动漫产业在中国开辟了新的发展和盈利空间。

6.2.1.2 美国动画电影及市场规模

美国是国际电影市场上最早形成产业规模、产业历史悠久、典型的以动画电影开始直至动漫产业链成功整合运营的国家。从1907年制作完成第一部动画片开始,至今已有2 300多部动画片问世。美国是世界公认的动漫产业最发达、动漫产业链最完整、产业链运营最高效的国家。

从近几年的整体情况来看,2011—2016 年,美国动画电影票房收入一直不错。仅 2013 年,美国电影市场上映的 19 部动画电影作品全球票房达 49.29 亿美元(见图 6-2)。近几年票房有所回落,但 2016 年的统计数据显示,当年上映的 29 部动画电影,虽然数量仅占美国总电影数量的 3.98%,而票房却占到了总票房的 21.36%,经济效益尤其突出。

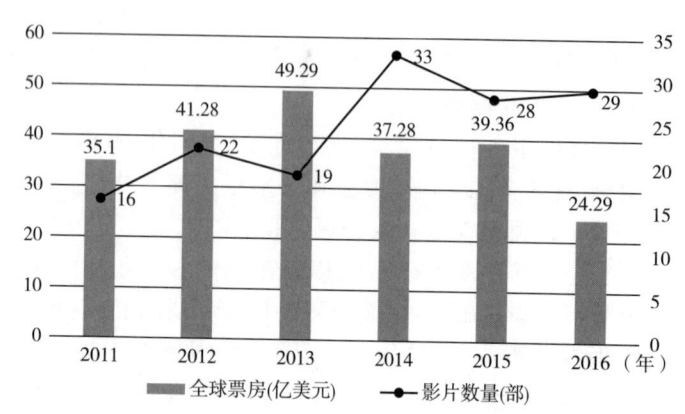

图 6-2 2011—2016 年美国动画电影上映影片数及全球票房
数据来源:根据各动漫产业报告及互联网数据整理

美国动漫产品的显著特点是具有很强的扩张能力、渗透能力和以政府为后盾的海外市场输出能力,动画电影是美国动漫产业海外输出的主要产品之一。美国动画大片创作和推向世界的手法一般都是在家庭、爱情与责任等普世价值观的基础上创作出引人入胜的故事情节,美轮美奂的电影画面,雅俗共赏的优美音乐,生动有趣的无国界动漫形象,在满足庞大的国内全民动漫消费市场后立即在世界范围推送,通过国际文化贸易和专业运营,使新创作生产出的动画大片风靡世界。然后再根据受到世界动漫受众欢迎的新潮卡通形象组织多领域、多渠道轮次开发,由动漫衍生品生产授权和在全球范围内热销赢得巨额利润。在美国动画电影票房收入中,平均每年 66% 的票房来自海外市场。就算海外票房收益占比最小的 2015 年,39.38 亿美元总票房中的 24.27 亿也来自海外,占比 62%。这从一个侧面说明了美国动画电影内容制作方面的实力以及强大的海外覆盖率和影响力(见图 6-3)。

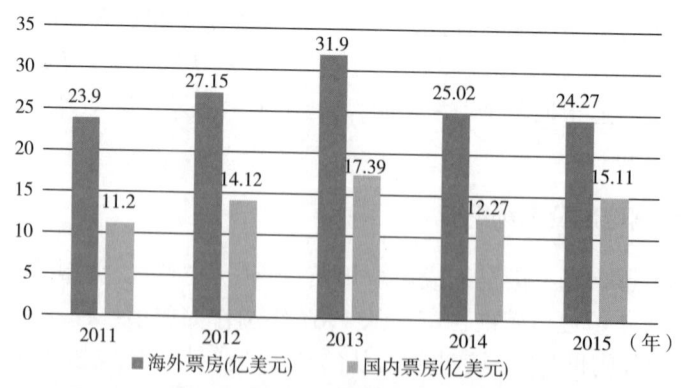

图 6-3 2011—2015 年美国动画电影全球票房构成比较

到目前为止,全球票房排名前十的动画电影全部来自美国(见表6-2)。以动漫起家的老牌公司迪士尼,中坚和新生代的皮克斯、梦工厂、蓝天、莱卡等好莱坞动画公司在生产设备等硬件及投资、研发、创新能力、技术水平等软实力方面遥遥领先。海外动漫电影市场一直在好莱坞包括迪士尼、华纳、二十世纪福斯、NBC环球、索尼和派拉蒙在内的6大传统公司的掌控之中,成为美国动画电影收益的蓄水池和大票仓。

表6-2 全球动画电影票房排行榜top10

排名	电影名称	上映日期	全球票房(亿美元)	北美票房(亿美元)	非北美票房占比	制作地区	制作方	发行方
1	冰雪奇缘	2013/11/27	12.765	4.007	68.61%	美国	迪士尼	迪士尼
2	美女与野兽	2017/3/17	12.635	5.04	60.11%	美国	迪士尼	迪士尼
3	小黄人大眼萌	2015/7/10	11.594	3.36	71.02%	美国	照明娱乐	环球影业
4	玩具总动员3	2010/6/18	10.636	4.15	60.98%	美国	皮克斯	迪士尼
5	海底总动员2	2016/6/17	10.281	4.863	52.70%	美国	皮克斯	迪士尼
6	疯狂动物城	2016/3/4	10.238	3.413	66.66%	美国	迪士尼	迪士尼
7	神偷奶爸2	2013/7/3	9.708	3.681	62.08%	美国	照明娱乐	环球影业
8	狮子王	1994/6/15	9.685	4.228	56.34%	美国	迪士尼	博伟电影、迪士尼
9	海底总动员	2003/5/30	9.367	3.808	59.35%	美国	皮克斯	迪士尼
10	怪物史瑞克2	2004/5/19	9.198	4.412	52.03%	美国	梦工厂	梦工厂

2016年,美国共拍摄了16部动画电影(见表6-3)。和真人电影相比,因为动漫衍生品全球热销的原因、动画电影收益反而更好。好莱坞6大传统公司的动画电影作品因为全球强大的影响力以及宣传、发行、营销方面特有的控制力及覆盖面,通过积极经营自己的动画工作室和制片厂以及好莱坞动画生产模式中的团队协同、内容创新、运营发行、格局优势以及对内容的把控、观众的理解和市场的洞察,再一次占据全球动画电影市场的票房制高点,迎来又一波题材多样、风格各异、不再单以"外传""续集""IP"为卖点的美国动画电影的制作和发行热潮。

表6-3 2016年美国发行的动漫电影一览表[①]

序号	片名	出品制作	发行公司	美国档期	类别	备注
1	北极移民	狮门影业	狮门影业	1月15日	冒险/喜剧	
2	功夫熊猫3	东方梦工厂	20世纪福克斯	1月29日	动作/冒险	中美合拍
3	疯狂动物城	迪士尼	迪士尼	3月4日	动作/冒险	

---

① 卢斌,牛兴侦,郑玉明. 中国动漫产业发展报告(2016)[M]. 北京:社会科学文献出版社,2016.

续表

序号	片名	出品制作	发行公司	美国档期	类别	备注
4	小王子	Onyx Films	派拉蒙	3月18日	奇幻	2015年出品
5	瑞奇与叮当	Blockade Entertainment	焦点	4月29日	动作/冒险	
6	愤怒的小鸟	Rovio Mobile/索尼动画	索尼	5月20日	动作/喜剧	
7	海底总动员2	皮克斯	迪士尼	6月17日	冒险/喜剧	
8	爱宠大机密	照明娱乐	环球	7月8日	喜剧/家庭	
9	冰川时代5	蓝天工作室	20世纪福克斯	7月22日	冒险/喜剧	
10	香肠派对	索尼动画	索尼	8月12日	喜剧	R级
11	久保与二弦琴	莱卡娱乐	焦点	8月19日	定格/冒险	
12	逗鸟外传	华纳动画	华纳兄弟	9月23日	喜剧/家庭	
13	巨魔	梦工厂动画	20世纪福克斯	11月4日	音乐/家庭	
14	海洋奇缘	迪士尼	迪士尼	11月23日	冒险/喜剧	
15	歌唱	照明娱乐	环球	12月21日	歌舞/喜剧	

资料来源：卢斌，牛兴侦，郑玉明．中国动漫产业发展报告（2016）[M]．北京：社会科学文献出版社，2016．

6.3 日本动漫市场

作为世界动漫强国，动漫产业是日本文化产业中最成功的部分，在国民经济发展及国际文化贸易中有着举足轻重的地位，2016年里约奥运会闭幕式上，日本展示国家软实力的8分钟动漫形象宣传片惊艳全球。日本经济研究者认为，在世界范围内，日本动漫的影响力已经远远超过丰田汽车和松下电器。

6.3.1 日本动漫产业发展概况

和美国相比，近30年来，日本动漫产业在政府的推动下才算真正进入了发展快车道。现今日本动漫产业蓬勃发展，国内动画市场不断扩张，国际市场风生水起。其成功的原因是多方面的，包括政府的支持和"文化立国"战略，动漫产品广泛的全民化消费基础，科学合理、运行良好的开发投资模式，拥有世界顶级动漫大师和制作机构等。

日本进口美国电影和电视动画产品以及后期为美国动画产品外包加工制作从20世纪50年代开始。日本在美国动画片外包基础上开始创新创作，到60年代便开始向美国出口电视动画片，70年代将动画片的中期制作向韩国和中国台湾地区转移，完成了从动漫制作承包到发包的华丽转身。尤其是20世纪90年代后期，日本政府正式确立了"文化立国"战略以后，日本动漫产业迅猛发展，以骄人的成绩从产业发展角度完美诠释了日本经济学家赤松要提出的"雁行产业发展形态论"：从发达国家进口——建立与先进国相同的本国产业——向国际市场出口的三个阶段，完成了日本动漫产业的赶超过程并迅速发展成为目前世界动漫强国三巨头之一。

日本20世纪七八十年代动漫原创作品开始快速发展。动漫企业先选择受欢迎的漫画书拍摄动画片,再通过强大的电视播放平台传播造势,最后通过版权交易开发玩具、服装等衍生品市场,逐步形成了漫画引领——动画电视传播——衍生品开发的日本动漫商业链模式。

1996年,日本政府正式确立"文化立国"战略,并开始力推动漫产业发展,将动漫产业定位为国家发展重点支柱产业。2003年专门成立了内容产业全球筹划委员会、东京动画中心等机构管理和促进动漫产业的发展;2004年颁布内容产业促进法,专门成立产业基金,加大投资力度;为了日本动漫的海外传播,日本外务省甚至拨款购买动画片版权赠送给发展中国家免费播放,将日本的流行文化输出海外,努力在全球范围内展示日本的国家软实力。

在政府的力推下,现今动漫产业在日本是名副其实的国民经济支柱产业,动漫产品占据了国际动漫市场半数以上的份额,涉及影视播放、图书出版、音像及设备、新媒体、游戏、旅游、广告、教育、服装、玩具、文具、互联网及智能移动终端等众多行业及领域。一直以来,日本动漫产品在政府的扶持下国际化和市场化并举,形成了原创为主、外包为辅、销售由集团垄断的产业发展模式和市场结构。

6.3.2 日本动漫总体市场规模及各细分市场情况

日本经济贸易产业部(Ministry of Economy,Trade and Industry)公布的数据显示,2004年,日本动漫杂志350多种,电视台每周播放动画片80多集,年播放总量接近4 000集,在影剧院观看动画片的观众达到了20 649 179人次。2005年,动漫产业产值占日本GDP的16%。2017年9月底,日本动画协会发布了最新的《日本动漫产业报告(2017)》,其中的数据表明,2016年,日本广义的动画产业市场[①]规模已达到2兆零9亿日元,首次突破2兆日元(约合人民币1 168亿元),市场规模连续7年增长,并连续4年刷新市场规模峰值。庞大的日本动漫消费群体将他们可支配收入的大约13%用在了动漫产品消费上(见图6-4)。

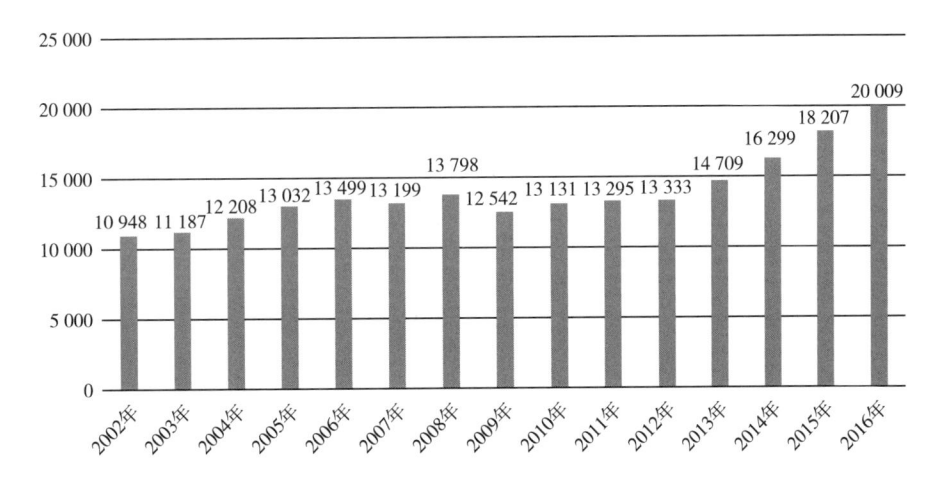

图6-4 2002—2016年日本广义动画市场发展趋势(单位:亿日元)

数据来源:根据日本动画协会调查资料汇总

---

① 在《日本动漫产业报告2017》中,对动漫市场的定义分为广义和狭义两类,其中,广义的动漫市场是指市场规模基于对用户的动漫市场和动漫关联市场;狭义的动漫市场是指市场规模基于商业动画工作室的销售收入的市场。

据《日本动画产业报告 2017》数据显示,从 2002 年开始,经历了连续 6 年扩张的动漫产业市场,由于碟片(DVD/BD)销售额的急速下降,在 2009 年经历了 1 000 亿日元以上的大幅缩水。然而,接下来的 2010 年开始渐渐地转为上升并在 2013 年全方位超越上年度,并超越 2008 年的总销售额,成为史上第一的销售额记录。自 2013 年起,这一销售纪录便被屡次更新,2014、2015、2016 三年,日本广义动画市场规模的年增长率分别为 10.4%、11.7% 和 9.9%,发展势头稳定。

就动画产业市场份额来看,2016 年,日本动画海外销售收入占了总动画市场收入的 40%,自 2000 年起一直处于持续膨胀状态;其次是动画商品销售收入,占总动画市场收入的 29%;游戏城收入占 15%,TV 动画收入占 5%,动画电影、动画光盘、动画 live 均占总收入的 3%,动画音乐收入占总收入的 2%(如图 6-5 所示)。总体来说,2016 年,日本动画市场中海外销售市场和动画电影市场占比持续增长,动画光盘和游戏城的市场规模有所缩减。下面将详细介绍日本动画各细分市场 2016 年的具体情况。

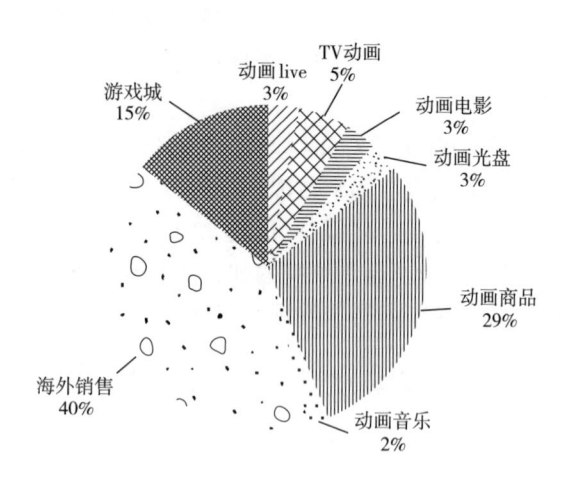

图 6-5　2016 年日本动画产业市场种类份额

6.3.2.1　日本 TV 动画市场

在 TV 动画方面,日本 TV 动画制作分钟自 20 世纪 90 年代中期开始显著上升,并在 2006 年创造了最高纪录,然后在 2010 年下降触底,接着分钟数又有增加,呈 V 型复苏。但自 2015 年起,日本 TV 动画制作分钟数结束了 5 年的连续增长,稳定在每年 11 万分钟左右,远低于 2006 年 TV 动画制作分钟数的峰值 136 407 分钟(见图 6-6)。

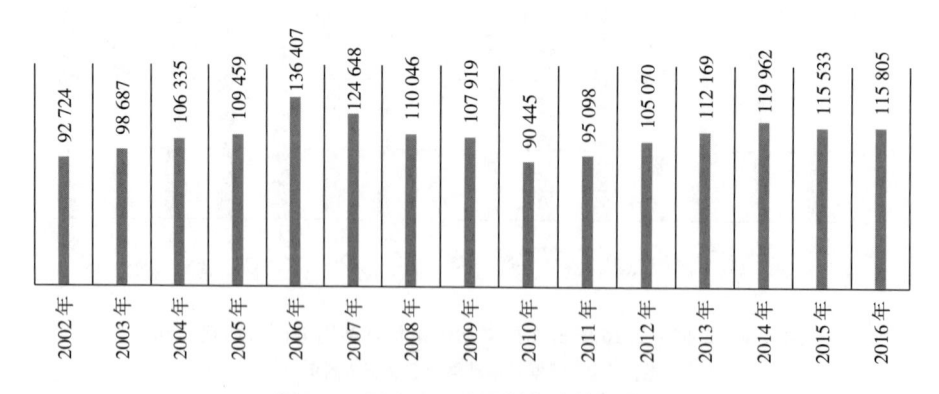

年份	分钟数
2002 年	92 724
2003 年	98 687
2004 年	106 335
2005 年	109 459
2006 年	136 407
2007 年	124 648
2008 年	110 046
2009 年	107 919
2010 年	90 445
2011 年	95 098
2012 年	105 070
2013 年	112 169
2014 年	119 962
2015 年	115 533
2016 年	115 805

图 6-6　日本 TV 动画制作分钟数变化
数据来源:根据日本动画协会进行的调查整理

然而，与 TV 动画制作时长趋于稳定的情况不同，TV 动画的制作数量自 2012 年起一直呈现逐年增长的态势，2016 年更是达到了日本 TV 动画史上的最高部数——356 部。并未增加的制作时长与逐年增加的制作数量反映了目前日本平均每部 TV 动画时长缩减的现状。这一情况在 2015 年和 2016 年的《日本动画产业报告》中被反复提及，而 2017 年的调查数据显示，日本单部 TV 动画平均制作时长进一步缩短，在短篇幅动画制作成本低、观众观看时间"碎片化"、移动互联网络日益发达等原因的多重作用下，"泡面番"①盛行的特征仍未改变，如图 6-7 和表 6-4 所示。

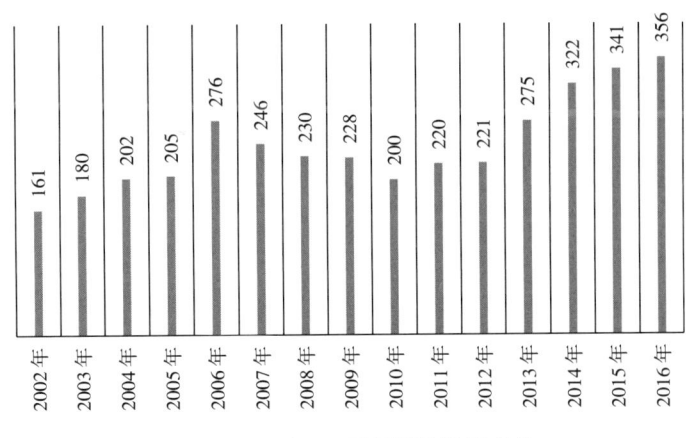

图 6-7　日本 TV 动画制作数量变化

表 6-4　日本单部 TV 动画平均制作时长

年份	2002 年	2003 年	2004 年	2005 年	2006 年	2007 年	2008 年	2009 年
单部 TV 动画平均制作时长（分钟）	575.9	548.3	526.4	533.9	494.2	506.7	478.5	473.3

年份	2010 年	2011 年	2012 年	2013 年	2014 年	2015 年	2016 年	
单部 TV 动画平均制作时长（分钟）	452.2	432.3	475.4	407.9	372.6	338.8	325.3	

在 TV 动画类型方面，2015 年，日本 TV 动画中的成人向动画首次超过儿童向动画，至 2016 年，两者差距进一步拉大（见图 6-8）。这一情况产生与日本"少子化"的社会现象有着密切的关系，据日本国内统计数据显示，到 2050 年，日本的人口将从 2014 年的 1.2 亿减少到 0.9 亿，甚至有报道称，2014 年 9 月，日本著名的升学辅导班"代代木 Seminar"发表声明，准备将全日本 27 个校区中的 20 个关闭，因为学生生源越来越少。

关于在日本未来的 TV 动画市场中，儿童向和成人向类型动画制作到底哪方可以占据主导的问题，日本动画界人士一直未能达成共识。日本著作权事业局局长清水義裕

---

① "泡面番"是指一集时间很短的动画，通常在三分钟到六分钟左右不等，以四格漫画改编居多，相当于泡一杯方便面的时间，故被动漫爱好者如此戏称。也有部分日本动画制作公司以几集短篇连载动画作为 Lite 版测试市场反应，为正式版推出做准备，也被称为"泡面番"。

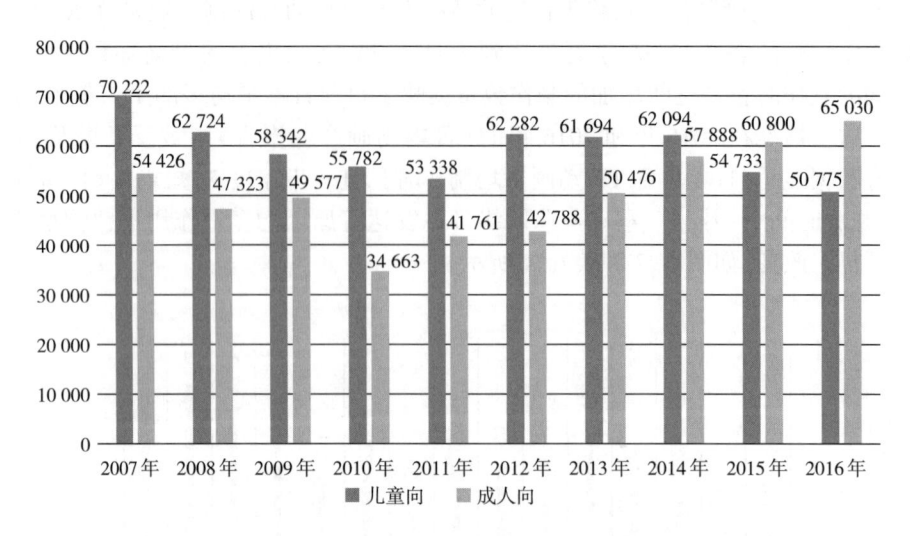

图 6-8　日本 TV 动画中儿童向/成人向数量对比

在 2014 年接受凤凰网记者采访时表示,"如果不做受儿童欢迎的动画,日本的动画将没有未来",他认为,虽然目前日本动画的主流商业模式基本是为 18~31 岁这个年龄层制作动画,在深夜放映,再通过 DVD 和周边衍生品的贩卖来实现收益,但从世界范围来看,在海外,除了一部分动漫频道、盗版和违法网站、动漫迷俱乐部以外,海外主流电视台基本没有播放这些以成年人为受众的日本动画。因此,从全世界对动画的需求来看,面向儿童的动画完胜面向成年人的动画,如果不做受儿童欢迎的动画,日本的动画将没有未来。他预测,在不久的将来,日本动画业将从面向成年人为主转为面向儿童为主的商业模式,从日本以外的电视台、公司和投资者等处获得资金进行制作再将作品卖到全世界。

但从 2015 年和 2016 年的统计数据来看,实际情况并没有如同清水义裕预期的那样,成人向动画数量超过儿童向动画并且两者差距逐渐扩大,可能对于日本大部分动画制作公司来说,对于作品海外收益的考虑远排在国内市场收益之后,制作成人向 TV 动画是现实情况下的最优选择。

6.3.2.2　日本动画光盘市场

在日本的音像制品销售市场中,动漫作品占据了举足轻重的地位。由图 6-9 可以看出,在日本国内音像产品市场中,动漫作品占据了 30.6% 的份额(包括日本国内动漫 26.9% 和国外动漫 3.7%),在所有音响产品类别中位列第一。动漫类音像制品不仅在日本本土市场大受欢迎,更是贡献了三成以上的销售额。

然而近几年来,日本动画光盘的销售额却不断下降。《日本动画产业报告 2017》的最新调查数据显示,2016 年,日本动画光盘销售额为 788 亿日元,较前一年 928.3 亿日元的销售额下降了 15.1%,相比 2014 年 11.5% 和 2015 年 9% 的销售额下降率,2016 年日本动画光盘销售额下降速度进一步增快,动画光盘销售额已连续 3 年下降,几乎回落至 2000 年的销售额水平(如图 6-10 所示)。

动画光盘销售的变化主要与动画类型创新、影像存储技术的更新、网络配信市场的

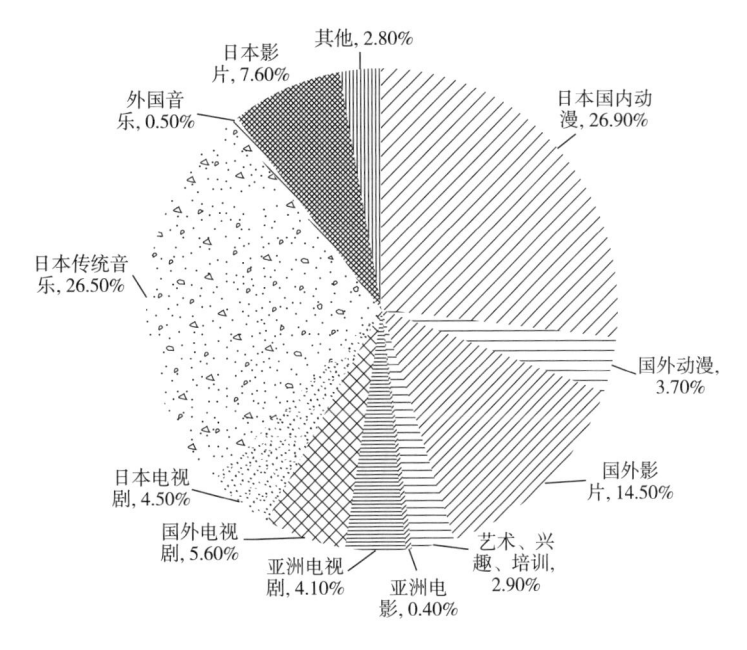

图 6-9　2016 年日本音像产品各类别市场份额

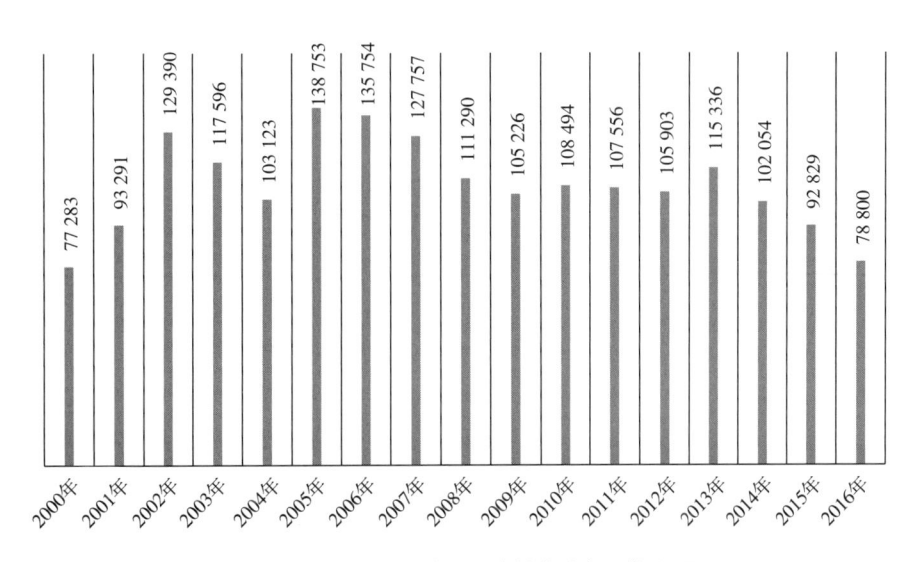

图 6-10　2000—2016 年日本动画光盘销售金额(单位:百万日元)

成长有关。20 世纪 90 年代中期,动画光盘销售额出现了第一次高峰,OVA(Original Video Animation)①制作的活跃使得 1996 年日本动画光盘的销售额达到 1 068 亿日元,之后随着 OVA 热潮褪去,动画光盘销售逐渐下降;2000 年之后,以促进日后发售的 DVD 和

---

① OVA,Original Video Animation,原始光盘动画。一般是指通过 DVD、蓝光光盘等影碟发行方式为主的剧集,也指一些较原著篇幅较小且内容不一的动画剧集,相较于电视动画、剧场版电视或者电影院播放的不同,OVA 是从发行渠道来划分的,一般采用 DVD 等影碟的形式发行。

关联作品为主要目的的深夜动画兴起并受到动画爱好者和一般年轻阶层的欢迎,动画光盘销售迎来新的高峰,于 2005 年达到历史最高的 1 387 亿日元;2005 年后,受金融危机的影响,动画光盘销售额一直在小幅下降,而较大的用户黏性和音像制品受众较为稳定的购买力使动画光盘销售额在 2008 至 2013 年期间保持在 1 050 亿日元到 1 160 亿日元之间;而且由于日本动画网络配信市场的逐渐成形,日本国内外各大网络配信平台为增加自身竞争力,纷纷充实内容、完善服务,导致部分动画光盘消费者转向网络配信消费,加之动画产业链上下游其他市场如周边、音乐、live 等领域的持续发展,消费者从以往单一的光盘消费向各领域消费扩散,造成了近几年来光盘销售额持续下降,光盘销售的商业模式目前面临着巨大转折点。

表 6-5 是 2016 年动漫类音像制品销售额前 20 名。2016 年,由爱贝克思发行的《阿松》成为当年销售额最高的作品。该作品是一部经典的日本搞笑动漫,原著由著名漫画家赤冢不二夫于 1962 年至 1969 年期间连载于《周刊少年 SUNDAY》(小学馆),单行本累计发行量超过 1 000 万本,并在 1966 年、1988 年及 2015 年三度动画化,每次动画化都会在社会上引起巨大反响,甚至于 2015 年 11 月末在池袋 animate 本店举办的相关展览有超过 2 000 人参加,刊登有阿松特辑的各类杂志也被一抢而空,其相关音像制品销售额位居榜首可谓情理之中。虽同属销售额排名前二十,但从表 6-5 中的数据可以看出,位列前茅的几部作品的销售额比排名末位的作品高出几倍有余,甚至排行榜上第 14 名至第 20 名这 7 部作品的销售额总和还不及《阿松》单部作品的销售额,人气作品与非人气作品的销售额两极分化现象严重。

表 6-5　2016 年动漫类音像制品销售额前 20 名

排名	销售额(百万日元)	发行商	作品名称
1	3 839.8	爱贝克思	《阿松》
2	2 366.4	万代视觉娱乐	《少女与战车》(剧场版)
3	1 850.0	万代视觉娱乐	《爱与演唱会!》
4	1 399.9	日本沃尔特迪士尼	《疯狂动物城》
5	1 345.9	万代视觉娱乐	《爱与演唱会! 阳光!!》
6	1 004.1	万代视觉娱乐	《机动战士高达 THE ORIGIN》
7	999.9	ANIPLEX	《终物语》
8	975.7	ANIPLEX	《偶像大师:灰姑娘女孩》
9	938.7	东宝	《排球少年(第二季)》
10	789.2	爱贝克思	《海贼王》
11	684.9	万代视觉娱乐	《少女与战车》
12	666.5	松竹家庭娱乐	《水星领航员》
13	635.6	万代视觉娱乐	《机动战士高达 铁血的奥尔芬斯》
14	589.0	小门	《RE:从零开始的异世界生活》
15	559.7	日本沃尔特迪士尼	《海底总动员 2:多莉去哪儿》

续表

排名	销售额(百万日元)	发行商	作品名称
16	552.5	小学馆	《名侦探柯南:纯黑的噩梦》
17	515.5	万代视觉娱乐	《超时空要塞 Δ》
18	510.2	华纳兄弟家庭娱乐	《JOJO 的奇妙冒险:不灭钻石》
19	507.9	ANIPLEX	《火影忍者剧场版:博人传》
20	479.2	角川	《为美好的世界献上祝福!》

数据来源:公信榜娱乐市场白皮书 2016

在动漫音像制品发行商方面,万代视觉娱乐凭借《少女与战车剧场版》《爱与演唱会!》《爱与演唱会！阳光!!》《机动战士高达 THE ORIGIN》《机动战士高达 铁血的奥尔芬斯》《超时空要塞》等作品的出色表现,成为 2016 年日本动漫类音像制品发行商中的冠军,而爱贝克思集团由于《阿松》的大火,成为销售额增速最快的发行商,是 2015 年同期销售额的 320.9%,见表 6-6。

表 6-6　2016 年日本动漫类音像制品发行商销售额排名

排名	发行商	销售额(百万日元)	去年同期(%)
1	万代视觉娱乐	10 718.6	108.6%
2	索尼音乐娱乐	9 401.0	69.8%
3	爱贝克思集团	6 120.7	320.9%
4	角川	3 427.3	83.4%
5	日本 NBC 全球娱乐	3 029.2	134.4%
6	华纳兄弟家庭娱乐	2 758.3	72.1%
7	东宝	2 502.7	100.8%
8	King records 唱片公司	2 267.1	34.3%
9	VAP 影音公司	1 849.3	107.6%
10	小学馆	1 716.4	73.8%
11	小门	1 519.0	110.8%
12	Happinet	1 499.3	91.9%
13	波丽佳音	1 481.6	69.1%
14	松竹家庭娱乐	1 444.4	231.0%
15	日本沃尔特迪士尼	1 103.1	71.1%
16	MARVELOUS	1 050.8	70.4%
17	JVC 唱片公司	902.1	144.5%
18	Frontier Works	862.8	156.7%
19	京阿尼	741.7	68.8%
20	东映动画	487.2	49.0%

6.3.2.3 日本动画网络配信①市场

自2002年以来,日本动画网络配信市场规模除2005年略微回落之外,一直表现出持续增长的状态,至2016年达到历史最高水平478亿日元,比前一年增加了9.38%,年增长率超过2015年的7.11%,但与前几年20%、25%、70%甚至2006年500%的增长率相距甚远,说明网络配信市场规模经过十多年的快速增长,现已进入平稳发展阶段(如图6-11和图6-12所示)。

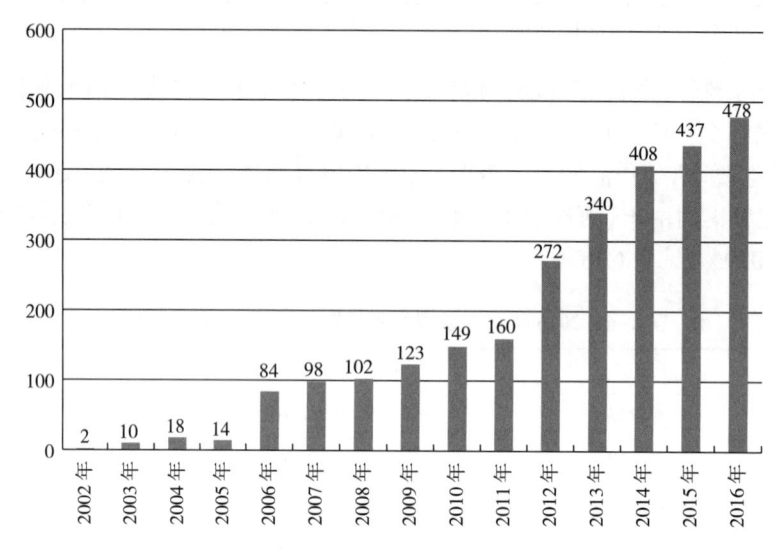

图6-11 2002—2016年日本动画配信市场规模(单位:亿日元)

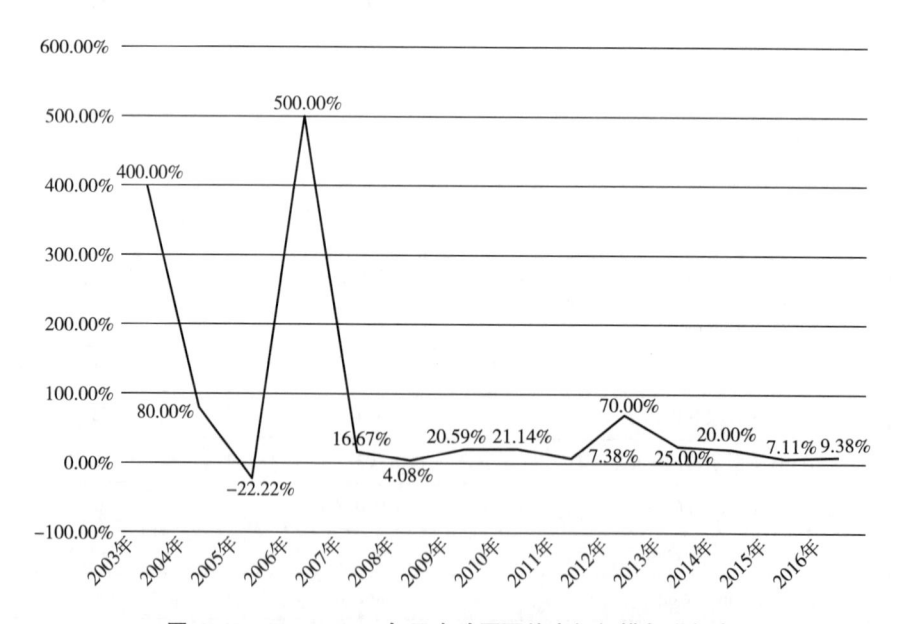

图6-12 2003—2016年日本动画配信市场规模年增长率

---

① 日语中的"配信"一词是指传送、发布信息;网络配信形式是指"在网上放出供人下载"的方式。

在配信市场扩大的同时,配信企业之间竞争激烈。2014年6月,日本电信服务运营商 KDDI 与角川联合推出定额制①动画观看服务 ANIMEPASS,却在2016年年初草草停止了服务;2012年开始运营的日本国内配信服务平台 d Anime Store 在2015年用户数量突破200万之后,每月新增用户数迅速减少。日本数据分析公司 GEM Partners 最新调查报告显示,2016年,日本定额制视频配信网站市场规模为1 636亿日元,较上年增加16%。其中,日本定额制视频配信网站"dTV"所占市场份额最多,"Hulu"居第二位,具体见图6-13。② 2017年,Netflix 也在积极寻求和日本动画制作方的直接合作,可以预测,今后将会有相当多的动画作品在配信平台独占播出,网络配信市场愈发成为日本动画市场中不容忽视的重要领域。

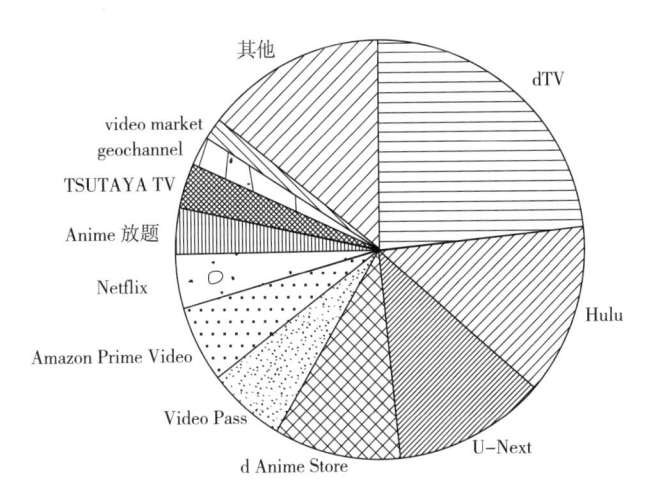

图6-13 日本定额制视频配信网站市场份额分布图

图表来源:https://gem-standard.com/news_releases/142

6.3.2.4 日本动画角色商品零售市场

2016年,日本动画角色商品零售市场规模为1.6兆日元,较2015年下降1.8%并且已经是自2014年的第二次下降,见图6-14。但日本动画协会并未在报告中表达对此的担心,反而乐观地表示,这里统计的角色商品零售市场规模并未包含手游与 Line 皮肤的数字商品销售,如果算上这部分,市场规模会超过2兆日元。

在角色商品零售市场中,儿童/家庭向始终占据主导地位。2016年有87.2%的份额属于儿童/家庭向作品,相较于2015年减少了0.9%的市场份额,见图6-15。这样的变化与前文提到的日本少子化现象严重不无关系,另外,网络配信的发展对日本的少年儿童也有一定的影响,孩子们通过网络观看作品的机会增加,可能不再只通过电视接触到单纯的动画类型。

在传统的核心向观众商品市场中,女性向市场的发展尤其繁荣。动画中《冰上的尤

---

① 定额制:类似会员制,每月交一定费用,可以无限次观看特定视频。
② 三文娱:日本网络配信市场达千亿日元规模,他们的视频网站都是如何播动画的? https://www.vccoo.com/v/z6998s。

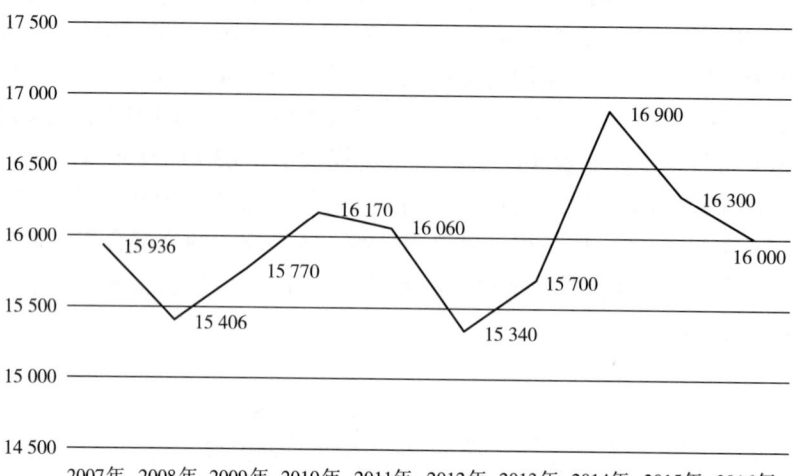

图 6-14 角色周边商品市场规模推移图（单位：亿日元）

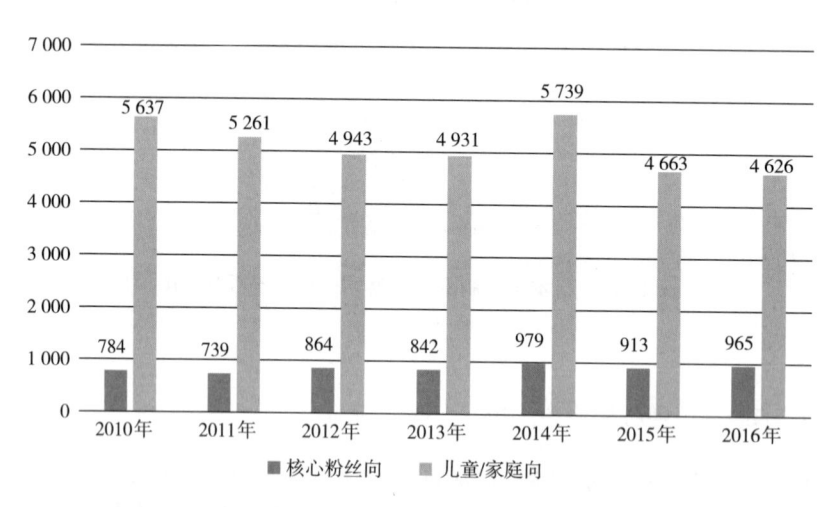

图 6-15 动漫作品角色商品化类别市场份额（单位：亿日元）

数据来源：根据 CharaBiz data(2017) 的原始数据以及日本动画协会自行统计的数据整理

里》《美少女战士》《阿松》《爱与演唱会！》，游戏里的《刀剑乱舞》相关商品销售势头良好。《美少女战士》面向 25~30 岁女性消费者，以"怀旧""可爱"为卖点，开发了玩具、美妆、成衣、杂货等上百种商品；《冰上的尤里》在第一次播出结束后便开始大量的商品化，截至 2017 年 5 月，《冰上的尤里》周边数将近 700 种，获得商品授权的公司在半年内扩大到 70 家以上。另外，一些本来定位为传统男性向作品的动漫，如《爱与演唱会！》《少女与战车》《排球少年》等，也因为其强烈的宅向"萌要素"而受到广大女性消费者的欢迎。

6.3.2.5 日本动画海外市场

2015 年，日本动画海外市场规模达到 5 833 亿日元，比上年增长了 78.7%，而 2016 年的动画海外市场规模又增长了 31.6%,达到 7 676 亿日元,创历史新高,见图 6-16①。

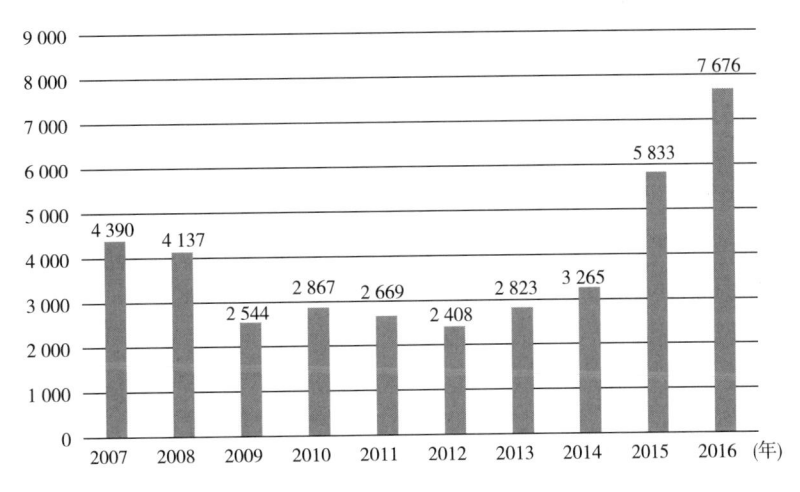

图 6-16 日本动画海外市场规模变化(单位:亿日元)

在日本动画的海外传播中,海外授权是其中极为重要的一种方式。2016 年,19 家日本动画制作公司与海外签订了 6 639 份合同,是 2015 年 4 345 份的 1.5 倍,签约的国家和地区也增长至 221 个。② 在所有签约的国家和地区中,日本与中国(包括中国台湾 230 份、中国香港 142 份)共签约了 727 份海外授权合同,中国替代美国成为 2016 年日本海外授权的最大市场;韩国以签约 230 份授权合同位居第二,之后分别是美国、澳大利亚、加拿大、法国、新西兰和英国。可以看出,东亚、北美、澳洲和西欧都是日本动漫产品海外传播的重点市场,其中,仅中、韩两国就占到 2016 年日本动画海外授权总合同数的 15.6%(如图 6-17 所示)。

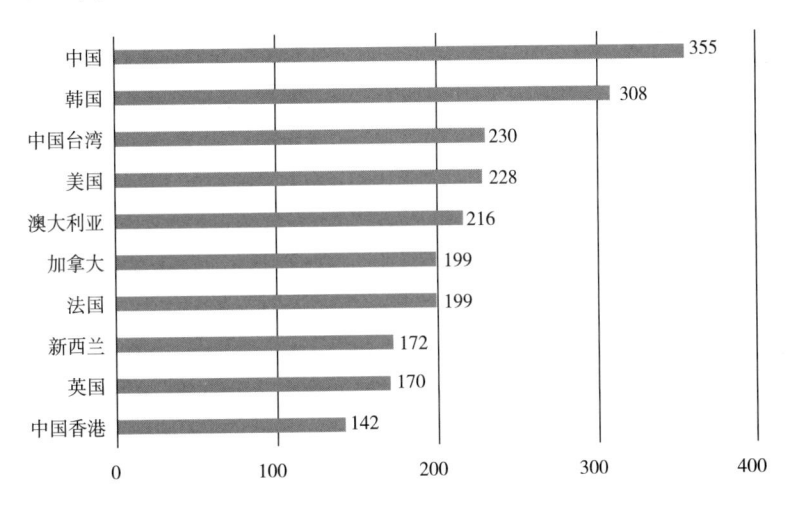

图 6-17 2016 年日本动画海外授权合同数前 10 国家和地区(单位:份)

---

① 资料来源:日本动画协会. 日本动画产业报告,2017. https://www.chncomic.com/info/201710/46316.html。
② 资料来源:日本动画协会. 日本动画产业报告,2017. https://www.chncomic.com/info/201710/46316.html。

但《日本动画市场报告 2017》同时也指出，2016 年，虽然日本与海外签订了更多合同，但合同履行率整体不高，可能的原因是动画公司在签订合约时以多个国家为对象，或者是将多部作品打包销售的批量合同增加，导致合同履行率下降。

6.3.3　日本动漫市场发展特征

6.3.3.1　"泡面番"数量增长，成人向动画制作分钟数连续 2 年超过儿童向

与一般动画的单集时长 30 分钟左右、制作成本在 1 200 万日元至 1 500 万日元之间不同，"泡面番"由于篇幅短小，除去片头片尾，每集需要制作的内容仅有约 3 分钟，按时间换算的制作成本被压缩在 200 万至 300 万日元之间；同时，由于移动互联网络的日益发达，越来越多的人习惯利用上下班地铁上、午休、睡前等这类"碎片化"时间进行更为移动、便捷的娱乐，短短的"泡面番"正好适应了这类观众的需求。另外，"泡面番"短小的篇幅还让动漫制作方在制作过程中可以充分吸收观众的反馈，用充足的时间根据观众们对之前播放剧集的评价对下集进行修改，真正做到制作观众需要的动漫来扩大市场。这样的优点使得日本动画市场上"泡面番"的数量自 2014 年开始逐渐增多，2015 年和 2016 年，每年 10 分钟以下的短篇动画数量都是 126 部。

而在电视动画制作类型方面，2015 年，成人向动画制作分钟数首次超过儿童向动画，2016 年这一情况持续且两者差距进一步加大，日本社会少子化现象使儿童向动画市场缩减、成人向动画受众消费能力更强等需求方面的拉动刺激着日本动画制作方逐渐改变原有以儿童向动画为主导的生产模式，制作出更多成人向动画作品。

6.3.3.2　海外销售持续大幅增长，中国成为最大买家

2016 年，不仅日本与中国大陆签订的海外授权合同远超世界其他国家和地区，达到 355 份，还向中国输出动画电影共 9 部，分别是《火影忍者剧场版：博人传》《圣斗士星矢：圣域传说》《哆啦 A 梦：新·大雄的日本诞生》《樱桃小丸子：来自意大利的少年》《龙珠 Z：复活的 F》《蜡笔小新：爆睡！梦世界大作战》《海贼王：黄金城》《名侦探柯南：纯黑的噩梦》《你的名字》。其中新海诚导演在中国大陆上映的首部作品——《你的名字》在上映首日票房共收入 7 502 万元人民币，首周票房超过 2 亿元，夺得 12 月第 1 周周末票房冠军。之后接片方通知，作品延期至 2017 年 2 月 2 日下线，成为大陆地区第一部延期下线的日本电影。最终票房定格在 5.76 亿元人民币，超过 2015 年的票房冠军《哆啦 A 梦：伴我同行》，创下日本电影在华最高票房新纪录。

除此之外，2016 年，通过正版引进的形式进入中国视频平台的日本新番动画一共有 196 部，约占日本 2016 年播出新番动画总量的 82%。B 站、优酷土豆、PPTV、爱奇艺、乐视、腾讯视频、芒果 TV 这 7 家视频平台纷纷斥重资购买日本动画的网络播放权，通过对日本每季新番的独播权相互竞争。仅从数量上看，B 站以引进 131 部日本新番的成绩持续保持在这一市场领域的数量优势；而优酷土豆则以 95 部的引入数量名列该市场的第二位；此外，PPTV、爱奇艺、乐视三家视频平台紧随其后，在数量上相较去年都有了不同程度的提高。

然而，对于此种情况，日本动画协会的态度并不完全乐观，其在报告中分析指出，动

画电影方面,2016年海外收入的增加依赖于《你的名字》单部电影的突出表现,可谓"一枝独秀",在这种情况下不能乐观预测今后的海外市场依然能够保持增速。同时,日本动画的海外市场有相当大一部分来自中国视频配信企业的极高动画播放权购买金额,但中国相关政策的动向有可能给日本动画在中国的业务开展带来很大的变化,这也是日本动画需要留意的地方。

6.3.3.3 游戏动画化与动画游戏化

近年来,越来越多的日本游戏公司积极地向动画制作领域发展。Cygames是日本一家游戏开发公司,隶属于Cyber Agent,成立于2011年,以开发社交网络游戏和手机游戏为主要业务。营业初期主要为Mobage手机社交平台提供游戏应用,后逐步涉足安卓/iOS平台。Cygames在《巴哈姆特之怒》第一季动画之后成立了动画事业部,积极企划动画作品,2016年成立了Cygames Pictures,其母公司CyberAgent与朝日电视台成立的Abema TV也出资动画制作。时至今日,游戏公司在选择动画化作品时已不再限定为自己公司的作品,而是投资更多类型的动画,如Cygames公司参与企划、制作的TV动画《冰上的尤里》、剧场版动画《在这世界的角落》等,游戏公司将更积极地参与到动画商业当中(见表6-7和表6-8)。

表6-7 Cygames公司开发游戏一览表

平台	中文名称	运营年代	合作厂商	备注
Mobage平台	巴哈姆特之怒	2011.09—		2015年推出Chrome版
	战国SAGA	2011.11—2013.03		之后移交其他关联公司运营
	偶像大师 灰姑娘女孩	2011.11—	万代南梦宫	2015年推出Chrome版
	圣斗士星矢 银河卡片战斗	2012.04—	东映/DeNA	
	超级战队英雄	2012.04—2013.04	万代南梦宫	
	战斗之魂 霸者的咆哮	2012.04—2013.01	万代南梦宫	
	世嘉创造球会S:世界明星	2012.06—2013.07	SEGA	
	烈火之炎 燃烧革命	2012.07—2013.06	小学馆	
	老虎与兔子 英雄之路	2012.07—2013.06	万代南梦宫	
	格洛里骑士	2013.11—2017.01		
	RALDESSIA CHRONICLES	2013.11—	DeNA	有mixi平台版
	碧蓝幻想	2014.03—		2015年推出Chrome版

续表

平台	中文名称	运营年代	合作厂商	备注
iOS/安卓平台	偶像大师 灰姑娘女孩 星光舞台	2015.09—	万代南梦宫	iOS 及安卓版
	影之诗	2016.06—		同一年推出 DMM 和 Steam 版
	七之物语	2017.08—		
	公主连结 Re:Dive	2018.02—		《公主连结》的续作,同一年推出 DMM 版
	Dragalia Lost ～失落的龙约～	2018.09—	任天堂	
其他平台	公主连结	2015.02—2016.07		运营于 Ameba 平台
	LINE 纸娃娃的进击世界	2015.03—		运营于 LINE 平台

数据来源:萌娘百科 Cygames 词条,https://zh.moegirl.org/Cygames

表 6-8　Cygames 公司相关动画作品一览表

作品	制作公司	动画类型	放映日期	集数
被动画化作品					
巴哈姆特之怒 GENESIS	MAPPA	TV 动画	2014 年 10 月	12
偶像大师 灰姑娘女孩第一季	A-1 Pictures	TV 动画	2015 年 1 月	13
偶像大师 灰姑娘女孩第二季	A-1 Pictures	TV 动画	2015 年 7 月	12+1
碧蓝幻想	A-1 Pictures	TV 动画	2017 年 1 月	13
巴哈姆特之怒 VIRGIN SOUL	MAPPA	TV 动画	2017 年 4 月	25
偶像大师 灰姑娘女孩剧场第一季	Gathering	TV 动画	2017 年 4 月	13
偶像大师 灰姑娘女孩剧场第二季	Gathering	TV 动画	2017 年 4 月	13
偶像大师 灰姑娘女孩剧场 2nd SEASON	Gathering	TV 动画	2017 年 10 月	13
玛娜利亚的朋友	CygamesPictures	TV 动画	2019 年 1 月	
参与企划、制作作品					
冰上的尤里	MAPPA	TV 动画	2016 年 10 月	12
在这世界的角落	MAPPA	剧场版动画	2016 年 11 月	
有顶天家族 2	P. A. WORKS	TV 动画	2017 年 4 月	12
来自深渊	KINEMA CITRUS	TV 动画	2017 年 7 月	13
银翼杀手 Blackout 2022	CygamesPictures	Web 动画	2017 年 9 月	1
爱吃拉面的小泉同学	Studio 五组、AXsiZ	TV 动画	2018 年 1 月	12

续表

作品	制作公司	动画类型	放映日期	集数
被动画化作品				
道别的早晨就用约定之花点缀吧	P. A. WORKS	剧场版动画	2018年2月	
赛马娘 Pretty Derby	P. A. WORKS	TV动画	2018年4月	13
佐贺偶像是传奇	MAPPA	TV动画	2018年10月	
强风吹拂	Production I. G	TV动画	2018年10月	23

数据来源：萌娘百科 Cygames 词条，https://zh.moegirl.org/Cygames

相反，也有动画制作公司进军游戏行业的。如索尼旗下的动画制作发行商 Aniplex 制作的手游《命运/冠位指定》引起了极大反响，为其 2016 年的营收贡献了巨大力量。爱贝克思收购了游戏公司 ixtl，并且在收购之前就推出了人气动画《阿松》改编的手游，同样积极地在手游市场开展业务。

6.4 韩国动漫市场

6.4.1 韩国动漫产业发展概况

韩国对包括动漫在内的文化产业的重要性有一个逐渐认识的过程。20 世纪 80 年代前，韩国重视发展的是工业、制造业和服务业。"文化"概念和相关文化政策只是宽泛地定位于传统艺术、纯艺术或是文化财产保护等方面，"文化产业"的概念只局限于书籍、报刊印刷业等行业。虽然随着韩国工业化进程和国民经济的不断发展，文化产业的发展也逐渐起步，但终因基础薄弱，所谓的"文化产业增长"也只能由依靠欧美等外国影片输入才相对繁荣一点的韩国电影业来支撑。

在经历了 1997 年亚洲金融危机的冲击之后，韩国政府充分认识到国民经济发展单纯依靠工业、制造业或服务业等产业的单一性和脆弱性。根据国内外市场的变化以及文化产业绿色、无污染、高附加值及动漫产业是世界公认的环保、无国界等朝阳产业的潜力和优势，迅速调整本国产业结构，将包括动漫产业在内的文化产业作为国家经济发展的重要产业给予扶持。利用文化市场新媒体的崛起和传统媒体的重组变化，扩展传统"文化"概念和范畴，使文化格局及文化概念迅速向文化产业化扩大拓展，正式提出"文化立国"战略，把高新技术和文化产业定位为新世纪韩国国民经济发展的立国之本。

1998 年 10 月，韩国政府发表了"迎接 21 世纪的新文化政策"，公布了 10 大重点课题：①制定并实施面向新世纪的文化政策；②大力扩建和充实文化基础设施，改善相关文化行业的经营状况；③夯实迎接知识经济时代和信息社会挑战的诸多基础；④营造有利于创新性活动开展和推进的积极氛围；⑤创造性地推进和发展文化复制产业；⑥不断推进文化遗产的保护和继承工作；⑦建立健全文化产业发展体系；⑧建立地区均衡发展和社会一体化的文化发展格局；⑨借助"文化"的独特力量，促进和实现韩民族的和平统一；

⑩努力发扬和扩大韩国文化的世界影响力。① 其中,第⑦条就包括集中培育有成长潜力的高附加值文化产业,加强韩国文化产业中具有对外竞争力的游戏、动画片、唱片、电影和广播影像等重要内容的优势培育,对文化创意产业予以大力推进,政策、法规、组织、资金等政府扶持、规制措施全面启动。

现今包括动漫产业在内的文化产业已经成为韩国"会动的民族品牌",使韩国国家软实力、国际影响力和国际美誉度得到了极大的提升,已经成为强力拉动制造业、旅游业等相关产业的发展、出口创汇仅次于韩国汽车制造业的名副其实的韩国国民经济支柱性产业。伴随包括动漫产业在内的韩国文化产业的迅猛发展,其文化产业与关联产业融合发展,相互促进,韩国的化妆品、服装服饰、电子产品与韩式餐饮、韩式美容等也随之在全球热销,拉动相关产业发展的巨大联动效应明显。

6.4.1.1 文化产业发展与改善文化市场环境同步化

20世纪80年代中后期,原本并不富裕的农业国韩国成功完成了工业化改造,社会政治和政府机构各部门民主化、多元化增强,国民收入增加,韩国的中央日报、地方志、报纸杂志、无线和有线电视台等纷纷创立。20世纪90年代初开始,随着媒体和文化企业的兴起以及新媒体的不断涌现,媒体市场成分发生了明显变化,与文化产业相关的政府机构设置也因为政权的更迭交替,不断拆、并、改并趋于合理。这种新媒体大量兴起和社会政治民主化、多元化氛围使大众艺术形式广泛被社会所接受,"纯艺术"携新媒体跨入韩国大众艺术时代。韩国政府开始重新认识大众文化艺术的重要性及文化产业对国民经济发展的影响,经济政策和法制建设针对不断变化的经济全球化,飞速发展的网络化、数字化等国内外大环境开始有意识地向文化产业倾斜,为包括动漫在内的韩国文化产业发展构建的相对健康、公平的市场竞争环境开始形成,韩国的文化产业逐渐成长壮大并进入良性循环发展阶段。

1986年,韩国第六个经济发展五年规划提出"文化的发展与国家的发展同步化"政策目标;1990年,韩国政府颁布了"文化发展十年规划",改革了职务制度,专门设立了隶属于文化体育部并专门负责文化产业的政府机构——文化产业局;1993年7月,公布了"新韩国文化畅达五年计划",提出确立民族正气、活跃地区文化和文化福利的共享化,提升文化创造力和改善文化环境,开发文化产业和企业文化支持活性化,韩民族文化形成和韩国文化的世界化等事业计划。② 为了更好地实现这个五年计划,1994年4月,由政府主导创立了两百多个企业组成的"韩国企业艺术支援协议会"和由文化体育部和商工资源部牵头的"影像产业发展民间协议会",在构建企业和文化艺术团体间加强相互联系渠道的同时,将包含电影、视频、动画片、计算机游戏等产业确定为21世纪国家战略产业进行优势培育。1998年2月,文化体育部更名为文化观光部,同年10月,发布"迎接21世纪的新文化政策"并构建和推出了"新文化政策"框架。

6.4.1.2 从承接美、日动漫外包起步的韩国动漫产业发展特点

韩国动漫起步较晚。在美、日动漫产品垄断大部分国内外动漫市场的背景下,韩国

---

① 金兑炫. 韩国文化产业国际竞争力研究[D]. 长春:吉林大学,2010.
② 徐正教. 文化经济学[M]. 首尔:Hanol出版社,2003:109-110.

动漫产业发展初期只能主要做美国和日本动漫的来料加工,本土动漫形象以模仿为主,产品大多是对美、日结构性依赖下的动漫转包制作。但也正是通过跟美、日等世界动漫强国的合作,从美、日动漫企业的外包产品做起的韩国动漫产业,通过与美、日动漫企业的长期合作培养和引进了动漫产业高级人才,掌握了动漫制作前沿技术,甚至在某些领域实现了高新技术的突破和领先,在政府作用和政策扶持下取得了辉煌成绩,并一跃发展成世界动漫强国。

在抓住1988年汉城奥运会展示国家软实力的契机和后十年"文化立国"战略思想形成以及最后确定为立国之本的文化产业发展的历史进程中,韩国政府开始了以动漫产业为重要组成部分的文化产业发展之路。

在机构方面,1998年,韩国专门成立了游戏产业振兴中心;2000年为促进韩国文化产品出口,成立了影音分轨公司;2001年成立了韩国文化产业振兴院;2009年,韩国国会修订了《文化产业振兴基本法》,明确规定"政府为了有效扶持文化产业的振兴和发展,特设立韩国文化产业振兴院"。随后,韩国政府将原韩国文化产业振兴院与广播影像产业振兴院、游戏产业振兴院、文化产业中心、软件产业振兴院数字事业团共五家单位整合重组为目前的韩国文化产业振兴院,作为韩国政府设立的事业单位,隶属于韩国文化体育观光部,统领支持全国文化产业发展。[①] 每年韩国政府都会拨款3 000亿韩元(约合17亿元人民币)发展资金至韩国文化产业振兴院,支持文化产业发展。除了向政府报送文化产业发展预算外,韩国文化产业振兴院主要开展文化产品创作支持、文化产业政策研究与产业分析、文化产业海外进军支持、文化产业基础设施建设、下一代文化产业技术开发支持、开展文化产业统计调查和趋势分析、制定发表分行业的产业白皮书、对文化企业进行投资指引和信息服务等相关工作。

在措施方面,韩国政府把韩国进入世界五大文化产业强国行列作为发展目标,通过韩国文化产业振兴院等机构,紧紧围绕企业需求,搭建中小文化企业发展平台;注重内容建设和人才培养,发掘和扶持本土文化创意;大力推动本国文化企业外向型发展等方面积极开展工作。为文化产业发展设立了振兴基金,推进国家级产业基地集约化、规模化;在强化外向型产品等方面给予政策支持;鼓励动漫产业的教育培训、研究开发、产业孵化、国际交流,建立系列漫画专门网站,注重从国内着手,发现和培育具备国际市场潜力的文化产品;在中、日、美、英等众多国家设立办事处,专业挑选推进国际级文化产业项目,为亚洲、欧洲和北美等韩国动漫产品市场建成了行之有效的推广、贸易、服务等联络体系;帮助韩国各类文化企业稳固海外阵地,实现落地发展,加大海外市场开发和国际文化贸易力度。韩国政府这一系列举措成功催生了许多优秀的韩国原创动、漫画作品,使韩国动漫产业尤其是新媒体动漫和网络游戏等迅猛发展,走到了世界前列。

韩国动漫产业的发展特点是以新媒体动漫、卡通形象和网络游戏为主要发展方向,将数码动画等高新技术作为产业发展的突破口,努力提高三维动画以及三维与二维动画合成的技术水平。在数字技术、计算机技术、互联网及移动终端技术的基础上,通过新媒体动漫和网络动漫游戏等成功实施和迅速完成动漫产业技术特别化战略。韩国动漫卡通形象和衍生品的开发也坚持了同一理念,强调动漫产业链上游从新媒体动漫和网络游

---

① 文化部文化产业司赴韩国考察调研组. 韩国组建文化产业振兴院的战略考量[J]. 紫光阁,2014(7).

戏开始,对塑造成功的品牌和动漫形象推向漫画、游戏、卡通形象产业和其他领域,使其在新媒体动漫产品和网络游戏开发基础上实现多层次赢利,创新性地完成对内容资源的深度轮次开发和对目标消费群体及受众资源的多渠道再利用,成功开发出科学合理的、具有韩国特色的动漫产业链。现今,虽然韩国动漫企业还承接外包,但从20世纪90年代开始已经将动漫中期制作等环节向中国及劳动力更便宜的国家转移。

6.4.2 韩国的动画片市场

2015年,韩国动漫相关企业数量为376家,其中,动画制作企业318家;生产原创动画的企业192家,占动画企业总数的60.4%,比2014年增加11家,增加百分比约为6.1%;动画代工企业110家,占总数的34.6%,比2014年增加9家,较去年增长8.9%,年平均增长率约为6%;以互联网和智能移动终端为基础的网络动画制作企业增加了两家,共16家,占动漫制作企业比重约5%。具体数据见表6-9。

表6-9 韩国动画行业企业数量现状一览表　　　　　　　　（单位:家）

名称	分类	2013年	2014年	2015年	比重	同比增长率	年平均增长率
动画制作	动画原创	178	181	192	60.4%	6.1%	3.9%
	动画代工	98	101	110	34.6%	8.9%	6.0%
	网络(互联网/移动端)动画	12	14	16	5.0%	14.3%	15.5%
总计		288	296	318	100%	7.4%	5.1%

数据来源:根据数据全面解析韩国动漫的发展轨迹_搜狐动漫_搜狐网,https://www.sohu.com/a/133268289_115832 整理

2015年,韩国负责动画流通、发行及网络动画流通服务的企业总计54家,负责动画发行、流通和宣传的企业从2014年的37家增加到2015年的41家,同比增加约11%。网络动画服务(互联网/移动端)企业数量维持不变,见表6-10。

表6-10 韩国动画流通、发行及网络动漫服务企业数量一览　　（单位:家）

名称	细分类	2013年	2014年	2015年	比重	对比去年增长率
动画流通和发行	动画流通、发行和宣传	37	37	41	71%	11%
网络动画流通	网络动画服务(互联网/移动端)	17	17	17	29%	0%
总计		54	54	58	100%	—

2015年,仍有从动漫制作公司中分离出小型公司的趋势,一些小规模代工原创作品的动漫公司也有向原创公司转型的打算。①

---

① 资料来源:数据全面解析韩国动漫的发展轨迹,https://www.sohu.com/a/133268289_115832。

2015年,韩国动漫产业原创制作和2D代工数量都在持续增加,年动画产品销售额达6 102亿韩元,同比增长8.9%,三年平均增长率为8.3%。产业销售额实现了高速发展。按动画制作、动画流通与发行及网络动画流通分类来看,2015年,动画制作销售额约4 266亿韩元,比2014年增长13.0%;年平均增长率为6.9%。动画流通和发行行业销售额约1 706亿韩元;网络动画流通业销售额约130亿韩元(见图6-18和表6-11)。

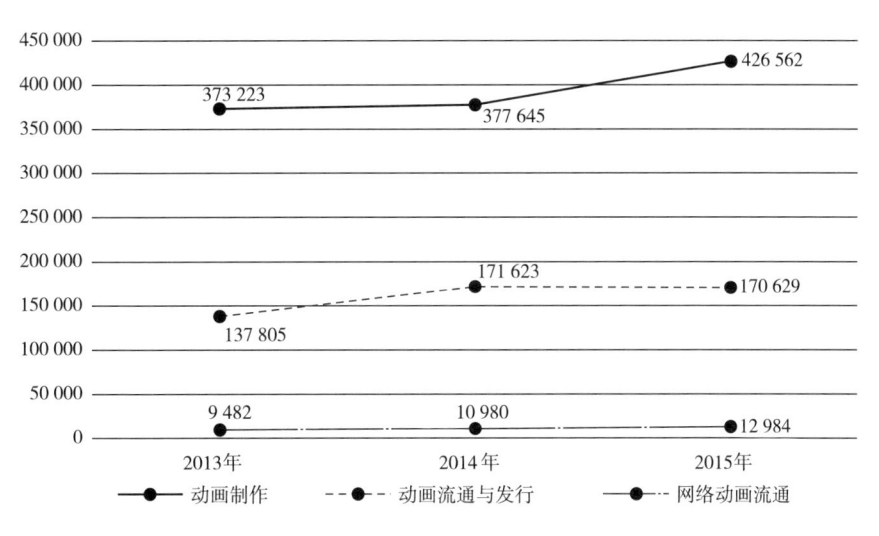

图6-18 韩国动画产业不同行业销售额年度折线图(单位:百万韩元)

表6-11 韩国动画产业不同行业销售额现状　　(单位:百万韩元)

分类	细分类	2013年	2014年	2015年	比重(%)	对比去年增长率(%)	年平均增长率(%)
动画制作	动画原创	257 800	260 365	292 353	47.9	12.3	6.5
	动画代工	107 331	108 330	124.245	20.4	14.7	7.6
	网络(互联网/移动端)动画	8 092	8 950	9 964	1.6	11.3	11
	小计	373 223	377 645	426 562	69.9	13	6.9
动画流通和发行	动画流通、发行和宣传	19 388	19 620	21 152	3.5	7.8	4.5
	影院销售额	118 277	151 908	149 162	24.4	1.8	12.3
	放送输出额	140	95	315	0.1	231.6	50
	小计	137 805	171 623	170 629	28		
网络动画流通	网络动画服务(互联网/移动端)	9 482	10 980	12 984	2.1	18.3	17
总计		520 510	560 248	610 175	100	8.9	8.3

资料来源:根据三文娱网络资料整理(https://www.3wyu.com/)

2015年,韩国动画产业出口约1.27亿美元,比2014年增长9.4%,三年平均增长率为7.3%。根据对不同国家出口额的统计,向北美出口约6 662万美元,占总额的52.6%,比2014年增长6.6%;向欧洲出口2 784万美元,占总额的22%,同比增长4.9%,三年平均增长率为5.2%。2015年,对日本出口约2 353万美元,占总额的18.6%;对中国出口不是太多,只有216.2万美元,占总额的1.7%。详细数据见表6-12。

表6-12 韩国动画产业在不同国家出口金额一览 （单位:千美元）

年度 地区	2013年	2014年	2015年	比重(%)	对比去年增长率(%)	年平均增长率(%)
中国	1 603	1 848	2 162	1.7	17	16.1
日本	19 969	20 169	23 529	18.6	16.7	8.5
东南亚	1 185	125	336	0.3	168.8	-46.8
北美	60 355	62 490	66 621	52.6	6.6	5.1
欧洲	25 144	26 541	27 841	22	4.9	5.2
其他	1 589	4 479	6 081	4.8	35.8	95.6
总计	109 845	115 652	126 570	100	9.4	7.3

数据来源:2016年韩国动画产业白皮书

韩国动漫产业海外输出方式在过去的几年里一直是较固定的模式,并没有特别大的变化,主要为海外代理、海外展示会和活动参与等,其中,海外代理占据了很大的比重[①](详见表6-13)。

表6-13 韩国动画产业海外输出形式一览 （单位:%）

海外输出方式		2013年	2014年	2015年	相比去年增长
直接输出	海外展示会和活动参与	31.4	31.6	31.7	0.1
	海外流通企业接触	16.8	17.2	17.3	0.1
	网络海外贩卖	—	—	—	—
	海外法人	8.7	8.6	8.7	0.1
间接输出	国内代理	6.5	6.4	6.5	0.1
	海外代理	36.6	36.2	35.8	-0.4
其他		—	—	—	
总计		100	100	100	

2015年,韩国动画市场输入的大部分动画来自日本,金额为697万美元,占其全部输

---

① 资料来源:数据全面解析韩国动漫的发展轨迹,https://www.sohu.com/a/133268289_115832。

入额的 99.3%;来自北美的输入额为 3 万美元,占全部输入额的 0.5%;从中国输入动画产品的金额仅为 1 万美元,占全部输入额的 0.2%(如图 6-19 所示)。

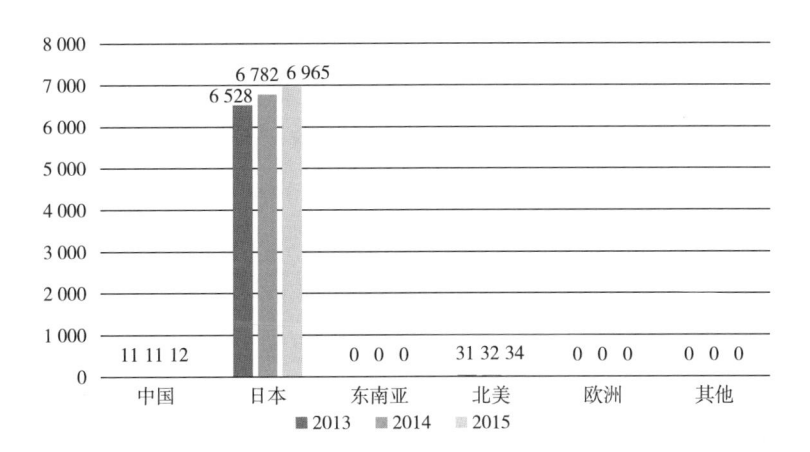

图 6-19 韩国动画产业不同地区输入额现状(单位:千美元)

6.4.3 韩国卡通形象产业市场

得益于韩国动漫产业的快速发展和全面振兴,以互联网和高新数字媒体技术为依托的网络动漫现今在韩国盛行一时,为韩国卡通形象产业提供了良好的发展基础。

为了使韩国卡通形象产业有更好的发展,进一步扩大卡通形象产业的国内外消费群体,扶植韩国本土卡通形象产业,韩国动漫产业相关管理部门和民间机构致力于以国产卡通形象的创新创作为基础,充分发挥 IP 价值,在开发游戏、音乐、电影、电视剧、移动内容产品等多领域内容商品的基础上,形成较为完整的产业链,使更多新的韩国卡通形象顺利进入国内外市场,最大限度地发挥其商业价值。

近年来,韩国政府相关部门一直在助推卡通形象产业,提供资金支持,强化基础设施建设,不断提升韩国卡通的创新创作能力,支持尚未流行的卡通形象的研发和推广,全力为韩国动漫形象拓展流行渠道和进入动漫市场的机会,在卡通形象产业各种 IP 的基础上,进一步挖掘、提升卡通形象产业的创新能力;设立"优秀国产卡通商品开发"与"卡通系列产品制作"等国产卡通形象开发项目,培养新型卡通形象入市,对卡通形象的创作、开发、制作以及传播等方面给予全方位支持;开展国际文化贸易优势培育,助其进一步发展并走向世界。

伴随着如流氓兔、倒霉熊、小企鹅宝露露、Line Friends 和 KaKao Friends 等著名卡通形象的创作和开发成为韩国动漫产业衍生品开发的重要模式,韩国卡通形象产业规模以及海外出口额大幅提升,呈现出发展良好、增长稳定的态势。韩国文化产业振兴院发布的数据显示,2013 年,韩国卡通形象产业销售额为 8.3 万亿韩元(约 490 亿元人民币),2016 年为 11.1 万亿韩元,2017 年统计数据尚未正式发布,但经权威部门预测,预计同比增长 7.8%,达 11.9 万亿韩元(约 702 亿元人民币)。2013 年以后,韩国卡通形象产业出口额也在一直持续增长,2005 年出口额为 1.6 亿美元(约 10 亿元人民币),2016 年已经增加至 5.9 亿美元(约 37 亿元人民币),2017 年可以达到 6.4 亿美元(约 41 亿元人民币），保持了年均8%的增长势头。

6.4.4 韩国动漫产业发展特点分析

韩国如今已经成为国际动漫产业重点国家，与美、日两国在国际动漫市场形成三足鼎立的局面。其之所以能够在最初的创新创作、技术水平、衍生品开发等都处于落后状态下，从美、日等动漫强国的包围和动漫产品夹缝中脱颖而出，抓住发展机遇，取得巨大的跨越式成功，和韩国经济发展中一贯秉承和采用的政府介入、宏观调控、政策引导的所谓"现实经济中完全竞争的市场结构只是理论假设，假设前提与条件在现实中不可能全部满足，市场不可能是理想状态市场，所以政府干预经济是应该和必需的"执政理念有关。从20世纪60年代开始，韩国就通过政府干预、政策引导、普及教育、完善与加强国家基础设施建设、制定发展工业化和出口导向型战略，完成了工业经济的快速发展以及动漫产业发展的"后来居上"，从一个夹缝中求生存的贫穷农业国发展成为在国际上占有一席之地的经济体，完成了由经济合作与发展组织受援国向其他国家提供资助的华丽转身，谱写出了一个"汉江奇迹"。

在确立"文化立国"的大政方针之后，韩国文化观光部下设立了文化产业局作为专管机构，而相继成立的韩国游戏产业开发院、首尔动画中心、富川漫画情报资料中心、文化内容振兴院等设立的初衷就是为了扶助国家动漫产业，或者说专为动漫产业设立的产业管理和指导机构。这些服务功能远远大于管理功能的动漫产业发展机构在韩国动漫发展和走向世界的过程中起到了至关重要的作用。仅成立于2009年5月，由5家单位整合重组而成的韩国文化内容振兴院就在2012年至2016年5年间，为优秀本土动画片开发及提高韩国动漫国际竞争力，在动画制作、动漫原创作品开发、剧本企划创新、动画推介播放、动画媒体节目海外出口、亚洲动画峰会和海外展示市场参与等方面提供了556亿韩元的扶持资金（见表6-14）。

表6-14 韩国文化内容振兴院动画援助事业预算现状 （单位：百万韩元）

援助事业预算年份		2012年	2013年	2014年	2015年	2016年
国产动画制作（正片）	全球动画正片制作	2 400	1 000	7 400	7 400	7 400
	动画后续系列制作	1 200	1 000			
	产学动画项目	1 200	1 000			
	国产动画国际联合制作		2 000			
企划开发和动画短片制作	动画剧本开发				700	1 200
	动画样片制作	1 000	700	700		
	自由视觉制作					
	动画短片制作	400	500	500	500	
儿童青少年家庭用动画正片制作			2 500			
儿童青少年家庭用动画自由生产制作			500			
新媒体动画制作					500	500

续表

援助事业预算年份	2012年	2013年	2014年	2015年	2016年
优秀等级动画制作（后续系列）					3 000
动画媒体节目制作（包括宣传播放节目制作）		900	600	850	900
亚洲动画联合市场活化	300	300	300	300	300
动画海外展示会参与	1 000	1 000	1 250	1 200	1 200
合计	7 500	11 400	10 750	11 450	14 500

在韩国政府的文化立国战略、法律法规框架、文化产业振兴规划、配套政策引导与实施的基础上，专为动漫产业发展设立的集服务、管理、指导于一身的政府机构和民间组织，积极整合、协调创意人才、信息、技术、资本等发展要素，拓展国内外市场，开展国际文化贸易，打造合理、完整的动漫产业链，在不断推动韩国动漫走上可持续、高速度、国际化发展道路过程中起到了至关重要的作用。

韩国动漫产业快速发展最明显的因素除了政府主导、政策扶持、大力推进外，还得益于韩国家庭宽带75%的高普及率以及互联网现代传媒深度融合的良好基础。韩国动漫利用本国互联网优势，积极学习借鉴日、美高新动漫制作技术，选择相关Flash动画为主要传播类型的动画片和独立短片播出，积极开发和拓展新媒体动漫和网络游戏，使韩国动漫产业在取得骄人成绩的同时向国际社会成功展示了其文化软实力和国家软实力。

随着互联网的普及和网络游戏的兴起，韩国动漫产业利用国家网络基础设施建设在国际上的领先优势，抓住互联网普及、新媒体动漫发展和网络游戏兴起的巨大商机，利用政府对网络动漫企业的税收优惠政策、各种基金对动画项目的投资扶持、政府对本土动漫产业的保护等有利条件，抢占创意产业在新媒体动漫和网络游戏发展上的制高点。在互联网、移动互联网、手机平台、IPTV、移动电视、电子杂志、数字电视等推广渠道的基础上不断创新。以新媒体为依托，构建跨平台的动漫品牌推广模式，使新媒体动漫产品精准、有效地覆盖到主力受众群体。针对国内外庞大的青少年网络游戏消费群体，以创意作品版权为中心，积极推进创意与科技融合，创新开发出符合网络运行、推广和流行的动漫故事及动漫形象，打造系列化网络游戏创意品牌，构建以网络游戏为上游——继续扩大动漫作品影响为中游——利用成功动漫品牌衍生品开发为下游的韩式网络游戏产业链，并以网络平台为基础，多层次、多元化衍生品内容开发为突破口，将产业链下游衍生品拓展到漫画、电子游戏、卡通形象、玩具、服装、食品、文具等更多行业。成功完成了以内容优势赢得发展优势，通过网络游戏传播和打造品牌形象，成功后反推衍生品创新开发和贸易的发展模式。

在韩国动漫成功发展以及韩国政府一直以来在衍生品市场扩展、网络游戏企业税收优惠、设立多种扶持基金、制定本土动漫保护政策等方面鼎力支持的背景下，部分知名大企业也开始将部分资金投入动漫产业。大企业资本的强势介入加大了动漫产业发展的投资力度，以企业与动漫产业密切合作的方式为动漫市场注入了新的发展动力，带动了韩国动漫高新技术制作的活性化发展，进一步拓展了动漫产品传播渠道和新媒体动漫、卡通形象、网络游戏等一系列动漫产品市场,为韩国动漫进一步走向世界奠定了良好的基础。

为了克服韩国国内市场规模有限的短板,韩国动漫近年来更加重视国际文化贸易,更加关注动漫国际大市场的调研与开发,不断加大韩国动漫产品出口力度,加强海外市场宣传、促销、展会等营销活动。通过驻外机构、办事处以及网络等多种手段,针对各国不同的国情和特点,加紧研发适销对路的动漫、游戏产品并在第一时间推出。积极举办和参加国际性展销洽谈活动,开展国际间合作;设立出口奖励制度和专项奖金,对国际获奖企业提供国内外经营出口等多种优惠;鼓励学习国际前沿高新动漫制作技术,提高动漫企业产业发展能力,实现以原创为主的产业结构调整;开发数字内容出口信息系统服务平台,提供海外动漫市场信息支持,建立国际营销网络,完善和强化动漫产业国际营销的政策措施;积极鼓励其他国家和韩国共同开发动漫产品及网络游戏,通过将开发成功的产品打入国际市场等方式接轨国际动漫市场、影视市场、新媒体动漫和网络游戏市场,带动韩国动漫产业的国际化步伐,加快国际化进程,让韩国动漫"走出去"。

6.5 中国动漫产业市场

6.5.1 中国动漫产业市场现状

6.5.1.1 中国动漫产业总产值与受众规模

得益于党和国家于20世纪末开始的对包括动漫产业在内的文化产业的发展导向、不断加强对国产动漫行业的扶持力度、措施及战略定位,在数字化技术迅猛发展、互联网迅速普及以及"80后"人群的创新创业浪潮的背景下,作为多产业融合的新兴产业,中国动漫产业总产值近年来一直保持稳速增长。2018年统计局数据显示,2017年,我国动漫产业总产值再创新高,达1 572亿元,同比增长19.09%。从动漫产值增速来看,2011年,增速达32%的最高水平,此后开始下降,到2013年,产值增速稳定在13%~15%之间,2016年起增速又逐渐升高,至2017年,我国动漫产业产值增速已接近20%(如图6-20所示)。

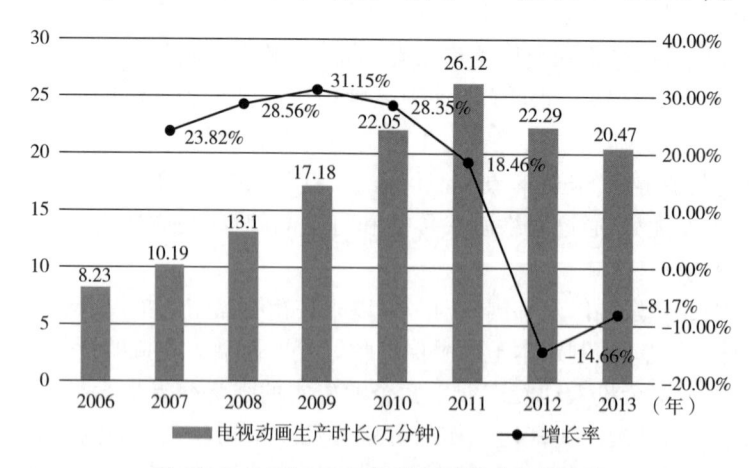

图 6-20 2010—2017 年我国动漫产业总产值

另外,公开数据表明,2015 年,我国核心二次元用户的规模达到 5 939 万人,用户总人数 2.19 亿,覆盖 62.9%的"90 后"和"00 后";到 2016 年,泛二次元用户规模更是达到了 2.7 亿人。不断增长的受众数量为动漫产品提供了巨大的需求与市场,成为今后动漫产业持续发展的内生动力(如图 6-21 所示)。

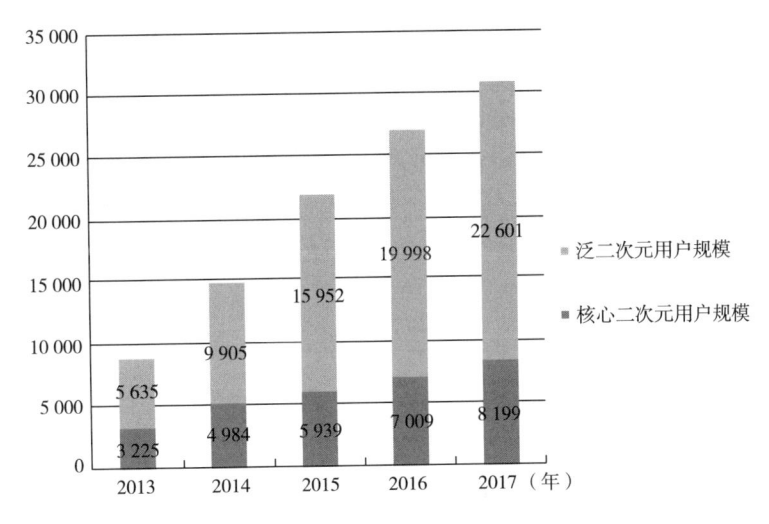

图 6-21　2013—2017 年中国二次元用户规模(单位:万人)

数据来源:根据中商产业研究院、中国产业信息网、微博数据中心数据整理

6.5.1.2　中国动画电影市场

2012 年至 2016 年间,中国动画电影市场上无论是总上映部数,还是国产动画上映部数,均处在不断增加的趋势中。与 2016 年相比,2017 年国产动画上映数量减少 3 部,进口动画上映部数持平。实际上,2017 年上映的 23 部进口动画电影中,有 9 部是往年动画电影的重映,新片数量缩水严重(如图 6-15 所示)。

表 6-15　2012—2017 年中国动画电影放映数量　　　　(单位:部)

年份	国产动画	进口动画	合计
2012 年	23	12	35
2013 年	28	8	36
2014 年	33	19	52
2015 年	41	13	54
2016 年	42	23	65
2017 年	39	23	62

在电影票房方面,自 2012 年至 2016 年,我国动画电影票房总额持续增长,2016 年"井喷"至 70.04 亿元,再创新高,占全年总电影票房的 14.88%。在 2016 年的动画电影

总票房中,国产片和进口片所占比例分别为 33.44% 和 66.56%,进口动画票房几乎是国产动画票房的 2 倍,两者票房收入差距在经历了 2015 年的缩小之后又被迅速拉大。主要原因是 2016 年《疯狂动物城》《功夫熊猫 3》《你的名字》等进口爆款影片的集中出现。2016 年共有 13 部票房破亿的动画电影,其中有 4 部进口影片票房超过 5 亿,分别是《疯狂动物城》(15.3 亿元)、《功夫熊猫 3》(10 亿元)、《你的名字》(5.7 亿元)、《愤怒的小鸟》(5.1 亿元),而超过 5 亿票房的国产影片只有《大鱼海棠》一部。

2017 年,动画电影票房收入为 47.17 亿元,较 2016 年减少了 22.87 亿元,同比下滑 32.7%,其中,国产动画电影票房总量为 13.29 亿元,仅占总体票房的 28%,而进口动画电影票房总量为 33.88 亿元,占 72%(见图 6-22)。这是自 2016 年我国电影市场票房收入达到顶峰之后的首次下滑,究其原因,除了动画电影总体数量的减少外,还与缺少爆款、日本动画电影表现不佳、大量低幼年龄向国产动画拉低票房总量等有关。

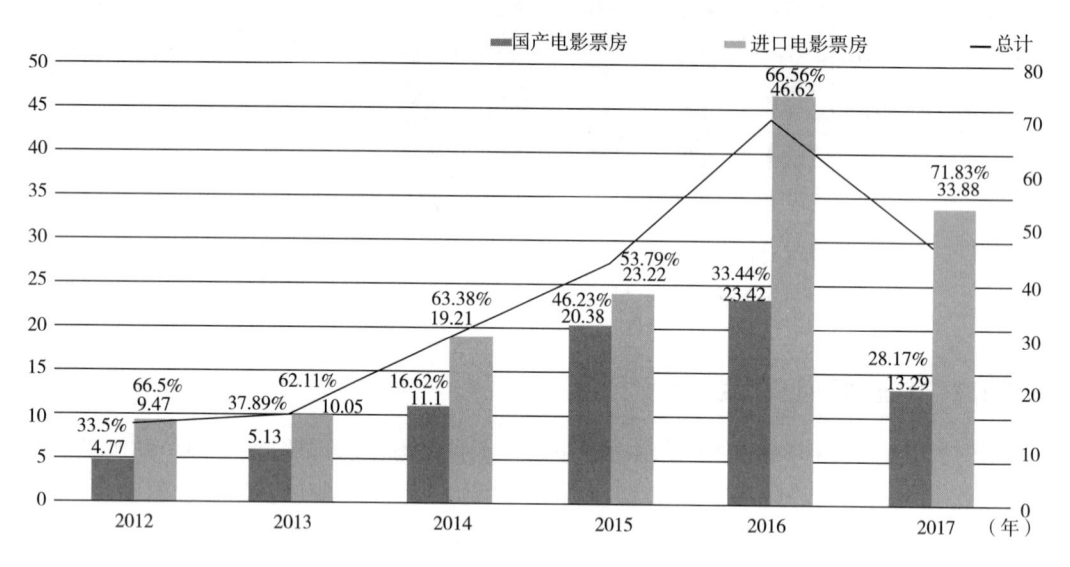

图 6-22 2012—2017 我国动画电影票房收入构成(单位:亿元)

资料来源:根据《动漫蓝皮书:中国动漫产业发展报告(2016)》、中国电影票房数据中心、猫眼电影数据及互联网资料整理。

纵观中国动画电影发展至今的成果,内地票房超过 1 亿元人民币的动画电影共有 15 部。除去真人 CG 动画《爵迹》外,其余 14 部电影中 10 部为低幼年龄向影片,仅《西游记之大圣归来》《大鱼海棠》《十万个冷笑话》《十万个冷笑话 2》这 4 部影片属于成人向动画电影类型。2015 年 7 月暑期档上映的影片《西游记之大圣归来》创下国产动画电影票房新纪录,上映 62 天就斩获 9.56 亿元票房,成为中国电影史上票房最高的动画电影。但 2015 年之后至今,中国动画电影市场再未出现"口碑+票房"的双赢作品。甚至从 2004 年就获奖无数、号称"十二年一梦"、被寄予厚望冲击票房纪录的国产动画电影《大鱼海棠》,最后也仅以 5.66 亿元的票房遗憾收场,具体见表 6-16。中国动画电影之路如何前进?低幼年龄向与成人向影片怎样选择?何时才能再出爆款?这些问题值得每一位动漫制作者、研究者与爱好者们思考。

表 6-16 内地票房过亿的国产动漫电影一览表

排名	片名	内地票房（元）	年份	发行公司	制作公司	导演
1	西游记之大圣归来	9.56 亿	2015 年	聚合影联/横店影视	高路动画/十月文化/天空之城	田晓鹏
2	大鱼海棠	5.66 亿	2016 年	光线影业	彼岸天/彩条屋	梁旋/张春
3	熊出没·奇幻空间	5.22 亿	2017 年	乐视/珠江影业	深圳华强/优扬传媒/娱跃影业	丁亮/林永长
4	爵迹(真人 CG 动画)	3.83 亿	2016 年	乐视/五洲电影	原力动画/和力辰光/优扬传媒	郭敬明
5	熊出没之雪岭熊风	2.96 亿	2015 年	乐视/珠江影业/卡通先生	深圳华强/优扬传媒	丁亮
6	熊出没之熊心归来	2.88 亿	2016 年	乐视/珠江影业	深圳华强/优扬传媒	丁亮/林永长
7	熊出没之夺宝奇兵	2.47 亿	2014 年	乐视/珠江影业	深圳华强/卡通先生	丁亮
8	喜羊羊与灰太狼之开心闯龙年	1.66 亿	2012 年	上海东方	原创动力	简耀宗
9	喜羊羊与灰太狼之兔年顶呱呱	1.5 亿	2011 年	上海东方	原创动力	钟志恒
10	十万个冷笑话 2	1.34 亿	2017 年	五洲电影/万达影业	上海炫动/奥飞影业/腾讯影业	卢恒宇/李姝洁
11	喜羊羊与灰太狼之虎虎生威	1.28 亿	2010 年	上海东方	原创动力	赵崇邦
12	大卫贝肯之倒霉特工熊	1.26 亿	2017 年	奥飞影业/鑫岳影视	奥飞影业/品格文化	李清舫
13	喜羊羊 5:喜气洋洋过蛇年	1.25 亿	2013 年	上影发行	原创动力	简耀宗
14	十万个冷笑话	1.2 亿	2015 年	万达影视/上海炫动	有妖气/上海炫动	卢恒宇/李姝洁
15	赛尔号大电影 6:圣者无敌	1.03 亿	2017 年	上影发行/华夏	淘米动画/优漫卡通	王章俊

6.5.1.3 中国电视动画市场

进入 21 世纪以来,由于政策扶持补贴的力度不断加大,金融市场的缺陷及部分企业不顾自身条件,因利益驱动直接进军动漫领域,至 2011 年,国产电视动画片持续保持高速增长的态势,由于研发原创度低,创作偏重于模仿,缺乏技术创新和形式创新;终端环节市场化细分程度不够,电视频道播出资源有限等因素,使得这个时期蜂拥而上生产制作的国产动画片质量相对低下,电视节目片源累计存量数量惊人,电视动画生产和播出的突出矛盾一直难以缓解,市场自身就迫使国产动画要移动降低产量和提高质量的砝码,以求得平衡和发展。

在政策调控和市场等多种因素的引导下,中国电视动画行业已经出现了由连续几年重视动画片数量转向重视质量提升的明显趋势。2015 年,国产动画片 405 部,时长 315 950 分钟比 2014 年的 426 部 280 252 分钟分别减少了 5%和增加了 13%。2016 年,动画片制作市场进一步下降,为 12.5 万分钟,全国制作完成的国产电视动画片不足 2011 年产量的一半,创 2008 年以来最低产量纪录(如图 6-23 所示)。

图 6-23 2006—2016 年我国电视动画产量及增长率

资料来源:根据历年《中国统计年鉴》整理。

在电视动画的海外表现方面,表 6-17 和表 6-18 分别是 2011 年至 2015 年我国动画电视出口额与出口量统计表,从表 6-17 中的数据不难看出,五年间我国动画电视出口总额总体呈上升态势,2015 年爆发至 10 059.23 万元人民币,几乎是前三年出口额之和。由表 6-18 可以看出,出口量每年持续增加,2015 年,我国动画电视年出口量已是 2011 年的 7 倍多。

表 6-17 2011—2015 中国动画电视出口额 （单位:万元人民币）

年份 指标	2011 年	2012 年	2013 年	2014 年	2015 年
动画电视出口总额	3 662.39	3 104.72	4 894.24	3 190.02	10 059.23
向欧洲出口动画电视总额	365.27	378.83	2127	42.05	1 292.72

续表

年份　　指标	2011年	2012年	2013年	2014年	2015年
向非洲出口动画电视总额	67		312.5	1.03	153.4
向美洲出口动画电视总额	413.56	677.82	517.5	1 244.29	979
向美国出口动画电视总额	380.55	396.03	517.5	1 237.6	959.2
向亚洲出口动画电视总额	754.55	2 008.71	1 937.24	1 810.48	7 545.74
向日本出口动画电视总额	78	13	1 017.9	616.61	
向韩国出口动画电视总额	1 246.74	839.69	53.3	22.92	1 763.43
向东南亚出口动画电视总额	511.09	317.04	289.65	21.59	1 824.42
向中国香港出口动画电视总额	757.16	596.83	234.88	951.14	1 681.88
向中国台湾出口动画电视总额	218.6	204.47	341.51	102.09	1 446.45
向大洋洲出口动画电视总额		39.36		92.17	88.37

资料来源：中华人民共和国国家统计局年度数据，https://data.stats.gov.cn/easyquery.htm?cn=C01

表6-18　2011—2015中国动画电视出口量　　　　　（单位：时）

年份　　指标	2011年	2012年	2013年	2014年	2015年
动画电视出口量	426	1 678	2 507	2 628	3 091
向欧洲出口动画电视量	79	239	223	41	141
向非洲出口动画电视量	3		850	19	162
向美洲出口动画电视量	155	449	417	689	185
向美国出口动画电视量	103	383	417	419	121
向亚洲出口动画电视量	261	961	1 018	1 795	2 512
向日本出口动画电视量	1		121	9	
向韩国出口动画电视量	26	53	45	3	20
向东南亚出口动画电视量	260	325	422	137	365
向中国香港出口动画电视量	109	306	240	230	222
向中国台湾出口动画电视量	27	199	190	184	246
向大洋洲出口动画电视量		28		84	91

资料来源：中华人民共和国国家统计局年度数据，https://data.stats.gov.cn/easyquery.htm?cn=C01

值得注意的是，2014年，我国电视动画节目对外出口共2 628小时，出口贸易金额3 190万元人民币，均价为1.21万元/小时；同期进口4 560小时，进口贸易金额11 028万元人民币，均价为2.42万元/小时；存在贸易逆差7 838万元，且平均进口价格为出口价格的2倍。这个贸易逆差和电视动画节目进出口之间的价格差正好从一个侧面说明了中国动漫和世界动漫之间的差距,也从一个侧面说明了下力气发展中国动漫的必要性。2015 年,我国电视动画节目对外出口共 3 091 小时,出口贸易金额 10 059.23 万元人民币,均价为 3.25 万元/小时,几乎是 2014 年的 3 倍,如表 6-19 所示。这说明 2015 年我国电视动画节目在质量和国际认可度上都有了巨大的进步。

表 6-19 2015 年我国电视动画节目进出口贸易金额和数量

(单位:万元人民币,小时)

类别	欧洲	非洲	美洲		亚洲					大洋洲	合计
			美国	总计	日本	韩国	东南亚	中国香港	中国台湾	总计	
进口总额	229	0	1 019	1 019	8 384	0	0	249	1 147	9 780	0	11 028
进口量	416	0	1 041	1 041	2 421	0	0	159	523	3 103	0	4 560
出口总额	42	1	1 238	1 244	617	23	22	951	102	1 810	92	3 190
出口量	41	19	419	689	9	3	137	230	184	1 795	84	2 628

数据来源:《中国统计年鉴(2016)》

6.5.1.4 中国动漫期刊市场

动漫图书出版作为动漫产业的基础环节,是许多动漫作品被读者所了解的最初方式。国家广播电视总局作为原创动漫图书出版的主管部门,十分重视对原创动漫创作的支持与鼓励,2009 年至今,通过"原动力"中国原创动漫出版扶持计划,以专项资金扶持的形式,对创作优秀动漫作品进行引导和奖励,扶持鼓励原创动漫作品的创作生产,加快推动我国动漫出版产业的繁荣发展。经过多年的培育,原创动漫图书市场呈现出了繁荣局面,不但品种丰富,产品设计精美,还深受读者喜爱。[①]

2009 年至今,在动漫期刊市场方面呈现出较高的市场集中度,图 6-24 是 2014 年动漫期刊市场占有率分布图,其中,《知音漫客》以 38.74%的市场占有份额位居动漫期刊销售市场首位;《漫画世界》位居第二,市场份额为 14.31%;《漫画派对》市场份额为 7.25%,排名第三;余下的杂志市场份额均不超过 5%。经过计算,前四位的动漫期刊市场占有率接近 65%,市场集中度较高。

6.5.2 中国动漫产业市场特征

6.5.2.1 用户规模逐年增大,国漫未来潜力巨大

泛二次元用户及核心二次元用户统称为二次元用户,泛二次元用户只是对动漫有基本了解,选择观看热门漫画或动画改编的电影大片,投入的精力和财力都相对有限的用户;核心二次元用户对动漫作品情有独钟,会专门上相关二次元网站、贴吧等平台查看了

---

① 中国漫画出版行业运行现状[EB/OL]. 前瞻网. https://www.qianzhan.com/analyst/detail/220/160406-ab29d211.html.

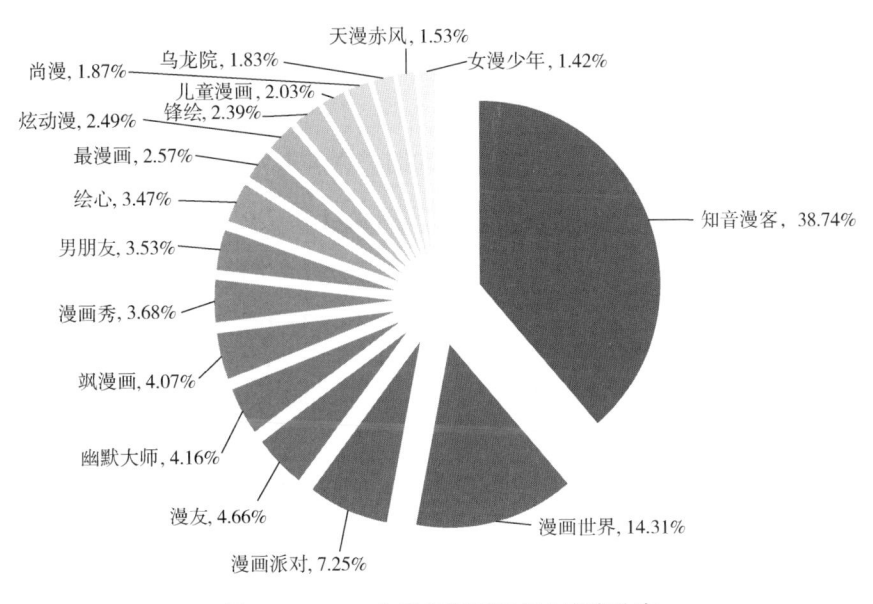

图 6-24　2014 年动漫期刊市场占有率分布

解相关二次元内容,把关注、了解、观看和评价动漫作品作为自己主要生活内容之一,愿意为此花费专门的时间和大量财力。根据相关统计,2017 年,我国二次元用户规模已达到 2.5 亿人,其中,核心二次元用户人数在 8 000 万人以上,并且人数逐年递增趋势明显(见图 6-25)。随着时间的推移和中国互联网用户对二次元文化接受度进一步提升的总趋势,可以预测:我国泛二次元用户规模及核心二次元用户的规模未来仍会快速增长,二次元产品及动漫周边产品的创作和生产需求在相当长一段时间内会进一步增加。

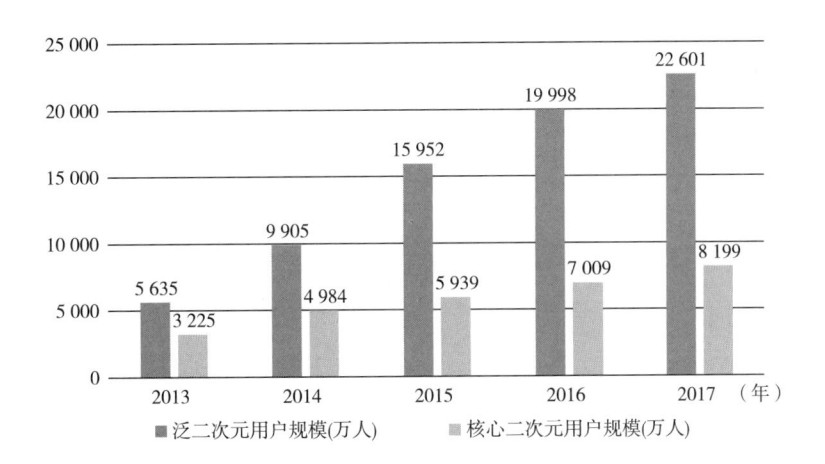

图 6-25　2013—2017 年二次元用户规模

数据来源:根据中商产业研究院、中国产业信息网、微博数据中心数据整理

根据目前掌握的二次元用户消费情况,随着泛二次元用户规模的日益庞大,核心二次元用户和"动漫粉"数量持续稳定的增长,以及由于随着这些用户年龄的增长而导致的可支配资金的不断提升,二次元用户的消费能力将持续不断地得到提升。同时,漫画、轻

小说等二次元文化载体在用户消费额度的不断投入和群体的支持下,不断催生动漫周边产品、COSPLAY 等新业态的发展与壮大,合力助推及加速二次元文化行业规模的扩大和快速增长。

6.5.2.2 视频网站推动产业发展,内容付费习惯仍需培养

在高新技术和互联网+的支撑下,互联网化的动漫产品传播模式不仅节约了动漫产品的储存、运输成本,并且使其边际成本大大降低,复制成本趋近于零,大大提高了动漫内容从制作方到观众的传播速度与传播效率,真正做到了跨越距离、地域、时空和国界的动漫产品内容传递。虽然动漫内容在传播渠道方面的互联网化仅仅是互联网"内容+平台+应用+终端"的生态体系中的一个环节,但已经带来了动漫产品传播模式翻天覆地的巨大改变。

目前,动漫内容已成为国内视频网站和阅读网站的重要板块,各网络巨头及主流网络视频网站已纷纷开设在线漫画阅读版块和动画频道,以便吸引动漫内容受众。中国新媒体动漫市场在用户规模、产品质量、市场状态方面有了巨大的变化,在动漫、游戏、影视、衍生品等多元素全产业链的开发方面,未来会有更加广阔的发展空间(如表 6-20 所示)。

表 6-20　部分动漫网站、频道及 App 一览

漫画			动画	
在线漫画网站	在线漫画阅读版块	移动 App	垂直动画视频网站	主流网络视频网站动漫频道
有妖气	腾讯	布卡漫画	Bilibili	中国网络电视台
漫客栈	新浪微博	有妖气漫画	AcFun	腾讯视频
i 尚漫	网易云阅读	Vista 锋绘	酷米网	搜狐视频
n 次元漫画	小米多看阅读	漫画魔屏	淘米视频	爱奇艺
KuKu 漫画	当当读书	开卷漫画	百田卡通	优酷土豆
极速漫画		漫画控		乐视
		Bilibili		酷6
		AcFun		56
		布丁动画		风行网
				迅雷看看

从爱奇艺和腾讯视频等几大视频平台播放情况来看,爱奇艺和腾讯动漫影视内容聚合能力较强,对泛二次元用户具有强大的平台影响力,相对其他视频平台具有较强的竞争优势。

二次元动漫作为爱奇艺主打产品之一,对儿童这部分受众群体给予了特别关注。其独立运营的儿童动漫 App 奇巴布(原名爱奇艺动画屋)是爱奇艺首次启用的全新少儿独

立品牌,于 2018 年 5 月 18 日正式上线。这款 App 为 0~12 岁小朋友精心设计,新版界面精美,交互层级简单,更加适合小朋友操作。目前,奇巴布 App 和爱奇艺其他二次元动漫 App 中针对少年儿童的分版块占据和覆盖了国内大约 40% 以上的国产儿童动漫产品的内容资源。爱奇艺动漫舰队在自制的儿童动漫《无敌鹿战队》及其他多部二次元动漫作品的引领下,以优质内容取胜并进军国际动漫市场,被国际一线动画播出平台预订或者购买版权播出。

与爱奇艺不同,腾讯动漫依托腾讯视频,主打青少年和成年动漫群体,其国产成人向动画播放量在所有网络动画播出平台中占据了 56% 的比例,其中,参与创作、出品和播放的《全职高手》《斗破苍穹》等动漫作品是比较成功的典型(如图 6-26 所示)。

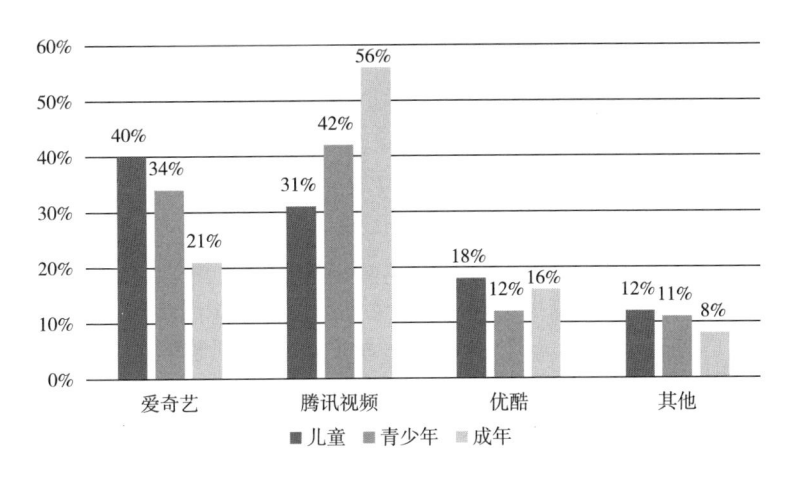

图 6-26 2017 年网络播出国产动漫播放量各平台分布

由于一直以来的惯性所致,当下用户对动漫内容付费的习惯和付费方式仍需进一步培养。2017 年,在播动漫播放量 TOP50 中,付费作品部数占比 18%,精品内容的联播及独播各占头部付费内容半壁江山,爱奇艺覆盖头部付费内容的 67%,在动漫付费领域表现出色。未来,动漫将与剧集、电影等内容一起,并入内容付费大潮。①

6.5.2.3 动画角色进化为二次元偶像,多渠道助推 IP 变现

二次元偶像,即虚拟偶像,是受到粉丝喜爱的 2D 或 3D 形象而非真人。国内动漫行业对"二次元偶像"并没有十分明确及严格的定义,虚拟形象、动漫角色、虚拟歌手等这些都被划分到虚拟偶像范畴。在世界范围内,二次元偶像并不是一个新鲜概念,2007 年 8 月 31 日,由 CRYPTON FUTURE MEDIA 以 Yamaha 的 VOCALOID 系列语音合成程序为基础开发的音源库——初音未来便是日本元老级虚拟偶像的代表。其原本只是一款模仿人类唱歌软件的营销副产品,如今却成为世界上第一个使用全息投影技术举办演唱会的虚拟偶像。她的《甩葱歌》红遍网络,游戏代言费已经直逼一线明星。初音未来 2013 年 8 月在日本演唱会上仅用一天时间就吸引了来自各地的 14 000 人参加。据来自相关媒体

---

① 前瞻产业研究院. 2018 年动漫产业发展现状及趋势分析 国漫稳定格局尚未形成[EB/OL]. https://www.qianzhan.com/analyst/detail/220/180417-4ef6de09.html.

的信息,初音未来在巴黎唱过歌剧,在日本给 MTV 颁奖典礼当过嘉宾,在美国给 Lady Gaga 的演唱会当过嘉宾,更别提每年在多个国家举行的演唱会。这个只能存在于全息屏幕上的虚拟歌手已经是流行文化中的一颗巨星。近几年,初音未来正在努力进军海外市场,中国市场就是其主推领域之一,通过推出联名手机、信用卡,并为游戏代言等方式,其虚拟巨星效应和商业价值正在多渠道变现。

对于国内动画制作方和视频播出平台来说,成功打造二次元偶像是推动 IP 变现事半功倍的方式。以腾讯动漫旗下知名 IP《灵契》为例,在第一季动画播出并广受好评之后,腾讯动漫的 IP 运营团队把握住粉丝们对这部作品故事内核和人物设定方面的认可和喜爱,设计出一系列迎接第二季回归相关活动,将作品中的人气主角端木熙、杨敬华打造成粉丝们心中的二次元偶像。2018 年 2 月,《灵契》在北京、广州、东京举办了第二季的首映礼,通过抽奖获得门票的观众不仅能提前看片,还能与漫画作者和各位动画声优见面互动;在日本,腾讯动漫在举行放映会的同时,还与日本著名餐饮品牌 First Kitchen 合作,在全日本 136 家连锁店定制了为期 1 个月的《灵契》主题店;国内第二季开播当日,《灵契》主角端木熙、杨敬华个人灯光秀在上海环球双子塔上演,粉丝们纷纷在各类社交媒体上疯狂转发相关照片、视频,激动地讨论被偶像"承包"的天空;在北京、上海、广州、深圳四座城市核心商圈的知名商场,《灵契》主题电梯集体亮相,电梯的开合之间,杨敬华和端木熙的结契瞬间重现,创意十足,不少粉丝即使花费几小时车程、穿越大半个城市也想与偶像所在的电梯近一些;《灵契》还在北京派出了多辆创意痛车,一抹"灵契蓝"格外清新,成功抢占帝都,吸引众多粉丝围观,其他城市的粉丝们也纷纷在网上表示"太羡慕帝都的孩子了"。

《灵契》动画第二季开播前,腾讯动漫针对动画粉丝和潜在动画观众的一系列营销行为,成功将作品中的人气角色打造为二次元偶像,激发粉丝们对作品、角色的爱意,进一步影响到更多潜在观众。2018 年 3 月 11 日,《灵契》真人网络大电影开播,这也是该动漫 IP 走向大众的又一步。可以预见,这部作品在保持本身质量和制作水平的前提下,若继续延续如此直击粉丝内心、引发热烈讨论的运营手段,它在动漫产业链上的发展前景光明。

6.5.2.4 大量资本涌入,行业内融资不断

近年来,"90 后"和"00 后"作为二次元文化原住民逐渐长大,消费能力也随之提高,优质漫画内容更加受到这批年轻受众和动漫市场主要消费群体的青睐。在人工智能和移动互联网的强力助推下,国产动漫已经以其蓬勃发展引起金融机构、风投及社会资本的关注。2017 年,大批动漫 IP 成功变现,使该行业成为资本投入的热点并吸引了越来越多的创业者。动漫产品不再被视为"孩童王国的建筑",而是正在由于资本的加入逐渐成为一个越来越热闹的朝阳市场。

2017 年,中国动漫行业的融资完成 88 起,和上一年 77 笔相比有明显的提升。除了融资数量,融资规模的大幅提升是最显著的特点。2017 年,有 6 笔融资达到亿级规模,而千万级的有 42 笔,百万级的有 32 笔,总投资额约 30 亿元人民币(如图 6-27 所示)。

总体上看,虽然 2017 年动漫行业的融资数量和融资规模都大幅上涨,但目前中国动漫行业仍然存在着不可忽视的发展问题,不少动漫公司尤其是小微企业还处于发展起步

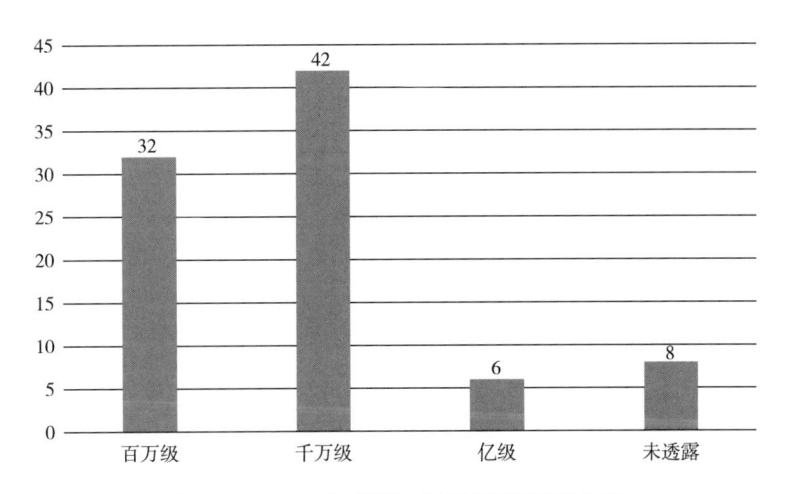

图 6-27　2017 年动漫行业不同区间融资笔数

阶段,发展模式不清晰,盈利状况也不理想。

2017 年,在动漫行业的 88 笔融资项目中,多数动漫公司仍处于早期发展阶段。其中,28 家动漫公司处于种子天使轮次,17 家处于 Pre-A 轮次,25 家处于 A 轮次,能够进行到 A 轮以后的动漫公司更少,A+轮有 3 家,B 轮有 7 家,进行到 C 轮的有 3 家,而获得 D 轮融资的动漫公司只有 2 家。腾讯、光线传媒对 3 家发展前景看好的动漫公司进行了战略投资(如图 6-28 所示)。

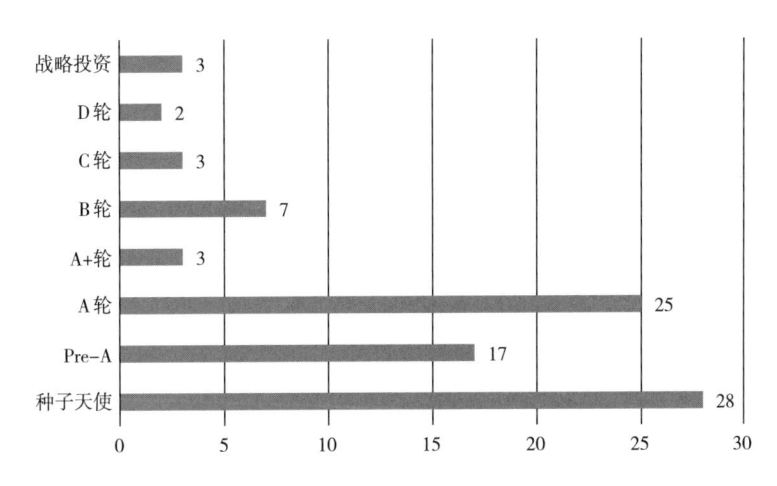

图 6-28　2017 年动漫行业不同轮次融资笔数

动漫行业可细分为内容提供商公司(content provider,简称 CP 公司)、平台、衍生、动漫活动策划运营四大类。在以上提到的 2017 年的 88 笔融资中,内容提供商 52 家,占融资数量总数的一半以上,平台型公司融资数 22 笔,衍生品 6 笔,动漫文化运营策划公司 8 家。其中,内容提供商的融资多为早期的天使种子轮和 A 轮,而平台公司的融资则大多进入 B 轮、C 轮以及 D 轮。由此看来,动漫内容和播放平台作为产业链发展的重要组成部分,被更多的资本青睐;行业整体呈现出内容提供商大量涌现、平台公司趋于成熟的态势(如图 6-29 所示)。

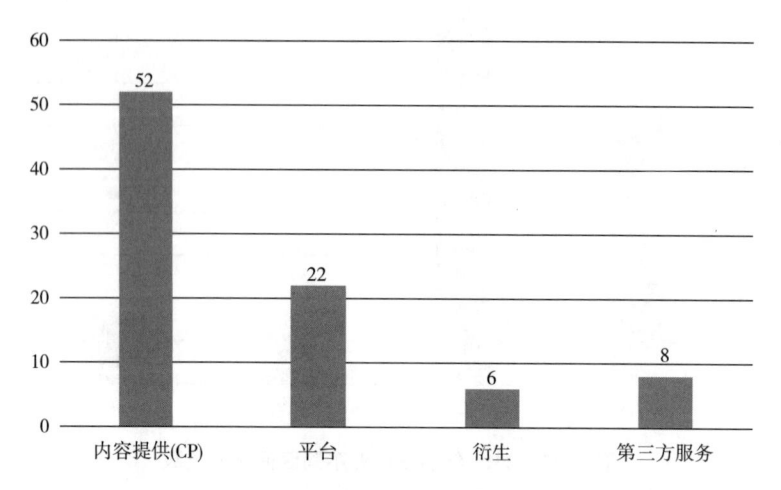

图 6-29　2017 年动漫行业细分领域融资数量(单位:家)

基于文化产业"内容为王"的规律,在资本的不断加码下,CP 公司迎来了第一波高速发展期,但同时也存在作品质量参差不齐、内容粗制滥造的现象,多为快餐式的消费品,缺乏正能量和积极向上的内容,难以持久地吸引用户。优质内容成为现在市场上的稀缺资源。因此,打造优质内容,塑造自己的头部 IP,成为大多数动漫公司的主攻方向。与此同时,处在下游的平台公司在资本的助力下也在争相聚拢上下游资源,目标是打造完整的二次元生态系统,其中包括腾讯动漫、网易动漫等互联网巨头,也有老牌动漫平台 B 站、A 站,以及新涌现的快看漫画。

由于文化产业的发展特点就是"内容为王",资本的粗放式投入带来了 CP 公司第一波高速发展期,却未能改善内容粗制滥造、快餐式消费、正能量和积极向上的内容不足等问题。作品质量参差不齐,不能持久吸引用户成为某些 CP 公司的发展短板。针对这一现状,不少动漫公司将打造优质内容、塑造头部 IP 作为自己的重点发展方向。在资本的助力下聚拢上下游资源,打造完整的二次元生态系统目标,包括腾讯动漫、网易动漫等互联网巨头,还有老牌动漫平台 B 站、A 站以及新秀快看漫画等正在加紧部署、实施和完成这方面的战略努力。

(1)动漫融资中快看漫画表现突出。在 2017 年的 88 起动漫融资中,融资数额排名前两位均来自快看漫画。2017 年 1 月份的 C 轮融资,融资数额为 2.5 亿元人民币,而到了 12 月 1 日的 D 轮融资,由 Coatue Management 领投,华人文化产业投资基金、襄禾资本等跟投,完成的总融资数额为 1.77 亿美元(约 11.7 亿元人民币)①。

快看漫画是一家原创漫画平台,创立于 2014 年 12 月,专注于移动端的漫画阅读。快看漫画成立之初的宣传文《对不起,我只过 1% 的生活》曾经获得过近 45 万转发,10 万"漫迷"参加讨论,获 37 万点赞,阅读量超过 2.5 亿。官方资料显示,快看漫画平台用户约 1.3 亿,以"95 后"年轻人为主,平台月活跃量近 4 000 万,日活跃量近 1 000 万,稳居中

---

① 搜狐动漫. 快看!他们好有钱啊——《快看漫画》融资近 12 亿人民币[EB/OL]. https://www.sohu.com/a/208268497_583972.

国 115 个漫画 App 的首位。

目前,快看漫画签约作品 1 000 余部,签约作者 500 余位,总热度过亿作品 300 余部,粉丝数过百万作品 150 余部。

2017 年,快看漫画以动漫、影视、游戏、电商等核心业务布局为支撑的泛娱乐发展战略为主。启动大电影、网剧项目且动画开发同步启动的《快把我哥带走》由中汇影视联手万达影业、企鹅影业联合开发制作,独家作品《零分偶像》《你好!筋肉女》《计时七点》网剧投入拍摄。

(2)腾讯"疯狂"发力,大举投资动漫产业。2017 年 88 起动漫产业融资过程中,腾讯的身影频频出现在投资方的阵营中,引起了业界关注。2017 年,腾讯共投资"十字星"等 16 家动漫公司,投资总金额过亿元,仅上半年的 1 至 7 月就疯狂投资 10 家动漫企业,不但包括老牌企业玄机科技,新秀动画公司十字星、动漫堂、糖人动漫、悟漫田等诸多公司也在其中(如表 6-21 所示)。

表 6-21　2017 年 1—7 月腾讯投资的动漫企业①

投资时间	被投企业名称	占股比例	代表作品	轮次
2017.1.22	悟漫田	20%	《末世人间道》	天使轮
2017.1.23	玄机科技	12%	《秦时明月》	C 轮
2017.3.6	动漫堂	12%	《一人之下》	B 轮
2017.3.7	漫悦文化	20%	《万网驱魔人》	—
2017.3.17	从潇动漫	25%	《演平乱志》	天使轮
2017.4.25	乐匠文化	20%	《通职者》	—
2017.4.26	糖人动漫	11%	《妖怪名单》	战略投资
2017.6.30	艺画开天	10%	《疯味英雄》	A 轮
2017.7.10	骏豪宏风	15%	《超神学院》	A 轮
2017.7.18	铸梦文化	15%	《墓王之王》	Pre-A 轮

纵观国内动漫市场可以发现,虽然起步较晚,但国内动漫市场拥有广阔的市场空间,文化资源非常丰富,融资环境较为宽松。随着各大动漫公司围绕 IP 生态发展路径的日趋完善和全产业链的打通,国漫市场将更加成熟,发展前景可观。以腾讯入资的动漫公司为例,它们更加注重和愿意介入的是在中国动漫市场上那些注重优质内容生产、努力打造和完善头部 IP 的动漫公司。

总的来说,中国动漫产业现已成功向影视动画、数字动画、动画游戏、动漫玩具、服装、文具、动漫主题乐园等多种产业辐射,成为高速发展的具有典型的跨行业、跨领域、跨学科特征的新兴文化创意产业。动漫产业链在"动漫+互联网+相关产业"的融合和"互联网+"及移动终端技术的"撬动"下,正逐渐向一体化的动漫产业系统模式发展。动漫产品消费人群已经从最初的儿童群体逐渐覆盖青少年乃至成年人全年龄段。中国上海

---

① 7 个月投资 10 家动漫公司,腾讯疯了吗[EB/OL]. https://www.sohu.com/a/166614560_115280.

迪士尼度假区经营受欢迎度远超预期,甚至出现了售票系统一度因抢票激烈而瘫痪的市场热度;国产动画电影《西游记之大圣归来》因观众对孙悟空经典IP的热情,为影片制作众筹780万元并贡献了近10亿的票房;高新技术的发展使VR动画逐渐成为现实;众多动漫App纷纷上线,原创动漫平台系统为动漫爱好者提供了创新、创作和经营自己作品的舞台。国内动漫周边市场的巨大潜力等都足以表明国内有足够的市场体量和意愿可被产业开发,中国动漫市场已经进入快速成长期并正在向成熟期迈进。

6.5.3 国漫发展对策建议

6.5.3.1 大力拓展国内成年人动漫市场需求

我国长期以来存在动漫产品的消费市场和动漫产品是为少儿服务的狭隘观念,认为动漫是小孩群体的专属消费品的观念很大程度上影响了我国成年人动漫市场的开发。如今,二次元用户规模逐年增大的事实意味着国内成年人动漫市场的需求越来越不容忽视。相对于动漫市场的幼儿、儿童及少年受众,中青年的经济状况更好,购买力更强,动漫市场消费潜力更大,题材更加宽泛,主题可以是社会与人文的交织。从市场的角度来看,成年人动漫群体是中国动漫市场的主要消费者。国产动画电影二次元的《西游记之大圣归来》、分级版的《一万年以后》、以网络段子为基础的多集动漫电影《十万个冷笑话》等已经试探性地向全龄化和成人化方向跨出了一步,但大力拓展国内成年人动漫市场需求仍然是中国动漫产业发展的主要任务,是动漫产业可持续发展和优化的主要方向之一。

6.5.3.2 "内容为王",加大知识产权保护力度

在内容为王的今天,动漫创意、形象、品牌是动漫作品的生命,是动漫产业生产、传播、衍生品开发和销售以及依法获得利益的基础。由于历史原因,我国知识产权保护方面一直存在不少问题。虽然20世纪80年代我国政府在成为世界知识产权组织成员国后就按国际惯例努力开始中国知识产权的保护及国际接轨,但知识产权保护政策体系尚且不够完善。目前,我国动漫产业主要靠《著作权法》《商标法》《专利法》等对进行过商标注册的动漫角色和外观设计进行保护,但由于宣传实施力度不够,执行力不强,对被盗版企业的保护效果并不理想。特别是以创意为核心的动漫产业,创造完善的知识产权保护壁垒需要政府、企业和动漫作品原创作者及经营者等多方合作及努力。动漫产业的版权保护还需要国家版权及法律法规层面上的进一步供给、完善、构建与实施。尽快引入专业的知识产权保护人员和专业机构,保证知识产权保护体系的合理结构和有效供给,建立能够良性循环的动漫业界版权保护产业链条,在遇到侵权行为前就能做出预防和设置应急措施,把盗版行为有效扼杀在萌芽状态,而不是仅停留在被侵权后的法律补救,不让动漫产品的品牌建设与原创积极性被制约,营造动漫产业健康的发展环境。

6.5.3.3 拓展动漫产业融资渠道,加强动漫产业金融平台建设

国内动漫企业的融资行为起步较晚,尚未形成完善的投融资体系,需要政府在制定动漫产业政策过程中对财政金融支持方面有所偏重,加强动漫产业金融中介平台建设,

促进文化与金融对接,提高金融创新和金融服务水平。为动漫企业拓宽融资渠道,解决和扶持动漫企业的资金不足、周转不灵等融资难问题,可以通过多种方式吸收更多的社会资金进入中小企业发展专项资金;开展动漫金融专项基金服务,设法为动漫企业发展融资性担保机构分散风险,从根本上改善动漫产业融资担保瓶颈;引导有实力资金的各类大型企业以参股、控股或兼并等方式对动漫企业直接投资;为非公资金进入动漫企业发展提供公平待遇和竞争环境,安排符合融资条件的动漫企业上市;公布有潜力的动漫项目,为符合条件的动漫企业包装融资;鼓励播出机构与动漫企业合作,参加企业制作与产品开发,加快动漫产业化进程。

6.5.3.4 鼓励引导动漫产业发挥其社会效益

引导鼓励动漫企业利用动漫产品和动漫形象进行社会主义核心价值观教育,通过制作公益广告,开展农村和城市精神文明建设宣传;利用城市建设体系传播动漫文化,将有代表性、有影响力的本土卡通形象作为城市标志物;建设动漫城市公园;利用举办本土动漫展会、开展国家动漫系列比赛、设立动漫场馆免费对公众开放等举措吸引整个社会对我国动漫产业发展的关注,改善我国动漫文化的舆论环境和人文环境。引导和鼓励有条件的动漫产业聚集带和相关产业园专门成立动漫产业国际交流机构或服务平台,邀请国外动漫专家来国内讲学,提供国际动漫市场实时信息,指导国内动漫企业在动漫生产创作时应该注意的目标国文化背景、文化折扣和需求特征,为我国本土动漫消费市场拓展国际文化贸易的发展空间。

参考文献

[1] Animation Europe[EB/OL]. https://www.animationeurope.com/#inProduction.
[2] Global and China Animation Industry Report, 2017—2021 [EB/OL]. https://www.researchandmarkets.com/reports/4224818/global-and-china-animation-industry-report-2017,2017-04-27.
[3] 动漫产业(动漫行业)百度百科[EB/OL]. https://baike.baidu.com/subview/645743/5127863.html,2013-05-13.
[4] 金兑炫. 韩国文化产业国际竞争力研究[D]. 长春:吉林大学,2010.
[5] 鲸准研究院. 2018动画行业研究报告[EB/OL]. https://mp.weixin.qq.com/s/iu2ddT4fLHxM3l7ZDIM9CA,2018-07-09.
[6] 卢斌,牛兴侦,郑玉明. 中国动漫产业发展报告(2016)[M]. 北京:社会科学文献出版社,2016(10):191.
[7] 前瞻产业研究院. 2018年动漫产业发展现状及趋势分析 国漫稳定格局尚未形成[EB/OL]. https://www.qianzhan.com/analyst/detail/220/180417-4ef6de09.html,2018-04-17.
[8] 前瞻网. 中国漫画出版行业运行现状[EB/OL]. https://www.qianzhan.com/analyst/detail/220/160406-ab29d211.html,2016-04-06.

[9]日本动画协会.日本动画产业报告2017[EB/OL].https://www.chncomic.com/info/201710/46316.html,2017-10-26.

[10]搜狐动漫.7个月投资10家动漫公司,腾讯疯了吗[EB/OL].https://www.sohu.com/a/166614560_115280,2017-08-23.

[11]搜狐动漫.快看!他们好有钱啊——《快看漫画》融资近12亿人民币[EB/OL].https://www.sohu.com/a/208268497_583972,2017-12-03.

[12]搜狐动漫.数据全面解析韩国动漫的发展轨迹[EB/OL].https://www.sohu.com/a/133268289_115832,2017-04-11.

[13]三文娱.日本网络配信市场达千亿日元规模,他们的视频网站都是如何播动画的[EB/OL].https://www.vccoo.com/v/z6998s,2017-07-08.

[14]三文娱.日本动画年度报告:年产值2万亿日元,中国成最大买家还拉高制作成本[EB/OL].https://36kr.com/p/5099625.html,2017-10-27.

[15]文化部文化产业司赴韩国考察调研组.韩国组建文化产业振兴院的战略考量[J].紫光阁,2014(7).

[16]徐正教.文化经济学[M].首尔:Hanol出版社,2003:109-110.

7 国际电视市场

7.1 国际电视市场发展概况

习近平总书记在2018世界互联网大会的致辞中说道:当今世界,正经历一场更大范围、更深层次的科技革命和产业革命。互联网、大数据、人工智能等现代信息技术不断取得突破,数字经济蓬勃发展,各国经济更加紧密相连。

外部环境的更迭也推动了全球电视产业的变革,其动力来自技术、用户、内容、资本等各方面。大数据、人工智能、算法推荐等新技术的发展催生了新的传播形态和传播手段,各种新媒体终端和应用大量涌现,它们重塑着用户的消费习惯和偏好。用户不再是消极被动的内容接受者,而是积极的内容分享者和创造者。他们希望能够自主决定在何时、何地、借助何种终端设备进行电视和视频内容的消费,渴望即时分享自己的观点,并且希望参与到内容的生产过程。因此,传统电视媒体必须适应用户和外部环境的变化,并且能够积极转变思维,主动与新媒体、新业态融合。随着新技术层出不穷,视频新媒体也面临着"新新媒介"的冲击。综上,融合、跨界、创新是当今电视市场的主旋律。

7.1.1 全球电视市场用户情况

总体来看,全球电视用户数量基本保持稳中有升的态势,预计到2023年仍会有小幅增加。从各电视细分市场来看,模拟信号有线电视和模拟信号地面电视的用户将持续大规模减少;数字信号有线电视、付费网络电视、付费卫星电视、免费卫星电视、数码地面电视、付费数码地面电视用户数在2010—2023年间将不断增加,其中,付费网络电视、付费卫星电视、数字有线电视、数码地面电视用户增速尤为明显(见图7-1)。

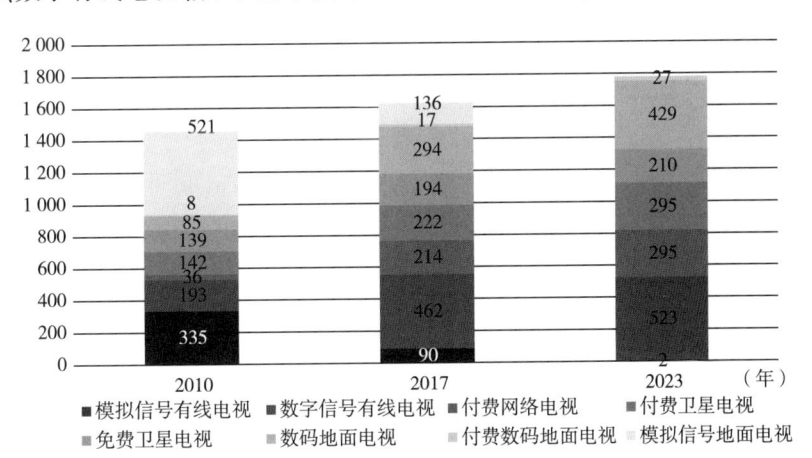

图 7-1 按平台计算,2010年至2023年全球电视家庭数量(单位:百万)

数据来源:Digital TV Research

267

预计到 2023 年,全球付费电视和订阅型视频点播用户数量将达到 18.77 亿,相比 2017 年,订阅型视频点播用户将实现两倍的增长,而传统的付费电视订户仅增加 9 400 万(见图 7-2)。至 2021 年,全球付费电视用户将达到 10.74 亿户,付费电视的到达率为 63.4%,亚太地区付费电视用户将达到 6.47 亿户,占全球总数的 60%;中国将成为全球付费电视用户最多的国家,预计 2021 年,中国付费电视用户将达到 3.29 亿,其次是印度 1.78 亿,第三是美国 0.95 亿。①

图 7-2　按平台计,2017—2023 年全球订户数量(单位:百万)

数据来源:Digital TV Research

7.1.2　全球电视市场收入情况

总体来看,2010—2018 年,全球电视市场总收入的各部分持续小幅增长。2018 年,全球电视收入总额为 4 593 亿欧元,比 2010 年增加了 1 523 亿欧元,平均每年增长 6.20%。从收入来源看,全球电视产业收入主要来自付费电视、广告、公共基金三个渠道。如图 7-3 所示,付费电视收入和广告收入占电视产业收入的大部分份额,且呈逐年增长态势,公共基金也稳中有升。

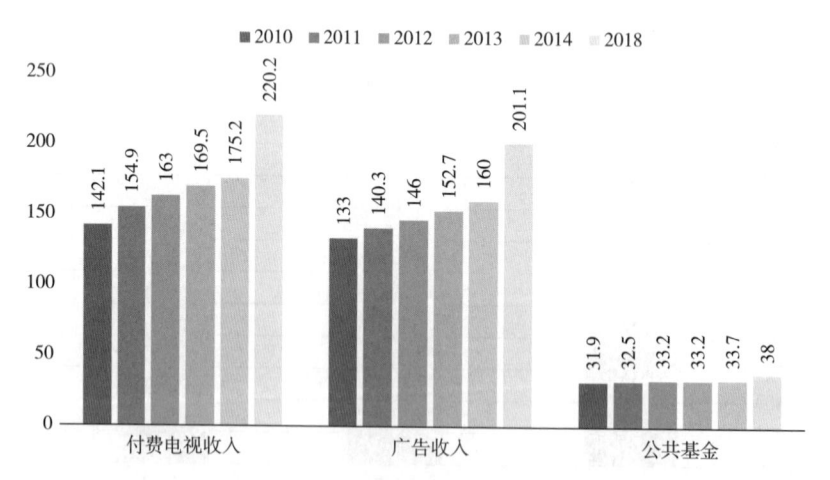

图 7-3　2010—2018 年全球电视收入来源(单位:十亿欧元)

数据来源:Statista 2018

---

① 资料来源:https://www.giichinese.com.tw/report/dtv247506-digital-tv-world-household-forecasts.html。

随着付费电视用户数量的增加，2010—2017 年，各地区付费电视收入持续增长。2017—2023 年，预计全球付费电视总收入将有小幅下降，主要是由于北美地区付费电视收入的减少。按地区来看，北美地区付费电视收入最高，但有明显的下降趋势，2023 年将降至 810 亿美元；其后是亚太地区和西欧地区，亚太地区付费电视收入增幅最大；撒哈拉以南非洲、东欧、中东和北非地区付费电视收入总额较少，但仍呈上升态势（见图 7-4）。

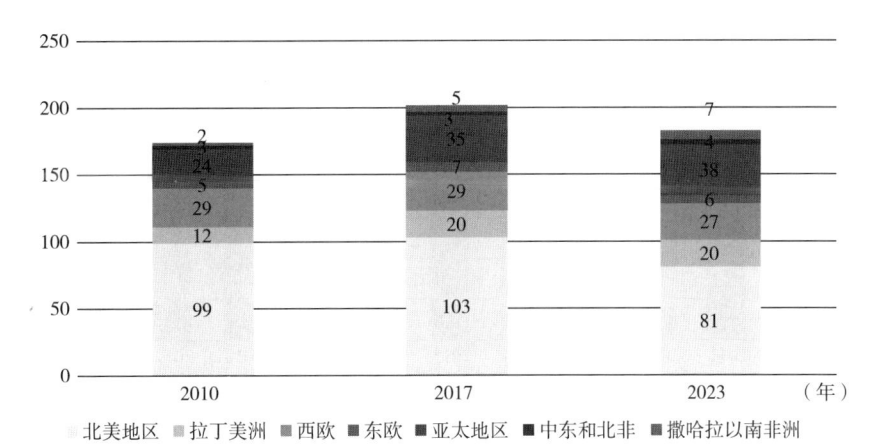

图 7-4　2010—2023 年按地区划分的全球付费电视收入（单位：十亿美元）

数据来源：Digital TV Research

由于电视订阅用户数量不断增长，全球电视订阅收入呈逐年增加态势，从 2012 年的 1 780 亿美元到 2021 年的 2 350 亿美元，增长了 32.02%，平均每年增长 3.56%。

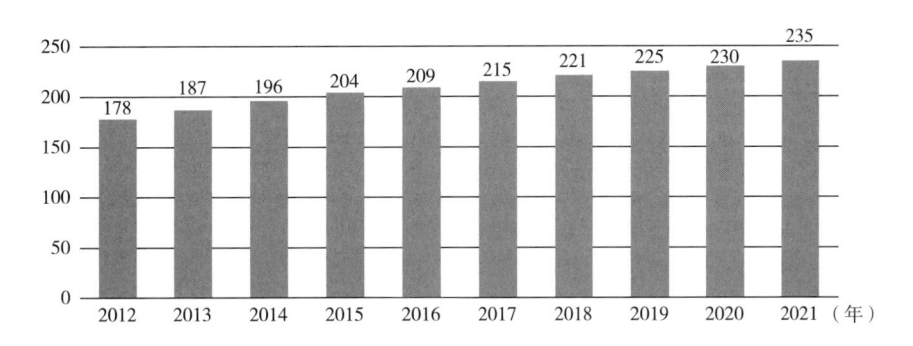

图 7-5　2012—2021 年全球电视订阅收入（单位：十亿美元）

数据来源：Statista 2018

综上所述，全球电视市场总收入总体呈增长趋势，付费电视收入比重最大，电视广告收入也平稳增长，智能电视、互联网电视等新形态带来新的发展空间，电视订阅收入不断增加。从地域来看，全球各地区电视收入分布不均衡，北美地区占比最大，中东、非洲和拉美地区收入较少，亚太地区成长空间较大，付费电视收入将继续增长。

7.1.3 全球电视广告市场发展概况

Zenith 发布的《2018 年全球广告行业报告》显示,全球广告支出以每年 4%的速度稳定增长,电视仍然是消费时间最长的媒介,但电视媒介消费的年复合增长率为负值,而移动互联网使用量增速高达 20.7%,[①]因此,大量的广告投入也将转向移动互联网终端,电视广告面临多种终端分流的挑战。如图 7-6 所示,2010 年至 2020 年,全球电视广告支出从 1 477.8 亿美元增长到 2 287.5 亿美元,平均每年增长 3.54%。

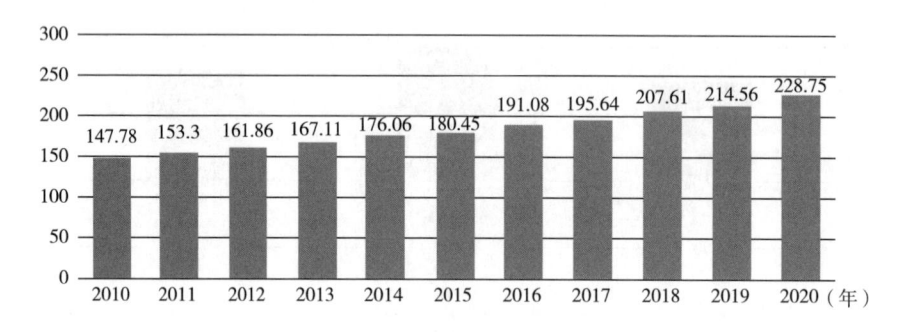

图 7-6　2010—2020 年全球电视广告支出(单位:十亿美元)

数据来源:Statista 2018

从媒介类型来看,全球广告收入主要来自互联网、电视、印刷媒介、户外广告和广播媒介,其中,互联网和电视媒介是主要收入来源。

2016 年至 2021 年,互联网广告收入持续稳定增长,到 2021 年有望达到整体广告收入的 50%;而以电视、印刷媒介和广播为代表的传统媒体广告收入则呈逐步下降的趋势,户外广告仍然保持每年 6%左右的份额(见图 7-7)。可见,互联网媒介平台的发展正在逐渐侵蚀传统电视媒体的广告份额,电视行业传统的盈利模式受到挑战。

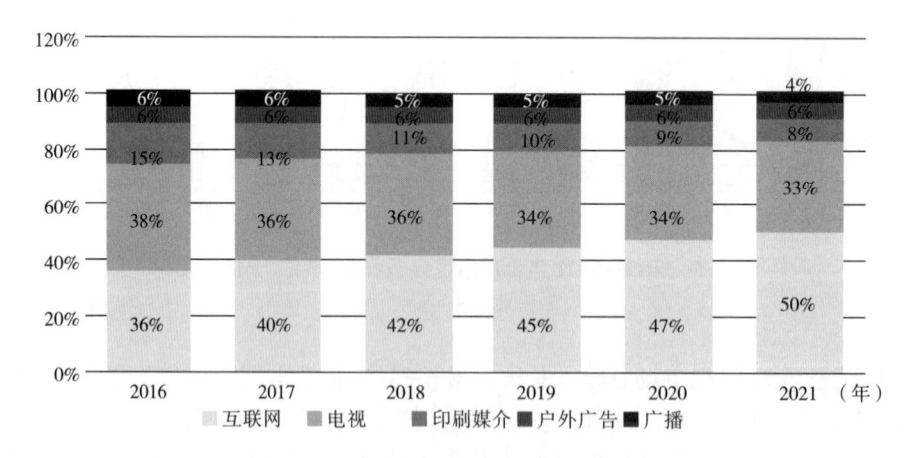

图 7-7　2016—2021 年全球广告收入按媒介分布

数据来源:Statista 2018

---

① 资料来源:https://www.199it.com/archives/714495.html。

从国别来看,2011—2017 年,十大电视广告国家的电视广告支出都持续稳定增加。美国作为国际文化强国和传媒大国,其电视广告支出仍然居于领先地位。如图 7-8 所示,仅 2017 年,美国电视广告支出就达到 803.5 亿美元,相比之下,榜单上其他 9 个国家电视广告支出之和为 813.7 亿美元,美国在全球电视市场中仍然处于主导地位。中国的电视广告支出从 2011 年的 114.3 亿美元上升到 2017 年的 187.7 以美元,超过了日本,位居第二。

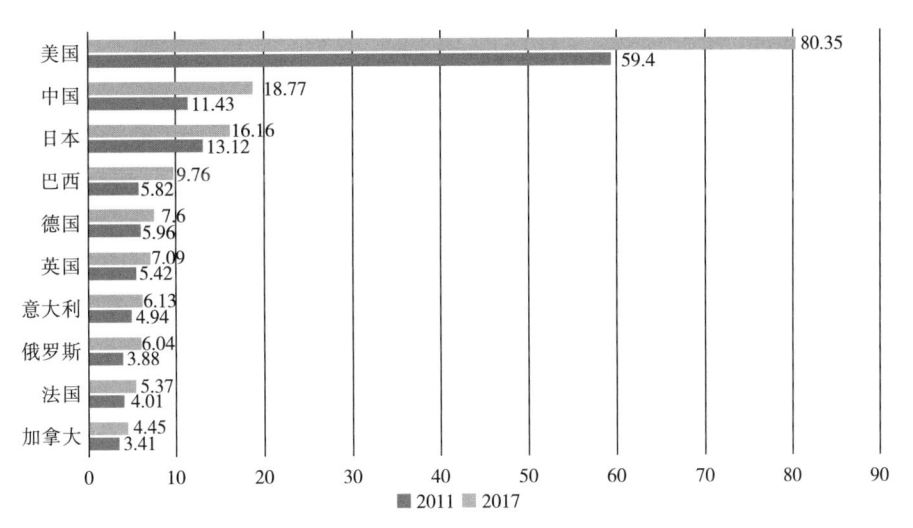

国家	2011	2017
美国	59.4	80.35
中国	11.43	18.77
日本	13.12	16.16
巴西	5.82	9.76
德国	5.96	7.6
英国	5.42	7.09
意大利	4.94	6.13
俄罗斯	3.88	6.04
法国	4.01	5.37
加拿大	3.41	4.45

图 7-8　2011 年和 2017 年主要电视广告国家的电视广告支出(单位:十亿美元)

数据来源:Statista 2018

综上,全球电视广告支出仍然保持增长态势,美国仍然是电视广告支出最多的国家,中国增速最快。但电视广告收入在所有媒介广告收入中的比例在不断减少,互联网广告收入的比重则逐渐增加。面对互联网的强势竞争,传统电视媒体的转型之路仍然任重道远。

7.1.4　全球有线电视市场发展现状

如图 7-9 所示,2011—2012 年,全球有线电视收入增长了 29 亿美元,到 2020 年,有线电视收入则下降为 819 亿美元,相比 2012 年减少了 119 亿美元。目前,全球主要电视国家的有线电视数字化已经基本完成,模拟信号有线电视用户逐渐减少,其收入也随之下滑。面对 IPTV、OTT TV、在线视频和短视频等新内容形态的冲击,以及有线电视自身服务和体验的欠缺,有线电视行业也将面临用户和广告流失的挑战。

以中国为例,据中国广播电视网络有限公司发布的第 13 期中国有线电视行业发展公报显示,有线电视用户持续负增长。截至 2018 年 6 月底,有线电视用户 2.34 亿户,季度净减少 503.1 万户,环比下降 2.15%。与之相对,IPTV 用户快速增长,2018 年 Q2,IPTV 用户季度净增 1 220 万户,环比增长 9.38%。有线电视虽然是中国家庭的主要收视方式,但收视渗透率降至 52.35%,IPTV 升至第二位,OTT TV 位居第三。①

---

① 资料来源:https://mp.weixin.qq.com/s/YWvziOqU-SudPnM0Uix9yw。

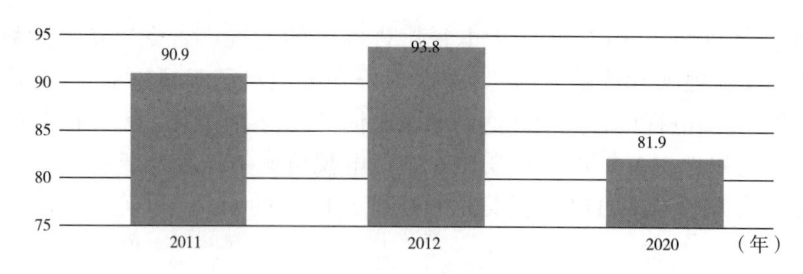

图 7-9　2011 年、2012 年和 2020 年全球有线电视收入(单位:十亿美元)

数据来源:Statista 2018

从世界范围来看,传统有线电视的衰落也成为普遍现象。尼尔森公布的统计数据显示,有线电视在美国处于没落前期,已有超 500 万美国人不再通过传统渠道观看电视节目;在韩国,IPTV 服务用户也即将赶超有线电视订户数量。

根据 eMarketer 的最新数据,2018 年,退订有线电视的用户将攀升 32.8%,达到 3 300 万人,远高于去年 22%的增长率(见图 7-10)。2018 年,有 1.867 亿美国成年人收看付费电视,包括有线电视、卫星电视或电信,比去年下降 3.8%,略高于 2017 年 3.4%的下降幅度。卫星电视提供商的跌幅最大,其次是电信公司。[①]

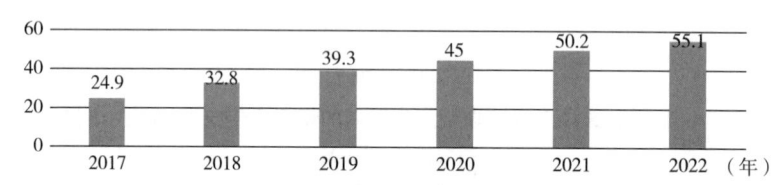

图 7-10　2017—2022 年美国有线电视用户退订数量(单位:百万)

数据来源:199IT 互联网数据中心

总之,从全球范围来看,有线电视市场呈下降趋势,无论用户数量还是收入水平都将减少。尽管有线电视运营商试图通过与 OTT 运营商建立合作关系以挽回颓势,但流媒体视频网站和智能电视的发展给传统有线电视带来了更大的冲击。

7.1.5　付费电视市场

付费电视平台主要包括模拟信号有线电视、数字信号有线电视、付费网络电视、付费卫星电视、付费地面数码电视。如图 7-11 所示,模拟信号有线电视收入不断减少;数字信号有线电视和付费卫星电视收入占比最高,整体呈逐渐上升态势;付费网络电视收入总体上逐年递增,付费地面电视收入最低,但基本保持稳定。

如图 7-12 所示,2015—2020 年,全球付费电视订阅收入保持 2.5%的年复合增长率。按照平台来看,网络电视收入增长率最高,卫星电视次之,有线电视最低。据 Digital TV Research 的预测,2017—2023 年间,付费电视用户将增加 9 500 万,全球总数达 11 亿。而在此期间,IPTV 将获得更多用户,并且在 2018 年将超过付费电视用户数量,新增净额

---

①　资料来源:https://www.199it.com/archives/753347.html.

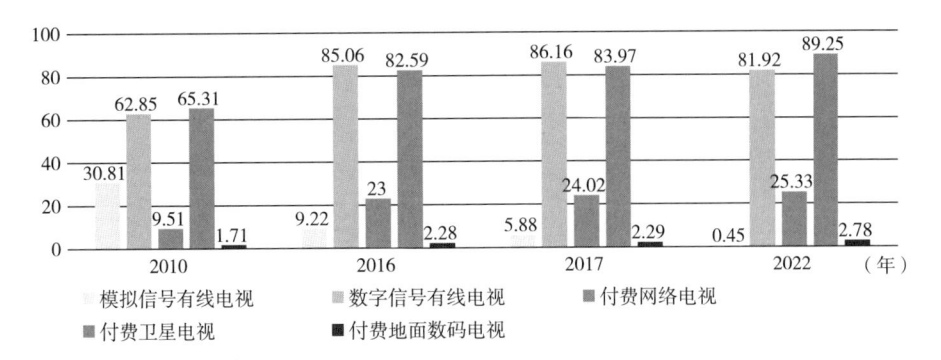

图 7-11 2010—2022 年全球付费电视收入按平台计算(单位:十亿美元)
数据来源:Statista 2018

为 8 100 万美元。①

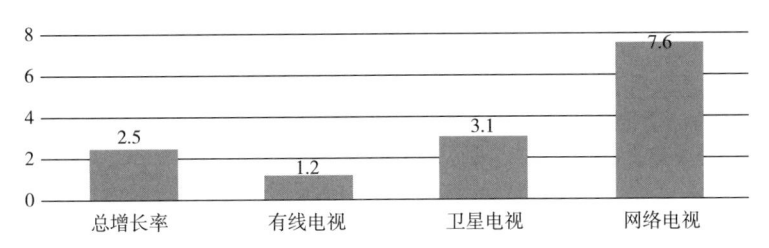

图 7-12 2015—2020 年全球付费电视订阅收入的年复合增长率(按平台计算,%)
数据来源:Statista 2018

如图 7-13 所示,总体来看,全球付费电视用户总数量不断增长,至 2020 年,北美地区用户数量有小幅下降,拉美、中东和北非、撒哈拉以南非洲、西欧地区将有小幅增长。亚太地区用户数量最多且增幅最大,2020 年,付费电视用户数量有望达到 6.66 亿。

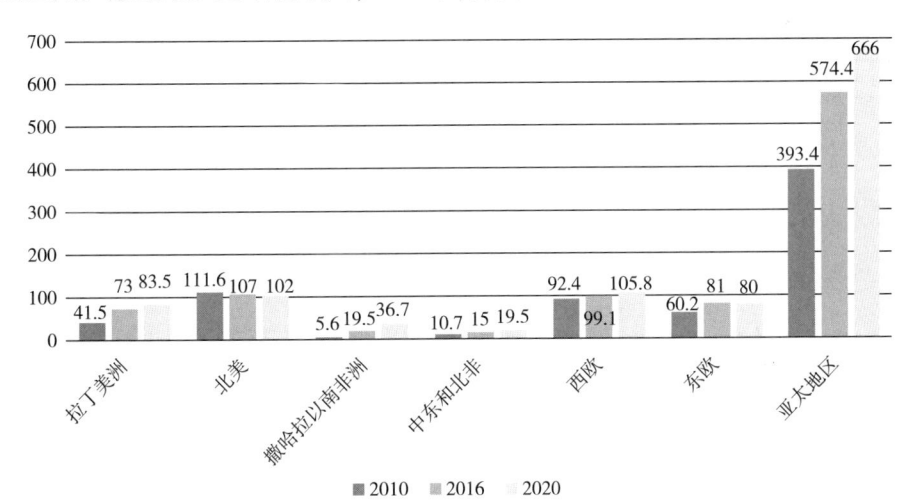

图 7-13 2010 年、2016 年和 2022 年全球付费电视用户数量(单位:百万)
数据来源:Statista 2018

① 资料来源:https://mp.weixin.qq.com/s/dMtLAPI2sdykN5hd4Ar6Rw。

就亚太地区来看,中国付费电视市场发展迅速。2015 年,中国以 26 370 万用户数量成为全球付费电视用户最多的国家,是印度的近两倍(见图 7-14)。Digital TV Research 的最新报告显示,在全球付费电视用户中,中国占据三分之一的比重。到 2023 年年底,中国付费电视订户数将达到 3.75 亿。该报告同时指出,届时印度将占总数的 16%,可能达到 1.8 亿户,中国和印度将拥有世界上一半的付费用户。[1]

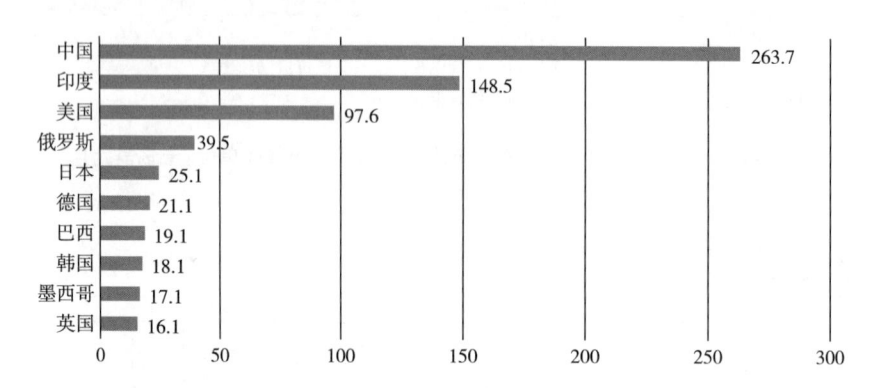

图 7-14 2015 年全球付费电视用户数量最多的国家(单位:百万户)
数据来源:Statista 2018

从付费电视的服务类型来看,2017 年,全球范围内付费电视运营商主要提供电视无处不在、互联网电视和基于应用的付费电视服务。其中,电视无处不在占总市场份额的 83%,互联网电视占 30%的份额(见图 7-15)。

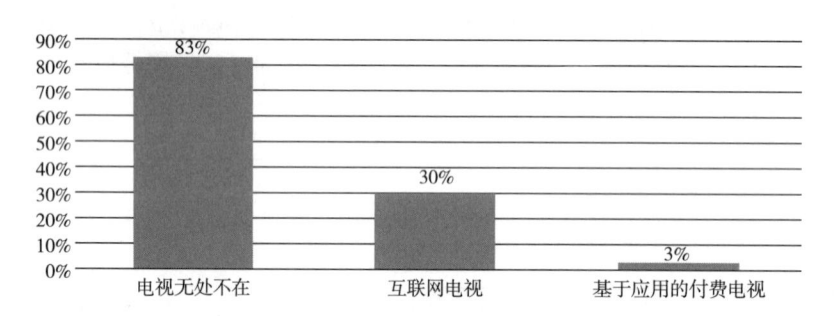

图 7-15 2017 年在全球范围内提供付费电视服务的付费电视运营商的份额
数据来源:Statista 2018

Adobe 发布的《2016Q1 数字视频基线报告》显示,电视无处不在用户总数正在不断增长——截至 2016 年 3 月,电视无处不在用户同比增长了 107%。"电视无处不在"服务为用户提供了收看电视节目的多种方法,用户可以利用智能手机、平板电脑等移动终端收看电视节目,能够围绕用户的日常生活需求,提供屏幕与屏幕之间的无缝切换。三网融合以及技术的革新都将为电视无处不在业务的发展提供新的机遇。

2020 年,全球用户数量排名前五的付费电视提供商分别是:中国的中国广播电视网

---

[1] 资料来源:https://mp.weixin.qq.com/s/dMtLAPI2sdykN5hd4Ar6Rw。

络、中国电信和百事通、总部位于伦敦的 Liberty Global 以及总部位于美国的 Direc TV。其中,中国广播电视网络以 2.516 5 亿的用户数量遥遥领先(见图 7-16),截至 2020 年,中国三大付费电视运营商的用户总量将达到 3.05 亿。

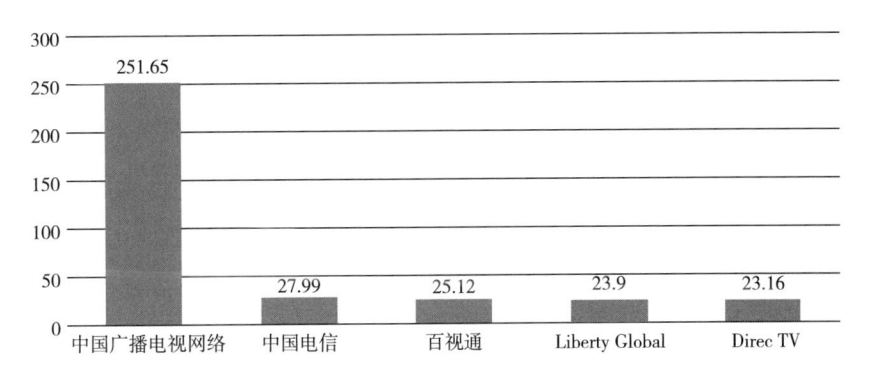

图 7-16　按用户数量计算,2020 年全球领先的付费电视提供商(单位:百万)

数据来源:Statista 2018

与中国和印度付费电视用户数量的增加相反,美国、巴西、墨西哥等国家损失了大量的付费电视用户。2016—2017 年,美国付费电视提供商的用户总数减少了 331.6 万。Leichtman Research 的数据显示,截至 2018 年第二季度,美国付费电视用户总数为 9 129.9 万户,相比 2018 年第一季度减少了 41.7 万户,除网络电视订户数量出现增长外,其他类型付费电视用户基本呈下跌态势(见图 7-17)。[①]

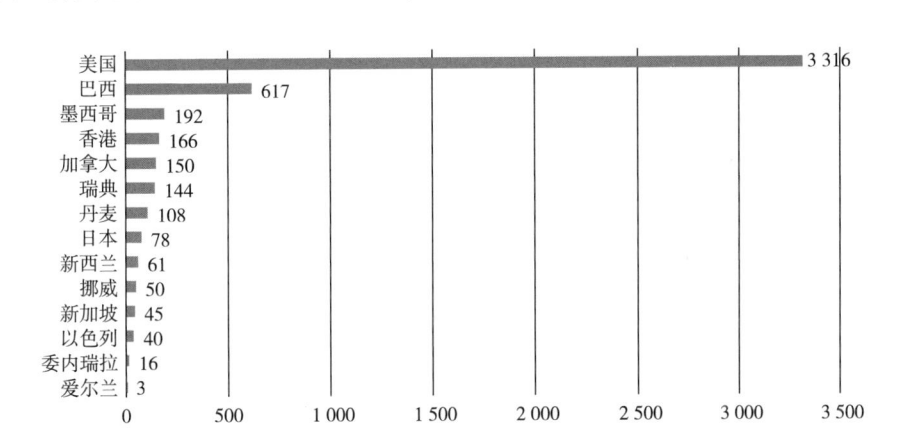

图 7-17　2016—2017 全球选定国家的付费电视净用户损失(单位:千)

数据来源:Statista 2018

综上所述,全球付费电视市场的用户数量将总体保持增长态势,亚太地区增速尤为明显,中国和印度将是规模最大的付费电视市场,中国主要付费电视服务提供商拥有最多的用户数量,同时,美国、巴西等国家也面临着付费电视用户的大量流失。总体上看,

---

① https://www.vdata360.com/html/newdata/details.do?dataid=I18081616483190800001.

未来付费电视订阅收入将会增加,IPTV 和电视无处不在服务会占据更多市场份额。

7.1.6　全球在线电视、视频收入情况

截至 2017 年,全球网民数量约为 40.21 亿,世界总人口约 74.42 亿,也就是说,每 1.85 个人中就有 1 人使用互联网。而 Sandvine 最新发布的《全球互联网现象报告》显示,在全球整体的互联网下行流量中,视频占到 58%,Netflix 占全互联网下行流量的 15%。[①] 近年来,随着智能手机、平板等移动终端的普及,在线观看视频受到更多用户的青睐。在全球范围内,以 Netflix、亚马逊 Prime 为代表的视频流媒体凭借平台、用户、技术优势对传统电视业务造成冲击。2016 年至 2027 年,预计全球在线视频收入将持续增长（见图 7-18）。

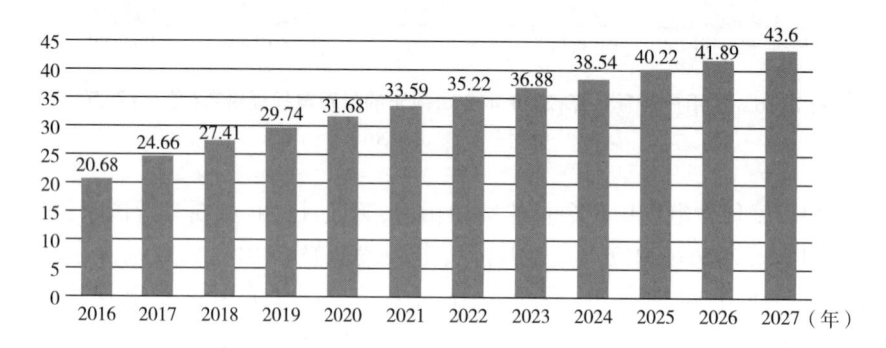

图 7-18　2016—2027 年全球在线视频收入（单位:十亿美元）

数据来源:Statista 2018

从盈利模式来看,2010—2020 年,全球在线电视和视频收入主要来自订阅费收入、广告收入、付费电视和下载收入（见图 7-19）。其中,最主要的来源是广告收入和订阅费收入（即付费会员）。近年来,在线电视和视频运营商加大内容投入力度,加之大数据、人工智能技术的辅助,在线视频行业未来收入还将逐年增加。

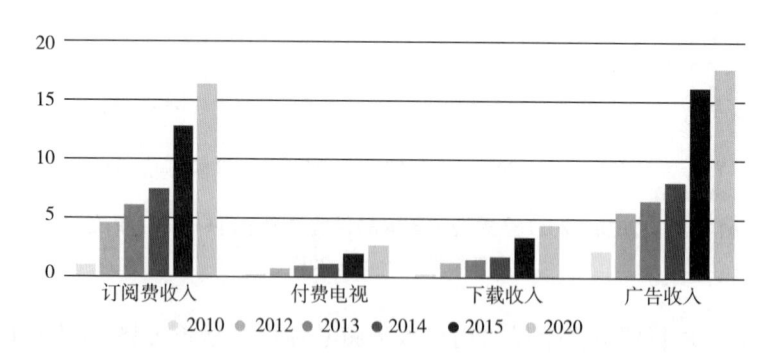

图 7-19　2010—2020 年全球在线电视和视频收入来源（单位:十亿美元）

数据来源:Statista 2018

---

① 资料来源:https://www.199it.com/archives/780196.html。

从国别来看,2014 年,全球收入最高的在线电视和视频市场依次是:美国、日本、英国、德国和中国。从图 7-20 可以看出,全球在线电视和视频市场的收入在 2014 年至 2020 年间显著增加。美国仍然是在线电视和视频收入最高的国家,总收入增幅为 65.03%。中国在线电视和视频总收入虽然不高,但预计增长最快,到 2020 年将达到 30.3 亿美元,位居世界第三。

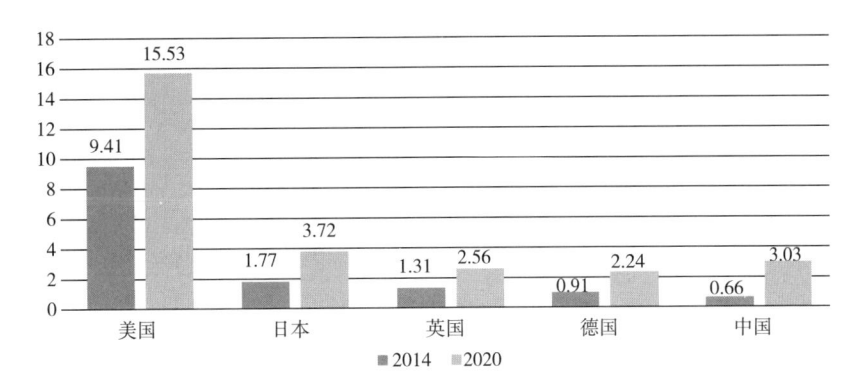

图 7-20　2014 年和 2020 年全球最大的在线电视和视频市场(按收入分,单位:十亿美元)

数据来源:Statista 2018

2017 年,全球传统订阅电视服务的用户有 74% 会选择订阅在线电视服务。按照年龄划分,16~24 岁的传统电视订阅用户中,65% 会选择同时订阅在线电视服务;在 35~44 岁的用户中,这一比例为 76%;55~64 岁的用户占比为 76%。总体来看,只有 16~24 岁用户群体同时订阅两种电视服务的比例较低,其他年龄层的用户没有太大差异(见图 7-21)。

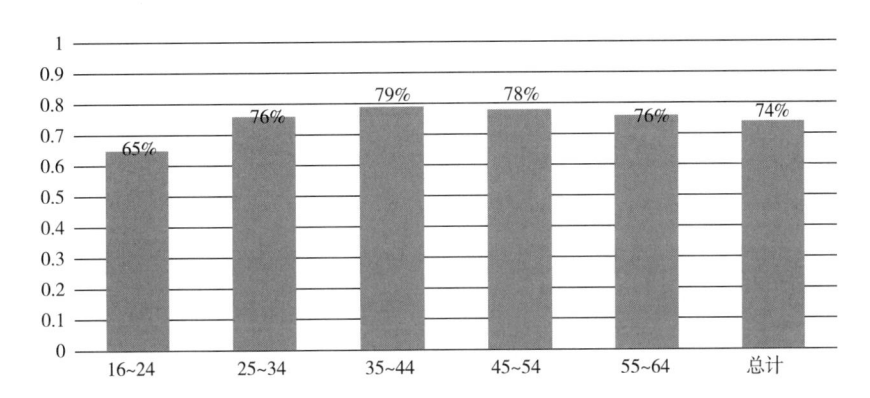

图 7-21　2017 年全球传统订阅电视服务的在线电视订阅者比例(按年龄分)

数据来源:Statista 2018

从观看的内容来看,全球互联网电视用户观看的节目类型主要是电影、娱乐节目、电视剧、肥皂剧、体育节目、儿童节目、戏剧和纪录片。2014 年,电影、娱乐节目、电视剧所占比重最大;2015 年,电影和娱乐节目比重明显下降,电视剧和戏剧节目的观看比例增加。总体来说,互联网电视用户偏好于轻松的娱乐节目和电影,但是对不同节目的兴趣是不断变化的(见图 7-22)。

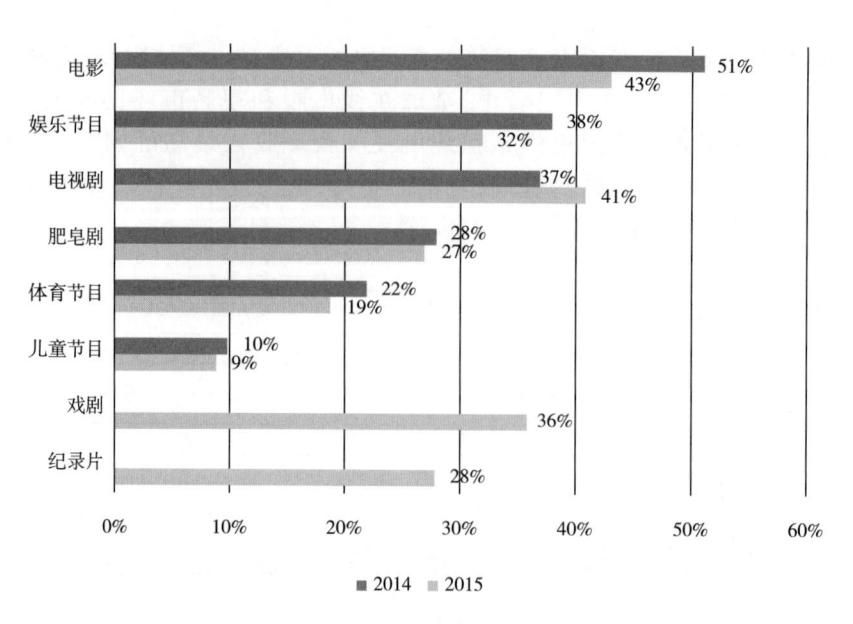

图7-22　截至2015年7月全球互联网用户观看的电视节目内容类型

数据来源：Statista

近年来，流媒体视频作为后起之秀发展迅速，其用户数量和广告收入不断增加，成为传统电视媒体最强劲的竞争者。最新的统计数据显示，Netflix占到全球互联网下行流量的15%。如图7-23所示，Netflix订阅数量从2011年第三季度的2 293万一路攀升至2018年第一季度的1.25亿，用户规模增长了4.45倍。Netflix在过去一年增加了近2 700万用户，在视频流媒体服务领域处于领先地位，全球市场份额为26.58%。

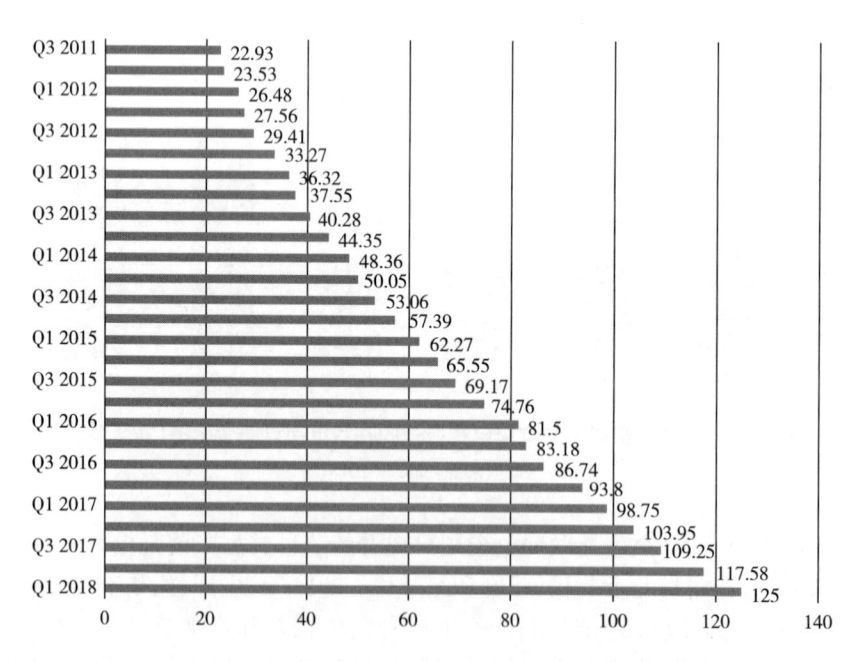

图7-23　2011年Q3至2018年Q1全球Netflix流媒体订阅者数量（单位：百万）

数据来源：Statista 2018

Netflix 从最初为顾客提供 DVD 租赁服务起家,后来转向主营视频点播的流媒体服务,它为用户提供大量的优秀影视内容,使用户的主体性得以凸显,同时通过付费会员制不断巩固用户的平台黏性。近年来,Netflix 加大原创内容的投入力度和海外版权的购买,利用大数据和算法优势进行内容的精准化生产和推送,未来 Netflix 还可能让用户自己选择观看结局,满足差异化的观看体验。

如图 7-24 所示,截至 2018 年 7 月,Netflix 在全球市场仍然占据领先地位。其在美国、挪威、加拿大、丹麦、瑞典的市场占有率均超过 50%,在荷兰、澳大利亚、芬兰、德国、西班牙等国家也有很高的渗透率。可以看到,Netflix 在英语国家占有很高的市场份额,但是在印度、中国等亚洲国家影响力较小。

图 7-24 2018 年 7 月在全球领先的 Netflix 市场

数据来源:Statista 2018

Netflix 和 Amazon Prime Video 是美国最大的两家涵盖版权和自制内容板块的流媒体视频提供商。截至 2017 年年初,Amazon Prime Video 的顶级电视节目在全球范围内吸引了 500 多万人加入其 Prime 会员俱乐部。从用户规模来看,至 2017 年第二季度,全球平均有 20% 的互联网用户选择使用 Amazon Prime Video。其中,亚太地区和北美地区用户数量比例最高,分别是 27% 和 26%(见图 7-25)。

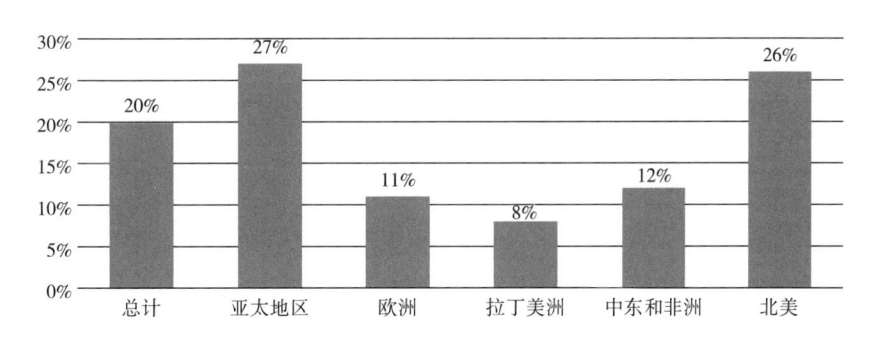

图 7-25 截至 2017 年 Q2 全球使用 Amazon Prime Video 的互联网用户比例

数据来源:Statista 2018

综上所述,全球在线电视和视频市场用户数量保持增加态势,收入主要来自订阅费收入和广告收入,美国、日本、中国是全球最大的在线电视和视频市场。全球视频用户主要观看电影、电视剧和娱乐节目,而 Netflix 是全球用户最青睐的流媒体视频平台,用户数量持续增长,在全球处于领先地位。Amazon Prime Video、Hulu、YouTube 等视频平台也不断发展,中国的三大综合视频平台以及快手、抖音等短视频平台也逐渐走出国门,全球在线电视和视频市场将面临日益激烈的竞争。

7.1.7 社交电视市场和移动视频市场

社交电视结合电视与社交媒体的特性,使用户在观看节目的过程中通过社交媒体在线互动,围绕节目内容形成特定的社交情景和群体,通过分享和参与构建共同的认知。社交电视能够突破传统电视媒体的局限,电视收视与在线社交互动结合的形式为新时代的用户群体提供了丰富的信息和互动性的观看体验。尼尔森的一项研究表明,人们在观看电视节目的过程中热衷于发 Twitter,电视节目的收视率与人们在 Twitter 上讨论的热度成正比。用户的社交需求为电视平台助力,如何将电视与社交深度结合、准确把握用户需求变化对电视台来说至关重要。

美国的 Social TV2、英国的 Zeebox、日本的 Teleda 系统以及中国的 CCTV 微视都是社交电视应用的成功案例。以日本的 Teleda 系统为例,Teleda 是日本广播协会 NHK 设计的一款社交电视系统,设计者最直接的目的一是以大数据和云计算为支撑,结合长尾理论,为用户提供全方位的增值服务;二是希望通过全方位多角度的用户行为数据分析调查,更好地厘清电视与社交媒体的融合如何改变和塑造用户的态度和行为,从而针对用户行为打造更加匹配的电视节目。NHK 通过开发 API,集成了视频点播、节目推荐、节目搜索等一系列功能,为用户提供了多样的观看体验;在收看的过程中,用户浏览的网页、使用的机顶盒以及移动终端等一系列应用均为用户行为分析提供了有效的数据来源。[①]

如图 7-26 所示,全球社交电视市场的收入从 2012 年的 1 511.4 亿美元上升到 2017 年的 2 564.4 亿美元。未来,随着电视和社交媒体更多合作渠道的打通,电视和社交媒体的深度融合将为社交电视提供更多的发展空间和路径。

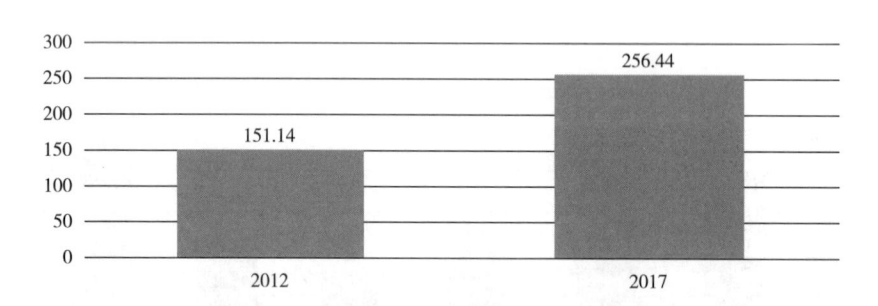

图 7-26 2012 年和 2017 年全球社交电视市场收入(单位:十亿美元)
数据来源:Statista 2018

移动电视是指在一些可移动的物体内,经电视终端,通过接收无线电信号的形式来收看电视节目的一种技术或应用。广义上来讲,凡是以移动方式收看电视的技术或应用

---

① 段鹏,谷悦. 日本社交电视发展探析[J]. 中国电视,2017(10):95-99.

都可称为移动电视,包括在公共汽车、地铁等可移动物体内的电视、手机、平板电脑等。移动电视具有传统电视所不具备的便携性,能够实时嵌入用户的日常生活场景中,打破单一空间收看电视的限制,丰富了电视内容的传播手段和传播模式。

如图 7-27 所示,2015 年至 2024 年,全球移动电视收入从 76.9 亿美元上升到 170.2 亿美元。从全球范围来看,移动电视和移动视频市场发展迅速,无论是国外的 Netflix、YouTube,还是国内的爱奇艺、腾讯、优酷、抖音等视频网站,在用户规模和收入上都取得了成功。

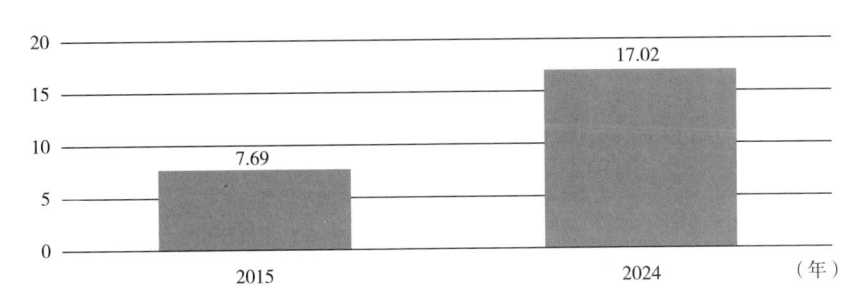

图 7-27　2015 年和 2024 年全球移动电视收入(单位:十亿美元)

数据来源:Statista 2018

7.1.8　国际电视市场发展趋势

过去的几年中,全球传媒行业经历了巨大变革,传统媒体涌入媒介融合的潮流,技术、数据、用户成为驱动平台成长的关键。对电视行业来讲,基于不断迭代的技术创新、立足新时代用户的核心需求、抢占流量入口并深度融入用户生活场景至关重要。全球电视行业的发展也面临新的趋势:超高清、大屏电视设备的普及;人工智能、虚拟现实等技术助力智能电视的发展;移动端日益成为用户观看视频的首选,年轻用户群体转战移动视频平台;内容碎片化趋势明显,短视频内容受到热捧;电视的点播和回看率提升,用户的主体意识回归,追求高品质内容和观看体验;电信和科技公司入局视频行业,在线流媒体的内容质量和用户数量稳步提升。

7.1.8.1　全球电视收入稳定增长,亚太地区是主要驱动

Strategy Analytics 电视与媒体战略报告显示,未来几年,全球电视视频订阅和广告收入将持续增长,OTT 将在其中扮演重要的角色。如图 7-28 所示,到 2022 年,整体市场收入将从 2017 年的 4 900 亿美元增至 5 590 亿美元。其中,OTT 视频上的开销将占据这一增量的 90%。总体而言,到 2022 年,来自 YouTube、Facebook、iTunes、Netflix 等 OTT 视频服务的用户开销和数字视频广告收入将翻番,达到 1 230 亿美元。[①]

虽然 OTT 服务增长迅速,但传统有线电视、卫星电视服务仍然占据主要市场份额,电视广告依然是最主要的收入来源。到 2022 年,围绕传统电视和视频产品的消费者和广

---

① 资料来源:https://www.199it.com/archives/768587.html。

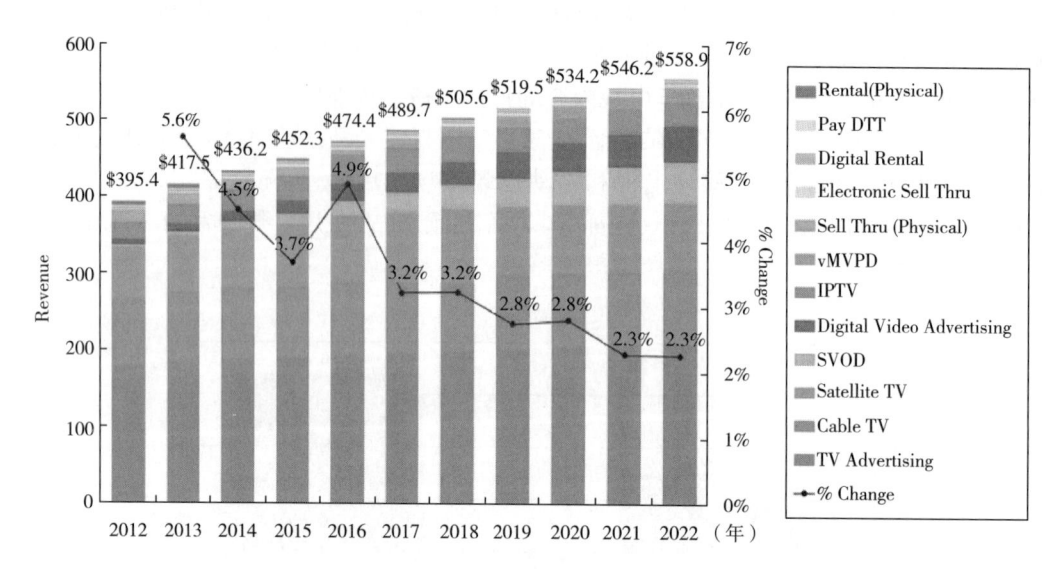

图 7-28 2017—2022 年全球电视、视频订阅和广告收入（单位：十亿美元）

数据来源：Strategy Analytics

告开销将超过 4 350 亿美元，占据整体电视和视频收入的 78%。

如图 7-29 所示，2013—2020 年，预计全球电视收入增长最快的国家是印度，亏损最大的国家是美国。从整体趋势来看，印度、巴西、中国、日本等国家电视收入都处于增长状态，其中，印度增长了 66.43 亿美元；而美、加、英、法等发达国家都处于电视行业亏损状态，美国亏损额达到了 78.59 亿美元。可以看到，北美、欧洲等发达国家电视市场基本饱和，用户数量基本保持稳定，而印度、中国等亚洲国家依靠庞大的人口红利和技术进步，电视行业将不断开拓新的空间，未来全球电视市场的增长空间将主要来自发展中国家，尤其是亚太地区。

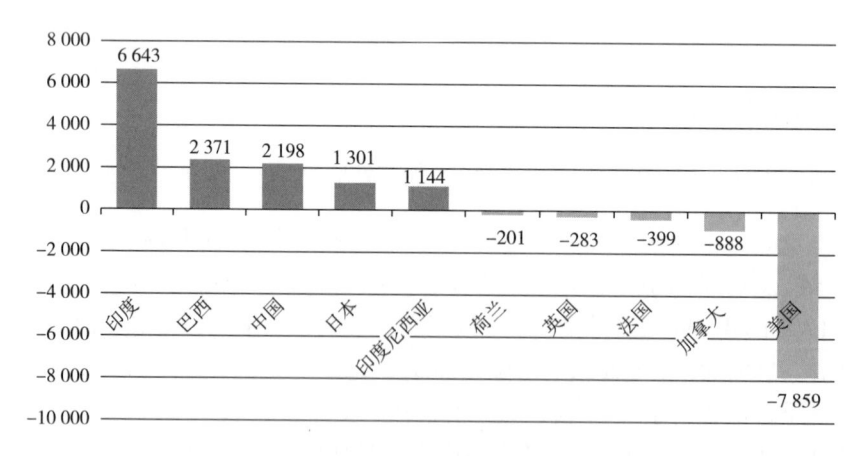

图 7-29 2013—2020 年电视收入增长或亏损最大的国家（单位：百万美元）

数据来源：Statista 2018

如图 7-30 所示，2016—2020 年，印度在线视频用户数量不断增长，从 1.6 亿上升到 4.5 亿，实现了将近 3 倍的增长。到 2020 年，印度在线视频市场用户数量将远远超过美国的 2.36 亿，成为仅次于中国的全球第二大在线视频市场。不同于北美和西欧地区传统付费电视服务的颓势，受到中国和印度的推动，亚太地区消费者在传统付费电视服务上的开销仍将继续稳定增长。2022 年，亚太地区将占据全球电视与视频消费者和广告开销的 23.4%（见图 7-31）。

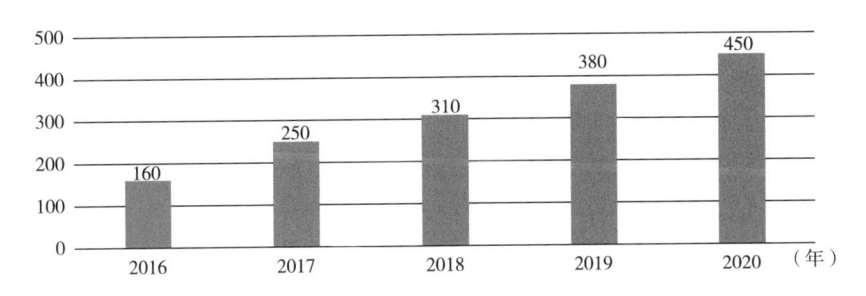

图 7-30　2016—2020 年印度在线视频用户数量（单位：百万）

数据来源：Statista 2018

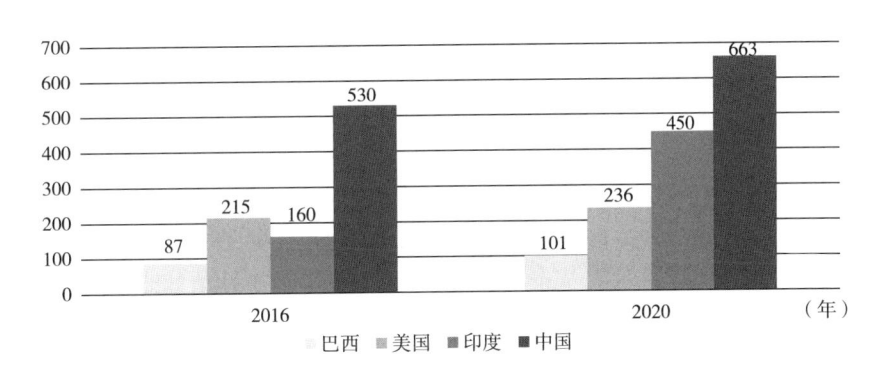

图 7-31　不同国家在线视频用户数量对比（单位：百万）

数据来源：Statista 2018

Media Partners Asia（MPA）最新的报告《亚太付费电视分发》显示，2018 年，亚太地区付费电视营收（包含订阅费和本地及区域广告销售额）将达到 560 亿美元，年增长 5%。预计到 2023 年，中国付费电视收入年复合增长率为 3%，将达到 250 亿美元。更为商业化的印度市场付费电视收入年复合增长率高达 8%，到 2023 年将达到 160 亿美元。这让印度成为亚太地区最具增长性的付费电视市场。与此同时，韩国付费电视市场年复合增长率为 3%，到 2023 年将达到 74 亿美元，而日本年复合增长率为 1%，收入将达 71 亿美元。[①]

---

① 资料来源：https://www.199it.com/archives/804695.html。

7.1.8.2 移动视频和短视频成为新增量

Zenith Media 最新预测数据显示,2018 年,全球移动视频用户在手机和平板电脑上的消费量增加了 25%,而非移动设备的视频消费量将首次下跌,未来几年,两者的差距将进一步拉大。[①] 由于移动视频的播放量大规模增长,将会带动移动视频广告支出的增长。如图 7-32 所示,2017 年,移动视频广告支出达 180 亿美元,首次超过非移动设备视频广告支出,2018 年这一数字增长到 225 亿美元,相比之下,非移动设备广告支出从 2016 年开始基本保持不变,甚至出现小幅下滑。

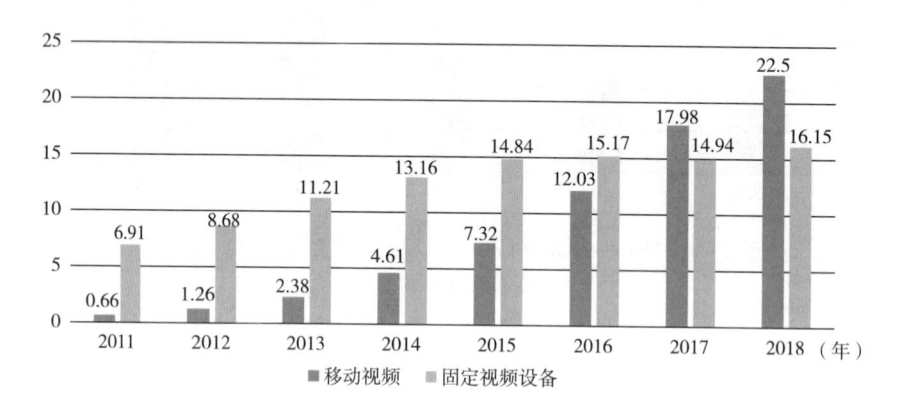

图 7-32 2011—2018 全球移动视频和非移动视频广告支出情况(单位:十亿美元)
数据来源:Zenith Media

从全球在线视频用户观看时长来看,2012—2019 年,全球用户每天在移动设备上观看视频花费的时间从 4.2 分钟增加到 46.3 分钟,增长迅速;相比之下,从 2013 年开始,用户在非移动视频设备观看的时间基本保持在 18 分钟左右,并且预计未来将呈缓慢下降趋势(见图 7-33)。

图 7-33 预计全球用户观看在线视频花费的时间(以每天观看分钟数计)
数据来源:Zenith Media

[①] 资料来源:https://www.199it.com/archives/617035.html。

近年来,移动视频市场逐渐分化,出现了综合性视频、聚合视频、垂直视频、网络电视、移动短视频等各个细分领域。其中,门槛低、时长短、碎片化、易传播的短视频受到用户的追捧。短视频的内容特点和传播路径契合广大用户碎片化的时间和内容需求,通过智能化推荐和高频的信息流吸引用户,同时借助其在社交媒体上的扩散,短视频行业迅速成长。国外的YouTube、Snapchat短视频平台,以及国内的快手、抖音等都积累了大量的用户群体,并进行海外市场扩张,Facebook、Netflix、亚马逊Prime Video、Twitter也纷纷布局短视频平台。

AOL(美国在线)曾对英国的1 000名视频浏览用户做过一项调查,结果显示,1~10分钟的短视频内容在互联网用户中的受欢迎程度不断增长,其中,"千禧一代""00后"更是短视频的主要用户群体。[①]

App Annie发布的2018年第一季度App Store和Google Play Store的下载榜显示,短视频应用下载量快速增长。在全球下载榜中,抖音的下载量已经超过Netflix,抖音国际版TikTok在下载方面也迅猛增长,在全球和日本市场均排名前列。随着短视频平台和内容的进一步优化,用户体验的升级和商业模式逐渐稳定,短视频行业未来仍有很大发展空间。

7.1.8.3 智能化和多屏化

雷鸟科技与Statista共同发布的《2018年全球智能电视服务运营发展报告》显示,由于互联网的普及率越来越高,全球各地区对智能电视的需求都将持续增长。同时,IHS Markit的报告也显示,全球智能电视单元出货量在电视机总出货量中的份额由2015年的45%增至2017年的64%。[②] 随着年轻用户群体的崛起和主动参与式消费习惯的形成,年轻观众开始对线性电视节目失去兴趣,不再服从"被安排",用户可以通过智能电视和交互技术满足客厅空间内的多种场景需求,智能电视已经成为当下的标配。

2018年,智能电视的全球销量达到1.57亿台。截至2019年,全球智能电视家庭普及率将从2013年的11.5%上升到32%,平均每年增长3.42%。分析与咨询公司Orum预测,2024年,电视总销量将达到2.69亿台,智能电视将占电视总销量的81%,4K电视将占电视总销量的78%[③](见图7-34)。

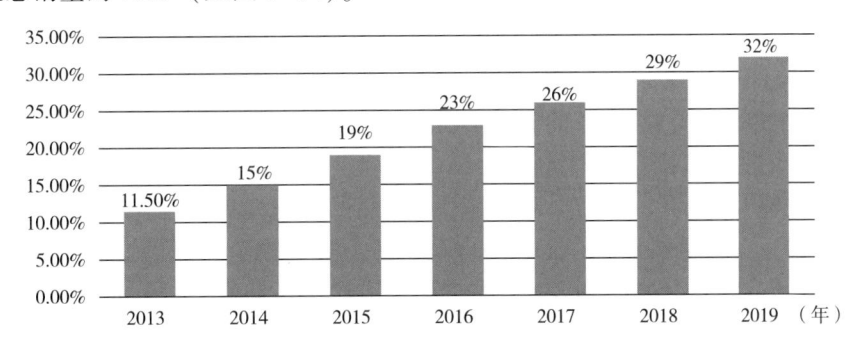

图7-34　2013—2019年全球智能电视家庭普及率

数据来源:Statista 2018

[①] 资料来源:https://mp.weixin.qq.com/s/9F8eaoGqpDXW6PF3H6ps2Q。
[②] 资料来源:https://news.znds.com/article/32360.html。
[③] 资料来源:https://www.199it.com/archives/862865.html。

随着智能电视用户数量的增加,全球智能电视销售收入不断增加,从2017年的1.94亿美元上升到2023年的2.5亿美元(见图7-35)。从收入渠道来看,美国智能电视收入主要来自4K超高清电视、全屏高清电视和高清电视,8K电视也逐渐成长。2014—2025年,美国智能电视市场收入逐年增加,2025年将达到700亿美元(见图7-36)。

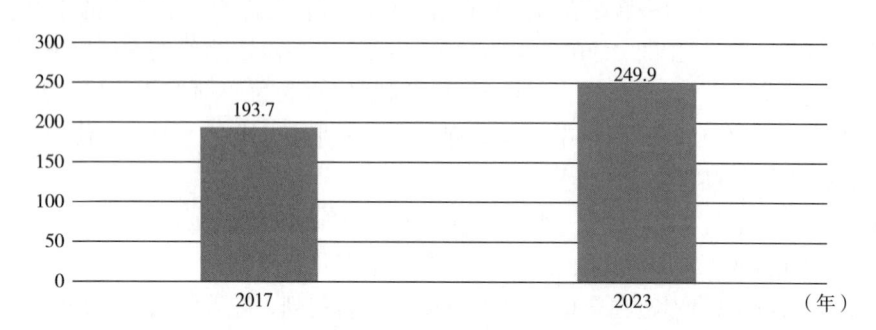

图7-35　2017年和2023年全球智能电视销售额(单位:百万美元)

数据来源:Statista 2018

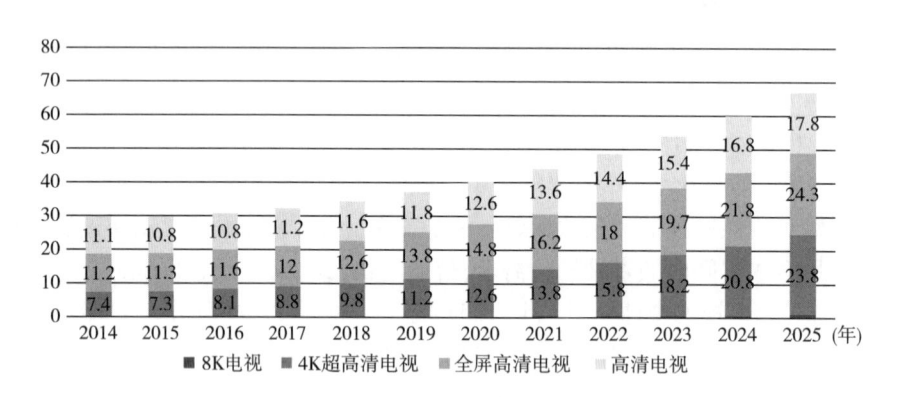

图7-36　2014—2025年美国智能电视市场收入情况(单位:十亿美元)

数据来源:Statista 2018

根据Kantar Media发布的数据,近1/4的美国成年人拥有智能电视(23%)。首先,智能电视用户年轻、受过良好的教育。近2/5的智能电视用户年龄在25～44岁(38%);近一半的用户至少拥有学士学位(46%);15%的用户处于社会经济前10%。其次,智能电视用户从事多任务活动;拥有智能电视的家庭比普通美国家庭更可能出现多任务活动。在看电视时,超过1/4的人上网了解电视节目;大约1/5的人上网了解电视上看到的产品和服务(21%)。智能电视用户比普通家庭更可能在看电视时发短信和即时消息(33%),或使用移动应用(31%)①,多屏互动成为人们电视消费行为的主要场景。

随着互联网、大数据和人工智能技术的发展,智能电视这一新的电视形态正逐渐成为电视市场的主导。智能电视凭借其大屏、高清、多屏互动、人机交互属性,为用户带来

---

① 资料来源:https://www.199it.com/archives/669728.html。

了个性化的观影体验,打破了传统电视的束缚,实现了随时、随地、分类、多屏观看。未来,5G、人工智能、4K 技术的赋能将使智能电视不仅作为一个影音娱乐终端,更成为智能家居场景的中心,深度融合到用户的日常生活场景中,解决传统电视用户触达的难题。

7.2 国际主要电视市场分析

7.2.1 美国电视市场

7.2.1.1 美国电视市场现状

20 世纪 80 年代,美国有线电视已经广泛普及。近年来,由于互联网的普及,视频在网上的分发,"传统视频阵营"的用户总数负增长态势越发严重,用户净流失率越来越大。据调查公司 eMarketer 的最新数据,美国付费电视的观众数量减少速度高于预期,而 Netflix 和亚马逊等提供的 OTT 电视服务,其用户数量正在增加。据彭博社 2018 年 5 月 23 日报道,Netflix 的市值已经超过了康卡斯特。OTT 运营商们提供的服务与传统付费电视相比,是以低廉的价格、可自由选择内容、节目丰富为特色;而付费电视服务则只能选择公司安排的频道。此外,OTT TV 本身在技术、网络、终端上相对于有线电视、IPTV 和卫星电视的优势也给视频消费者提供了最大便利。一家市场研究及咨询公司 Parks Associates 在 2017 年 3 月 16 日发布的调研数据显示,2017 年年初,美国传统付费电视用户不满意率相比 2013 年年初增加了 100%,达到 20%;2017 年年初,"很满意"用户占比仅为 33%,相比 2013 年年初下降了 42.1%。尽管 Cowen & Co 公司 2018 年 7 月 3 日的调查显示,有关电视套餐合同中,有线电视仍是美国家庭电视的主角,占比达 26%,但 Netflix 公司与其已很接近,占比达到 24%,电信公司提供的电视和卫星电视占比达到 19%。

现在美国市场上一个明显趋势就是要加强宽带建设。互联网基础设施迅速升级,美国各大 ISP 在骨干网扩容、数据中心建设、网间结算、城域接入网提速等方面做了很多工作。根据日本总务省 2017 年 9 月 14 日公布的数据,美国宽带无线服务约占互联网市场的 71% 以上,其余不足 30% 是采取固定宽带接入方式。Leichtman 研究小组(LRG)此前的数据也显示,2017 年第二季度,美国宽带用户市场规模超过付费电视用户市场规模。互联网已成为有线电视、IPTV、卫星电视等传统电视传输形态的一个重要的竞争渠道。

此外,目前,平均每个美国家庭拥有 11 部联网型终端,与之形成鲜明对比的是,平均每个美国家庭拥有的传统电视机少于 3 台。视频消费者们通过多种类型的视听终端设备观看由 OVDs(在线视频节目内容传输/分发商)所提供的视频节目的趋势已经越来越明显。

据 Statista 的调查统计,2008—2020 年,美国广播电视网收入除个别年份收入下降,总体保持收入持续稳定增长的态势,不过收入增长趋势逐渐放缓(见图 7-37)。近年来,虽然新兴媒体的发展对电视台造成了一定程度的冲击,但美国传统电视业也在积极向新媒体转型,并已经取得一定进展。

从图 7-38 中可以看出,2015—2020 年,美国付费电视家庭用户数量逐年减少,

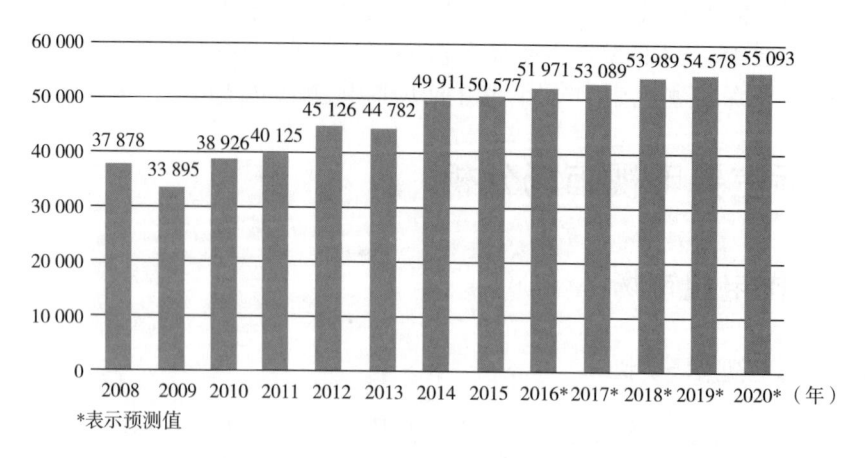

图 7-37 2008—2020 年美国广播电视网的收入（单位：百万美元）

数据来源：Statista 2018

由 2015 年的 9 970 万户减少至 2020 年的 9 500 万户，年均减少 0.97%。越来越多的家庭放弃订阅由有线电视网络传输的电视、视频节目，转而通过互联网收看电视新闻及娱乐节目。

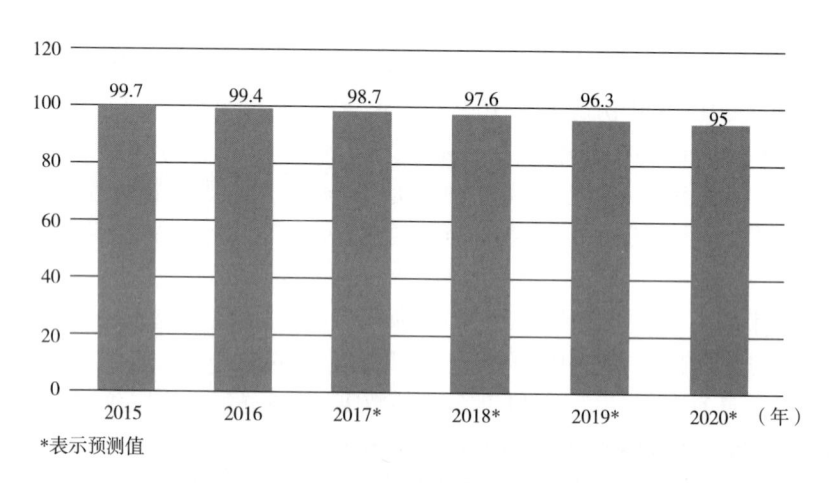

图 7-38 2015—2020 年美国付费电视用户数量（单位：百万户）

数据来源：Statista 2018

据 Statista 的调查统计，2010—2019 年 10 年间，美国观看互联网电视的家庭数量由 2010 年的 2 770 万户增长至 2019 年的 7 260 万户，增长了 4 490 万户。但增长趋势逐年放缓，2010—2011 年增长 8 万户，2018—2019 年预计仅增长 1.2 万户（见图 7-39）。为了应对付费电视订阅数量的减少以及越来越多观众选择在线观看视频的情况，传统电视运营商通过创建相关平台，使用户能够通过各类具有互联网接入能力的移动智能终端、室内固定视频终端灵活地观看广播电视节目及视频点播（VOD）节目。互联网电视用户数量的增长还得益于各大运营商全力发展各自的高速宽带事业，大力投资为用户提供更高速、更稳定的宽带体验。

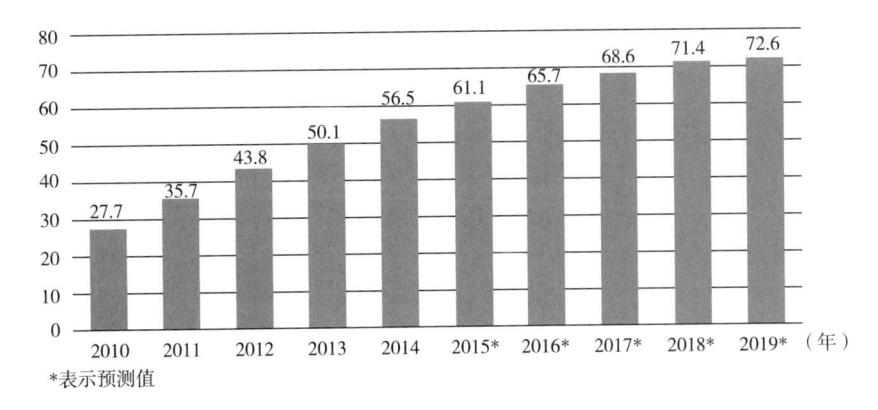

图 7-39　2010—2019 年美国互联网电视用户数量（单位：百万户）

数据来源：Statista 2018

从图 7-40 可以看出，2015 至 2018 年，美国就相关内容同时使用互联网和电视的用户数量逐年增加，由 2015 年的 4 090 万人增长至 2018 年的 5 420 万人，年均增长 9.8%。随着智能终端、无线宽带、4G 等技术的迅速发展，体现新时期融合特点的多屏服务成为用户愈加青睐的服务模式。多屏模式能够实现信息的无处不在、无时不在，符合时代发展的需要。

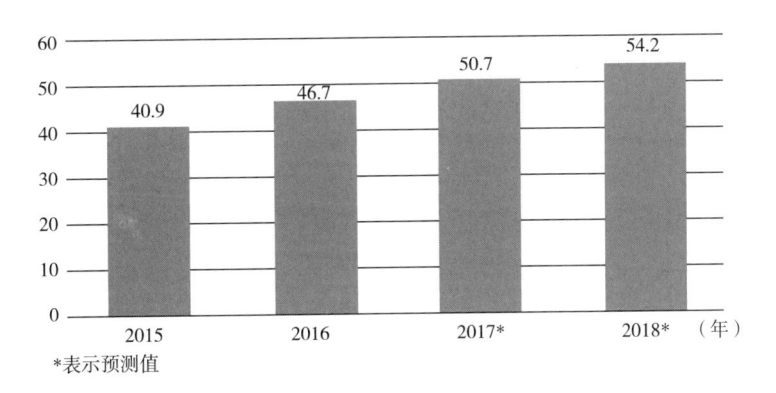

图 7-40　2015—2018 年间美国就相关内容同时使用网络和电视的用户数量（单位：百万人）

数据来源：Statista 2018

通过上述分析可以看出，虽然"传统视频阵营"采取了多种措施向新媒体转型，但 OTT 电视服务仍对其市场规模造成了严重冲击。此外，互联网联网型智能终端设备的出货数量及普及率的迅猛增长，互联网基础设施的迅速升级，更使 OTT 视频的提供能力不断提高。"传统视频阵营"想要在如今 OTT 视频服务异常繁荣的时代占领一席之地，仍需做出多方面的改进。

7.2.1.2　美国的电视节目分析

据 Statista 的调查统计，2017 年，美国最受观众喜好的电视节目类型排名第一的是电视剧，其次是喜剧、真人秀，然后是新闻、体育、纪录片等（见图 7-41）。

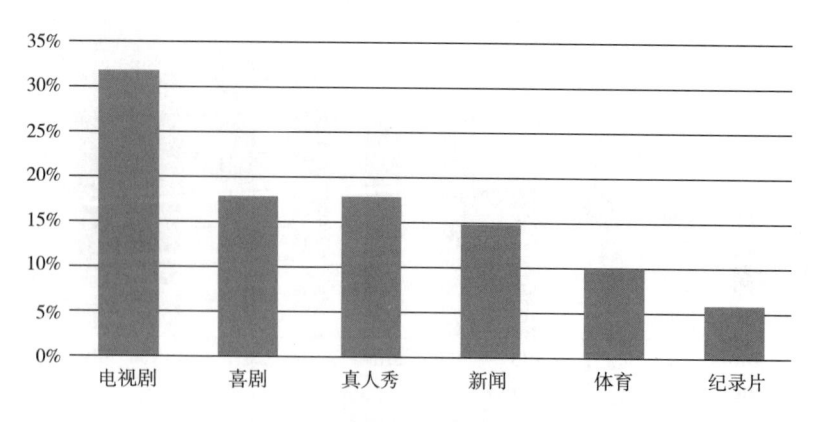

图 7-41 2017 年美国最受欢迎的电视类型

数据来源:Statista 2018

从图 7-42 可以看出,2016 年美国最受欢迎的电视节目排名前五的,除了第三位的《周日橄榄球之夜》(观看人数 1 928 万)外,都是电视剧,它们分别是:《生活大爆炸》,观看人次 1 994 万;《海军罪案调查处》,观看人次 1 989 万;《行尸走肉》,观看人次 1 882 万;《庭审专家》,观看人数 1 765 万。

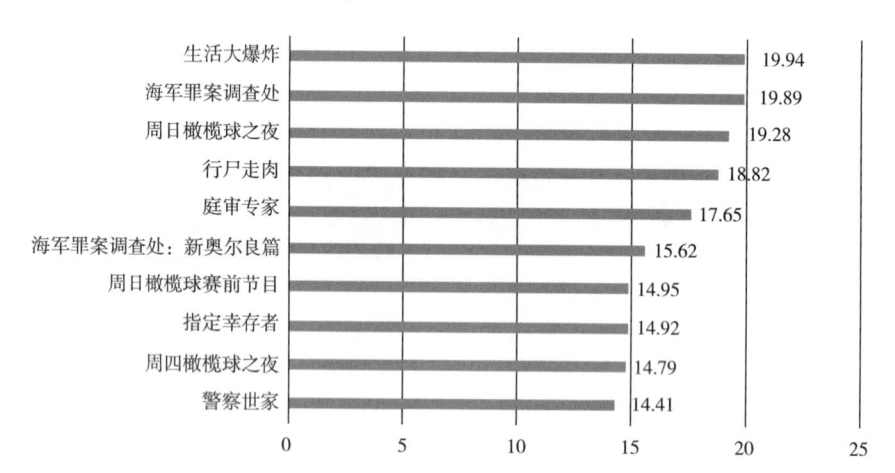

图 7-42 2016 年美国最受欢迎的电视节目(单位:百万人)

数据来源:Statista 2018

据 Statista 的调查统计,2016 年,针对美国的 18~34 岁观众,即中青年观众而言,最受欢迎的广播电视节目排名前五的,除了第二位的《嘻哈帝国》(占比 0.46%)外,都是美国国内重要的橄榄球赛事,它们分别是:《周日橄榄球之夜》,占比 0.5%;《周四橄榄球之夜》,占比 0.39%;《橄榄球前瞻》,占比 0.38%;《橄榄球赛后综述》,占比 0.38%(见图 7-43)。橄榄球赛事对中青年观众具有很强的吸引力。

据 Statista 的调查统计,2016—2017 年,美国新的网络电视连续剧收视率排名前五的分别是:《庭审专家》,观看人次 1 764 万;《指定幸存者》,观看人次 1 441 万;《我们这一天》,观看人次 1 421 万;《退休警察烦事多》,观看人次 1 083 万;《百战天龙》,观看人次 1 044万(见图 7-44)。

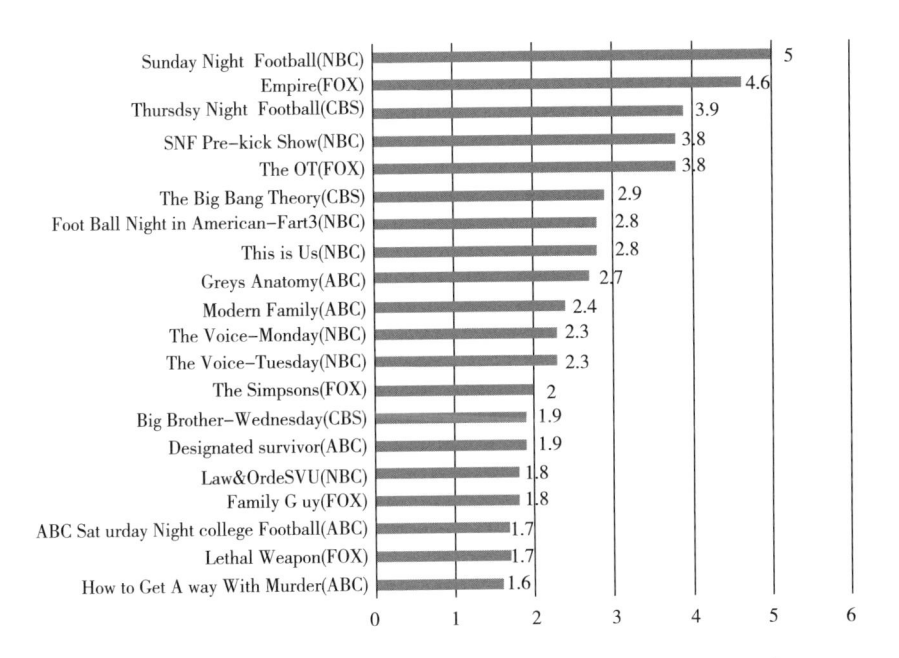

```
Sunday Night Football(NBC)          5
Empire(FOX)                         4.6
Thursdsy Night Football(CBS)        3.9
SNF Pre-kick Show(NBC)              3.8
The OT(FOX)                         3.8
The Big Bang Theory(CBS)            2.9
Foot Ball Night in American-Fart3(NBC)  2.8
This is Us(NBC)                     2.8
Greys Anatomy(ABC)                  2.7
Modern Family(ABC)                  2.4
The Voice-Monday(NBC)               2.3
The Voice-Tuesday(NBC)              2.3
The Simpsons(FOX)                   2
Big Brother-Wednesday(CBS)          1.9
Designated survivor(ABC)            1.9
Law&OrdeSVU(NBC)                    1.8
Family G uy(FOX)                    1.8
ABC Sat urday Night college Football(ABC)  1.7
Lethal Weapon(FOX)                  1.7
How to Get A way With Murder(ABC)   1.6
```

图 7-43 2016 年美国领先的广播电视节目(针对 18~34 岁观众)[①]

数据来源：Statista 2018

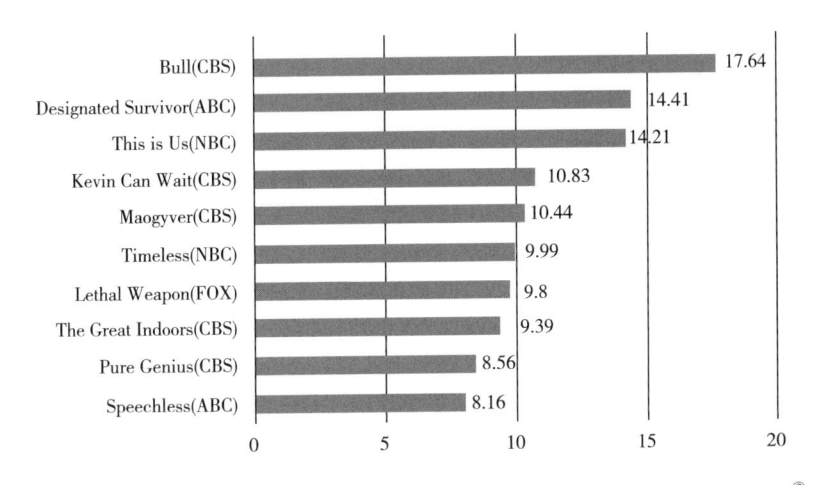

```
Bull(CBS)                  17.64
Designated Survivor(ABC)   14.41
This is Us(NBC)            14.21
Kevin Can Wait(CBS)        10.83
Maogyver(CBS)              10.44
Timeless(NBC)              9.99
Lethal Weapon(FOX)         9.8
The Great Indoors(CBS)     9.39
Pure Genius(CBS)           8.56
Speechless(ABC)            8.16
```

图 7-44 2016—2017 播出季的美国领先新网络剧的观众数量(单位:百万人)[②]

数据来源：Statista 2018

从图 7-45 中可以看出，2016 年和 2017 年电视季期间美国主要广播电视节目的制作成本差异较大。最高的《周日橄榄球之夜》每 30 秒的制作成本达到 67.37 万美元，排名第五的《生活大爆炸》每 30 秒的制作成本为 28.91 万美元，不及《周日橄榄球之夜》的一半，而排名第十的《实习医生格蕾》每 30 秒制作成本仅为 19.32 万美元。

---

①② 图中的广播节目和网络剧国内未全部引进，为查找资料方便，此处不做翻译。

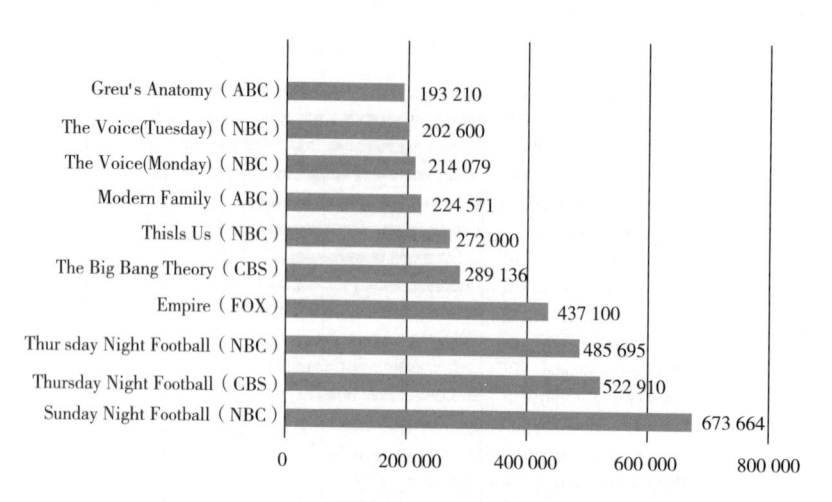

图 7-45　2016 和 2017 年电视季期间美国主要的广播电视节目成本（每 30 秒的成本）（单位：美元）①

数据来源：Statista 2018

据 Statista 的调查统计，2017 年，黄金时段美国观众收看的主要有线电视新闻网是 FOX News、CNN 和 MS NBC，其中，FOX News 的观看人数最多，为 48.6 万人次，CNN 和 MS NBC 人数次之，分别为 37 万人次和 36.9 万人次（见图 7-46）。

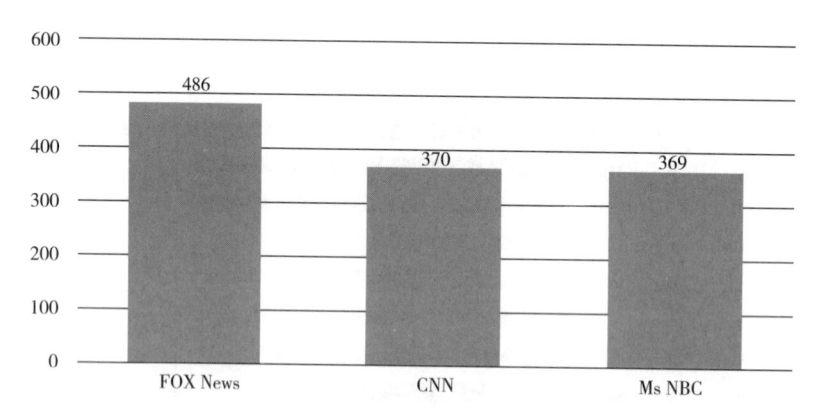

图 7-46　2017 年美国主要的有线电视新闻网（按黄金时段观看人次）（单位：千人）

数据来源：Statista 2018

7.2.1.3　美国电视市场观众行为分析

（1）观看时长。Statista 2018 年的数据显示，2013—2020 年，美国观众每天观看电视时长逐年减少，由 2013 年的 270 分钟下降到 2020 年的 219 分钟，8 年间下降了 51 分钟，年均下降 3.0%（见图 7-47）。多屏融合时代，"第二屏幕"即以笔记本、智能手机和平板电脑为代表的移动终端，凭借自身互动性、便捷性等优势，为电视观看形式的创新带来了众多选择，减少了观众观看电视的时长。

---

① 图中的广播节目和网络剧国内未全部引进，为查找资料方便，此处不做翻译。

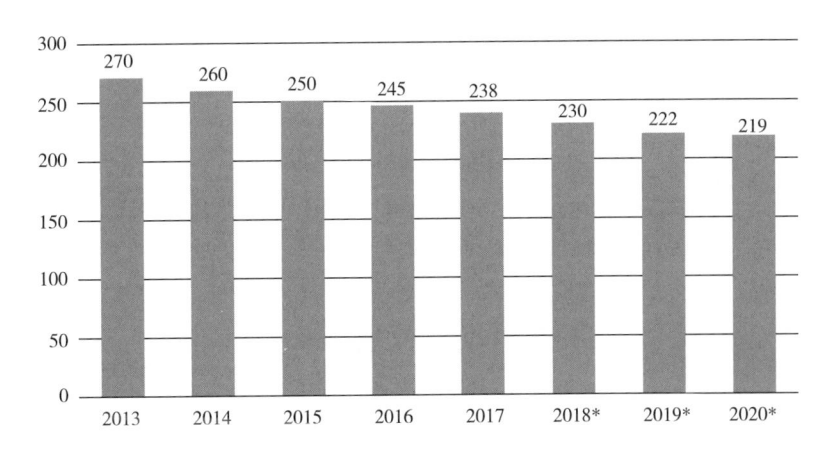

图 7-47　2013—2020 年美国人均观看电视时长（单位：分钟）

数据来源：Statista 2018

据 Statista 的调查统计，美国电视的日均观看时长基本随年龄的增长而延长，其中，75 岁及以上的观众观看时间最长，达 4.62 小时；其次是 65~74 岁组，为 4.19 小时；55~64 岁的观众观看时间达 3.23 小时（见图 7-48）。相比其他年龄段，中老年人每天观看电视时间最长。

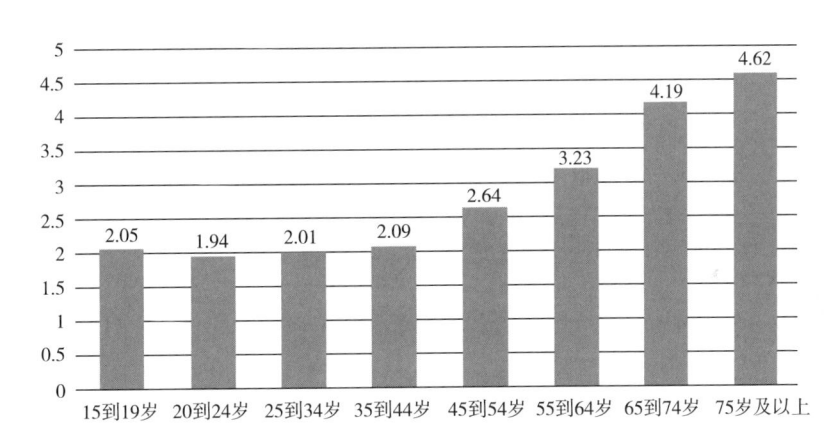

图 7-48　2017 年美国各年龄段观众每天观看电视时长（单位：小时）

数据来源：Statista 2018

（2）观看方式。Statista 2018 年的数据显示，2020 年，美国视频观看源主要有两种：一种是网络电视，另一种是付费卫星电视。18~34 岁的观众中，40% 的人选择仅收看网络电视。35~54 岁的观众中，28% 的人选择仅收看网络电视，较 18~34 岁组减少 12%，34% 的人两种观看方式都使用。55 岁及以上的观众中，仅 17% 的人选择仅收看网络电视，24% 的人两种观看方式都使用，23% 的人选择付费卫星电视（见图 7-49）。由此可见，18~34 岁观众更倾向于收看网络电视，35~54 岁和 55 岁及以上组的观众多数两种方式都接受。这些数据再一次证明在线观看电视是美国电视观众行为改变的重大趋势，而且年纪越小，仅选择在线观看的比例越高。年轻人观看电视的方式代表和预示了未来电视产业的发展方向。

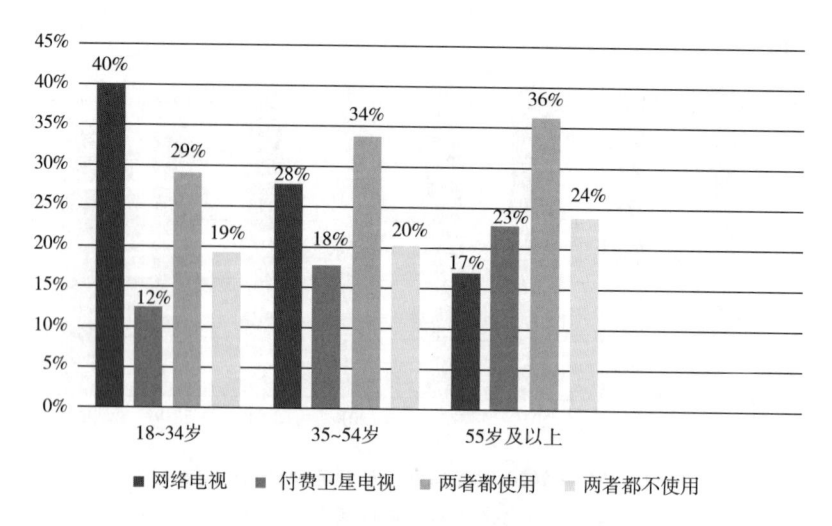

图 7-49　2020 年按年龄分布的视频观看源

数据来源：Statista 2018

(3) 节目来源。美国电视观众出于什么原因而选择观看一个新的电视节目呢？从图 7-50 中可以看出，多数人是通过朋友或家人的推荐，占受访者的 37%；其次是通过社交媒体上的新闻推送，占 21%；然后是通过广告，占 18%；再次是自己上网搜索，占 13%；最后是通过个性化推荐，占 12%。由此可见，对 18~26 岁的观众而言，朋友或家人的推荐很大程度地影响了观众是否会收看一档新电视节目。

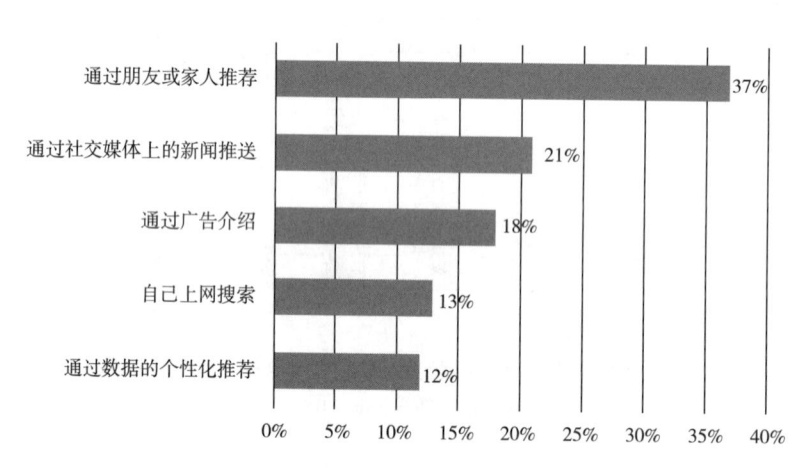

图 7-50　2017 年美国"千禧一代"发现新电视节目的主要来源

数据来源：Statista 2018

(4) 行为偏好。据 Statista 的调查统计，截至 2017 年，美国付费电视用户在第二个屏幕上进行的最常见活动有：关注节目中的演员（81%）、和朋友交流与节目无关的内容（78%）、使用与节目无关的社交媒体（76%）、关注节目中有关产品信息（65%）、关注节目中的广告（65%）、和朋友交流节目内容（64%）（见图 7-51）。

据 Statista 的调查统计，截至 2017 年 3 月，美国 18 岁及以上的观众观看电视和数字视频时最喜欢使用的设备。排名第一的是智能手机，观看电视和观看数字视频分别占图表数据：

- 关注节目中的演员 81%
- 和朋友交流与节目无关的内容 78%
- 使用和节目无关的社交媒体 76%
- 关注节目中有关产品的信息 65%
- 关注节目中的广告 65%
- 和朋友交流节目内容 64%
- 在社交媒体上就节目内容发帖 50%
- 浏览节目相关商品 46%
- 关注体育节目的统计数据 44%
- 收看其他电视节目、电影或视频 43%
- 购买节目相关商品 35%

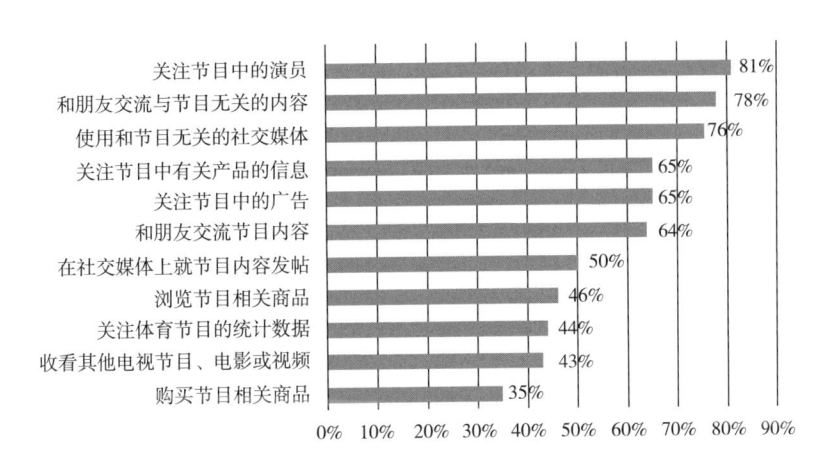

图 7-51　截至 2017 年，美国付费电视用户在第二个屏幕上进行的最常见活动

数据来源：Statista 2018

比 58% 和 56%；其次是笔记本电脑，观看电视和观看数字视频占比分别是 46% 和 38%；最后是平板电脑，观看电视和观看数字视频占比分别为 35% 和 32%。数据显示，智能手机凭借其轻巧、易携带、操作方便等优势，已成为大多数观众观看视频时的第一选择。具体见图 7-52。

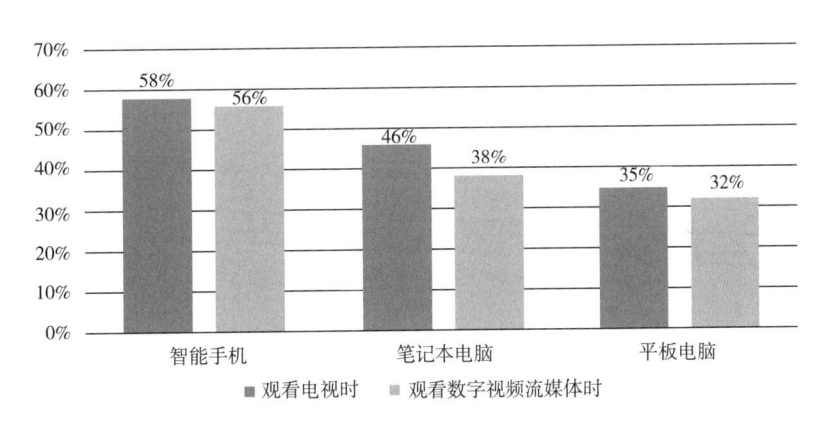

图表数据：

设备	观看电视时	观看数字视频流媒体时
智能手机	58%	56%
笔记本电脑	46%	38%
平板电脑	35%	32%

图 7-52　截至 2017 年 3 月，美国互联网用户观看电视和数字视频时最受欢迎的设备

数据来源：Statista 2018

"婴儿潮一代"是指第二次世界大战后 1946 年到 1965 年出生的老年人。"X 一代"指的是 1966—1980 年间出生的中年人。"千禧一代"是指 1981—2000 年出生的年轻人。

由图 7-53 可以看出，"婴儿潮一代"和"X 一代"观看电视最常用的都是笔记本电脑，其次是智能手机，然后是平板电脑。但"X 一代"使用笔记本电脑的比例比"婴儿潮一代"高 7%，使用手机的比例比"婴儿潮一代"高 13%。"千禧一代"使用笔记本电脑和手机的比例相等，高达 68%，其次是平板电脑。由此可见，以上三代中，笔记本电脑的使用率最高，达 61%，其次是智能手机，最后是平板电脑。这些数据都有力地证明，随着观众年龄的年轻化，使用手机在线观看电视这一趋势愈加明显。

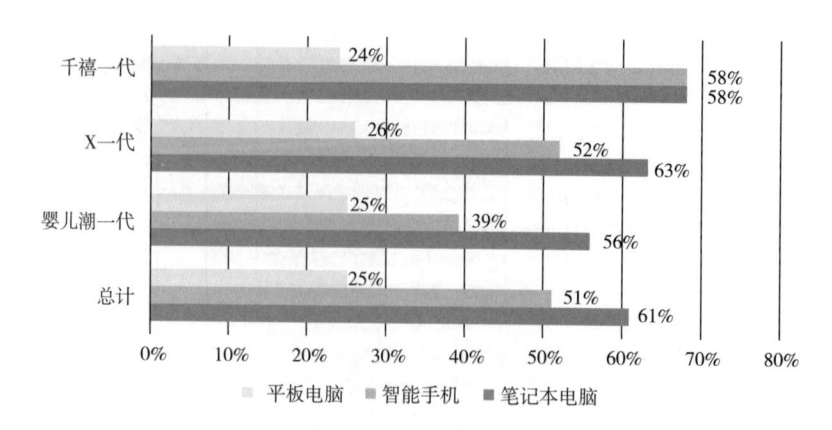

图 7-53 截至 2017 年 7 月，不同年龄的美国互联网用户观看电视时使用的设备

数据来源：Statista 2018

7.2.1.4 传统电视（有线电视）变化

据 Statista 的调查统计，截至 2018 年第一季度末，美国付费电视的订购情况为：有线电视的订购数量最多，Comcast、Charter、Cox、Altice 四家公司总计服务 5 010 万户；其次是卫星电视，DirectTV、DISH 两家公司总计服务 3 110 万户；然后是 IPTV，Verizon FiOS、AT&T U-verse 两家公司总计服务 830 万户；最后是网络电视，Sling TV、DirecTV Now 两家公司总计服务 380 万户（见图 7-54）。由此看来，美国有线电视仍在付费电视领域占据主要份额，卫星电视次之。

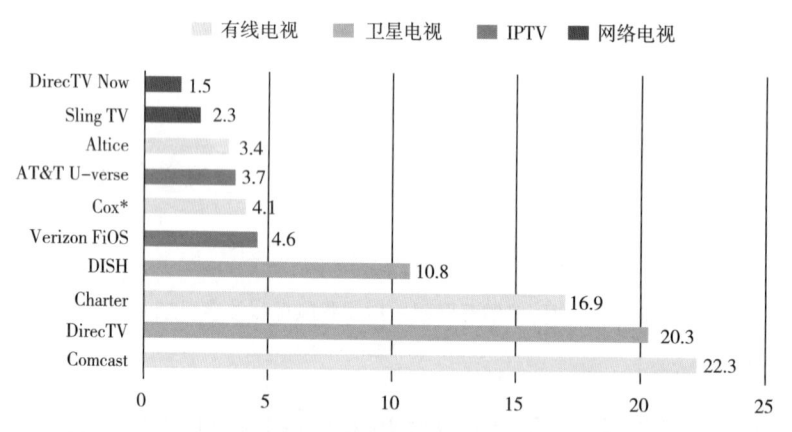

图 7-54 截至 2018 年第一季度的美国付费电视情况（单位：百万户）

数据来源：Statista 2018

7.2.1.5 美国在线电视及视频市场

据 Statista 的调查统计，截至 2017 年 6 月，美国最受欢迎的在线视频网站分别为：Google Sites，在线总时长为 638.9 亿分钟，保持绝对的第一位优势；第二位 Facebook，在线总时长 210.6 亿分钟；第三位 Netflix，在线总时长 201.4 亿分钟（见图 7-55）。

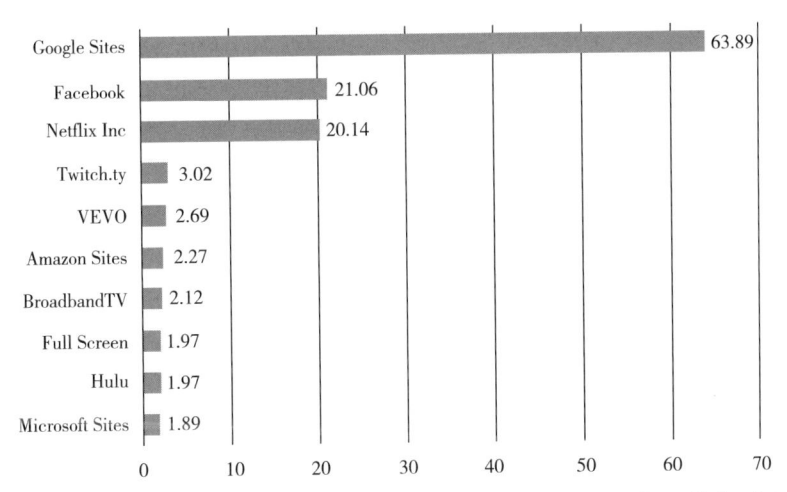

网站	数值
Google Sites	63.89
Facebook	21.06
Netflix Inc	20.14
Twitch.ty	3.02
VEVO	2.69
Amazon Sites	2.27
BroadbandTV	2.12
Full Screen	1.97
Hulu	1.97
Microsoft Sites	1.89

图 7-55　截至 2017 年 6 月，美国最受欢迎的在线视频网站（按在线时长）（单位：十亿分钟）

数据来源：Statista 2018

通过以上分析可知，目前，传统美国广播电视仍是美国家庭电视的主角。但随着移动业务持续强劲、带宽的升级、Wi-Fi 的全国普及，中青年观看视频的方式已然发生很大改变。此外，得益于流媒体较自由的创作环境和体现形式，美国流媒体平台的自制视频内容发展迅速，涌现了一批制作精良且各具特色的作品。在这样的态势下，传统电视与流媒体、移动端的融合已是大势所趋。融合既是机遇，也是挑战，之后的发展，我们拭目以待。

7.2.2　欧洲电视市场

7.2.2.1　英国电视市场

（1）英国电视市场概况。英国是世界无线电事业的发源地，是最早建立无线电广播电台的国家之一，也是世界上最大的电视节目出口国。电视、广播、报纸和杂志在英国人的日常生活中占有极其重要的位置。对于英国 72% 的全国人口来讲，电视是他们获知新闻的首选途径。英国的五大电视台 BBC、ITV、Channel 4、Channel 5 和 SKY 世界知名。即使进入数字时代，公共广播电台仍然是英国观众认为值得信赖的新闻来源，他们持续关注和重视公共广播服务，特别是新闻、儿童节目和英国制作的节目。随着广播电视事业的发展，现今英国也在广播电视事业中引入商业机制和竞争，为受众提供更多的收视选择。

如图 7-56 所示，2008 年到 2020 年，英国广播电视节目收入整体较为稳定且略有增长。从 2008 年的 129.51 亿美元，到 2020 年预计增长到 152.02 亿美元，12 年增长了 17.4%，年平均增长 1.45%。据统计，英国观众对英国公共广播的总体满意度近年来一致，75% 的观众表示非常满意或相当满意（2016 年为 77%）。

在英国广播电视观众群体中，超过 54 岁的观众占英国广播电视观众总数的一半以上，年龄较大的消费者在电视上收看电视节目的数量一直保持稳定，而且随着观看非广播内容的增加，英国观众使用电视机的时间总体上保持不变，非广播内容（包括 Netflix、YouTube 等按需订阅服务）占每天电视总收看时长 4 小时 9 分钟中的 42 分钟（17%）。与

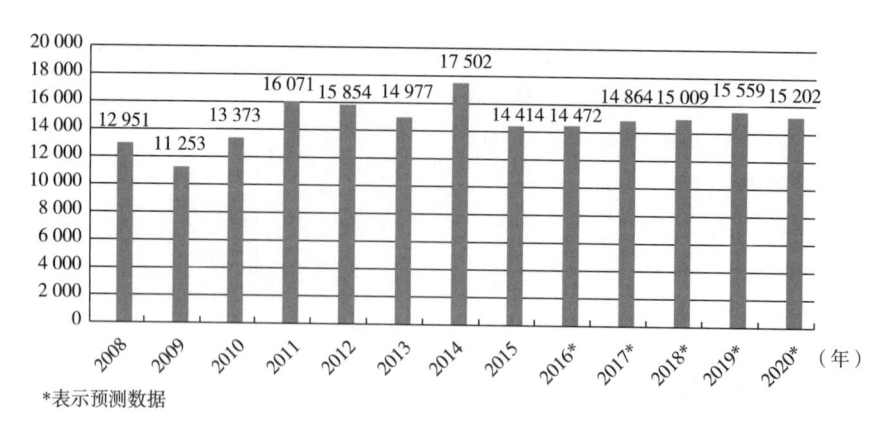

图 7-56　2008—2020 年英国广播电视节目收入情况（单位：百万美元）
数据来源：Statista 2018

此同时,年轻观众则推动着英国观众观看习惯的改变,他们观看的非广播节目多于广播节目:2007 年,16~34 岁的英国人平均每天观看 2 小时 37 分钟的非广播内容(其中 59 分钟通过电脑/手机/平板电脑上的 YouTube 观看)以及 2 小时 11 分钟的广播内容。[①]

2004—2016 年,英国电视各行业收入整体呈增长态势,其中,平台运营商和商业多频道公司 12 年来收入增加,而主要商业公共广播公司与公立频道收入则呈减少态势。其中,商业多频道公司增长速度最为迅猛,从 2004 年的 1.24 亿英镑增至 2016 年的 2.5 亿英镑,12 年增长了 50.4%,平均每年增长 4.2%,且在行业占比中反超主要商业公共广播公司,并和公立频道收入齐平,均达 2.5 亿英镑;平台运营商收入增长速度位居第二,从 2004 年的 3.41 亿英镑增长到 2016 年的 6.4 亿英镑,12 年增长了 46.7%,平均每年增长 3.9%。而公立频道则从 2004 年的 2.54 亿英镑减少至 2016 年的 2.5 亿英镑,12 年减少了 1.5%;主要商业公共广播公司则从 2004 年的 2.84 亿英镑减至 2016 年的 2.4 亿英镑,12 年减少了 15.4%(见图 7-57)。

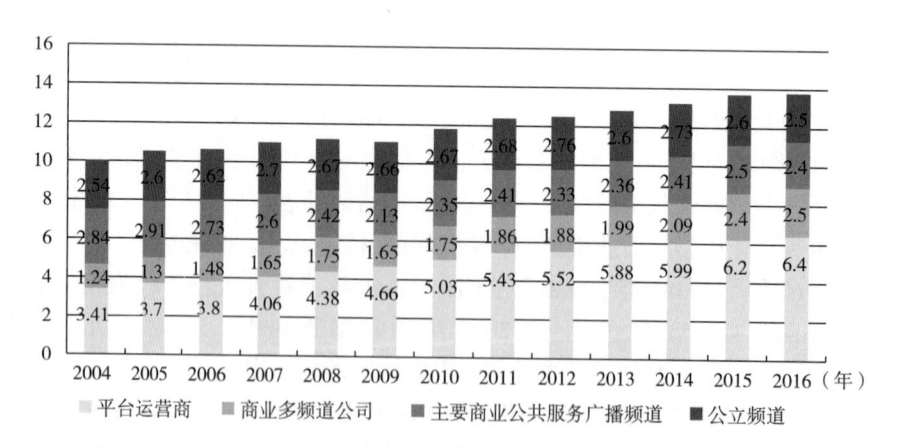

图 7-57　2004—2016 年英国电视行业收入(按行业计算)(单位：亿英镑)
数据来源：Statista 2018

① 资料来源：《英国电视市场发展报告 2018》,https://v.lmtw.com/mzs/content/detail/id/159740/。

可见,随着在线视频和按需订阅服务的兴起,对平台运营商和商业多频道公司的发展起到了不小的推动作用,而与之相反,商业公共广播公司和公立频道收入的减少则值得传统媒体人警醒:在线视频的兴起正在改变着电视产业的面貌。如今按需订阅服务迅速普及,Netflix、亚马逊(Amazon)和 NOW TV 的订阅量远超"传统"付费电视服务的订阅量。根据 BARB 的调查数据,2018 年第一季度,英国付费电视订阅数量为 1 510 万,而 Netflix、亚马逊和 NOW TV 的总计订阅数量为 1 540 万。

2016 年,英国非广播电视行业收入的主要来源是商业赞助和电视购物,分别为 2.14 亿英镑和 2.03 亿英镑;其后依次是来自节目交易的 5 200 万英镑、PPV(按次收费电视服务)的 4 200 万英镑、交互式视频的 2 200 万英镑和 S4C(威尔斯语电视台)的 900 万英镑(见图 7-58)。英国对电视购物节目和广告中的名人代言有着严格的限制,酒类广告中不得出现年轻人追随的名人为其代言。

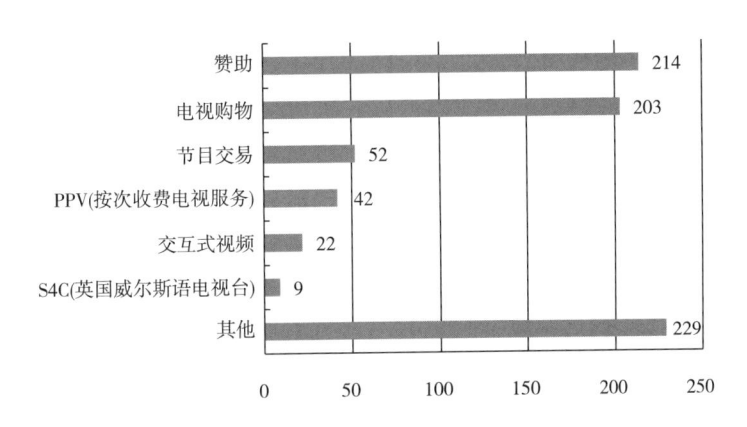

图 7-58　2016 年英国非广播电视行业收入(按来源分类)(单位:百万英镑)

数据来源:Statista 2018

2004 年到 2018 年,英国电视家庭总数由 2 461 万家增至 2 702 万家,2012—2015 年总量略有下滑但整体仍呈上升趋势,14 年增长了 9.8%(见图 7-59)。

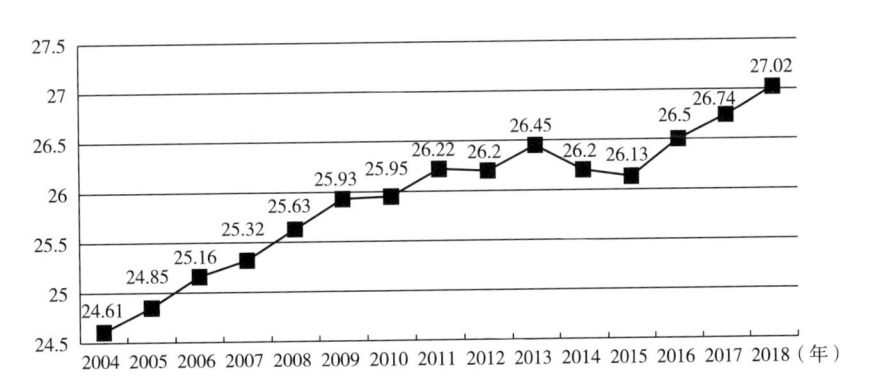

图 7-59　2004—2018 年英国电视家庭总数(单位:百万)

数据来源:Statista 2018

据统计,英国观众对商业公共服务广播的总体满意度近年来基本一致,75%的观众表示非常满意或相当满意,其中,2016 年为 77%,PSB 也保持了它们的广播收视份额,其中 51%的电视观众来自主要的 5 个 PSB 频道(自 2016 年以来没有变化)。固定的观众坚信提供"值得信赖的新闻节目制作者"仍然是 PSB 最重要的目的(2017 年 84% vs. 2016 年 86%)。[①]

2017 年,英国 5 大电视台 BBC、ITV、四频道、SKY、五频道依次位居英国收视率最高的电视广播公司前五名,分别为 31.57%、21.71%、10.23%、8.26%、6.53%,且 BBC 和 ITV 远超第三名四频道两倍之多(见图 7-60)。

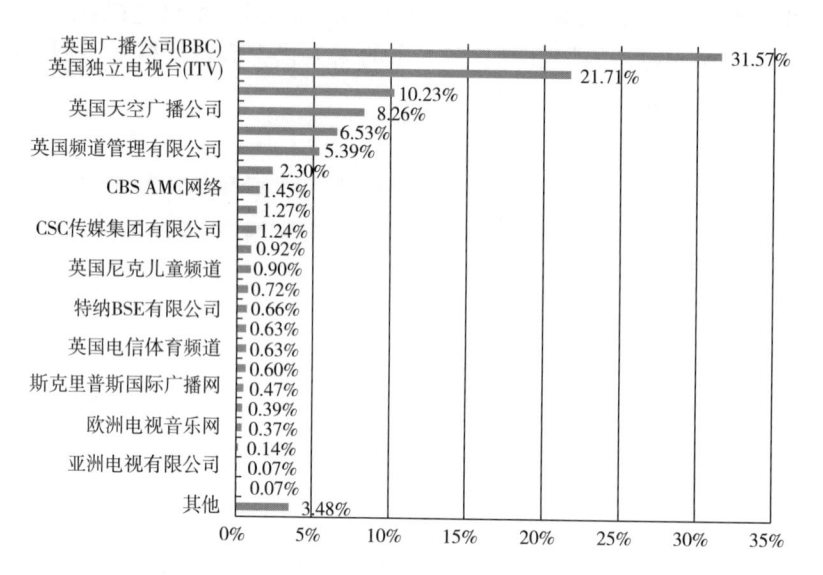

图 7-60　2017 年英国领先的电视广播公司(收视率)
数据来源:Statista 2018

英国广播公司(BBC)是当地最大的剧集生产商,2016 年播放电视剧 554 小时,ITV 和四频道分别以 362 小时、165 小时的播放量排在第二、三位。尽管 BBC 是英国最大的剧集生产商,但其产量实际上在下降,2014 年到 2016 年间,复合年均增长率为-3.3%。整体上,英国电视剧市场并没有像美国那样发生明显变化,不过 BBC 产量下降的趋势也需要传统媒体人警醒。[②]

(2)英国电视节目。英国五家主要的 PSB 频道的首发电视内容制作支出在 2007 年到 2016 年期间基本维持稳定,2007 年至 2016 年略有增长,支出费用最高是 2012 年的 27.12 亿英镑,最低为 2009 年的 24.13 亿英镑(见图 7-61)。在英国,一个电视节目的制作经费从选择到批准需要经过一个很严格的过程,但是一经批准,人员、经费、设备等各方面便一路绿灯。

图 7-62 中的统计数据显示了 2012 年至 2016 年英国首秀原创网络电视内容制作支

[①] 资料来源:《英国电视市场发展报告 2018》,https://v.lmtw.com/mzs/content/detail/id/159740/。
[②] 资料来源:影视产业观察:《美国和英国电视剧市场分析报告》,https://op.inews.qq.com/m/20171102A0JR1U00?refer=100000355&chl_code=kb_news_julebu&h=0。

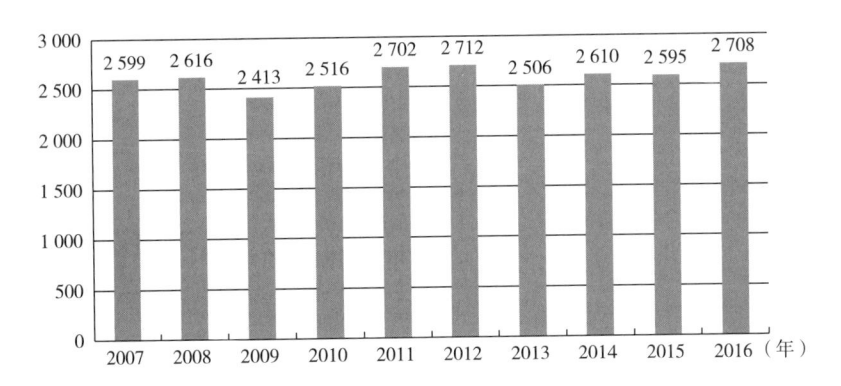

图 7-61　2007—2016 年英国五家主要 PSB 频道的首发电视内容制作支出（单位：百万英镑）

数据来源：Statista 2018

出的类型细分。其中，电视剧和肥皂剧的制作支出最多，最高为 2013 年的 5.65 亿英镑；其次是娱乐喜剧制作支出，最高为 2013 年的 5.12 亿英镑；其次为事实报道制作支出，最高为 2016 年的 5.59 亿英镑，其后制作支出过亿的节目分别为运动类节目和新闻时事类节目。

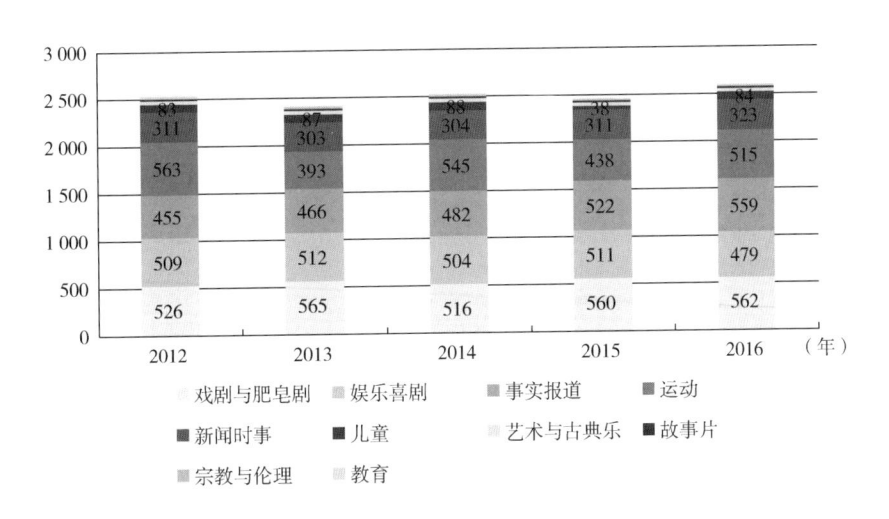

图 7-62　2012—2016 年英国首次发布的网络电视内容的制作支出（单位：百万英镑）

通过图 7-61 和图 7-62 的对比可以看出，2012 年到 2016 年，英国电视节目内容制作支出和网络电视内容制作支出相差并不大，历年总支出基本都在 25 亿英镑上下，且电视节目内容制作支出略高于网络电视内容制作支出。

2017 年，基于观众需求，英国最受欢迎排名前五的电视节目依次是：Blue Planet II，拥有 1 400 万观众；Strictly Come Dancing，拥有 1 300 万观众；I'm a Celebrity…Get Me Out of Here，拥有 1 270 万观众；One Love Manchester，拥有 1 163 万观众；Broadchurch，拥有 1 161 万观众（见图 7-63）。

2017 年，英国最受欢迎的前五个电视剧分别是《行尸走肉》《越狱》《权利的游戏》《闪

图 7-63 2017 年英国观看次数最多的电视节目(观看观众数百万)

《蓝色星球2》(Oct 29)	14
《舞动奇迹》(Nov 19)	13
《我是名人,放我出去》(Here)	12.7
《曼切斯特之爱》(Ore love Manchester)(Jun 4)	11.63
《小镇疑云》(Apr 17)	11.61
《英国达人》(May 6)	11.5
《神探夏洛克》(Jan 1)	11.3
《呼叫助产士》(Feb 19)	10.6
《除夕烟花》(Dec 31)	10.4
《莫尔希德》(Feb 14)	10.2

数据来源:Statista 2018

电侠》《美国众神》(参见图 7-64)。2018 年,英国最受欢迎的前五个数字原创电视节目分别为《十三个原因》《使女的故事》《超感八人组》《发展受阻》《粉雄救兵》(参见图 7-65)。

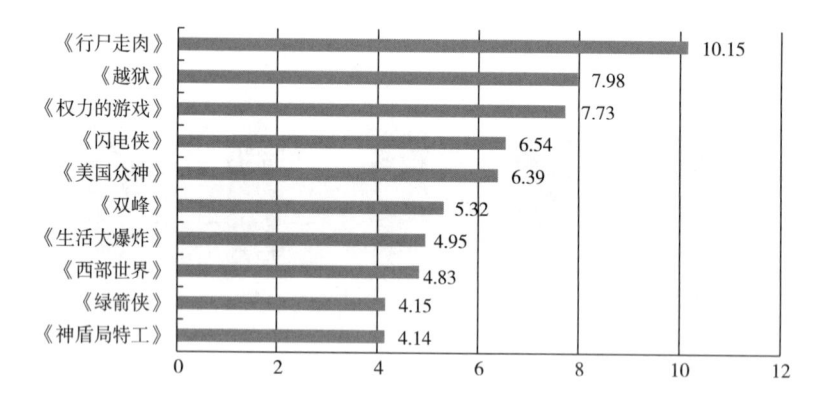

图 7-64 2017 年 5 月英国基于观众需求最受欢迎的电视剧(百万平均需求)

电视剧	平均需求
《行尸走肉》	10.15
《越狱》	7.98
《权力的游戏》	7.73
《闪电侠》	6.54
《美国众神》	6.39
《双峰》	5.32
《生活大爆炸》	4.95
《西部世界》	4.83
《绿箭侠》	4.15
《神盾局特工》	4.14

数据来源:Statista 2018

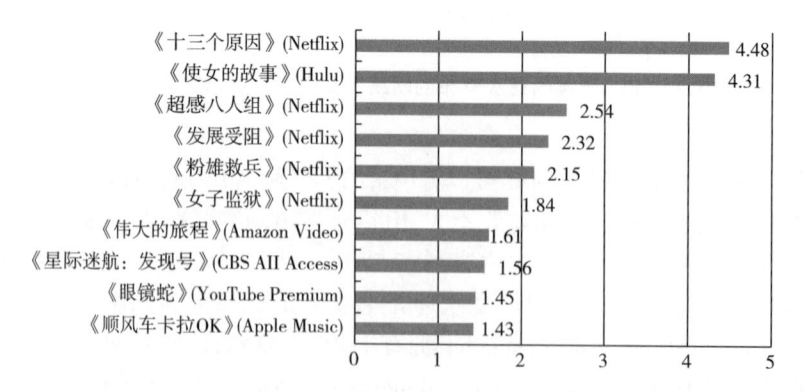

图 7-65 2018 年 6 月英国基于观众需求的最受欢迎数字原创电视节目(百万平均需求)

节目	平均需求
《十三个原因》(Netflix)	4.48
《使女的故事》(Hulu)	4.31
《超感八人组》(Netflix)	2.54
《发展受阻》(Netflix)	2.32
《粉雄救兵》(Netflix)	2.15
《女子监狱》(Netflix)	1.84
《伟大的旅程》(Amazon Video)	1.61
《星际迷航:发现号》(CBS All Access)	1.56
《眼镜蛇》(YouTube Premium)	1.45
《顺风车卡拉OK》(Apple Music)	1.43

数据来源:Statista 2018

在英国缴纳电视牌照费观看电视这种独特背景的支持下,与拍摄电影相比,拍电视剧更赚钱,从而使英国许多独立电影人和电影公司依靠兼职拍摄电视剧的收益来补贴电影的制作成本。一部制作精良的电视剧可以为制作公司带来可观的收益和口碑,从而使其拥有更好的资源及资金投入电影的拍摄,这便是英国影视界的良性循环。

(3)英国电视观众的行为偏好。在高新技术迅猛发展的背景下,3D电视、4K电视、激光电视和8K电视等高新电视科技不断出现,但在制作出《神探夏洛克》《黑镜》等火遍全球英剧的英国,竟然仍有7 000多户人家还在使用黑白电视。英国电视牌照公司2018年发表的数据显示,全英国仍有7 167户人家在使用黑白电视收看节目,首都伦敦更是有1 768户,占全国黑白电视用户的24.7%,排名第二的是英格兰中部的西米德兰兹郡,有431户,第三的是曼彻斯特,有390户仍然在使用黑白电视。[①] 在英国,需要缴纳费用领取电视牌照才能合法收看电视节目,黑白电视牌照每年缴纳的牌照费为50.5磅(约合人民币448元),而彩色电视则需要缴纳150.5磅(约合人民币1 335元),是黑白电视牌照费的三倍。[②]

2010年至2017年,英国每人每天看电视的平均时长整体呈下降趋势,且女性平均看电视时间明显高于男性。女性由最高的2010年平均时长4.6小时降至2017年的4.03小时,男性则由最高2011年的4.04小时降至2017年的3.41小时(见图7-66)。英国国家统计局《2018英国互联网访问情况报告》显示,在YouTube或类似网站上观看视频的男性比例比女性高出13个百分点,分别为69%和56%。

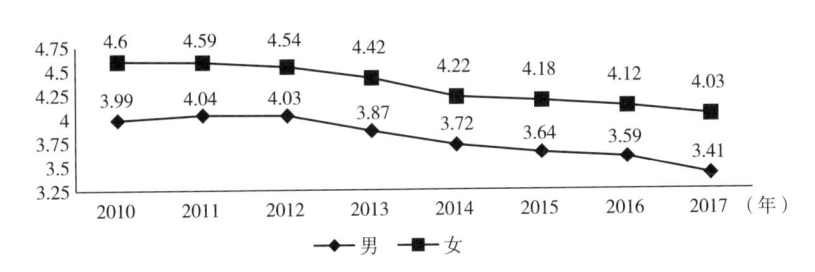

图7-66 按性别(小时)划分的2010—2017年英国每人每天看电视的平均时间

数据来源:Statista 2018

如图7-67所示,预计到2034年,英国年龄越高的人群进行电视机线性和时移观看的时间越长,65岁以上观众每日平均电视机线性和时移观看时长为309分钟,占比约82.6%;最少的是16~24岁观众人群,为69分钟,占比约37.1%;而连接到其他屏幕的观看时长最长的是16~24岁的观众人群,为76分钟,占比为40.9%;最少的则是65岁以上观众人群,为32分钟,占比约8.6%。连接到其他屏幕的观看方式更受年轻人喜爱,而老年观众仍以电视机的线性和时移观看为主,且老年观众(55岁及以上)占电视机线性和时移观看人数的28.1%。

(4)在线电视及视频市场现状。在线视频的出现让许多电视观众有了新的、更加便

---

① 资料来源:TV Lisencing。
② 资料来源:假装在伦敦,《BBC:英国仍有7000多人看黑白电视!伦敦最多,真的是因为怀旧吗?》,https://www.sohu.com/a/274185769_659084。

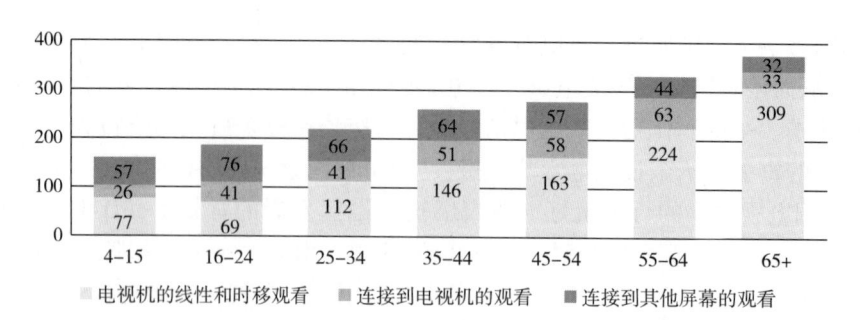

图 7-67　预计 2034 年英国每日平均电视观看时间，按年龄组和观看类型（以分钟为单位）

数据来源：Statista 2018

利的选择，随着用户收视习惯的改变，越来越多的英国民众开始青睐使用智能电视和平板电脑等设备观看在线视频。在英国，大家最熟悉的电视台 BBC、ITV、四频道、五频道、Sky 都有自己的在线播放软件（Online Player），同时还有像 Now TV 和 Virgin TV 这样的第三方视频观看平台。英国国家统计局发布的最新报告《2018 年英国家庭和个人互联网访问情况》显示，在各种网络活动中，46% 的成年人上网收看收费视频点播服务，与 2017 年（29%）相比增长显著。

2006—2016 年，英国在线电视收入大幅上升，从 2006 年的 1 100 万英镑增至 2016 年的 17 亿英镑，2012 年开始增速明显提升，十年增长 150 倍之多（见图 7-68）。在视频网站兴起的新形势下，传统电视受众大幅度迁移，随着流媒体对英国传统电视带来的挤压与机遇，广告商也愈来愈重视面向网络内容的资金投放，数字新媒体广告市场占有率逐渐上升，从而促使英国各大广电媒体也先后开始了自己的新媒体融合之路，寻找自己的新媒体定位。

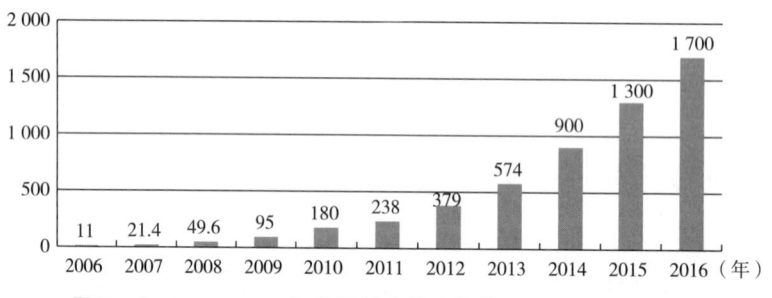

图 7-68　2006—2016 年英国的在线电视收入（单位：百万英镑）

数据来源：Statista 2018

2017 年，英国在线电视的乡村和城市普及程度基本齐平，乡村互联网用户占整体的 36%，比城市的 35% 还多一个百分点。英格兰、苏格兰、威尔士和北爱尔兰分别拥有在线观看电视互联网用户 36%、33%、31% 和 23%，用户的地区分布较为平均（见图 7-69）。

2014—2016 年，在英国使用在线订阅视频服务（如 Netflix）的受访者比例中，2015 年第一周和第二周分别为 32% 和 36%，2016 年上半年为 39%，下半年则增至 42%。2016 年，英国用于在线观看电影或电视剧的服务类型中，使用广播公司的在线电视服务的人数占 30%；23% 的人使用专业电影和电视剧流媒体服务，排名第二；网络平台使用人数占 17%，位居第三；12% 的英国观众使用的是视频分享网站；10% 的人使用在线社交媒体；

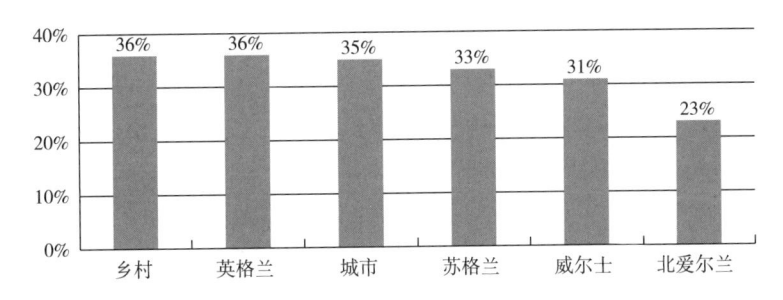

图 7-69　2017 年按地区分列在英国在线观看电视内容的互联网用户的比例

数据来源:Statista 2018

而只有 6% 的人仍通过数码商店观看在线视频。①

英国市场调查公司 Mintel 在 2015 年公布的一组对在线视频节目的统计预测,至 2019 年,英国在线视频市场可以达到 10 亿英镑,折合人民币约 92.74 亿元,在线视频市场蓬勃旺盛的生命力不可小觑。②

(5)电视节目进出口情况分析。1998 年 11 月,英国公布了第一份关于创意产业的报告,明确了创意产业概念的界定。而十年来,英国每年都是创意生产量和输出量最大的国家,全球 40% 的节目模式输出均来自英国,可以说,英国是节目模式的最大出口国。

2011/12 财年到 2015/16 财年,英国制作的电视节目出口收入主要来源于电视,2013/14 财年达到 7.22 亿英镑;其次为制片收入,2015/16 财年达 1.98 亿英镑。而准批等杂项收入和 DVD 收入明显呈下降趋势,分别由 2011/12 财年的 1.91 亿英镑降至 2015/16 财年的 5 600 万英镑、2011/12 年的 1.55 亿英镑降至 2015/16 财年的 6 900 万英镑。与此同时,数字版权所占收入逐年大幅增加,由 2011/12 财年的 1.8 亿英镑增至 2015/16 财年的 2.48 亿英镑(见图 7-70)。

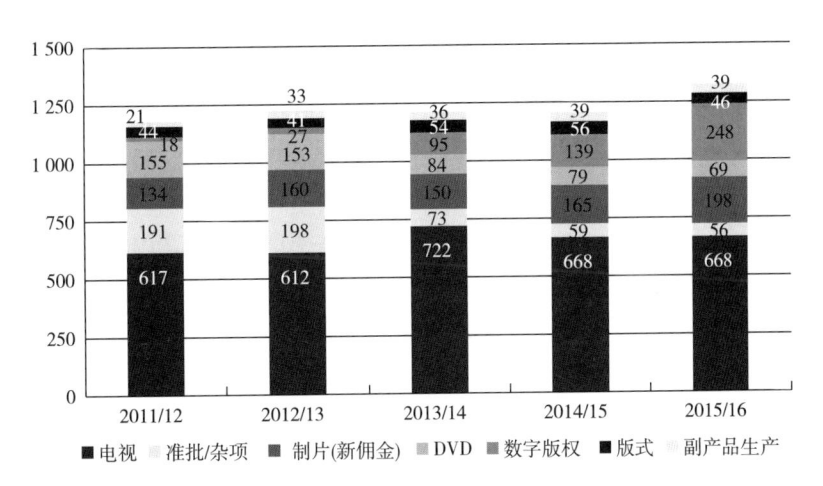

图 7-70　2011/12 财年到 2015/16 财年英国制作电视节目出口收入(单位:百万英镑)

数据来源:Statista 2018

---

① 资料来源:Statista database. https://www.statista.com/。
② 资料来源:《高达 10 亿 2019 年英国在线视频将创新高》,https://tv.zol.com.cn/512/5123701.html。

从地区来看,欧洲和北美是英国制作的电视节目出口的主要地区,分别为2.71亿英镑和1.36亿英镑,且以欧洲为主。而制片和数字版权的出口则以北美为主要地区,分别为160亿英镑和1.33亿英镑(见图7-71)。

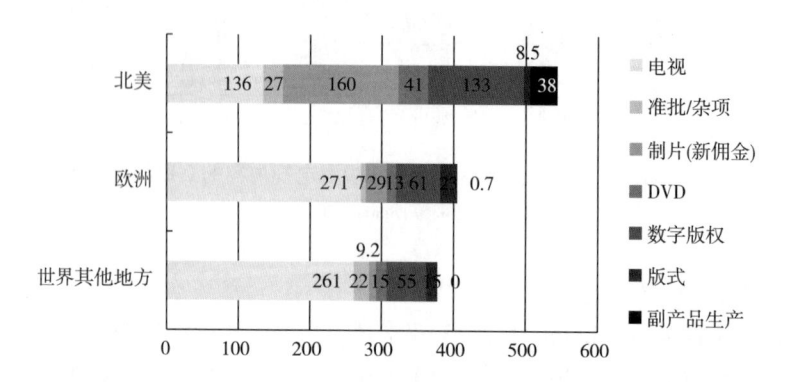

图 7-71 按类型和地区 2015/16 财年英国制作的电视节目的出口收入(单位:百万英镑)
数据来源:Statista 2018

英国数据机构负责人说,中国对英国电视行业来说是"发展最快、规模最大、尚待开发的市场",对英国从业者来说,无疑会对中国市场产生极大的兴趣,并看到外界尤其是中国对英国电视节目的巨大需求,相信随着在线网络视频平台的全球化发展,也必将把新的市场带给英国。

7.2.2.2 德国电视市场

(1)德国电视的发展现状。德国在电视内容制作和电视运营方面在欧洲处于重要地位,德国有线电视公司和德国电信公司是欧洲传媒行业的重要角色。

德国采取"双轨制",即"公私并存、双轨并进"广播电视管理体制,一直在大众服务与市场自由间谋求平衡点。公营广播电视主要负责主流意识形态领域的宣传工作,私营广播电视则起调剂补充作用。公营广播电视为大众提供政治、经济、信息、文化、教育等领域的服务;而私营广播电视则更多体现的是商业利益,其根本目的是追求利润,所以节目内容多从受众娱乐趣味休闲出发。

德国广播电视联合会(ARD),简称"德广联",是德国公共广播电台组成的一个合作组织,目前由九个州立广播公司联合组成,德国电视一台是其合作制作的电视台,除此之外,九个州立广播公司还制作自己的、地方性的电视台和广播节目。德广联、德国电视二台(ZDF)和德国广播电台是德国公共广播的三个组成部分,也是德国最受欢迎的公营广播机构,德国电视一台和德国电视二台的主要营收来源是民众的收视费,月收视费标准不到20欧元。公营广播电视收入机构融资调查委员会(KEF)每年对德广联、德国电视二台的拨款约70亿欧元。

德国最有影响力的私人电视机构是卢森堡广播电视传媒集团(RTL)和ProSieben、Sat.1这两大传媒集团,基希(Kirch)和贝特斯曼(Bertelsmann)公司分别对这两大传媒集团的形成和发展产生了较大的影响。RTL是欧洲最大的电视播出机构。就收视份额来看,这两大传媒集团在14~49岁受众中共拥有37.7%的收视份额,其中,RTL位居第一,收视份额为 28.6%。RTL 电视台没有收视费,主要依靠广告收入为生,它的实际广告播出时间一般占整个节目的 15%~20%。[①]

图 7-72 的媒体使用数据显示,2017 年,德国所有的受访者表示他们在过去 4 周内使用过移动互联网,91% 的受访者表示在过去 4 周内使用过电视,说明电视在德国民众中有较大的影响,仅次于移动互联网,高于广播和纸媒。

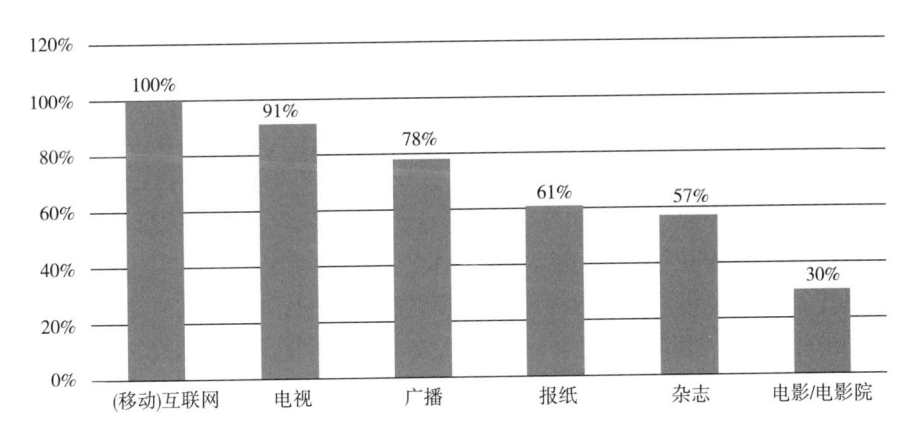

图 7-72　2017 年德国的媒体使用情况

数据来源:Statista 2018

第一,电视机的销量。2005—2017 年,德国电视机的销售量呈先上升再下降趋势,2011 年达到高峰,2014 年有少量回升。2017 年,向私人消费者销售的等离子电视、液晶电视和其他设备的数量达到约 700 万台,是自 2015 年下降以后的一次提升(见图 7-73)。

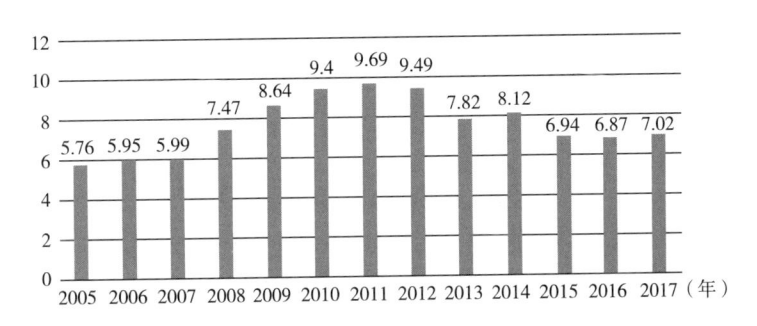

图 7-73　2005—2017 年上半年德国向私人消费者销售的电视机数量(单位:百万台)

数据来源:Statista 2018

第二,拥有电视机的家庭的数量。图 7-74 的统计数据显示,2008—2016 年,德国拥有电视机的家庭的数量总体呈现上升趋势。截至 2016 年,共有 3 910 万户家庭拥有电视。在此期间,住户数量有所增加。结合上面提到的德国电视机的销量来看,德国电视机的销量与拥有电视机的家庭的数量的变化趋势并不一致。

---

① 刘潇:从德国媒体发展现状看传统媒体产业转型[J]. 中国市场,2018(7).

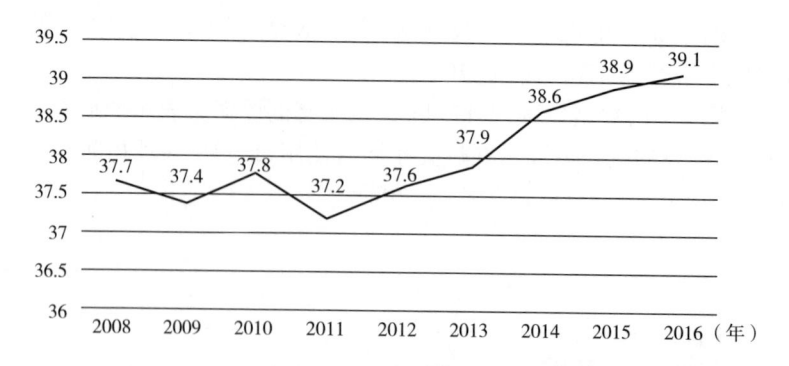

图 7-74　2008—2016 年德国电视家庭数量(数量:百万户)

数据来源:Statista 2018

第三,德国电视家庭的类型。图 7-75 中的统计数据显示,2005—2016 年,德国接入不同类型的电视家庭数量,以及 2017—2021 年的预测数量。总体来看,拥有网络电视和卫星电视的家庭数量在上升,而拥有电缆和地面电视的家庭数量在下降。2018 年,普华永道预计,卫星电视家庭数量将增加至约 1 780 万户。

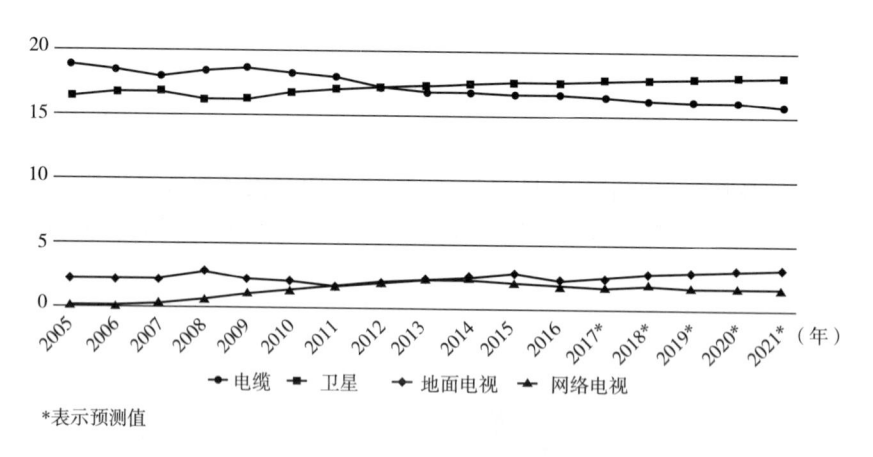

*表示预测值

图 7-75　2005—2021 年德国的电视家庭(单位:百万户)

数据来源:Statista 2018

第四,时移电视服务。时移电视彻底颠覆了原有看电视的方式,给观众带来了全新的收视体验,也使得数字电视成为真正的"我的电视",摆脱了时间的束缚,顺应了现代人越来越快的生活节奏。时移电视业务具有投入小、见效快、受众广、运营简单、长期有效提高用户 ARPU(平均每用户每月收入)值的特点,是广电运营商改变业务模式、提高收入并借以切入其他交互电视业务的首选。图 7-76 中的统计数据显示,近 70% 的用户使用时移电视,说明德国时移电视的发展呈良好态势。

第五,付费电视台。付费电视通过用户体验的差别化吸引观众流量、获得电视收入。据 VPRT 称,2017 年,纪录片部分共有 16 个付费电视台。娱乐领域的付费电视台数量最多,且仍然呈上升趋势;运动领域的付费电视台数量也在上升;纪录片和儿童领域的电视台数量先升后降;相反,音乐领域的付费电视台数量先降后升(见图 7-77)。

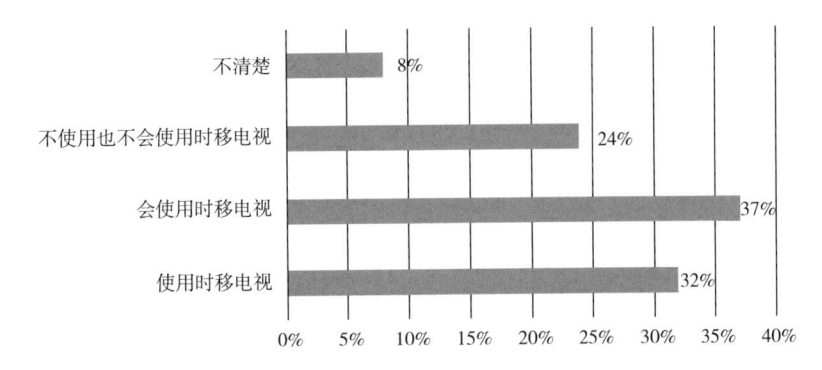

图 7-76　2016 年在德国使用时移电视服务的受访者比例

数据来源：Statista 2018

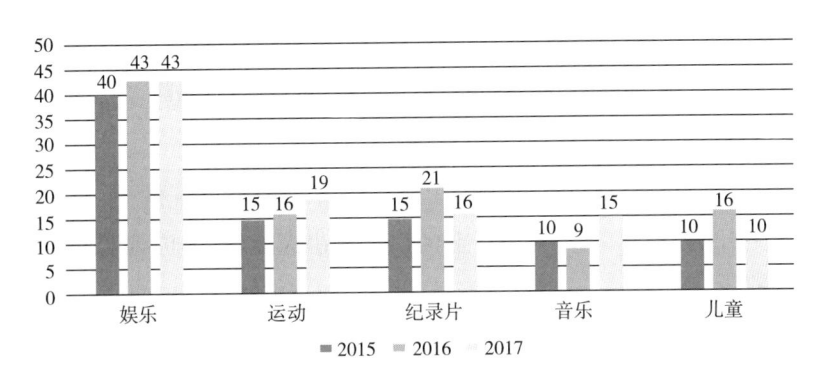

图 7-77　2015—2017 年德国付费电视台数量（按类型划分）

数据来源：Statista 2018

2013—2017 年，德国使用付费电视订阅住户的人数不断上升，2017 年有 1 302 万年龄在 14 岁及以上的德国人住在有付费订阅电视的家庭中（见图 7-78）。这是因为：一是电视制作方电视版权、知识产权方面的保护意识提高；二是消费者的生活水平不断提高，消费观念发生改变，对电视服务的要求越来越高。

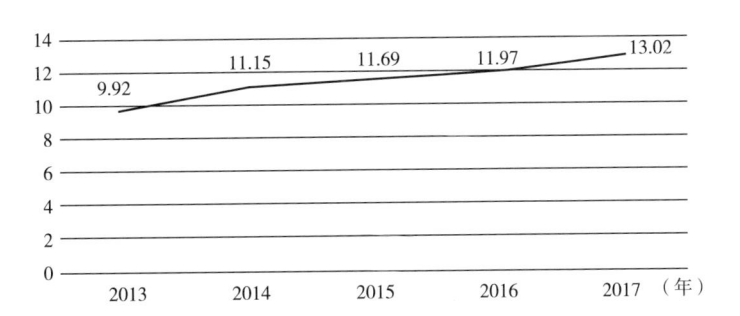

图 7-78　2013—2017 年在德国使用付费电视订阅住户的人数（单位：百万）

数据来源：Statista 2018

(2)电视广告。具体包括以下几方面。

第一,广告的市场份额。尼尔森媒体研究报告显示,电视广告的市场份额占最大比重,接近50个百分点,远远高于其他广告媒体(见图7-79)。由此可见,电视是广告媒体的主要载体,对广告业的发展有至关重要的作用。

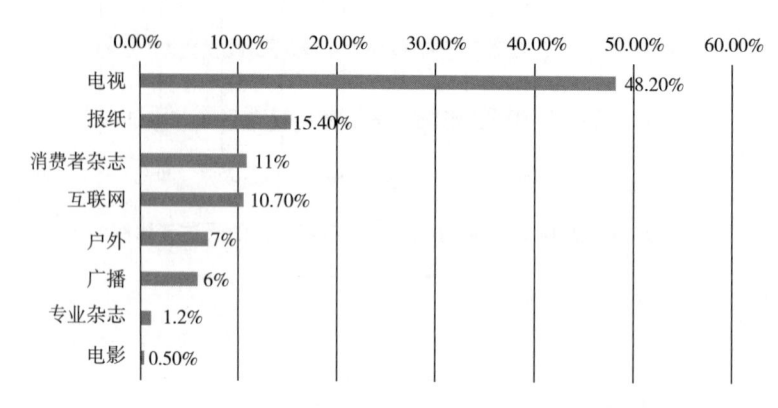

图 7-79 2017年德国广告媒体类型的广告市场份额
数据来源:Statista 2018

第二,电视广告成本。德国的电视广告支出在欧洲国家中排第二,德国电视广告支出也处于不断上升的趋势。德国各个行业的广告支出差异较大,广告能起到较大作用的行业广告支出较多。

图 7-80 中的统计数据显示,2016 年,德国电视广告支出超过 52 亿美元,排名第二,仅次于英国,说明德国比较重视电视广告投入。

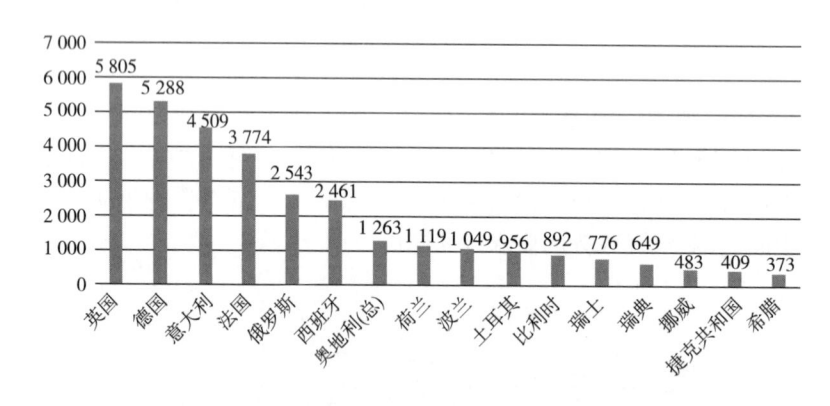

图 7-80 2016年电视广告支出最高的欧洲国家(单位:百万美元)
数据来源:Statista 2018

- 不同媒体广告支出。图 7-81 中的统计数据显示,与 2016 年相比,2017 年,德国移动媒体的广告投入增长最快,比去年增长了 33.24%;增长速度排名第二的是电影的广告投入,增长了 19.9%;之后分别是户外媒体和报纸媒体,分别增长了 7.14% 和 3.79%;电视广告总支出的增长速度排名第六,仅为 0.27%,增速较缓;消费者杂志、互联网、专家杂志三种媒体的广告投入呈负增长。

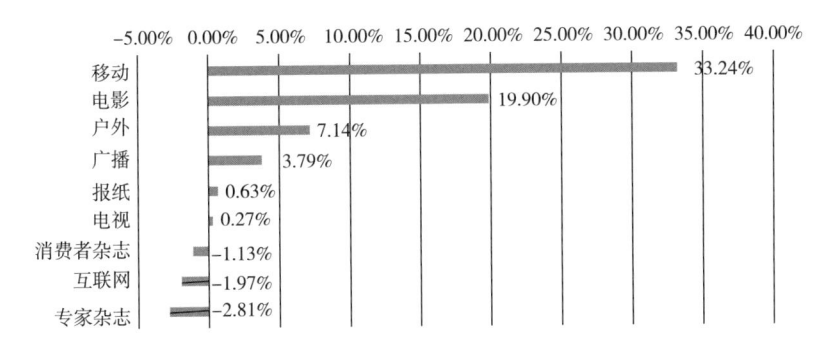

移动	33.24%
电影	19.90%
户外	7.14%
广播	3.79%
报纸	0.63%
电视	0.27%
消费者杂志	−1.13%
互联网	−1.97%
专家杂志	−2.81%

图 7-81 2017 年 1 月至 9 月德国不同媒体广告总支出同比变化

数据来源：Statista 2018

- 不同行业的电视广告支出。图 7-82 中的统计数据显示了 2017 年 1 月至 12 月德国电视广告支出最高的 20 个行业的排名。其中，身体护理行业电视广告支出最多，超过 18.58 亿欧元；服务业排名第二，电视广告支出超过 18.53 亿欧元；能源和建设行业的电视广告支出最少。由此可知，与人们日常生活联系较为密切的、能够通过广告吸引消费者的行业的电视广告投入较多；相反，与人发展间接相关、只是通过广告宣传的行业的电视广告投入相对较少。

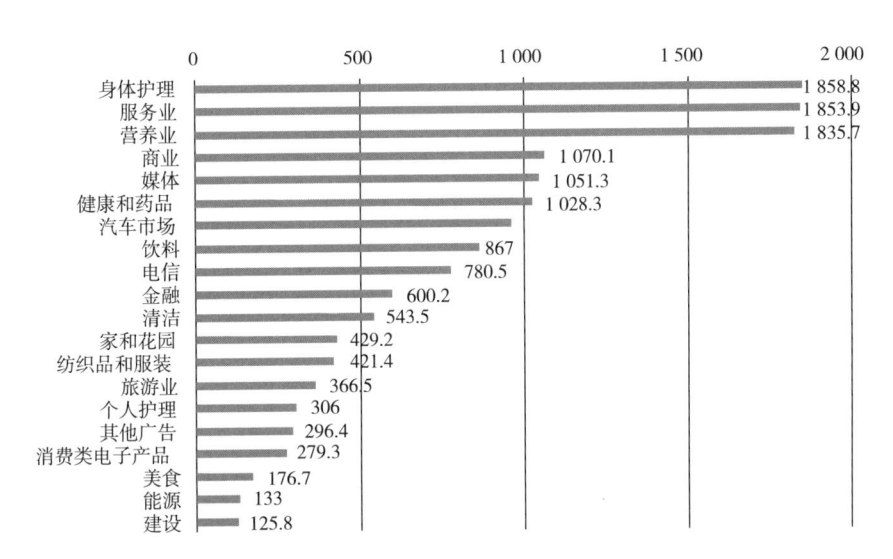

行业	支出
身体护理	1 858.8
服务业	1 853.9
营养业	1 835.7
商业	1 070.1
媒体	1 051.3
健康和药品	1 028.3
汽车市场	
饮料	867
电信	780.5
金融	600.2
清洁	543.5
家和花园	429.2
纺织品和服装	421.4
旅游业	366.5
个人护理	306
其他广告	296.4
消费类电子产品	279.3
美食	176.7
能源	133
建设	125.8

图 7-82 2017 年 1 月至 12 月德国电视广告支出最高的行业（单位：百万欧元）

数据来源：Statista 2018

第三，电视广告收入。德国电视广告总收入和净收入均呈上升趋势，不同电视频道的广告收入差别很大，私人电视频道的收入明显高于公营电视频道的收入。

- 不同媒体的广告净收入。根据德国广告行业协会（ZAW）的数据，2017 年，日报的广告净收入为 24 亿欧元。电视广告市场当年的广告收入最高，超过 4.5 亿欧元，并仍呈上升趋势。报纸、电影的广告净收入较少（见图 7-83）。因此，电视是广告收入的主要载体。

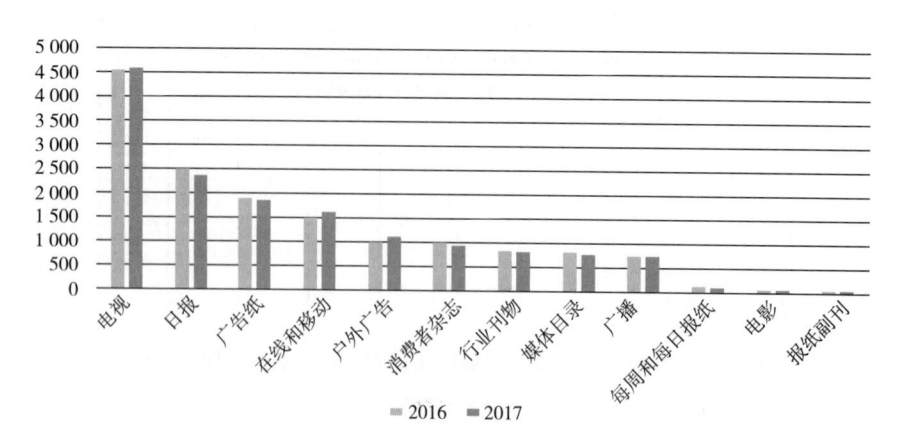

图 7-83 2016—2017 年德国可确定广告媒体的广告净收入（单位：百万欧元）
数据来源：Statista 2018

● 电视广告收入。总体上，2002 年至 2016 年，德国电视广告总收入和广告净收入都呈上升趋势。广告总收入增长迅速，2016 年，电视广告产生了近 150 亿欧元的总收入；电视广告的净收入增速缓慢，2016 年的净收入仅为 46 亿欧元（见图 7-84）。这说明德国的电视广告投入成本较大，导致电视广告净收入增速远低于电视广告总收入。

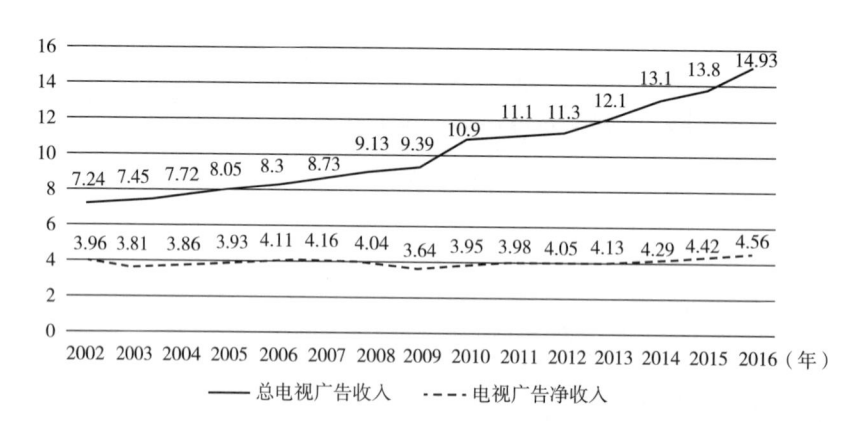

图 7-84 2002—2016 年德国电视广告收入总额和净额（单位：十亿欧元）
数据来源：Statista 2018

● 电视频道的广告收入。图 7-85 显示，2017 年，德国私人频道 RTL（约 31 亿欧元）和 ProSieben（约 24.7 亿欧元）排名第一和第二，其次是 Sat.1、Vox、RTL II 和 Kabel.eins；公共频道 ZDF 的广告总收入约为 2.67 亿欧元。私人频道的广告收入明显高于公共频道。VIVA 频道的广告收入最少，仅为 4.46 千万欧元。

（3）电视节目成本费用。德国不同电视节目制作成本费用不同，主要受电视的档期、播放时段等多种因素的影响。

图 7-86 中的统计数据显示了 2017 年德国各种 ZDF 节目的平均电视制作成本。数据显示，高峰时段电视、电影的制作成本远高于其他时段的制作成本，以娱乐为主要内容

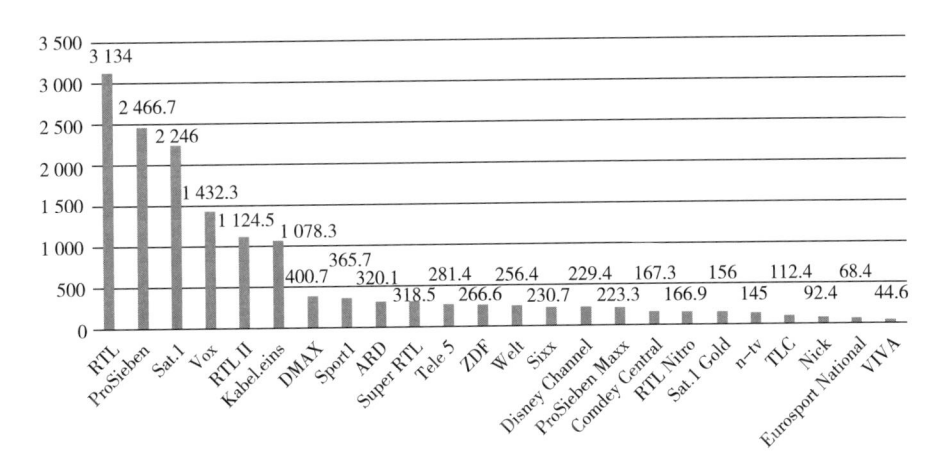

图 7-85　2017 年德国电视频道的广告总收入（单位：百万欧元）

数据来源：Statista 2018

的电视节目的制作成本远高于其他节目的制作成本。对周六高峰期播出的晚间娱乐节目，制作成本平均为 150 万欧元。

**和*均表示估算值

图 7-86　截至 2017 年 9 月德国 ZDF 电视制作的平均成本（单位：欧元）

数据来源：Statista 2018

（4）电视收入。电视收入分为公共电视台的收入和私人电视台的收入，两种收入都呈逐年上升的趋势。私人电视台的收入高于公共电视台的收入，由德国电视带动的电视购物收入也在不断上升。

第一,公共广播电视公司的收入。图 7-87 中的数据显示,2009—2016 年,德国公共广播电视公司的收入呈现波动上升状态。2016 年,该领域上市公司收入为 91.8 亿欧元,低于 2015 年的 92.1 亿欧元,是继 2015 年下降后的又一次下降,但相较于 2009 年的 87.46 亿欧元提升了 4.9 个百分点。

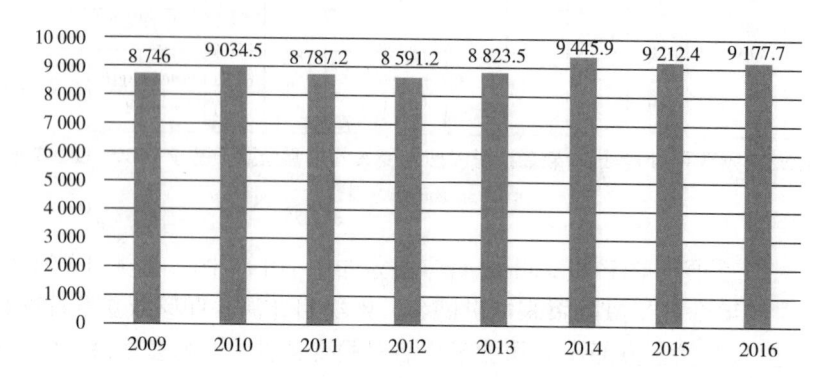

图 7-87　2009—2016 年德国公共广播电视公司的收入(单位:百万欧元)

数据来源:Statista 2018

第二,私人电视台收入。图 7-88 中的数据显示,2015 年到 2016 年,私人电视的总收入从 95.05 亿欧元上升到 99.93 亿欧元,上升了 5.13 个百分点,高于公共电视收入的增长。全国免费电视和付费电视的收入在私人电视台收入中一直占有较大比重;电视购物部门、本地和城市电视的收入都处于上升趋势,而国家电视窗口的收入 2016 年较 2015 年有所下降。

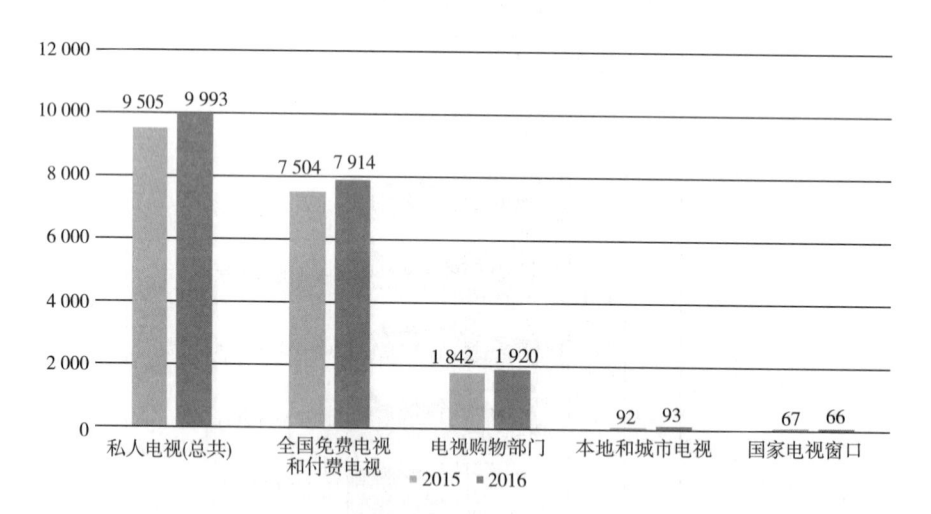

图 7-88　2015 年和 2016 年德国私人电视台的收入(单位:百万欧元)

数据来源:Statista 2018

第三,电视购物收入。图 7-89 中的数据显示,1997 年至 2016 年,德国的电视购物收入一直呈上升趋势,从 1997 年 5 000 万欧元的电视购物收入上升到 2017 年约 20 亿欧元,出现了 40 倍大幅度增长,电视对电视购物的带动作用不容小觑。

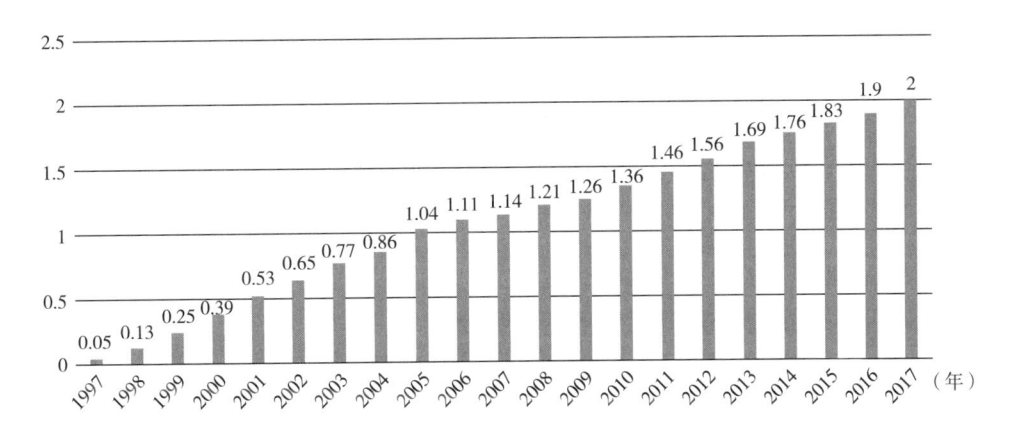

图 7-89　1997—2016 年德国电视购物收入（2017 年预测）（单位：十亿欧元）

数据来源：Statista 2018

（5）电视频道数量及市场份额。

第一，电视频道数量。在德国，不同类型的电视频道数量有很大不同，其中付费频道数量最多，综合频道数量最少，这点与法国有很大的区别，主要与不同文化背景下观众的电视节目消费习惯、国家的媒体控制等因素有关；数字电视相比于模拟电缆电视更受欢迎。

- 免费电视频道数。图 7-90 中的统计数据显示，模拟电缆家庭收到免费电视频道的数量呈现出先上升后下降的趋势；数字有线电视家庭从 2002 年才开始收到免费电视频道，有 37 个频道，2002—2016 年，收到的免费电视频道数先上升后下降，但一直高于模拟电缆家庭收到的免费电视频道数。

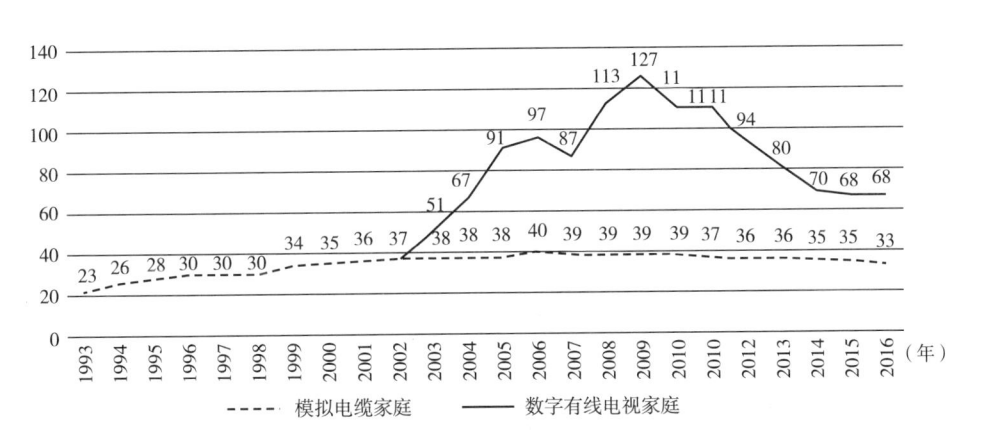

图 7-90　1993—2016 年德国有线电视家庭收到的免费电视频道平均数

数据来源：Statista 2018

第二，不同类型的电视频道数量。图 7-91 中的数据显示，2003 年至 2016 年，德国付费电视的频道数量、专业频道的数量总体上呈上升趋势，前者一直处于最高水平。家庭购物频道和综合频道的数量基本呈稳定状态。

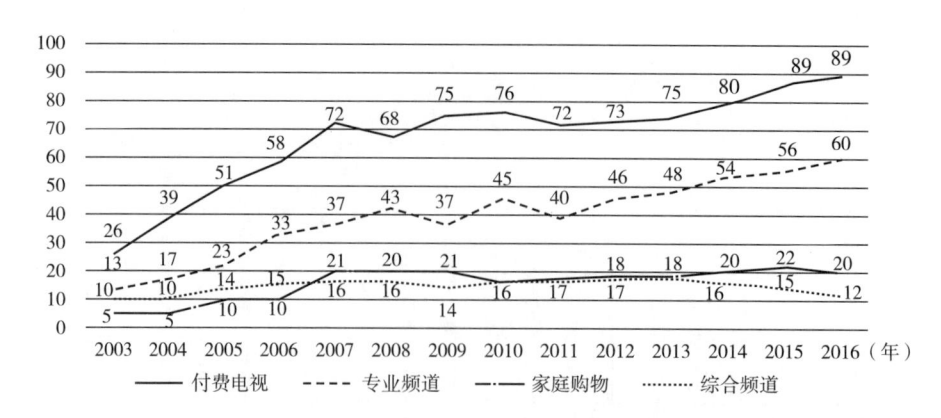

图 7-91　2003 年至 2016 年德国不同类型的电视频道数量

数据来源：Statista 2018

第三，电视频道的市场份额。在德国，电视频道的市场份额受观众爱好、年龄、性别等多种因素影响。从观众的总体情况来看，ZDF 占有较大的市场份额；但就各个年龄段来说，ZDF 就不是最受欢迎的频道了。

• 不同电视台观众的市场份额。图 7-92 中的数据显示，2017 年，在 3 岁及以上的观众中，电视台 ZDF 的市场份额最高，为 13%。相比之下，在 14 至 49 岁年龄组中，该频道的市场份额排名第五，低于 RTL、ProSieben、Sat.1 和 Vox，仅为 6.1%。由此可知，相比于 ZDF，中青年观众更偏好 RTL。

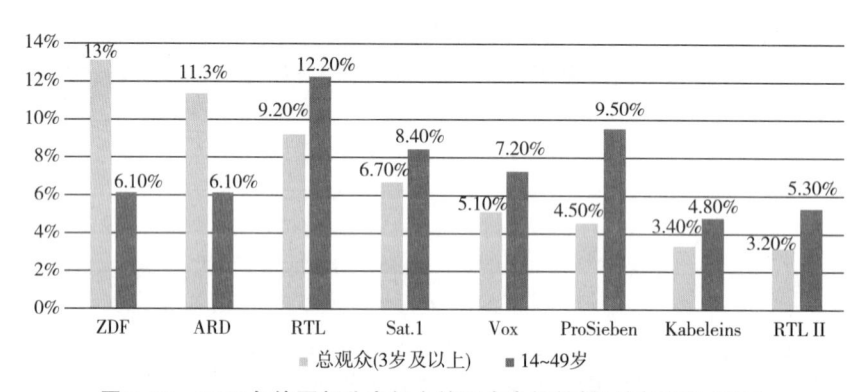

图 7-92　2017 年德国部分电视台的观众市场份额（按年龄段划分）

数据来源：Statista 2018

• 按年龄和性别划分的不同电视频道的市场份额。图 7-93 中的数据显示，2016 年，儿童频道 KIKA 的男孩市场份额为 12.7%，女孩市场份额超过 18%。但儿童频道 Super RTL 的男孩市场份额超过 21%，女孩市场份额不到 15%。但就最不受欢迎的电视频道来说，德国 3 到 13 岁的儿童保持一致，为 Kabel eins。

图 7-94 中的数据显示，在德国 50 岁及以上的观众群体中，ZDF 最受欢迎，RTL II 最不受欢迎，与中青年的偏好有着较大的对立性。

（6）电视观众行为。

第一，观看时间。德国观众每日电视观看时间在欧洲国家中处于中间水平。整体上

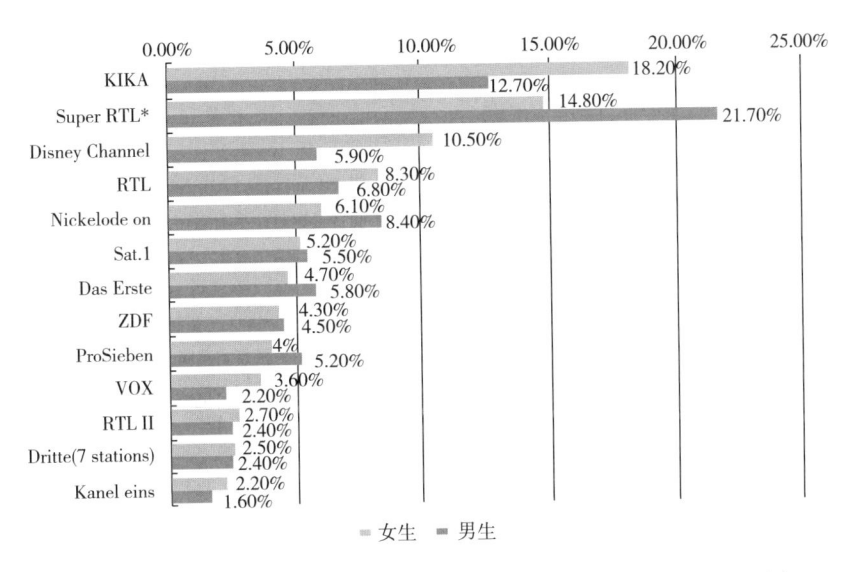

图 7-93 2016 年德国 3 至 13 岁观众的电视频道的市场份额(按性别划分)

数据来源:Statista 2018

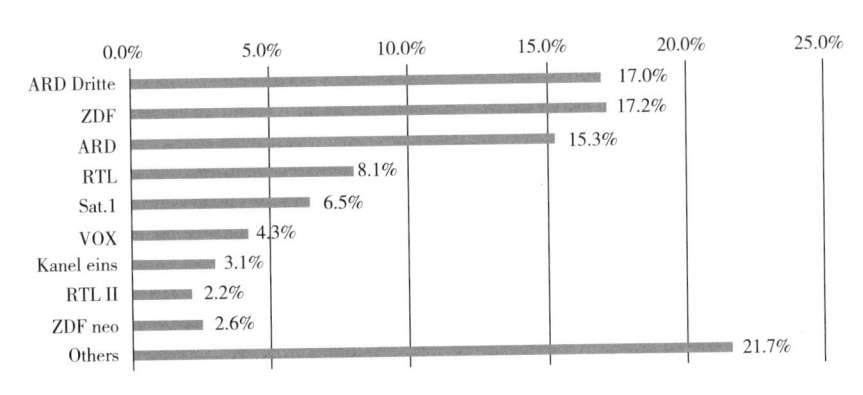

图 7-94 2016 年德国 50 岁及以上观众的电视频道观众市场份额

数据来源:Statista 2018

看,德国观众每日电视观看时间呈现出逐年下降的趋势,各个年龄段观众的相关行为与整体一致。在儿童观众中,随着年龄的上升,电视的消费时间也在上升。

图 7-95 中的统计数据显示了 2015 年和 2016 年欧洲部分国家的平均电视观看时间。2016 年,在欧洲各国观看电视的平均时间为每天 230 分钟;德国电视观众每日观看电视的平均时间为每天 223 分钟,与 2015 年的数据相同。

- 不同年龄组观众观看电视的时间。2017 年,德国电视观众平均每天花费 221 分钟看电视,与 2016 年相比有所下降。不同年龄组观众平均每日观看电视时间变化与总体变化趋于一致。14~49 岁观众是每日看电视时间最长的群体,其次是 14 岁以上观众,两者每日观看电视的时间均超过德国民众平均每日观看电视时间;3~13 岁观众是观看电视时间最少的群体,其次是 14~29 岁观众;50 岁以上观众 2017 年每天观看电视的时间为 160 分钟,为观看电视较为主要的群体(见图 7-96)。

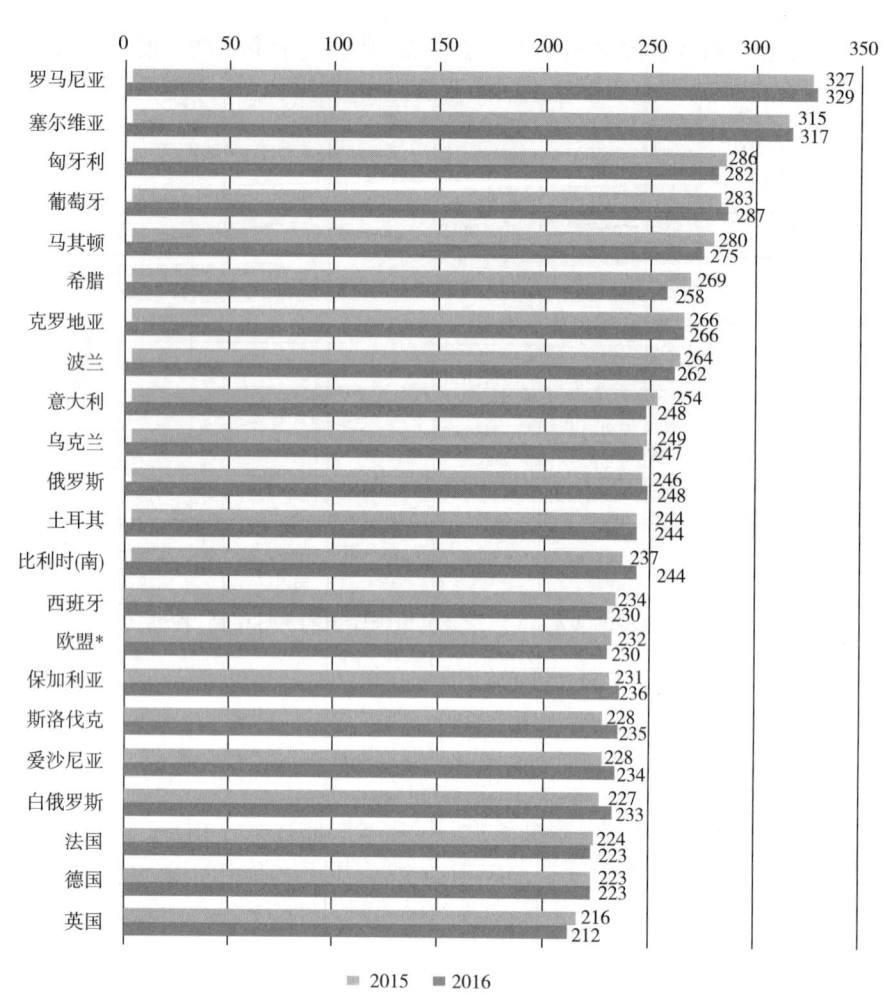

图 7-95 2015 年和 2016 年欧洲部分国家每日观看电视的平均时间（单位：分钟）

数据来源：Statista 2018

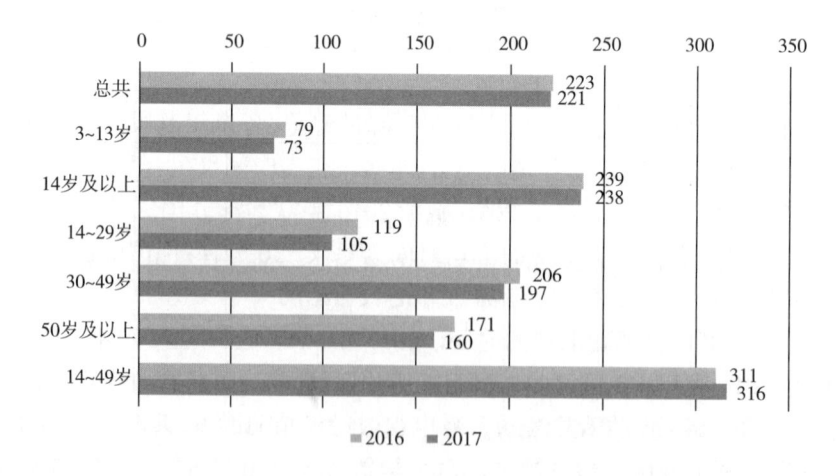

国家	2015	2016
罗马尼亚	327	329
塞尔维亚	315	317
匈牙利	286	282
葡萄牙	283	287
马其顿	280	275
希腊	269	258
克罗地亚	266	266
波兰	264	262
意大利	254	248
乌克兰	249	247
俄罗斯	246	248
土耳其	244	244
比利时(南)	237	244
西班牙	234	230
欧盟*	232	230
保加利亚	231	236
斯洛伐克	228	235
爱沙尼亚	228	234
白俄罗斯	227	233
法国	224	223
德国	223	223
英国	216	212

图 7-96 2016—2017 德国不同年龄组观众平均每日电视观看时间（单位：分钟）

数据来源：Statista 2018

年龄组	2016	2017
总共	223	221
3~13岁	79	73
14岁及以上	239	238
14~29岁	119	105
30~49岁	206	197
50岁及以上	171	160
14~49岁	311	316

- 儿童观看电视时间。图 7-97 中的数据显示,2011 年到 2016 年,总体上不同年龄段的德国儿童的电视观看时间都呈现下降趋势。10~13 岁儿童仍是儿童群体中看电视时间最长的,3~5 岁儿童是儿童群体中观看电视时间最少的,从 2012 年开始,6~9 岁儿童观看电视的时间超过 3~13 岁儿童观看电视的时间。

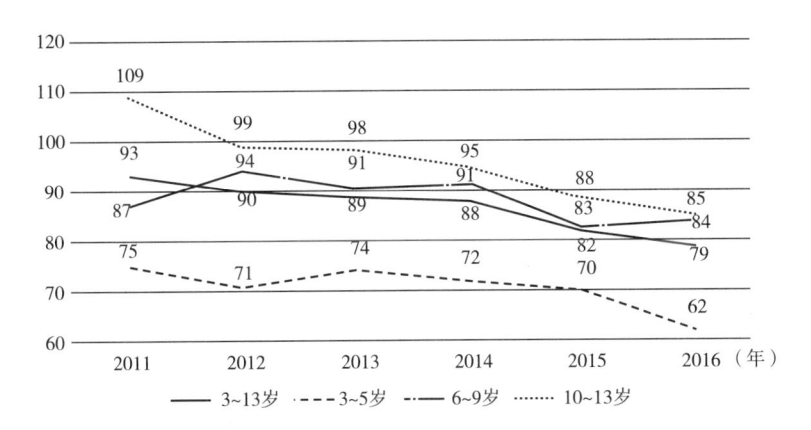

图 7-97　2011—2016 年德国儿童的电视观看时间(按年龄分组)
数据来源:Statista 2018

第二,观看方式。对德国观众来说,电视机仍是观看电视节目的主要媒体。观看方式反映了消费需求,德国观众对点播等服务的需求呈现上升趋势,视频网站的点播比例相对较大。使用互联网观看电视的观众的数量不断增加。

- 视频流使用类型。图 7-98 中的数据显示,2017 年,德国视频的载体主要是 YouTube、Vimeo 等平台,占比高达 58%;其次是已播出的网络直播,占比 56%;实况转播的电视节目占比 41%,排名第三;通过点播平台观看的电视节目和电影占比相对较少,仅为 29%。

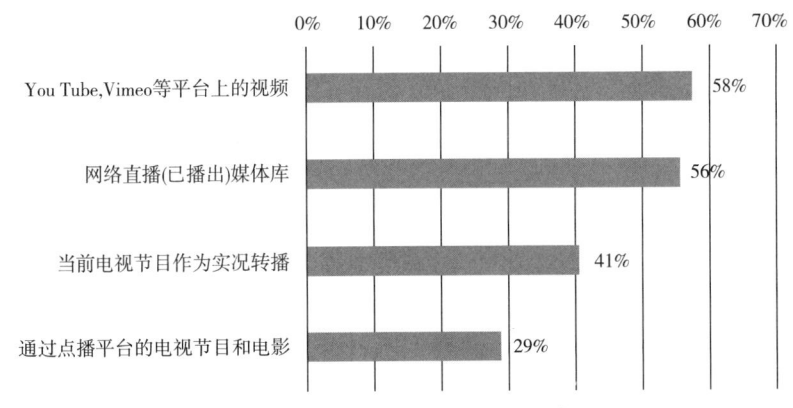

图 7-98　2017 年德国视频流使用类型
数据来源:Statista 2018

- 观看电视设备。图 7-99 中的数据显示,2015—2017 年,电视机一直是德国青少年用于观看电视的主要媒体和设备,互联网、移动电话/智能手机、平板电脑在德国青少年用于观看电视媒体和设备中排名第二、第三和第四。从图 7-99 中明显发现,使用电脑插电视卡观看电视的青少年比重越来越少,2017年为0。

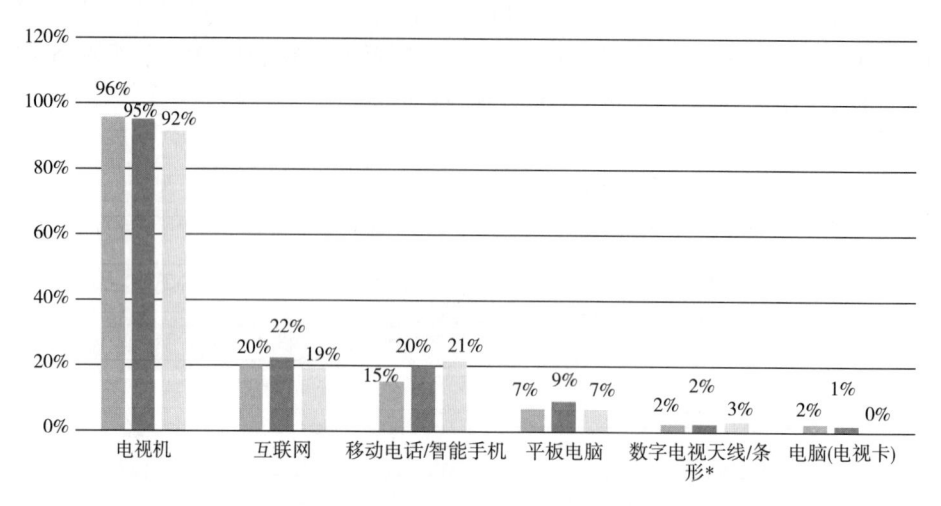

图7-99　2015—2017年德国青少年用于观看电视的媒体和设备

数据来源:Statista 2018

- 媒体使用情况。图7-100中的数据显示,在调查期间,男女生的媒体使用情况大致保持一致,但在不同的媒体上,二者的比例又有差异。互联网是德国青少年主要使用的媒体,女生使用比例高于男生;电视的使用比例,女生为77%,男生为74%,女生高于男生。数字游戏和在线视频的使用比例,男生远高于女生。

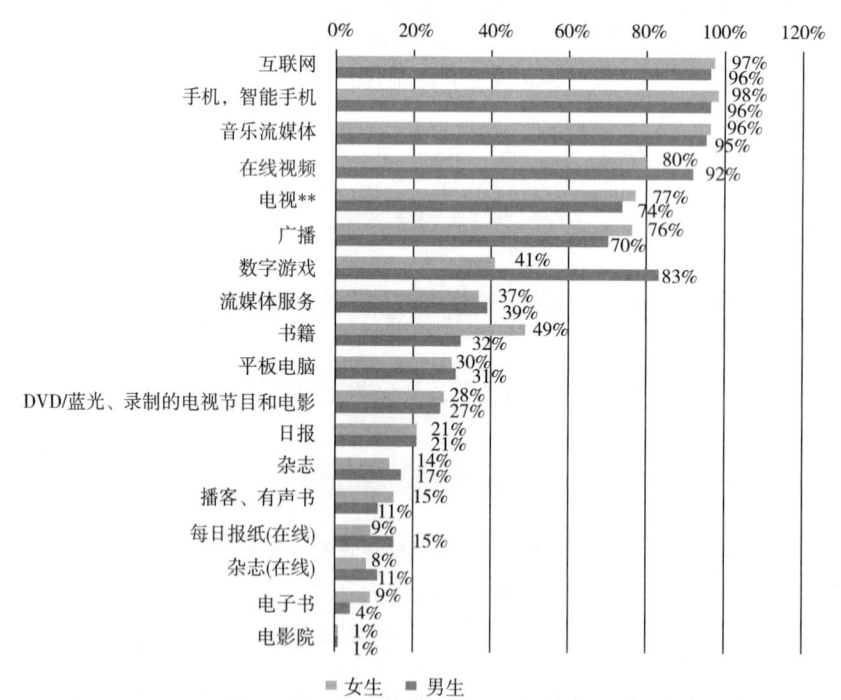

图7-100　2017年德国休闲时间的青少年媒体使用情况(按性别分列)

数据来源:Statista 2018

- 视频门户网站的使用量。图7-101中的数据显示,2017年,57%的在线用户表示可以访问互联网上的视频门户网站,从2011年到2017年,这一比例总体呈上升趋势。

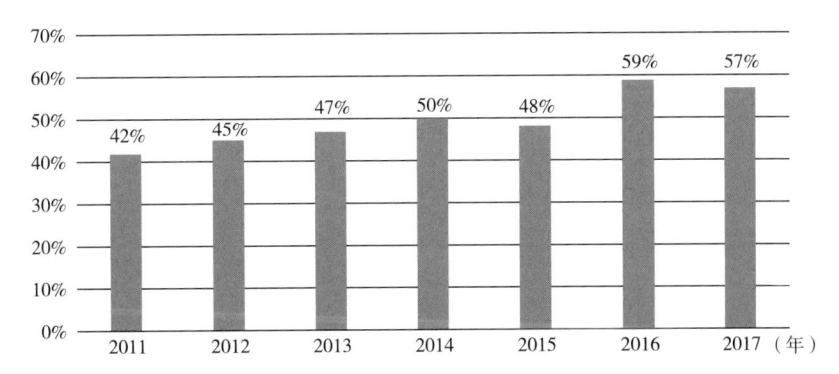

图 7-101　2011—2017 年德国至少偶尔在互联网上使用视频门户网站的受访者比例

数据来源:Statista 2018

- 使用互联网观看电视用户的数量。图7-102中的统计数据显示,很少或没有使用过互联网观看电视(直播或点播)的用户一直占比最高,而频繁使用互联网观看电视的用户一直占比最少。总体上,使用互联网观看电视的用户数量呈上升趋势。2013年,德国人口中约有288万人经常使用互联网观看在线电视(直播或点播)。到2016年,这一数字增加到476万人,增长了65%。

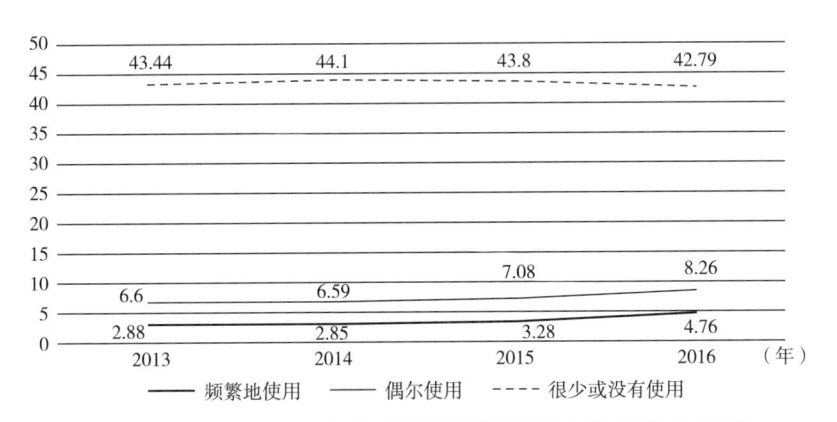

图 7-102　2013—2016 年德国使用互联网观看电视(直播或点播)
的互联网用户数量,按使用频率(单位:百万)

数据来源:Statista 2018

第三,观众偏好。相比于其他视频网站来说,德国观众更偏爱 Netflix;节目类型则更偏爱喜剧以及新闻等与国家政治相关的节目。

- 视频流媒体服务。图7-103中的数据基于Parrot Analytics提供的数据,显示了2017年德国最受欢迎的视频流媒体服务排名。在此期间,Netflix是德国最受欢迎的流媒体平台,约有163.8亿的需求,是排名第二的Amazon Video的将近4倍;受欢迎程度排在第三位和第四位的分别是CBS All Access和Hulu。相比于其他视频流媒体服务,Facebook是比较不受欢迎的流媒体平台,需求量仅为40万。

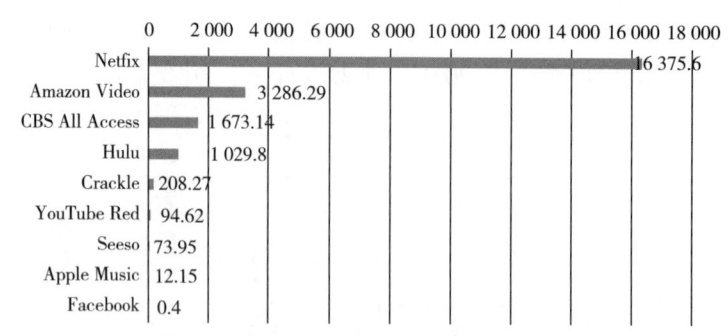

图 7-103　2017 年基于观众需求的最受欢迎的视频流媒体服务（以百万需求表达式）

数据来源：Statista 2018

- 电视节目类型。图 7-104 中的数据来自 Statista 进行的一项代表性调查，该调查涉及当年德国最受欢迎的电视节目类型。喜剧相对来说是最受各个年龄段欢迎的电视节目类型；国土和家庭题材的电视节目是各个年龄段最不受欢迎的节目类型；动作片最受 30~39 岁的中年人群喜爱；科幻与奇幻片在 20~29 岁和 30~39 岁人群中的受欢迎程度相同，均为 50%；历史节目最受 30~39 和 40~49 岁人群的欢迎，为 24%。

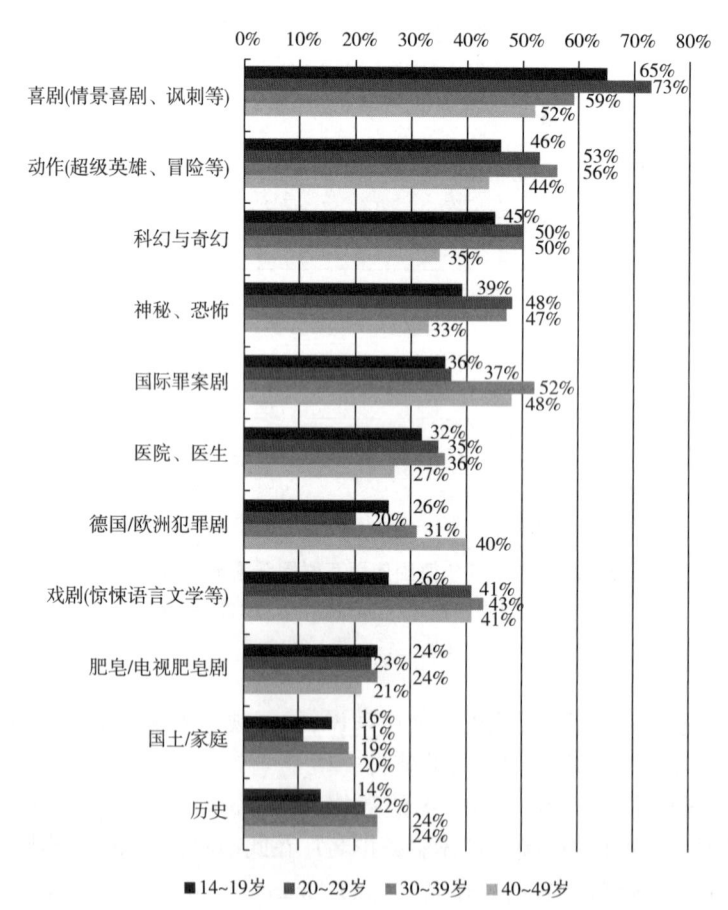

图 7-104　2016 年德国最受欢迎的电视节目类型（按年龄组划分）

数据来源：Statista 2018

2017年，新闻是最受男性和女性群体欢迎的电视节目类型，40.6%的德国女性和59.7%的德国男性非常喜欢在电视上看新闻；男性和女性在罪案题材的电视节目上均有着较高的兴趣；男性对体育、科技等方面节目的兴趣高于女性，女性对家庭生活、文艺娱乐等方面节目的兴趣大于男性，44.3%的男性喜欢在电视上观看体育类节目，而仅有9.9%的女性喜欢在电视上观看体育类节目，19.9%的女性喜欢观看家庭、医疗剧，而仅有3.4%的男性喜欢此种节目类型（见图7-105）。

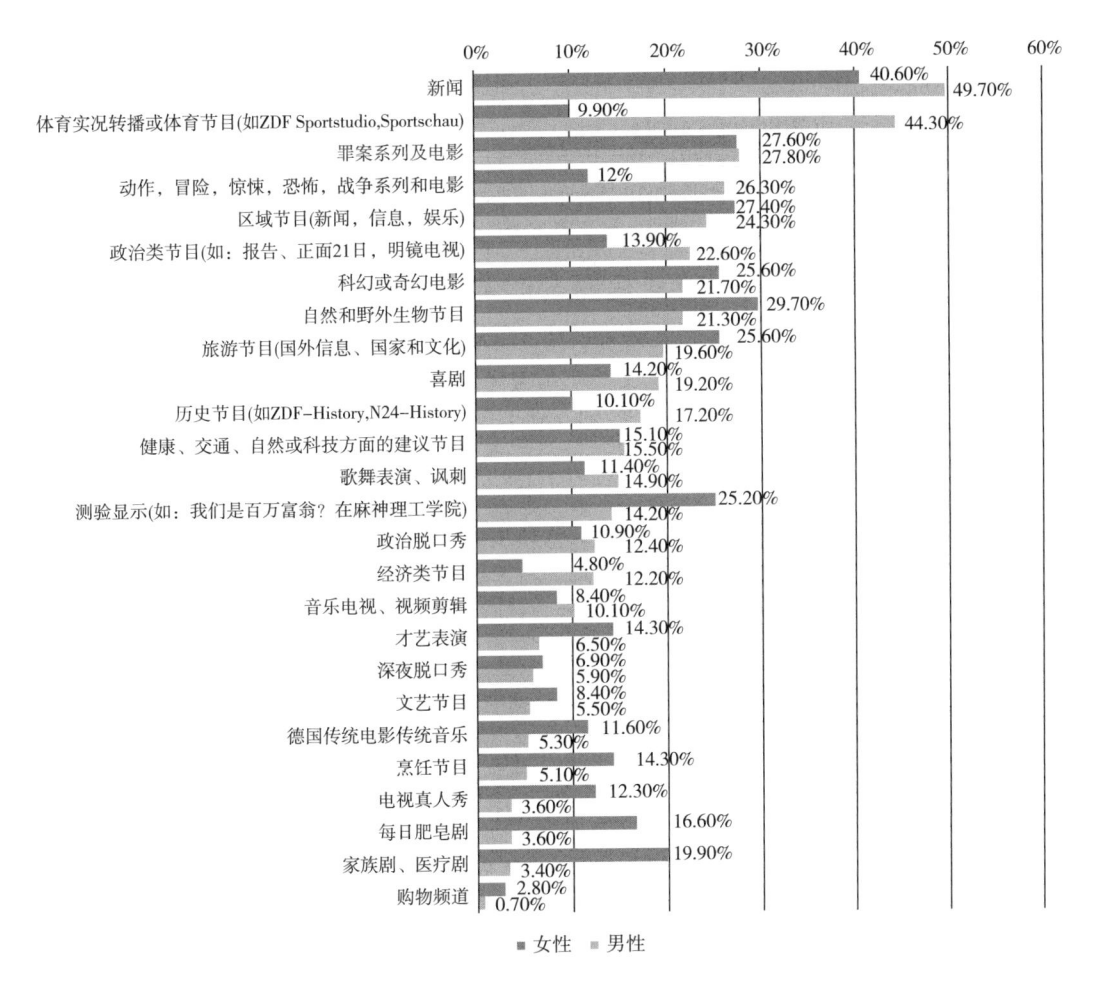

图7-105　2017年德国最受欢迎的电视类型（按性别划分）

数据来源：Statista 2018

- 新闻主题。图7-106中的统计数据显示，美国总统大选共有1 215分钟的播出时间。最受关注的新闻话题涉及欧洲和德国的难民，有4 050分钟的播出时间；其次是欧洲的恐怖主义，排在第三位的是叙利亚内战。对于其他国家发生的事件，如意大利地震、澳大利总统选举、俄罗斯的兴奋剂事件等，关注较少。这一数据表明，德国观众比较关心国家的政局与安全。
- 数字原创电视节目。图7-107中的数据显示，2017年，Netflix的《怪奇物语》是德国最受欢迎的数字原创节目，平均需求表达量达2 127万。《星际迷航·发现》和《暗》分

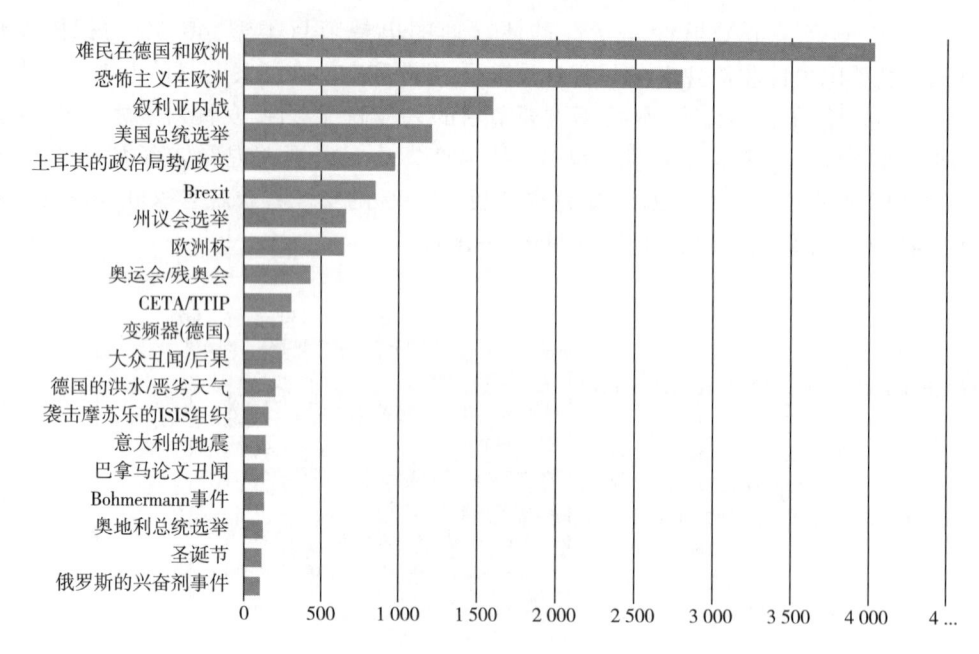

图 7-106 2016 年德国电视新闻中最受关注的 20 个主题的排名

数据来源：Statista 2018

别排名第二和第三，分别为 1 436 万和 1 227 万需求，排名后三位为《纸牌屋》、《铁拳》和《王冠》，《王冠》的需求量较少，为 342 万。

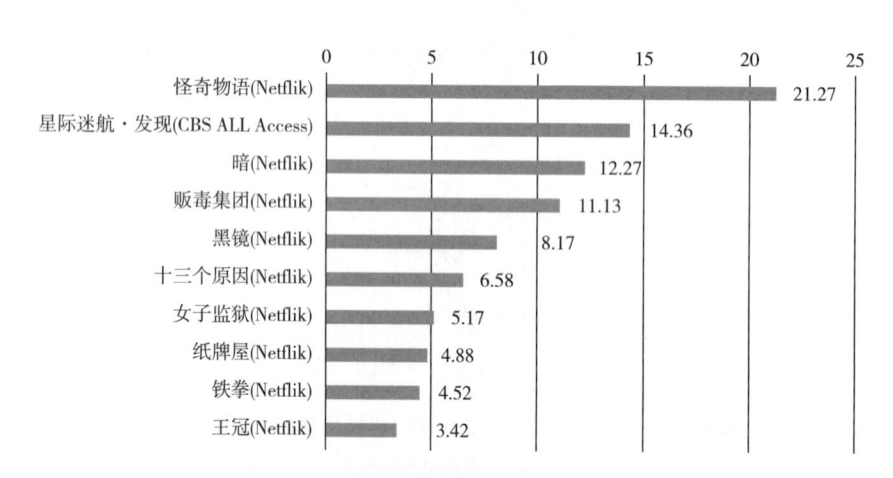

图 7-107 2017 年德国最受欢迎的数字原创电视节目（百万平均需求表达式）

数据来源：Statista 2018

- 观看服务的选择。图 7-108 中的统计数据显示了 2016 年选择德国在线电影和电视剧的服务时重要的标准。调查发现，受访者中最看重的标准是提供高质量音频视频服务，占 58%；其次是免费的服务，占 51%；流畅的观看体验、丰富的节目内容、不需要注册的服务，也是在线电影和电视剧服务选择的重要标准。相比于上述服务类型而言，下载、浏览次数等服务对观众服务选择的影响相对较小，还有 3% 的受访者对服务选择的概念较为模糊。

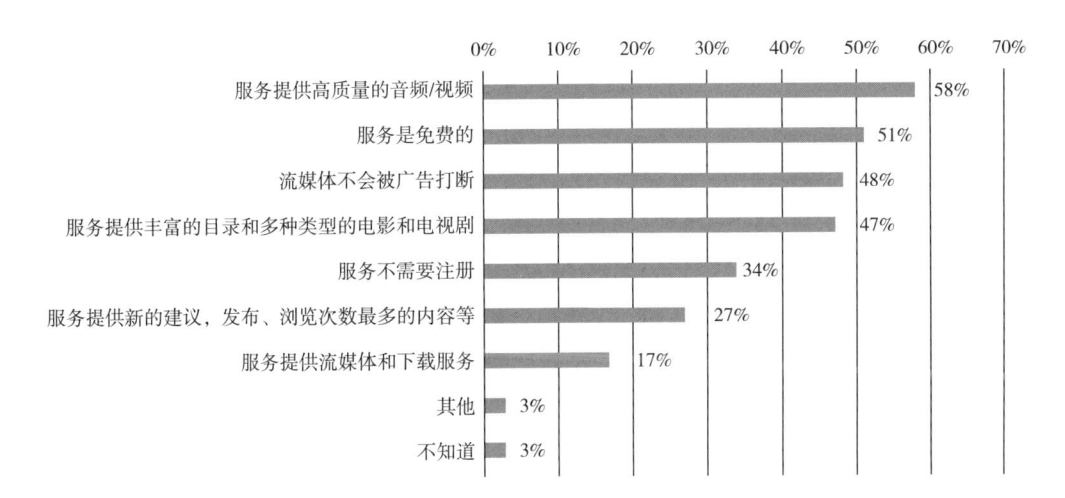

条件	百分比
服务提供高质量的音频/视频	58%
服务是免费的	51%
流媒体不会被广告打断	48%
服务提供丰富的目录和多种类型的电影和电视剧	47%
服务不需要注册	34%
服务提供新的建议，发布、浏览次数最多的内容等	27%
服务提供流媒体和下载服务	17%
其他	3%
不知道	3%

图 7-108 选择用于在线访问电影或电视剧的服务时，以下哪个条件对您很重要

数据来源：Statista 2018

从以上对德国电视市场的相关分析可知，电视媒体在德国的影响力很大，仅次于移动互联网；与之前相比，近年来，德国观众更注重电视服务的质量，数字电视、网络电视、卫星电视的发展欣欣向荣，时移电视服务、付费电视服务也受到更多人的推崇；电视是广告媒体的主要载体，对广告业的发展有至关重要的作用，电视广告的总支出在增加，可以通过广告吸引消费者直接消费的行业广告投入量较多，德国电视广告的总收入和净收入均呈现上升趋势，私人电视频道的收入明显高于公共电视频道的收入；电视节目的成本费用主要与播出时间有关，黄金时段的费用往往更高。电视的收入分为公共电视台的收入和私人电视台的收入，两种收入都呈现出逐年上升的状态，后者的收入高于前者，由德国电视带动着电视购物收入也在不断上升；平均每日电视观看时间呈现下降趋势，14~49岁观众为德国观看电视时间最长的群体，儿童观众电视观看时间呈现出明显的逐年下降趋势；观众的偏好与年龄、性别有较大的相关性，德国电视观众更偏爱 Netflix，节目类型方面更偏爱喜剧等精神享受类节目和新闻等与国家政治相关的节目。

7.2.2.3 法国电视市场

(1) 法国电视发展现状。电视在法国的媒体类型中处于重要地位，电视是信息的主要来源。

法国拥有电视的家庭数量在上升，电视收入也呈现上升趋势，其中，付费电视的收入比较可观。法国人均每日观看电视的时间呈下降趋势，相比于其他电视传播方式，法国观众更偏向于信任口碑传播，法国观众对电视服务质量的要求较高，流媒体提供的电视服务也越来越受到受众的欢迎。

图 7-109 是 2017 年选定的欧洲国家消费者使用的新闻来源调查结果。调查期间发现，电视和在线资源（包括社交媒体）是所有给定的新闻来源中最受欢迎的，渗透率一般

介于70%到80%之间,德国除外。其中,在线资源使用的比例为60%。法国电视和在线占比基本相同,法国与德国情况相似,电视是新闻的主要来源之一。

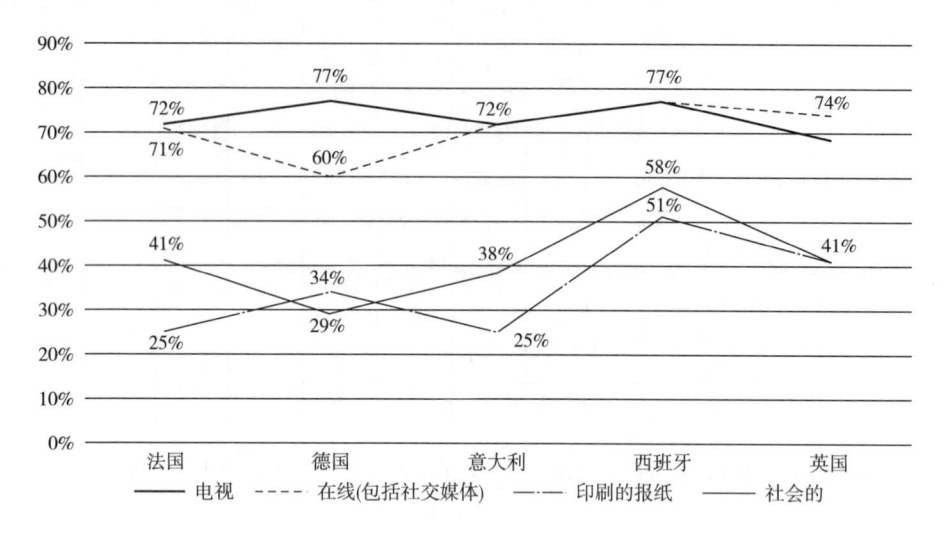

图 7-109 2017 年在欧洲国家使用的新闻来源

数据来源:Statista 2018

第一,电视拥有量。图 7-110 显示,2008—2016 年,法国电视家庭的数量持续上升,截至 2016 年,共有 2 840 万户家拥有电视。一方面是因为法国住户数量的增加,另一方面是经济的发展使人民的生活水平提高,之前无法消费电视的家庭有了一定的经济实力去追求享受型消费。

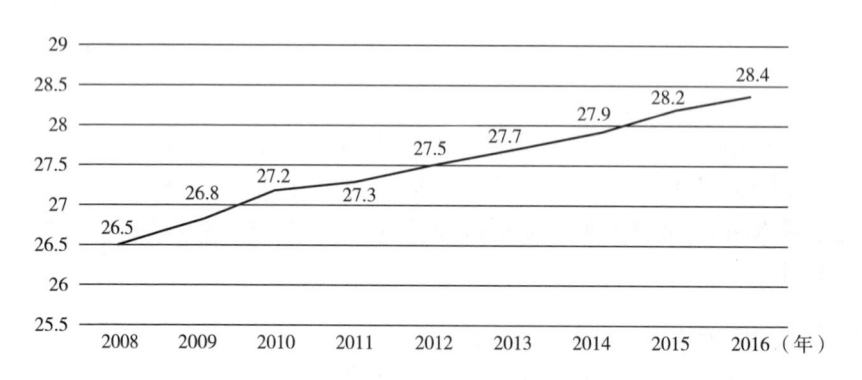

图 7-110 法国 2008—2016 年的电视家庭数量(单位:百万户家庭)

数据来源:Statista 2018

第二,电视频道。在法国,不同类型电视节目频道的数量有很大的差异性,主要与法国居民的电视消费习惯、电视频道方的收益、电视市场的状况、社会制度的约束等原因有关;不同电视频道的市场份额也有很大差异,主要与国家政策、电视台的经营理念、经营模式,对观众心理、消费习惯的把握,对电视市场发展状况的把握,信誉程度等各方面因素有关。

- 电视频道数量。图 7-111 显示,综合频道的数量最多,为 163 个,高出排名第二的音乐频道 120 个百分点;娱乐、新闻/商务频道数量分别排名第三和第四;运动与国际语言和文化频道的数量相同,均为 48 个;家庭购物、政治类型频道的数量相对较少;影视小说频道的数量最少,仅一个。

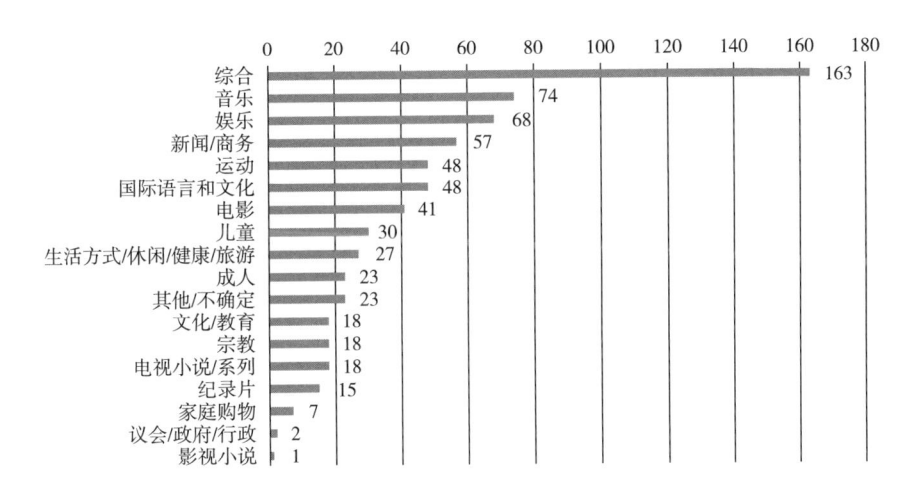

类型	数量
综合	163
音乐	74
娱乐	68
新闻/商务	57
运动	48
国际语言和文化	48
电影	41
儿童	30
生活方式/休闲/健康/旅游	27
成人	23
其他/不确定	23
文化/教育	18
宗教	18
电视小说/系列	18
纪录片	15
家庭购物	7
议会/政府/行政	2
影视小说	1

图 7-111 截至 2017 年 12 月在法国可用和建立的电视频道数量(根据类型划分)

数据来源:Statista 2018

- 电视频道的观众分布。图 7-112 显示了 2017 年法国电视频道的观众市场份额。TF1 和 France 2 在观众市场份额方面排名第一和第二,分别为 20% 和 13%;Franceinfo 频道拥有的观众最少,仅为 0.3%。

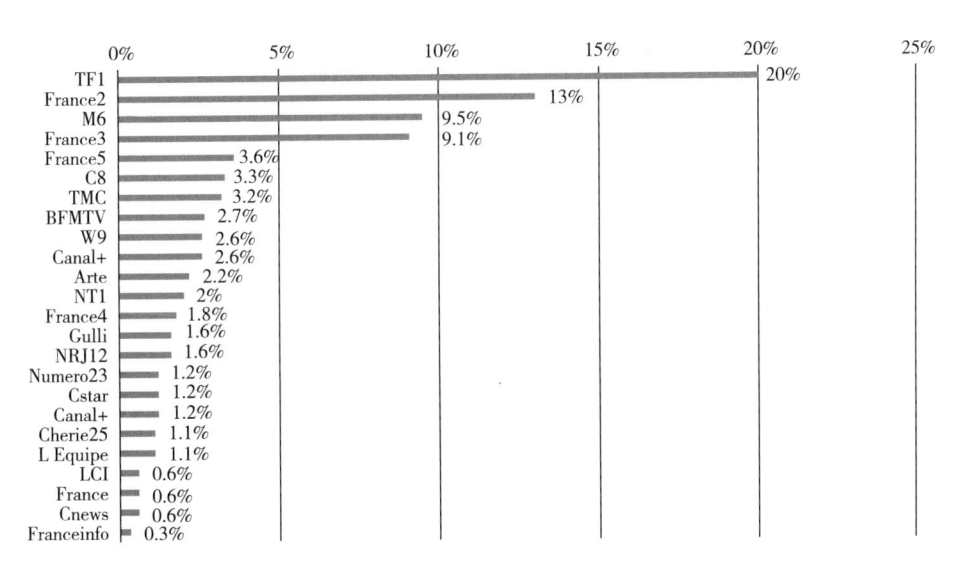

TF1	20%
France2	13%
M6	9.5%
France3	9.1%
France5	3.6%
C8	3.3%
TMC	3.2%
BFMTV	2.7%
W9	2.6%
Canal+	2.6%
Arte	2.2%
NT1	2%
France4	1.8%
Gulli	1.6%
NRJ12	1.6%
Numero23	1.2%
Cstar	1.2%
Canal+	1.2%
Cherie25	1.1%
L Equipe	1.1%
LCI	0.6%
France	0.6%
Cnews	0.6%
Franceinfo	0.3%

图 7-112 2017 年法国主要电视频道的观众分布情况

数据来源:Statista 2018

第三,电视信用。电视信用对电视的发展至关重要,不同电视节目要求不同的信用度,电视新闻是否可信备受争议。

● 电视新闻信任人数。图 7-113 显示了 2005—2017 年期间法国电视台报道信任新闻的人数,这一比例总体上相对稳定,集中于 45%~50% 之间。2005 年 1 月,45% 的受访者表示电视新闻是值得信赖的;而 2017 年 1 月,这一比例为 41%;2015 年 1 月信任新闻的比例最大,为 57%。

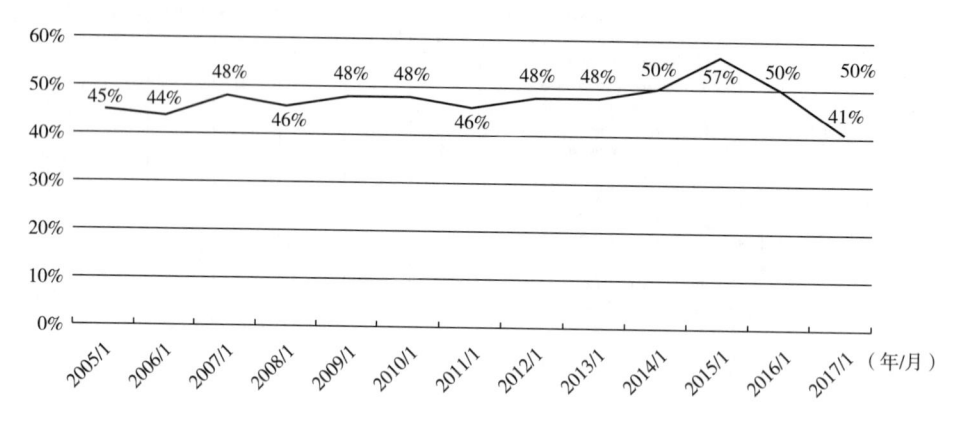

图 7-113　2005—2017 年法国信任电视新闻的人数

数据来源:Statista 2018

● 电视新闻的可信度。图 7-114 中的数据表明,2005—2013 年,不信任电视新闻的观众比例高于信任电视新闻的观众比例;2014—2016 年,信任电视新闻的观众比例高于不信任电视新闻的观众比例;2017 年,不信任电视新闻的观众的比例再次高于信任其的比重。2017 年,41% 的受访者表示电视新闻在描述事件的过程中值得信赖,相比之下,55% 的人认为真实事件和电视新闻明显不同。

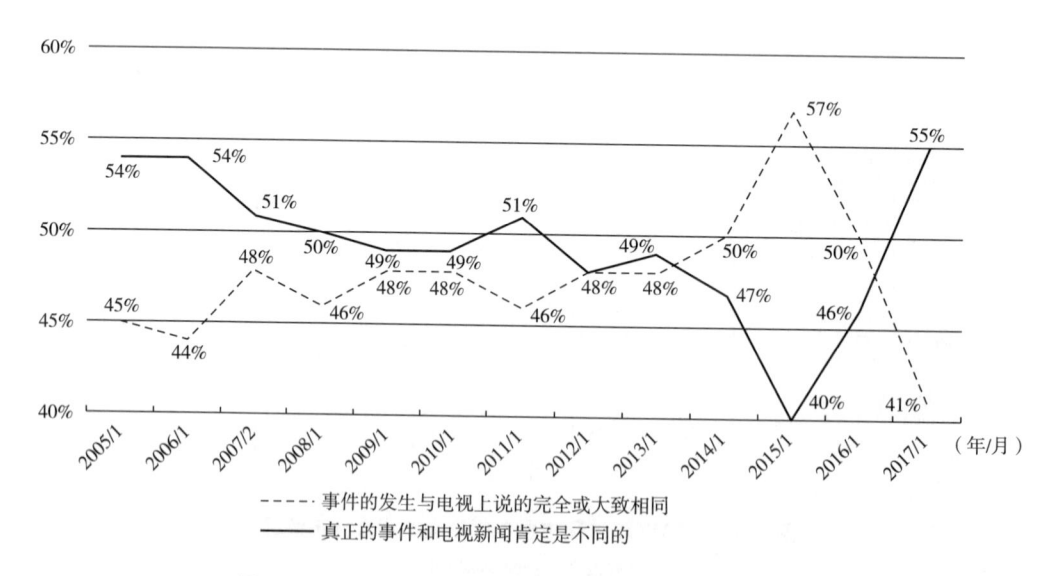

图 7-114　2005 年至 2017 年法国电视新闻播报可靠性刍议

数据来源:Statista 2018

综合上述图 7-113 和图 7-114 来看,法国信任与完全不信任电视新闻的人数大致参半,两者的比例虽有波动,但大体上趋于稳定,变化较为明显的是在 2015 年前后,2015 年信任新闻的比例为 57%,不信任的为 40%,两者相差较大。

(2)电视广告。法国的电视广告数量大体上高于其他媒体广告数量,电视是法国广告的主要载体。电视广告收入是电视收入的重要组成部分,与广告的数量、广告的时长、广告的支出、广告的品质等多种因素有关。

第一,广告支出。图 7-115 显示,2008—2018 年,杂志、报纸等纸媒的广告支出呈下降趋势,而数码数字、电视广告支出呈上升趋势;电视广告支出大体上高于其他媒体的广告支出。2008—2015 年,电视广告支出一直高于其他媒体的广告支出,从 2015 年起,数码数字的广告支出超过电视,位居第一。

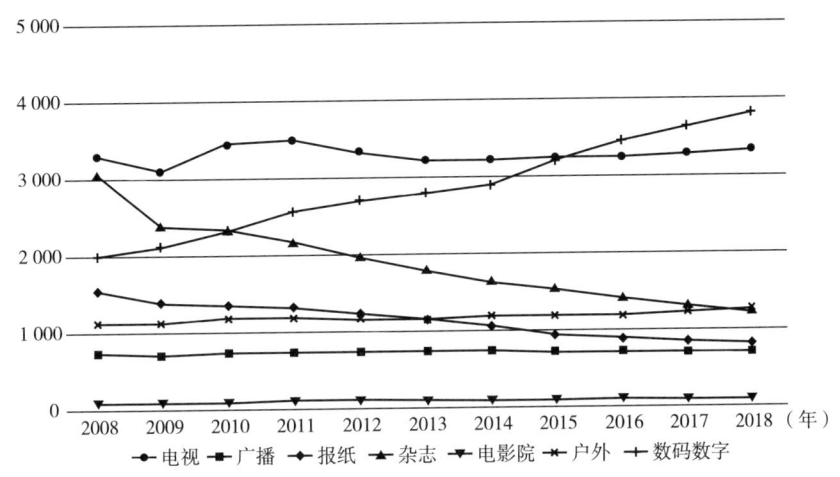

图 7-115 2008—2018 年法国不同媒体的广告支出(单位:百万欧元)

数据来源:Statista 2018

第二,广告位数量。总体上看,法国电视广告位数量呈波动上升趋势,年均增长率均高于 4%,维持在 6% 左右。2009—2016 年,法国电视广告位的年均增长率为 6.26%。数据表明,法国电视广告位的年均增长率维持在一个较为稳定的水平(见图 7-116)。

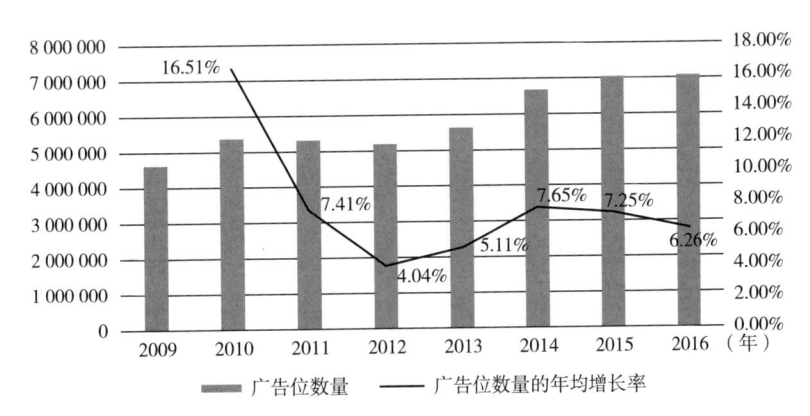

图 7-116 2009—2016 年法国电视广告位数量及年均增长率

数据来源:Statista 2018

第三,广告时长。图 7-117 显示,2009—2011 年,法国电视广告的平均时长持续上升,2011 年达到 21.3 秒,2012 年这一数据下降到 21.1 秒,2013 年,电视广告时长再次回升到 21.3 秒,2013 年到 2016 年,电视广告的平均持续时间持续下降,但始终维持在 20.5 秒到 21.5 秒之间。

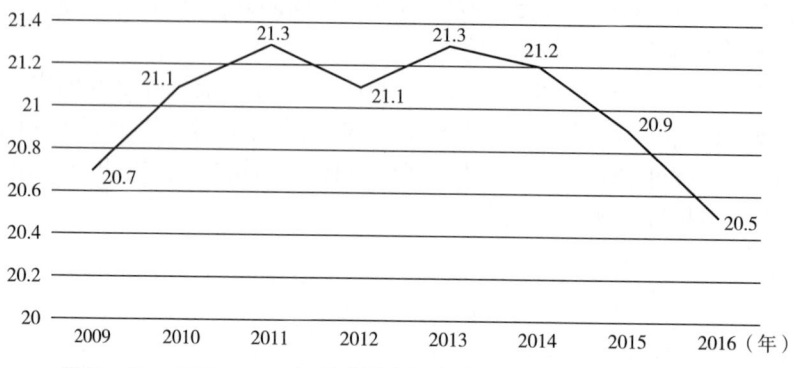

图 7-117　2009—2016 年间法国电视广告的平均时长(以秒为单位)
数据来源:Statista 2018

总体上看,法国的电视广告处于一种较为稳定健康的发展状态,这与法国政府的相关政策有很大的关联。对于插播广告的管理,法国的规定较为细致。2008 年,为了提高节目质量,时任总统萨科齐宣布,从 2010 年 1 月开始,所有法国公立电视台晚上 8 时后禁播广告,并将进一步实现国家电视台全部时段禁播广告。但法国的私营电视台仍然可以播放广告,平均每小时不得超过 9 分钟,如果播出的节目时长不到 1 小时,可以插播一次广告;如果播出的节目时长超过 1 小时,可以插播两次广告。

(3)电视收入。电视的收入分为电视节目收入、电视广告收入、广播收入、许可证收入、转播权收入、付费电视收入等多种类型。法国电视总体收入呈波动上升的趋势。

第一,电视节目和广播总收入。图 7-118 中的数据表明,2008 年到 2020 年,法国电视节目和广播收入基本上位于 120 亿美元到 140 亿美元之间。2008—2014 年,法国电视

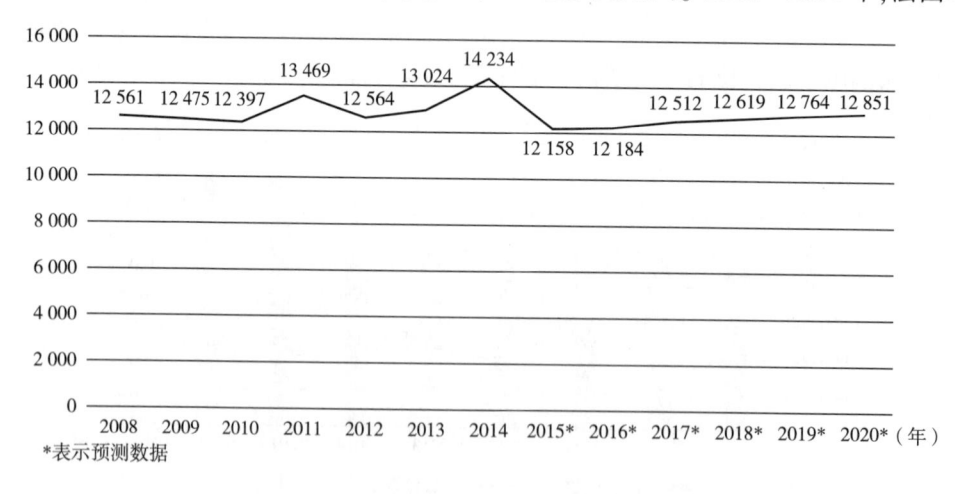

*表示预测数据

图 7-118　2008—2020 年法国电视节目和广播收入(单位:百万美元)
数据来源:Statista 2018

节目和广播收入波动上升,2014 年,法国的电视节目和广播收入达到几年以来的最高值 142.34 亿美元,2015 年下降为最低值 121.58 亿美元,2016—2020 年收入稳步上升。

第二,公共广播电视公司收入。图 7-119 中的数据显示,2009 年到 2012 年,法国公共广播电视公司的收入逐年上升,2012 年达到几年来的最大值 46.58 亿欧元;2013 年收入下降为 44.9 亿欧元;经小幅变动,2016 年,上市公司收入再次上升,约为 45.8 亿欧元。

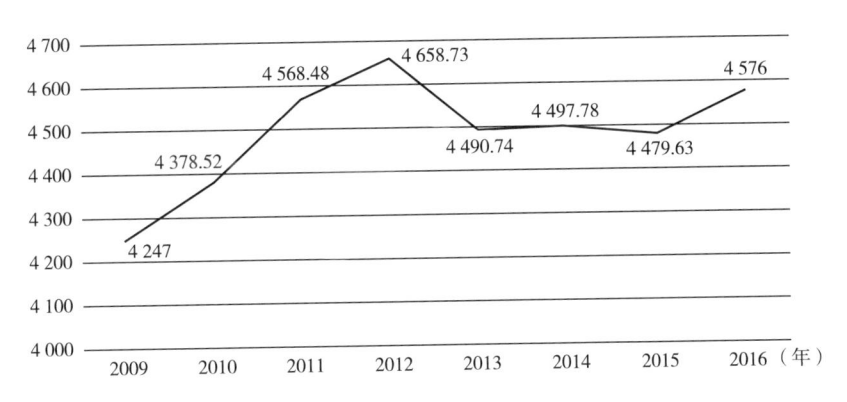

图 7-119 2009—2016 年法国公共广播电视公司的收入(单位:百万欧元)
数据来源:Statista 2018

第三,广播接收许可收入。图 7-120 显示,2012—2016 年,法国各机构广播接收许可收入持续上升。2016 年,电视许可证产生约 390 万欧元的收入,比 2012 年上升了 17.5%。

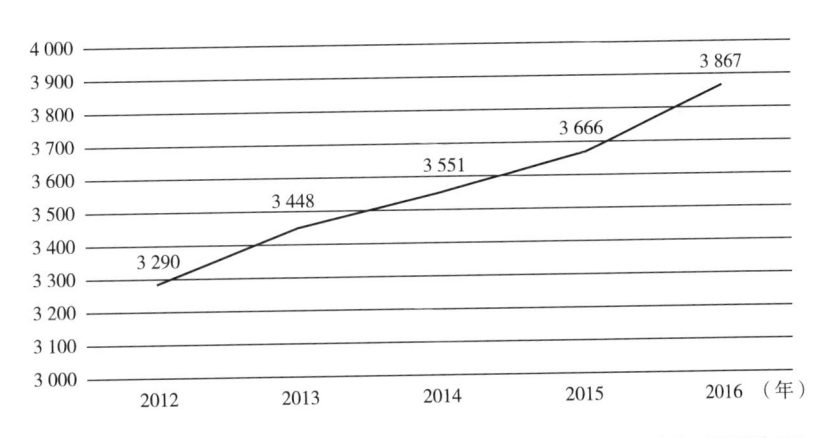

图 7-120 2012 年至 2016 年法国各机构广播接收许可收入(单位:百万欧元)
数据来源:Statista 2018

第四,电视转播权收入。图 7-121 描绘了 2001—2016 年法国足球甲级联赛 1 电视转播权的收入呈波动上升。2013 赛季电视广播的价值为 6.07 亿欧元;2016 年,收入达到近几年来的最高值,为 7.48 亿欧元。

第五,付费电视收入。图 7-122 显示,2011 年至 2016 年,法国总付费电视收入一直呈现上升趋势。2016 年,法国的付费电视总收入达到 54.4 亿欧元。

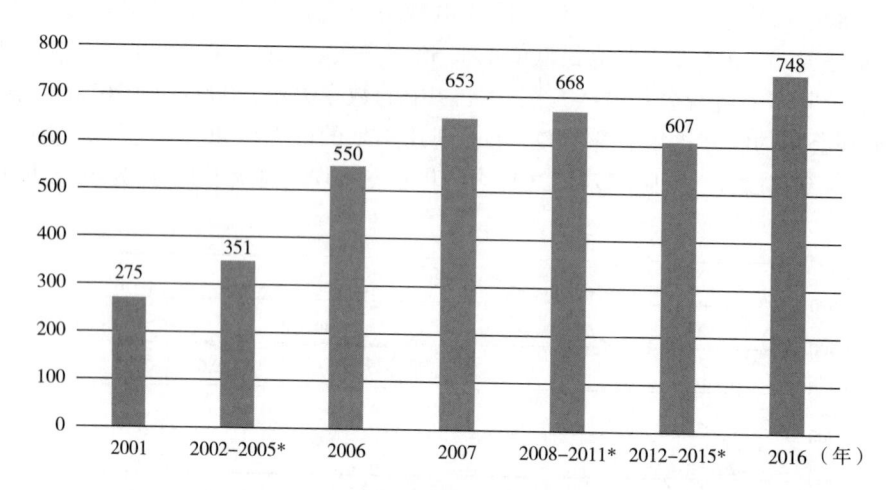

图 7-121 2001—2016 年法国电视转播权收入（单位：百万欧元）

数据来源：Statista 2018

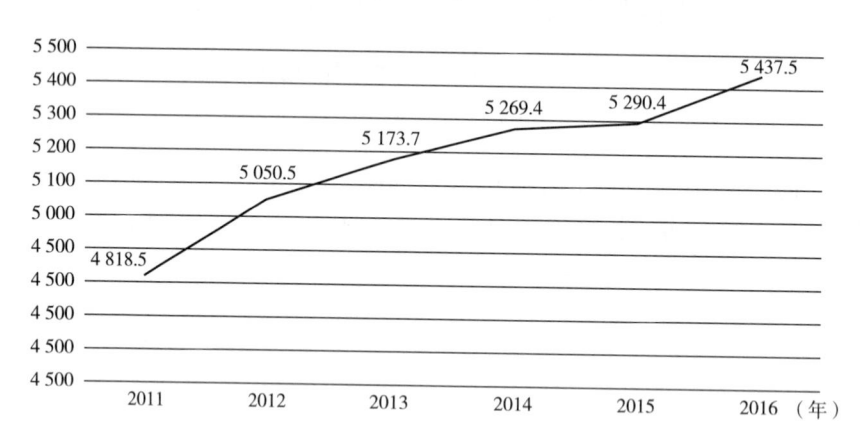

图 7-122 2011—2016 年法国总付费电视收入（单位：百万欧元）

数据来源：Statista 2018

第六，电视公司营业收入。图 7-123 显示了法国领先的电视公司按 2016 年的营业收入排名。第一大收入公司是 Groupe Canal Plus（Vivendi），为 52.53 亿欧元，高出第二大收入公司 France Téléisions 63%，排名第三、第四的分别为 TF1 Group 和 Métropole Télévision，Polsat Cyfrowy S. A. 公司营业收入排名最后，为 5.07 亿欧元。

(4) 观众行为。

第一，观看时间。法国电视观众的观看时间在欧洲各国中处于中间位置。在法国，每日观看电视时间处于下降趋势。2016 年，欧洲各国观看电视的平均时间为每天 230 分钟，法国每天观看电视的时间为 223 分钟，低于欧洲各国观看电视平均时间 3 个百分点（见图 7-124）。

● 日观看时间。如图 7-125 所示，法国人平均每日观看电视的时间，2010 年至 2014 年波动上升，2014 年达到最高值，为 245.1 分钟；2015—2018 年逐年下降，2018 年预计下降到 229.4 分钟，比 2014 年下降约 35 个百分点。

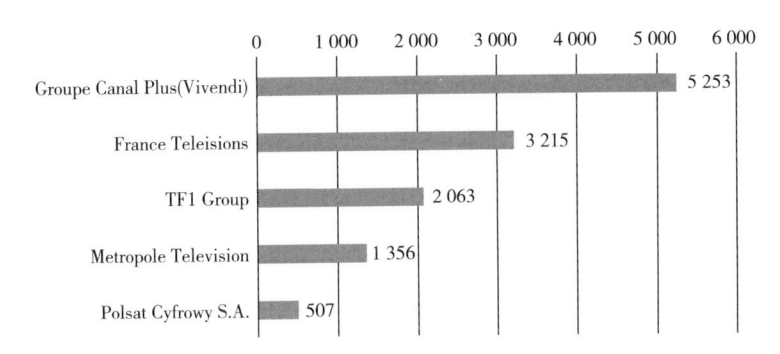

图 7-123　2016 年电视公司按法国未合并营业收入排名（单位：百万欧元）

数据来源：Statista 2018

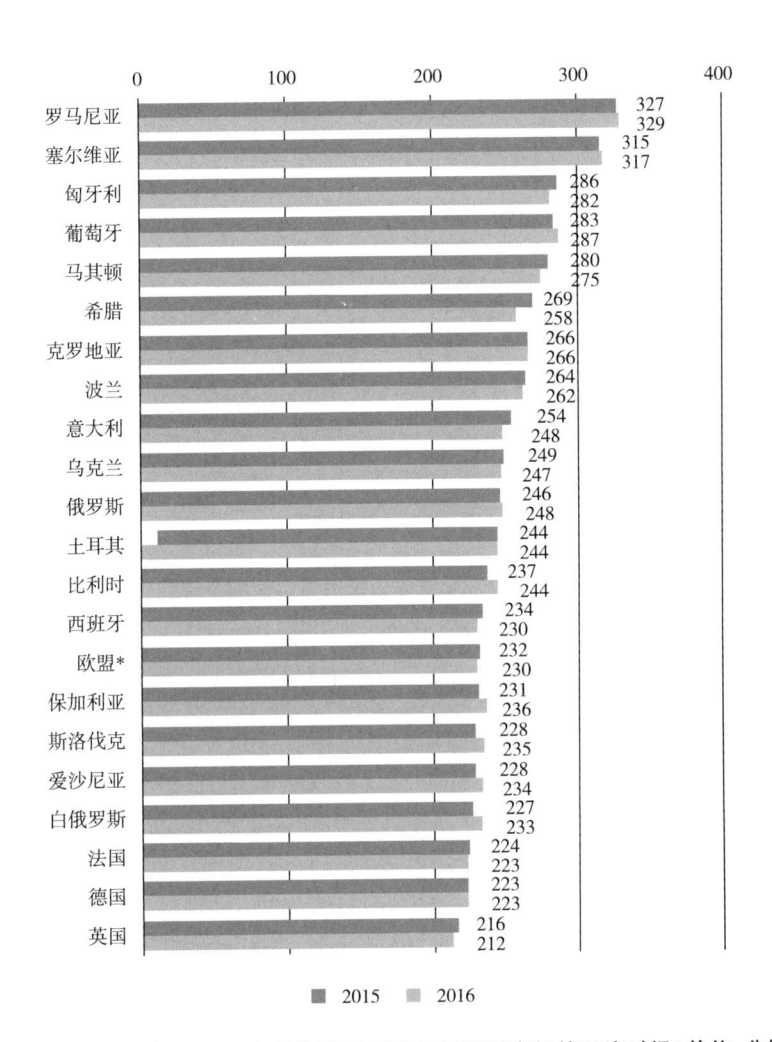

图 7-124　2015 年和 2016 年欧洲部分国家每日观看电视的平均时间（单位：分钟）

数据来源：Statista 2018

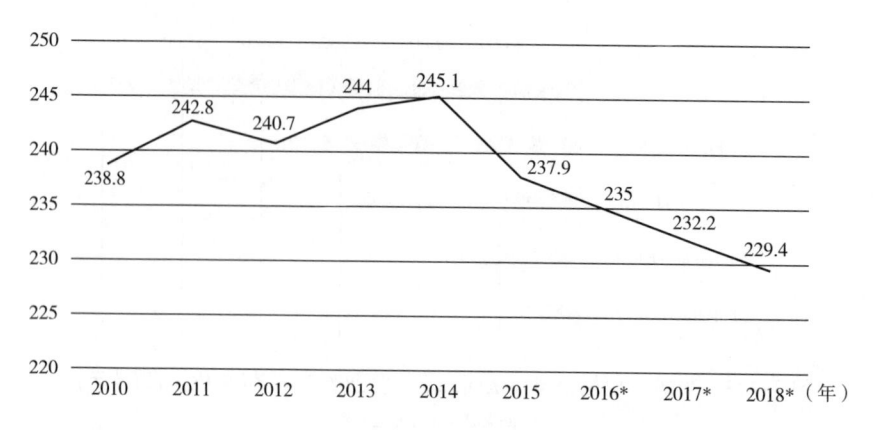

图 7-125　2010—2018 年法国人平均每日观看电视的时间（单位：分钟）

数据来源：Statista 2018

- 周观看时间。如图 7-126 所示，大约 1/4 的法国人每周看电视的时间为 15~21 小时。超过 20% 的受访者表示他们的电视消费每周超过 21 小时，只有 5% 的受访者看电视时长不固定。

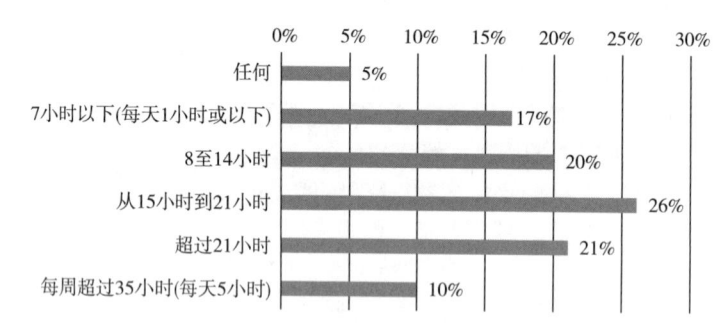

图 7-126　2016 年法国人每周看电视的小时数

数据来源：Statista 2018

第二，观看方式。法国通过互联网观看电视的人数不断增加。发现电视节目的方式分为离线与在线的两种，在两种方式中，最主要的是口口相传。

图 7-127 为 2017 年欧盟 28 个国家的在线电视观看调查结果。调查期间，发现在线电视在马耳他和瑞典最受欢迎，26% 和 24% 的受访者表示看电视每天或几乎每天都通过互联网方式观看电视。法国有 9% 的受访者表示每天通过互联网观看电视。

- 发现电视节目的方法。基于 Parrot Analytics 提供的数据，2017 年在法国发现电视节目最常见的是离线方法。调查期间，近 30% 的受访者表示他们经常通过口口相传发现新的电视节目，其次较为主要的是电视广告（见图 7-128）。

Parrot Analytics 提供的数据显示了 2017 年在法国发现电视节目最常见的在线方法。调查期间，超过 38% 的受访者表示他们经常通过口口相传发现新的电视节目，如在社交媒体上（见图 7-129）。

- 互联网方式。图 7-130 显示了 2016 年互联网用户上网访问法国电影和电视剧频

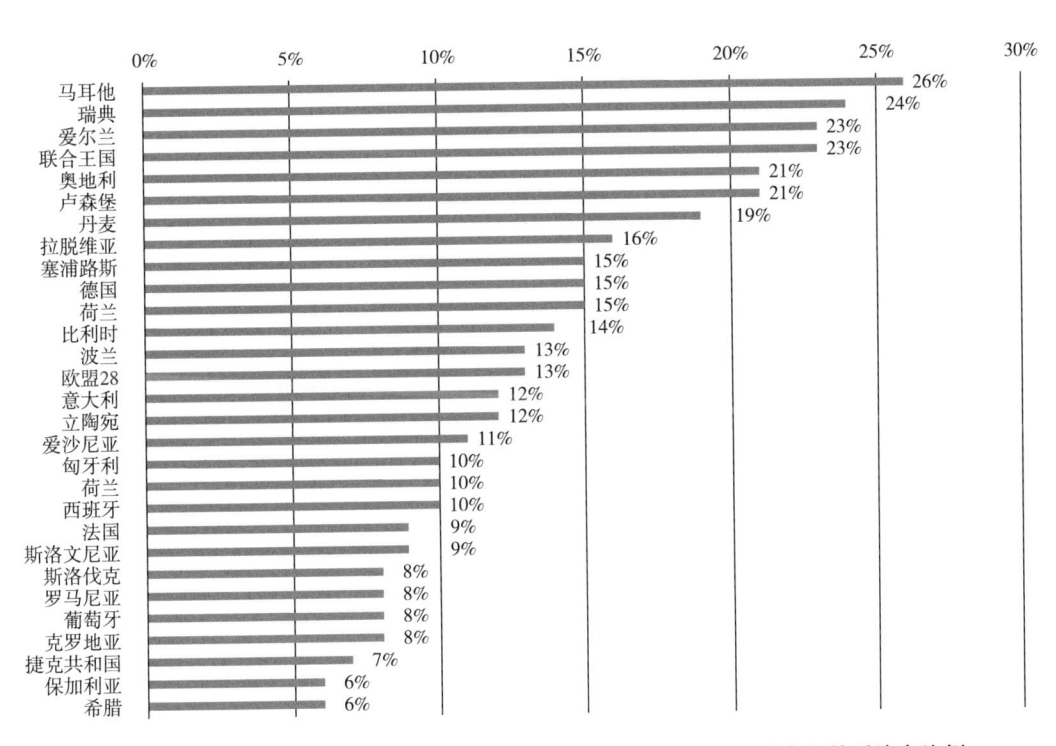

图 7-127　2017 年每天或几乎每天在欧盟（EU 28）通过互联网观看电视的受访者比例

数据来源：Statista 2018

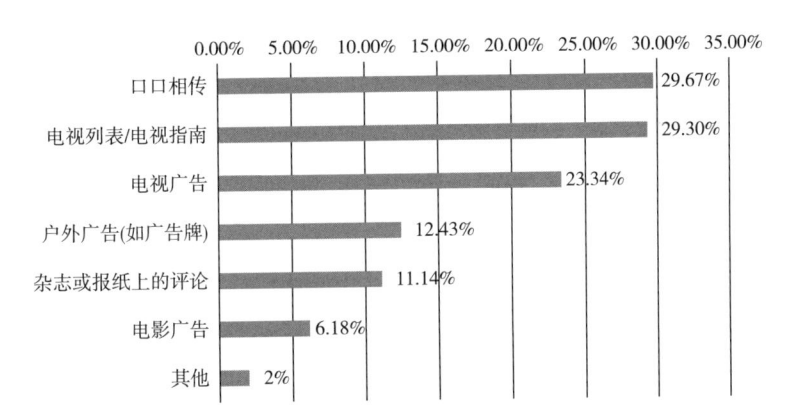

图 7-128　2017 年在法国发现电视节目的最常见的离线方法

数据来源：Statista 2018

率的调查结果。调查发现，46%的法国在线用户声称使用互联网访问电影或电视剧更多而不是每周一次；20%的法国在线用户从来没有使用过互联网访问电影或电视。

第三，电视服务。法国的电视服务有不同的类型，其中，专业的电影和电视剧系列、流媒体服务是主要的服务类型。法国人对电视服务也有不同的要求，对服务和质量的要求较高。不同年龄段的观众对服务的要求也不同。

• 观看服务的选择。图 7-131 显示，法国受访者中使用专业的电影和电视剧流媒体

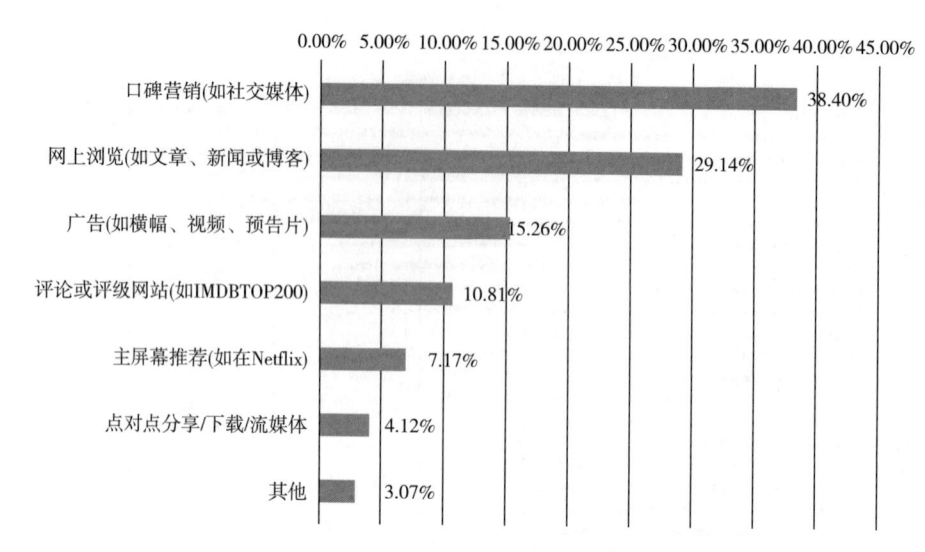

方法	百分比
口碑营销(如社交媒体)	38.40%
网上浏览(如文章、新闻或博客)	29.14%
广告(如横幅、视频、预告片)	15.26%
评论或评级网站(如IMDBTOP200)	10.81%
主屏幕推荐(如在Netflix)	7.17%
点对点分享/下载/流媒体	4.12%
其他	3.07%

图 7-129　2017 年在法国发现电视节目的最常见的在线方法

数据来源：Statista 2018

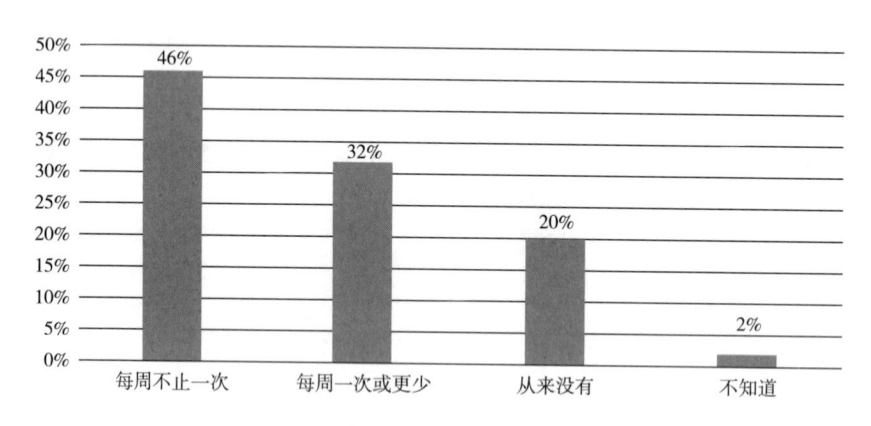

频率	百分比
每周不止一次	46%
每周一次或更少	32%
从来没有	20%
不知道	2%

图 7-130　2016 年法国访问电影和电视剧的互联网使用频率

数据来源：Statista 2018

服务类型	百分比
专业的电影和电视剧流媒体服务	23%
广播公司的在线电视服务	22%
视频分享网站	21%
在线平台	14%
在线社交媒体	9%
数字化存储	6%

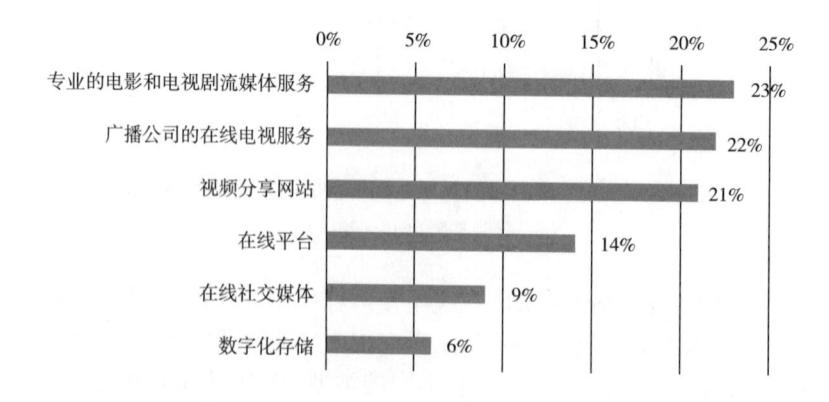

图 7-131　2016 年法国在线观看电影或电视剧的服务类型

数据来源：Statista 2018

服务、使用广播公司的在线电视服务和使用视频分享网站观看电影或电视剧的比重分别为23%、22%和21%。相对于上述三种方式而言,使用在线平台、在线社交媒体观看电影和电视剧的比重较少,分别为14%和9%;使用数字化存储在线观看电影或电视剧的人数比例最少,仅为6%。

• 服务选择标准。图7-132显示了2016年选择法国在线电影和电视剧服务时的标准。调查发现,受访者中最看重的标准是免费的服务,占比为67%;其次是"服务应提供高质量的音频/视频",占比为48%;流畅的观看体验、不需要注册的服务、丰富的节目内容也是选择在线电影和电视剧服务的重要标准。相比于上述服务类型而言,下载、浏览次数等服务对观众服务选择的影响相对较小;还有2%的受访者对服务选择的概念较为模糊。

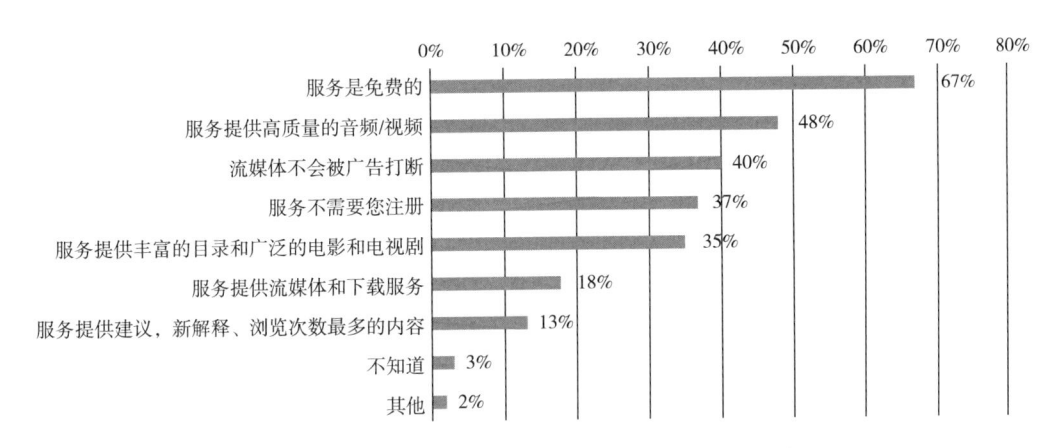

图7-132 2016年法国选择在线电影和电视剧服务的标准

数据来源:Statista 2018

• 无限制视频订阅。图7-133显示,2016年,年龄在18~24岁之间的法国人中有将近30%表示他们订阅了无限制的视频。在70岁及以上的法国人中,只有7%的受访者有这样的订阅。随着年龄的增长,观看视频点播的个人比例逐渐减少,从12岁到39岁比例下降的较慢,39岁以后,这一比例下降较快。

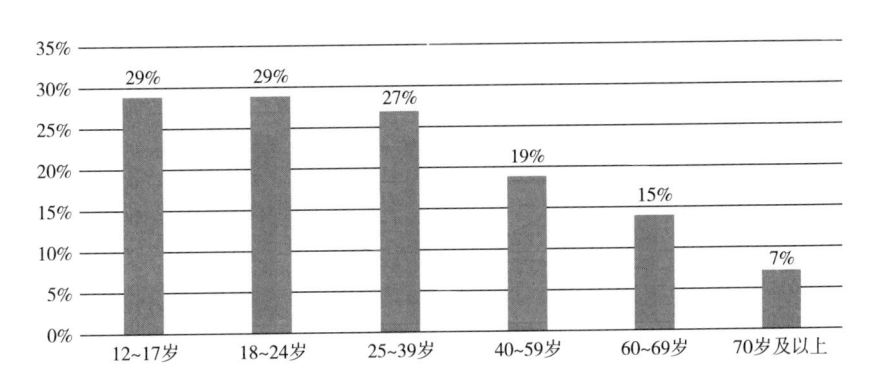

图7-133 2016年在法国无限制观看视频点播连续剧或电影的个人比例

数据来源:Statista 2018

第四,观众兴趣。法国的电视频道在全球最受欢迎的是 TF1;在法国国内最受欢迎的视频流服务为 Netflix;娱乐和小说占在线电视消费量的很大比重,青春题材的电视节目消费量快速上升;数字原创电视节目中,科幻小说、戏剧占很大比重,脱口秀占的比重最少。《权力的游戏》深受法国人民喜爱,"The Voice"是法国人最喜欢的音乐真人秀节目。

- 电视频道排名。根据 2017 年 11 月 27 日全球粉丝数量,这一统计数据代表了推特(Twitter)上最具影响力的法国电视频道的排名。如图 7-134 所示,TF1 是社交网络上最受欢迎的法国电视媒体,拥有超过 500 万追随者,BFM TV 相对来说影响力较小,只有 228 万追随者。

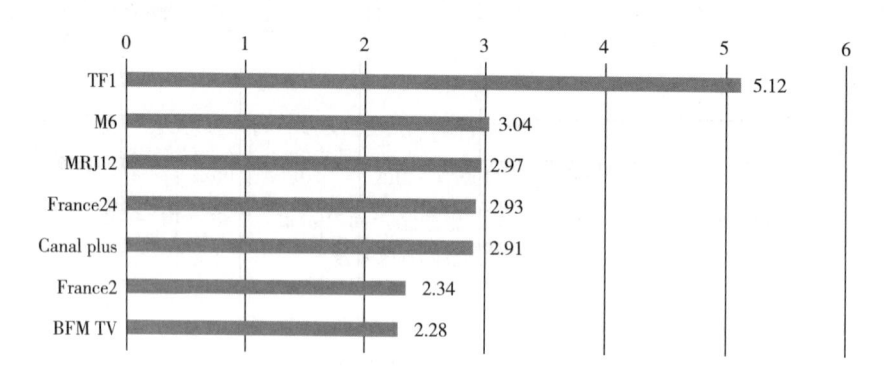

图 7-134 截至 2017 年 11 月 27 日全球推特上最受关注的法国电视频道排名(单位:百万)
数据来源:Statista 2018

- 视频流服务排名。图 7-135 基于 Parrot Analytics 提供的数据,显示了 2017 年法国最受欢迎的视频流媒体服务排名。在此期间,Netflix 是法国最受欢迎的流媒体平台,有接近 136 亿的需求,高于排在第二名的 Amazon Video 1 428 个百分点;Facebook 的需求相对较少,仅有 36 万的服务需求。

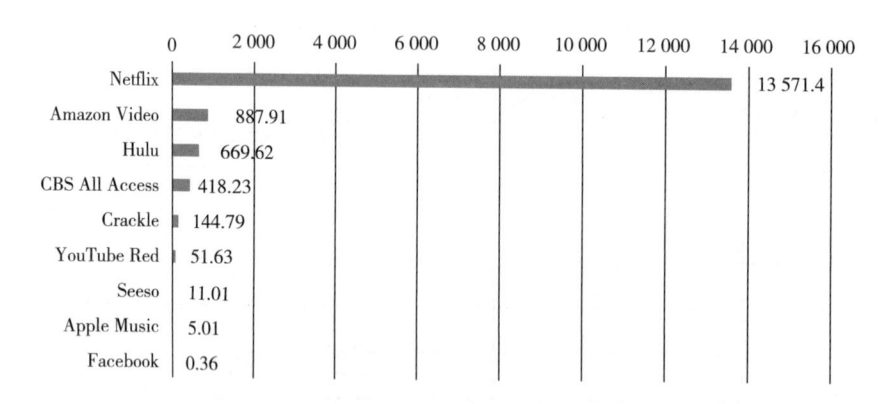

图 7-135 2017 年基于观众需求的最受欢迎的视频流服务(百万需求)
数据来源:Statista 2018

- 在线电视消费情况。图 7-136 按类型显示 2011 年至 2017 年法国在线电视消费的分布情况。统计期间,娱乐和小说节目一直是法国在线电视的主要消费对象,青春题材节目的消费增长速度较快,2013 年到 2016 年直线上升,2017 年有少许下降,纪录片的消费情况相对较少。

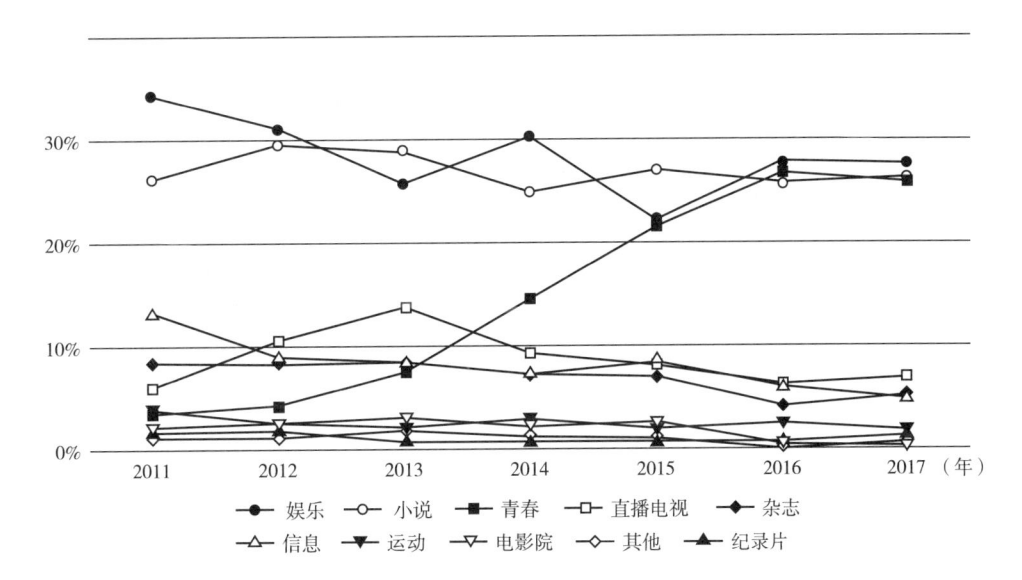

图 7-136　2011—2017 年法国在线电视消费情况(按类型划分)
数据来源:Statista 2018

● 数字原创电视节目类型排名。根据 Parrot Analytics 提供的数据,图 7-137 显示那一周,科幻小说是最受欢迎的类型,法国数字原创电视节目的需求表达量超过 1.91 亿。戏剧和喜剧类型排名第二和第三,分别有大约 1.62 亿和 3 700 万的需求,脱口秀的需求量较少,仅有 11 万。

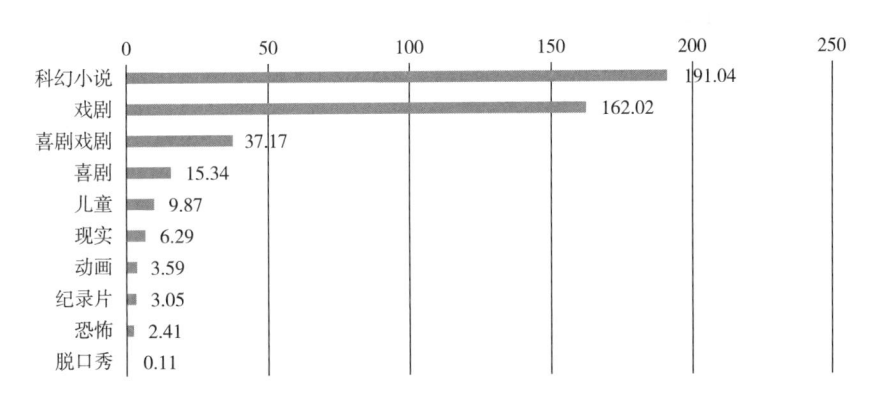

类型	需求量(百万)
科幻小说	191.04
戏剧	162.02
喜剧戏剧	37.17
喜剧	15.34
儿童	9.87
现实	6.29
动画	3.59
纪录片	3.05
恐怖	2.41
脱口秀	0.11

图 7-137　截至 2017 年 12 月 31 日的一周内法国数字原创电视节目类型排名(百万需求)
数据来源:Statista 2018

● 点播电视节目排名。《权力的游戏》是法国最受欢迎的电视节目,平均需求量约为 1 455 万;《十三个原因》是第二受欢迎的节目,平均需求量约为 728 万;《行尸走肉》是第三受欢迎的节目,平均需求量约为 678 万(见图 7-138)。

● 音乐真人秀排名。图 7-139 显示,2017 年,39% 的受访者表示,"The Voice" 是他

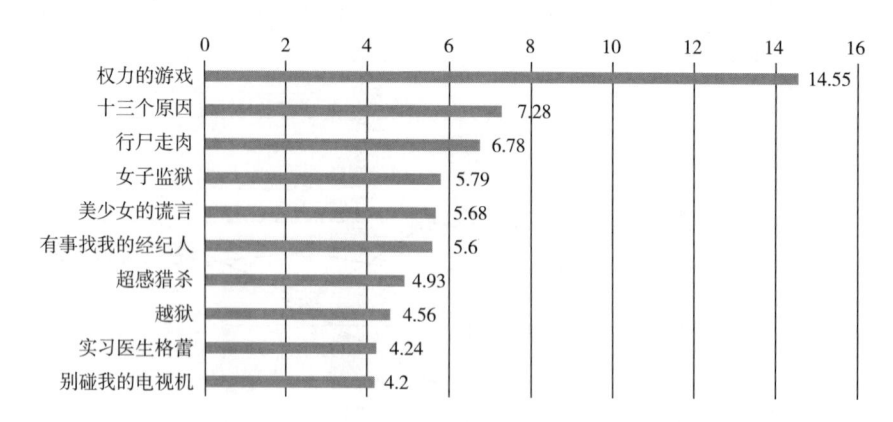

图 7-138　2017 年法国点播电视节目排名(需求量,单位:千万)

数据来源:Statista 2018

们最喜欢的音乐真人秀节目;"Prefer not to answer"是第二受欢迎的音乐真人秀节目;排名第三的是"Danse avec les Star"。相比之下,2017 年,有 13% 的人提到了"La Nouvelle Star"。

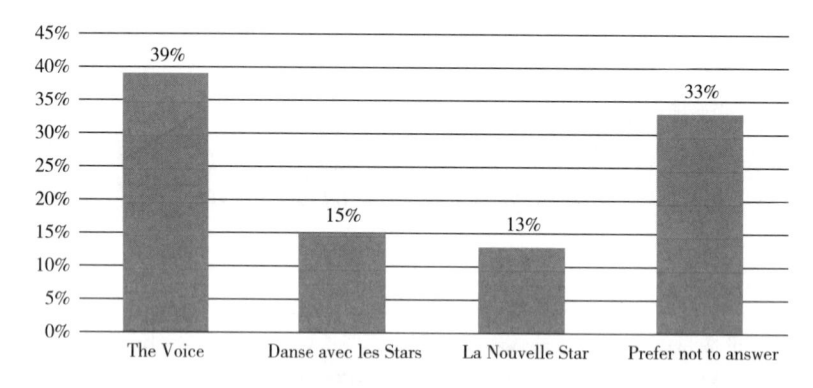

图 7-139　2017 年法国最受欢迎的音乐真人秀节目排名

数据来源:Statista 2018

　　根据上述关于法国电视市场的相关分析,可以得出以下结论:电视媒体在法国媒体中占有重要地位。

　　法国拥有电视的家庭数量在上升;电视是法国广告的主要载体,电视广告的支出一直处于较高位置;电视收入呈现上升趋势,其中,付费电视的收入比较可观;法国人均每日观看电视的时间呈下降趋势;相比于其他电视传播方式,法国观众更偏向于信任口碑传播,通过互联网观看电视的人数不断提高,法国观众对于电视服务质量的要求较高;流媒体提供电视服务也越来越受到观众的欢迎;法国的电视频道在全球最受欢迎的是 TF1,在法国国内最受欢迎的视频流服务为 Netflix;娱乐和小说占在线电视消费量的很大比重,青春题材的电视节目消费量快速上升;数字原创电视节目中,科幻小说、戏剧占很大比重,脱口秀占的比重最少;《权力的游戏》深受法国人民喜爱;"The Voice"是他们最喜欢的音乐真人秀节目。

7.2.2.4 意大利电视市场

尽管传统媒体在国际层面上是衰落态势,但在意大利,与其他平台相比,电视仍占主导地位。确实,Statista 网站根据 2016 年收集的数据,将意大利列为欧洲每日电视收看时间第二高的国家,平均每天 248 分钟。① 在意大利人对电视依赖的背后,是不稳定的经济环境导致的高失业率和中等以上的国民平均年龄。

(1)意大利电视业的历史。在过去的半个世纪里,意大利电视业的特点是公私实体的完美结合,与意大利国家公共广播电台相对的是意大利最大的商业广播公司 Mediaset。Mediaset 自 2015 年以来归西尔维奥·贝卢斯科尼的儿子——更著名的西尔维奥·贝卢斯科尼所有。除了这两家公司,还有一些其他的媒体公司,如 21st Century Fox/Sky Italia, the number one Pay per View television, Discovery , Cairo Group 和规模小得多的私人电视台。

第一,意大利私人电视台的兴起。意大利的电视史可以追溯到 1939 年,当时意大利国家广播公司(EIAR)开始试验新的无线电传输。在短暂的休整之后,由于墨索里尼在第二次世界大战期间的独裁统治,一切恢复正常。1952 年,EIAR 成为意大利国家电视台,目的是提高电视制作的质量。同年,意大利公共广播公司获得了国家级的独家广播权。几年后,在 1954 年 1 月 3 日,意大利人终于可以享受他们的第一个电视节目。

经过 20 年的垄断,意大利国家电视台在 1973 年开始衰落,那时候第一批私人广播公司出现了,他们发现了有线电视并开始传播自己的产品到 1976 年,有线电视开始在当地大规模发行,尽管这是非法的。② 由于这一系列事件所产生的各种争议,宪法法院不得不采取行动,并根据第 202/1976 号立法法令,将公共垄断限制在国家一级,让私营实体通过当地空中广播自由经营。

这是西尔维奥·贝卢斯科尼帝国不断崛起的开始(见图 7-140):1982 年,他的公司 Fininvest 和晚邮报找到了新的策略,能够在意大利全国合法广播。同年,他们收购了几家意大利的地方电视台,在全国范围内严格运作,同时在不同地方的频道发布他们的产品。就像过去那样,宪法法院再次介入,同样由于贝卢斯科尼的压力,他要求有一个公平的竞争环境,这就要求议会就如此复杂的问题进行调解。自 1980 年开始,贝卢斯科尼采用了投标广告收入的新方法,结果证明这种方法是成功的。这一绝妙的想法使他在与其他人的长期竞争中获得了领先地位。直到 1982 年和 1984 年,Fininvest 终于获得了充足的市场实力,收购了 Canale 5 的两个竞争对手:Italia 1 和 Rete 4。③

1990 年,议会最终通过了一项法律,确保在国家一级层面向这三个私人频道广播的权利。贝卢斯科尼上台后,其他法律都遵循这第一条法律,允许私人频道在市场上获得至关重要的地位。

第二,意大利的电视市场。由于最近新媒体平台的发展,意大利通信市场作为一个

---

① 2016 年全球特定国家平均每人每天看电视的时间(分钟)[EB/OL]. https://www.statista.com/statistics/276748/average-daily-tv-viewing-time-per-person-in-selected-countries/.
② 立法法令 n. 225/1974 和 n. 226/1974.
③ Canale 5 是由 Fininvest 创立的历史频道 telemililano 58 更名。Italia 1 和 Rete 4 分别属于 Edilio Rusconi 出版社和 Mondadori 出版社。

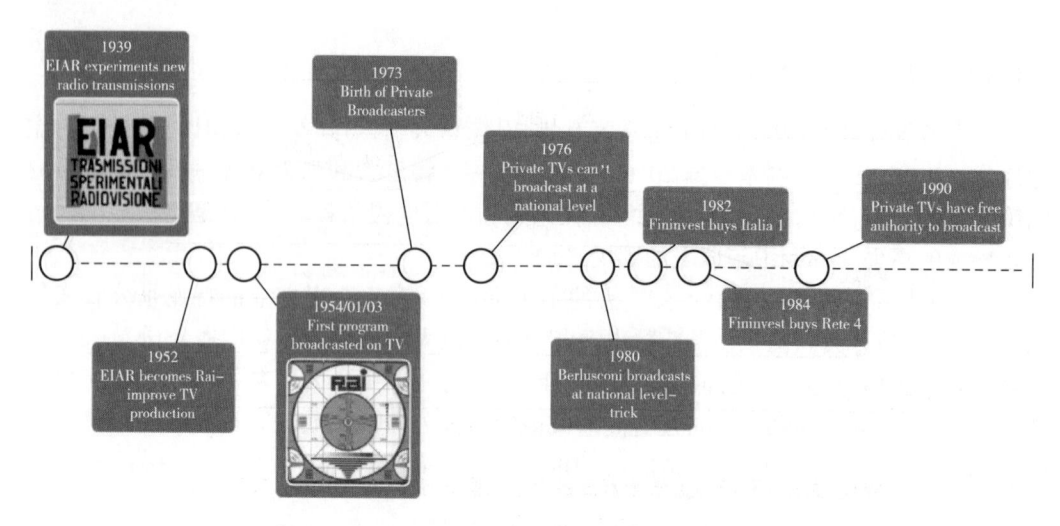

图 7-140　西尔维奥·贝卢斯科尼广播公司的崛起

整体正面临着严重的变化。例如，我们可以从 AgCom 在 2018 年年报中收集的数据发现，在通信市场不同领域的权重变化是非常显著的，也是可以清楚察觉到的。因此，图 7-141 比较了 2012 年和 2017 年的市场情况，里面考虑到了邮政服务、出版业、电视广播业、互联网和电信等行业。最显著的特征是印刷媒体损失 2%，电视、广播和互联网分别增长 1.5% 和 1.7%，邮政服务也增长了 1.7%，而通信行业在过去的 5 年里总产值下降了近 3%。

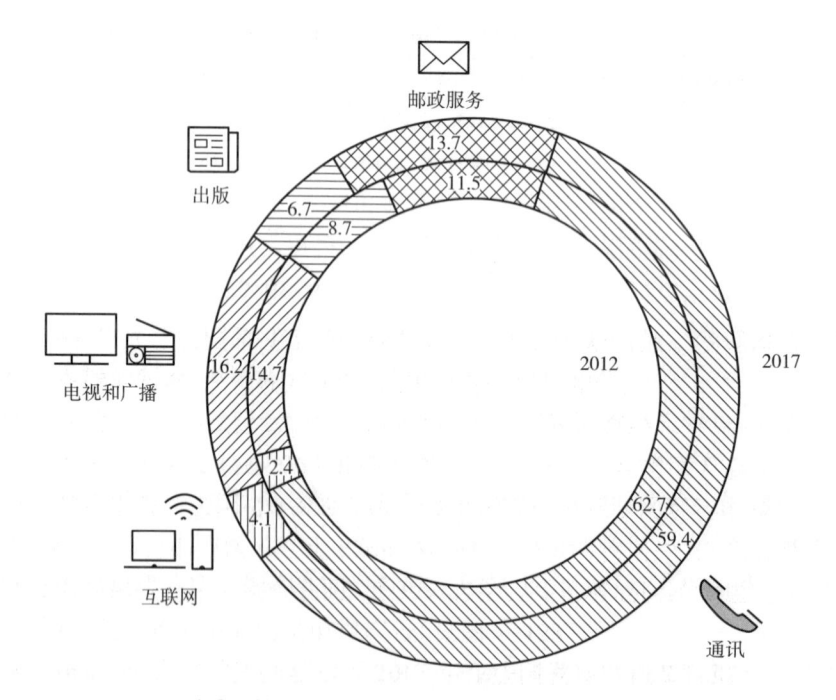

AgCom,2018 Annual Report-Revenue of the Communication Sector（%）

图 7-141　年度报表·传媒部门收入

至于电视市场,很明显,意大利经历了一场严重的危机,2011年电视业的收益就稳定在90亿至100亿欧元之间。事实上,正如R&S Mediobanca在《R&S聚焦电视业(2011—2016)》报告中所显示的那样,在接下来的5年里,除了以2 300万欧元的利润结束这段时期的Discovery之外,所有的主要频道都面临着收视率的急剧下降,总共损失了大约13亿欧元。

2011—2014年期间,5大主流集团(Mediaset, Rai, Sky Italia, Discovery和La7)年收入都呈现下滑趋势,年收入增长率分别为-6.9%,-3.9%和-2.9%。该行业出现了明显的下滑。2014—2016年终于开始增长,年收入增长率分别为+1.4%和+6.8%。2016年增长显著,数据回到了危机前的平均水平。2016年,5大主流集团的总收入约为95亿欧元,其中在西班牙的海外收入比2015年增长了6.8%,比2012年增长了1.1%。因此,市场似乎正从周期性危机中复苏。

从图7-141和表7-1中我们也可以得出各种有趣的结论。首先,一个显而易见且重要的原因就是,数据显示了市场是如何被一个核心集团所主导的,这是一个由三大传媒巨头——Mediaset、Rai和21st Century Fox/Sky Italia经营的寡头集团。2016年,它们占意大利电视市场总收入的90%左右。虽然Discovery增长了221.6%,但它与第三名的广播公司Sky Italia的差距仍然很大(见图7-142)。①

表7-1 R&S聚焦电视业各节目占总数比例(2011—2016年)

	2012年		2013年		2014年		2015年		2016年		Var % 2016—2015	Var % 2016—2012
		占总数的%		占总数的%		占总数的%		占总数的%		占总数的%		
MEDIASET												
广告	2717	73.8	2 430	72.4	2452	72.7	2 498	72.7	2 590	71.7	3.7	-4.7
付费节目	521	14.1	552	16.4	541	16.0	559	16.3	607	16.8	8.6	16.5
其他	445	12.1	376	11.2	381	11.3	379	11.0	417	11.5	10.0	-6.3
合计	3 683	100.0	3 358	100.0	3 374	100.0	3 436	100.0	3 614	100.0	5.2	-1.9
在国外的	971	26.4	916	27.3	1 006	29.8	1 034	30.1	1 036	28.7	0.2	6.7
RAI												
授权费	1 729	64.6	1737	65.6	1 588	65.3	1 637	66.4	1 910	68.7	16.7	10.5
广告	745	27.8	682	25.8	673	27.7	659	26.8	698	25.1	5.9	-6.3
其他	203	7.6	228	8.6	170	7.0	168	6.8	173	6.2	3.0	-14.8
合计	2 677	100.0	2 647	100.0	2 431	100.0	2 464	100.0	2 781	100.0	12.9	3.9

---

① Discovery于2011年5月进入意大利市场,它的成功最可能的原因是选择保留一系列专门的频道,将投资减到最少——它没有任何电视演播室,也没有自己的产品。

续表

	2012 年 占总数的%		2013 年 占总数的%		2014 年 占总数的%		2015 年 占总数的%		2016 年 占总数的%		Var % 2016—2015	Var % 2016—2012
SKY Italia												
订阅	2 369	83.2	2 356	84.9	2 373	88.2	2 309	85.5	2347	84.7	1.6	-0.9
广告	266	9.3	238	8.6	210	7.8	241	8.9	233	8.4	-3.3	-12.4
付费节目	51	1.8	49	1.8	47	1.7	44	1.6	39	1.4	-11.4	-23.5
其他	161	5.7	131	4.7	60	2.3	107	4.0	151	5.5	41.4	-6.2
合计	2 847	100.0	2 774	100.0	2 690	100.0	2 701	100.0	2 770	100.0	2.6	-2.7
DISCOVERY ITALIA												
广告	60	81.1	122	84.7	146	88.0	175	89.7	204	85.7	16.6	n.c.
其他	14	18.9	22	15.3	20	12.0	20	10.3	34	14.3	70.0	n.c.
合计	74	100.0	144	100.0	166	100.0	195	100.0	238	100.0	22.1	n.c.
La7												
广告	119	96.0	105	91.3	102	91.9	95	93.1	98	95.1	3.2	-17.6
其他	5	4.0	10	8.7	9	8.1	7	6.9	5	4.9	-28.6	0.0
合计	124	100.0	115	100.0	111	100.0	102	100.0	103	100.0	1.0	-16.9
总收益												
广告	3 907	41.5	3 577	39.6	3 583	40.8	3 668	41.2	3 823	40.2	4.2	-2.1
按次付费	2 941	31.3	2 957	32.7	2 961	33.8	2 912	32.7	2 993	31.5	2.8	1.8
授权费	1 729	18.4	1 737	19.2	1 588	18.1	1 637	18.4	1 910	20.1	16.7	10.5
其他	828	8.8	767	8.5	640	7.3	681	7.7	780	8.2	14.5	-5.8
合计	9 405	100.0	9 038	100.0	8 772	100.0	8 898	100.0	9 506	100.0	6.8	1.1

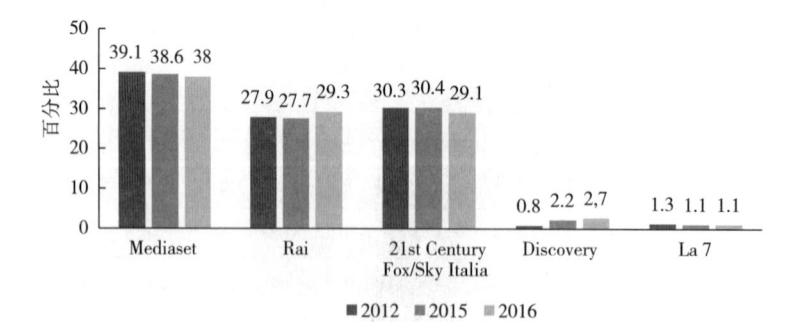

图 7-142　各运营商对整个市场的影响

数据来源：R&S Mediobanca

此外，根据信息技术咨询公司在其 XI 报告中的预测，预计在 2018—2019 年的两年期内，将遵循前几年相同的趋势，收入超过 100 亿欧元。

另一项有趣的结论是在对造成危机的原因进行分析时发现的。首先，广告对市场的发展来说至关重要，它在意大利电视业的总收入中占 40.2%。在这个危机时期，每个运营商在广告收入上都有损失，从意大利私人电视频道 La7 的-17.6% 到意大利商业广播公司 Mediaset 的-4.7% 都有体现。虽然 2012 年到 2016 年的广告收入变化率都为负数（-2.1%），但是 2015 年比 2014 年增长了 2.4%，2016 年比 2015 年增长了 4.2%。

最后但也很重要的是，从 R&S 意大利投资银行检索的数据中可以明显看到发行许可费用的数字有所变化（见图 7-143）。在 2016 年的稳定法通过后，需要支付的条款和许可费用数额发生了巨大变化，这是为了降低过高的逃避收费比率，因为这个比率在 2015 年平均达到 30%。

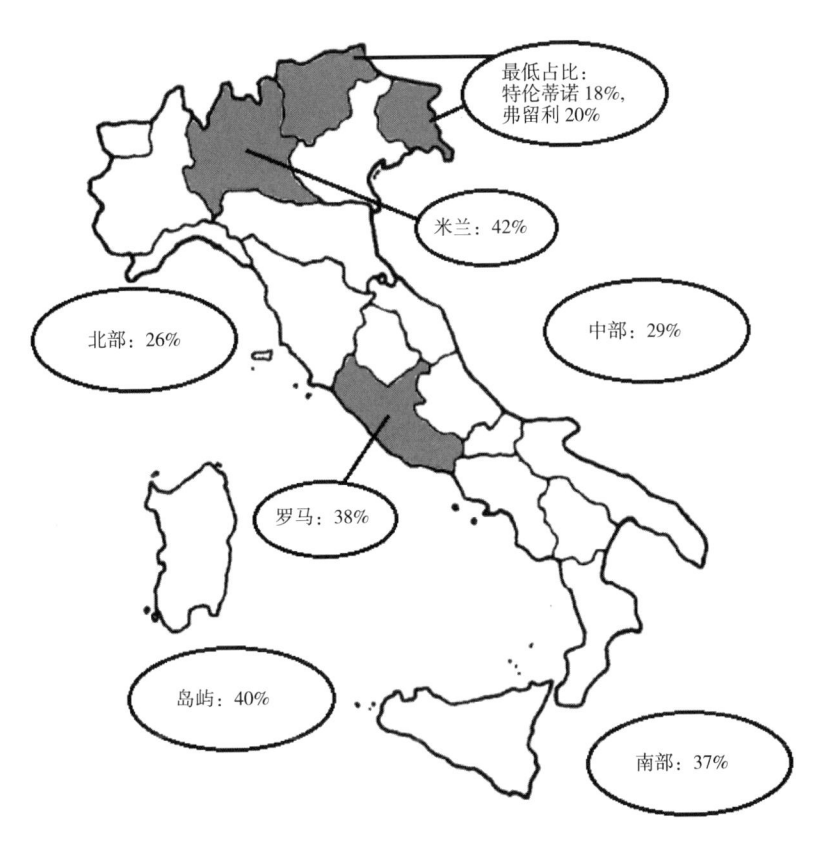

图 7-143 R&S 发行许可费用分布（2012—2017）

数据来源：R&S Mediobanca 检索得到"专注电视领域的 R&S（2012—2017）"

此外，这部法律将许可证费用算在电费中，以保证较低的逃税水平。自这个计划实施以来，成效显而易见：2016 年，意大利国家电视台的收入为 19 亿欧元，与 2015 年相比增长了 16.7%。反之，逃税率的降低也可能导致酬金数额减少，2016 年从 113.5 欧元降到 100 欧元，在 2017 年和 2018 年降到 90 欧元。尽管如此，R&S Mediobanca 对这一削减并不乐观，当年预计 2017 年许可费用总收入将为 16 亿欧元，创历史新低。尽管存在这种负面影响(与 2016 年相比应该会减少 15% 左右),但意大利的许可费是欧洲最低的。2016 年,收视许可费收入增幅达到电视市场总收入的 20.1%。

第三,当广播拥抱政治。在国际上都知道,意大利电视业因其与政治的复杂关系而陷入困境。但是,与将所有的利益冲突都归咎于贝卢斯科尼的普遍观点相反,本章将首先研究为私人电视的发展创造合适环境的原因。只有这样,焦点才会转移到简要描述这一时期的实际情况的"三十年战争"。最后再分析形势的演变和一直到现在的改变。①

这一切始于 1975 年,当时 RAI 的改革得以实施,有 3 个主要措施:

一是公共广播服务从政府向议会的过渡是为了确保意大利电视具有多样化的特点。

二是在电视节目中尽可能包含政治、宗教、文化和语言内容。

三是建立第三个公共频道——RAI3。

从那时候开始,各政党根据各自的选举比例划分频道:RAI1 分配给基督教民主党(Democrazia Cristiana),RAI2 分配给意大利社会党(Socialista Italiano),RAI3 分配给意大利共产党(Partito Comunista Italiano)。此外,第二项规定间接允许各方在节目内容中加入支持其政治观点的元素。

正是在这些前提下,私人电视才开始在市场上扎根,国有电视台也可以被用作保障政治稳定的工具。因此,刚开始,这三个国家频道的努力都是为了发展高质量的内容而忽视了私营竞争对手,使私营竞争对手在该部门的实力越来越强。随后,西尔维奥·贝卢斯科尼逐步赢得了所有反对意大利国家电视台的斗争,从国家一级的广播到直播权。直到 1990 年,当 Mammì 法案促进了多元化的内部市场,使其有优势投资于反对意大利国家电视台的权力斗争。

转折点出现在 1994 年,西尔维奥·贝卢斯科尼(Silvio Berlusconi)利用自己的频道作为宣传工具,决定参加选举。他的胜利被认为是视频统治的第一个案例,这意味着选举者能够利用电视的力量来影响公民的政治倾向。

此外,根据 4 位经济学家在 2017 年进行的研究,Mediaset 的广告收入在贝卢斯科尼担任总理期间(1994 年至 2008 年②)增长了 10 亿欧元。这种利益冲突被称为游说,它可以是直接的,也可以是间接的(见图 7-144),这取决于涉及的各当事人。

间接游说是指这些公司向政客所有的公司提供商业服务(投资),以换取有利于其交易的法律和法规。直接游说则是指公司向政客提供直接捐助(通常是金钱或利益)的过程,作为回报,政客要提供法律法规方面的帮助。因

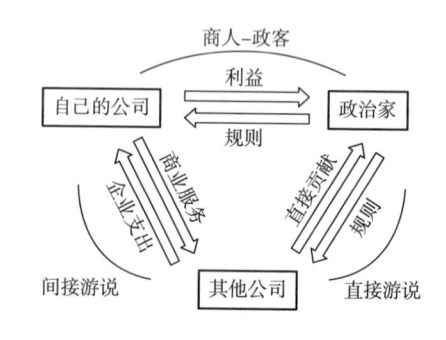

图 7-144 直接游说与间接游说的区别

---

① 资料来源:《1975—2008 年意大利的三十年战争、政治和电视》是《La Guerra dei Trent´anni》,《意大利的政治电视在 1975—2008》的标题翻译,作者是 F. Debenedetti 和 A. Pilati, Einaudi, 2014 年 7 月。

② 资料来源:基于市场的游说:来自意大利广告支出的证据, Stefano Delia Vigna、Ruben Durante、Brian G. Knight 和 Eliana La Ferrara, 美国国家经济研究局, 2013 年 12 月。

此,在 Mediaset 的情况中,受到新法律约束的此类行业的公司在贝卢斯科尼的频道上购买商业性空间,增加他们的广告收益,以换取对他们有利的监管条例。

总之,随着电视势力的衰落和新媒体平台重要性的日益增长,政客们现在越来越难影响公众的投票了。

(2)意大利电视业的现状。

第一,意大利电视业概况。近年来,在最爱看电视的国家排行榜中,意大利不仅在欧洲处于领先地位,在世界排行榜上,意大利也位居前列。

根据 Statista.com 的数据来看,意大利位列葡萄牙①之后,成为西欧平均看电视时长第二的国家。这些数据证实,2016 年,意大利平均收看电视时长约为每天 248 分钟,比 2015 年少了 6 分钟。据 Ofcom 的报道,意大利也是西欧五大国②中最"电视迷"的国家。表 7-2 也能证明,即使在意大利平均收看电视时长(248 分钟/每天)为历史最低纪录的时期,与西欧五大国中其他几国比起来还是相对多的。

表 7-2　欧洲五大国平均收看电视时长　　　　　　　(单位:分钟)

	英国	法国	德国	意大利	西班牙
2016 年	212	223	223	248	233
2015 年	216	224	223	254	234
2014 年	220	221	221	262	239
2013 年	232	226	221	261	244
2012 年	241	230	222	255	246

数据来源:The Communication Market Report-Ofcom。

在简要了解意大利在欧洲竞争中扮演的角色后,我们有必要从更广泛的角度对意大利进行评估。和 Statista.com 的分析一样,意大利被评为人均每天收看电视时长第六多的国家(见图 7-145)。③事实上,意大利人经常一天看 248 分钟电视,相当于每天看四个多小时。此外,从 *Médiamétrie* 公布的 2017 年世界电视年度研究报告来看,在这 248 分钟中,只有 4 分钟是时移广播电视(time-shifted broadcast TV),而剩下的 244 分钟都用来观看电视直播。考虑到国际人均每天收看电视时长仅有三个半小时不到(208 分钟),我们可以得出两个结论:一方面,意大利的人均每天收看电视时长远高于国际平均值;另一方面,在这个新媒体平台在全球范围内巩固其力量的时代,意大利人仍更青睐电视。

第二,电视节目类型。意大利的电视节目主要分为综合频道和专题频道。最广泛传播的类型是电影/小说(占 27%),其次是娱乐(占 12%),足球(占 11%)和儿童/动画(占 10%)(见图 7-146)。④ 事实上,收视率最高的是冠军联赛尤文图斯—皇家马德里的

---

① The International Communications Market, *The Communications Market Report*, Ofcom, August 2017, August 2016, December 2015, December 2014, December 2013.

② The International Communications Market, *The Communications Market Report*, Ofcom, August 2017, August 2016, December 2015, December 2014, December 2013.

③ The International Communications Market, *The Communications Market Report*, Ofcom, August 2017, August 2016, December 2015, December 2014, December 2013.

④ 这些数据仅描述了意大利公司拥有的 423 个频道中的 356 个。

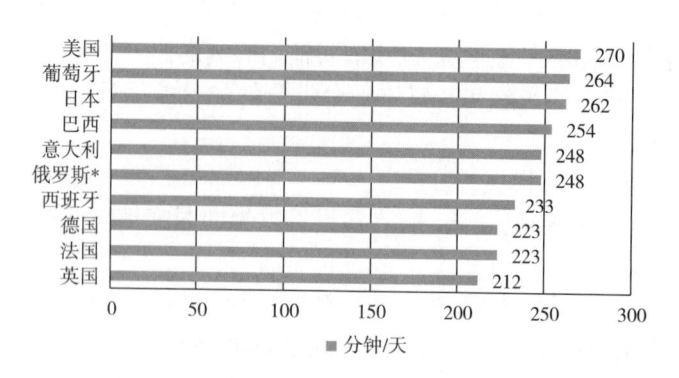

图 7-145　全球主要国家人均每天收看电视时长（单位：分钟）
数据来源：Statista 2018

决赛。2017 年 6 月 3 日，观众人数达到 1 300 万，而最受关注的节目/小说是 Festival di Sanremo（意大利圣雷莫歌曲节），平均有 1 000 万观众。此外，排名前 10 位的所有节目一集的观众都超过了 600 万。

总而言之，从电视频道种类的分析和收视率最高的频道来看，2017 年，意大利人非常喜欢小说类和足球类频道，以至于后者可以从其他运动中单独分出来，有着自己单独的占比。

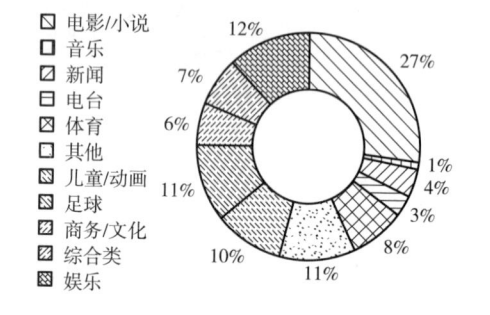

图 7-146　意大利主要广播电视节目分类
数据来源：CRTV

第三，意大利观众观看电视的时间结构。意大利人最喜欢看电视的时间是在用餐时间，即早上 6 点至 9 点，中午 12 点至下午 1 点和晚上 6 点至 8 点半，黄金时段是晚上 8 点半至 10 点半。

由于意大利人喜欢在吃东西的同时看电视，因此播放他们最喜欢看的新闻节目是最好的选择，这也是意大利人主要的信息来源，虽然新闻实际上只占意大利频道总内容的 4%。

根据 AgCom 收集的数据，65 岁以上的观众人数最多，而在所有观众中，只有 31% 的人有工作。[1] 此外，在最受欢迎的晚间新闻排名前 5 名中占了 4 个名额，这是唯一一个 Rai 的频道强于 Mediaset 的地方。实际上，在 2016 年，Rai 的 4 个晚间新闻节目共有 53.5% 的收视率，而 Mediaset 的新闻节目只有 27.1% 的收视率。值得一提的是，La 7 的新闻节目有最多的大学学历观众。

---

[1] 2.2 Media：TV, analysis of the audience of the main news, Osservatorio sulle comunicazioni n. 1/2018 (Monitoring on Communications n. 1/2018), AgCom, 16th of April 2018. Retrieved from https://www.agcom.it/documents/10179/10293149/Studio-Ricerca+16-04-2018/1c205715-a147-43fa-a9a1-f778690fe65b? version=1.4.

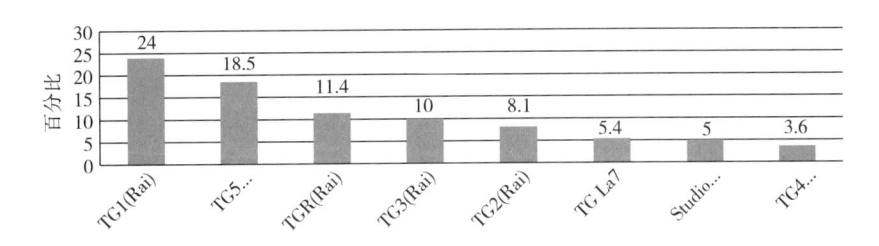

图 7-147　意大利夜间新闻观众的市场份额

数据来源：R&S Mediobanca

第四，电视频道份额和双寡头垄断。意大利广播电视协会（CRTV）[1]是意大利政府负责收集数据的部门。据意大利广播电视协会的资料显示，意大利的电视频道数量在 2012 年到 2017 年间明显增加。2012 年，意大利共有 385 个电视频道，其中包括 257 个按次付费频道，128 个免费频道；到 2017 年，意大利共有 423 个电视频道，其中 248 个按次付费频道，175 个免费频道（见表 7-3）。

表 7-3　电视频道收费模式分布情况

	2012 年	2013 年	2014 年	2015 年	2016 年*	2017 年	2018 年*
按次付费频道	257	253	255	243	244	248	241
免费频道	128	147	159	163	170	175	186
总计	385	400	414	406	414	423	427

注：1.　*数据统计截至每年六月
　　2.　数据来源：CRTV

此外，根据 CRTV 在其报告《意大利电视频道》中的数据可知，截至 2017 年，意大利的出版商数量也由之前的 67 个增加到 110 个，至 2017 年，电视频道共增加了 356 个，总数增长至 423 个，包括 124 个免费频道和 232 个按次付费频道。

意大利人观看电视的时间变少了，而电视频道的数量增加了，在这种情况下，掌握了意大利 90% 电视收入的三家广播公司拥有了绝大多数的频道。除了像 Fox Italy 和 Sky Italia 这样提供一系列付费频道的公司（除了 TV8 Sky TG24，和 Cielo，应用于数码地面电视），和 Rai 这样只提供免费频道的公司，还有像 Mediaset 和 Discovery 这样的其他主流广播公司同时有着付费频道和免费频道。

图 7-148 显示了意大利广播公司前 5 强在 2017 年拥有的电视频道数量，以及付费频道和免费频道的数量。Sky Italia 在数量上领先，拥有 113 个频道，其次是 Mediaset（42 个），Rai（26 个），Fox Italy（24 个）和 Discovery（21 个）。[2] 就六个月之后相同数据的统计结果来看，频道分布的形式明显地改变了：Sky Italia 仍占据第一名的位置，拥有 114 个频

---

[1] 意大利广播电视协会（Confindustria Radio Televisioni，CRTV）成立于 2013 年，它涵盖了意大利主流的国家和地方广播公司。

[2] *I canali TV in Italia*（Italian TV channels），*Confindustria Radio Televisioni*（CRTV）2018 年 1 月 18 日，检索自 www.confindustriaradiotv.it/canali-tv-italia-2017/#_ftn1.

道(比前一年多了 1 个);Mediaset 的频道数增加到了 44 个;Rai 以 26 个频道数保持在第三位;Discovery 也追上了 Rai,在 2018 年上半年,它新推出了 5 个频道;Fox Italy 的频道数减少到 22 个。截至 2018 年 6 月,意大利广播公司前四强共拥有 210 个电视频道,占总数的 58%。①

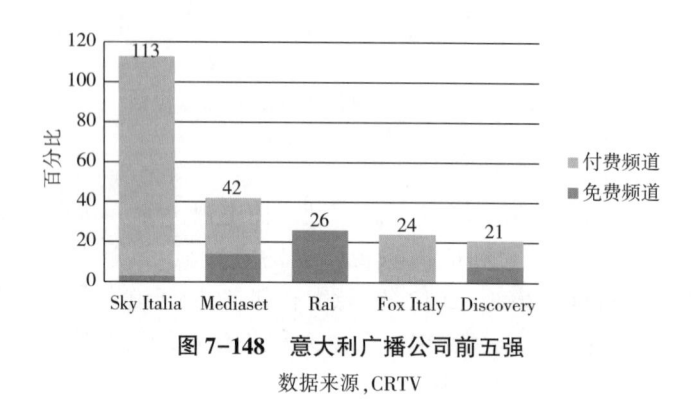

图 7-148 意大利广播公司前五强

数据来源,CRTV

虽然在电视市场和频道分区层面上,"主角"至少有 3 个,而在市场份额中,其他广播公司和两大巨头(Rai 和 Mediaset)有着难以逾越的鸿沟,这使得两大巨头无可争议地垄断了收视率。

R&S Mediobanca 的报告显示,2011 年,无论是专题频道还是综合频道,②Rai 和 Mediaset 与包括 Sky Italia,Discovery 和 La7 在内的其他广播公司都保持着超过 30 个百分点的"安全距离"。尽管如此,由于 Discovery 广播公司的发展突飞猛进,他们的日均份额由 2011 年的 2.4%增加到了 2016 年的 6.7% ③,这个"距离"逐渐减少到 26 个百分点。

图 7-149 和图 7-150 清楚地显示了前两个广播公司和其他广播公司之间的份额差异。尽管 Rai 和 Mediaset 在市场份额百分比上永远这么接近,Rai 还是稳坐意大利电视市场第一的宝座。这两家公司在专题频道的市场份额只差 0.2 个百分点,远小于稳定在 5%左右的综合频道的份额差。

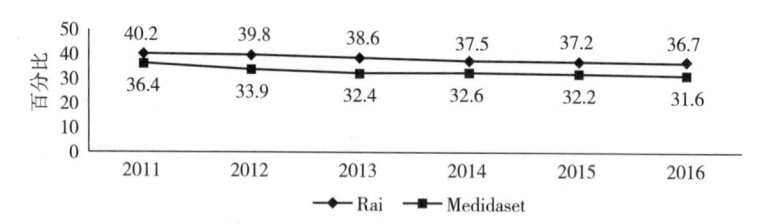

图 7-149 Rai 和 Medidaset 平均每日收视份额

数据来源:R&S Mediobanca

---

① *I canali TV in Italia* (Italian TV channels), *Confindustria Radio Televisioni* (*CRTV*),2018 年 6 月检索自 www.confindustriaradiotv.it/canali-tv-in-italia/。

② *Focus R&S sul Settore TV* 2011—2016 (Focus R&S on TV Sector 2011—2016), *R&S Mediobanca*, Milan, 1st of February 2017. Retrieved from www.riviste.newbusinessmedia.it/wp-content/uploads/sites/16/2017/02/Presentazione-TV-2016.pdf.

③ *Focus R&S sul Settore TV* 2012—2017 (Focus R&S on TV Sector 2012—2017), *R&S Mediobanca*, Milan, 25th of January 2018. Retrieved from www.mbres.it/sites/default/files/resources/Presentazione%20TV%202017.pdf.

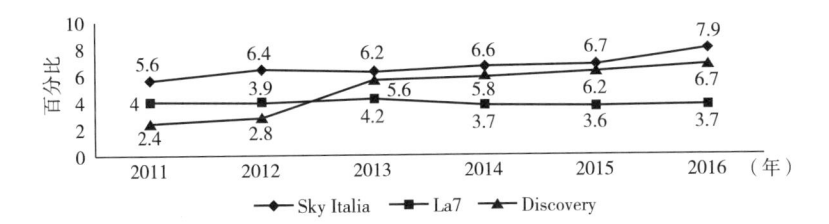

图 7-150　Sky Italia，Discovery 和 La7 平均每日收视份额

数据来源：R&S Mediobanca

我们很容易从图 7-151 中看出，综合频道和专题频道的走势是相对的。2011 年到 2016 年间，Rai 和 Mediaset 在综合频道上分别减少了 6 和 8 个百分点，而专题频道比之前提升了约 2 个百分点，在 2016 年分别达到 6.9% 和 6.7%[①]。

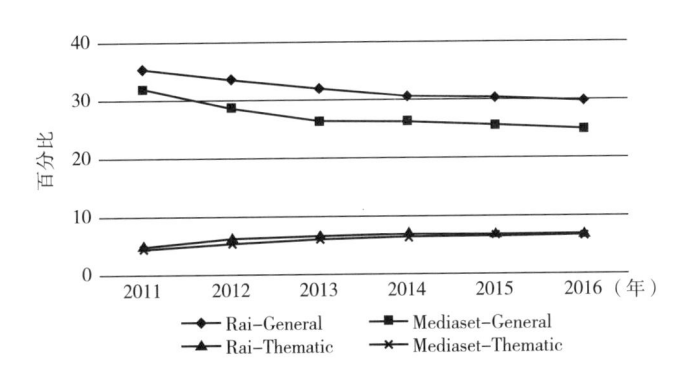

图 7-151　2011—2016 意大利日均电视观众份额（主要电视频道）

数据来源：R&S Mediobanca

R&S Mediobanca 还整理出了 2015 年和 2016 年收视率最高的频道名单。这个名单的结果反映了前文所解释的情况：前六名被 Rai 的 3 个综合频道和 Mediaset 的 3 个综合频道所占据。[②] 收视率排名的次序几乎不变，在这两年里，意大利人最喜欢的频道是 Rai 1，之后是 Canale 5，Rai 2，Rai 3，Italia 1 和 Rete 4 等（见图 7-152）。

上文提过的这种反比例趋势在时间结构的研究中也是可见的，这项研究以从 Auditel 公司检索到的数据为基础，该公司测量与意大利电视观众有关的数据。其最近的两份报告显示，综合频道（包括 Rai 和 Mediaset）在当天的不同时段有着最高的份额。[③] 从图 7-153 中可以清晰地看到，在夜间（晚上 10 点 30 至早晨 7 点），两个主要的专题频道的收视率到达了峰值，随后在早晨和午餐、晚餐的时候减少，而恰好和两个意大利最受欢

[①] *Focus R&S sul Settore TV* 2012—2017（Focus R&S on TV Sector 2012—2017），*R&S Mediobanca*，Milan，25th of January 2018. Retrieved from www.mbres.it/sites/default/files/resources/Presentazione%20TV%202017.pdf.

[②] *Focus R&S sul Settore TV* 2012—2017（Focus R&S on TV Sector 2012—2017），*R&S Mediobanca*，Milan，25th of January 2018. Retrieved from www.mbres.it/sites/default/files/resources/Presentazione%20TV%202017.pdf.

[③] *Sintesi Annuale* 2017（Annual Summary 2017），*Auditel*，2017. Retrieved from https://www.auditel.it/media/filer_public/a3/00/a3004e0b-5c4e-432f-bda0-d8615b5694b6/sintesi_annuale_2017.pdf.

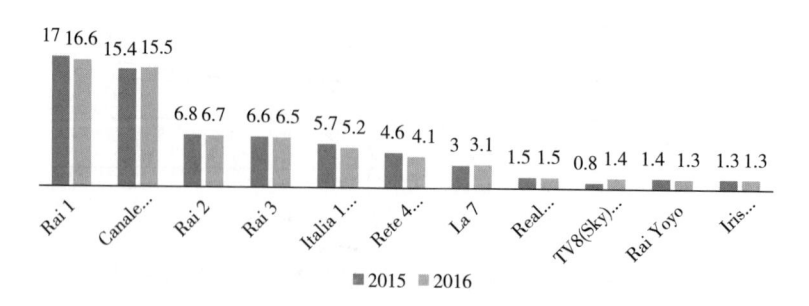

图 7-152　意大利日均收视率最高的 10 个综合频道
数据来源：R&S Mediobanca

迎的综合频道相反，这两个综合频道在用餐时间的收视率最高。

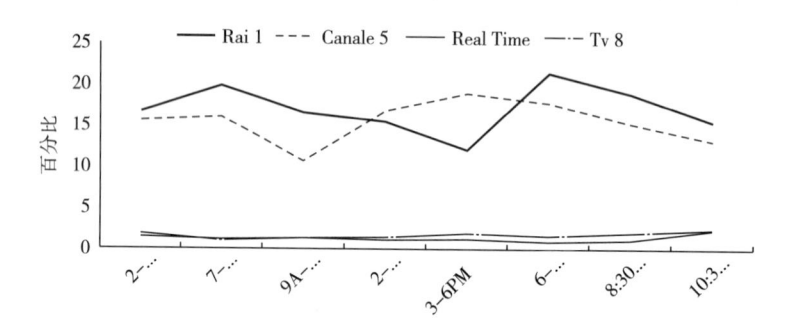

图 7-153　主要的综合频道和专题频道的时间结构
数据来源：Auditel

第五，电视观众研究。从 ISTAT 的数据来看，意大利的人口大幅下降，2011 年的人口数量比 2010 年少了 100 万人[①]。在那之后，人口持续增长，直到 2013 年又开始减少（见图 7-154）。

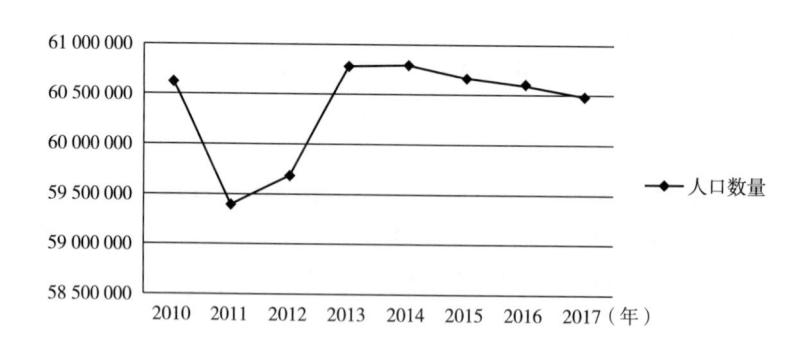

图 7-154　2010—2017 意大利人口数量
数据来源：ISTAT，由 TUTTITALIA 处理。

---

① ISTAT data as of the 31st of December of every year, processed by TUTTITALIA. IT. Retrieved from https：//www.tuttitalia.it/statistiche/popolazione-andamento-demografico/。

在观众群体研究中,另一个重要的数据是年龄中值。据 ISTAT 搜集 TUTTITALIA. IT 整理的数据显示,2018 年 1 月 1 日,意大利 0 至 29 岁的人口占总人口的 28.4%,比 60 岁以上的人口少了约 0.5%。而中年人口占总人口将近 43% 的比例。此外,需要说明的是,Auditel 的报告显示,他们只将 4 岁以上的人口作为电视观众的调查对象,这将使年轻人口占有的百分比下降到 24.4%。同样是来自于 Auditel 的数据,自 2010 年开始,意大利黄金时段的观众减少了 5%,而电视观众(4 岁以上)增加了 1%,这有可能说明,每年的电视观众将会减少 1%。

从这份报告中可以看出,随着看电视的年轻人越来越少,意大利电视观众逐渐变老,受教育率也降低了。此外,意大利正面临着"电视观众老龄化"的过程,55 岁以上的观众占总观众人数的 51%,占总人口的 36%。他们中的大多数人更喜欢看 Rai 的内容,这些内容被指责不履行其公共广播公司的职责,因为它主要是向老年人提供内容。

最近几年,意大利不稳定的经济环境导致经济不景气,而这带来的主要影响就是在 2018 年 5 月青年失业率增加到了 31.3%,这一数据是欧盟平均值的 2 倍还多。[①]此外,年轻的夫妻在女性 32 岁、男性 35 岁的时候拥有他们第一个孩子,这导致意大利的年龄中值提高,也带来了意大利人口老龄化的问题。[②]

(3)意大利电视业的未来。20 世纪以来的互联网革新将意大利电视业带到广播市场中去。尽管从传统媒体到新媒体的转变与其他国家相比有所延迟,意大利年轻人也减少了看电视的时间,增加了上网时间。

截至 2016 年 12 月,15~19 岁的青少年看电视的人数减少了 15.6%,而 25~34 岁的青少年减少了 9.7%。[③] 这一过程主要是由 Netflix 等新平台的推出引起的,Netflix 在意大利市场的功能越来越强,到 2018 年 5 月已有 540 万用户。为了保住他们的领先地位,意大利主要广播公司(Rai,Mediaset 和 Sky Italia)推出了新的点播服务,让观众随时随地都可以看到他们想看的内容。尽管如此,问题似乎出在内容上,新一代人已经不对这种内容感兴趣了有关,他们更喜欢网络上更庞大、更多样化的内容。此外,如果考虑过去几年的广告收入,从电视向互联网转变的重要性是显而易见的。根据 AgCom 的年度记录,2012 年到 2017 年,商业广告的收入已经减少了约 3 亿欧元,而互联网的广告收入增长了 46.7%,从 15 亿欧元增加到 22 亿欧元。[④]广告投放区也从电视转向数字化领域(如图 7-155 所示)。

此外,正如前面已经分析过的那样,意大利电视台正在将注意力从综合频道转移到

---

① *Youth unemployment rate in Europe*(EU member states)as of May 2018,*Statista.com*,May 2018. Retrieved from https://www.statista.com/statistics/266228/youth-unemployment-rate-in-eu-countries/.

② *Addio, mamme: in Italia è record di donne senza figli*(e la colpa è della politica),*Linkiesta.it*,10th of February 2018. Retrieved from https://www.linkiesta.it/it/article/2018/02/10/addio-mamme-in-italia-e-record-di-donne-senza-figli-e-la-colpa-e-della/37087/。

③ *Audience: i giovani disertano la televisione*(-15,6%),*Audite's data*,processed by *infodata.ilsole24ore.com*,27th of December 2016. Data retrieved from https://www.infodata.ilsole24ore.com/2016/12/29/giovani-disertano-la-televisione-156/。

④ *La raccolta pubblicitaria in Italia in ripresa grazie all' online*,AgCom 2018 Annual Report,processed by Engage.it,11th of July 2018. Data retrieved from https://www.engage.it/ricerche/agcom-pubblicita-italia-2018/153904#HoEzGvQXJixH6Qbe.97。

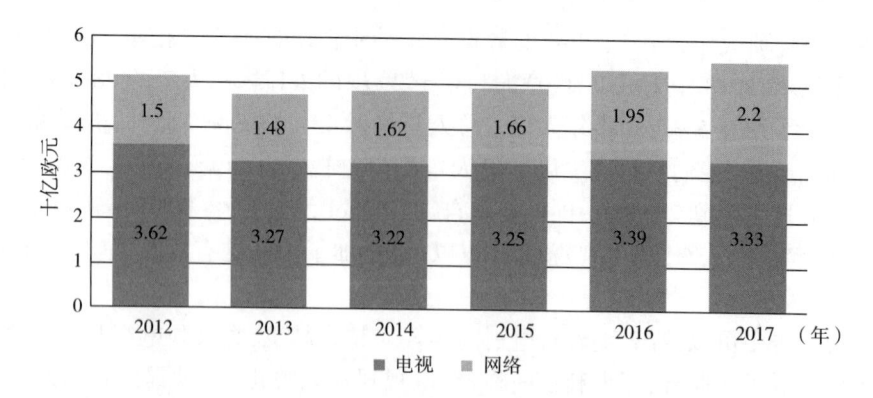

图 7-155　2012—2017 年意大利电视与网络媒体广告收入

数据来源：AgCom

专题频道，这些频道的观众份额逐年增加。正如上文所说，传统媒体人正试图以新的方式来吸引年轻人的注意力，但这种方式相较于新媒体来说还是有些"催眠"，因为新媒体为年轻人提供了更合适的内容。

综上所述，意大利电视经历了公私并存的诞生和令其与众不同的政治密谋，未来几年将会发生的事情仍然是个谜，但可以肯定的是，意大利电视广播公司 Rai 和 Mediaset 必须立即找到解决方案，以便能够保持其领先地位，并与吸引了大量电视观众的新技术、新媒体一较高下。

7.2.3　东南亚电视市场

7.2.3.1　日本电视市场

（1）日本电视发展现状。日本主流的电视广播系统为无线电视，付费电视系统则是以 WOWOW 和 SKY PerfecTV！为代表的卫星电视较为普及。日本的无线电视以 6 大电视网为首，包含对全国播出但需收费的 NHK（综合台与教育台）以及免费播出的 5 大商业电视联播网（TBS、富士电视台、东京电视台、朝日电视台、日本电视台），部分地区尚有不属于 6 大电视网的独立电视台。

与其他国家相同，日本的电视最初以模拟电视播出，采用 NTSC 制式。2003 年 12 月 1 日，日本开始在东京、大阪、名古屋三大都会区率先播出数字电视，并逐渐普及至全国。至 2011 年 7 月 24 日，日本正式停止模拟电视播出，全面由数字电视取代。日本的数字电视采用自主研发的 ISDB 制式，在海外同时由拉丁美洲为主的国家采用。[1]

图 7-156 显示，全球数字电视最多的国家是中国，拥有超过 15 200 万户，远远超过第二名的国家。日本排名第五，拥有 2 602 万户。这体现了自 2012 年日本全国地面电视实现数字化以来，大力推进了数字地面电视的普及。

2010 年至 2015 年，在日本注册有线电视设施的家庭数呈现先降后升的趋势，在 2012

---

[1]　https：//zh. wikipedia. org/wiki/%E6%97%A5%E6%9C%AC%E9%9B%BB%E8%A6%96%E5%BB%A3
E6%92%AD。

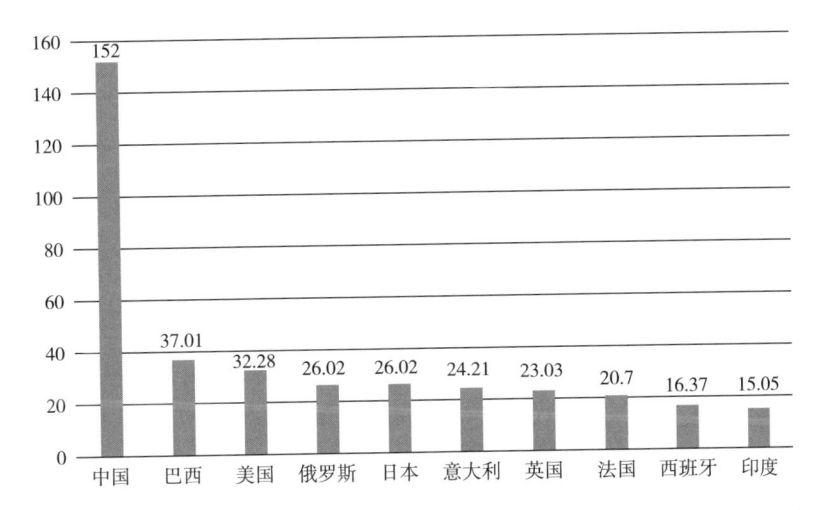

图 7-156 2018 年全球数字地面(DTT)电视家庭数量最多的国家(单位:百万户)

数据来源:Statista 2018

年达到最低点,这一年只有 2 865 万户家庭订购了有线电视(如图 7-157 所示)。这说明日本的有线电视渗透率虽高,但面临着新兴的网络电视、互联网电视等的激烈竞争,也在不断改进和发展,总体而言依然在上升。

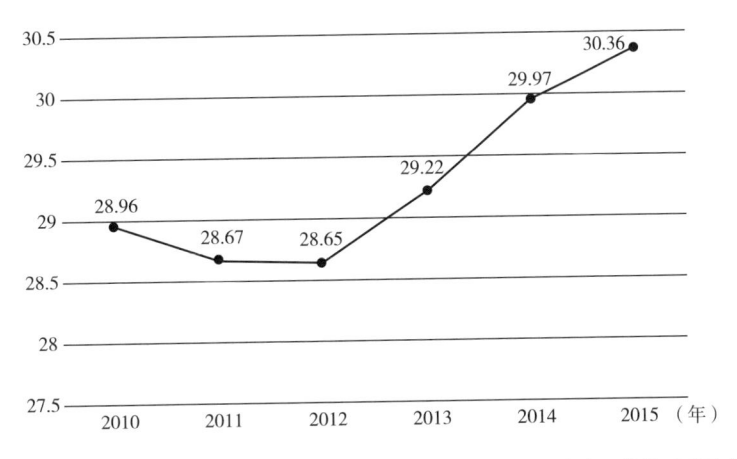

图 7-157 2010—2015 年在日本注册有线电视设施的家庭数(单位:百万户)

数据来源:Statista 2018

截至 2017 年 3 月,J:COM 占日本付费多渠道有线电视用户总数的一半以上,J:COM 是日本最大、覆盖范围最广、拥有客户最多的有线电视网(见图 7-158)。日本有三大收费电视平台:卫星电视播出平台"SKY PerfecTV！"、网络电视播出平台"光 TV"、有线电视播出平台"J:COM"。其中,J:COM 的历史最久,广为人知。[1]

---

[1] https://www.cctvdf.com/c/index.php?option=com_k2&view=item&id=88:cctv%E5%A4%A7%E5%AF%8C%E9%A2%91%E9%81%93%E8%BF%9B%E5%85%A5%E6%97%A5%E6%9C%AC%E6%9C%89%E7%BA%BF%E7%94%B5%E8%A7%86%E7%BD%91jcom%E5%BC%80%E6%92%AD&Itemid=235。

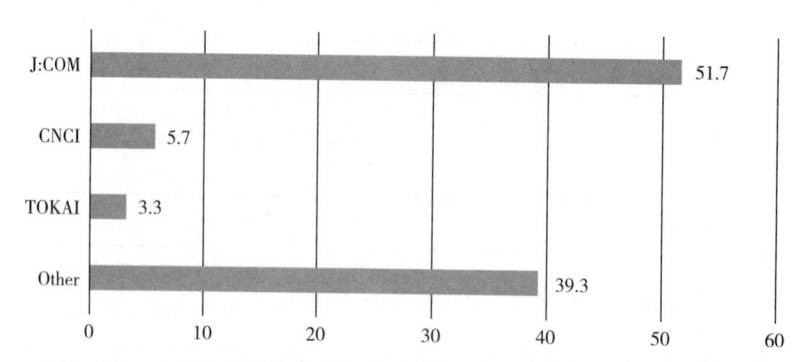

图 7-158 支付多渠道有线电视用户的分布情况（按运营商分，单位：%）

数据来源：Statista 2018

图 7-159 显示，2011 年至 2020 年期间，印度将成为付费电视增长的最大贡献者（不包括中国），占累计订阅量的 68.8%，而日本仅占累计订阅量的 2.6%，说明日本付费电视增速放缓。

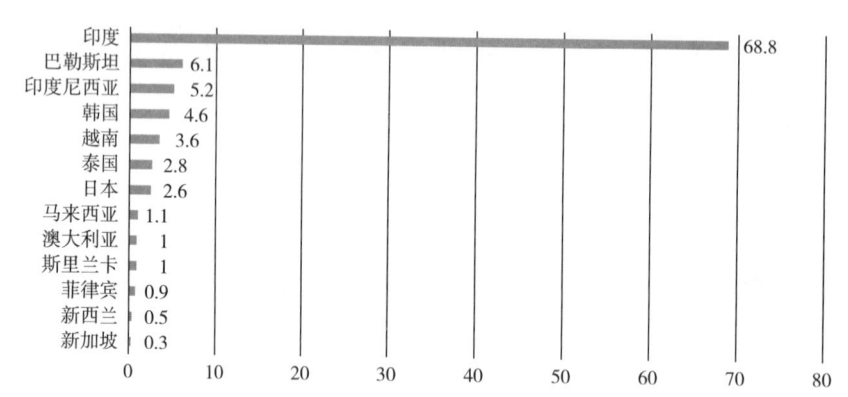

图 7-159 2011—2020 年亚洲付费电视增长的最大贡献者（不包括中国，单位：%）

数据来源：Statista 2018

图 7-160 显示，2012 年和 2013 年，日本的 IPTV 用户数分别为 367 万和 444 万，预计 2020 年这一数字将增加至 719 万，体现了日本 IPTV 正处在高速发展中，未来前景良好。

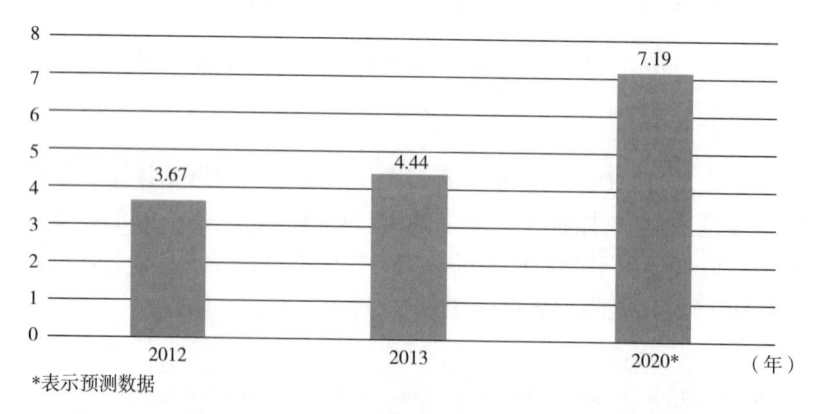

*表示预测数据

图 7-160 2012 年、2013 年和 2020 年日本 IPTV 用户数（单位：百万户）

数据来源：Statista 2018

2013—2016 年,日本订阅型视频点播用户数大幅增加,从 10 万增加至 980 万,其中,2016 年比上一年增加了约 790 万,说明日本的订阅型视频点播行业发展迅速,增长速度逐渐加快(见图 7-161)。

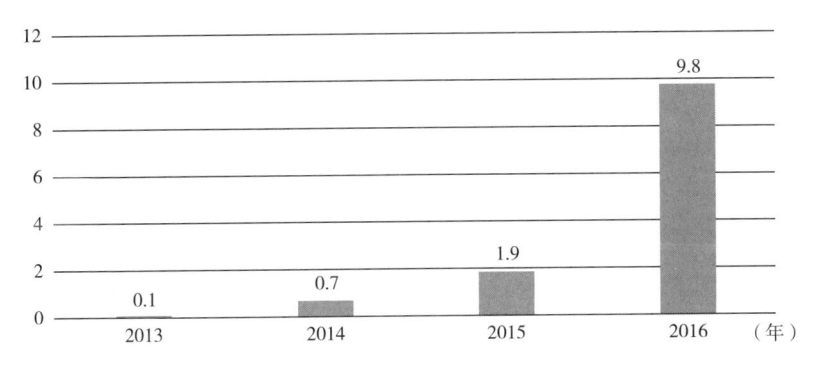

图 7-161　2013—2016 年日本订阅型视频点播(SVoD)用户数(单位:百万户)

数据来源:Statista 2018

2017 年,日本主要的订阅型视频点播平台中,Netflix 占据了最大的需求份额,约为 64%,其次是亚马逊视频和 Hulu,约占 23% 和 7%,说明 Netflix 是日本用户主要使用的订阅型视频点播平台(见图 7-162)。

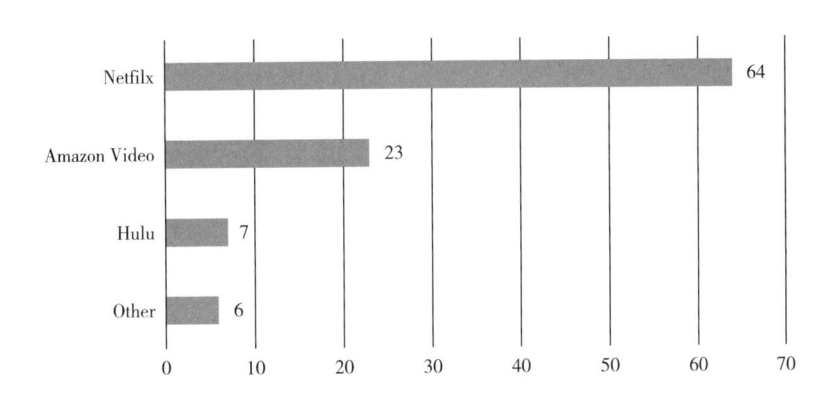

图 7-162　2017 年日本主要订阅型视频点播(SVoD)平台的总需求份额(单位:%)

数据来源:Statista 2018

综上所述,日本的数字电视、有线电视、付费电视等传统电视产业渗透率高,市场仍有扩大趋势,但增速放缓。随着技术的进步,网络电视、互联网电视等新兴形式迅速发展并逐渐普及,未来有很大的发展前景。视频点播市场也在不断扩大,用户数增速加快,其中,Netflix 是日本用户主要使用的订阅型视频点播平台。

(2)电视收入。2014 年,日本数字有线电视收入为 31 亿美元,据预测,2020 年,数字有线电视收入将增加至 51 亿美元,说明日本数字有线电视虽受到互联网的冲击,但仍有一定的发展空间(见图 7-163)。

图 7-164 显示,DTH 电视(卫星直播电视)总收入排名第一的国家是美国,2010 年,

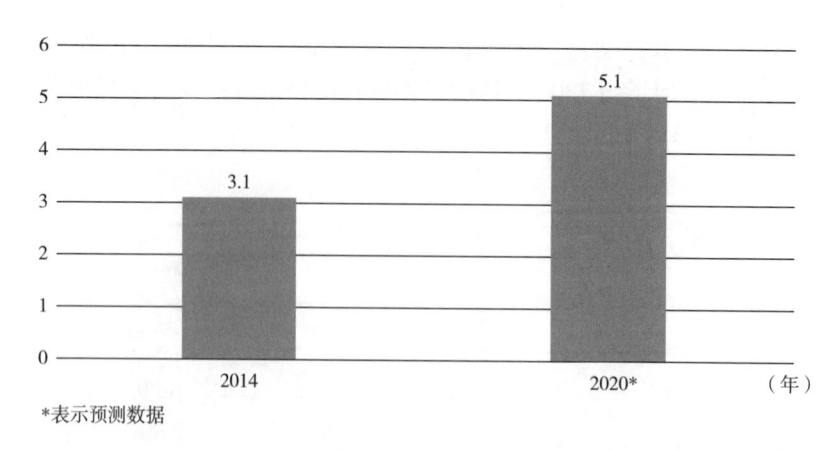

图 7-163　2014 年和 2020 年日本数字有线电视收入(单位:十亿美元)

数据来源:Statista 2018

全国 DTH 收入为 326.4 亿美元,2016 年,全国 DTH 收入为 346.5 亿美元;日本排名第六,2010 年,全国 DTH 收入为 16.8 亿美元,2016 年,全国 DTH 收入为 22.5 亿美元。

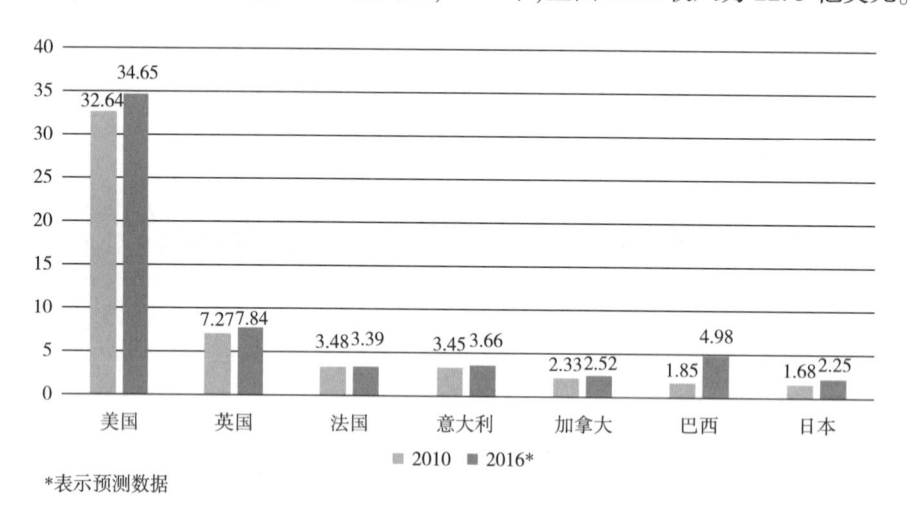

图 7-164　2010 年和 2016 年 DTH 领先国家的 DTH 电视总收入(单位:十亿美元)

数据来源:Statista 2018

预计 2018 年,全球点播电视收入最高的 4 个国家是依次是美国、中国、意大利、日本,预计收入分别为 17.85 亿美元、5.49 亿美元、4.81 亿美元、3.22 亿美元,说明日本的电视点播市场较大,在全球占有一定份额(见图 7-165)。

2020 年,亚太地区领先的付费电视提供商的订阅量和视频点播收入排名第一的将会是马来西亚的 Astro,约为 1 230 亿美元;第四和第五分别是日本的 J:COM 和日本的 NTT,分别为 20.4 亿美元和 15.5 亿美元(见图 7-166)。J:COM 虽是日本最大的付费电视提供商,但在亚太地区所占份额不大。

预计 2020 年全球 IPTV 收入最高的国家是美国,其收入为 89.6 亿美元,日本排名第三,其收入为 22.5 亿美元,与排名第二的中国仅差 0.4 亿美元,说明日本的互联网电视市场非常庞大,前景良好(见图 7-167)。

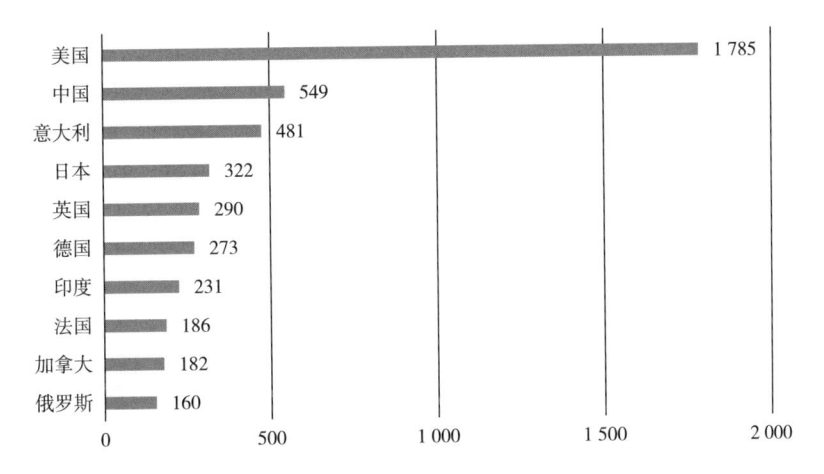

图 7-165　2018 年选定国家的预计点播电视收入（单位：百万美元）

数据来源：Statista 2018

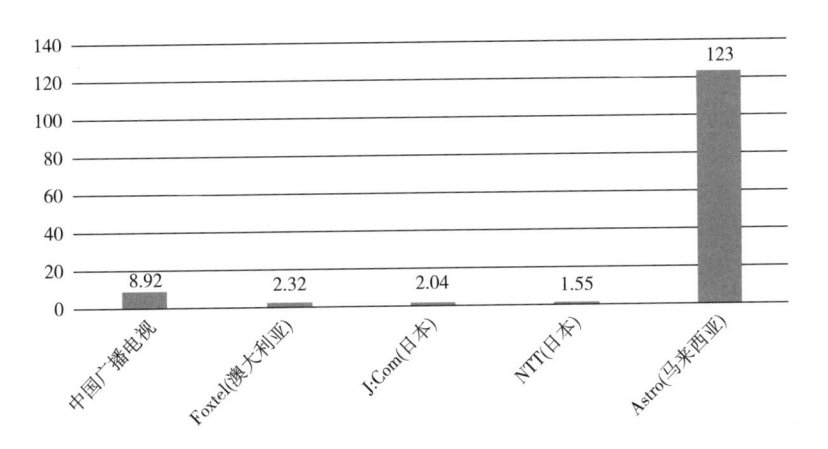

图 7-166　2020 年亚太地区领先的付费电视提供商的订阅量和视频点播收入（单位：十亿美元）

数据来源：Statista 2018

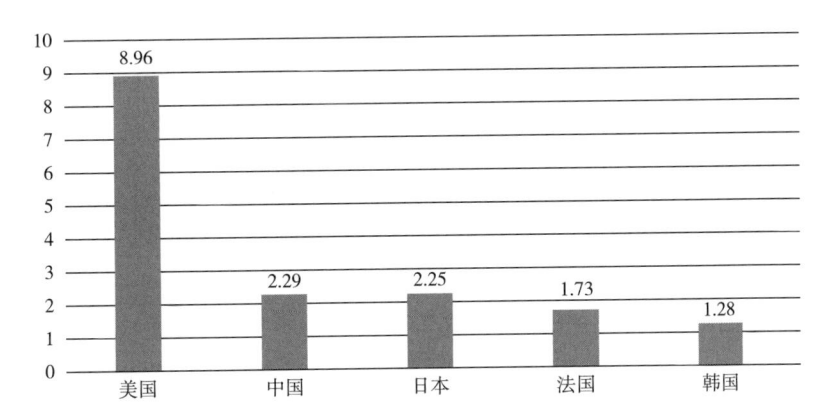

图 7-167　2020 年全球 IPTV 收入最高的国家（单位：十亿美元）

数据来源：Statista 2018

图 7-168 显示,2012 年至 2016 年日本视频点播服务收入呈持续上升趋势,并且 2016 年视频点播服务收入达到 57.4 亿欧元,比 2012 年增加了 38 亿欧元。说明日本的视频点播市场不断发展,视频点播服务收入稳步上升,发展的黄金时期是 2014 年,现在增速已开始放缓。

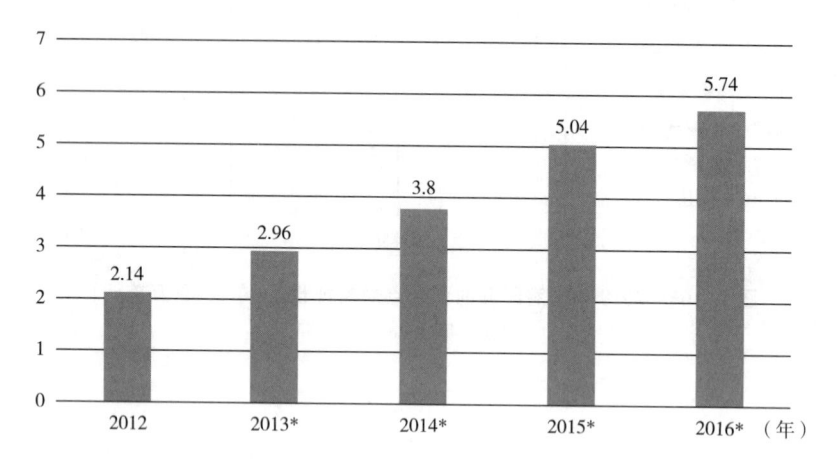

图 7-168　2012—2016 年日本视频点播服务收入(单位:十亿欧元)

数据来源:Statista 2018

综上所述,日本的卫星电视、点播电视、互联网电视等行业收入较高,在全世界位居前列;视频点播服务收入持续上升,但增速逐渐放缓。

(3)电视播放内容。日本电视上的播放内容主要有剧集、新闻、动画、综艺等。其中,剧集和综艺一向是日本的优质内容,而日本的视频网站与中国有所不同,"网剧""网综"没有中国的规模那么大,因此,在日本,绝大部分精品内容都掌握在广电机构手中,并且因为相关政策因素,网络节目与电视节目不能同步,因此,精品电视节目为电视台吸引了很多流量,各大电视台也都出品优质节目。①

电视动画也是日本的一个重要产业,多由人气漫画、游戏、轻小说改编而来,已经发展得较为成熟。

2005—2015 年,日本连续播放的电视动画节目数量呈现先上升后下降再上升的趋势,2007 年和 2011 年是两个转折点,这期间数量最多的是 2015 年,有 108 部,由此可见,目前连续播放的电视动画节目的数量呈上升趋势(见图 7-169)。

2005—2015 年,日本新播放的电视动画节目的数量呈现波动中上升的趋势,其中 2014 年和 2015 年新播放的电视动画节目的数量分别为 232 个和 233 个,说明新播放的电视动画节目增速放缓(见图 7-170)。日本动画协会发布的《日本动画产业报告》中提到,日本电视动画制作产量极限目前推算为每年 12 万分钟,而 2016 年日本电视动画的总分钟数已经超过了这一数字,新增电视动画数量预计未来将不会大幅增加。

综上所述,日本电视播放内容整体而言是丰富而优质的,其中,电视动画作为日本的一个重要产业,发展得已经比较成熟,增长速度开始放缓,电视动画似乎进入了瓶颈期。

---

① 资料来源:https://www.jzwcom.com/jzw/9a/18814.html。

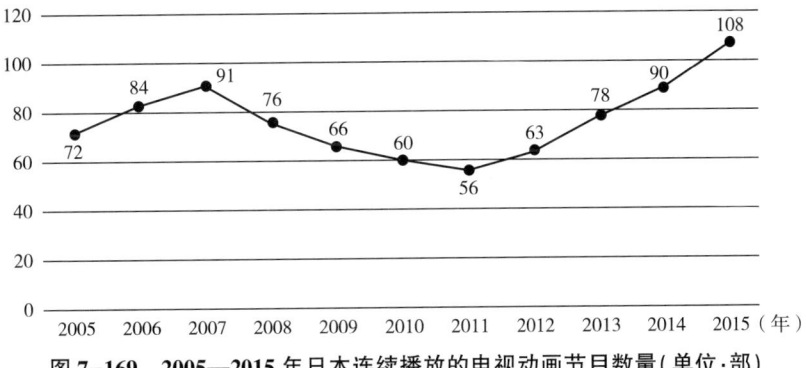

图 7-169　2005—2015 年日本连续播放的电视动画节目数量（单位：部）

数据来源：Statista 2018

图 7-170　2005—2015 年日本新播放的电视动画节目数量（单位：部）

数据来源：Statista 2018

（4）电视节目进出口情况。日本实行积极的文化输出战略，重视电视节目的出口，与许多国家都有合作，例如，日本富士电视台与中国的在线视频平台优酷缔结了"战略性"合作伙伴关系，许多富士电视台的节目都已在优酷上引进播放。

2014 年，日本动画公司与韩国和美国签订的合同数量最多，都是 78 个，其次是中国台湾、中国、加拿大，说明日本动画在全世界都有影响力，其出口国家主要集中在东亚和北美（见图 7-171）。

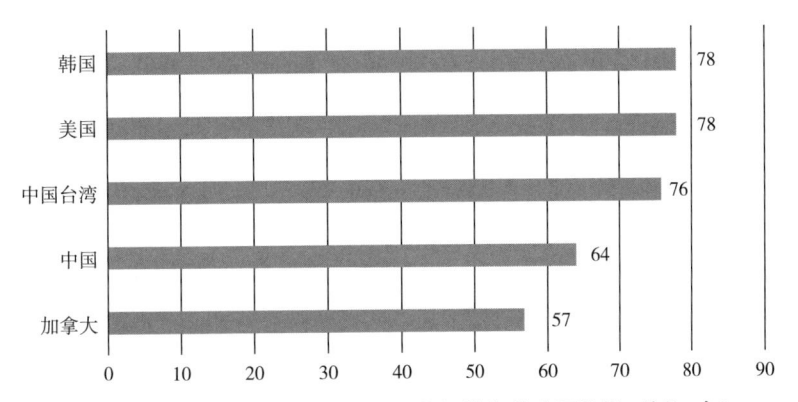

图 7-171　2014 年与日本动画公司签订的海外合同数量（单位：个）

数据来源：Statista 2018

2011/12 财年至 2014/15 财年,英国节目出口到日本的收入基本在 1 000 万英镑上下浮动,到 2015/16 财年有显著上升,增加至 1 500 万英镑,说明日本在外国节目引进方面加大了投资(见图 7-172)。

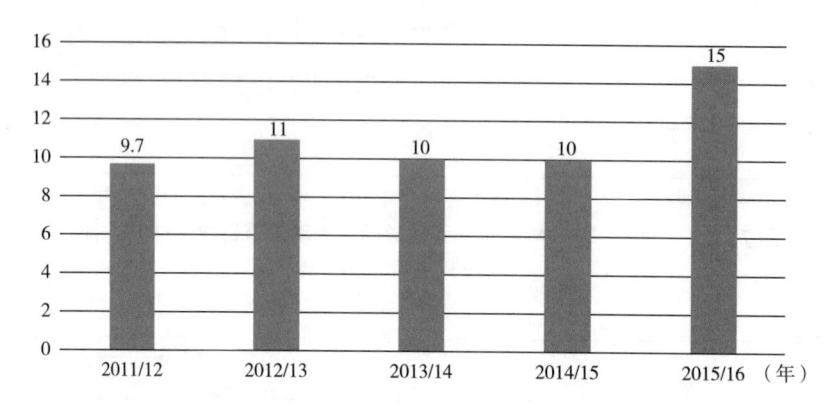

图 7-172　2011—2016 年英国制作的电视节目出口到日本的收入(单位:百万英镑)
数据来源:Statista 2018

2016 年,世界各地区进口电视节目到中国的价值最高的是日本,约为 8.44 亿元,其次是美洲、美国和韩国,这体现了日本的电视节目在亚洲属于发展较为先进的,也体现出日本是中国进口电视节目的重要市场(见图 7-173)。2016 年,中国电视节目出口到世界各地区的价值最高的是中国台湾,约为 0.84 亿元,出口到日本的价值排名第三,约为 0.51 亿元,比日本节目进口到中国的价值少了约 7.93 亿元,说明中国文化输出和文化输入之间有巨大差距(见图 7-174)。

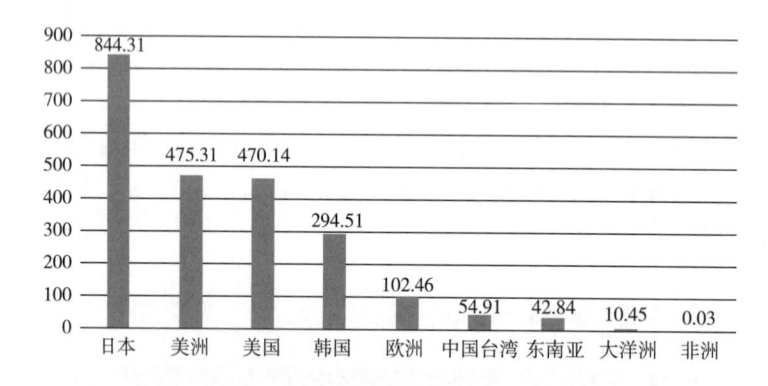

图 7-173　2016 年世界各地区进口电视节目到中国的价值(单位:百万元)
数据来源:Statista 2018

综上所述,日本重视电视节目的出口,与许多国家都有合作,加速开拓海外市场,进出口额都有所增长,其中,日本电视动画在全世界范围内都具有影响力,大量出口到东亚和北美国家。

(5)广告。图 7-175 显示,2016 年,日本的电视广告市场支出为 116.2 亿美元,预计到 2020 年,这一数字将增加到 140 亿美元,说明日本电视广告支出处于上升趋势。

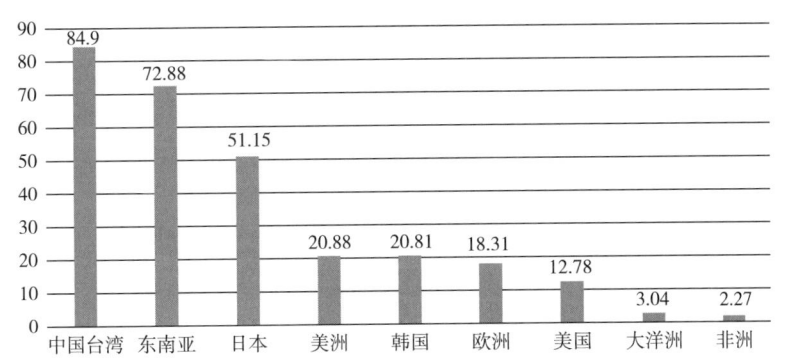

图 7-174　2016 年中国出口电视节目出口到世界各地区的价值（单位：百万元）

数据来源：Statista 2018

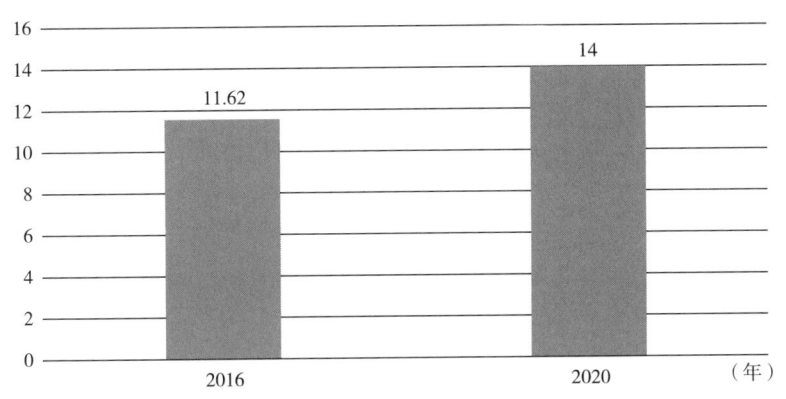

图 7-175　2016 年和 2020 年日本电视广告支出（单位：十亿美元）

数据来源：Statista 2018

2016 年，日本的广告支出中占比最高的是电视广告，约占总数的 30.4%，第二的是贴片广告，约占总数的 19.1%，之后是报纸广告和传单。由此可见，电视、报纸等传统形式的广告仍是日本广告支出的主要方式（见图 7-176）。

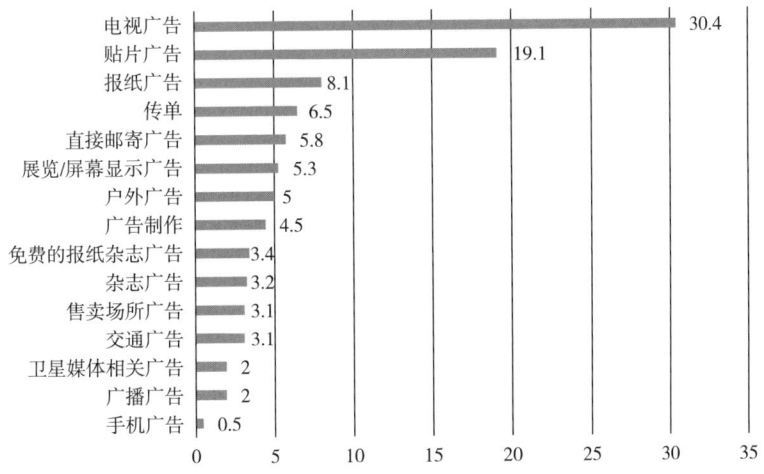

图 7-176　2016 年日本的广告支出分布（按媒介分，单位：%）

数据来源：Statista 2018

2017年，日本地面电视广告费用占比最高的是信息和通信技术（ICT）行业，占总数的13.4%，约为2 441.1亿日元，接下来依次是化妆品和盥洗用品，占11.8%，约为2 135.7亿日元；食物占10.7%，约为1 948.4亿日元；饮料和奢侈品占8.3%，约为1 516.3亿日元，说明日本地面广告最大的市场是新兴的ICT行业（见图7-17和图7-178）。

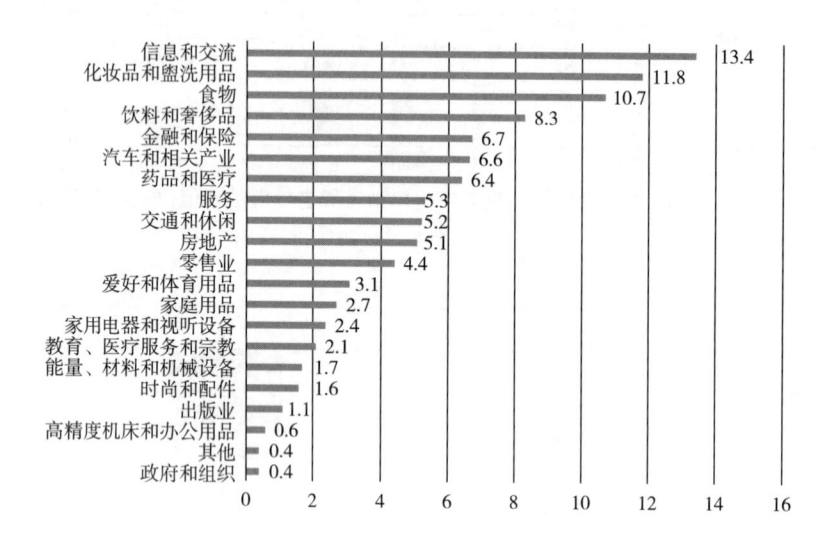

图7-177　2017年日本地面电视广告费用分布情况（按行业分，单位：%）
数据来源：Statista 2018

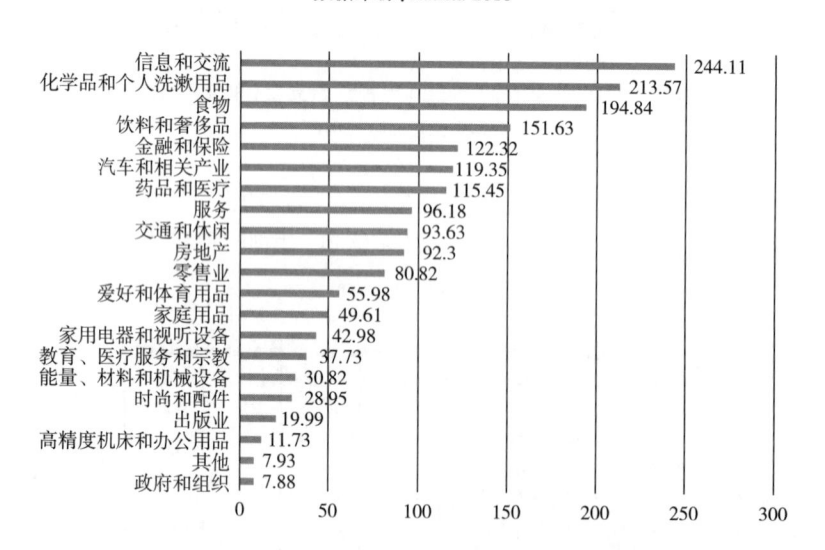

图7-178　2017年日本地面电视广告费用（按行业分，单位：十亿日元）
数据来源：Statista 2018

综上所述，日本的电视广告支出有上升的趋势，广告的支出方式主要是电视广告、贴片广告、报纸广告，互联网广告也在不断增长；电视广告的市场主要集中在信息和通信技术、化妆品与盥洗用品、食品等行业。

(6) 观众行为偏好。

第一，观看时间。截至2016年第二季度，全球互联网用户观看电视或视频内容的平均每日时间是 4 小时,日本用户观看电视或视频内容的平均每日时间是 2.8 小时,低于全球平均水平(见图 7-179)。除此之外,美国、英国和法国高于全球平均水平,德国、印度和中国低于全球平均水平,这说明日本用户对电视或视频的依赖度不高。

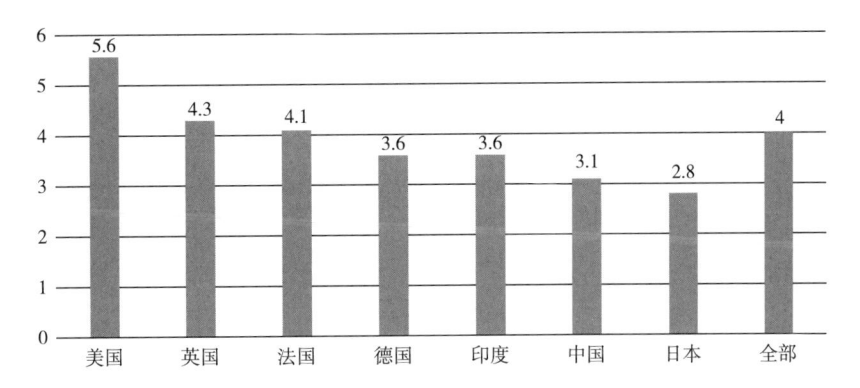

图 7-179　截至 2016 年第二季度全球互联网用户观看电视或视频内容的平均每日时间(单位:小时)
数据来源:Statista 2018

2017 年下半年,日本用户平均每天花费超过 4 小时使用互联网,而平均每天看电视、使用社交媒体、听音乐的时间分别为 149 分钟、48 分钟、15 分钟,使用互联网的时间远远超过使用其他媒体的时间,如图 7-180 所示。

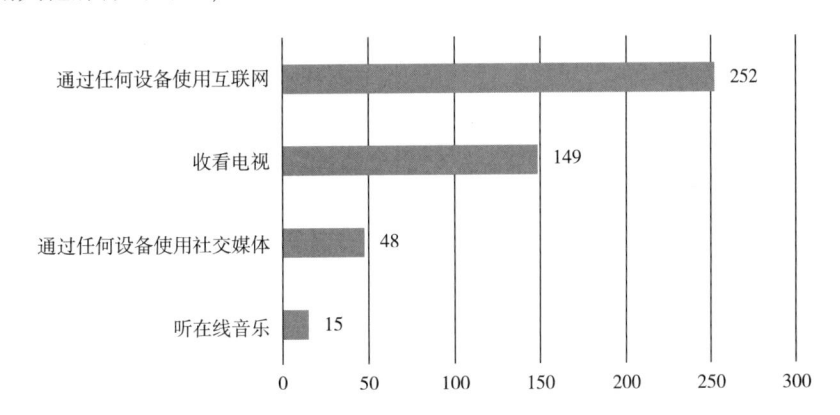

图 7-180　2017 年下半年日本用户在特定媒体上的平均每日时间(单位:分钟)
数据来源:Statista 2018

2017 年,日本成年人每天在电视和数字媒体上花费的时间比例分别是 47.2% 和 43.3%,在印刷品和广播上花费的时间比例分别是 4.7% 和 4.8%(见图 7-181),由此可见,花费在电视和数字媒体上的时间远多于花费在印刷品和广播上的时间。

综上所述,日本用户观看电视或视频内容的平均每日时间低于全球平均水平,主要花费时间在互联网和电视上,已经远远超过花费在其他传统媒体上的时间。

第二,观看方式。截至 2018 年 1 月,日本受访者观看电视内容的主要方式是在电视机上观看电视,占比为 95%,大多数人也选择在电视机上观看录制的内容,占比为 64%,由此可见,传统电视依然是日本观众观看电视的主要选择(见图 7-182)。

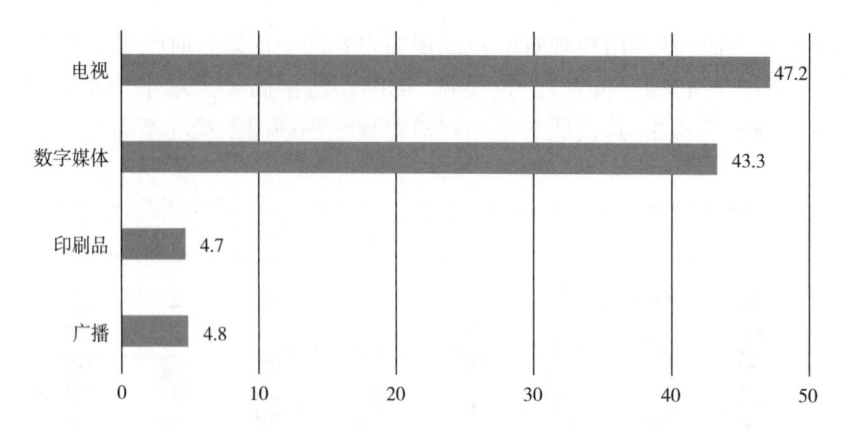

图 7-181　2017 年日本成人每天在主要媒体上所花费的时间 (单位：%)
数据来源：Statista 2018

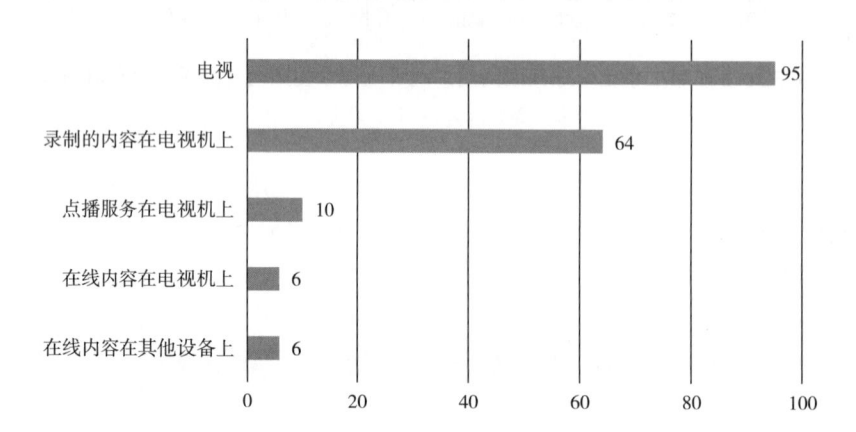

- 电视　47.2
- 数字媒体　43.3
- 印刷品　4.7
- 广播　4.8

图 7-182　截至 2018 年 1 月，互联网用户在日本观看电视内容的主要方法 (单位：%)
数据来源：Statista 2018

- 电视　95
- 录制的内容在电视机上　64
- 点播服务在电视机上　10
- 在线内容在电视机上　6
- 在线内容在其他设备上　6

截至 2016 年 3 月，60% 的日本用户将购买或租赁 DVD、蓝光 DVD 作为观看付费电视和视频的首选方式，而仅有 12% 的用户使用 OTT 视频服务 (见图 7-183)。

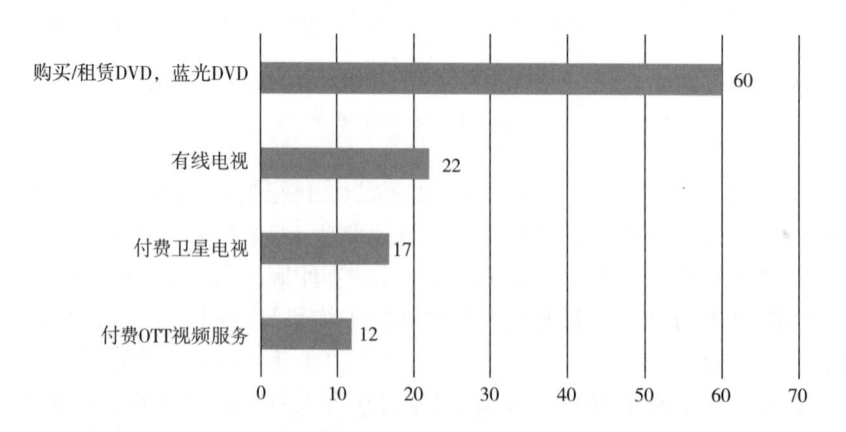

- 购买/租赁 DVD，蓝光 DVD　60
- 有线电视　22
- 付费卫星电视　17
- 付费 OTT 视频服务　12

图 7-183　截至 2016 年 3 月日本互联网用户访问付费电视和视频内容的首选服务 (单位：%)
数据来源：Statista 2018

综上所述,日本用户主要在电视上观看电视内容,主要通过购买或租赁 DVD、蓝光 DVD 观看付费电视和视频,说明虽然现在互联网市场发展迅速,但日本用户观看电视的方式并没有很大改变。

第三,观看兴趣。2016 年,日本观众喜欢观看的电视频道前 4 名依次是 Discovery、CNN、National Geographic、BBC World News,占比分别为 7.7%、7.34%、6.47%、6.03%,这些频道都来自美国或英国。除此之外,其他喜欢观看的节目占比为 83.87%,说明日本观众对节目的喜爱比较平均(见图 7-184)。

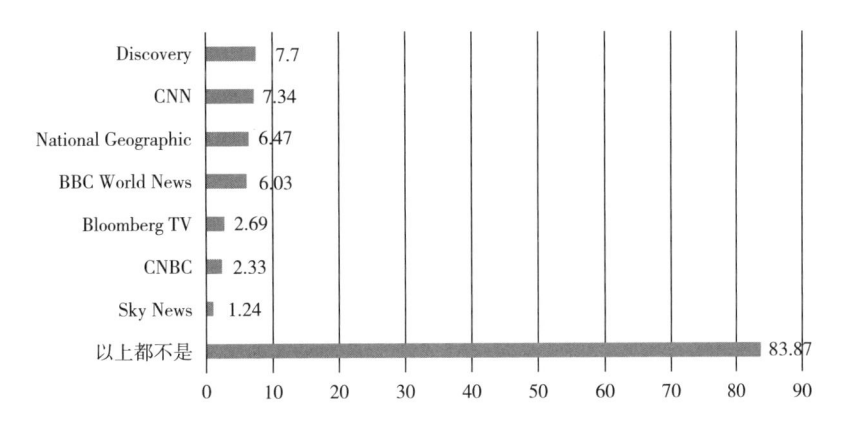

图 7-184　2016 年日本人喜欢观看的电视频道(单位:%)

数据来源:Statista 2018

截至 2018 年 1 月,日本最受欢迎的数字原创节目第一名是由 CBS 播出的《星际迷航:发现号》,占比为 6.72%,后三名都是由 Netflix 播出的,分别是《Fate/apocrypha》、《怪奇物语》和《黑镜》,占比分别为 3.23%、3.02% 和 2.96%。在排名前十的节目中,有 6 个节目都是来自 Netflix 的。由此可见,日本最受欢迎的视频网站主要是 Netflix,最受欢迎的节目类型主要是科幻、奇幻、剧情类(见图 7-185)。

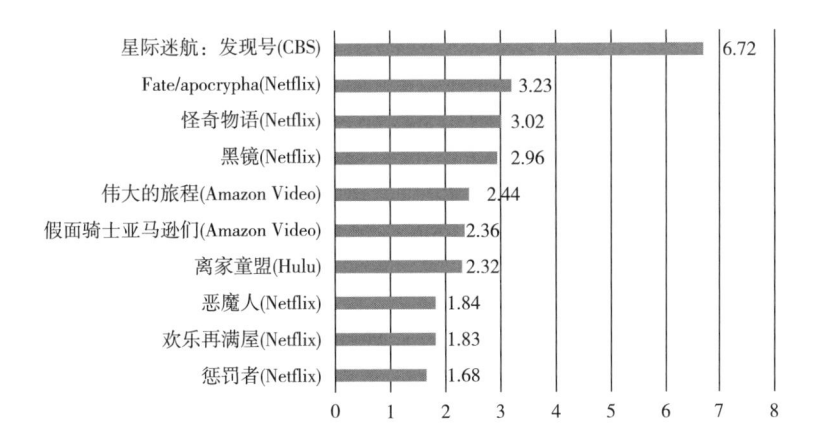

图 7-185　截至 2018 年 1 月,在日本每月最受欢迎的数字原创电视节目(单位:%)

数据来源:Statista 2018

表7-4显示,2017年,日本家庭平均收视率前两位都来自由NHK播出的红白歌会,作为日本的一档老牌节目,红白歌会地位相当于中国的"春节联欢晚会";第三至第十位的节目除了比赛,还有一档直播慈善节目24小时TV。由此可见,日本电视收视率高的节目主要是有一定国民热度的节目和体育赛事。

表7-4 2017年日本家庭平均电视收视率排名

排名	节目名	电视台	家庭平均收视率(%)
1	第68届NHK红白歌会(下)	NHK	39.4
2	第68届NHK红白歌会(上)	NHK	35.8
3	第93届东京箱根往返大学长跑接力赛回程	日本电视台	28.4
4	24小时电视40爱拯救地球PART10	日本电视台	28.4
5	2017WBC 2次回合 日本×古巴	TBS	27.4
6	第93届东京箱根往返大学长跑接力赛去程	日本电视台	27.2
7	报道station	朝日电视台	27.2
8	24小时电视40爱拯救地球PART9	日本电视台	26.1
9	24小时电视40爱拯救地球PART1	日本电视台	25.9
10	2017世界棒球比赛2次回合 日本×以色列	朝日电视台	25.8

数据来源:Video Research ltd

图7-186中的统计数据描绘了截至2016年11月最受欢迎的日本广播公司(NHK)电视节目,按收视率分类。在审查期间,NHK连续剧"Beppin-san"排名第一,收视率约为14.2%,其次是新闻节目NHK新闻7am,约为12%。

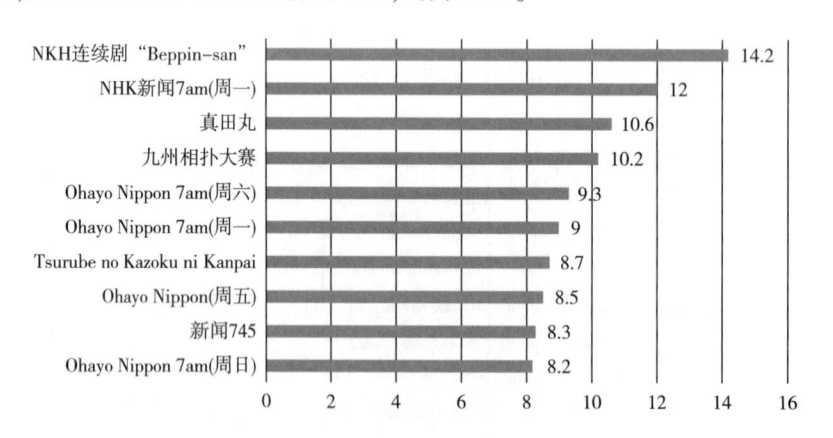

节目	收视率
NKH连续剧"Beppin-san"	14.2
NHK新闻7am(周一)	12
真田丸	10.6
九州相扑大赛	10.2
Ohayo Nippon 7am(周六)	9.3
Ohayo Nippon 7am(周一)	9
Tsurube no Kazoku ni Kanpai	8.7
Ohayo Nippon(周五)	8.5
新闻745	8.3
Ohayo Nippon 7am(周日)	8.2

图7-186 截至2016年11月,日本最受欢迎的日本广播公司(NHK)电视节目收视率(单位:%)
数据来源:Statista 2018

截至2017年10月,日本最受欢迎的虚构人物第一名是熊本县的吉祥物熊本熊,占比为36%,第二、三、四名依次为龙猫、米老鼠和哆啦A梦,这些虚构人物多数不仅在日本,在世界范围内也很受欢迎(见图7-187)。

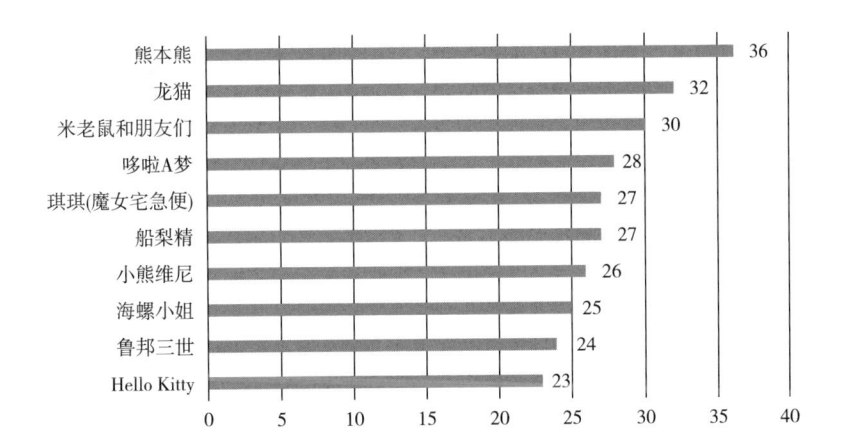

图 7-187　截至 2017 年 10 月,日本最受欢迎的虚构人物(单位:%)

数据来源:Statista 2018

综上所述,就电视节目而言,日本观众对节目的喜爱比较平均;就网络节目而言,日本观众的主要观看平台是 Netflix,主要观看类型是科幻、奇幻、剧情类;日本电视收视率高的节目主要是有一定国民热度的节目、体育赛事,以及电视剧和新闻节目。

第四,观众评价。图 7-188 显示,大多数日本观众认为,2013 年日本电视节目质量不好也不差,有 41% 的观众认为 NHK 的节目质量比较好,超过了认为 NHK 节目质量中等的比例;而有 23% 的观众认为富士电视台的节目质量比较差,14% 的观众认为富士电视台的节目质量非常差,超过了认为富士电视台节目质量比较好的比例;有 14% 的观众无法评价东京电视台的节目质量,在调查的 6 个电视台中最多(见图 7-188)。

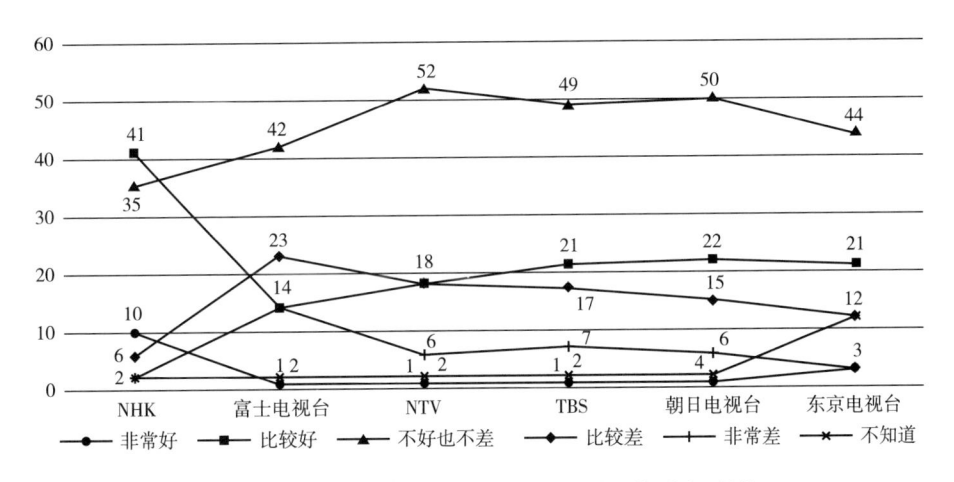

图 7-188　消费者对 2013 年日本电视节目质量的看法(单位:%)

数据来源:Statista 2018

总体来看,日本观众认为节目质量由好到坏依次是 NHK、东京电视台、朝日电视台、TBS、NTV、富士电视台。

(7)在线视频市场。图 7-189 显示,2014 年和 2020 年预计全球最大的在线电视和视频市场是美国,其次是日本、英国、德国和中国。其中,2014 年,日本的在线电视和视频市场收入为 17.7 亿美元,2020 年,日本的在线电视和视频市场收入为 37.2 亿美元,增长了约 2 亿美元,仅次于美国和中国收入的增长,说明日本是全球重要的在线电视和视频市场,并且未来还将继续扩大。

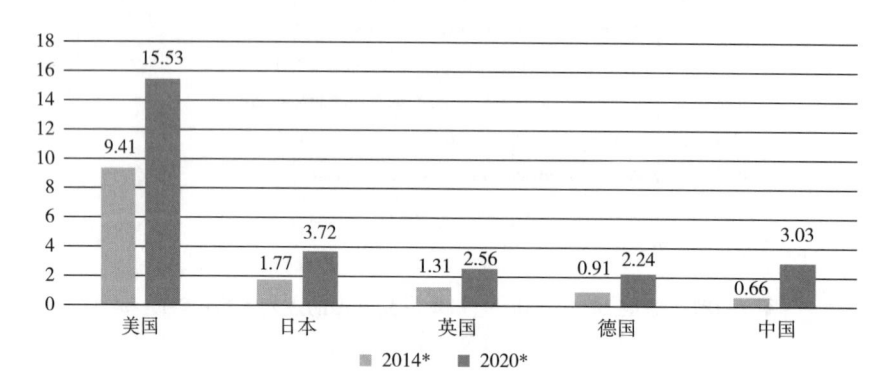

图 7-189　2014 年和 2020 年全球最大的在线电视和视频市场收入(单位:十亿美元)

数据来源:Statista 2018

图 7-190 显示,2012—2017 年,日本在线电视收入呈现持续增长趋势,收入从 2012 年的 1 100 万美元增加到 2017 年的 3 亿美元,实现了高速增长,体现了日本在线电视市场的良好前景。

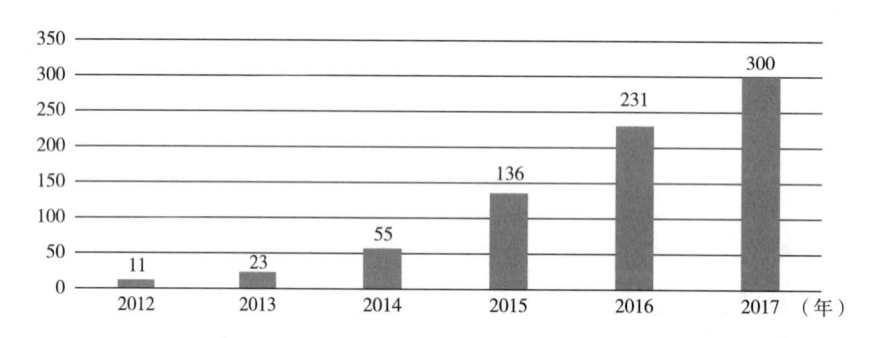

图 7-190　2012—2017 年日本在线电视收入(单位:百万美元)

数据来源:Statista 2018

2017 年,全球流媒体视频服务的渗透率最高的是美国,渗透率为 59%,接下来依次是加拿大、挪威、瑞典和芬兰;日本排名第十,渗透率为 29%,高于南非、墨西哥、德国等,说明流媒体服务在日本开始有了一定的占有率,但尚不属于世界排名前列的国家(见图 7-191)。

总的来说,日本的 IPTV、视频点播服务都处于增长趋势,在线电视和视频发展良好,越来越多的用户从电视转移到了网络,但整体仍倾向于观看传统电视。日本动画产业非常发达,有很高的出口价值,电视动画进入了瓶颈期。在日本,最受欢迎的广播公司是 NHK,最受欢迎的视频点播平台是 Netflix。

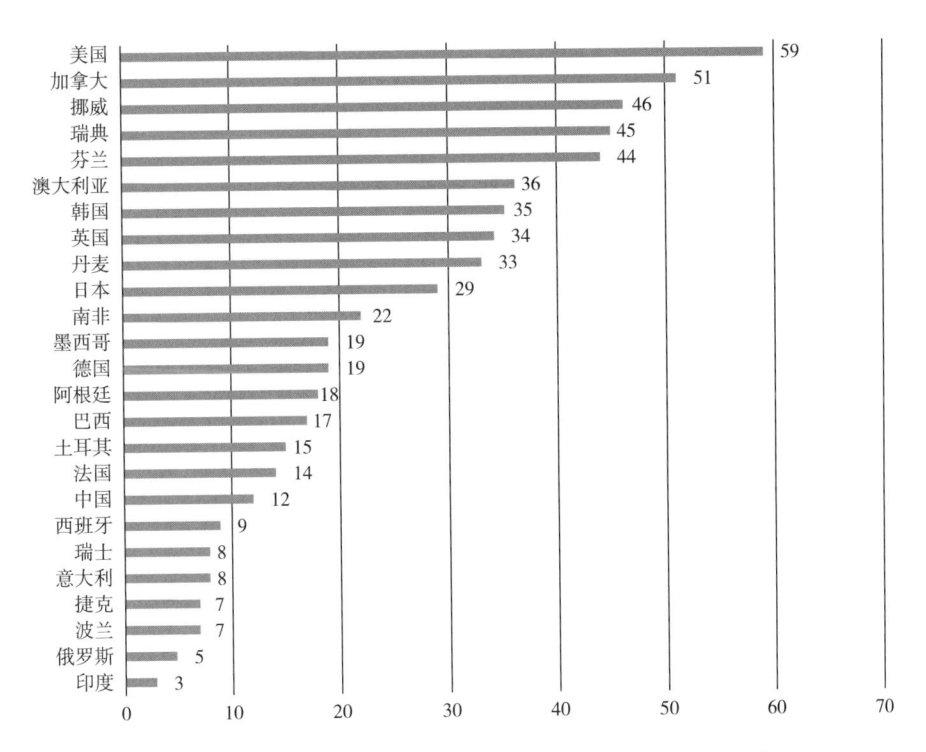

国家	渗透率
美国	59
加拿大	51
挪威	46
瑞典	45
芬兰	44
澳大利亚	36
韩国	35
英国	34
丹麦	33
日本	29
南非	22
墨西哥	19
德国	19
阿根廷	18
巴西	17
土耳其	15
法国	14
中国	12
西班牙	9
瑞士	8
意大利	8
捷克	7
波兰	7
俄罗斯	5
印度	3

图 7-191　2017 年全球流媒体视频服务的渗透率（按国家地区分，单位：%）

数据来源：Statista 2018

7.2.3.2　韩国电视市场

（1）韩国电视发展概况。韩国电视市场长期以来被三大无线电视台垄断，分别是韩国的国家电视台韩国广播公司电视台（KBS），公营的韩国文化广播公司电视台（MBC），以及民营的首尔广播公司电视台（SBS）。有线电视台主要有 CJE&M 旗下的 tvN 和中央东洋广播公司（JTBC）。近几年，韩国有线电视发展迅猛，tvN 和 JTBC 迅速崛起，有望打破三大无线台的垄断局面。

韩国有线电视第一次播放是在 1995 年 3 月，卫星电视是在 2002 年第一次播放，KT 通信公司利用 SKY-Live 单独播放卫星电视。IPTV 是在 2008 年首播，主要是由三个通信公司 KT、LGU 和 PLUS 提供服务。

图 7-192 显示，2018 年，全球付费电视普及率最高的国家是荷兰，普及率将达到 100%，其次是丹麦，普及率为 97%，韩国与比利时并列第三，普及率为 96%。韩国的付费电视普及率高于大部分国家。

2011 年至 2016 年，韩国付费电视用户数量呈现稳定上升趋势，到 2016 年，韩国已有超过 3 000 万用户选择了付费电视频道，相比 2011 年增长了 702 万（见图 7-193）。由此可见，韩国的付费电视发展良好，付费电视普及率较高，而且韩国电视观众有良好的电视付费习惯，但付费电视市场已经比较饱和，未来将不会有很大增长。

2017 年，订购付费电视的韩国家庭中，有线电视占 51%，IPTV 占 40.1%，卫星电视

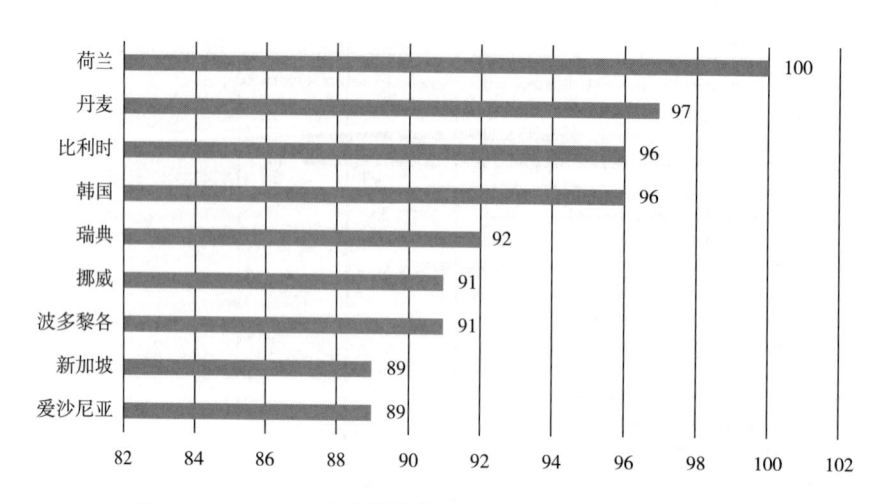

图 7-192　2018 年全球付费电视普及率最高的国家（单位：%）

数据来源：Statista 2018

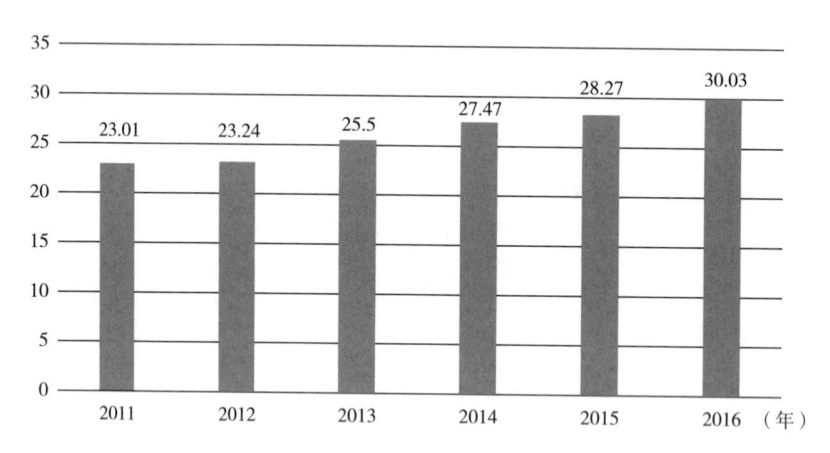

图 7-193　2011—2016 年韩国付费电视用户数量（单位：百万户）

数据来源：Statista 2018

占 8.5%（见图 7-194）；而在 2013 年的数据中，韩国有线电视占 69.1%，卫星电视占 8.1%，IPTV 占 18.1%，地面电视仅占 7.9%。由此可见，韩国家庭 IPTV 占有率在上升，而有线电视占有率在下降，卫星电视占有率基本不变。

IPTV 在韩国是一个新兴的电视产业，于 2009 年 1 月在韩国首次推出，发展十分迅速，到 2017 年 1 月，已吸引了 1 410 万用户（见图 7-195）。2016 年至 2017 年，韩国 IPTV 用户数量仅增长了 20 万，说明韩国 IPTV 已经过了高速增长期，增长速度开始放缓。IPTV 用户数量的增加也意味着有线电视和卫星电视用户数量的减少，说明付费电视的重心正在向 IPTV 移动。

2016 年，韩国有 164 家节目提供商、90 家有线电视公司和 52 家地面电视公司，而仅有 1 家卫星电视公司（见图 7-196）。由此可见，韩国广播电视业非常注重节目制作，有线电视和地面电视的市场竞争十分激烈。

综上所述，韩国有线电视、无线电视、付费电视普及率都比较高，观众有良好的付费

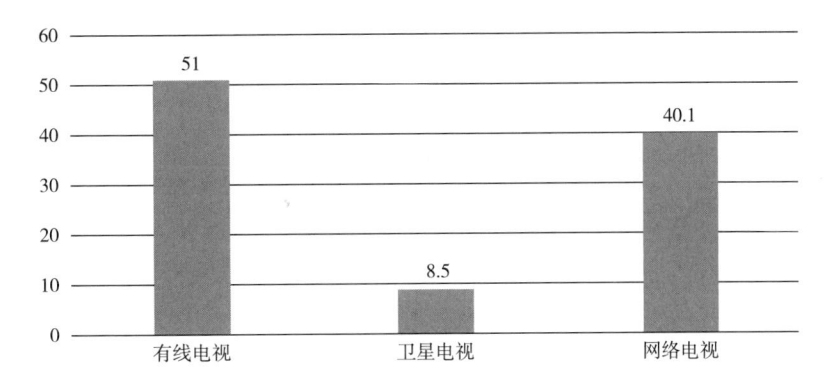

图 7-194　2017 年韩国家庭订购付费电视的比例（按类别分，单位：%）
数据来源：Statista 2018

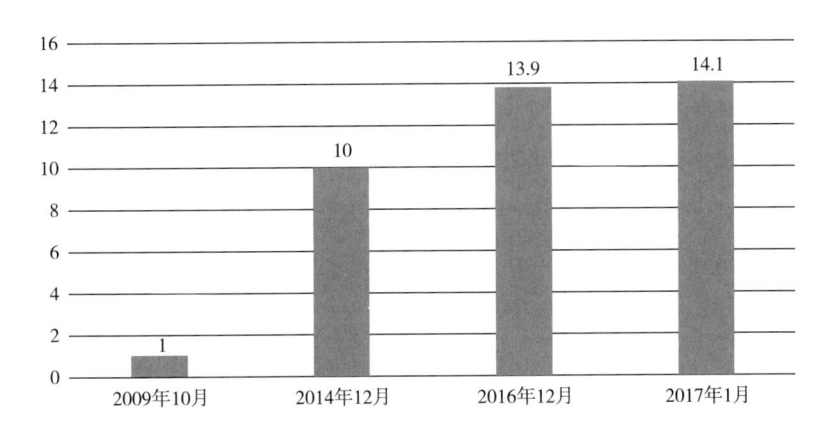

图 7-195　2009—2017 年韩国 IPTV 用户数量（单位：百万户）
数据来源：Statista 2018

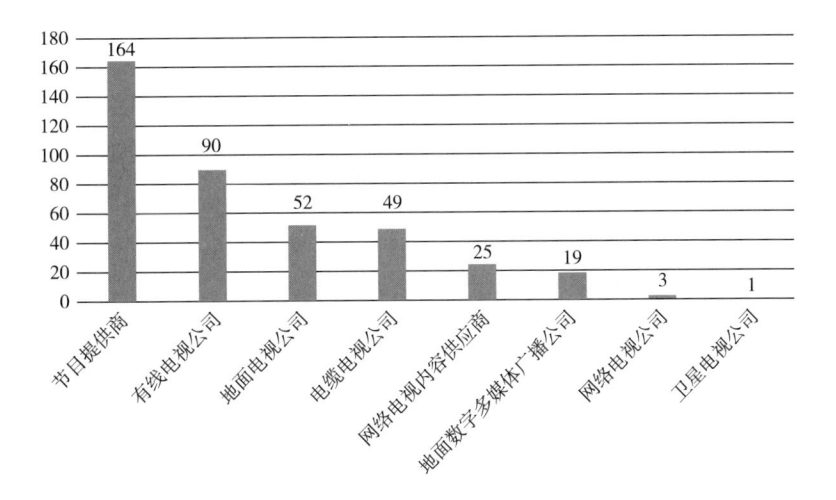

图 7-196　2016 年韩国广播电视业的机构数量（按渠道分，单位：家）
数据来源：Statista 2018

习惯,付费电视市场饱和;IPTV 高速发展,用户已具有一定规模,家庭订阅付费电视有从有线电视转向 IPTV 的趋势;广播业机构数最多的是节目提供商。

(2)电视收入。图 7-197 显示,2014 年至 2020 年,日本/韩国、大中华区、东南亚和南亚的付费电视收入都呈现上升趋势,其中增长最显著的是南亚地区,到 2020 年,其付费电视收入将增长至约 100 亿。日本/韩国的付费电视收入增速最慢,到 2020 年,其付费电视收入将增长至 107.94 亿美元,仅次于大中华区,说明未来几年韩国付费电视发展缓慢。

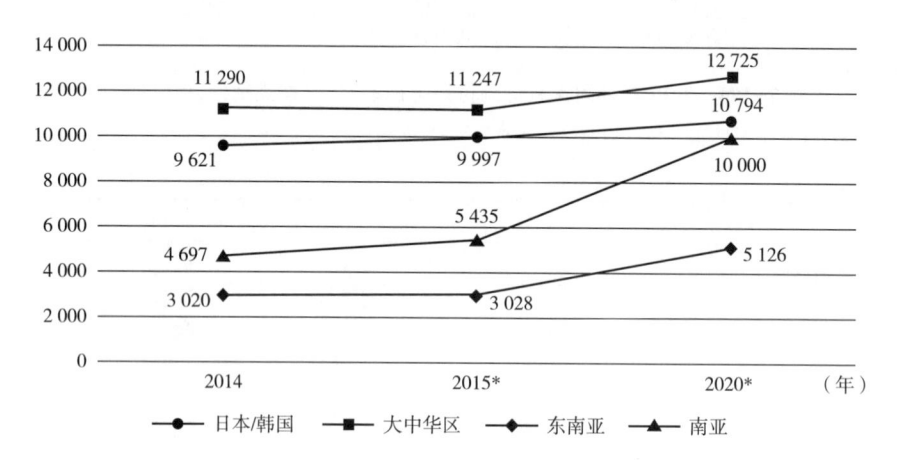

图 7-197　2014—2020 年亚太地区付费电视收入(按地区分,单位:百万美元)
数据来源:Statista 2018

2016 年,韩国广播电视销售收入从高到低依次是节目提供商,约为 6.38 万亿韩元;地面电视,约为 4 万亿韩元;网络电视,约为 2.43 万亿韩元;有线电视,约为 2.17 万亿韩元;卫星电视,约为 0.57 万亿韩元;其他,约为 0.36 万亿韩元(见图 7-198)。

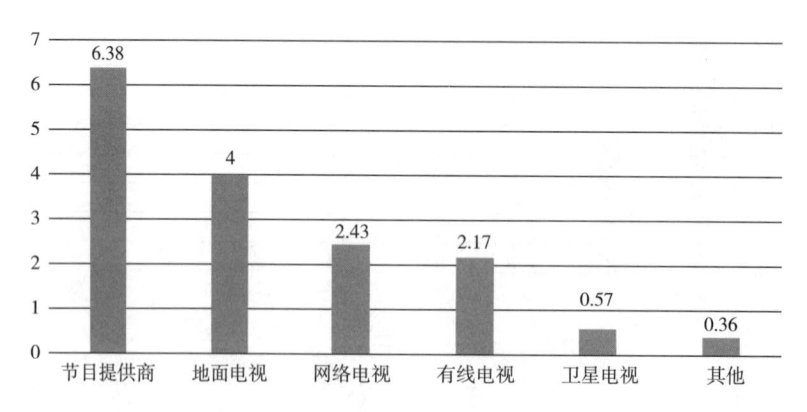

图 7-198　2016 年韩国广播行业销售收入(按渠道分,单位:万亿韩元)
数据来源:Statista 2018

图 7-199 显示了 2011—2016 年韩国地面电视频道的净利润呈现先下降后上升的趋势,2014 年达到最低点 392.3 亿韩元,2015 年开始急速反弹,净利润增长了约 1 623.5 亿

韩元,这说明韩国地面电视市场开始复苏。

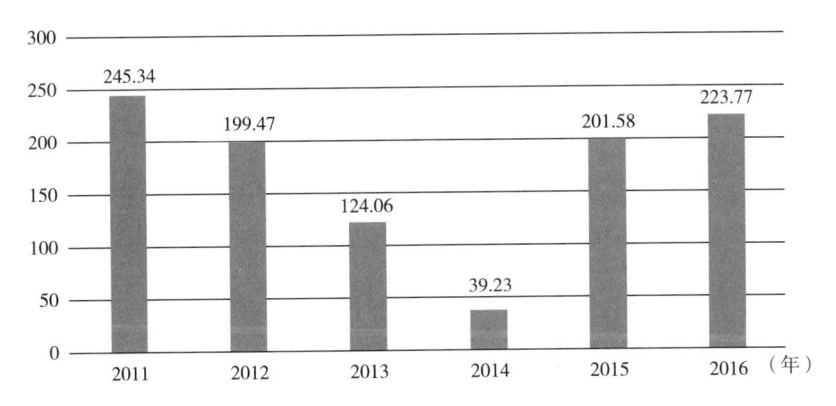

图 7-199　2011—2016 年韩国地面电视频道的净利润(单位:十亿韩元)
数据来源:Statista 2018

2011—2016 年,韩国节目提供商的净利润波动较大,非常不稳定,其中,2014 年净利润最高,为 8 594.2 亿韩元;2015 年净利润最低,为 3 066.1 亿韩元国,见图 7-200。由此可见,韩国的节目提供商虽然收入高、发展快,但市场极不稳定。

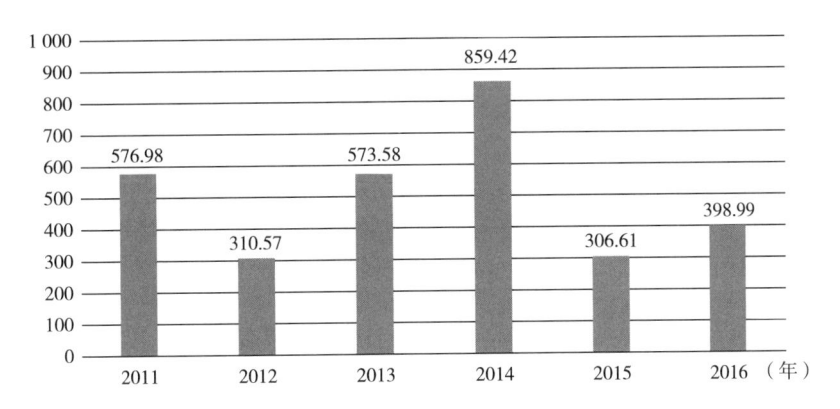

图 7-200　2011—2016 年韩国节目提供商(PP)的净利润(单位:十亿韩元)
数据来源:Statista 2018

综上所述,韩国的地面电视收入回升,付费电视收入增长放缓;节目提供商是韩国广播业的重要机构,数量多、收入高,但是收入波动大。

(3)电视播放内容。在韩国,电视播放的主要内容是电视剧、综艺等节目,这些节目跟随"韩流"在全世界广泛传播,具有一定的影响力。在很长的历史时期里,韩国电视剧的制播是由全国性的无线电视三大台 KBS、MBC、SBS 把持,这三个无线台成立时间早,资金雄厚,构成了韩剧生产的绝对主力。然而,近年来,有线电视台 tvN 与 JTBC 依托持续输出的爆款剧,正在逐渐瓦解韩国无线电视三大台 KBS、MBC、SBS 的垄断地位。[①]

---

① 资料来源:https://item.btime.com/m_9100735f5c88ddd22?page=1.

无线/有线电视台电视剧收视率排名前十位都来自无线电视台,基本上都是周末连续剧,而且都是主要以错误的人际关系、出生的秘密、不伦、背叛、复仇和三角恋为主题的电视剧(见表7-5)。

表7-5　2015年无线/有线电视台电视剧收视率排名

排名	频道	电视剧名	收视率(%)
1	KBS 2	家人之间为何这样	42.56
2	MBC	传说的魔女	30.15
3	KBS 2	拜托了妈妈	28.67
4	KBS 3	青鸟之家	26.93
5	MBC	玫瑰色的恋人们	24.22
6	MBC	我的女儿琴四月	23.86
7	SBS	清潭洞丑闻	22.97
8	KBS 2	甜蜜的秘密	21.19
9	MBC	让女人哭泣	20.86
10	SBS	龙八夷	18.84

在有线电视台电视剧收视率前十位中,有7部是由tvN制作并播出的(见表7-6),可见收视率靠前的有线台电视剧与无线台的类型有很大不同,总体上更具多样性和创新性。tvN近几年制作了《请回答》系列以及《信号》《今生是第一次》《孤独又灿烂的神-鬼怪》等优质电视剧,其中,《请回答1988》还获得了韩国有线电视历史上最高的收视率,tvN也收获了"tvN出品必属精品"的称赞,说明新兴的有线电视台使无线电视台的地位受到冲击。

表7-6　2015年有线电视台电视剧收视率排名

排名	频道	电视剧名	平均收视率(%)
1	tvN	请回答1988	12.42
2	tvN	第二次二十岁	5.43
3	tvN	Oh 我的鬼神君	4.05
4	tvN	无理的英爱小姐 第14季	2.58
5	MBN	天国的眼泪	2.18
6	tvN	隐藏身份	2.04
7	tvN	一起用餐吧 第2季	1.98
8	MBN	因为妈妈没关系	1.95
9	tvN	家族的秘密	1.78
10	JTBC	锥子	1.57

网络电视剧累计点击率排名前五的类型主要是浪漫爱情喜剧(见表7-7),特点是漫画式的角色设定和可爱的画面,说明网剧的主要观众人群是10~20岁的女性。

表7-7　2015年网络电视剧累计点击率排名

排名	电视剧名	累计点击率
1	爱上挑战	21 124 965
2	我的邻居是EXO	18 357 890
3	为你点餐	15 366 396
4	我们分手了	11 452 059
5	扑通扑通LOVE	5 907 609

数据来源:2016年韩国广播视频产业白皮书

2013年至2016年,韩国地面电视节目的制作和购买成本呈上升趋势,其中,2013年与2014年的制作和购买成本基本不变,2016年的制作和购买成本为1.17万亿韩元,比2015年增长了0.1万亿韩元(见图7-201),说明韩国的地面电视节目正在蓬勃发展,投入越来越大。

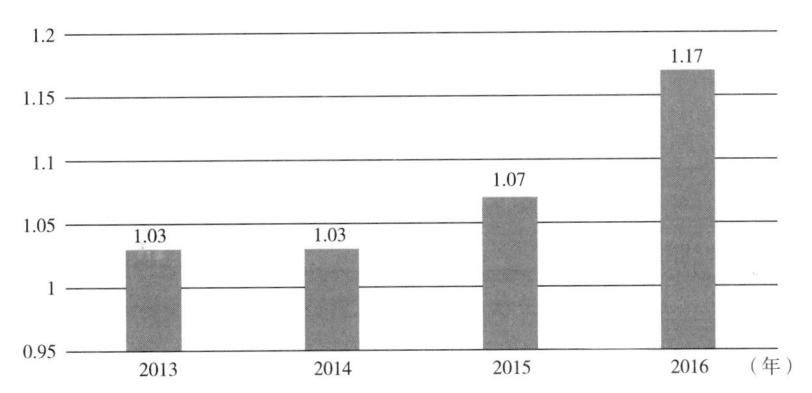

图7-201　2013—2016年韩国地面电视节目的制作和购买成本(单位:万亿韩元)

数据来源:Statista 2018

综上所述,韩国的电视剧、综艺等节目在全世界都有一定的影响力,高收视率的韩剧都是由无线电视台播出的,且主流收视人群是中年女性;无线电视台的电视剧和网剧使有线电视台的主导地位受到冲击;韩国地面电视节目的制作和购买成本逐年增长,且增速加快。

(4)电视节目进出口情况。随着"韩流"在世界范围的风靡,韩国电视节目的出口额也不断增加,其面向亚洲国家的出口额在整体电视节目出口额中所占的比重高达95%。从电视节目种类来看,长期以来,韩国一直以电视剧出口为主,近几年电视剧出口在出口总额中所占的比重有所下降,文化教育类节目和娱乐节目的出口占比则略有上升。[①] 从出口地区分布来看,主要以中国、日本等亚洲国家为主,受政治因素影响,中国近两年引

---

① 资料来源:https://www.chinanews.com/gj/2016/01-21/7725881.shtml。

进的韩国节目相对较少。

2011—2016年,韩国地面电视和节目提供商的节目出口价值呈上升趋势。到2016年,韩国地面电视和节目提供商的节目出口价值约为3.47亿美元(见图7-202),说明韩国电视节目在世界上的影响力在扩大。

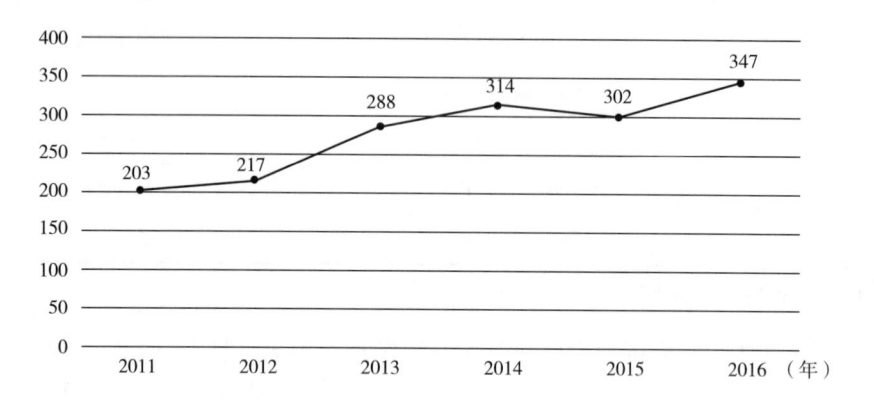

图7-202　2011—2016年韩国地面电视和节目提供商(PP)节目出口价值(单位:百万美元)
数据来源:Statista 2018

2011—2016年,进口到韩国的地面电视和节目提供商的节目金额上下波动,总体有所下降,2011年进口价值最高,约为2.03亿美元,到2016年,进口价值已降至1.21亿美元(见图7-203),说明进口节目在韩国的价值起伏较大,韩国电视节目进出口的重心主要在出口上。

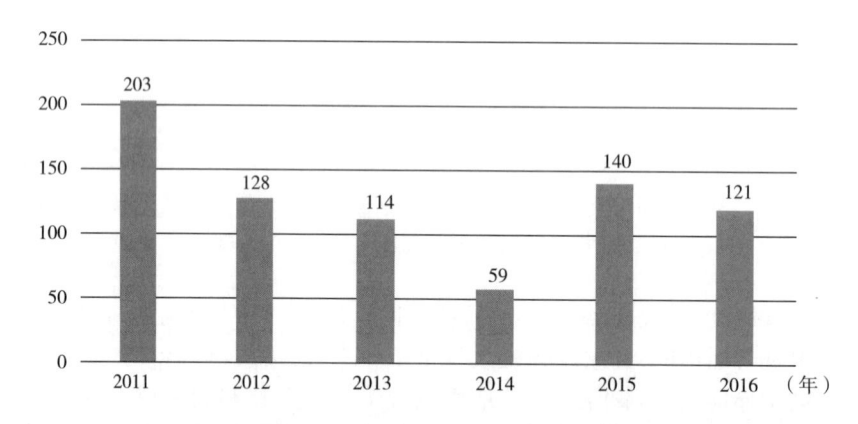

图7-203　2011—2016年地面电视和节目提供商(PP)节目进口到韩国的价值(单位:百万美元)
数据来源:Statista 2018

综上所述,韩国是一个文化输出大国,出口内容以电视剧为主,出口地区集中在亚洲;韩国电视节目的出口价值远高于进口价值,且仍在不断提高。

(5)广告。韩国广告市场的总体规模呈上升趋势,但地面电视广告、印刷广告等收入呈下降趋势。

图7-204显示,2015—2018年,站点广告在韩国有线电视运营商广告收入中的份额

基本不变且始终保持最高,2018年占总额的82.2%;视频点播份额下降,2018年占总额的14.1%,说明有线电视广告收入较为稳定。

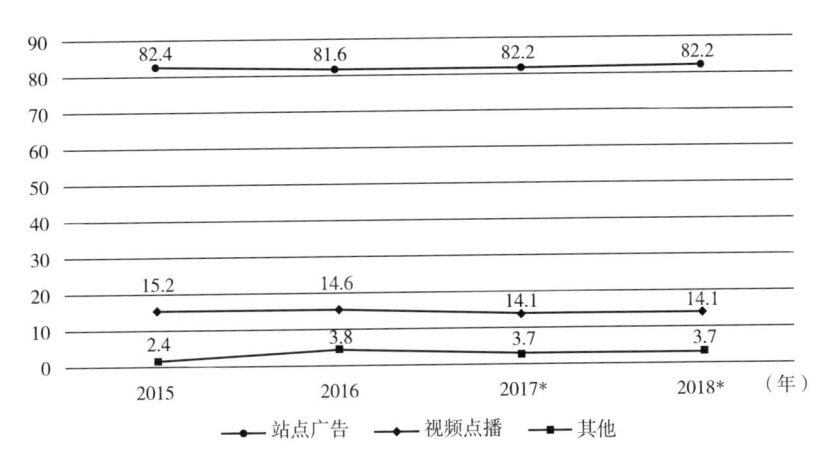

图7-204　2015—2018年韩国有线电视运营商广告收入(按形式分,单位:%)
数据来源:Statista 2018

2016年,韩国新媒体广告收入主要来自网络、有线电视和手机,收入分别为2.18万亿韩元、1.6万亿韩元和1.21万亿韩元(见图7-205)。

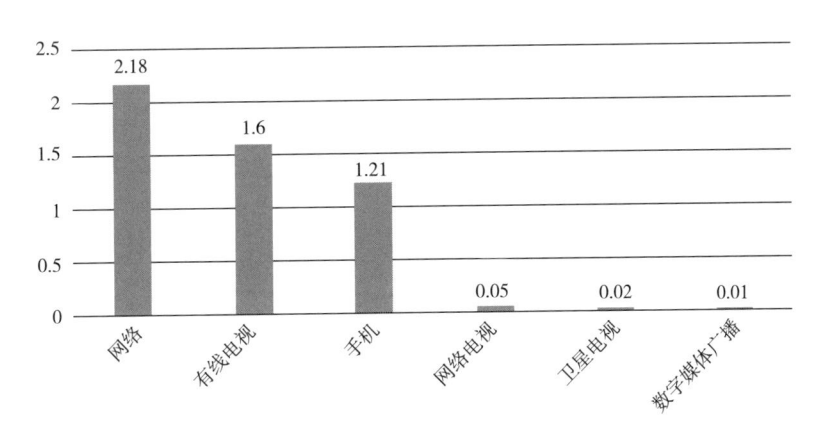

图7-205　2016年韩国新媒体广告收入(按媒介分,单位:万亿韩元)
数据来源:Statista 2018

综上所述,韩国广告市场呈现从传统平台转向新媒体平台的趋势,新媒体广告收入主要集中在网络、有线电视和手机。

(6)观众行为偏好。

第一,观看时间。图7-206显示,2016年,全球人均每日电视观看时间最多的国家是美国,为270分钟;其次是波兰和日本,分别为264分钟和262分钟;而韩国人均每日电视观看时间为193分钟,低于英国、法国、德国等国家。

图7-207显示,2002年至2017年,韩国人均每日地面电视观看时间呈下降趋势,人

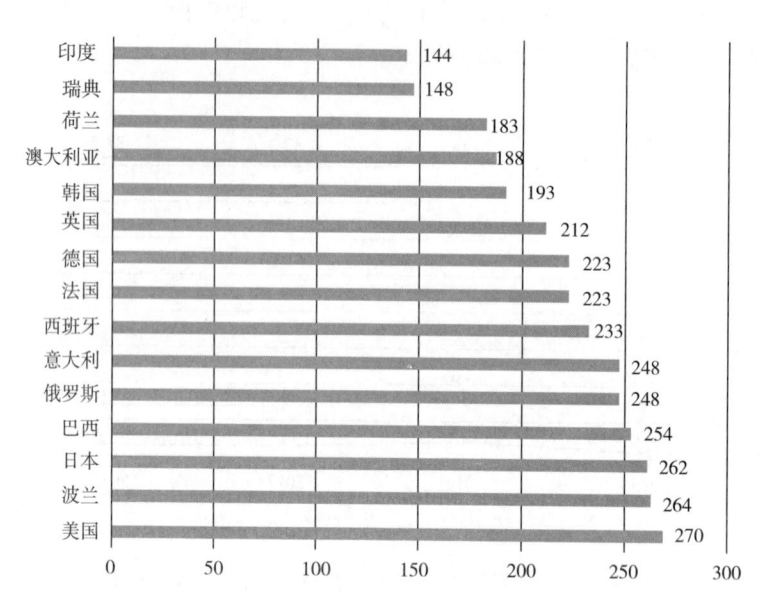

图 7-206　2016 年全球选定国家地区人均每日电视观看时间(单位:分钟)

数据来源:Statista 2018

均每日付费频道观看时间呈上升趋势。到 2016 年,人均每日观看地面电视和付费频道的时间都是 89 分钟,说明韩国观众将观看地面电视的时间转移到了其他方面,观看付费频道就是其中之一。

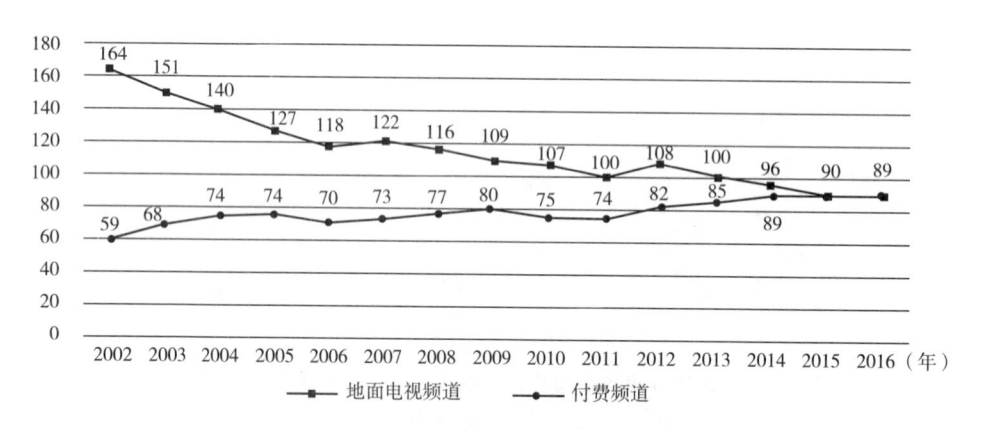

图 7-207　2002—2017 年韩国人均每日电视观看时间(单位:分钟)

数据来源:Statista 2018

2017 年,韩国人均每日花费时间最多的媒体是电视,为 182.42 分钟,花费在电话上的时间为 109.07 分钟,花费在电脑上的时间为 64.46 分钟,而花费在拍摄设备上的时间仅为 0.04 分钟(见图 7-208)。

综上所述,韩国人均每日电视观看时间低于世界很多国家,观众观看有线电视台节目的时间在下降,而观看付费节目的时间在上升,并有望超越有线电视台。电视目前仍是韩国用户花费时间最多的媒体,平均花费约 3 个小时。

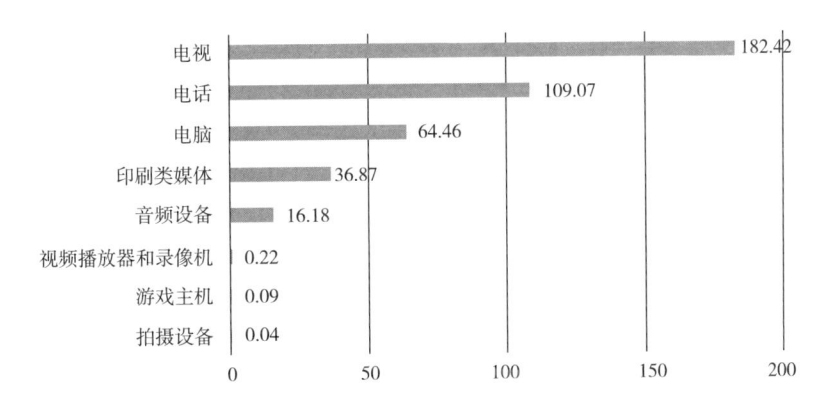

图 7-208 2017 年人均每日在韩国媒体上花费的时间(按设备分,单位:分钟)

数据来源:Statista 2018

第二,观看方式。图 7-209 显示,2017 年,在韩国用于观看电视节目最多的设备是电视,占 97.2%,其次是智能手机,占 15.5%,最后是笔记本电脑或台式电脑,占 5.9%,说明韩国观众仍以电视作为观看节目的主要设备。

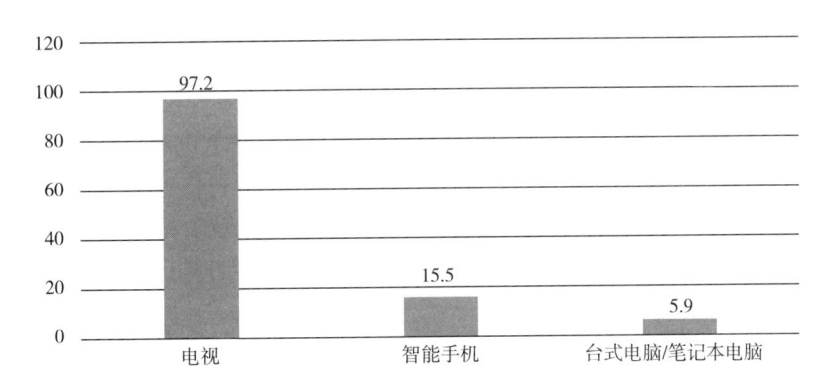

图 7-209 2017 年在韩国用于观看电视节目的设备(单位:%)

数据来源:Statista 2018

图 7-210 显示,2011 年至 2017 年,电话、电脑、纸质媒体的平均使用量都在上升,而电视的平均使用量在下降,说明电视市场正在衰退,而其他媒体市场都在蓬勃发展。

图 7-211 显示,2017 年,韩国同时使用两台以上设备的人员中,有 47.3% 的人同时使用电视和智能手机,14.7% 的人同时使用台式电脑和智能手机,由此可见,智能手机是大部分使用多设备人员的选择。

综上所述,韩国观众仍主要使用电视来观看电视节目,但电视的使用量在下降,其他媒体的使用量在上升;大多数韩国观众使用的设备是智能手机,使用两台以上设备的用户倾向于使用电视和智能手机。

第三,观看兴趣。2017 年,韩国最受欢迎的电视节目类型是娱乐节目,占 29.1%;其次是新闻/时事,占 24.8%;戏剧节目,占 18.4%;运动,占 6.1%;教育,占 5.7%;电影,占 4.6%,说明综艺节目、新闻节目、电视剧更受韩国观众的喜爱(见图 7-212)。

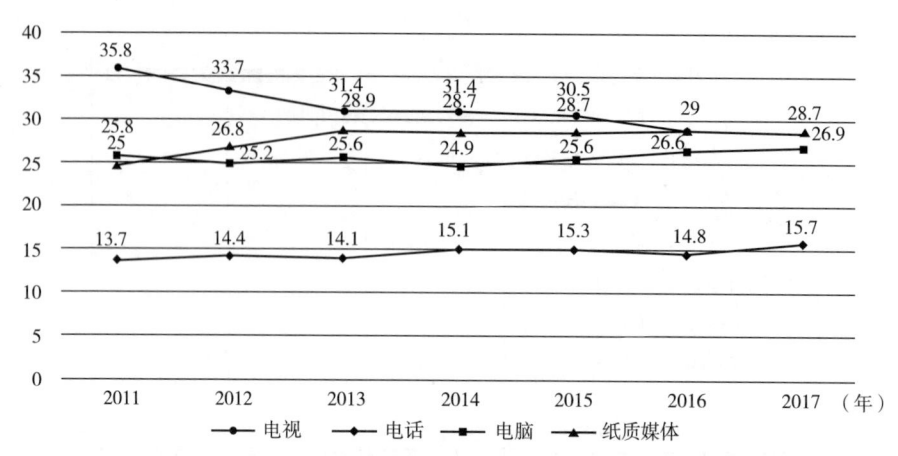

图 7-210　2011—2017 年韩国平均媒体使用量（按媒介分，单位：%）
数据来源：Statista 2018

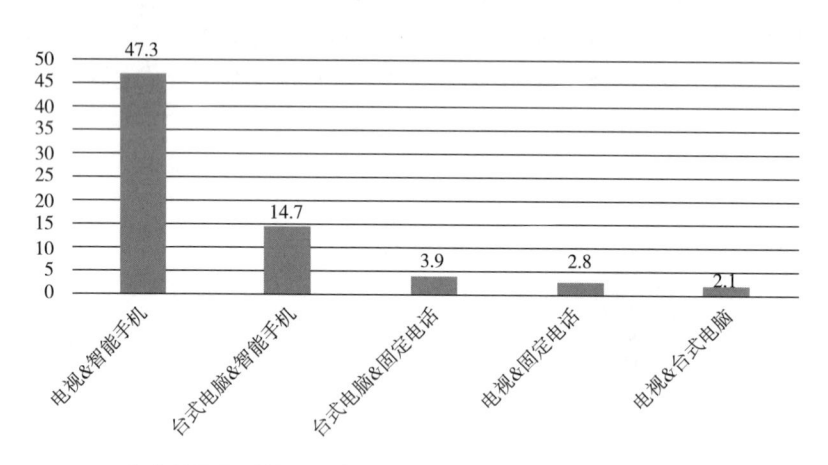

图 7-211　2017 年在韩国同时使用两台以上设备的人员分布情况（按设备类型分，单位：%）
数据来源：Statista 2018

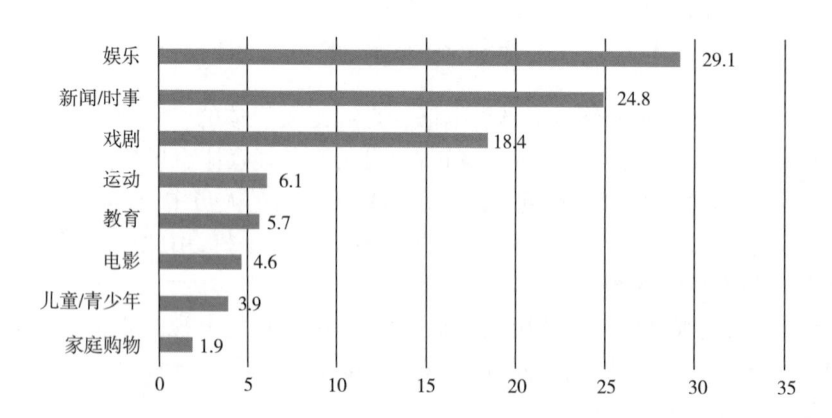

图 7-212　2017 年韩国最受欢迎的电视节目（按类型分，单位：%）
数据来源：Statista 2018

图 7-213 显示,2017 年,约有 7.9% 的受访者上周观看过美国电视节目,而观看过日本和韩国节目的比例分别为 1.9% 和 1.5%,说明韩国观众更喜欢来自美国的电视节目。

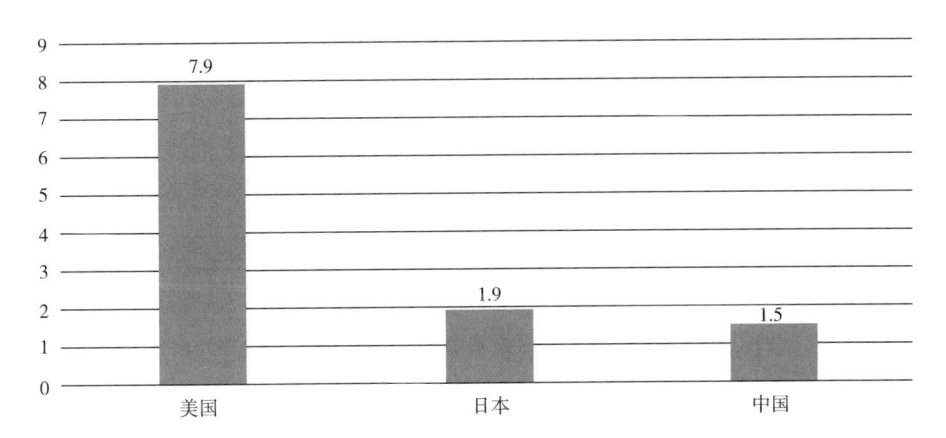

图 7-213　2017 年过去一周观看外国电视节目的韩国人的比例(按生产国分,单位:%)

数据来源:Statista 2018

图 7-214 显示,2018 年,韩国有 52% 的民众信任新闻、传统和在线媒体,有 48% 的民众信任平台,说明韩国民众对不同媒体来源的信任程度相差不大。

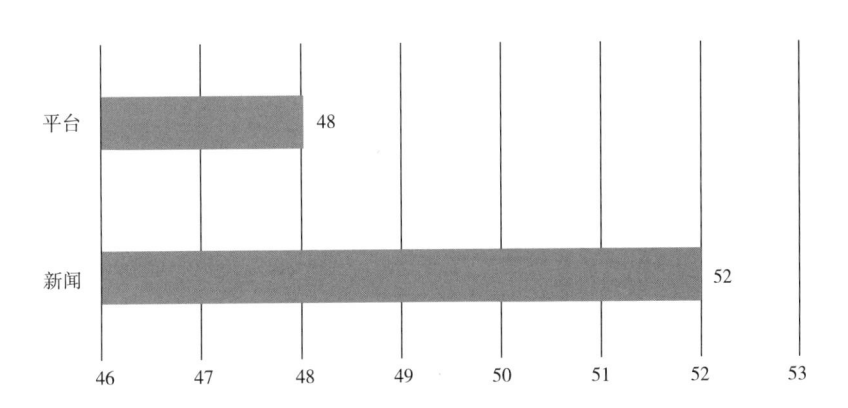

图 7-214　2018 年韩国民众对不同媒体来源的信任程度(单位:%)

数据来源:Statista 2018

综上所述,综艺节目、新闻节目、电视剧是韩国最受欢迎的节目,来自美国的节目是韩国最受欢迎的外国节目。

第四,电视的重要性。图 7-215 显示,2017 年,年龄超过 69 岁的受访者中,有 93.4% 的人认为电视在日常生活中是必要的,20~29 岁的受访者把电视作为日常生活必需媒体的比例最低,约为 9.8%,整体趋势是:年龄越大,越倾向于把电视作为日常生活必需媒体。

2012—2017 年,把电视作为日常生活必要媒体的韩国人比例呈逐年下降的趋势。到 2017 年,该比例已降至 38.1%,说明虽然电视仍是主要媒体,但它正在逐渐被其他媒体所取代(见图 7-216)。

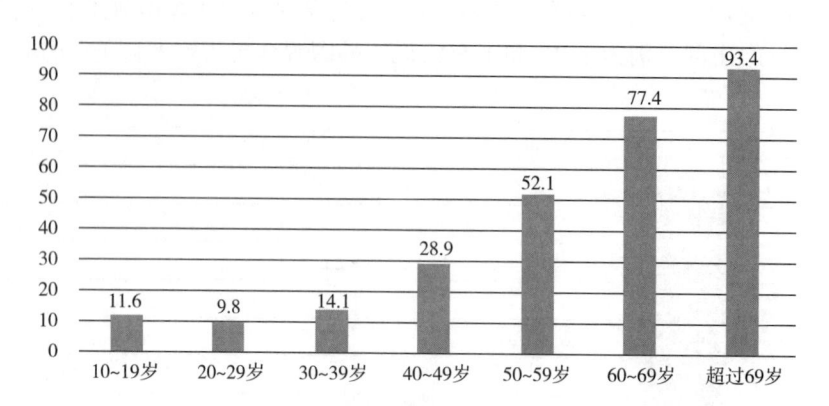

图 7-215　2017 年将电视作为日常生活必需媒体的韩国人的比例(按年龄分,单位:%)

数据来源:Statista 2018

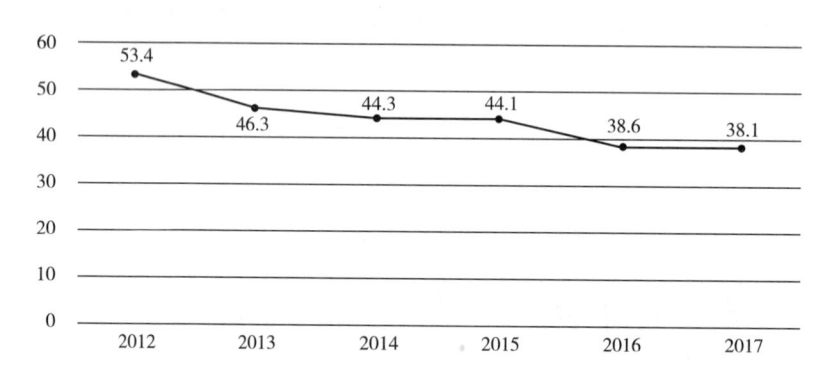

图 7-216　2012—2017 年将电视视为日常生活中必要媒体的韩国人的比例(单位:%)

数据来源:Statista 2018

（7）在线视频市场。韩国是全亚洲最大的在线视频市场之一。2018 年一季度,韩国受欢迎的长视频 App 主要是 POOQ、Naver TV 和 oksusu,受欢迎的短视频 App 主要是来自中国的快手、抖音、小影。韩国在线视频市场这几年持续发展,2017 年,在线视频应用的平均每月活跃用户数增长了 20%,在线视频用户在 2017 年上半年的月平均应用使用时长增长超过 50%。

2012—2017 年,韩国的在线电视收入呈上升趋势,收入从 2012 年的 200 万美元增加到了 2017 年的 2.03 亿美元(见图 7-217)。在线电视作为一个新兴产业,发展十分迅速。

2011 年至 2016 年,韩国观众在电视上观看在线视频的比例呈现先下降后上升的趋势,最低点是 2015 年 3%,2016 年增加至 10.4%,说明越来越多的韩国观众重新开始在电视上观看在线视频(见图 7-218)。

总的来说,韩国的有线电视、无线电视、付费电视普及率都较高,IPTV 和新媒体市场都处于上升趋势,把电视作为必要媒体的比例在下降;韩国非常重视节目制作,节目提供商占有较大的市场份额,节目出口价值逐年提升,在线视频市场发展良好。

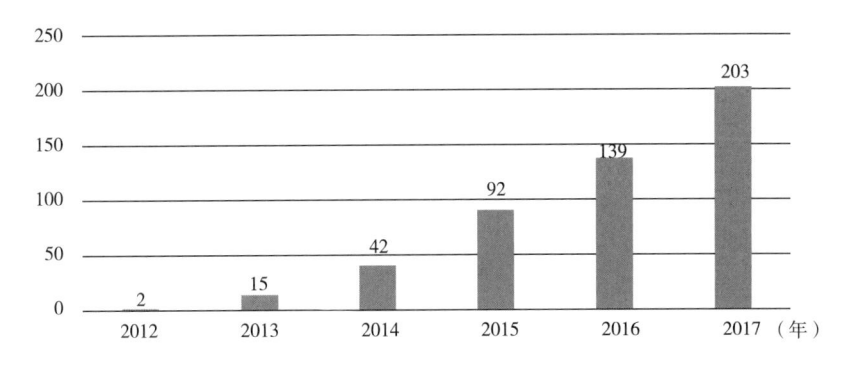

图 7-217　2012—2017 年韩国在线电视收入 (单位：百万美元)

数据来源：Statista 2018

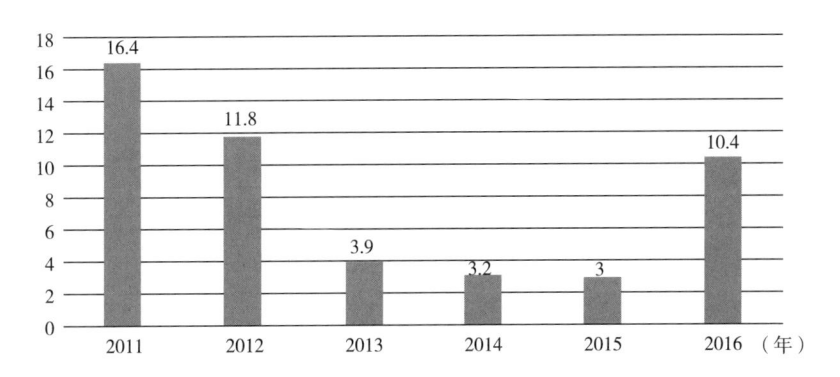

图 7-218　2011—2016 年韩国观众在电视上观看在线视频的比例 (单位：%)

数据来源：Statista 2018

7.3　中国电视节目"走出去"

7.3.1　中国电视市场现状

中国广播电视产业发展迅猛，但市场化程度和对外开放程度仍有待提升。在互联网高速发展的时代，电视等传统媒体正在向媒体融合的方向迈进，国家也相继出台了相关政策，推进现代化信息传播与媒体的融合发展。国家统计局的数据显示，2016 年，中国电视节目的综合人口覆盖率达到 98.88%，比 2010 年增加了 1.26 个百分点；有线广播电视实际用户 22 830 万户，比 2010 年增加了 3 958 万户，增长了 21%，比 2015 年减少了 737 户；其中，数字电视用户 2016 年有 20 157 万户，比 2010 年增加了 11 287 万户，增长了 127.25%。

1995 年到 2016 年 22 年间，中国电视节目制作时间的总体趋势是大幅增加后近几年微幅回落。其中，新闻资讯、专题服务、综艺益智和其他类节目每年制作时间总体都有所增长；广告每年的制作时间基本保持稳定，在 500 000 小时到 530 000 小时左右；影视剧每年制作时间则在 90 000 小时到 200 000 小时之间上下波动(见图 7-219)。

	新闻资讯	专题服务	综艺益智	影视剧	广告	其他	总计
1995	80 800	193 391	109 322				383 513
2005	637 956	525 528	382 350	193 771	524 892	289 364	2 553 861
2010	719 680	640 857	407 849	93 536	526 839	354 188	2 742 949
2014	918 296	848 276	468 355	116 750	510 275	415 441	3 277 394
2015	978 801	930 283	511 398	120 604	481 973	497 131	3 520 190
2016	989 934	899 782	484 081	119 102	483 620	530 698	3 507 217

图 7-219 中国电视节目制作时间表(单位:小时)

数据来源:《中国统计年鉴(2017)》。

2004—2016 年,中央电视台每年电视节目的播出时间稳步增长,但其占整个电视节目播出时间的比例很小。从图 7-220 可以看出,地方台的电视节目播出时间在 2004 年到 2016 年间增长幅度较大,2013 年以后,地方台的电视节目播出时间增长速度相较前几年放缓。

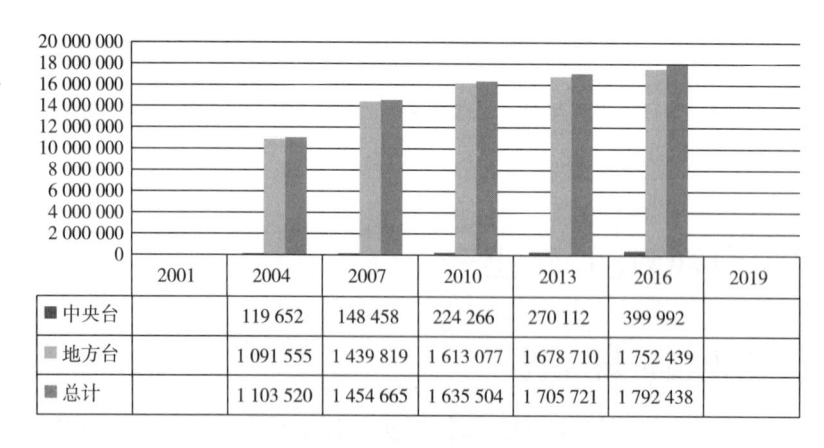

	2001	2004	2007	2010	2013	2016	2019
中央台		119 652	148 458	224 266	270 112	399 992	
地方台		1 091 555	1 439 819	1 613 077	1 678 710	1 752 439	
总计		1 103 520	1 454 665	1 635 504	1 705 721	1 792 438	

图 7-220 中国电视节目播出时间表(单位:小时)

数据来源:《中国统计年鉴(2017)》。

结合中国近几年电视节目的制作时间和播出时间来看,可以发现每年电视节目的播出时间远大于电视节目的制作时间(见图 7-221)。

2016 年,总计电视节目播出时间比制作时间多 1 441.717 1 万小时,其中,影视剧的播出与制作时间之差最大,多达 753.286 3 万小时,播出时长约为制作时长的 64 倍;其次是新闻资讯类节目,播出时间比制作时间多 161.183 3 万小时;广告的播出时间比制作时间多 143.966 2 万小时,位居播出时间与制作时间时差第三位,且播出时间约为制作时间

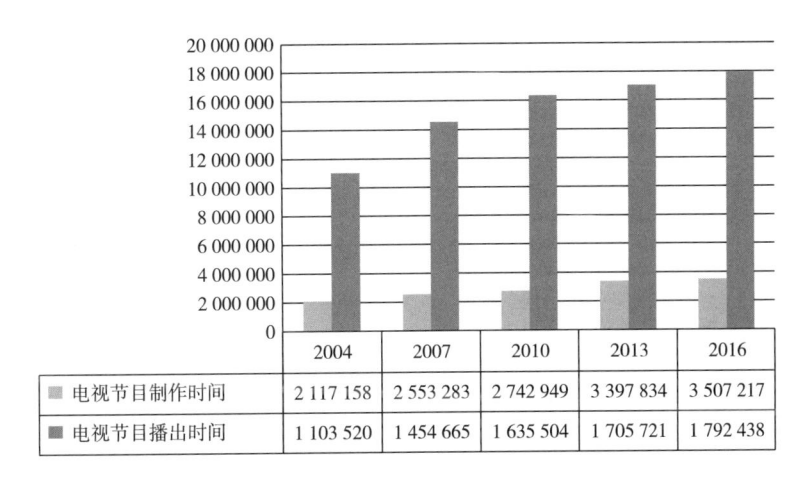

年份	2004	2007	2010	2013	2016
电视节目制作时间	2 117 158	2 553 283	2 742 949	3 397 834	3 507 217
电视节目播出时间	1 103 520	1 454 665	1 635 504	1 705 721	1 792 438

图 7-221　中国电视节目制作与播出时间表(单位:小时)

数据来源:《中国统计年鉴 2017》。

的 4 倍。可见,影视剧的平均重复播出次数远大于广告的平均重复播出次数,见图 7-222。

类别	新闻资讯	专题服务	综艺益智	影视剧	广告	其他	总计
制作	989 934	899 782	484 081	119 102	483 620	530 698	3 507 217
播出	2 601 767	2 286 042	1 445 203	7 651 965	1 923 282	2 016 128	17 924 388

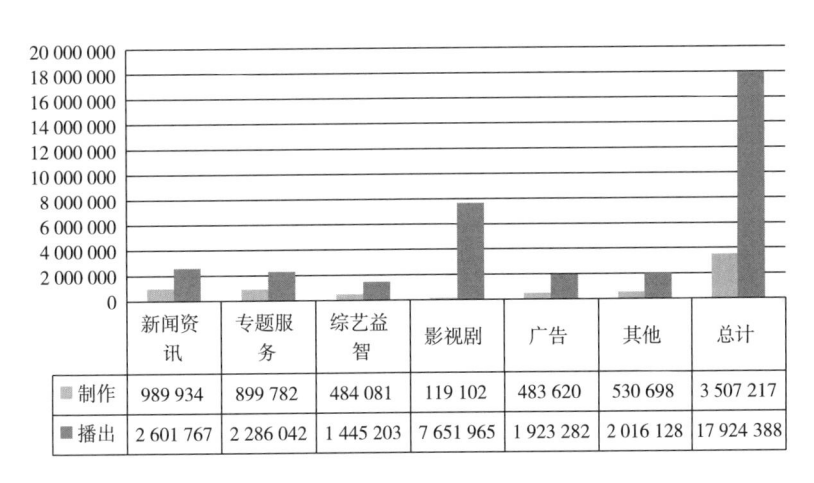

图 7-222　2016 年中国各类电视节目制作与播出时间表(单位:小时)

数据来源:《中国统计年鉴 2017》。

7.3.2　中国在线视频市场

2018 年,中商产业研究院发布的《2018—2023 年中国在线视频行业市场前景及投资机会研究报告》数据显示,2018 年,中国在线视频行业市场规模将达到 1 220.5 亿元,同比增长 31%。随着在线视频规模的不断扩大,市场规模将进一步增长,预计 2020 年将达到 1 856.8 亿元。

2018 年 1 月,优酷以每百万 Alexa 用户 24 954 个独立访问者排名第一;爱奇艺以每百万 Alexa 用户 24 779 个独立访问者紧随其后,排名第二;腾讯视频则以 23 768 个独立访问者排名第三。前三位领先的在线视频平台每百万 Alexa 用户独立访问者超出第四到第六名的搜狐视频、芒果 tv 和风行网 1.5 到 2 倍之多(见图 7-223)。

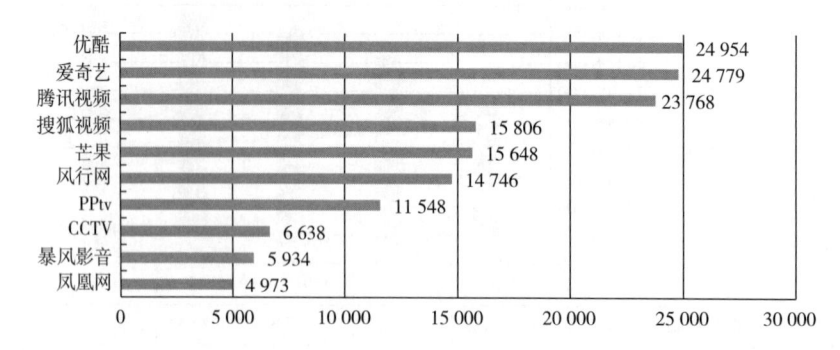

```
优酷       24 954
爱奇艺      24 779
腾讯视频     23 768
搜狐视频     15 806
芒果        15 648
风行网       14 746
PPtv       11 548
CCTV       6 638
暴风影音     5 934
凤凰网       4 973
```

图 7-223　2018 年 1 月在中国领先的在线视频平台(每百万 Alexa 用户每月独立访问者)
数据来源:Statista 2018

图 7-224 显示,截至 2017 年 12 月,约有 5.79 亿互联网用户观看在线视频,同 2007 年 12 月的 1.614 9 亿互联网用户相比增长了约 3.6 倍,平均每年增长 23.5%。截至 2014 年年底,约有 6.5 亿中国人使用互联网,虽然用户的绝对数量似乎很高,但由于中国的互联网普及率仅为 48%,互联网用户的巨大潜力仍有待开发。

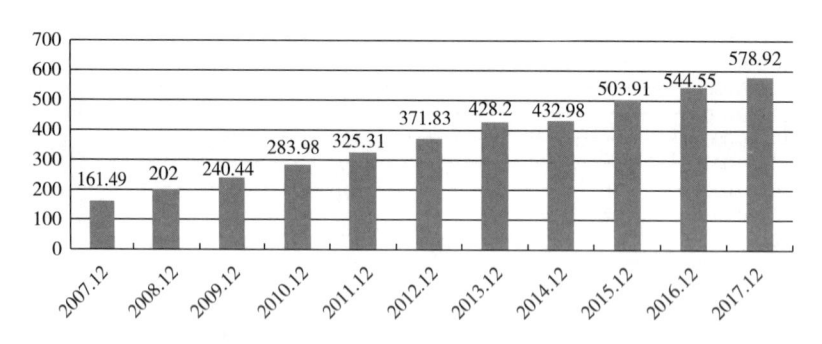

```
2007.12  161.49
2008.12  202
2009.12  240.44
2010.12  283.98
2011.12  325.31
2012.12  371.83
2013.12  428.2
2014.12  432.98
2015.12  503.91
2016.12  544.55
2017.12  578.92
```

图 7-224　2007 年 12 月至 2017 年 12 月中国网络视频用户数量(单位:百万)
数据来源:Statista 2018

据中新网消息,中国网络视听节目服务协会 2018 年 11 月发布的《2018 中国网络视听发展研究报告》显示,截至 2018 年 6 月,中国网络视频用户规模为 6.09 亿,占网民总数的 76%,占手机网民的 73.4%,较 2017 年年底增长了 2 929 万。

对于中国的年轻一代来说,互联网已经成为观看视频的首选平台。中国互联网络信息中心(CNNIC)的数据显示,2013 年,超过一半的在线视频用户年龄在十几到二十几岁,而其他年龄段的用户更倾向于观看传统电视(见图 7-225)。与此同时,受过高等教育的人更愿意看在线视频:2011 年,77.5%的本科及以上学历的中国人使用过网络视频平台,只有十分之一的小学毕业的人在线观看视频。

2009 年,中国在线视频市场收入仅为 20 亿元,到 2018 年预计达到 1 130 亿元,增长了 56.5 倍,到 2019 年,中国网络视频市场规模预计将达到 1 460 亿元左右(见图 7-226)。

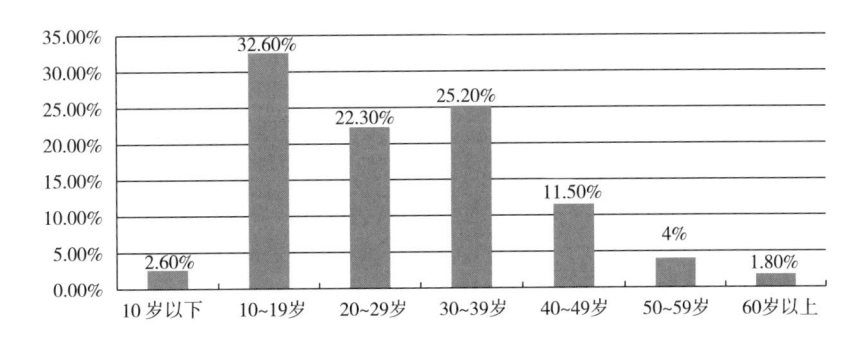

图 7-225 2013年中国在线视频用户按年龄分布

数据来源：Statista 2018

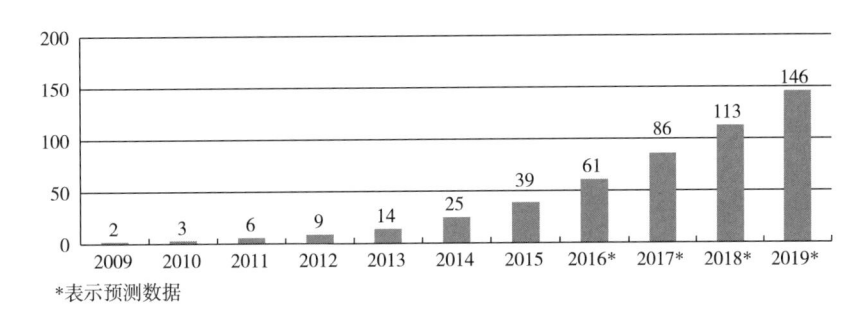

图 7-226 2009—2019年中国在线视频市场的收入（单位：十亿元）

数据来源：Statista 2018

在网络视频行业蓬勃发展的同时，随着智能手机和未来 5G 网络的普及，将会打破视频消费时间与空间的局限，大大推动短视频行业的发展。目前，以短视频为代表的网络视听各细分领域用户规模迅速增长，截至 2018 年 6 月，中国短视频用户规模达 5.94 亿，占网民总数的 74.1%。

7.3.3 中国电视节目进出口分析

据统计，2016 年中国电视剧进口总额 20.99 亿元，出口总额 3.69 万元，贸易逆差 17.30 亿元。除东南亚、中国台湾和非洲实现贸易顺差，其余国家及地区均为贸易逆差，且以日本的 79 316 万元为最大。2016 年，中国电视节目进口仍以亚洲电视节目为主流，其次是美洲电视节目。东南亚和中国台湾则是中国电视节目出口的主要地区。

7.3.3.1 中国电视节目进口

2016 年，中国主要电视节目进口地区为亚洲和美国，其中，从日本进口的电视节目以 84 431 万元位居第一，且以动画电视节目为主，占从日本电视节目进口总额的 97.4%；美国位居第二，2016 年，来自美国的电视节目进口总额为 47 014 万元，且以电视剧为主，从美国进口电视剧总额占总进口金额的 80.7%；韩国也是我国进口电视剧的主要地区之一，2016 年，从韩国进口的电视剧总额占从韩国进口的全部电视节目总额的 98.4%。除日本外,中国香港也是中国大陆动画电视节目的主要进口地区,来自中国香港的动画电视节目进口总额占总进口金额的 62.7%(见图 7-227)。

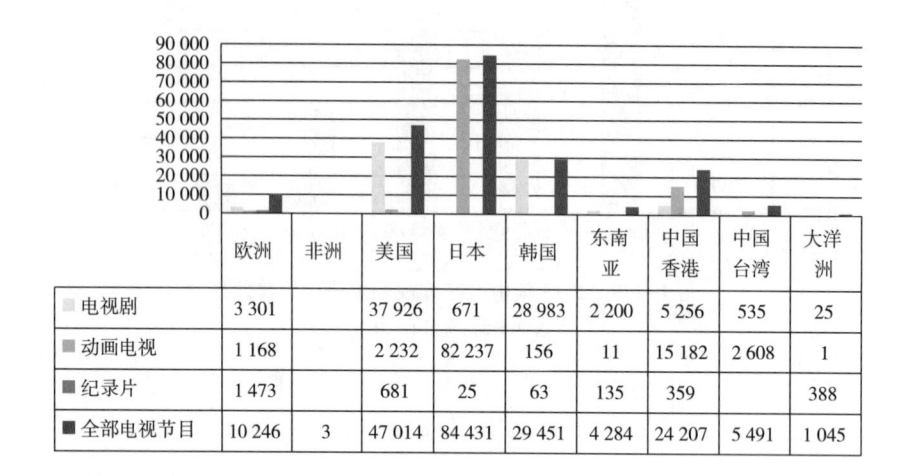

	欧洲	非洲	美国	日本	韩国	东南亚	中国香港	中国台湾	大洋洲
电视剧	3 301		37 926	671	28 983	2 200	5 256	535	25
动画电视	1 168		2 232	82 237	156	11	15 182	2 608	1
纪录片	1 473		681	25	63	135	359		388
全部电视节目	10 246	3	47 014	84 431	29 451	4 284	24 207	5 491	1 045

图 7-227　2016 年中国各个地区进口电视节目总额(单位:万元)
数据来源:《中国统计年鉴 2017》。

2016 年,中国进口电视节目总量为 20 102 小时,进口量最大的前三个地区分别为:美国 6 861 小时,占比 34.1%;欧洲 3 915 小时,占比 19.5%;日本 3 528 小时,占比 17.6%。2016 年,中国进口电视剧总量为 5 070 集,其中,韩国进口电视剧为 1 319 集(55 部),占比 26%,位居第一;美国进口电视剧为 1 101 集(73 部),占比 21.7%,位居第二;东南亚进口电视剧为 826 集,占比 16.3%,位居第三(见图 7-228)。

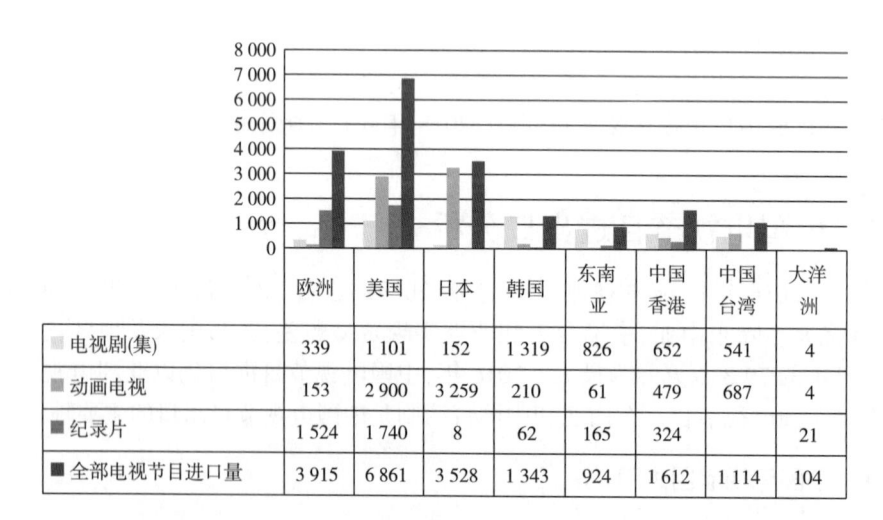

	欧洲	美国	日本	韩国	东南亚	中国香港	中国台湾	大洋洲
电视剧(集)	339	1 101	152	1 319	826	652	541	4
动画电视	153	2 900	3 259	210	61	479	687	4
纪录片	1 524	1 740	8	62	165	324		21
全部电视节目进口量	3 915	6 861	3 528	1 343	924	1 612	1 114	104

图 7-228　2016 年中国三类电视节目在各个地区的进口总量(单位:小时)
数据来源:《中国统计年鉴 2017》。

结合电视剧进口金额统计来看,2016 年,中国电视剧进口总金额为 81 500 万元。美国平均每集电视剧价格较高:电视剧进口量(集)占比 21.7%,其进口金额占比为 46.5%;

而东南亚平均每集电视剧价格较低:电视剧进口量(集)占比16.3%,但其进口金额占比仅为2.7%。

7.3.3.2 中国电视节目出口

2016年,中国出口电视节目总额为36 909万元。主要电视节目出口地区前三名为中国台湾、东南亚和日本,且均以电视剧出口为主。出口中国台湾的电视节目以8 490万元位居第一,电视剧出口额为8 233万元,占出口中国台湾电视节目总额的97%;东南亚以出口额7 288万元位居第二,同样以电视剧为主,占出口东南亚电视节目出口总金额的92%;日本以出口额5 115万元位居第三,几乎全部为电视剧的出口金额(见图7-229)。

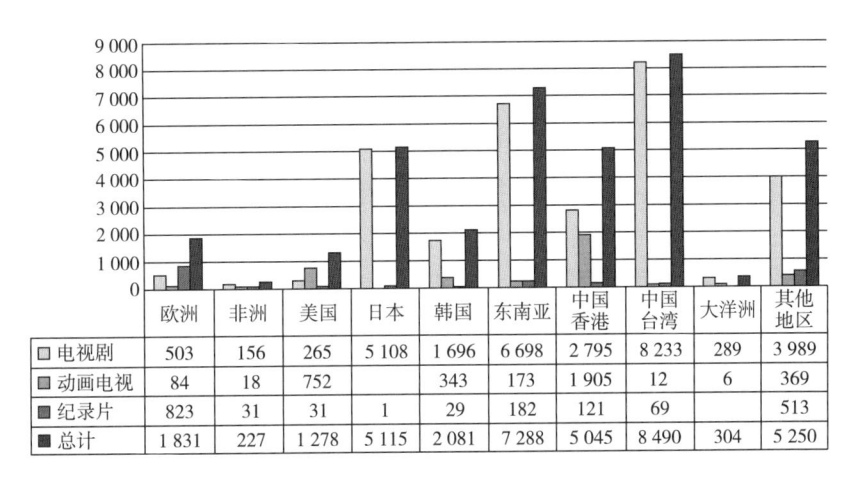

	欧洲	非洲	美国	日本	韩国	东南亚	中国香港	中国台湾	大洋洲	其他地区
电视剧	503	156	265	5 108	1 696	6 698	2 795	8 233	289	3 989
动画电视	84	18	752		343	173	1 905	12	6	369
纪录片	823	31	31	1	29	182	121	69		513
总计	1 831	227	1 278	5 115	2 081	7 288	5 045	8 490	304	5 250

图7-229 2016年中国三类电视节目在各个地区的出口总额(单位:万元)

数据来源:《中国统计年鉴2017》。

整体来看,中国的动画电视节目出口额远低于中国电视剧的出口额,国产动画的国际市场还有很大的开发空间,目前国产动画片的出口主要面向中国香港和美国。出口欧洲的电视节目则以纪录片居多,占比为45%,电视剧出口额占比为27.5%,低于纪录片出口额占比。

2016年,中国出口电视节目总量为29 619小时,出口量最大的前四个地区分别为:东南亚6 160小时,占比20.8%;美国3 318小时,占比11.2%;欧洲3 300小时,占比11.1%;中国台湾2 776小时,占比9.4%(见图7-230)。2016年,中国出口电视剧总量为25 455集(419部),其中,出口东南亚的电视剧为6 809集(107部),占比26%(25.5%),位居第一;出口中国台湾的电视剧为3 155集(75部),占比12.4%(17.9%),位居第二;出口韩国的电视剧为1 443集(33部),占比5.7%(7.9%)。结合电视剧出口金额统计来看,中国台湾和东南亚是我国主要的电视节目出口地区。

据统计,我国电视节目出口对外依存度不高,进口对外依存度总体保持在较为适度的水平。其中,对于中国电视节目的出口,由于中国与海外非华语市场之间较大的文化差异不同于庞大的海外英语市场,规模十分有限,所以在出口时,我国需要对出口节目做出适合海外市场投放的调整,从而可能使国内市场收益大幅缩小或改变所需成本大幅上

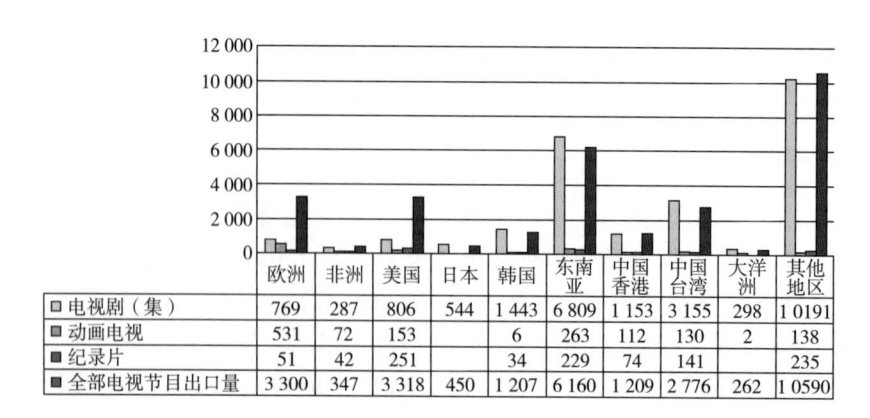

	欧洲	非洲	美国	日本	韩国	东南亚	中国香港	中国台湾	大洋洲	其他地区
电视剧（集）	769	287	806	544	1 443	6 809	1 153	3 155	298	1 0791
动画电视	531	72	153	6		263	112	130	2	138
纪录片	51	42	251		34	229	74	141		235
全部电视节目出口量	3 300	347	3 318	450	1 207	6 160	1 209	2 776	262	1 0590

图 7-230　2016 年中国三类电视节目在各个地区的出口总量（单位：小时）

数据来源：《中国统计年鉴 2017》。

升。我国电视节目只有增强竞争力，进一步提高自身电视产品文化的价值才更能获得国际市场的青睐，同时努力实现规模经济，从而实现电视产业"走出去"的伟大战略。

7.3.4　中国电视企业和产品如何"走出去"

7.3.4.1　文化自信是中国电视行业"走出去"的基础

中国原创节目模式应基于鲜明的中国元素和深厚的中国文化底蕴，附加新颖的节目创意模式以及适合复制推广等特点，使中国电视产品在国际舞台大放异彩。同时中国电视企业在节目的创作和研发阶段也应注重加强国际合作，从源头上增强中国的内容话语权，提升中国电视行业的国际形象及国际影响力。

7.3.4.2　加强与国内和国外媒体的多元合作

在国内，领先电视企业成立中国电视剧（网络剧）出口联盟，凝聚国内优秀电视剧制作团队，形成聚合和增量效应，助力国内影视行业合力，突围海外市场，"抱团出海"，让中国风在国际电视文化市场刮得越来越劲道。[①]

在国际上，要实现中国电视企业"走出去"，需要广泛接纳全球国际媒体的加入，合力拓展新媒体合作平台，加强同海外优秀节目制作团队、视频网平台、电视台及其他传媒服务平台的合作。综合来看，美国电视节目在英、法、德、日韩以及中国受到广泛欢迎，因此，积极学习和借鉴美国电视节目的制作模式和先进技术方法，加强与美国电视企业的合作，进一步推动中国与海外电视市场信息、资源共享是十分必要的。同时，我们也应积极学习日本对其本国电视动画节目出口的重视态度，中国电视企业应积极同各国电视企业及平台公司签订出口合约，提高中国电视节目在全国范围内的播放量和影响率。

此外，了解和掌握各国最受欢迎的电视频道及视频网平台情况，例如，在美国以绝对优势成为最受欢迎在线视频网站的 Google Sites；在德国受主流观众偏爱的电视频道 RTL、受儿童喜爱的电视频道 KIKA 和 Super RTL 以及德国主要的视频网站 YouTube 和

---

① 温宝臣．中国影视行业"走出去"提速增质[N]．经济日报，2018-09-11．

Vimeo;在法国最受欢迎的电视频道 TF1;日本最为普及的"WOWOW"和"SKY PerfectTV!"卫星电视,日本最大、覆盖范围最广、拥有客户最多的有线电视网"J:COM"以及日本主要订阅型视频点播平台 Netflix、亚马逊视频、Hulu 等;韩国的 KBS、MBC、SBS、JTBC 以及在韩国有着"tvN 出品必属精品"说法的无线台 tvN;以及在美、法、德、日、韩各国均受到主流观众强烈欢迎与偏爱的视频网站 Netflix。选择最佳学习合作的对象、实现时段频道合作、开展平台间多元合作等,对我国电视产品的有效传播具有良好意义。

7.3.4.3 掌握海外电视市场观众的偏好

在我国电视产品进行海外输出的过程中,掌握和适当迎合海外观众的观看偏好十分必要。

2017 年,美国最受欢迎电视类型前三名依次为电视剧、真人秀和喜剧,且橄榄球赛事对中青年观众有很强吸引力,网络电视连续剧中则是犯罪法律题材剧情片较受欢迎,且付费电视用户最关注节目中的演员;德国人则更偏好喜剧、动作片、科幻奇幻和神秘恐怖类型的电视节目;法国电视节目中以娱乐和小说为主题的电视消费较多,同时青春题材电视节目消费量正快速上升,数字原创电视节目中科幻小说和戏剧类节目最受欢迎;日本受欢迎的节目类型主要是科幻、奇幻和剧情类节目;韩国观众最喜爱的电视节目是综艺节目,而韩国网剧主要观众人群为 10~20 岁的女性,且注重男主人公漫画式的角色设定和可爱的画面。

而在各国观众对媒体平台服务提供的偏好方面,美国、德国和法国多数观众会通过朋友或家人的推荐来观看新的电视节目,而且美国观众也会通过社交媒体上的相关推送、法国人也会通过根据电视列表或电视指南的推荐来选择新的电视节目观看。在选择媒体服务时,三个国家的观众均十分注重节目视频或音频的质量,高质量的音频和视频体验是美国和德国观众最关心的方面,而法国观众最关注的是媒体服务是否免费,之后才是提供节目的质量问题。德国和法国观众还会关注媒体服务是否免费和是否有广告打断等。

因此,我国电视节目进行海外输出最需要注重的还是节目的质量和口碑,其次需要根据各国不同的服务偏好情况与各国媒体平台开展相应的合作模式。

7.3.4.4 掌握最新电视观看模式及其技术需求

综合各国观众偏好的电视节目播出渠道和观看方式可知,在美国,付费电视家庭用户数量减少,转而通过互联网收看电视新闻及娱乐节目,且智能手机已经成为大多数观众观看视频的第一选择,多屏模式已成为美国用户愈加青睐的服务模式。预计 2020 年,在线观看电视是美国电视观众行为改变的重大趋势。在德国,时移电视发展状况呈良好趋势,付费电视订阅用户和点播服务需求也在不断上升。在法国,观众平均每日观看电视时间正逐年下降,但法国在线用户使用互联网观看电影或电视剧仍待进一步普及。据统计,2016 年,法国在线观看电影或电视剧的服务类型中首先选择专业的电影和电视剧系列的流媒体服务,其次是广播公司的在线电视服务和视频分享网站。日韩订阅型视频点播行业发展迅速,且韩国电视观众有良好的电视付费习惯,付费电视普及率高于大部分国家,但付费电视市场已较为饱和。

综上可知,全球范围内付费电视提供商的订阅量和视频点播率正不断上升,电视市场呈衰退迹象,因此,中国电视节目出口也应顺应各出口国观众观看电视节目的平台技术需求,在电视服务技术更加智能化方面火力全开,注重多屏互动等新模式。中国电视企业和产品可加强与出口国受欢迎视频网站的多元合作与交流,合作打造中国视频专区和 App 等,积极发展全球影视产品开发的全媒体产业链,推进建立覆盖面广、节目类型多样的"电视国际频道"。①

7.4 案例:Hulu 的差异化发展策略分析

7.4.1 Hulu 发展概况

Hulu 成立于 2007 年,是由美国国家广播环球公司、福克斯和美国最大的有线电视公司康卡斯特共同斥资打造。2007 年 10 月,Hulu 推出测试版;2008 年 3 月,网站正式启动。作为传统电视网拥抱互联网的产物,Hulu 是国内土豆、爱奇艺等视频网站早期的模仿对象。目前,迪士尼与新闻集团、康卡斯特各持有 30%的股份,AT&T 持有 10%的股份,迪士尼收购福克斯之后将持有 Hulu 60%的股权。

从用户数量上看,2017 年,美国视频网站订阅服务处于前三的平台分别是 Netflix、Amazon Prime Video 和 Hulu。自 2008 年推出以来,Hulu 的付费用户数量不断增长,截至 2018 年第二季度,Hulu 在世界范围内的订户数量为 2 000 万(主要是在美国)(见图 7-231)。

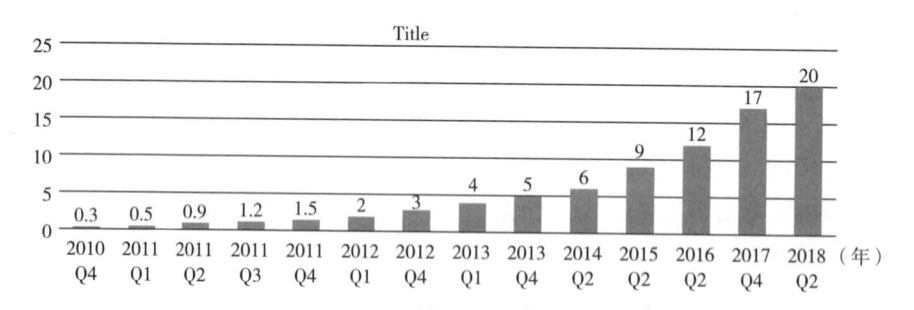

图 7-231 2010 年 Q4—2018 年 Q2 Hulu 在世界范围内的付费用户数量(单位:百万)
数据来源:Statista 2018

在美国订阅 Hulu 视频服务的用户比例总额为 23%,按照年龄划分,"千禧一代"用户比例最高,占 30%;其次是"X 一代"用户,订阅比例为 23%;"婴儿潮一代"用户份额为 19%,退休的高龄用户仅占 8%(见图 7-232)。由此可见,Hulu 的用户群体主要是中青年用户,用户平均年龄为 31 岁,拥有稳定的收入,付费能力和付费意愿较高;老年用户市场有待进一步开发。

Hulu 用户观看的内容主要是剧集、电影和原创电视节目。如图 7-233 所示,2017 年,74%的美国用户观看电视网播出的最新剧集;73%的用户观看以往的电视剧集;58%

---

① "丝路电视国际合作共同体"强势出圈,这场高峰论坛值得了解一下[OL].影视前哨.

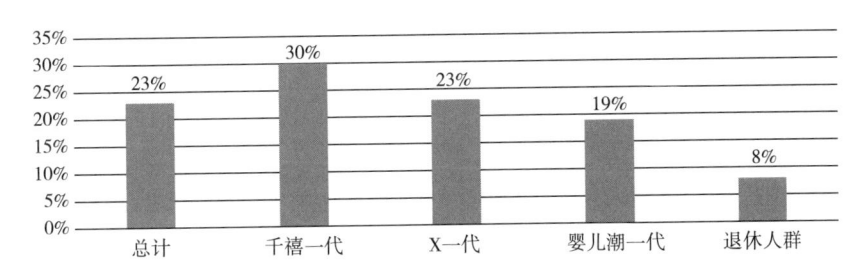

图 7-232 截至 2017 年 2 月订阅 Hulu 视频服务的消费者份额(从年龄看)

数据来源：Statista 2018

的用户观看近两年的新电影;57%的用户选择两年以前的老电影;54%的用户选择观看电视网的原创节目。Hulu 的优势在于传统电视网提供的剧集、原创节目的独家播映权和电影版权,独特的内容资源和低廉的成本使 Hulu 能够快速成长。

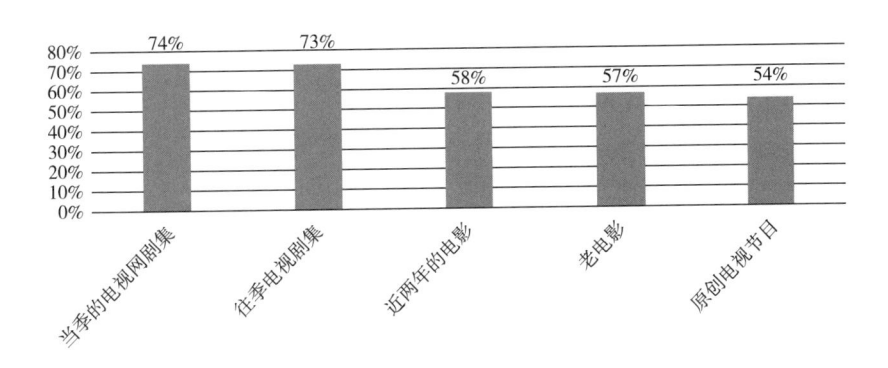

图 7-233　2017 年 Hulu 最受美国用户欢迎的内容

数据来源：Statista 2018

调查数据显示,2018 年,由 24% 的美国民众对 Hulu 有强烈的正面评价,28% 的人总体上对 Hulu 持赞成态度;但有 35% 的人仅听说过 Hulu,并没有使用和评价(见图 7-234)。由此看出,Hulu 在美国的认知度和影响力还比较小,用户规模还有进一步增长的空间。

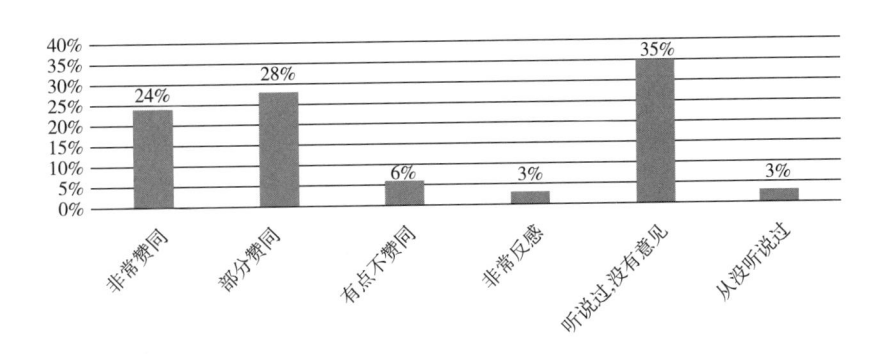

图 7-234　2018 年 Hulu 在美国的好感度

数据来源：Statista 2018

7.4.2　Hulu 的运营模式分析

7.4.2.1　Hulu 的成本和营收状况

　　Hulu 自从问世以来,每年的营收总额稳定增长,2017 年营收规模为 24 亿美元(见图 7-235)。在网站运营初期 Hulu 就已经开始盈利,第一年获得了 9 000 万美元的收益,使 Hulu 成为最早开始盈利的视频网站。但康卡斯特的季度报告显示,2018 年二季度,Hulu 亏损 3.57 亿美元,比去年同期的 1.73 美元翻了一番。Hulu 流媒体业务的亏损主要是由于更高的编程和营销成本,以及不断提高的内容支出和人工成本。①

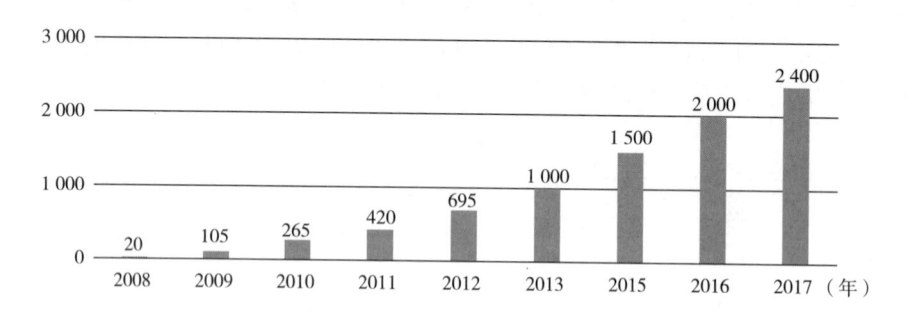

图 7-235　2008—2017 年 Hulu 的营收情况(单位:百万美元)
数据来源:Statista 2018

7.4.2.2　Hulu 的盈利模式

　　Hulu 目前的收入来源主要包括广告收入、会员订阅费和 Hulu Live TV 的电视直播服务 3 个方面。

　　(1)Hulu 的传统盈利模式——广告收入。Hulu 主要提供即时的流媒体视频,拥有几大媒体行业巨头的独播内容和内容版权上的绝对优势,同时与米高梅、索尼、华纳兄弟、狮门影业等 200 多个内容制作方达成合作,保证核心内容资源的输出。其核心盈利模式是免费提供独家电视节目、电影、体育、儿童等内容的直播、点播和回看服务,通过"免费影视节目+广告收入"的模式实现价值回收。

　　不同于 YouTube 大量广告的堆积,Hulu 关注用户对广告的态度,有选择的植入少量、精准化的广告,并且积极获取用户反馈,不断优化广告体验,最大化广告商和用户的利益。

　　(2)竞争对手和所有者的压力——开拓付费会员收入。随着 Netflix、Amazon Prime 等视频网站试水付费会员订阅服务模式,Hulu 在股东的重压之下也开始复制订阅收费模式,Hulu 的订阅包括订阅点播服务和订阅电视直播服务。订阅点播产品每月收费为 7.99 美元(含广告)和 11.99 美元(不含广告);订阅直播服务每月收费为 39.99 美元,在日本的价格为每月 933 日元。

　　如图 7-236 所示,2017 年,Hulu 的付费会员收入为 20.38 亿美元,而在全球领先的

---

① 由于迪士尼将获得控制权,Hulu 第二季度的损失达到 3.57 亿美元[EB/OL].(2018-08-11). https://36kr.com/coop/zaker/5147726.html? ktm_source=zaker.

Netflix 的付费会员收入达到了 61.53 亿美元,在付费用户的规模上,Hulu 仍然不能与头部平台匹敌。近年来,流媒体视频平台纷纷重金投入自制内容,Hulu 也在原有的基础上投入原创视频的制作,其中,《使女的故事》获得艾美奖,在用户和内容层面都取得了成功。

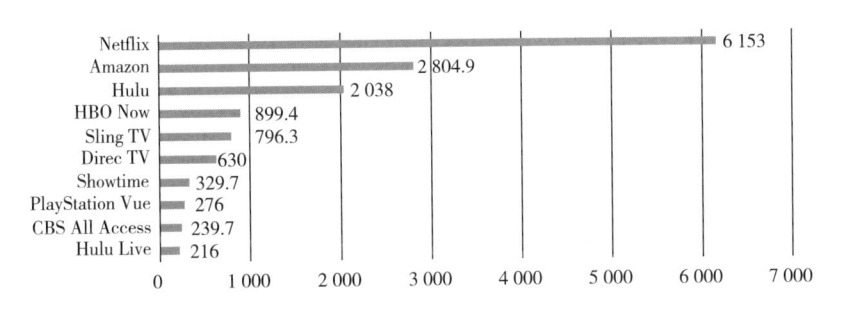

平台	收入
Netflix	6 153
Amazon	2 804.9
Hulu	2 038
HBO Now	899.4
Sling TV	796.3
Direc TV	630
Showtime	329.7
PlayStation Vue	276
CBS All Access	239.7
Hulu Live	216

图 7-236　2017 年美国视频流媒体服务年订阅收入(单位:百万美元)

数据来源:Statista 2018

根据 Hulu 披露的数据,Hulu 用户在该平台上即时观看了超过 7.5 万集的电视节目和原创剧集,这一数字是 Netflix、Amazon Prime 视频的两倍多。2017 年,用户在平台上观看了超过 60 亿小时的优质内容。[①] 高品质的内容资源也促使 Hulu 在 2018 年前两季度成为美国本土用户数量增长最快的视频平台。虽然不具备规模优势,但 Hulu 深耕美国本土市场,依靠独家内容和优质自制剧走出了独特的"点播+直播"之路。

(3)独特服务——Hulu Live TV 直播收入。在主流用户转向互联网平台之际,2017 年 5 月,Hulu 推出流媒体电视直播服务——Live TV,月收费 39.99 美元。该服务目前大致包括 50 个电视频道,提供体育直播、新闻直播、点播服务和网络视频内容,这也是 Hulu 区别于其他流媒体视频网站的独特之处。电视直播服务还会影响总体观看行为,直播电视用户的收看还促进了点播内容的消费。[②]

Hulu 十分重视直播服务这一独特优势,还与探索频道和大量本地频道达成合作,扩展内容资源库。Hulu 未来将在直播功能中引入动态广告置入功能[③]和包含广告的可下载内容,让用户在无网络条件下也可以观看节目,进一步开拓广告投放空间。同时,Hulu 采用广告合作的方式转授权内容资源,建立传播推广渠道,为其他网站提供免费视频内容,从而获取更大的用户量。

应该看到,虽然主要的电视用户转向互联网电视服务,但市场上已经存在 YouTube TV、Direc TV Now、Sling TV 等大量竞争对手,Hulu 的直播服务想要进一步获取市场和用户,仍需要不断改进。

目前,大多数用户都希望以更低的价格享受 Hulu 的订阅服务。如图 7-237 所示,2017 年,有 52%的用户订阅视频服务的意愿价格在 5 美元以下,将近 95%的用户支付

---

① Hulu 美国本土压制 Netflix:靠直播逆袭,成增长最快流媒体[EB/OL]. https://mp.weixin.qq.com/s/vbMpIyaS8Ni-65jB8Tbbug.
② Hulu 美国本土压制 Netflix:靠直播逆袭,成增长最快流媒体[EB/OL]. https://mp.weixin.qq.com/s/vbMpIyaS8Ni-65jB8Tbbug.
③ Hulu Live TV 新增动态广告置入,望缓解 OTT 盈利压力[EB/OL]. (2018-05-04). https://mp.weixin.qq.com/s/wlUW0dUIJsCt5WgUHeUrYg.

意愿小于等于 10 美元。在未来的竞争中，Hulu 不仅应该提供用户渴望的优质内容，提升非付费用户的支付意愿，也要开拓多元盈利模式，降低对付费收入的依赖程度，为用户提供高质量的服务。

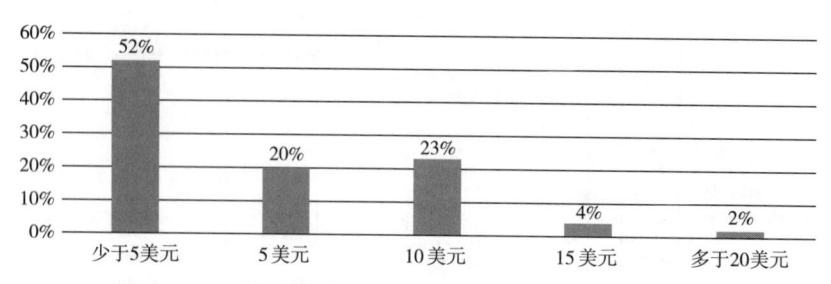

图 7-237　2017 年用户对于 Hulu 订阅费的支付意愿（每月）

数据来源：Statista 2018

7.4.3　Hulu 的未来之路

7.4.3.1　各类视频网站竞争激烈

在美国，大型网站占领了视频网站的主要市场，如 YouTube、Netflix 和 Amazon Prime 等大型视频网站早已发展成熟，拥有数量可观而稳定的订阅用户。在这一背景下，中小型视频很难跻身"主流"视频网站之列。

为了占据更大的市场份额，Hulu 对自己的用户界面要求十分严格，成立了专业团队致力于用户界面的设计和优化，被用户称为"海报艺术"。Hulu 还效仿 Netflix 和 Spotify 进行用户化内容设计，完成"可定制用户资料"。部分资料由用户自己选定，剩余的未填写内容，Hulu 通过预测算法帮用户自动填充，并且所有的改动都是即时呈现。

除了大型视频网站，中小型视频网站的竞争也十分激烈。美国中小型视频网站的定价、视频数量和主要视频来源的区分度不是特别明显，从而导致了激烈的竞争（参见表 7-8）。各大网站都希望吸引到更多的用户。在面对小型视频网站的竞争时，Hulu 拥有投资企业的内容支持，以及大量的视频储备库，成为中小型视频网站中覆盖面积最大的视频网站。

表 7-8　美国小众视频网站对比

主要视频网站	Hulu	Sling TV	DirecTV Now	SonyPlaystation Vue
价格区间	$7.99~$43.99	$20~$25/月	$35~$70/月	$40~$75/月
视频数量	3 500	30	60~120	45~90
主要视频来源	大部分有线电视网站（ABC，NBC，FOX）	迪士尼和 ESPN 或者福克斯和 NBC	经典 MTV 和日之舞电视台，主要的有线电视都可以连接，除了 CBS。	大型有限电视台，包括 CBS。

数据来源：Business Source Complete

7.4.3.2 持续优化技术和用户体验

"技术是 Hulu 竞争优势的源泉。"Hulu 作为技术最先进的高品质内容视频网站,十分重视用户体验。首先,从技术层面不断优化视频观看界面和网络带宽问题,减少卡顿,保证用户流畅观看视频内容;其次,Hulu 还根据用户需求,按需提供内容,满足用户个性化的视频观看行为,这也成为其一项新的盈利来源。

由于 Hulu 用户量的激增,用户可能同时请求播放同一部热门剧。在这个基础上,笔者调查了 Hulu 的用户请求和分发终端,发现所有的用户请求都通过原始服务器处理,这一调查结果证明 Hulu 并没有使用代理服务器。因此,通过原始终端服务器传输相同的视频会导致信息冗杂,同时产生不必要的流量增加。

实验表明,预取、缓存结合的处理器在保证命中率的前提下,能在一定程度上做到节省宽带、消除终端冗余。未来,Hulu 可以利用技术条件,通过预取和缓存的方式来解决终端超载和卡顿现象。

7.4.3.3 立足优势,深耕本土

Hulu 的优势主要来自可以免费回放、观看往期电视节目、电影和其他视频片段;同时,Hulu 拥有包含 3 500 部热门剧的庞大视频库,并且都是独家授权。

除此之外,Hulu 的优势还来自其极巧妙地化解了有线电视和互联网流媒体渠道的激烈竞争。在互联网时代,随着流媒体巨头的不断发展,有线电视的地位急剧下降。有线电视为了在夹缝中寻求生存,对互联网载体的限制非常严格,但由于 Hulu 的投资方恰好是旧一代的有线电视巨头,其初期的承载内容也大多来自其投资方(如 NBC 和 ABC),这种"嫁接"的方式不仅使 Hulu 能够在流媒体竞争激烈的市场中产生自己的独特优势,也缓解了有线电视和流媒体的竞争,在有线电视即将衰老之时给予其新的载体。

相比原生网络视频平台,Hulu 在用户数量和海外市场开拓方面远远不及,在资金投入、用户流量上也缺乏优势,Hulu 应该立足核心优势,打造差异化内容矩阵。Hulu 拥有迪士尼、福克斯等股东的视频资源,与探索频道、时代华纳等平台达成合作,其在国内无线用户的市场份额超过 YouTube 和 Netflix,同时还有优质作品的原创能力,因此,Hulu 未来可以专注于国内市场,提供高品质的原创视频和体育赛事、儿童节目等内容的直播服务,根据用户的喜好,按需提供内容。

参考文献

[1] Statista database. https://www.statista.com/.

[2] ZenithGlobal Intelligence 2018-The Year Ahead.

[3] 199IT 中文互联网资讯中心,https://www.199it.com/.

[4] https://www.199it.com/archives/tag/digital-tv-research.

[5]《英国电视市场发展报告 2018》,https://v.lmtw.com/mzs/content/detail/id/159740/.

［6］The International Communications Market，The Communications Market Report，Ofcom，August 2017，August 2016，December 2015，December 2014，December 2013.

［7］Smith，J.（2018）. Netflix，Amazon，Hulu，and Streaming Video. Booklist，115（3），63. Retrieved from https：//ezp. lib. unimelb. edu. au/login？url＝https：//search. ebscohost. com/login. aspx？direct＝true&db＝ehh&AN＝132108778 & site＝eds－live&scope＝site.

［8］Strategy Analytics，TV，Video，and Advertising Forecast，2018.

［9］Global Internet Phenomena Report-Sandvine：2018年全球互联网现象报告.

［10］Statista，Study-id56278—Hulu.

［11］Hulu，https：//www. hulu. com

［12］HULU.（2015）.PC Magazine，127. Retrieved from https：//ezp.lib.unimelb.edu.au/login？url＝https：//search. ebscohost. com/login. aspx？direct＝true&db＝a9h&AN＝108528623&site＝eds－live&scope＝site.

［13］Wikipedia on Hulu，https：//en. wikipedia. org/wiki/Hulu.

［14］基于市场的游说：来自意大利广告支出的证据，Stefano Delia Vigna，Ruben Durante，Brian G. Knight 和 Eliana La Ferrara，美国国家经济研究局，2013年12月。

［15］中国国家统计局．中华人民共和国统计年鉴2017.

［16］中国网络视听节目服务协会，2018中国网络视听发展研究报告，2018.

［17］2018年电视市场十大发展趋势．收视中国．2018.02.28.

8 国际创意设计服务市场

8.1 国际创意设计服务市场发展概况

8.1.1 国际创意服务市场统计框架

联合国教科文组织的文化统计框架(2009年)中关于文化产业的统计标准,F大类为创意与设计服务,包括:时装设计、平面造型设计、室内设计、园林设计、建筑服务和广告服务六个小类。[①]

由于各国国情不同,对文化产业的定义也各不相同。大部分国家以联合国在1986年发布的《文化统计框架》为蓝本,制定了适合本国文化及创意设计相关产业的统计框架,导致各国对创意与设计服务的统计范围、类别和内容的分类产生了一定的差别。[②]

英国用创意产业定义文化统计框架,根据英国文化产业咨询联盟公布的标准,设计及时尚设计和广告与营销服务被纳入创意产业统计框架。[③] 美国用版权产业定义泛文化产业,采用国际知识产权组织(WIPO)公布的分类法,将产业分为4个部分:核心版权产业、部分版权产业、交叉产业、边缘支撑产业。根据美国国际知识产权联盟发布的《美国经济中的版权产业:2016年度报告》,广告服务和平面设计被列入核心版权产业统计框架,室内设计、建筑服务和时尚相关产品属于部分版权产业。[④] 中国采用文化产业统计框架,中国国家统计局在2018年发布了文化产业最新统计标准,第三大类为创意设计服务,包括广告服务和设计服务两个小类。[⑤]

8.1.2 国际创意设计服务市场的规模

2019年1月14日,联合国贸易和发展会议发布的题为《创意经济展望:创意产业国际贸易趋势》的研究报告显示,尽管全球贸易增长放缓,但创意经济逆势而上。联合国贸易和发展会议(简称贸发会议)贸易司司长帕梅拉在新闻发布会上表示,全球创意产品的贸易是一个不断扩大并具有弹性的行业,全球创意产品及贸易正在扩大,平均出口增长率超过7%,全球创意产品市场从2002年的2 080亿美元增加到2015年的5 090亿美元,价值翻了一番。贸发会议创意经济项目负责人玛丽莎指出,全球创意产业正出现一股新

---

① 联合国教科文组织统计研究所. 2009年联合国教科文组织文化统计框架. 2011.
② 郭熙保,储晓腾. 文化统计指标体系的国际比较分析[J]. 电子科技大学学报(社会科学版),2015(4):76-81.
③ 谭小平. 英国创意产业的现状、批评与反思[J]. 经济导刊,2011(4):92-93.
④ 美国经济中的版权产业:2016年度报告[OL]. 上海情报服务平台. https://www.istis.sh.cn/list/list.asp?id=10520
⑤ 中国国家统计局. 文化及相关产业分类(2018). 2018.

的趋势,即从生产创意产品向提供创意服务转变。根据有关创意服务贸易的数据,在38个发达国家,创意服务出口在2011—2015年间保持相对稳定,年均增长率为4%。在这些国家的所有服务贸易中,创意服务占18%的平均比例。①

根据联合国贸易和发展会议(UNCTAD)的数据,设计占创意产业总产值的比重由2008年的42.93%上升到2013年的60%,由于创意设计服务市场所包含的时装设计、平面造型设计、室内设计、园林设计、建筑服务和广告服务六个小类跨度较大,没有权威统计数据显示其全部市场体量,但根据主要国家统计机构给出的有关创意设计服务市场的数据可以看出,创意设计服务市场发展迅速。

中国国家统计局的数据显示,2017年全年和2018年前三季度,我国文化创意和设计服务相关规模企业营业额分别达到11 891亿元和7 565亿元,分别比上一年同期增长14.5%和18.7%。② 英国数字文化体育媒体部(Department for Digital, Culture, Media&Sport)发布的数据指出,2010—2016年,英国广告和市场营销服务的总附加值增长率为98.1%,设计和时尚设计的总附加值增长率为79.7%。③ 根据数据网站Statista的统计,欧洲广告行业收入由2011年的88.84亿欧元增长到2015年的100亿欧元;2016—2026年,美国平面设计行业就业增长率预计将为4%;加拿大平面设计总营业收入从2008年的12.67亿美元增至2017年的20.14亿美元,增幅高达58.9%;2015年,优良的设计为新加坡经济创造了超过340亿新币的财富。除了发达国家,发展中国家的新兴创意设计服务市场也在迅速发展。巴西拥有拉丁美洲最大的广告市场,预计2019年,巴西广告市场总支出将达到12.5亿美元;2017—2022年,数字广告支出将增长11.9%。巴西平面设计服务总收入从2009年的9 700万美元增至2018年的1.62亿美元。非洲的广告业也在迅速发展,但仍以电视广告和报纸广告为主。南非的电视广告支出由2016年的1.2亿美元增长至2018年的1.32亿美元;肯尼亚的报纸广告支出从2016年的1.26亿美元增至2018年的1.32亿美元。④

根据2016年3月联合国教科文组织发布的《文化贸易的全球化:消费的转变——2004—2013年国际文化商品和服务流动》报告中的数据来看,近年来,创意设计服务的进出口增长率均出现下滑,2004—2013年,国际设计创意服务出口增长率下滑28%,进口增长率下滑11%。⑤ 不过,这一现象并不意味着世界创意设计服务市场的衰落,而与近年来各发展中国家大力发展本国创意设计服务业,导致对外国创意设计服务的需求量下降有关。比如,2004年到2013年,印度从创意设计产品和服务进口大国转变为出口大国,10年内出口增长高达1 378.75%,而进口增长率仅为50.38%;泰国的出口增长率也高达16 921.48%。反观传统创意设计服务强国,出口增长缓慢甚至出现负增长。英国仅增长39.12%;德国、美国和日本则均出现负增长,下降幅度分别为78.98%、53.6%

---

① 联合国报告:中国是全球最大的创意产品及服务出口国和进口国,https://www.iic21.com/21sczl/index.php?m=Home&c=Articles&a=showart&artid=289821。

② 数据来源:中国国家统计局. https://www.stats.gov.cn/tjsj/zxfb/201810/t20181031_1630608.html。

③ 数据来源:Department for Digital, Culture, Media&SportofGOV. UK. https://www.gov.uk/government/organisations/department-for-digital-culture-media-sport。

④ 数据来源:statista. https://www.statista.com/。

⑤ 联合国教科文组织. The Globalisation of Cultural Trade: A Shift in Consumption International flows of cultural goods and services 2004—2013. 2016。

和 28.92%。相比于发展中国家出口的快速增长,整个世界 10 年来创意设计服务进口情况趋于平稳,主要国家的变化幅度不大。由此可以看出,随着发展中国家本国创意设计服务业的发展,以及各大设计公司在全球铺设分公司、加速设计全球化的今天,传统的设计大国失去了出口优势,具有全球化视野的本土化设计在抢占各国国内设计市场。

创意设计与服务作为第三产业,原本是为第二产业服务的,工业制造业、建筑行业以及金融行业的繁荣发展催生了与之配套的创意设计与服务行业,并成为推动这个行业发展的原动力。除了相对独立的时尚设计外,整个创意设计与服务产业与其他行业融为一体,产业形态主要呈现为"设计+"模式。比如,室内设计+工程建筑业、平面设计+制造工业、广告服务+服务产业等。[1] 随着世界经济由工业经济形态向知识经济形态转型,创意资本本身成为推动经济增长的重要因素。创意设计行业逐步独立出来,各专业之间相互融合,形成服务业态型产业模式,设计以其整合、创意、创新、创造、增值、美学等主要作用形式为实体经济创造价值。创意产业被认为是继制造业、IT 产业之后又一轮新兴的产业浪潮,而创意设计服务产业作为创业产业的重要组成部分,成为越来越多国家重振经济增长、刺激就业与增强社会凝聚力的战略选择。[2]

8.1.3 国际创意设计服务市场的宏观要素分析

8.1.3.1 政治环境

近年来,文化产业发展迅速,而创意设计服务作为文化产业的新兴环节,更是具有成长为新的经济增长点的潜力,各国政府纷纷出台有利政策来扶持本国创意设计服务行业的发展。

英国、美国和日本等老牌的创意设计服务强国自其崛起时便十分重视政策对行业发展的支持。英国是当今世界上第一个利用政策推动文化创意产业发展的国家。在文化创意产业的管理中,英国政府将重点放在政府各部门与社会各界之间的政策协调合作方面,专门组建了以文化大臣为首的跨政府部门的行动小组,在制定政策时也更可全面地听取各界人士的意见,提高政策的针对性和可行性。[3]

美国政府希望创意设计与服务业的发展能够遵循市场规律,较少干预,至今未设立其文化部,也没有一个正式的官方文化政策,但美国是世界上第一个进行文化立法的国家。美国有全球保护范围最广、相关规定最详尽的法律系统,建立了有效的知识产权保护法律实施机制,有力保障了创意产业的健康发展。[4]

日本政府将创意设计作为促进自主创新和提高产业国际竞争力的主要手段之一,通过"G"标识(Good Design)制度等奖励表彰措施以及实施"感性价值创造"国家战略,还通过立法防止不正当竞争来保护设计知识产权,极大地促进了日本企业自主品牌的培育和

---

[1] 王效杰. 设计产业商业模式创新类型研究[J]. 山东工艺美术学院学报,2014(3):6-10.
[2] 尚涛,陶蕴芳. 我国创意产业中的国际分工研究——基于典型发达国家和发展中国家的比较分析[J]. 世界经济研究,2011(2):40-47.
[3] 申桂萍. 中英文化创意产业的整体发展概况比较研究[J]. 商情. 2013(48).
[4] 陈伟雄. 发达国家创意产业发展经验及其对我国的启示[J]. 当代经济管理. 2012(6).

自主创新能力的提升。[1]

近年来,发展中国家对文化创意设计服务行业也日益重视,出台了一系列政策鼓励本国设计和服务行业的发展。2014年1月,中国国家总理李克强主持召开国务院常务会议,部署推进文化创意和设计服务与相关产业融合发展,确定了推进文化创意和设计服务与相关产业融合发展的政策措施,随后,国务院印发《关于推进文化创新和设计服务与相关产业融合发展的若干意见》(以下简称《意见》)。《意见》针对中国当前文化创意和设计服务发展,特别是与相关产业融合发展中存在的突出困难,提出了一系列扶持政策。《意见》指出,要加强知识产权运用和保护,健全创新、创意和设计激励机制;强化人才培养,实施文化创意和设计服务人才扶持计划,优化专业设置,积极推进产学研用合作培养人才;支持专业化的创意和设计企业发展,支持设计、广告、文化软件工作室等各种形式小微企业的发展;激发全民的创意和设计产品服务消费,鼓励企业开展设计服务外包,加大政府采购力度;引导集约发展,打造区域性创新中心和成果转化中心,建立区域协调机制与合作平台;加大财税支持,加强金融服务。[2]

8.1.3.2 经济环境

随着世界经济的不断发展,经济全球化水平日益提高,创意设计服务市场的供应链更加透明和高效,全球的创意企业以及供应商与供应商之间的线上合作模式提高了产品生产和提供服务的效率。跨界电商平台和跨国创意服务公司降低了国际交流贸易的费用,加速了创意设计在各个国家间的流通效率,新的数字化协作模式可达成整个价值链中的可追溯性,赢得消费者的信任。[3] 经济全球化也使创意设计服务领域的跨国合作变得更加便利,创意企业能够高效挖掘各国人才,众筹全球创意,建立国际化的创意社群,合力完成项目。联合国教科文组织于2004年开始组织创办全球创意城市网络,旨在打造国际化"创意设计之都",创意设计服务行业逐渐打破了国界的限制,为全世界共享。[4]

经济环境是影响行业发展的重要外部因素,创意设计服务市场也不例外,发达的经济所带动的创意服务需求是创意设计服务行业发展的基础。美国是全球最大的广告市场,美国人口仅占全球总人口的4.3%,却拥有全球57%的广告市场,美国广告业的崛起正是依托其种类齐全而强大的工商业所提供的巨大创意营销需求。而创意设计服务行业也能在经济衰退的大环境下,摆脱外部环境的限制,成为新的增长点,逆势上扬。尽管2008年的金融危机导致全球需求急剧缩减,国际贸易额减少12%,但全球创意产品与服务的世界出口额仍保持增长态势,其中,创意产品出口达到4 070亿美元,年均增长率达到11.5%;创意服务出口达到1 850亿美元,年均增长17%。[5]

---

[1] 杨明,王多祥. 基于国际比较分析的中国自主创新体系发展研究[J]. 科技管理研究. 2013(2).
[2] 国务院印发《关于推进文化创新和设计服务与相关产业融合发展的若干意见》[EB/OL]. 人民网. https://politics.people.com.cn/n/2014/0314/c70731-24636604.html.
[3] The Business of Fashion and Mckinsey Company. The State of Fashion 2017[EB/OL]. https://www.199it.com/archives/661936.html.
[4] 中国三城市加入联合国教科文组织创意城市网络[EB/OL]. 人民网. https://politics.people.com.cn/n/2014/1211/c70731-26191676.html.
[5] 联合国教科文组织. The Globalisation of Cultural Trade: A Shift in Consumption International flows of cultural goods and services 2004—2013. 2016.

8.1.3.3 技术条件

互联网的飞速发展允许新兴的创意服务公司通过互联网平台与全世界任何一个地方的顾客建立联系,电商独角兽公司通过科技创新、遍布全球的投资和扩张,成为权力的拥有者,他们把进军创意设计领域作为扩张商业版图的重要战略。[1] 亚洲坐拥全球超过2/3的电商独角兽、全球过半的在线零售商,而中国更是拥有全球最活跃的投资和创业氛围。2017年,阿里巴巴以150亿元战略入股电梯广告巨头分众传媒,成为第二大股东[2],还有消息称,阿里将和腾讯联合购买全球最大广告传播集团WPP中国业务20%的股份。[3] 电商平台在全球范围内加紧进军时尚市场,以顺应消费者跨境购买时尚产品的新趋势,提早抢占市场份额。亚马逊早在2006年就收购了时装零售网站Shopbop,并在2013年推出了男装网站East Dane,之后又在2015年成为纽约时装周男装周(New York Fashion Week: Men's)的主要赞助商,从2016年开始冠名日本东京时装周,2018年10月还在英国伦敦贝克大街(Baker Street)开设一家专注时尚类产品的的快闪店。[4] 全新的商业环境和巨大的创意设计服务需求促使全球的电商巨头们寻求先进的解决方案和本土化的措施,为全球的创意设计服务行业注入了新鲜血液。

新媒体技术改变了广告业的设计模式和投放模式,随着互联网搜索技术的发展以及个人社交网络新媒体技术的完善,定向广告越来越受欢迎,广告商通过对每位互联网用户所浏览的信息进行收集分类,建立个人信息库,从而根据每位用户的喜好进行广告投放,让广告投放的渠道资源进行合理分配,同时也降低了广告受众的厌烦心理。同时裸眼3D技术也被大量应用于广告领域,使平面影像转换成具有极强空间感的立体影像,改变了传统的广告呈现形式。[5]

人工智能(AI)技术等对未来创意设计服务行业的设计环节和营销环节影响巨大。AI技术的出现和完善推动了交互式设计的发展,以用户为中心,关注用户的体验和感受的设计与创意服务越来越受欢迎。设计师利用AI技术能从多个维度(包括用户画像和行为、场景和环境、上下文的理解等)为用户创造价值,这将极大拓展设计的可能性和用户适应性。在平面设计领域,微软亚洲研究院的研究员与清华大学美术学院的艺术设计专家提出了一个自动排版框架原型,利用AI进行专业的图文排版工作,该模型可通过分析嵌入在照片中的文字的视觉权重、视觉空间的配重、心理学中的色彩和谐因子、信息在视觉认知和语义理解上的重要性等因素,自动生成最佳排版设计方案。[6] AI技术不仅影响了设计本身,更对设计产品和设计服务的营销产生了巨大影响,在时尚设计领域,亚马逊(Amazon)正在研发创造第一位AI设计师,试图研发能通过图像分析、复制流行趋势并用于全新设计建构的服装设计算法。美国服装零售公司也是技术公司Stitch Fix通过AI技术,建立整套基于人的算法化时尚设计、资源管理、库存管理,推荐系统为顾客提供品

---

[1] 数据来源:The Business of Fashion and Mckinsey Company. The State of Fashion 2017。
[2] 阿里20亿美元投资分众传媒增强户外广告宣传[EB/OL]. https://www.ebrun.com/20180720/287486.shtml.
[3] 阿里携手腾讯联手入股全球最大广告公司WPP[EB/OL]. https://www.sohu.com/a/242674659_262742.
[4] 亚马逊伦敦开时尚"快闪店",每日解读一个时尚趋势[EB/OL]. https://www.cifnews.com/article/38581.
[5] 李儒俊. 新媒体广告传播策略探究[J]. 传媒. 2015(14).
[6] 人工智能与设计(4):人工智能对设计的影响[OL]. https://www.sohu.com/a/203985045_114819.

味预测和定制化服务,截至2017年年底,Stitch Fix营业额突破了22.5亿美元。

8.1.3.4 文化条件

文化是一个区域文化产业发展的基础和前置条件,不同国家或地区的创意设计服务行业都带有浓郁的地方文化特色和历史文化印记。文艺复兴就对欧洲的时尚产业产生了深远的影响,欧洲各大奢侈品牌的秀场中经常能看到文艺复兴时期的影子,宽大的裙摆、紧身胸衣、烦琐的装饰,展现了女性优美的曲线造型。① 文艺复兴所带来的浓郁文化艺术氛围也使以意大利、英国、法国为首的欧洲国家在第一次世界大战后得以成为世界时尚领域的领军国家。日本的园林设计也体现了"和"文化与西方文化融合的历史,日本园林设计从原有的日式风格出发,接受、消化、吸收工艺美术运动、装饰艺术、结构主义、后现代主义、极简主义等西方思想,形成了新的"日式风格"。②

8.1.3.5 人口条件

在创意设计与服务产业中,设计和时尚设计领域对从业者的专业技能要求较高,从业者受过相关艺术领域专业教育的比率大约占56%,进入行业的门槛较高;而媒体相关和广告服务相关的从业者受相关创意或广告营销的专业教育比率较低,分别为24%和27%,行业进入门槛较低。③ 同时,人口条件也是影响创意设计产业集聚的重要因素,创意设计服务的从业者,特别是专注于设计环节的艺术家们,比其他行业的从业者更在意自身身份的认同感。有研究发现,创意工作者为实现其产品价值,会进入创意集聚区,通过艺术氛围和艺术定位来显示自身身份,并以身份为信号塑造产品的艺术价值。④ 所以大量的艺术街区、创意设计产业聚集区均处在艺术家集中的地区或艺术院校附近,比如,伦敦西区、柏林夏洛腾堡地区、德国莱比锡地区,以及瑞士苏黎世等。发达国家创意设计产业集聚化特征更为明显,集群化能够整体提升一个区域设计产业的竞争力,实现优胜劣汰,优化配置,降低交易费用,提高经济效益,形成创意创新资本优势。近年来,随着我国创意设计服务水平的提高和对国外先进经验的学习,涌现出一大批新兴的创意设计产业园区和艺术街区,这些艺术园区一般建在有历史文化氛围的城市近郊区或其他地租廉价的区域,比如,北京798艺术区就是在原有工业闲置厂房的基础上逐步形成的。⑤ 这些创意设计集聚区虽然初具规模,但由于发展时间较短,并未形成完整的产业体系和创意生态系统,仍有很大的发展空间。

8.1.3.6 法律条件

创意设计服务产业是一个以市场需求为导向、以独特创意为原动力的行业,只有对

---

① 张静,王美芳,肖雪梅. 文艺复兴时期典型服饰特征探讨[J]. 大家,2010(16):102-103.
② 李运远. 日本近现代历史文化思潮及其对日本现代园林设计的影响评述[J]. 风景园林,2017,(8).
③ Design[OL]. myskill. https://www.myskills.gov.au/industries/design.
④ 杨永忠,黄舒怡,林明华. 创意产业集聚区的形成路径与演化机理[J]. 中国工业经济,2011(8):128-138.
⑤ 王乾厚. 发达国家文化创意产业集群发展及启示[J]. 河南大学学报(哲学社会科学版),2015,55(4):120-126.

创意进行版权保护,对创意产业市场进行有效约束,才能够保持创作者的创作动力,使整个产业充满活力和源源不断的新创意。因此,版权法律制度和执行力度不仅关系着行业的规范化发展,更影响着全行业的创新氛围和生产效率。发达国家一直非常重视对版权的保护,随着其创意设计服务产业多年的发展,积累了许多知识产权保护方面的经验,法律政策体系更加规范和完善,执行力度更强。英国是世界知识产权法律的鼻祖,早在 1709 年就颁布了《安娜女王法令》,现在的英国以《版权法》为核心,对创意设计产业提供法律保护,从制定、执行到处罚,都很完善;美国的知识产权法律体系也很完善,利用《国家艺术及人文事业基金法》《专利法》《反不正当竞争法》《版权法》等法律,从财产权方法、合同方法、信任关系方法等角度为创意设计者的权益提供保障;日本也陆续颁布了《内容产业促进法》《知识产权基本法》等法律对创意产权进行保护,从利益平衡的角度来分析创意关系。[1] 相比发达国家,发展中国家保护创意设计产业的法律相对缺失,体系不健全,漏洞较多,缺少保护创意本身的明文规定,学术研究和立法讨论还停留在创意是否应该纳入著作权保护上[2],显现出和产业高速发展严重的不匹配性,严重制约了创意设计服务行业的发展。除少数发达国家,大部分国家对创意的保护还停留在政策层面,并未上升到法律层面,因此,保护和惩处的执行力度也不够,造成了抄袭、盗版等各种行业乱象。

8.1.4 国际创意设计服务市场的主体要素分析

从世界各国创意设计服务业的发展水平来看,英国、美国、日本、法国、新加坡等发达国家仍然是行业内的佼佼者,无论是创意本身的更新速度、新技术的应用、行业的商业运作模式,还是配套设施和措施,都处于世界领先地位。在数十年的发展中,这些国家形成了许多行业巨头和跨国创意企业,采取全球化经营战略,扩张海外市场,在国际竞争中占据有利地位。

英美国家的设计创意服务产业以市场为主导,创意设计服务企业享有很大的自由,政府管理均以法律为依据,不存在直接的行政干预,国家通过限制垄断来保护中小创意设计服务企业的发展,鼓励自由竞争。英美等国家的创意设计服务产业是充满活力且多元化的,既有能推动行业发展的巨头大鳄,又有适应本国创意设计服务需求的中小企业,形成了面向不同层级市场的完整商业体系。国家重视对创意设计服务产业基础设施和科技的投入,通过财政支持、金融服务等方式促进新兴创意设计园区和企业的孵化,并不断完善法律,保护创意者的利益。

日本和新加坡等新兴创意设计强国在较短时间内能促成产业的大发展是与政府主导的创意设计产业发展模式分不开的。这些国家的政府通过严密的宏观经济计划,推动地方创意产业园区的建设发展和对地方特色创意能力的挖掘,配套有效的产业政策调控,扶持了一大批创意设计服务企业。这些企业多以银行和金融组织为中心结成财团型企业,中小企业一般都被纳入大财团生产体系中。中介机构和行业协会在这些国家的创

---

[1] 张丽燕,颜士鹏. 国外创意产业知识产权保护的法律与政策评析[J]. 国外创意产业知识产权保护的法律与政策评析. 2010(9).

[2] 李首君. 创意的法律保护问题研究[D]. 广州:中山大学,2010.

意设计服务行业中发挥了相当大的作用,被认为是政府的延伸,不仅起到引导行业规范发展的作用,还促进了市场动力机制的完善,有利于创意企业的长足发展。[①]

近年来,发展中国家及一些设计产业欠发达的发达国家也在大力发展本土创意设计服务业,金砖五国(中国、俄罗斯、巴西、印度、南非)的创意文化产业已经初具规模,并迅速扩张,本土化设计越来越受欢迎。但这些国家的创意设计产品和服务在国际市场上仍然处于劣势,出口仍以劳动密集型产品为主,服务出口严重缺失,造成了结构的不平衡。发展中国家的创意设计服务市场是极具发展潜力的,民族文化认同感也将大大助力高质量的本土化设计和服务抢占国内市场,发展中国家应抓住这一机遇,借鉴创意设计强国的发展经验,结合本国国情,完善配套金融和法律措施,系统高效地发展创意设计服务产业。

8.1.5 国际创意设计服务市场的热点趋势分析

综上所述,未来世界创意设计和服务市场的发展将会有以下几个趋势:

第一,各国加快创意设计服务产业全球化布局,寻求国际化和本土化融合共生的设计风格,设计和服务将更加多元化。

第二,新技术的应用将引领创意设计服务产业的变革:互联网、大数据、云计算、超级计算、3D打印、人工智能及虚拟现实(VR)、增强现实(AR)、混合现实(AI)等新技术将广泛应用于创意设计服务行业的各个领域,对创意产品及服务的生产、营销和消费产生颠覆式影响。

第三,互联网公司将给创意设计服务产业商业模式带来变革,加速创新速度,提高融资能力,扩大产业规模,全球创意产业将呈现平台化、网络化趋势。

第四,创意设计服务产业的集聚化趋势将愈发明显,创意都市和创意设计园区将大规模发展,创意设计服务产业的规模发展将与地区资源紧密结合,并带动区域经济的转型和升级。

第五,各国将通过完善对知识产权的立法来保护创意,并巩固本国创意设计产业的优势。

8.2 全球主要国家/地区创意设计服务产业发展状况

8.2.1 英国

联合国于2014年发布的《全球文化贸易报告》显示,英国是世界第四大设计产品和创意服务出口国,也是欧洲第一大创意经济体。[②] 创意产业是英国发展速度最快的行业,对拉动就业增长、促进英国经济复苏起着至关重要的作用。英国数字、文化、媒体和体育部(DCMS)2017年发布的统计数据显示,目前,英国创意产业就业人数近200万,比上年

[①] 张养志. 发达国家文化创意产业发展模式研究[J]. 国外社会科学, 2009(5):90-94.
[②] 资料来源:联合国教科文组织. The Globalisation of Cultural Trade: A Shift in Consumption International flows of cultural goods and services 2004—2013. 2016.

增长5%,而英国整体劳动力同比增速为1.2%,创意产业就业人数增速是英国整体就业人数增速的4倍。①

英国广告产业以其创新力与原创性享誉全球,仅次于美国和日本,是世界第三广告业强国,且近年来发展势头强劲。英国有13 200家广告公司,并已成为世界上发展最完善的整合媒体中心,全球超过2/3的广告公司都以伦敦作为欧洲总部的据点。根据营销情报服务商WARC发布的2017年上半年英国广告支出情况,2017年前6个月,英国广告支出增长了3.7%,达到108亿英镑,这是自1982年开始监测以来涨幅最高的一次。WARC预计,2017年,英国广告支出将增长3.1%,这意味广告支出将超过220亿英镑。在英国的广告行业中,新技术已经得到广泛应用,并创造了新的增长点。数字广告(包括网络广告和户外数字广告)支出增长推动了整体广告市场的发展,数字广告占上半年所有广告支出的54%,即58亿英镑。② 在国际创意服务贸易方面,数字化设计成为英国设计出口最有价值的版块,2015年,数字化设计出口达27.9亿英镑,占整个设计出口的58%。根据英国数字、文化、媒体和体育部(DCMS)于2017年9月发布的《创意产业独立评审》,英国政府认为,第四次工业革命即数字化时代即将到来,创意产业应利用虚拟现实、3D打印、5G等新技术提高创新能力,促进产业的新增长。③

设计在英国商业领域很受重视且投资回报率高,英国据统计,每年有50亿英镑花在设计上,在设计领域每投资1英镑就会增加20英镑的收益。英国设计行业包括多个领域,如品牌、包装、商业性室内设计、平面设计、时尚、建筑、多媒体以及手工艺,拥有超过4 000家商业设计咨询公司以及很多自由设计师。始于2003年的"伦敦设计节"已成为享誉世界的设计展览平台。全世界排名前五的平面设计公司,有3个将总部设在英国(见表8-1)。

表8-1 全球五大平面设计公司

公司名称	总部	主要客户
Pentagram	伦敦	古根海姆博物馆(The Guggenhei)、维多利亚和艾伯特博物馆(The Victoria & Albert Museum)、21世纪福克斯(21st Century Fox)
Landor	旧金山	美国联邦快递(FedEx)、宝洁(P&G)、新加坡航空(Singapore Airlines)、宝马(BMW)
The Chase	曼彻斯特	阿里巴巴(Alibaba)、英国广播公司(BBC)、迪士尼(Disney)、皇冠伏特加(Smirnoff)
Meta Design	旧金山	阿迪达斯(Adidas)、苹果(Apple)、可口可乐(Coca Cola)、易贝(eBay)
Charkie Smith Design	伦敦	约翰·刘易斯(John Lewis)、路易威登(Louis Vuitton)、英国皇家美术学院(Royal Academy of Arts)

注:根据各广告公司官网整理。

---

① 中国证券报-中证网:英国创意产业独领风骚[EB/OL]. https://tech.sina.com.cn/roll/2017-07-29/doc-ifyinwmp0626018.shtml.
② 199IT互联网数据中心. 2017上半年英国广告支出108亿英镑,创25年来涨幅最高[EB/OL]. https://www.199it.com/archives/650533.html.
③ 创意产业对英国未来发展至重要[EB/OL]. https://ex.cssn.cn/xspj/gjsy/201709/t20170927_3654132.shtml.

英国是一个时尚大国,在传统绅士淑女文化和现代朋克摇滚浪潮的碰撞下,形成了独特的"英伦风",作为时尚的风向标,深刻影响着世界。英国高端时装品牌风格高贵优雅,这与英国皇室是分不开的。奢侈品牌巴宝莉(Burberry)由英国国王命名,是英国皇室御用品牌,极具英国风格,最能代表英伦风;女性内衣和泳衣高端定制品牌瑞贝柏勒(Rigby & Peller)的设计师 Mrs. June Kenton 是英女皇伊丽莎白二世委任的特许私人内衣形象顾问,这个品牌也深受好莱坞巨星格温妮丝·帕特洛(Gwyneth Paltrow)和音乐天后 Lady Gaga 的喜爱;风衣品牌巴伯尔(Barbour)被认为是世家的象征,低调朴实,被称作欧洲上流社会的入场券之一。伦敦时装周是世界四大时装周之一,以多元化和充满创意著称,是四大时装周最具创造力的一个,深受独立设计师的欢迎。虽然伦敦时装周的规模、影响力和成交额是四大时装周最弱的一个,但它仍是英国经济的中流砥柱。据英国时装协会(British Fashion Council)统计,2017 年,时装业为英国国内生产总值(GDP)直接贡献了 323 亿英镑,与 2016 年相比增长了 5.4%,增幅相比其他产业高出 1.6%,整个行业提供了 89 万个就业岗位,与 2016 年相比增长了 1.8%,该就业数据几乎与金融业相当。① 在互联网公司兴起的今天,英国时装企业正在积极探索新的营销策略和发展路径。Matchesfashion.com 是英国一家新兴的电商平台,最开始仅是一家位于伦敦的小型社区连锁精品店,如今却凭借线上渠道拓展到了全球 190 个国家,可见多元化的时尚创业公司正在冲击着老牌时装品牌②。

从地区发展来看,伦敦仍是英国设计和创意服务中心。近年来,其他地区创意产业的发展也改善了英国创意行业发展地域不平衡的问题。米德兰兹地区在设计和时尚领域的优势继续扩大,拥有一批全球时尚品牌和世界领先的时尚设计高等教育培训机构。在英格兰西北地区,广告和营销行业继续快速增长,同比增幅超过 20%,其中,曼彻斯特和索尔福德媒体城在广告业具有全球竞争力。

英国拥有高水平的设计和创意服务产业与政府的大力支持密不可分。英国是全球最早提出"创意产业"概念,也是世界上第一个政府出台政策推动创意产业发展的国家。英国政府高度重视对设计和创意服务产业的统筹规划,创立文化产业工作组(The Creative Industry Task Force),对创意产业进行系统设计和统计,并联合多个部门对产业发展提供支持,使英国形成了成熟的设计和创意服务市场环境,打通行业上下游,使各个产业部门能够相互支持,形成完整产业链。在过去的十几年里,英国政府不断出台和完善有关创意行业发展的报告,出台支持设计和创意服务市场发展的政策(见表 8-2),为英国设计和创意服务市场的发展提供了良好的政策环境。③

2016 年 6 月 23 日,英国举行全民脱欧公投,决定脱离欧盟,脱欧使英国总体经济水平持续下行,作为英国支柱产业的设计与创意服务市场也受到重大负面影响,英国文化部长维泽(Ed Vaizey)表示,英国脱欧是文创产业的重大灾难。脱欧给英国本土品牌造成

---

① 华丽志. 时尚产业为英国带来了什么?伦敦时装周发布可视化数据[EB/OL]. https://baijiahao.baidu.com/s?id=1611926599452017834&wfr=spider&for=pc.
② 麦肯锡公司(McKinsey&Company). 2018 年度全球时尚业态报告[EB/OL]. https://weibo.com/ttarticle/p/show?id=2309404179649415500150
③ 徐凡,朱华晟,贺清灿. 英国设计业发展及启示:基于制度和文化的分析视角[J]. 世界地理研究. 2015(01).

一定打击,也使越来越多的行业领导品牌对英国发展环境不看好,逐渐缩减在英国的业务规模。从 2016 年开始,伦敦时装周逐渐紧缩其走秀规模,Tom Ford 等大牌也不再在伦敦开新品发布会。英国著名奢饰品牌 Buberry 集团主席 John Peace 曾在全民公投前发内部邮件,提醒员工注意英国脱欧会对 Buberry 集团造成的重大打击。此外,创意人员和服务的自由流动会受到阻碍,创意人才流失现象不可避免,也给人才引进造成了困难。英国著名设计事务所的 CEO Benjamin Hubert 先生表示,公司有 95% 的员工来自欧洲大陆,脱欧会给快速发展的事务所带来巨大的人才招揽难题。[1] 脱欧还使英国产业失去了欧盟的项目政策和资金支持,比如价值 8 000 万欧元的"Horizon 2020 项目"和 14.6 亿欧元的"创意欧洲项目"。[2]

表 8-2 英国颁布的推动创意设计服务业发展的文件

颁布时间	颁布机构	文件名称	主要内容
1998 年	英国政府	《英国创意产业路径》	在资金支持、人才培养等方面加强对创意设计业的支持力度,鼓励创意设计产品出口
2001 年	英国文化、媒体与体育部	《创意产业发展报告》	对英国创意设计服务产业进行详细梳理,为行业发展提供参考
2008 年	英国国家科技艺术基金会	《超越创意产业:英国创意经济发展报告》	提出重视创意设计及其对整体经济的拉动作用,发展创意经济
2009 年	英国政府	《数字英国》	在数字时代将英国打造成创意产业中心,扩大数字创意设计内容的传播范围

8.2.2 美国

在美国的版权产业中,相比其称霸世界的影视、出版行业,设计与创意服务市场的表现并不那么亮眼。但美国仍凭借其强大的经济科技实力、文化的多样性以及创新能力,在世界设计与创意服务领域占据了重要地位,《全球文化贸易报告》显示,美国是世界第九大设计产品和创意服务出口国。

美国是当今世界广告业最发达的国家,是全球第一大广告市场,广告对美国社会产生了巨大影响力,渗透到人们生活中的方方面面,除了各种各样的商业广告,就连总统大选时也要大做广告。美国的大型广告公司大多集聚在麦迪逊大街,这些广告公司在长期发展中形成了科学的组织形式和高效分工,为客户提供全面的创意营销服务,走集团化、国际化路线,不断开拓全球业务。在美国各种各样的广告中,最有特色、受众最广、影响力最大的就是影视广告。美国电影电视工业称霸世界,为影视广告提供了强大的技术支

---

[1] 裴永刚. 英国传媒产业发展现状、问题及趋势分析[EB/OL]. https://www.cssn.cn/xwcbx/xwcbx_cmjj/201807/t20180716_4504021.shtml.
[2] 徐凡,朱华晟,贺清灿. 英国设计业发展及启示:基于制度和文化的分析视角[J]. 世界地理研究. 2015(01).

持,规范的市场运作和大量的人才也为影视广告兼顾艺术性和商业性创造了有利条件。

受近年来传统媒体衰落、数字媒体兴起的影响,美国广告业也开始谋求转型。ADweek 发布的数据显示,2017 年,美国广告支出(包括数字和传统广告)增幅将达5.2%,规模增至 2 050 亿美元。其中,数字广告支出总额将达 830 亿美元,同比增长 15.9%。目前,40.5%的美国媒体支出是通过数字端进行,社交广告支出 2017 年预计将增长 34%,达到 211 亿美元,首次占据数字广告支出 1/4 以上。[①]

场景化、数字化和交互式的广告需求使得平面设计与市场营销紧密结合,商家希望通过多媒体手段,更具象地与消费者以及股东沟通。比如,北美酒店业巨头维珍酒店(Virgin hotel)就把精致的宾馆内景图作为吸引订单的重要手段;全球家居领导品牌宜家通过可视化平面设计技术打造虚拟厨房,与消费者互动,获取需求与设计灵感。

美国将软件设计纳入核心版权主要产业群,作为创收的重要手段,美国软件公司Adobe 是目前世界上最大的数字多媒体软件开发商,旗下经典软件 Photoshop 是使用最广的平面设计软件,Adobe 公司 2016 年营业额达到 58.5 亿美元,比 2015 年增长了 22%。[②]

纽约是世界公认的"五大时装之都"之一,来自美国国会联合发布的一份调研报告显示,每年 2 月和 9 月举办的纽约时装周能为美国带来 9 亿美元(约合 57.3 亿元人民币)的收益,远超超级碗(4.4 亿美元)、美国网球公开赛(8 亿美元)和纽约马拉松(5.5 亿美元)。美国服装业集中在纽约曼哈顿第七大道,临街第五大道是世界闻名的百货零售区,因此形成了协调统一的服装产业产销体系。服装产业和城市文化产业两大部分构成了纽约的时尚体系,这两部分有机结合,相互促进。一方面,通过本土媒体和出版业,指导人们选购时尚产品,引领时尚潮流,拓展渠道,有针对性地对产品进行营销;另一方面,时尚产业可以通过文化产业吸取文化内涵,新的设计又会为城市注入活力,这样就可以在时尚体系内形成良性循环[③](如图 8-1 所示)。

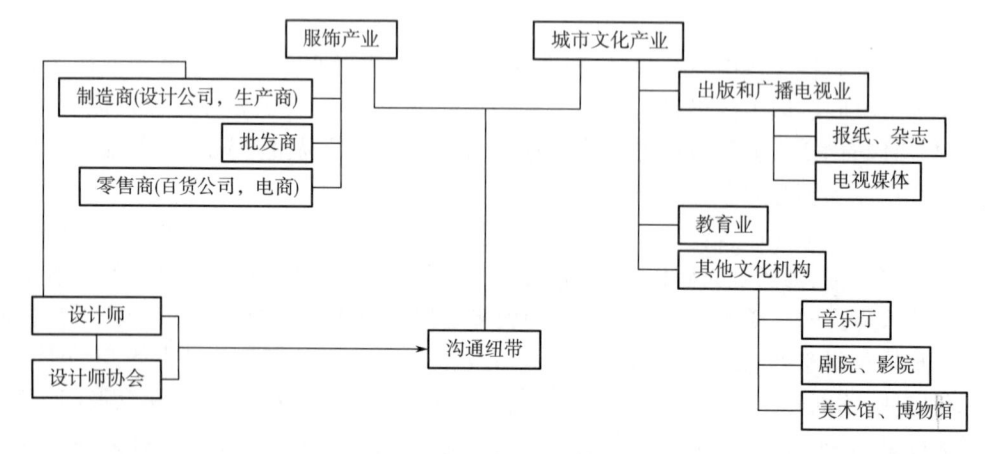

图 8-1 美国城市文化体系

① Adweek. eMarketer 解读美国广告行业现状:2017 年规模将至 2 050 亿美元[EB/OL]. https://baijiahao.baidu.com/s?id=1580873517381065849&wfr=spider&for=pc.
② Adobe CEO:今年节日季在线销售额将首次超过一千亿美元[EB/OL].https://tech.qq.com/a/20171108/029390.htm.
③ 郭平建,王颖迪. 时尚之都纽约的成功经验及其对北京的启示[J]. 山西师大学报(社会科学版),2012(3).

美国设计和创意服务行业的发展主要以市场推动为主,受政府干预较少,基金会和设计师协会在行业内占有极高的地位,它们往往担负着制定行业规范、引导行业发展的重任。美国广告代理协会(The American Association of Advertising Agencies)制定了严密的4A广告公司标准,并约定客户媒体费用的收取比例为17.65%,避免恶意竞争。[①] 美国时尚设计师协会(Council of Fashion Designers of America,CFDA)每年评选美国时装设计师协会大奖,有着"时尚界的奥斯卡大奖"之称。美国景观设计师协会(美国风景园林师协会,ASLA)每年都会面向全球征集年度奖项作品评比,是景观设计与建筑服务的全球性学术交流大会。这些行业协会一方面可以代表、集中和平衡各种创意设计团体利益,充当政府的咨询机构,在管理和推动行业发展方面起着不可替代的作用;另一方面,有些行业协会却阻碍了创意设计产业的多元性,精英性的行业组织也会导致中小型创意设计组织的利益受损。

8.2.3 法国

法国的创意设计服务产业是以时尚产业为核心的,时尚产业一直是法国的支柱产业,是仅次于汽车的第二大出口产业,贡献了法国1/3的出口额。研究报告称,法国时尚相关产业直接雇用了至少58万人,如果考虑到周边的工作机会,如模特和市场营销,雇员总数超过一百万人。每年巴黎时装周还会带来12亿欧元的旅游收入,包括游客在住宿、餐饮、出租车以及时装秀本身产生的花销。[②] 四大奢侈品公司路威酩轩(LVMH)、爱马仕(Hermes)、香奈儿(Chanel)和开云集团(Kering)占据了全球奢侈品市场30%的份额,法国服装上市公司87%的营业额来自出口。[③] 近两年,法国时尚产业特别是老牌奢侈品牌不断刷新销售纪录,强势捍卫其行业霸主地位。2018年上半年,爱马仕集团销售业绩及收益强势增长,经常性营业利润率创历史新高,占销售额的34.5%,净利润达到7.08亿欧元,增幅为17%。在将处置财产所得的5 300万欧元加入资本收益后,营业收入达到10.37亿欧元(占销售额的36.3%),净利润达到7.08亿欧元,增幅为17%。[④] 2017年,香奈儿(Chanel)全球销售额增长11.5%,达到96亿美元,2017年上半年,开云集团总销售额同比上涨28.2%,达72.96亿欧元;旗下奢侈品部门收入同比增长29.7%,达50.31亿欧元。[⑤]

作为时尚界第一强国,法国的地位虽从未被动摇,但过去五年的发展却不顺利。法国服装行业占全球市场的7%(法国GDP占世界3.8%),但法国在服装行业的投资比欧

---

① 4A's Membership. https://www.aaaa.org/home-page/membership/.
② 法国时尚产业年销售额1500亿欧元,经济重要性被严重低估[EB/OL]. https://news.cfw.cn/v213323-1.htm.
③ 为什么法国时尚界面临着潜在危机[EB/OL]. https://www.chinasspp.com/News/Detail/2017-3-7/373649.htm.
④ 爱马仕上半年利润率创历史新高[EB/OL]. https://cn.businessoffashion.com/2018/09/daily-bulletin-hermes-hm-studio-show-cn.html.
⑤ 谁才是大赢家?全球奢侈时尚及零售2017上半年业绩数据公布[EB/OL]. https://news.ifeng.com/a/20170828/51780802_0.shtml.

洲整体水平少 1/3,比德国少 1/5,导致发展后劲不足。① 从 2013 年开始,受恐怖袭击、恶劣气候、品牌发展策略、国外市场萎靡等情况影响,法国时尚产业特别是奢侈品品牌业绩持续下滑,迎来了前所未有的发展危机,法国时尚界和法国政府积极寻求对策,调整发展思路,法国时尚产业终于在 2016 年迎来复苏,并从 2017 年开始走上发展的新巅峰。2015年 12 月 15 日,法国经济部部长和文化部部长共同召集国家工业委员会下的时尚领域战略小组开会,并发布了一份名为《时尚:创意产业和增长动力》的报告,提出时尚产业是法国经济的重要支柱,但该产业已与当下全球的发展大势相脱节,政府将致力于加强技能的传承,完善教育培训体系,并加大对独立设计师的扶持力度。②

如今,各大品牌也开始摒弃"高冷"发展的执念,瞄准了大众消费者和年轻消费者市场,以及新兴的发展中国家市场。社交媒体和线上商城逐步成为各大品牌的必争之地。香奈尔(Chanel)在 2017 年 2 月 19 日早间宣布,已收购英国奢侈品电商巨头 Farfetch 的少数股份,并与之建立今后多年的独家创新合作关系,以吸引"千禧一代"消费者。思琳(Celine)开通了微信公众号,并上线了小程序,以开发中国二三线城市的年轻人市场。2017 年 7 月,古驰(Gucci)在中国正式开通了官方电商,爱马仕也在 2018 年启动电商渠道。从线下渠道来看,各大品牌都在加紧扩张轻奢门店,并在积极整合中档或者高档定位的奢侈品牌门店,减少门店数量,但扩大单店面积,为的是让更齐全的产品可以在同一个店里展示给客人,带来更好的购物体验。③

8.2.4 日本

日本的平面设计与广告服务以及产品包装结合紧密,具有很强的商业性。与西方设计师推崇个人工作室、强调个人特色不同,日本设计师更倾向于采用集团式的工作模式。④ 作品也多以会社方式命名,如无印良品和日本设计中心。日本设计中心(Nippon Design Center,NDC)是入围由美国顶尖创意杂志 Design Review 评选出的 2017 全球十大设计公司排行榜单的设计公司之一⑤(见表 8-3)。它不仅是一家设计公司,而且是集企业形象设计、包装设计和广告文案设计及平面设计为一体的创意服务集团,曾协助东京奥委会完成各部门的设计工作,并常年服务于各大会社。日本设计中心希望通过设计,赋予客户最高境界的经营资源。⑥ 这种重视美感意识和技术双向调节的创作理念也代表了日本整个平面设计行业的风格特点和审美:亲切、纤细、简洁、缜密。用柔软的思考方式、运用先进技术来为客户提供人性化、有创造性的设计服务,最终目的是促进商业的发展。

---

① 叶眼观潮 | 为什么法国时尚界面临着潜在的危机[EB/OL]. https://cn.businessoffashion.com/2017/03/why-french-fashion-industry-has-crisis-cn-2.html.
② 解读法国官方报告:已落后的时尚产业如何重振[EB/OL]. https://www.istis.sh.cn/list/list.aspx?id=9854.
③ 奢侈品向流量低头 传统电商会是最好选择吗[EB/OL]. https://www.linkshop.com.cn/web/archives/2017/393380.shtml.
④ 王晓莉. 日本现代设计对中国设计发展的思考[J]. 文艺生活·文艺理论,2016(2).
⑤ 这个成立近 60 年的设计公司,说他们引领了整个日本设计也不为过[EB/OL]. https://www.sohu.com/a/212181028_563923.
⑥ 日本设计中心官网. https://www.ndc.co.jp/cn/about/company.

表 8-3 *Design Review* 评选的 2017 全球十大设计公司（排名不分先后）

公司名称	主要公司所在国家（或地区）	特点
Base（基础）	美国、比利时	业务范围广，强调精炼、简洁的沟通方式
W+K	日本、荷兰	为众多世界 500 强公司设计广告，保持个性
Non-Format	英国	设计风格前卫，极具想象力
共振设计	中国	面向未来，涵盖景观设计，室内设计，品牌设计等各个领域
佐藤卓设计事务所	日本	擅长设计观点剖析和艺术指导
日本设计中心	日本	思考设计的未来，重视由设计产生的心灵共鸣，不断创新
李永铨（独立设计师）	中国香港	黑色幽默，设计作品大胆
Dumbar（登贝设计）	荷兰	为政府机构做亲民设计
BonsoirParis	法国	在艺术中寻求平衡的实验设计
2x4	美国	综合设计机构，集设计和视觉艺术研究为一体

数据来源：*Design Review*

龟仓雄策奖、JAGDA 奖和 JAGDA 新人奖组成了"日本平面设计奖"。2018 年度"日本平面设计奖"的评选不仅一如既往地保持了对作品质量和价值的高度追求，还体现了极大的包容性，着眼于更加丰富的视觉传达的设计表现形式，旨在提高日本平面设计的综合能力，被称为超越平面设计的平面设计大奖。[1] 龟仓雄策奖是日本设计界的最高奖项，评奖标准极为严苛，如果没有足够优秀的作品，奖项宁可空缺，这对日本平面设计业有重要的指导作用。[2] 永井一正获得了 2018 年 JAGDA 奖，他设计的海报《生命》展现了同种生物在不同环境下的生存状态，呼吁人与自然和谐相处，也体现了整个日本设计界"绿色设计"的价值理念和强烈的保护生态环境忧患意识。JAGDA 奖下设环境空间类、交互类和影像类奖项，表现出对平面设计与交互科技、多媒体技术和空间设计等更加广阔领域融合的期待。

日本是时尚产业最先崛起的亚洲国家，日本时装周（Japan Fashion Week in Tokyo，前身为东京时装周）是目前亚洲影响力最大的时装周。日本政府为了扩大日本时装周的国际影响力，专门成立了服装战略委员会负责组织每年的春夏、秋冬发布会。位于东京都涩谷区的原宿是日本时尚产业聚集区，汇聚了大批时尚前卫店铺，深受年轻人喜爱，并成为日本街头文化的代表，"原宿风"服饰也深受亚洲其他国家年轻人的喜爱，在中国、韩国、泰国等地风靡一时。

近年来，日本时尚产业的发展陷入了困境。受社交媒体兴起和时尚文化变迁的影响，时尚市场逐渐分散化，少数时尚领袖的话语权被削弱，消费者和品牌的直接互动成为焦点，时尚批发行业日益衰落。日本时装周国际时装展会规模连年缩减，2015 年参展人

---

[1] 艺术与设计：超越平面设计的"日本平面设计奖"[EB/OL]. https://www.sohu.com/a/233143443_119774.
[2] 上海当代艺术馆：艺术冲浪 | 日本设计界的奥斯卡"终身成就奖"——龟仓雄策奖[EB/OL]. https://www.sohu.com/a/196410699_653253.

数同比下降30%。① 受老龄化加重与人口负增长的影响,日本时尚产业人才缺失严重。为解决劳动力问题,日本政府试图通过完善移民政策,鼓励外国年轻设计师进入日本时尚行业。但实践证明,这项政策的可行性并不高,时尚咨询公司 Kleinstein 首席执行官兼创始人 Yusuke Koishi 指出,外国设计师要想在日本设计行业立足,除了要精通日文以外,还要对日本市场有深刻了解并能从日本消费者的角度思考购物体验,捕捉时代精神,这对年轻的海外毕业生来说非常困难。②

电商进军时尚产业是近年来日本挽救时尚产业危机的一次成功尝试。亚马逊从2016年开始冠名日本时装周,并试图说服来自整个定价频谱的设计师与品牌通过亚马逊销售产品。亚马逊与日本时装周的合作一方面解决了日本设计师不擅长阐释自己想法造成与市场脱节的问题;另一方面也改善了日本人因秉承"谦逊"品质而对日本时尚产业的国际化阻碍。亚马逊凭借其电商思维在时尚产业开辟了一个新的商业模式和发展路线。亚马逊将对消费者的理解作为评价时装公司的第一要素,并致力于提升用户体验,从而形成赢得多数消费者——吸引多数供应商——继续提高用户体验的良性循环。"先在实体店看,再上网购买",用数据勘察消费者偏好推荐第三方品牌,以及构建全球供应链,都是以亚马逊为代表的电商在时尚领域的新尝试。③

日本的园林设计既尊重传统,又不断探索与现代先进工艺完美的融合,深受国际园林设计界的好评,同时又能兼顾国际化与本土化,充分吸收西方设计原理的优点,形成自己独特的风格。这种园林设计发展路径可以为各国所借鉴吸收,从模仿到吸收创新,形成本民族特色的园林设计。日本园林设计发展大体经历了四个时代:以动植物和中国式山水为代表的古代园林;以池岛和枯山水为代表的中世园林;以书院和茶道为主景的近世园林;和以茶道、枯山水、池岛为主景的现代园林。④ 由于国土面积狭小,加上城市化的迅速发展,可供日本传统园林使用的土地资源极度匮乏,日本园林设计开始向更大维度的景观建设转型。通过勘察城市现有的景观并进行分析,确立城市整体的景观形象和发展理念。本着使整个城市景观协调融合的理念,对城市景观进行全面规划、建设和管理,使整座城市彰显出统一的气质,消除了因规划的混乱而导致的无序感。日本的景观设计师也更加注重园林的休闲娱乐性和现代艺术视觉上的刺激感,并在整体上保留日本传统园林的特色和精神气质。同时,"生物仿生技术"和"生物应用技术"也被大量运用到景观设计中,顺应了时代潮流,使日本现代园林设计能有更深远的发展。日本自成一脉又独具东方美感的园林设计理念在西方国家也极具影响力,位于曼哈顿商业区的 Chase Manhattan 银行广场中心的圆形下沉庭院就是将日本枯山水庭院风格与现代主义风格结合的作品。⑤

日本园林设计的高水平发展与优秀的从业者密不可分,而从业者资质认定是保证行业拥有充足高素质劳动力的重要一环。日本注册风景园林师(RLA)资格制度是由日本

---

① 日本时装周:时尚潮流由消费者决定[EB/OL]. https://developed-markets-research.hktdc.com.
② BOF 商业评论:年轻设计师们,日本想欢迎你们前来就业[EB/OL]. https://cn.businessoffashion.com/.
③ BOF 商业评论:亚马逊的时尚野心[EB/OL]. https://weibo.com/businessoffashion?refer_flag=1005055014_&is_hot=1.
④ 张勇,范建红. 日本古典园林发展演变及其特征分析[J]. 图书情报导刊,2010,20(21):152-154.
⑤ 陈华新,李静,张成. 日本建筑园林风格在世界当代艺术中的影响[J]. 设计,2018(5).

风景园林师咨询协会(Consultants of Landscape Architecture inJapan,CLA)制定的从业者资质认定和管理制度。RLA 资格目前有三种:RLA 辅助、RLA 和资深 RLA,代表不同的能力等级。想通过 RLA 认证必须要经过四个阶段的审核:专业教育、实践训练、资格认定考试、职业继续教育。① RLA 认证制度极大地提高了日本园林设计行业的准入门槛,不仅确保了从业者具有较高的专业技能和丰富的实践经验,还保证了个人素养以及未来的知识更新能力,促进了整个日本园林设计行业的长足发展。

8.2.5 韩国

韩国设计产业对市场的把控和产品商业化的能力在国际上享有盛誉,比起设计的艺术性,韩国的设计师们更加重视设计产品能够创造的商业价值。由韩国主导的亚洲三大设计奖之一的 K-Design Award 和其他设计奖项相比,也更加注重设计的实用性。评奖以实际市场价值为中心,在世界范围内挖掘可产品化的作品,力求通过比赛推进设计的提升。② 纵观 2017 年 K-Design Award 获奖作品,其中不乏领结酒瓶、油壶漏斗、侧边浇水的花盆、存钱罐等日用品的创新设计,既保持世界级的设计水平,又兼顾设计的实用性,体现了韩国设计界的商业思维。

韩国的时尚设计相比欧美国家和日本也更加"亲民",韩国时尚产业的从业者,无论是设计师还是营销人员,都秉持"全民时尚"的理念,争取国民好感度和认同度。首尔时装周是时装周中的后起之秀,由于设计师喜欢用相似的元素进行即兴创作,起初并不被欧美时装界看好。但对大众来说,首尔时装周 T 台上的品牌相较于大牌性价比更高,而且风格多样,又符合亚洲人审美,所以销量自然很高。影视剧和"爱豆同款"是韩国时尚品牌争取消费者的两大利器。从 20 世纪 90 年代开始,韩剧风靡亚洲,随着韩剧的传播,不仅带火了剧中的演员,剧中人物的服饰穿着、发型、妆容都在演员们的演绎下深深影响了观众的时尚理念,随着韩国剧集的播出,各种剧中"同款"也成为热门搜索关键词。③ 由于韩国国内购买力有限,为扩大影响力,剧中植入品牌很重视剧集在海外的传播,产品大部分的销量都来自亚洲其他国家,特别是中国。据统计,韩国文化产业出口每增加 100 美元,就能使商品出口增加 412 美元,而韩剧则是最具 IP 价值的文化产品。④ 2013 年《来自星星的你》播出,女主角千颂伊同款气垫粉底霜在中国创造了每 1.2 秒销售一件的奇迹,2016 年《太阳的后裔》第三集播出一周,其中姜暮烟刚到乌鲁克时所穿的 Rookie-Bud 静谧蓝休闲西装外套就在淘宝一家店铺售出 3 000 件。⑤ 近年来,韩国创意产业间的经济往来更加密切,特别是时尚产业跟明星经济的紧密结合,使"爱豆同款"成为各大品牌的必争之地。2014 年,LVMH 旗下私募股权基金 L Capital 投资韩国 YG 娱乐公司,希望通过 YG 旗下的偶像歌手权志龙、东永裴等人推广自家产品。韩国版 Vogue 撰稿人 Inhae

---

① 张安,王佳琪,刘敏. 日本注册风景园林师(RLA)资格制度发展述评[J]. 中国园林,2018,34(08):97-100.
② dgcci 时尚设计工作室:商业化与高质量设计齐飞 | 来看看韩国的时尚商业之路[EB/OL]. https://www.sohu.com/a/167432703_99903813.
③ 申莉轩. 影视传播对服装时尚的影响[J]. 艺海,2014(4):104-105.
④ 调查显示:"韩流"每创收 $100 可使韩国出口增 $412[EB/OL]. https://news.163.com/12/0530/09/82O9CAJ400014JB5.html.
⑤ 每日商报:韩剧又掀新热潮 主人公的同款衣服成爆款[EB/OL]. https://zjnews.zjol.com.cn/system/2016/03/21/021075415.shtml.

Yeo 评价道:"全智贤等女演员,以及三大男演员——李敏镐、李钟硕和金秀贤等对时尚界贡献巨大,应该得到尊重。"①

韩国时尚产业还体现出明显的两极分化特点,中档消费市场难以生存,以快时尚为代表的廉价必需品和独立设计师的新品牌异军突起,价格持续上涨的高端奢侈品也备受青睐。韩国快时尚产业的代表是本土的"东大门制造",拥有 5000 多家制造商驻扎的首尔东大门(Dongdaemun)地区拥有超强的生产能力,其上新速度要远远超过 Zara、H&M 等国际知名快时尚品牌。本土品牌极具竞争力的价格、高质量的产品、紧跟潮流的理念和打通全渠道的营销理念,使韩国的快时尚市场和低端时尚市场几乎被本土品牌垄断。②韩国首都圈(首尔、仁川、京畿道)是韩国最大的奢侈品消费市场,国际大牌和独立设计师品牌多集中在明洞、狎鸥亭和清潭洞这些传统购物区。但由于在韩国奢侈品必须遵守本部规定,很难实现本土化,价格居高不下,以及海外购物网站在韩国的兴起,消费者转向海外直接购买,韩国奢侈品门店的销售情况日渐式微。根据韩国金融监督院电子公示系统,菲拉格慕 2016 年在韩国营业利润为 59 亿韩元,较 2015 年减少 12%;迪奥营业亏损规模达 83.6 亿韩元,巴黎世家亏损 35.7 亿韩元。③

8.3 中国创意设计服务市场发展概况

8.3.1 中国创意设计服务市场总体情况概述

我国于 2018 年发布的《文化及相关产业分类(2018)》④将文化及相关产业分为文化核心领域和文化相关领域,共设置 9 个大类,分别是新闻信息服务、内容创作生产、创意设计服务、文化传播渠道、文化投资运营、文化娱乐休闲服务、文化辅助生产和中介服务、文化装备生产、文化消费终端生产,其中,创意设计服务包含广告服务和设计服务。

国家统计局 2017 年发布的《中国统计年鉴 2016》显示,截至 2016 年年底,全国共有规模以上文化服务业企业 24 763 个,年末从业人员 2 947 035 人,资产总计约 5.53 亿元,营业收入约 2.53 亿元。2017 年,全国 5.5 万家规模以上文化及相关产业企业实现营业收入 91 950 亿元,比上年增长 10.8%,增速提高 3.3 个百分点,持续保持较快增长。2018 年上半年,据对全国规模以上文化及相关产业 5.9 万家企业的调查,上述企业实现营业收入 42 227 亿元,比上年同期增长 9.9%,继续保持较快增长。2017 年,在国家统计局文化及相关产业增加值统计中,创意设计服务产业绝对额达到 4 537 亿元,占文化及相关产业增加值的比重为 13.1%。创意设计服务对推动供给侧结构性改革具有重要意义,是文化产业中具备极大投资潜力的领域之一。有关投融资数据显示,2017 年,流入

---

① 韩国,跻身亚洲时尚前沿[EB/OL]. https://cn.businessoffashion.com/2015/05/south-korea-climbing-the-ranks-of-asias-a-league-2.html.
② 韩国快时尚产业,迅销如闪电[EB/OL]. https://www.chinasspp.com/News/Detail/2018-3-27/408770.htm.
③ 去年韩奢侈品市场萎靡 菲拉格慕迪奥等品牌销售不振[EB/OL]. https://www.sohu.com/a/137477750_206494.
④ 国家统计局. 文化及相关产业分类[EB/OL]. https://www.stats.gov.cn/tjsj/tjbz/201805/t20180509_1598314.html,2018-05-09.

创意设计服务领域的资金达到476.89亿元,同比增长了14.29%,融资规模在整个文化产业中占比12.07%。①

2018年上半年,全国规模以上创意设计服务企业营业收入达到5 143亿元,较上年同期增长15.1%。国家统计局初步统计,在我国的创意企业中,资产总额在50万元以下的企业占所有创意企业40%以上,年收入在50万元以下的企业占60%以上。可见,我国创意产业的主体是以中小企业为主,这些企业实力弱、竞争力不强、抗风险能力也不足,这些都是创意产业发展的不稳定性因素。

8.3.2 中国创意设计服务细分市场情况概述

8.3.2.1 时尚设计

全球时尚消费市场总体量大,但近年来外部经济下行压力增大,导致时尚行业增速放缓。2016年全球时尚设计消费总额达到2.4万亿美元(折合16.7万亿元人民币),消费额增速由之前每年的5.5%下降至2%~3%。尽管受到日趋多变的政治经济环境冲击,在全年整体增速有所放缓的趋势下,部分新兴地区、国家仍然保持了较好的增长势头,中国正是新兴时尚消费市场的重要代表之一,其时装市场规模仅次于美国。中国本土设计师品牌时装在国内市场发展迅速,由2011年的111亿元人民币增加至2015年的282亿元人民币,复合年增长率为26.2%。近年来,新一代年轻人的审美习惯养成和寻求差异化的心理需求推动了中国时装设计市场的进一步扩大,设计师品牌在国内的销售量逐年增长。与此同时,互联网的发展进一步带动了时尚设计产业变现能力的提高,第一财经商业数据中心联合淘宝出具的《2018年中国原创设计创业与消费报告》显示,淘宝原创设计店铺的行业分布中,服饰品类占比达到55%,在所有品类中有绝对优势。②

得益于综合国力的增强,中国已成为全球最活跃的时尚市场之一,从上游的面料到终端的服装、渠道销售等方面,中国时尚产业规模在全球市场中的份额越来越大。不仅如此,在全球时尚版图,对中国元素、中国面孔和中国设计的关注度也越来越高。随着设计师教育水平和设计理念的提高,设计师个人品牌在海外时装周广受好评。2018年纽约春季时装周,共计19名华人设计师入选,较上一届增加了5名。一些电商企业(淘宝、京东)也争相通过扶持和鼓励设计师的计划打入时尚圈内部,一定程度上推动了中国时尚设计服饰的"走出去"。2015年9月,京东首次参加米兰时装周,并宣布了设计师扶持计划,此后就开始陆续穿梭于各大时装周。2016年2月,京东就携手张驰、郭瑞萍、师李坤等5位国内设计师及其原创作品亮相纽约时装周。相比国际一线品牌的时尚设计,国内的服装设计品牌还停留在初创和探索阶段,创新性的中小品牌占据了主要的时尚设计市场份额,由于设计师们专注于设计创作,对资金、生产、营销、销售等各个产业环节则往往不够擅长,而互联网企业与设计师的这种合作分工更有利于降低前期生产供应链和后期渠道宣传推广的成本,实现产品的快速落地和成本的降低。

---

① 孙世峰. 我国创意设计服务业资本市场活跃,两大领域成吸金大户[EB/OL]. (2018-10-10). https://www.qianzhan.com/analyst/detail/220/181009-5930c523.html.
② 第一财经商业数据中心. 2018中国原创设计创业与消费报告[EB/OL]. (2018-05-07). https://www.cbndata.com/report/739/detail? isReading=report&page=1.

8.3.2.2 平面设计

巴恩斯报告(Barnes Reports)预测,2018年,美国平面设计服务市场交易额将逾100.97亿美元(折合701.8亿元人民币),中国平面设计服务市场交易额逾81.13亿美元(折合563.8亿元人民币)。平面设计领域发展的一大趋势是新兴技术和手段的进步,推动设计作品的传播和形式的改变,尤其是互联网的发展和普及,使"云端"资源共享成为现实,为世界各地的设计师提供了全新平台,进行思维碰撞和灵感交流。

8.3.2.3 室内设计

从室内设计的发展前景来看,建筑室内设计是建筑装饰价值链的前端,其市场规模与建筑装饰市场的发展直接相关。2016年,全球经济依然不平静,各类潜在风险相互交织;国内经济下行压力持续,国家统计局公布的多项数据显示,楼市指标下行态势未变,房地产投资、商品房销售以及土地购置等几项重要指标均出现同比增幅下滑,这令其上下游产业链的行业陷入绝境。但是相关数据显示,全球建筑装饰行业正以30%的年增长率发展,新兴市场发挥了不可小觑的作用。

2016年,中国建筑装饰行业完成工程总产值3.66万亿元,比2015年增加了2 600亿元,增长幅度为7.6%,比宏观经济增长速度高出约0.9个百分点,体现了建筑装饰在国民经济和社会发展中的基础性和超前性。

受需求的影响,近年来室内设计师的数量与日俱增,2016年,波士顿咨询的数据显示,全球市场共有全职设计师9 000万,中国市场拥有1 700万设计师,其中340万为室内设计师。中国市场在市场需求、服务领域中形成了新的消费热点和经济增长点,也为室内装饰设计行业的迅速崛起带来了新的机遇。纵观中国室内设计业过去30年的发展,几乎是从零起步,到如今已经接近于国际水准。由于所处的人文历史环境和经济发展状态不同,国内外的设计理念、风格和运作模式存在差异。这也说明我国室内设计师与产业的合作依然有很多方面有待提升。由一线城市带头的产业创新正逐渐席卷整个设计行业。在《关于积极推进"互联网+"行动的指导意见》正式下发之后,设计行业的创意之路有了更具体的政策保障,以创意为核心的设计行业迎来了发展的新机遇。

8.3.2.4 景观(园林)设计

中国在经济高速发展的过程中也面临着一些生态与环境问题。长期以来,景观设计师们构想并实践了强有力的可持续发展理念和设计策略,这些理念和策略有助于解决中国所面临的生态与环境问题。中国景观(园林)设计市场的市场规模目前尚没有准确的数字,但是可以从一些证券机构的研究报告中看到大概规模。中金公司通过对国家经济及相关政策的研究,认为我国园林绿化产业空间广阔,市政园林和地产园林的市场规模都在1 000亿元以上,度假园林规模达200亿元,生态景观达300亿元,绿化苗木的规模在500亿元,而且还对园林绿化产业三大上市企业(北京东方、广东棕榈、云南绿大地)进行了详尽的财务分析。广发证券认为,目前园林工程每年的市场容量有2 000多亿元,地产景观和市政绿化项目占园林绿化工程市场容量的80%以上,其中,到2020年,地产园林具有1 600亿元的市场空间。景观设计整合了雨洪管理、防洪减灾、生产、生物多样性保护、文化遗产保护、游憩和绿色交通等多种功能和空间,形成了一种跨维度的绿色的基础设施,为人类提供了免费且可持续的生态系统服务,并成为城市建设和发展的基础。以往的理论研究和实践表明,中国景观设计师在倡导和推动国土和区域生态安全格局的建立、海绵城市的规划设计和建设、生态修复、宜居环境的营造等方面已经和正在发挥非常重要甚至主导作用。因此,可以想象,随着"绿水青山就是金山银山"口号的提出,中国景观(园林)设计产业的未来发展空间具有较大潜力。

8.3.2.5 广告服务

自2011年以来,全球广告市场一直保持稳定增长,每年增长率保持在4%~5%,尽管新兴市场增长迅猛,但美国仍然是全球新增广告支出的最大贡献者。中国报告网数据显示,2016年,全球广告支出将增长4.7%,到2016年年底达到5 790亿美元。2015年到2018年,全球广告市场增长770亿美元。① 美国占到新增支出的26%,中国以24%紧随其后,英国排名第三占7%,印度尼西亚以5%排名第四。中国广告业专业化发展进程加快,广告创意、设计、制作水平提高,服务领域扩大,服务质量和效率提升。

随着国家宏观经济的稳定发展,以及移动通信、互联网、社交媒体等新兴媒介的飞速发展,中国广告业进入了蓬勃发展时期。广告业自主品牌建设不断增强,一批优质广告企业开始进入国际广告市场。根据中国广告协会统计的数据,2016年,中国广告公司户数为875 146户,较2015年增长了30.25%,广告业年营业额从2005年的1 416亿元增长至2016年的6 489亿元。② "十二五"时期,全国广告经营额年均增长17.6%。截至2015年年底,全国广告经营额5 973亿元,且2010年的1.5倍,成为世界第二大广告市场。在融资金额方面,随着传统广电媒体与视听新媒体融合加速,新媒体广告的价值进一步显现,吸引了大部分的资金流入广告服务领域,2017年共流入金额达401.90亿元,占比超80%。③

但是与发达国家相比,中国的广告业规模在国内生产总值中的比重较低,发展质量和效益还处于较低的水平。市场主体小、散、弱导致行业低效,服务过剩,发展方式粗放,结构性矛盾突出。传统和新型产业形态缺乏标准引领,产业融合乏力,创新能力不强,拥有自主知识产权少,理论研究和成果应用滞后。从业人员专业服务技能有待提高,专业人才没有形成规模梯队,尤其是高端人才匮乏。

8.3.2.6 建筑服务

建筑服务业在我国国民经济中占有举足轻重的地位,从其产业链纵向延伸的方向来看,它涵盖了建筑规划、前期咨询、建筑设计、工程项目管理(代建、监理)、施工建设、运营、物业管理、工程后评价等建筑产业链的所有环节。

"一带一路"建设为行业国际化发展、打造"中国设计"品牌提供了机遇,但国际市场

---

① 中国报告网. 2017年国际广告行业发展概况及全球广告市场规模分析[EB/OL]. (2017-09-26). https://free.chinabaogao.com/chuanmei/201709/092629B312017.html.
② 资料来源:中商产业研究院,《中国广告行业发展现状及前景分析》,2017。
③ 孙世峰. 我国创意设计服务业资本市场活跃,两大领域成吸金大户[EB/OL]. (2018-10-10). https://www.qianzhan.com/analyst/detail/220/181009-5930c523.html.

风险受国际政治环境多变、经济发展低迷、文化传统差异、技术标准复杂等多重因素影响,更趋复杂,企业"走出去"面临更多考验。

8.3.4 中国创意设计服务业参与国际竞争的路径

8.3.4.1 国家层面对创意与设计服务业发展的政策引导与扶持

国家层面的政策引导与扶持对产业发展将产生深远影响,从国际经验来看,各国创意设计服务业的发展都离不开政府政策的驱动。20 世纪 80 年代,英国经济长期衰落。为了提振经济,历届英国政府均对设计产业给予了有针对性的扶持。经过多年的引导与扶植,伦敦成为世界创意之都。据英国设计委员会发布的报告指出,2014 年,设计及相关产业为英国贡献了 717 亿英镑。与此同时,设计相关产业人员的生产率高于平均水平 41%。[①]

中国政府早已将文化创意和设计服务与相关产业融合发展上升到国家战略高度。2014 年 3 月,国务院出台《国务院关于推进文化创意和设计服务与相关产业融合发展的若干意见》(国发〔2014〕10 号),文化创意和设计服务与相关产业融合发展正式成为国家战略。国家的"十三五"发展规划也对中国创意设计企业的整体发展方向做出了重要规划。文化和旅游部、中央办公厅先后下发《国务院关于印发"十三五"国家战略性新兴产业发展规划的通知》(以下简称《通知》)、《文化部"十三五"时期文化科技创新规划》《国家"十三五"时期文化发展改革规划纲要》等文件。《通知》指出,要以数字技术和先进理念推动文化创意与创新设计等产业加快发展,促进文化科技深度融合,相关产业相互渗透。到 2020 年,形成文化引领、技术先进、链条完整的数字创意产业发展格局,相关行业产值规模达到 8 万亿元。其中,提升创新设计水平至关重要,挖掘创新设计产业发展内生动力成为关键环节,由此才能推动设计创新成为制造业、服务业、城乡建设等领域的核心能力。广告服务、文化创意、纺织工业(包含时尚设计)、园林绿化、数字创意、工程勘察设计等细分行业出台了具体的产业发展规划,室内设计方向的规划则以《"十三五"时期全国室内装饰行业创新发展的若干意见》的形式出台。

"十三五"期间,要培育 3~5 家国内外知名的领军创意设计企业和一批具有较强竞争力的中小微创意设计企业,全面提升创意设计业发展水平,充分发挥创意设计对国民经济相关产业的支撑作用;树立注重创意创新、淡化行业界限、强调交互融合的大设计理念,营造创意设计氛围,不断提高创意设计能力;推动民族文化元素与现代设计有机结合,形成有中国文化特色的创意设计发展路径;促进创意设计与现代生产生活和消费需求对接,拓展大众消费市场,探索个性化定制服务;培育具有地方特色的创意设计企业;支持创意设计推广、品牌展示活动。

8.3.4.2 深化国内经济的供给侧结构性改革,推动中国企业从"中国制造"到"中国设计"再到"中国品牌"的转型

中国近 14 亿人口迅速增加的财富催生出大量新消费者,中国正在成为全球最热的

---

① 参见 2018 年全国人大代表、小米科技董事长兼 CEO 雷军在两会上的提案,《关于大力发展中国设计产业、全面提升中国设计水平》的建议。

创意设计服务消费市场。咨询公司麦肯锡和英国《时装商业评论》在联合发布的《2019全球时尚业态报告》中说,大中华区将在多个世纪以来首次超过美国成为全世界最大的时尚市场。① 发展的中国市场吸引了国际机构、企业、设计师的积极参与,也为中国本土企业和人才的发展提供了前所未有的机遇。该报告显示,尽管中国市场曾长期青睐国际商标,但如今更多中国人拥抱本土品牌。麦肯锡全球服装、时尚业务负责人阿奇姆·博格说,中国本土品牌正迅速涌现且颇受青睐。

2017年中央经济工作会议指出,要深化供给侧结构性改革,推进中国制造向中国创造转变。中国企业要抓住政策和市场机遇,加快从"中国制造"到"中国设计"再到"中国品牌"的转型,以国内市场为滩头阵地,再积极进行国际扩张。目前已经有一些中国企业在这个发展路径上发挥了示范效果,如小米、华为、美的等。

实现中国制造的品质革命,产品质量的重要性不言而喻,产品设计也同样重要。"质量是制造的硬实力,设计是制造的软实力,两者缺一不可。"雷军说。2017年,小米实现了全球四大顶级设计奖项(美国IDEA设计金奖、德国iF设计金奖、德国红点最佳设计奖、日本Good Design Best 100)的金奖大满贯。小米MIX系列被法国蓬皮杜艺术中心等三大世界级博物馆收藏。小米2018年的财报显示,小米的国际市场发展迅猛,已占到总收入的36.3%。小米产品也逐渐从国际中低端市场向高端市场发力。

不少以制造能力获得国际市场认可的中国企业通过从法国、韩国、意大利等有设计传统优势国家引入设计师,打造品牌的设计理念,提升企业设计能力的国际认可度,再通过收购国际品牌,创造自有品牌,逐渐渗透进国际市场。以国内西服出口量最大的服装企业大杨创世为例,其设计总监由世界顶级男装设计师乔治·阿玛尼首席设计师凯特林·伊万诺担任。在此之前,大杨创世主营业务以代工为主,自主品牌为辅,而此前其代工客户包括国际顶级品牌Armani、Burberry等,公司地处大连,外贸出口占比达到7成左右,享受出口退税优惠,在此前外销市场中,韩国就是其中一个重要市场。近年来,大杨创世开始转型,通过旗下"创世"、"凯门"和"YOUSOKU"三个品牌面对高、中、低三个不同的客户群,在继续拓展外销市场的同时拓展内销市场,通过内外销市场的搭配谋求新一轮的转型。

8.3.4.3 建设有国际影响的"设计之都",发挥城市聚合体的产业引擎功能

从国际经验来看,具有国际声誉的创意设计城市的发展对整个国家创意设计服务业的发展能够发挥积极的引擎功能,包括:增进国际交流、延伸国际触角、增加国际影响力;为产业发展提供资源聚合、人才聚合、平台搭建的城市空间;培养市民的整体气质,塑造良好的市场消费环境等。

联合国教科文组织于2004年10月成立了"创意城市网络",致力于发挥全球创意产业对经济和社会的推动作用,促进世界各城市之间在创意产业发展、专业知识培训、知识共享和建立创意产品国际销售渠道等方面的交流合作,目前分为设计、文学、音乐、手工艺与民间艺术、电影、媒体艺术、美食7个主题。德国的柏林、意大利的都灵、日本的神户

---

① 美媒:2019,全球最大时尚市场是中国[EB/OL].(2018-12-06).https://www.sohu.com/a/279922446_162522.

和名古屋、韩国的首尔、加拿大的蒙特利尔、英国的邓迪等入选"设计之都",有很多发展经验可以给中国启发。目前,中国的深圳、上海、北京、武汉相继入选"设计之都",这些城市正在发挥各自的特色优势,带动中国创意设计服务业的国际化发展。

(1)"设计之都"深圳:在工业设计领域打造国际影响力。深圳作为中国第一个加入联合国教科文组织全球创意城市网络、跻身"设计之都"的城市,在工业设计领域正得到越来越多国际主流业界人士的认可。最直观的表现之一就是深圳设计"狂揽"国际大奖。在2017年第64届德国iF设计奖上,中国地区获奖总数为394项,其中,深圳市就独占142项,占比为36%,连续六年居全国首位。另外,深圳参与国际标准研制的数量居国内城市领先地位,且呈逐年上升趋势。2018年,深港澳标准化研讨会在深圳召开。据了解,深圳市近年来累计参与研制了6 094项国际国内标准,已有70多家国际国内标准组织工作机构落户深圳,200多位深圳专家在国际国内标准化组织担任重要职务,国际国内标准话语权明显加强。深圳企业的设计目标也不再局限于发明专利,而是升级为标准,成为制定深圳标准的主力军,为推动优势传统产业向研发设计、品牌营销等高端产业链、价值链攀升奠定了坚实的基础。

(2)"设计之都"上海:通过"办展、办节、办周"提升国际影响力。作为"设计之都"的上海有其独特的发展优势,比如,上海崇尚开放、创新的人文氛围和八面来风的时尚追求,为文化产业的发展和一批批设计师的脱颖而出、集聚上海创造了良好的"创意生态",再如上海成熟的商业和金融体系。从2012年起,上海将原上海国际创意产业活动周更名为"上海设计之都活动周",着力打造市民参与性强、行业覆盖面广的品牌活动。"上海设计之都活动周"系列活动从2012年的10个,发展到2015年的近百个;主场活动的参观人数从1万人次增长到2014年的4万人次。活动内容日益丰富的同时,设计周所覆盖的时间周期也逐渐拉长——从"周"扩展到"季",每年上海设计周分为春季板块与秋季板块。接下来,上海的目标是实现365天的常态化。

2014年年初出版的英国《每日电讯报》(The Daily Telegraph)上,一份由权威大数据公司全球语言监测机构(The Global Language Monitor)公布的2013年度世界时尚之城排名榜单显示,上海在时尚领域的排名已经超越了东京和香港,跻身全球第十、亚洲第一。

(3)"设计之都"北京:"科技+文化+设计"转型之路。北京具有建设"设计之都"的深厚文化基础,近年来,北京的设计产业迅速发展。据统计,目前,北京设计产业已形成工业、工程、建筑、服装和时尚设计等12个分支领域,拥有各类设计企业2万余家,设计从业人员近25万人,拥有798艺术区、二通厂动漫游戏城等30个设计产业集聚区,涌现出绿色制版印刷、北京牌电动汽车等一系列重大科技成果。北京国际设计周、设计之旅、北京服装周等420余场设计活动吸引众多北京市民参与。

北京在科技与设计相结合的过程中继续不断融入全球创新网络,举办联合国教科文组织创意城市北京峰会、北京国际设计周、北京文博会等国际设计活动,吸引全球数万名设计师参与。中国设计红星奖连续四年成为全球参评数最多的国际设计奖项。拥有一批极具国际影响力的领军企业和设计大师,吸引了奥迪、索尼等一批世界知名企业研发设计中心落户。全球首个联合国教科文组织国际创意与可持续发展中心在北京设立,加速了北京设计深度融入全球创意网络的进程。

(4)"设计之都"武汉:中国中部地区的城市转型发展样本。2017年11月1日,武汉成功入选"设计之都",在中国中部布局"设计之都",是联合国教科文组织、中国联合国教科文组织全国委员会的全局考虑,旨在通过武汉的城市转型发展,为全世界老工业基地的城市转型提供参考,并向世界推广。

文化创意产业已成为武汉发展的新动力和支柱产业之一。同时,武汉在桥梁、高铁等工程设计领域居世界领先地位。马鞍山长江大桥凭借多项世界级创新荣获国际桥梁届的"诺贝尔奖"——"乔治·理查德森奖",也是国内唯一获该奖的桥梁工程。中山大道街区复兴规划完美解决了历史和现实需求的融合,成功获得国际城市与区域规划师学会"规划卓越奖",成为亚洲唯一获奖项目。

入选"设计之都"后,武汉也出台了一系列促进创意设计服务业发展的规划方案,包括:①对创意产业:催生新技术、新产业、新业态、新商业模式,形成新引擎,拓展新空间,形成更大的产业集群效应和更快的产业规模增加值。②对设计企业:搭建联系沟通桥梁,帮助设计更好的走出去;搭建合作平台和研发平台,帮助设计企业拓展业务领域。③对创意人才:通过提供更多更优教育培训,提升创意人才创业就业能力;通过政策扶持和优质服务降低创意人才创业创富门槛;通过"创意城市网络"合作分享,促进创意人才拓展创业领域。④对普通市民:因创新设计而获得更多的教育和就业机会,拥有更高品质的城市空间和生活环境,带来环境更生态、出行更方便、服务更精细的生活方式。

8.3.4.4 配套教育体系,培养创意设计人才

人才是创意设计业发展的原动力,而人才的培养离不开政府、企业、学校、社会乃至家庭的共同努力,人才的成长来源于整个生态系统的更新和提升。随着中国经济的发展,中国家庭在孩子艺术教育方面的投入已经越来越大,可以预测,未来中国年轻一代的设计师和消费者都将为中国创意设计业参与国际竞争提供新动能。

全球在线时装批发平台Ordre负责人西蒙·洛克说,更多在国外学习时装专业的中国留学生纷纷回国创业,而不像以前那样普遍选择留在纽约或伦敦,"现在他们竞相返回上海和北京,在中国打造兴旺的滩头堡业务,然后再进行国际扩张"。

文化部(现为"文化与旅游部")、财政部2014年联合启动文化产业创业创意人才扶持计划,两年来已有近千名优秀青年创意设计人才进入文化部文化产业创业创意人才库,为挖掘、扶持青年创意设计人才提供了新渠道。"双创人才扶持计划"已成为文化部强化文创人才培养、推进文化创意产业融合发展的主渠道和主阵地。作为文创设计领域最鲜活的力量群体,大学生逐渐成为其中最主要的参与者,文化创意设计大赛从政府层面的部门联动到高校协作逐步推进。大学生文化创意设计大赛、省级文化创意大赛、"双创"大赛、创意设计周、创意设计展览等此起彼伏。围绕"时尚生活创意设计类""动漫创意设计类""文化旅游类""数字文化产品和服务设计类"等内容,赛事设置越来越精细化、定制化、规范化,评选标准更加生活化、专业化、市场化、国际化,相关奖励政策与扶持服务更加接地气。

企业与高等院校联合建设创意设计产业人才培养基地,利用学界和业界资源共同培养创意设计人才。基于对设计业界的敏感和专业水平,领军企业牵头培养新型的创新设

计人才。以东道品牌创意集团、洛可可创新设计集团为代表的优秀设计企业先后成立东道设计学院、洛可可设计学院，建立洛可可创意生态群等，吸引了一批优秀的设计人才参与。① 随着共享经济与想象力经济的兴起，众创成为时下发展趋势，洛可可成功打造"洛客"和"可可豆"两大共享设计创新平台。从 2015 年 12 月开始，洛可可与阿里巴巴联手打造"创星计划"，借助巨大的流量资源共建创客·卖家·用户三类角色，孵化明星创客。一场全民参与的设计创意创新运动已然开启。

未来中国创意设计人才的培养要进一步下沉至中、小学教育，才能使人才的储备与成长达到国际发达国家的教育水准。如今，从美国借鉴而来的 STEAM 课程已经开始在一些中国大城市的中小学校推广，这是一个非常好的开始。STEAM 课程包括科学 S（science），技术 T（technology），工程学 E（engineering），数学 M（math）和艺术 A（art）五个层面的组合。如今 STEAM 是一种在全球开展得如火如荼的教育理念，旨在运用科学、技术、工程学、数学和艺术这五大学科来引导学生对周围世界的探索、对话和批判思考。

8.3.4.5 立于科技风口，用技术加速赋能创意设计

新技术的发展为全球创意设计服务业提供了打破旧格局、创造新模式的可能。中国创意设计服务业的发展如果能够抓住科技风口，用技术加速赋能创意设计，将在新旧世界转化的过程中获得弯道超车的发展机遇，在全球创新的产业格局中成为新崛起的力量。这些技术创新发展的机遇包括物联网、生命科学、大数据、人工智能等。

（1）借助电子商务的新模式、新渠道拓展国际设计服务业务。全球电子商务的发展为创新品牌、新晋设计师提供了全新的营销渠道，为新的商业力量提供了发展机遇。创意设计电商 Fab 是海外一家为设计师提供的销售平台，让设计师的产品在几个小时内以一个非常给力的价格来吸引消费者购买的网站。设计师可以将自己的产品很快的出售出去，同时消费者也经常能抢到一些限量的"奢侈品"。作为一家资本看好的企业，它在业务能力上也毫不逊色，在 2012 年实现了 1.13 亿美元的营业收入，2013 年 1 月更迎来同比 300%的增长。国内类似 Fab 模式的稀品网 CEO 谭凯亿表示："创意设计电商的市场未来会很大，中国的创意设计和外国并没有本质上的差异，但有几年的落差，未来几年中国将会有很快的变化。"②与其他靠烧钱求生存的垂直 B2C 相比，这类创意设计电商网站的运营成本并没有那么高，可以慢慢培养自己的受众群。与之类似的暖岛网在不到 2 年时间笼络了 40 万用户，商品覆盖了一万多个品类，近千家设计师品牌。

除了自建电商平台，一些已有的电商平台也像设计师抛出了橄榄枝。设计猫（Design More）是 2014 年 5 月由北京国际设计周联合天猫共同发布的创新项目，至今已有 100 多位全球顶级设计师相继入驻。作为天猫品牌全球化、时尚化战略落地的重要合作伙伴，"设计猫"肩负着将全球优秀设计作品带入中国的重任。淘宝推出"腔调"频道，专门扶持设计师发展，为他们提供流量曝光、供应链整合、知识产权保护、资金撮合等服务，最终帮助设计师快速成长，找到精准的用户群。与此同时，电商平台也能够以技术和流量助

---

① 魏金金. 十八大以来文创设计发展综述：多轮驱动,跨界融合迎来行业风口［EB/OL］.（2017－10－16）. https://www.ce.cn/culture/gd/201710/16/t20171016_26547311.shtml.
② DT. 创意设计电商：这个潜力市场不太挤［EB/OL］.（2013－11－21）. https://www.woshipm.com/operate/52914.html.

力设计师商品孵化生态：商品助力，版权保护，推广升级。智族 GQ 2012 年成立了 GQ Presents 项目，旨在将中国年轻设计师送上伦敦时装周，最新登上伦敦男装周的中国设计师品牌 Pronounce、在伦敦男装周上发布了 2018 年秋冬系列的 Xander Zhou 都曾受益于该项目。

（2）AI 解放设计生产力，对设计师素养提出了新要求。近年来，以百度、阿里巴巴、腾讯为首的互联网科技企业引领中国人工智能技术应用的发展，其中，阿里巴巴的 AI 设计师"鹿班"成为创意设计行业的新生事物。"鹿班"是基于阿里的大数据系统应运而生的一款 banner（淘宝等电商平台界面中的横幅）海报生成器，海量的数据为其提供了技术支持。2016 年，鹿班首次服务"双 11"时制作了 1.7 亿张商品展示广告。通过人工智能算法和大量的数据训练，机器学习能力和输出设计能力不断提高，2017 年，阿里 AI"鹿班"每秒能完成 8 000 张 banner 图的工作体量。"鹿班"的出现一方面是对设计师所谓简单劳动，即不需要创意部分的简单素材排列和堆砌工作的解放，另一方面对设计师的创意和改善用户体验也提出了更高的要求。

（3）大数据驱动创意设计行业精准发展，缩短市场冗长产业链，建立信任合作关系。互联网大数据技术正在改变创意设计市场。大数据时代，人们的信息获取方式发生了根本性变化，新一代消费者需求正在向个性化与高品质转变，互联网可以赋能产业内容和营销，整合碎片化的用户需求，联通小众化目标群体。[1] 两者结合，创意设计将迎来最好的时代。2017 年 6 月，华东建筑集团有限公司正式发布第一代虚拟设计院平台产品——"云华建"Beta 版，希望通过大数据改变建筑设计行业的传统模式，这也是全国首家建筑工程设计项目数字化协同平台。华建数创着力建设"互联网+设计""数字化+建筑""虚拟化+工程"三大业务引擎，探索"互联网+"、大数据、人工智能等新技术与建筑集成技术行业方案和互联网+设计的新模式。

（4）技术手段保护知识产权。知识产权保护是促进创意设计业发展的重要保障，与发达国家相比，中国知识产权保护的手段和力度还有很大差距，但是新技术的引进可能极大提升中国知识产权保护的水平。

通过引入先进技术，开发创意设计作品版权登记系统，对设计作品进行登记和第三方权威认证，就是一个不错的尝试。北京国际设计周和北京国际版权交易中心共同推出的中国首个设计版权电子认证体系"设计盾"（即 DCS 系统）吸引了业界的关注。"设计盾"是采用数字技术在第一时间为设计作品进行网上公证的设计版权服务网站系统，于 2014 年 6 月份上线。它不仅能保护已完成的设计作品，更具有创新性的是，还可以保护设计创意的过程。只要设计师能够对其创作的作品做出关于创意思路和过程的阐述，"设计盾"就可以在创作初期对其进行保护。与其他认证方式不同，"设计盾"24 小时之内即可完成线上登记认证，方便、快捷、安全，并拥有强大的网络数据库支持。[2]

区块链技术的引入将可能极大地提升知识产权服务业运行效率，从确权、用权、维权三个环节解决产业链冗长繁杂的问题。使用区块链技术，可以完整地记录一个作品从灵

---

[1] 于悠悠. 新时代的美好生活与文化使命——第十五届中国文化产业新年论坛学术综述[J]. 福建论坛（人文社会科学版），2018(04)：58-63.

[2] 国家知识产权局. 创意设计需建立体保护网[EB/OL]. (2014-10-14). https://ip.people.com.cn/n/2014/1014/c136655-25828357.html.

感到最终作品的所有变化过程,可以保证数字内容价值转移过程的可信、可审计和透明。目前,中国区块链的知识产权保护实践之路已经开启,Monegraph、Colu、Blockai、原本等创业团队先后发布了基于区块链的知识产权保护产品。

参考文献

[1]联合国教科文组织统计研究所. 2009 年联合国教科文组织文化统计框架. 2011.

[2]联合国教科文组织. The Globalisation of Cultural Trade:A Shift in Consumption International flows of cultural goods and services 2004-2013. 2016.

[3]联合国贸易和发展会议. Creative Economy Outlook:Trends in international trade in creative industries 2002-2015.

[4]王晓红,张立群. 全球创意产业发展的主要特征及趋势[C]. 国际经济分析与展望. 2017.

[5]李首君. 创意的法律保护问题研究[D]. 广州:中山大学,2010.

[6]郭熙保,储晓腾. 文化统计指标体系的国际比较分析[J]. 电子科技大学学报(社会科学版),2015(4):76-81.

[7]谭小平. 英国创意产业的现状、批评与反思[J]. 经济导刊,2011(4):92-93.

[8]王效杰. 设计产业商业模式创新类型研究[J]. 山东工艺美术学院学报,2014(3):6-10.

[9]尚涛,陶蕴芳. 我国创意产业中的国际分工研究——基于典型发达国家和发展中国家的比较分析[J]. 世界经济研究,2011(2):40-47.

[10]申桂萍. 中英文化创意产业的整体发展概况比较研究[J]. 商情. 2013(48).

[11]陈伟雄. 发达国家创意产业发展经验及其对我国的启示[J]. 当代经济管理. 2012(6).

[12]杨明,王多祥. 基于国际比较分析的中国自主创新体系发展研究[J]. 科技管理研究. 2013(2).

[13]李儒俊. 新媒体广告传播策略探究[J]. 传媒. 2015(14).

[14]张静,王美芳,肖雪梅. 文艺复兴时期典型服饰特征探讨[J]. 大家,2010(16):102-103.

[15]李运远. 日本近现代历史文化思潮及其对日本现代园林设计的影响评述[J]. 风景园林,2017(8).

[16]杨永忠,黄舒怡,林明华. 创意产业集聚区的形成路径与演化机理[J]. 中国工业经济,2011(8):128-138.

[17]王乾厚. 发达国家文化创意产业集群发展及启示[J]. 河南大学学报(哲学社会科学版),2015,55(4):120-126.

[18]张丽燕,颜士鹏. 国外创意产业知识产权保护的法律与政策评析[J]. 国外创意产业知识产权保护的法律与政策评析. 2010(9).

[19]张养志.发达国家文化创意产业发展模式研究[J].国外社会科学,2009(5):90-94.

[20]王晓莉.日本现代设计对中国设计发展的思考[J].文艺生活·文艺理论,2016(2).

[21]徐凡,朱华晟,贺清灿.英国设计业发展及启示:基于制度和文化的分析视角[J].世界地理研究.2015(01).

[22]张勇,范建红.日本古典园林发展演变及其特征分析[J].图书情报导刊,2010,20(21):152-154.

[23]陈华新,李静,张成.日本建筑园林风格在世界当代艺术中的影响[J].设计,2018(5).

[24]张安,王佳琪,刘敏.日本注册风景园林师(RLA)资格制度发展述评[J].中国园林,2018,34(08):97-100.

[25]郭平建,王颖迪.时尚之都纽约的成功经验及其对北京的启示.山西师大学报(社会科学版).2012(3).

[26]申莉轩.影视传播对服装时尚的影响[J].艺海,2014(4):104-105.

[27]于悠悠.新时代的美好生活与文化使命——第十五届中国文化产业新年论坛学术综述[J].福建论坛(人文社会科学版),2018(04):58-63.

[28]美国经济中的版权产业:2016年度报告[EB/OL].上海情报服务平台.https://www.istis.sh.cn/list/list.asp?id=10520.

[29]中国国家统计局.文化及相关产业分类(2018).2018.

[30]中国国家统计局.https://www.stats.gov.cn/tjsj/zxfb/201810/t20181031_1630608.html

[31]Department for Digital, Culture, Media&SportofGOV. UK. https://www.gov.uk/government/organisations/department-for-digital-culture-media-sport.

[32]statista. https://www.statista.com/.

[33]国务院印发《关于推进文化创新和设计服务与相关产业融合发展的若干意见》[EB/OL].人民网.https://politics.people.com.cn/n/2014/0314/c70731-24636604.html.

[34]The Business of Fashion and Mckinsey Company. The State of Fashion 2017[EB/OL].https://www.199it.com/archives/661936.html.

[35]中国三城市加入联合国教科文组织创意城市网络[EB/OL].人民网.https://politics.people.com.cn/n/2014/1211/c70731-26191676.html.

[36]The Business of Fashion and Mckinsey Company. The State of Fashion 2017[EB/OL].https://www.199it.com/archives/661936.html.

[37]阿里20亿美元投资分众传媒增强户外广告宣传[EB/OL].环球网.https://www.ebrun.com/20180720/287486.shtml.

[38]阿里携手腾讯联手入股全球最大广告公司WPP[EB/OL].搜狐网.https://www.sohu.com/a/242674659_262742.

[39]亚马逊伦敦开时尚"快闪店",每日解读一个时尚趋势[EB/OL].雨果网.https://www.cifnews.com/article/38581.

[40] 人工智能与设计(4):人工智能对设计的影响[EB/OL]. 搜狐网. https://www.sohu.com/a/203985045_114819.

[41] Design[EB/OL]. myskill. https://www.myskills.gov.au/industries/design.

[42] 中国证券报-中证网:英国创意产业独领风骚[EB/OL]. https://tech.sina.com.cn/roll/2017-07-29/doc-ifyinwmp0626018.shtml.

[43] 2017上半年英国广告支出108亿英镑,创25年来涨幅最高[EB/OL]. https://www.199it.com/archives/650533.html.

[44] 创意产业对英国未来发展至关重要[EB/OL]. https://ex.cssn.cn/xspj/gjsy/201709/t20170927_3654132.shtml.

[45] 时尚产业为英国带来了什么?伦敦时装周发布可视化数据[EB/OL]. https://baijiahao.baidu.com/s?id=1611926599452017834&wfr=spider&for=pc.

[46] 2018年度全球时尚业态报告[EB/OL]. https://weibo.com/ttarticle/p/show?id=2309404179649415500150.

[47] 裴永刚. 英国传媒产业发展现状、问题及趋势分析[EB/OL]. https://www.cssn.cn/xwcbx/xwcbx_cmjj/201807/t20180716_4504021.shtml.

[48] eMarketer解读美国广告行业现状:2017年规模将至2050亿美元[EB/OL]. https://baijiahao.baidu.com/s?id=1580873517381065849&wfr=spider&for=pc.

[49] Adobe CEO:今年节日季在线销售额将首次超过1千亿美元[EB/OL]. https://tech.qq.com/a/20171108/029390.htm.

[50] 4A's Membership. https://www.aaaa.org/home-page/membership/.

[51] 法国时尚产业年销售额1500亿欧元,经济重要性被严重低估[EB/OL]. https://news.cfw.cn/v213323-1.htm.

[52] 为什么法国时尚界面临着潜在危机[EB/OL]. https://www.chinasspp.com/News/Detail/2017-3-7/373649.htm.

[53] 爱马仕上半年利润率创历史新高[EB/OL]. https://cn.businessoffashion.com/2018/09/daily-bulletin-hermes-hm-studio-show-cn.html.

[54] 谁才是大赢家?全球奢侈时尚及零售2017上半年业绩数据公布[EB/OL]. https://news.ifeng.com/a/20170828/51780802_0.shtml.

[55] 叶眼观潮 | 为什么法国时尚界面临着潜在的危机?[EB/OL]. https://cn.businessoffashion.com/2017/03/why-french-fashion-industry-has-crisis-cn-2.html.

[56] 解读法国官方报告:已落后的时尚产业如何重振?[EB/OL]. https://www.istis.sh.cn/list/list.aspx?id=9854.

[57] 奢侈品向流量低头 传统电商会是最好选择吗?[EB/OL]. https://www.linkshop.com.cn/web/archives/2017/393380.shtml.

[58] 这个成立近60年的设计公司,说他们引领了整个日本设计也不为过[EB/OL]. https://www.sohu.com/a/212181028_563923.

[59] 日本设计中心官网. https://www.ndc.co.jp/cn/about/company.

[60] 艺术与设计:超越平面设计的"日本平面设计奖"[EB/OL]. https://www.sohu.com/a/233143443_119774.

[61]上海当代艺术馆:艺术冲浪丨日本设计界的奥斯卡"终身成就奖"——龟仓雄策奖[EB/OL]. https://www.sohu.com/a/196410699_653253.

[62]日本时装周:时尚潮流由消费者决定[EB/OL]. https://developed-markets-research.hktdc.com.

[63]年轻设计师们,日本想欢迎你们前来就业[EB/OL]. https://cn.businessoffashion.com/.

[64]亚马逊的时尚野心[EB/OL]. https://weibo.com/businessoffashion?refer_flag=1005055014_&is_hot=1.

[65]dgcci时尚设计工作室:商业化与高质量设计齐飞丨来看看韩国的时尚商业之路[EB/OL]. https://www.sohu.com/a/167432703_99903813.

[66]调查显示:"韩流"每创收$100可使韩国出口增$412[EB/OL]. https://news.163.com/12/0530/09/82O9CAJ400014JB5.html.

[67]每日商报:韩剧又掀新热潮 主人公的同款衣服成爆款[EB/OL]. https://zjnews.zjol.com.cn/system/2016/03/21/021075415.shtml.

[68]跻身亚洲时尚前沿[EB/OL]. https://cn.businessoffashion.com/2015/05/south-korea-climbing-the-ranks-of-asias-a-league-2.html.

[69]韩国快时尚产业,迅销如闪电[EB/OL]. https://www.chinasspp.com/News/Detail/2018-3-27/408770.htm.

[70]去年韩奢侈品市场萎靡 菲拉格慕迪奥等品牌销售不振[EB/OL]. https://www.sohu.com/a/137477750_206494.

[71]国家统计局. 文化及相关产业分类(2018)[EB/OL]. https://www.stats.gov.cn/tjsj/tjbz/201805/t20180509_1598314.html,2018-05-09.

[72]联合国教育、科学及文化组织. The 2009 UNESCO Framework for Cultural Statistics(Fcs)[EB/OL]. https://unesdoc.unesco.org/images/0019/001910/191061e.pdf,2009-10-16.

[73]孙世峰. 我国创意设计服务业资本市场活跃,两大领域成吸金大户[EB/OL]. https://www.qianzhan.com/analyst/detail/220/181009-5930c523.html,2008-10-10.

[74]第一财经商业数据中心. 2018中国原创设计创业与消费报告[EB/OL]. https://www.cbndata.com/report/739/detail?isReading=report&page=1,2018-05-07.

[75]中华人民共和国住房和城乡建设部. 建筑业发展"十三五"规划[EB/OL].(2017-04)[2018-10-11]. https://www.mohurd.gov.cn/wjfb/201705/W020170504093504.pdf.

[76]2017年国际广告行业发展概况及全球广告市场规模分析[EB/OL]. https://free.chinabaogao.com/chuanmei/201709/092629B312017.html,2017-09-26.

[77]住房城乡建设部关于印发工程勘察设计行业发展"十三五"规划的通知[EB/OL]. https://www.mohurd.gov.cn/wjfb/201705/t20170508_231759.html,2017-05-02.

[78]国务院关于推进文化创意和设计服务与相关产业融合发展的若干意见[EB/OL]. https://www.gov.cn/zhengce/content/2014-03/14/content_8713.htm,2014-03-14.

［79］创意设计服务业资本市场活跃 两大领域成吸金大户［EB/OL］. https://www.qianzhan.com/analyst/detail/220/181009-5930c523.html,2018-10-10.

［80］UXPA中国. 服务设计在中国—跨界访谈［EB/OL］. https://www.neocross.cn/a/hangyeguandian/151.html,2018-06-14.

［81］DT. 创意设计电商:这个潜力市场不太挤［EB/OL］. https://www.woshipm.com/operate/52914.html,2013-11-21.

［82］周科. 千帆竞发浪潮涌 百舸争流正逢时——十八大以来我国文化产业发展成就综述［EB/OL］. https://stdaily.com/zhuanti01/huihuangchengjiu/2017-05/19/content_545113.shtml,2017-05-11.

［83］魏金金. 十八大以来文创设计发展综述:多轮驱动,跨界融合迎来行业风口［EB/OL］. https://www.ce.cn/culture/gd/201710/16/t20171016_26547311.shtml,2017-10-16.

［84］创意设计需建立体保护网［EB/OL］. https://ip.people.com.cn/n/2014/1014/c136655-25828357.html,2014-10-14.

9 中国与"一带一路"沿线国家文化贸易发展状况

9.1 促进中国与"一带一路"沿线国家文化贸易发展的政策和措施

9.1.1 文化和旅游部出台"一带一路"文化发展行动计划（2016—2020年）

中国与"一带一路"沿线国家的文化贸易日益受到国家的重视，国家也不断出台大量相关政策措施来推进中国与"一带一路"沿线国家文化贸易的发展。2017年1月，文化部（现为"文化和旅游部"）发布了《"一带一路"文化发展行动计划（2016—2020年）》（以下简称《行动计划》），并成立文化部"一带一路"工作领导小组，统筹开展"一带一路"文化建设工作。《行动计划》是落实由国家发改委、商务部等联合发布的《推动共建丝绸之路经济带和21世纪海上丝绸之路的愿景与行动》（以下简称《愿景与行动》）的具体行动计划，提出了健全"一带一路"文化交流合作机制、完善"一带一路"文化交流合作平台、打造"一带一路"文化交流品牌、推动"一带一路"文化产业繁荣发展、促进"一带一路"行动文化贸易合作五项重点任务，切实推动文化交流、文化传播、文化贸易的创新发展。

随着"一带一路"建设的加快，我国文化贸易的发展也迎来了最好的时代。在《行动计划》中，对文化贸易也是着墨颇多。

在发展目标方面，《行动计划》提出，面向"一带一路"国际文化市场的文化产业发展格局初步形成，文化企业规模不断壮大，文化贸易渠道持续拓展，服务体系建设初见成效，文化产业及对外文化贸易渐成规模。

在重点任务方面，《行动计划》提出，要促进"一带一路"文化贸易合作，围绕演艺、电影、电视、广播、音乐、动漫、游戏、游艺、数字文化、创意设计、文化科技装备、艺术品及授权产品等领域，开拓完善国际合作渠道；推广民族文化品牌，鼓励文化企业在"一带一路"沿线国家和地区投资；鼓励国有企业及社会资本参与"一带一路"文化贸易，依托国家对外文化贸易基地，推动骨干和中小文化企业的联动整合、融合创新，带动文化生产与消费良性互动。在12项子计划中，"一带一路"文化贸易拓展计划也是其中之一，除着力打造以"一带一路"为主题的国际艺术节、博览会、艺术公园等国际交流合作平台之外，《行动计划》还鼓励和支持各类综合性国际论坛、交易会等设立"一带一路"文化交流板块，并逐步建立"丝绸之路"文化数据库，打造公共数字文化支撑平台；"优先推动'一带一路'沿线国家和地区的中国文化中心建设，完善沿线国家和地区的中心布局"是《行动计划》的重点任务之一。

在为未来"一带一路"文化贸易指明路线的同时，《行动规划》中也提到，要在政策法规保障、资金保障等方面给予各地方、各企业支持。

国家在发展路线、发展平台、合作模式等各个方面都为中国与"一带一路"沿线国家间文化贸易的发展指明了方向,这无疑为推进中国与"一带一路"沿线国家文化贸易进程提供了强有力的支持。

9.1.2 国家广播电视总局的丝路书香工程、丝绸之路影视桥工程

为贯彻落实习总书记提出的"一带一路"倡议构想,国家广播电视总局组织实施了"丝路书香工程",充分发挥新闻出版和影视强化沿线国家民心相通,服务国家外交大局,加强国际传播能力建设以及营造"讲信修睦、合作共赢、守望相助、心心相印、开放包容"的文化舆论氛围方面的独特作用。

9.1.2.1 丝路书香工程

国家广播电视总局启动了经典中国国际出版工程、丝路书香工程、中国当代作品翻译工程三大出版走出去工程。经典中国国际出版工程重点支持国内出版单位向世界主要国家和地区输出经典作品,立项语种侧重英语。实施丝路书香工程,旨在加快推动中国精品图书、汉语教材在丝路国家的出版发行,搭建我国对丝路国家的图书版权贸易平台、出版信息资讯平台,形成与丝路国家新闻出版资源互联互通、内容共同发掘、渠道共享共用的发展格局。立项语种侧重周边国家语种和"一带一路"沿线国家主要语种。中国当代作品翻译工程精选具有代表性的中国当代文学作品,对其翻译出版和海外推广进行资助。

随着"一带一路"倡议构想的提出和实施,我国与"一带一路"沿线国家的国家级图书出版合作项目迅速提速。2013年,中国原国家新闻出版广电总局和俄罗斯出版与大众传媒署签署的《中华人民共和国新闻出版广电总局和俄罗斯出版与大众传媒署关于中俄经典和现代作品互译出版项目合作备忘录》,中俄双方在未来6年内将互相翻译出版100种文学经典作品。中国原国家新闻出版广电总局与印度外交部签署《中印经典和当代作品互译出版项目合作备忘录》,双方同意在5年间各自翻译出版对方国家25种图书。2014年,中国和塞尔维亚签署了《关于加强中塞作品互译项目的合作备忘录》,并对两国进一步深化图书出版业的合作进行了深入交流,根据协议,5年内双方将相互翻译出版对方国家不少于25种作品,一共出版不少于50种图书。2015年,中国和白俄罗斯签署了《中国国家新闻出版广电总局与白俄罗斯新闻部关于"中白经典图书互译出版项目"合作谅解备忘录》,中白双方将鼓励两国在出版领域的交流与合作,扩大两国优秀文学作品的翻译出版。2015—2020年,双方每年至少各自翻译和出版对方国家3~5部优秀文学作品。

"经典和当代文学作品互译出版项目"已成为促进中国与其他国家人民之间相互了解和增进友谊、推动中外更多出版项目合作、扩大中华文化走出去的重要手段。除上述国家外,近年来,我国还与土耳其、古巴、伊朗、斯里兰卡、科威特、阿拉伯国家联盟等多个国家和国际组织签署协议,推动中外经典和当代文学作品的交流与传播。

原国家新闻出版广电总局从2014年开始实施三项"普惠"政策:在版权输出上实行普遍奖励制度,以调动民营企业和个体作者的积极性;经典中国国际出版工程全方位向

外国出版企业和译者开放,以调动外国出版企业和译者的积极性;延伸中国出版物国际营销渠道拓展工程的资助链条,调动海外渠道商销售中国图书的积极性。

9.1.2.2 "丝绸之路影视桥"工程

中国影视剧是开展中外人文交流、推动文明对话、促进和平友谊、深化务实合作的重要桥梁和纽带。原国家新闻出版广电总局 2014 年 3 月启动"丝绸之路影视桥"工程,旨在推出一批"一带一路"题材的电影、电视剧和纪录片。在项目申报单位自主策划和申报的基础上,由省局审核完成后报送原国家新闻出版广电总局,总局"丝绸之路影视桥工程"领导小组办公室(国际司)将评审出年度重点项目,具备条件的项目经中宣部批准后纳入专项资金支持范围。重点支出如下项目:

一是综合传播类项目。面向丝绸之路重点国家,开展节目创作或译配,举办媒体活动,搭建播出渠道和平台等。

二是节目创作类项目。围绕丝绸之路主题创作影视剧、纪录片、动画片等类型节目,策划开展大型或系列新闻报道等。

三是节目译配类项目。针对丝绸之路沿线国家的文化特点和内容需求,以本土化语言译配影视精品。

四是媒体活动类项目。立足民心相通,积极开展或参与跨国媒体活动、国际广播影视交流活动等。

五是渠道平台类项目。拓展传统播出渠道,立足新兴媒体技术,构建新型内容分发平台。

六是影视产业类项目。立足影视技术、设备和服务走出去,以技术标准、设备和服务出口带动节目出口。

9.1.2.3 商务部发布《服务贸易发展"十三五"规划》

为贯彻落实《中华人民共和国国民经济和社会发展第十三个五年规划纲要》和《国务院关于加快发展服务贸易的若干意见》,大力推动服务贸易的发展,商务部会同有关部门发布《服务贸易发展"十三五"规划》,规划中提到要开拓"一带一路"沿线市场,积极与"一带一路"沿线重点国家和地区签订服务贸易合作协议,扩大服务业相互开放;积极发展与"一带一路"沿线国家和地区文化贸易,扩大图书、影视剧、动漫、网络游戏等文化产品与服务出口,提升中华文化影响力;积极引导我国服务贸易企业争取亚洲基础设施投资银行、丝路基金、金砖国家新开发银行、中国—东盟银行联合体、上海合作组织银行联合体的融资支持。

加大对东盟各国开展服务业贸易投资合作的力度,发挥广西对东盟合作优势,利用中国—东盟博览会等平台,重点加强与新加坡、印度尼西亚、马来西亚、泰国、菲律宾、越南等国服务贸易合作,在基础设施建设、旅游、文化、医疗保健、技术和知识产权、跨境电子商务、服务外包、港口等领域加大合作力度,提高我国在东盟地区商业存在规模。发挥云南对南亚合作优势,办好中国—南亚博览会,加强云南与南亚服务贸易合作。

9.1.3 外汇管理改革为"一带一路"营造良好的政策环境

外汇管理部门围绕《推动共建丝绸之路经济带和 21 世纪海上丝绸之路的愿景与行

动》,坚持"开放合作、和谐包容、市场运作、互利共赢",着力推进"政策沟通、设施联通、贸易畅通、资金融通、民心相通",把握好外汇管理的两项基本原则,为"一带一路"营造良好的政策环境。一是坚持改革开放,支持和推动金融市场的双向开放,进一步提升跨境贸易和投资的便利化水平,服务实体经济,支持有能力、有条件的企业开展真实合规的对外投资活动,更好地服务"一带一路"建设;二是坚持防范跨境资本流动风险,防止跨境资本无序流动对宏观经济和金融稳定带来冲击,维护外汇市场稳定,为改革开放和"一带一路"创造良好的市场环境,让世界各国实现联动增长,走向共同繁荣。

9.1.3.1 为"一带一路"搭建资金平台

积极拓展外汇储备多元化运用,通过股权、债权、基金等方式,多层次、大力度支持"一带一路"等国家战略。在开展委托贷款的基础上,牵头设立了丝路基金和中非产能合作基金,其中,丝路基金总规模 400 亿美元,首期 100 亿美元;中非产能合作基金规模 100 亿美元。此外,注资了中投国际、国新国际、开发银行和进出口银行,并以多种形式支持中非发展基金、中国欧亚基金、中阿基金等多双边基金。

9.1.3.2 不断深化服务贸易外汇管理改革

建立健全服务贸易促进体系,全面取消服务贸易事前审批,所有服务贸易收付汇业务下放银行办理,大幅简化单证。改革有效降低了企业的经营成本,有利于大力发展现代服务贸易,优化贸易结构,有力地支持了"一带一路"建设。

9.1.3.3 积极支持新业态发展

积极支持跨境电子商务综合试验区发展,跨境电子商务综合试验区范围扩大到天津等 12 个城市。2015 年,跨境电子商务外汇支付业务试点推广全国,试点以来,全国 33 家试点支付机构累计办理跨境收付 246 亿美元,有力地支持了"互联网+"等跨境电子商务发展,有利于创新贸易方式,发展跨境电子商务等新的商业业态,为"一带一路"挖掘贸易新增长点。

9.1.3.4 积极支持境内企业"走出去"

直接投资是中国企业"走出去"支持共建"一带一路"的重要渠道。近年来,直接投资外汇管理大幅简化,直接投资外汇管理已经实现基本可兑换,企业"走出去"步伐明显加快。

9.2 中国与"一带一路"沿线国家文化产品贸易状况

文化是"一带一路"的灵魂,文化传承与创新是各国经济贸易合作的"软"支撑。自 20 世纪 90 年代以来,随着全球创意经济实践的快速发展,文化创意产业的发展已经被许多国家和地区列为经济发展的战略产业和支柱产业,成为一个国家和地区转变经济发展方式、提升可持续发展能力的重要保证。与此同时,创意产品与服务在国际贸易中的地位不断提升,有力地促进了国际贸易的增长。2002 年,全球创意产品贸易额已经占当年全球商品贸易总额的 6.71%,从 2002 年的 4 359.62 亿美元跃升到 2015 年的 9 641.48 亿美元。[①] 2016 年,联合国教科文组织在《文化贸易全球化:文化消费的转变——2004—2013 年文化产品与服务的国际流动》报告中指出,中国在 2010 年就已超越美国成为世界文化产品第一出口大国,并连续 4 年高居榜首。"一带一路"倡议对我国文化产业的发展提出了新的要求,即在密切沿线国家经济合作与文化交流的同时,大力发展与沿线国家的文化贸易,推动中国文化产品和服务"走出去",提高"一带一路"建设的文化认同,增强我国的软实力和国际话语权。

9.2.1 中国与"一带一路"沿线国家创意产品贸易概况

"一带一路"致力于亚欧非大陆及附近海洋的互联互通,是一个开放的国际区域经济合作网络,还没有精确的空间范围。为了研究方便,本章设定研究范围包括 64 个国家和地区:蒙俄 2 国、中亚 5 国、南亚 8 国、东南亚 11 国、中东欧 16 国、西亚北非 16 国以及独联体其他 6 国(如表 9-1 所示)。

表 9-1 "一带一路"沿线国家范围

板块	64 个主要国家
蒙俄 2 国	蒙古、俄罗斯
中亚 5 国	哈萨克斯坦、吉尔吉斯斯坦、塔吉克斯坦、土库曼斯坦、乌兹别克斯坦
南亚 8 国	阿富汗、孟加拉共和国、不丹、印度、尼泊尔、马尔代夫、巴基斯坦、斯里兰卡
东南亚 11 国	文莱、柬埔寨、东帝汶、印尼、老挝、马来西亚、缅甸、菲律宾、新加坡、泰国、越南
中东欧 16 国	爱沙尼亚、拉脱维亚、立陶宛、捷克、斯洛伐克、匈牙利、波兰、罗马尼亚、保加利亚、斯洛文尼亚、克罗地亚、阿尔巴尼亚、波黑、塞尔维亚、马其顿、黑山
西亚北非 16 国	沙特阿拉伯、阿联酋、阿曼、伊朗、土耳其、以色列、埃及、科威特、伊拉克、卡塔尔、约旦、黎巴嫩、巴林、也门、叙利亚、巴勒斯坦
独联体其他 6 国	乌克兰、白俄罗斯、格鲁吉亚、阿塞拜疆、亚美尼亚、摩尔多瓦

2002 年以来,中国与"一带一路"沿线国家创意产品贸易增长迅速,尤其是 2008 年金融危机之后,中国与"一带一路"沿线国家创意产品贸易步入快速发展时期。2010 年,我国对"一带一路"沿线国家创意产品进出口总额为 208.19 亿美元,2015 年增长到 410.57 亿美元,年均增长率为 14.51%(见图 9-1)。中国对"一带一路"沿线国家创意产品出口额从 2010 年的 185.55 亿美元,增长到 2015 年的 375.15 亿美元,年均增长率为 15.10%。中国从"一带一路"沿线国家创意产品进口额却一直处于较低水平,2002 年为 22.64 亿美元,增长到 2015 年的 35.43 亿美元,年均增长率为 9.37%。

中国在与"一带一路"沿线国家的创意产品贸易中一直处于贸易顺差的地位,2010—2014 年的贸易顺差呈现出增长的态势;2015 年,贸易顺差为 339.72 亿美元,

---

① 本节所有数据来源于联合国贸易和发展会议《创意经济》统计数据库(UnctadStat Creative Economy),https://unctadstat.unctad.org/wds/ReportFolders/reportFolders.aspx.

较 2014 年顺差额有所降低。2010—2015 年中国对"一带一路"沿线国家创意产品出口额占中国创意产品总出口额的比重稳中有升,2015 年为 22.3%,进口比重 2010—2014 年稳中有升,2015 年有所降低,达到 24.0%,这说明中国与"一带一路"沿线国家的创意产品进出口贸易相互依赖程度日益加深。

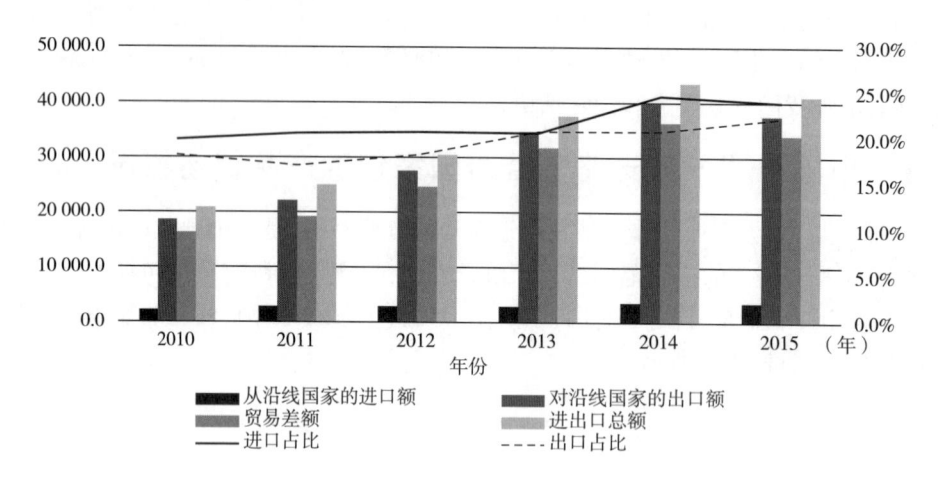

图 9-1　2010—2015 年中国与"一带一路"沿线各国双边创意产品贸易额(单位:亿美元)
注:进口占比=中国从"一带一路"沿线国家创意产品进口额/中国创意产品总进口额
出口占比=中国对"一带一路"沿线国家创意产品出口额/中国创意产品总出口额

从"一带一路"沿线国家所处区域来看,中国与东南亚 11 国创意产品贸易联系最为紧密(见图 9-2)。2015 年,中国与东南亚 11 国创意产品进出口贸易总额占中国与沿线国家创意产品进出口贸易总额的 44.79%,主要由于东南亚国家是中国周边外交的优先方向,国家关系总体良好,这有益于促进双边贸易发展。此外,中国—东盟自贸区的建立更是极大地促进了东南亚 11 国与中国的经贸联系。中国与西亚北非 16 国创意产品贸易总额占中国与"一带一路"沿线国家创意产品贸易总额的比重为 25.69%,居第二位;南亚 8 国居第三位,比重占 10.72%。

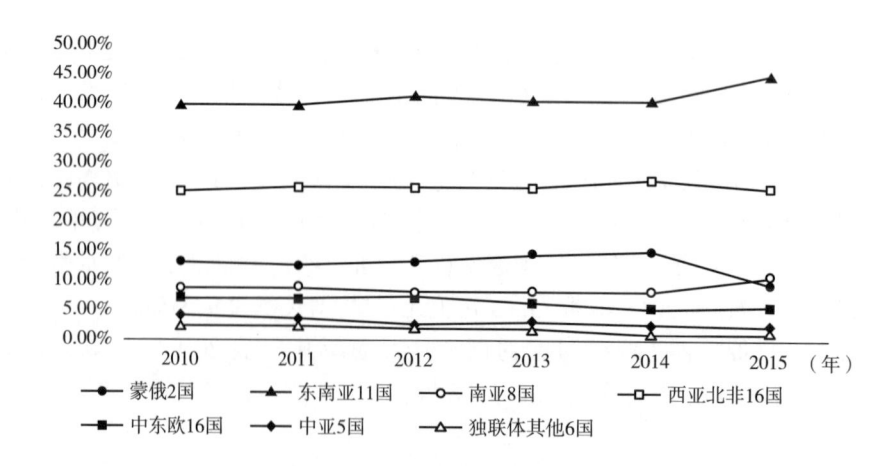

图 9-2　2010—2015 年中国与七大区域创意产品贸易额占中国与沿线国家创意产品贸易总额比重

9.2.2 中国与"一带一路"沿线国家双边创意产品贸易的市场结构

9.2.2.1 主要贸易伙伴

在中国与"一带一路"沿线国家的创意产品出口贸易中,东南亚是中国主要的出口区域。2010 年,在占中国与沿线国家创意产品出口份额 66.06%的前十位伙伴国中,5 个是东南亚国家,其份额为 28.50%(见表 9-2);2015 年,占中国与沿线国家创意产品出口额 70.38%的前十位贸易伙伴国中,6 个是东南亚国家,其出口份额提高到了 38.16%(见表 9-3)。东南亚国家也是中国从"一带一路"沿线国家进口创意产品的主要来源地,2010 年,有 6 个东南亚国家出现在中国从"一带一路"沿线国家创意产品进口额前十位,分别是新加坡、泰国、菲律宾、马来西亚、印度尼西亚和越南,份额高达 90.22%;2015 年,有 7 个东南亚国家出现在进口前十位,份额为 83.29%。

在中国与全球国家创意产品进出口贸易中,2010 年,中国与"一带一路"沿线前十位的贸易伙伴国的进、出口额占比为 18.98%和 12.07%,到 2015 年,这个比重上升为 21.64%和 15.68%,这说明中国与"一带一路"沿线国家创意产品贸易在不断加强,但潜力仍然很大,有进一步开拓市场的必要。

表 9-2 2010 年中国与"一带一路"沿线国家创意产品贸易十强

(单位:亿美元)

序号	国家	中国的出口额	在对沿线国家出口中的份额	在对全球国家出口中的份额	国家	中国的进口额	在从沿线国家进口中的份额	在从全球国家进口中的份额
1	俄罗斯	26.35	14.18%	2.59%	新加坡	16.05	70.90%	14.11%
2	阿联酋	17.17	9.24%	1.69%	泰国	1.38	6.09%	1.21%
3	新加坡	13.26	7.14%	1.30%	菲律宾	0.97	4.30%	0.86%
4	泰国	12.33	6.63%	1.21%	马来西亚	0.77	3.42%	0.68%
5	印度	11.91	6.41%	1.17%	印度尼西亚	0.63	2.80%	0.56%
6	马来西亚	11.91	6.41%	1.17%	越南	0.61	2.71%	0.54%
7	沙特阿拉伯	8.52	4.58%	0.84%	俄罗斯	0.34	1.50%	0.30%
8	印度尼西亚	8.43	4.54%	0.83%	波兰	0.30	1.32%	0.26%
9	菲律宾	7.02	3.78%	0.69%	印度	0.29	1.30%	0.26%
10	土耳其	5.86	3.15%	0.58%	土耳其	0.23	1.01%	0.20%
	总计	122.76	66.06%	12.07%	总计	21.23	95.35%	18.98%

表 9-3 2015 年中国与"一带一路"沿线国家创意产品贸易十强

(单位:亿美元)

序号	国家	中国的出口额	在对沿线国家出口中的份额	在对全球国家出口中的份额	国家	中国的进口额	在从沿线国家进口中的份额	在从全球国家进口中的份额
1	新加坡	41.16	10.97%	2.44%	新加坡	13.28	37.48%	8.98%
2	俄罗斯	40.48	10.78%	2.40%	泰国	3.57	10.07%	2.42%
3	马来西亚	33.21	8.85%	1.97%	越南	3.56	10.06%	2.41%
4	阿联酋	32.67	8.70%	1.94%	缅甸	3.36	9.50%	2.28%
5	印度	25.84	6.88%	1.53%	马来西亚	2.32	6.55%	1.57%
6	沙特阿拉伯	21.99	5.86%	1.31%	菲律宾	1.90	5.36%	1.29%
7	越南	20.89	5.56%	1.24%	印度尼西亚	1.51	4.27%	1.02%
8	菲律宾	20.00	5.33%	1.19%	印度	0.88	2.50%	0.60%
9	泰国	14.12	3.76%	0.84%	波兰	0.87	2.45%	0.59%
10	印度尼西亚	13.87	3.69%	0.82%	以色列	0.72	2.04%	0.49%
	总计	264.23	70.38%	15.68%	总计	31.97	90.28	21.64%

2015 年,"一带一路"沿线 65 个国家中,只有波黑一个国家对中国创意产品贸易处于顺差地位,其他国家都处于贸易逆差地位。对中国创意产品贸易表现为逆差的前十位贸易伙伴国依次为新加坡、俄罗斯联邦、马来西亚、阿联酋、印度、沙特阿拉伯、越南、菲律宾、泰国、印度尼西亚(见表 9-4),其中 6 个是东南亚国家。可见,"一带一路"主要伙伴国多处于对中国创意产品净进口的地位。

表 9-4 2015 年中国与"一带一路"沿线主要国家的创意产品贸易状况

(单位:亿美元)

序号	国家	对中国出口额	从中国进口额	贸易余额	贸易地位
1	新加坡	13.28	41.16	-27.89	逆差
2	俄罗斯联邦	0.20	40.48	-40.28	逆差
3	马来西亚	2.32	33.21	-30.89	逆差
4	阿联酋	0.01	32.67	-32.66	逆差
5	印度	0.88	25.84	-24.95	逆差
6	沙特阿拉伯	0.00	21.99	-21.99	逆差
7	越南	3.56	20.89	-17.33	逆差
8	菲律宾	1.90	20.00	-18.10	逆差
9	泰国	3.57	14.11	-10.55	逆差
10	印度尼西亚	1.51	13.87	-12.35	逆差
	合计	27.24	264.23	-236.98	逆差

9.2.2.2 中国在前十大贸易伙伴国对外创意产品贸易中的地位

2015年,中国对"一带一路"沿线国家创意产品出口10强为:新加坡、俄罗斯、马来西亚、阿联酋、印度、沙特阿拉伯、越南、菲律宾、泰国、印度尼西亚(见表9-3)。近年来,这十大贸易伙伴国从中国进口的比重都较高,且进口比重排在第一或第二位,而对中国的出口比重较低,出口比重几乎都排在三强以外(见表9-5)。这说明在创意产品进口方面,这十大贸易伙伴国对中国较倚重,而在出口方面,中国是新加坡的第三大出口市场,其他国家对中国的出口还存在较大的贸易潜力。

表9-5　2015年中国在贸易伙伴国创意产品贸易中的地位

国家	出口比重	出口名次	进口比重	进口名次
新加坡	9.8%	3	16.8%	2
俄罗斯	3.7%	7	46.2%	1
马来西亚	1.9%	9	39.8%	1
阿联酋*	0.2%	35	16.0%	2
印度	0.3%	27	32.3%	1
沙特阿拉伯	—	—	37.9%	1
越南*	3.2%	7	45.0%	1
菲律宾	5.0%	4	4.3%	1
泰国*	1.8%	14	5.9%	1
印度尼西亚*	2.0%	12	4.1%	1

注:"*"表示由于2015年数据缺失,用2014年数据替代,出口比重、进口比重分别表示为伙伴国对中国创意产品出口额、进口额占该创意产品总出口额、总进口额的比重;出口名次、进口名次分别表示为伙伴国对中国创意产品出口比重、进口比重的排名

9.2.2.3 中国与"一带一路"沿线国家创意产品贸易的相互依赖程度

为进一步揭示中国与"一带一路"沿线国家的贸易依赖关系,运用韩国学者鲍德温提出的HM指数(Hubness Measurement Index)来测算区域经济一体化网络中成员国之间相互贸易依赖程度,其计算公式为

$$HM_j = \frac{x_{ij}}{x_j} \times \left(1 - \frac{m_{ij}}{m_j}\right)$$

式中:x_{ij}和m_{ij}表示i国到j国的出口额、进口额,x_i和表示i国的出口总额,m_j表示j国的进口总额。HM_j主要用于衡量i国对j国市场的依赖程度,其取值范围为0~1之间;当HM_j指数越靠近1,表明i国出口对j国市场的依赖程度越大,反之亦然。

表9-6和表9-7分别计算了中国出口对"一带一路"沿线国家依赖度的HM指数和"一带一路"沿线国家出口对中国依赖度的HM指数。结果表明,中国出口对东南亚11国的依赖程度最高,其次是西亚北非16国、蒙俄2国。近五年来,随着"一带一路"倡议

的深化,中国出口对沿线主要国家的依赖程度正在加深。而"一带一路"沿线国家出口对中国的依赖程度普遍较低,除了中亚 5 国外,他们对中国出口的依赖程度远低于中国对沿线国家出口的依赖程度,由此可见,中国与"一带一路"沿线国家相互之间的贸易依赖度呈明显的非对称性。

表 9-6 2010—2015 年中国创意产品出口对"一带一路"沿线国家依赖度 HM 指数

(单位:%)

年份	蒙俄2国	中亚5国	南亚8国	东南亚11国	中东欧16国	西亚北非16国	独联体其他6国
2010 年	2.63	0.85	1.74	5.35	1.32	5.06	0.44
2011 年	2.42	0.69	1.66	4.87	1.23	4.91	0.45
2012 年	2.65	0.53	1.55	5.78	1.35	5.10	0.40
2013 年	3.23	0.69	1.77	6.72	1.25	5.72	0.42
2014 年	3.39	0.62	1.75	6.53	1.09	6.07	0.25
2015 年	2.40	0.53	2.47	7.27	1.22	6.10	0.23

表 9-7 2010—2015 年"一带一路"沿线国家创意产品出口对中国依赖度 HM 指数

(单位:%)

年份	蒙俄2国	中亚5国	南亚8国	东南亚11国	中东欧16国	西亚北非16国	独联体其他6国
2010 年	2.26	23.21	0.21	3.03	0.46	0.30	0.71
2011 年	0.71	0.17	0.29	3.78	0.68	0.40	0.44
2012 年	1.10	0.17	0.34	2.35	0.78	0.17	0.32
2013 年	0.95	0.27	0.41	0.67	0.81	0.14	0.22
2014 年	0.49	0.04	0.52	-0.04	0.90	0.09	0.62
2015 年	1.01	1.74	0.55	-0.56	1.07	0.41	1.11

中国与"一带一路"沿线国家的创意产品贸易中,中国出口对东南亚 11 国的依赖程度最高,其次是西亚北非 16 国、蒙俄 2 国。近五年来,对十大贸易伙伴国的进、出口额占中国创意产品进口总额、出口总额的比重不断提高,说明中国与"一带一路"沿线国家创意产品的贸易在加强。主要伙伴国多处于对中国创意产品净进口的地位,沿线国家创意产品出口对中国市场的依赖程度远低于中国对它们的依赖程度,创意产品贸易非对称性依赖关系明显。

9.2.3 中国与"一带一路"沿线国家创意产品贸易的产品结构

9.2.3.1 出口产品结构

2010—2015 年,中国对沿线国家出口的主要产品是设计和工艺品。2015 年,设计和工艺品出口占当年中国对沿线国家创意产品总出口额的比重分别为 75.63% 和 12.99%，其他五类产品（视听、新媒体、乐器、出版物和视觉艺术品）所占比重不到 12%。从表 9-8 中明显可以看出，设计和工艺品的出口结构相对稳定。2015 年，中国对沿线国家视听、工艺品和视觉艺术品出口占中国各类产品出口总额比重分别为 47.64%、28.81% 和 23.08%（见表 9-9），均高于 22.3%（见图 9-1 中"中国对沿线国家出口占中国创意产品总出口额的比重"），说明中国的视听、工艺品和视觉艺术品在"一带一路"沿线国家的市场上具有显著比较优势。

表 9-8　2010—2015 年中国对"一带一路"沿线国家创意产品出口结构（单位:%）

年份	2010 年	2011 年	2012 年	2013 年	2014 年	2015 年
工艺品	13.08	13.35	13.06	12.97	13.17	12.99
视听	3.53	3.28	1.96	1.52	1.33	1.44
设计	71.52	71.56	69.45	70.50	74.37	75.63
新媒体	4.79	3.78	4.00	2.61	2.52	2.83
乐器	0.76	0.80	0.80	0.70	0.66	0.61
出版物	1.10	0.92	0.96	1.14	0.99	0.76
视觉艺术品	0.93	1.06	1.75	2.15	1.42	1.27

表 9-9　2010—2015 年中国对沿线国家各类产品出口占中国各类产品出口总额的比重

（单位:%）

年份	2010 年	2011 年	2012 年	2013 年	2014 年	2015 年
工艺品	23.44	23.74	24.81	28.11	31.34	28.81
视听	51.78	49.92	55.29	51.83	62.10	47.64
设计	18.74	16.92	18.12	20.09	19.93	23.08
新媒体	8.51	8.09	8.65	8.65	9.58	7.83
乐器	11.07	12.60	14.70	16.85	17.67	15.48
出版物	8.31	7.58	9.25	12.99	12.75	9.20
视觉艺术品	18.97	18.98	21.91	29.42	30.02	24.02

9.2.3.2　进口产品结构

近年来，中国从"一带一路"沿线国家主要进口视听、设计和新媒体等产品，2015 年，视听、设计和新媒体进口额占中国从沿线国家创意产品进口总额的比重分别为 43.04%、34.09% 和 15.44%（见表 9-10），这三类产品加总占当年创意产品进口总额的比重高达 92.57% 以上，而工艺品、乐器、出版物、视觉艺术品这四类产品所占比重不到 8%。2010—2015 年，视听产品进口所占比重有所下降，设计和新媒体产品进口所占比重有所上升。2015 年，中国从沿线国家视听、乐器和设计产品进口占中国各类产品进口总额比重分别为 40.48%、34.35% 和 26.39%（见表 9-11），均高于 24.0%（见图 9-1"中国从沿线国家进口占中国创意产品总进口额的比重"），说明"一带一路"沿线国家的视听、乐器和设计品在中国的市场上具有显著比较优势。

表 9-10　2010—2015 年中国从"一带一路"沿线国家创意产品的进口结构

（单位:%）

年份	2010 年	2011 年	2012 年	2013 年	2014 年	2015 年
工艺品	3.11	3.11	3.33	4.01	3.50	3.32
视听	70.43	70.48	62.82	36.77	35.30	34.09
设计	18.13	18.48	21.23	27.88	39.63	43.04
新媒体	4.92	5.12	8.93	12.42	11.75	15.44
乐器	0.63	0.93	1.39	1.78	1.90	2.29
出版物	1.68	1.20	1.23	1.81	1.19	1.12
视觉艺术品	0.22	0.14	0.22	3.17	1.66	0.17

表 9-11　2010—2015 年中国从沿线国家各类产品进口占中国各类产品进口总额的比重

（单位:%）

年份	2010 年	2011 年	2012 年	2013 年	2014 年	2015 年
工艺品	6.90	8.00	8.46	9.85	12.34	13.12
视听	45.93	52.09	47.91	33.10	39.21	40.48
设计	14.38	12.35	14.01	15.99	25.45	26.39
新媒体	3.92	4.37	8.08	14.32	14.36	15.78
乐器	12.95	19.02	25.06	30.07	32.84	34.35
出版物	3.93	3.45	3.36	5.27	4.64	4.38
视觉艺术品	23.17	15.28	16.03	49.92	38.50	4.82

中国向"一带一路"沿线主要国家或地区出口的创意产品以设计和工艺品为主，进口则以视听、设计和新媒体产品为主，中国具有显著比较优势的出口产品是视听、工艺品和视觉艺术品，沿线国家具有显著比较优势的出口产品是视听、乐器和设计品。视听是双方均具有出口优势的创意产品，虽然双方视听产品的贸易额较小，但双方视听产品贸易具有较强的竞争性，其他创意产品贸易具有一定的互补性。

9.2.4　促进中国与"一带一路"沿线国家创意产品贸易的策略

"一带一路"倡议构想不仅能够促进经济合作交流，也为文化传播创造了便利条件。"一带一路"倡议构想把中国文化创意产品和服务传播到"一带一路"沿线国家、加强与当地人民的文化交流提到了一个全新的高度。"一带一路"沿线国家的民族文化多姿多彩，给中外文化创意产业的交流合作创造了历史机遇，提供了丰富的文化创意资源和市场空间。"一带一路"沿线国家大多为新兴市场国家，随着经济的增长，对文化创意产品的需求将越来越大。与基础设施的互联互通相伴,沿线国家在承接中国资本的同时,也会对中国文化产品产生更多需求。因此,中国的文化企业应该适时把握机遇,大力推动与"一带一路"沿线国家的文化合作与贸易发展。为此,从文化贸易的角度促进"一带一路"建设提出如下政策措施。

9.2.4.1 积极参与区域经济合作,推动建立自由贸易区

自由贸易协定的签订是促进中国与"一带一路"沿线国家文化贸易发展的主要力量。东南亚11国与中国在创意产品贸易方面交往最为密切,这在很大程度上得益于中国—东盟自由贸易区的建立,自由贸易区为中国和东南亚国家之间文化贸易往来提供了很多便利条件。因此,推动中国与"一带一路"沿线国家间自由贸易区的建立对发展我国文化创意产品和服务出口具有重要意义,这不仅能为出口创造良好宽松的外部环境,也能更好地促进区域内人才、资本、信息等资源的相互交流和共享,从而创造出更多的财富,实现区域内的共同繁荣。因此,在国际形势风云变幻的浪潮下,我国需积极参与区域经济合作,推动与"一带一路"国家间自由贸易区的建立,共同打造开放、均衡、互利的区域经济合作架构,通过经济的互通有无和合作发展,促进区域内贸易流量的稳定增长。

9.2.4.2 加强与"一带一路"沿线国家的文化交流合作,逐步缩小文化距离,促进双边文化产品和服务贸易的发展

习近平主席在2015年博鳌亚洲论坛上指出,"一带一路"倡议秉承的是共商、共建、共享原则,不是封闭的,而是开放包容的;不是中国一家的独奏,而是沿线国家的合唱。因此,中国在推行"一带一路"倡议的过程中应重视增强国家间价值观的认同与融合,实行本土文化"走出去"与外来文化"引进来"相结合的策略,积极争取沿线国家的合作和投入,使其成为这一轮对外开放的利益相关者和坚定支持者,得到它们的真心支持,"一带一路"才能建设得更好,走得更远、更安全。借助"一带一路"倡议,积极打造区域文化交流合作的基础设施与平台,例如,文化的传播服务平台、文化产业的投融资平台、文化遗产的保护传承渠道等,为文化的输出和引进提供物质保障,传递各国最新文化产业发展合作资讯,深化沿线国家间更多文化领域交流合作,把"民心相通"落到实处,逐步缩小区域内国家间的文化距离,促进中国与沿线国家间商贸往来,实现和谐发展、共同进步。

9.2.4.3 文化创意企业要借力政府的各项扶持政策,积极向丝路沿线国家"走出去",承担文化传播重任

随着"一带一路"建设的加快,2015年,国家发展改革委、商务部等联合发布了《推动共建丝绸之路经济带和21世纪海上丝绸之路的愿景与行动》。为加强与"一带一路"沿线国家和地区的文明互鉴与民心相通,切实推动文化交流、文化传播、文化贸易创新发展,原文化部制定了《"一带一路"文化发展行动计划(2016—2020年)》(以下简称《行动计划》),我国文化贸易发展也迎来了最好的时代。在《行动计划》中,在发展目标方面提出文化产业及对外文化贸易渐成规模,在重点任务方面提出要促进"一带一路"文化贸易合作。"一带一路"文化贸易拓展计划也被列入12项子计划中。国家在发展路线、发展平台、合作模式等各个方面都为中国与"一带一路"沿线国家间文化贸易的发展指明了方

向,为推进中国与"一带一路"沿线国家文化贸易进程提供了强有力的支持,扶持力度也越来越大。文化创意企业要用实际行动积极践行国家战略,借政府的政策、资金扶持,运用政府搭建的平台,完善自身的品牌建设和对外营销能力,采用市场化运作的方式,积极向丝路沿线国家"走出去"和"融进去"。

9.2.4.4 文化创意企业要加大内容创新力度,因地制宜地输出不同的创意产品,优化出口产品结构

中国已是世界上最大的文化创意产品出口国,但出口产品的结构并不合理,主要集中在附加值较低的文化制造业领域,如设计类和工艺品等,中国出口的工艺品中首要的是珠宝(黄金和白银饰品)及配件,其次是绘画、雕塑、雕像、手工艺品等,依赖于大规模、低成本的低端产品,文化影响与竞争力指数相对薄弱。与传统的农产品和工业制造品贸易不同,发展文化贸易的重要意义不仅在于出口规模的扩张,更在于它具有较强的政治、经济和文化效应。文化创意企业要深入研究沿线国家市场的文化消费心理和市场营销特点,加大内容创新力度,创作开发体现中华优秀文化、展示当代中国形象、面向国际市场的文化产品和服务,打造具有世界影响力的自主品牌产品。同时也要积极开展科技创新,重视文化和科技的融合发展,增加对文化出口产品和服务的研发投入,开发具有自主知识产权的关键技术和核心技术,提升文化创意产品出口的质量和水平,不断优化出口结构。

"一带一路"是世界上跨度最大的经济贸易带,而中国作为这一倡议的发起国,应努力推动"一带一路"相关区域国家间的经济文化交流与合作,使和平发展、开放包容、互利共赢、互学互鉴的丝绸之路精神薪火相传。随着区域经济一体化的进程不断加快,世界贸易格局正发生着巨大的变化,中国正处于经济改革转型的关键时期,应积极参与区域经济合作,进一步加强与"一带一路"沿线国家的文化贸易合作,激发文化市场潜力,使"一带一路"沿线互利合作模式迈向新的历史高度,为我国文化创意产品和服务的出口创造良好的国际环境。

9.3 中国与"一带一路"沿线国家的影视服务贸易

9.3.1 中国与"一带一路"沿线国家的影视服务贸易总体概况

21世纪是知识经济时代,文化产业在许多国家成为普遍被看好的朝阳产业,文化软实力在各国战略格局中的重要性凸显。影视服务贸易作为不同国家和地区间文化交流与互相借鉴的重要途径,创造了巨大的经济效益。影视作品的全球化促使更多国家加入激烈的竞争中,在这种情况下,我国把社会主义文化强国作为国家战略方针的重要部分,把握千年一遇的难得机会,主动创新,提出了"一带一路"经济文化合作倡议,对解放文化生产力,提高我国的国际地位有重要的意义,也对增进各国平等互信、世界文化交流发挥了巨大的推动作用。

据商务部服务贸易和商贸服务业司统计,2016年,我国全年服务进出口额达到5.35万亿元人民币,增速达14.2%,首次突破5万亿元大关,预计世界排名将继续保持第二。

服务贸易占外贸比重达18%,比2015年增加了2%。其中,我国与"一带一路"沿线市场服务进出口额合计1 222亿美元,占比提高了3.4%;其中,服务出口额占比达21.5%,比2015年提高了11%。在服务贸易中占据重要地位的影视服务贸易业经过十几年的发展,贸易额不断扩大、国际地位不断提升、结构也进一步优化,但是距离文化产业发达的国家还有较大的差距。

在沿线国家携手推进经济建设合作的同时,文化领域的交流也不断惠及各国民众。到2017年5月,中国已经与60多个相关国家签署了广播影视合作协议,共同举办"国家文化年"等人文交流活动20次,签署43项文化交流执行计划等政府间合作协议。原国家新闻出版广电总局自2013年起实施了"丝绸之路影视桥工程",主要通过制作专题节目、举办电影节展、合拍或进出口影视剧作、海内外机构间合作等方式,促进国家间的文化交流和民心相通。

9.3.1.1 制作专题节目,传播丝路文化

20世纪50年代以来,国内外独立或合作拍摄的"丝绸之路"主题纪录片有26部。这些纪录片的内容多集中在历史人文、文明发源、交通要塞、宗教民俗等主题,新时代的丝路概念纪录片则在介绍历史民俗、旅游景观的基础上,融入更多的经贸交往、信息交换等时代元素,表达"一带一路"这一新型全球化载体"共商、共建、共享"的时代内涵,如中央电视台制作推出的《一带一路》《奇域:探秘新丝路》《新丝绸之路》《敦煌》,中日合拍纪录片《最后的沙漠守望者》等。此外,2016年4月18日,国务院新闻办公室发起成立"一带一路"媒体传播联盟,包括中国五洲传播中心、美国国家地理频道、探索频道、历史频道在内的17家媒体机构签署了联盟倡议书。一年来,该联盟成员机构已增长到43家。"丝路电视跨国联播网"获得海内外积极响应,其周播纪录片栏目《丝路时间》已覆盖40多个国家的5亿多观众,在21家境外主流电视媒体,以11种本土语言播出。中央电视台、中央人民广播电台陆续推出了《丝绸之路经济带》《合作共赢·民心相通》《一带一路进行时》等节目,传播丝路文化。

9.3.1.2 举办电影节,带动文化交流

2014年创办的丝绸之路国际电影节目前已连续举办4届。丝绸之路国际电影节以电影为纽带,促进丝路沿线各国文化交流与合作,传承丝路精神,弘扬丝路文化,为"一带一路"建设创造良好的人文条件。组委会介绍,丝绸之路国际电影节作为"丝绸之路影视桥工程"的重点项目,今后每年一届,由陕西、福建两省轮流主办。2016年,参加丝绸之路国际电影节的国家达到57个。通过这个平台,"一带一路"国家的电影交流合作更加深入。例如,中国与哈萨克斯坦签署了电影合拍协议,首部合拍片《音乐家》已经正式启动,哈萨克斯坦派出代表团参观了北京电影学院,双方还签署了学生交流的合作协议。

"2017金砖国家电影节"在中国成都举行,来自中国、巴西、俄罗斯、印度、南非五个金砖国家的30部影片参赛参展。由中国主导、金砖国家首次合拍的《时间去哪儿了》和南非影片《真命天女》分别作为开闭幕影片在电影节期间进行特别展映。

9.3.1.3 合拍或进出口影视作品,促进文明互鉴

近20年来,我国逐渐开放影视市场,越来越多的外国优秀影视作品"走进来",极大

地扩展了我国观众的视野,丰富了人们的精神文化生活,越来越多的本国优秀影视作品"走出去",近4年来,中国电影的海外票房和销售收入不断增长(见表9-12),达到了传播中国文化、提升我国文化软实力的目的。但是,由于种种原因,我国影视服务贸易存在较大的逆差,在国际市场中的影响力并不大,在国际影坛并未掌握话语权。这与我国文化大国的地位并不相称,充分说明我国电影产业的改革还有很长的路要走。

在中国电影走出去过程中,国产影片产量多,走出去的少;参加国外公益性放映活动、进入艺术院线的多,在商业院线亮相、取得票房佳绩的少。究其原因,海外销售渠道和网络建设相对滞后,是一大障碍。专门在海外市场做国产电影发行的公司不多,一些国产电影借中间商之手几经辗转才得以在海外市场露面。为了扭转这种局面,2016年1月,由原国家新闻出版广电总局电影局策划指导,华人文化控股集团、华狮电影发行公司共同搭建的"中国电影普天同映"国产电影全球发行平台在北京正式启动,中国电影在搭建海外推广平台方面取得了重大突破,实现了《西游记之孙悟空三打白骨精》《陆垚知马俐》《盗墓笔记》《28岁未成年》《拆弹专家》《悟空传》《战狼2》等国产电影的国际同期上映和海外规模性发行,进入了北美、欧洲、东南亚和大洋洲等全球四大洲、五十余座城市的主流院线市场。

影视作品在促进民心相通、深化文化交流方面具有独特的优势。未来,中国和"一带一路"沿线国家在影视作品上的合作会越来越多。截至2017年5月,我国已与15个国家签署了电影合拍协议,与新西兰、英国签署了电视合拍协议。近年来,中外媒体机构合作创作了一批丝路题材的影视精品力作,如中印合拍电影《功夫瑜伽》、中捷合拍动画片《熊猫与小鼹鼠》、中俄合拍电视剧《晴朗的天空》以及中英合拍纪录片《孔子》等,受到了观众欢迎[①]。

表9-12　2009—2017年中国电影票房情况　　　　　　(单位:亿元)

		2009年	2010年	2011年	2012年	2013年	2014年	2015年	2016年	2017年
国产影片海外票房		27.7	35.2	20.5	10.6	14.1	18.7	27.7	38.3	42.5
国内电影票房	国产片	35.2	57.3	70.3	82.7	127.5	161.6	271.4	266.6	301.1
	进口片	26.9	44.4	60.8	88.0	90.0	134.8	166.3	190.5	258.0
	合计	62.1	101.7	131.5	170.7	217.7	296.4	440.7	457.1	559.1

9.3.1.4　举办媒体品牌活动,深化新闻出版广播影视交流合作

举办"中国东盟同唱友谊歌""丝绸之路万里行"等品牌媒体活动,构建"丝路电视国际合作共同体""一带一路新闻合作联盟"等交流机制。中国国际电视总公司于2016年发起并成立了"丝路电视国际合作共同体",目前已有来自"一带一路"沿线33个国家的53家机构加入,在国际合作拍摄、"金丝带"项目评优、电视节目联播、频道合作经营、节目互惠交易、信息资源共享等多方面展开交流与合作。据介绍,目前该"共同体"已构建节目联播机制。《舌尖上的中国2》《一带一路》《透视春晚》等10部纪录片作为首播节

---

① 施雨岑. 国家新闻出版广电总局:与"一带一路"沿线国家影视作品合作会越来越多[N].

目,在 20 多个国家的电视台和网络媒体播映。

在印度、阿联酋等 7 个国家的国际书展上举办了中国主宾国活动。在"一带一路"框架下,我国还牵头举办了"2016—2017 年中俄媒体交流年""2017 年中国—中东欧国家媒体年"等活动,确定了 10 个领域的 200 多个合作项目。

9.3.1.5 强化技术产业合作,推动广播影视基础设施联通

我国的广电技术和服务已具备较高水平,多年来,在村村通、户户通等工程中积累了丰富的实践经验,具备地面、空中、有线网络建设方面的先进技术,能够以较低成本、较快速度和有效方式推动数字广播电视大范围的传输覆盖服务。我国的技术和经验对于"一带一路"沿线的发展中国家来说正是最需要的,我们可以与之分享发展成果,互惠共赢。

一要加强我国广电技术标准的国际应用,强化技术产业合作,推动广播影视基础设施联通。例如,在老挝、柬埔寨开展的 DTMB 传输覆盖网络建设,在海外推广"中国巨幕"系统及其专用母版制作技术,提供互联网、移动终端、视频跨平台无缝衔接的新媒体优质内容与服务,提供数字电视信号、建立有线电视地面基站,为当地民众提供丰富的广播影视服务等。

二要依托先进技术搭建产业链条,促进产业转型升级。例如,四达公司凭借过硬的技术、优质的服务和实惠的价格,让数字电视在非洲"飞入寻常百姓家",在短短几年的发展中拥有了七百万用户。同时,四达公司采取本土化策略,所有岗位上都有非洲员工的身影,有些人已经进入管理层,使四达公司在非洲获得了影响力、品牌效应及良好口碑。这些优秀企业不仅为沿线国家传播文化、输送"精神食粮",更在海外打响名头,向打造全球有影响力的传媒集团的战略目标不断前进。

9.3.1.6 中外影视人才的交流

越来越多的外国影视界人士对推进文化交流、缩小文化差异发挥了积极的作用。比如说哈萨克斯坦的歌手、马来西亚的歌手也参与了中国的综艺节目,在这些节目中逐渐为中国观众所了解,将来中国一些节目也会走出去,在"一带一路"沿线国家发挥更大的影响。

9.3.2 "一带一路"倡议为影视产品"走出去"带来新机遇

9.3.2.1 "一带一路"将拓宽我国影视文化产品市场

影视文化消费需要广阔的市场,消费主体越广泛,影视产品出口的市场就越大,带来的文化影响力就越大。一直以来,中国的电影和电视剧出口疲软,与欧洲、美国、日本和韩国等发达国家有严重的贸易逆差,因为这些国家自身的影视文化产业发展水平、影视文化输出能力都相对较高,加上其固有的文化偏好,使这些地区成为我国影视产品无法踏入的"禁区"。

"一带一路"倡议对拓宽中国电影市场、增添异域文化交流具有积极意义。"一带一路"倡议涉及 60 多个国家,总人口约 44 亿人,占全球人口的 63%,经济总量约 21 万亿美元,约占全球经济总量的 29%。"一带一路"沿线国家大部分为新兴经济体和发展中

国家,范围涉及中亚、南亚和东南亚大部分地区,而且还延伸至西亚、欧洲和非洲,这无疑为中国电影、电视剧等文化产品出口、影视文化的对外传播提供了新的历史契机。中国可以真正地从与这些国家的历史交往当中寻找好的故事,从而更好地实现中外电影交流的目标:双赢、多赢、共赢。

自"一带一路"倡议提出以来,随着丝绸之路电影节、影视论坛等活动的举办,提高我国影视产品出口份额的举措已经初见成效。根据2015年"丝绸之路影视桥国际合作峰会"上公布的数据,2014年,我国影视产品出口到100多个国家和地区,影视节目海外销售数量超过1万小时,海外电影票房收入18.7亿元人民币,电视文化产品和服务出口总额达12亿美元。[①]

9.3.2.2 国家层面加强对"一带一路"沿线国家影视产品走出去的扶持力度

《推动共建丝绸之路经济带和21世纪海上丝绸之路的愿景与行动》中明确提出,要将"文化交往"作为"民心相通"的重点开展对象,并进而使之成为加速"一带一路"倡议实施的重要途径和宗旨。通过沿线国家间互办文化年、艺术节、电影节、电视周和图书展等活动,合作开展广播影视剧精品创作及翻译,联合申请世界文化遗产,联合保护世界文化遗产,深化"一带一路"沿线国家间人才交流合作等方式,推进"一带一路"沿线国家的共同发展。这是我国具有深远意义的国家战略的重要组成部分,是我国成为世界文化强国的必经之路,无疑也为中国的影视产业带来了前所未有的新机遇和新使命。

近年来,我国通过与丝路各国政府间的高层互访、媒体合作、广播电视合作论坛等平台,从国家层面拓宽了影视产品出口的市场范围以及丰富了影视文化海外传播的多样化形式。原国家新闻出版广电总局于2014年3月启动"丝绸之路影视桥工程",每年将各地区申报的一定数量的具备条件的工程项目纳入国际传播能力建设专项资金支持范围,推出一批"一带一路"题材的电影、电视剧、纪录片。目前,我国已和丝绸之路沿线国家合拍了纪录片《丝绸之路经济带》《海上丝绸之路》《亚洲的亚马孙——阿穆尔河》,故事片《大唐玄奘》《功夫瑜伽》等。在"丝绸之路影视桥工程"的引领下,2014年10月20日至25日,首届丝绸之路国际电影节在陕西西安举办,展映了来自25个国家的147部故事片、纪录片、短片,涵盖俄语、韩语、阿拉伯语、土耳其语等18个语种,观影人次超过12万。第二届丝绸之路国际电影节于2015年9月22日至26日在海上丝绸之路沿线城市——福建省福州市举行,共有来自76个丝绸之路沿线国家及周边国家的950部影片参评参展。

9.3.2.3 "一带一路"为中国电影产业提供了独特的战略性资源

从空间分布来看,"一带一路"贯穿亚欧非大陆,活跃的东亚经济圈与发达的欧洲经济圈首尾相接,途经中亚、东南亚、南亚、中东欧、西亚、北非等区域,这些国家和地区是有着深厚文明积累的文化腹地。虽然影视媒介技术具有全球统一的标准,但是文化却呈现出多样性的特征,每个国家的文化属性和民族性格各不相同,是人类文明宝库的重要组成部分。我们要充分发掘沿线国家深厚的文化底蕴,继承和弘扬"丝绸之路"这一具有广

---

① 赵玉宏."一带一路"战略下我国影视文化产品"走出去"策略研究[J].现代传播,2016(2).

泛亲和力和深刻感召力的文化符号,积极发挥文化交流与合作的作用,使沿线各国都可以吸收、融汇外来文化的合理内容,促进不同文明的共同发展,为中国电影产业提供独特的战略性资源。此外,"一带一路"沿线各国无论从历史还是现实来说,都有很多好的故事,像《功夫瑜珈》《大唐玄奘》《战火中的芭蕾》等,为中国电影增加了其他国家的异域文化元素。这也意味着,现在的创作者能够站在"一带一路"角度开始考虑更广阔的市场和更广阔的观众认知,这也是电影全球化的重要方式。

9.3.2.4 影视交流与合作有助于促进沿线国家间的人心相通

"一带一路"倡议中有一条叫"人心相通",人心相通的渠道就是文化交流。纵观历史,讲故事是人类社会实现代际文化传承和各民族之间跨文化理解的便捷方式。置身于当下数字化电子媒介的时代,影视作品又成为讲述故事的主要载体和建构文化记忆的重要媒介。

电影作为一种艺术表现形式,能直接反映一个国家的文化风貌特征,中国的影视艺术作品可以借助视听元素,更加有效地向国外观众展现中国的国家风貌与社会生活,构建中华民族的审美形象与文化框架,传达文化意蕴与精神内核,传递中国态度与中国价值。而且影视作品具有艺术综合性、视听独特性,在审美上具有日常性、生活性、大众性、故事性和世俗性,在叙事上具有戏剧性、矛盾性和延展性。它将电子技术与视听技术相结合,创造性地吸收其他诸多艺术形式的长处,这些都意味着在进行对外文化交流与传播的过程中,影视作品可以最大限度地发挥其艺术优势,从内容到形式获得海内外观众的接受、理解和认可,真正成为中国文化对外传播的主力军。蕴含跨国思维的中国电影作品将更多地参与到"一带一路"沿线国家人民的文娱生活中;同时,在开放包容的环境中,越来越多充满异域风情的外国电影也将与中国观众见面,将沿线国家多姿多彩的文化与生活娓娓道来。

未来,中国影视业的发展在深耕本土、传承创新之外,更需要放眼国际,承担文化输出、交流互鉴之功能,从而为"一带一路"沿线国家的居民提供更多影视文化产品。

9.3.3 中国与"一带一路"沿线国家影视作品交流合作(合拍片)

9.3.3.1 影视合作的历史沿革

合拍片是指中国境内制片公司和境外制片公司共同投资(含资金、劳务或实物)、共同摄制、共同分享利益及共同承担风险的一种摄制形式。这种联合摄制的合拍片,在中国内地市场可以享受国产影片待遇。

2002年,中国电影开始了产业化改革。2002年年底,中国内地与香港的合拍片《英雄》席卷全国银幕,创造了2.5亿元票房的神话,同时也揭开了中国电影合拍片十年狂飙突进的大幕。十年间,在各项产业改革政策,尤其是《中外合作摄制电影片管理规定》《内地与香港关于建立更紧密经贸关系的安排》(CEPA)、《海峡两岸经济合作框架协议》(ECFA)等与合拍片直接相关的产业政策的牵引下,中国与境外的合作制片获得了飞速发展,成为中国电影产业中至关重要的力量,对中国电影产业格局产生了深刻影响。

除了与中国香港地区进行影视合作,我国还积极拓展与海外各国的影视合作,借鉴其优秀经验。我国和加拿大于1987年签订了《中加政府关于联合拍摄电影的协议》,成为中外合作拍摄的起点。2004年后,我国还陆续与意大利、澳大利亚、法国、新西兰、新加坡、比利时、英国、印度、西班牙、韩国等国家签订了相关的电影合拍协议,完善合拍机制,创造更多互利共赢、文化交流的机会。

经历中国电影产业化改革15年,合拍片已经成为中国电影产业中至关重要的结构性力量,成为中国电影票房的绝对主力,也成为中国电影"走出去"工程最有效的方式。

9.3.3.2 影视合作的成果与意义

近年来,伴随着中韩合拍的热情日渐高涨和"一带一路"理念的不断成熟,2014年7月3日,中国与韩国正式签署了《中韩电影合拍协议》,双方均以极大限度的优惠政策为两国电影的共同进步打造更加宽松舒适的发展空间。

此后,中国又分别与俄罗斯和印度签署了电影合作协议,印度新闻广播部部长普拉卡什·雅瓦德卡尔表示:"这份协议的签署,使两国的制作人能够有机会利用各自的艺术创意、技术资金以及市场资源,共同拍摄电影。同时也能帮助印度的音视频产品进入中国这个巨大的市场。"2016年5月,在"中印电影合作交流新闻通气会"上,双方宣布了由中印两国电影人交流合作的三部电影——《大唐玄奘》、《功夫瑜伽》和《大闹天竺》的正式启动,《天将雄师》《一代宗师》《狼图腾》《夜莺》等优秀中国影片也已经或即将在印度发行。

从2015年10月到2016年年初,一批由中国与泰国和越南合作的影片也出现在中国的电影市场,其中,有中国电影人首次与泰国专业惊悚片团队深入合作的电影《索命暹罗之按摩师》,该片是依托泰国优质的惊悚电影品质为中国市场量身定制的一部独具异域色彩但又不乏中国文化的影视佳作。中越合拍了爱情喜剧《越来越囧》,在这部由中国导演执导的影片中,越南"洗剪吹"组合首次参演中国电影,影片集合了爱情、时尚、幽默等多种元素,横跨越南、泰国、柬埔寨等国拍摄,使《越来越囧》在博人一笑的同时更为不同国别的人群展示了浓郁的东南亚奇幻风情,影片的多元视角、开放意识、文化包容以及泛亚诚意显而易见。①

从目前的种种发展态势来看,"一带一路"必将助推中国电影走出去,同时也定会助力中国联合沿线亚洲国家进行电影资源的共享和共建,使中国电影在担当发展亚洲电影这一重任的同时更提升了自身的视野和水平。

"一带一路"理念下中国电影的发展必须时时恪守"实现全球化再平衡"和"开创地区新型合作"的总体构想,并在这一总的指导思想下不断创新和完善更多、更具体的实践步骤,通过整合周边电影优势国家、支援周边电影弱势国家,并与它们共同构建一个电影强势群体的方式,在实现中国电影拥有更高的文化包容度和在世界上的被认知度的同时,更要使文化的交流与互动带动经济的互利与互惠。

---

① 刘晓希. "一带一路":中国电影发展的新机遇与新使命[J]. 当代文坛,2015,(06).

9.3.4 中国与"一带一路"沿线国家影视节展的举办与影视基地的建立

9.3.4.1 "丝绸之路国际电影节"的建立与发展

中国原国家新闻出版广电总局主办的"丝绸之路国际电影节"2014年启动，旨在以电影为纽带，促进丝路沿线各国文化交流与合作，传承丝路精神，弘扬丝路文化，为"一带一路"建设创造良好的人文条件。经过几年的发展，渐渐扩大规模及其国际影响力，成为一年一度的"电影盛会"。

首届"丝绸之路国际电影节"共有11个国家的170多家片商参与了组委会举办的各类论坛、推介会和电影市场等活动。41部影片入围"丝路杯"最受观众喜爱的影片，11个国家的170多家片商参与节目与版权交易总金融约30亿元人民币。电影节闭幕式上还发布了《首届丝绸之路国际电影节国际合作共同宣言》，强调"和平合作、开放包容、互学互鉴、互利共赢"的丝路精神。

2015年9月，在福州举办的"第二届丝绸之路国际电影节"邀请到来自俄罗斯、英国、意大利、印度、埃及、韩国、伊朗等近30个丝路沿线及周边国家的文化、电影主管部长、电影机构负责人、驻华大使、官员近百人。此次电影节共征集到76个丝路及周边国家共950部影片，其中外语片910部，最终遴选出24部传媒荣誉单元影片，共有105部参加了展映单元，其中有11部影片是全球首映、15部是国际首映、17部是亚洲首映、10部是中国首映。电影节还设置了主宾国展映单元、丝路主题展映单元、动画电影及优秀纪录片展映单元、华语影像展映单元、港台影像展映单元，并举办了丝路电影合作论坛、动画电影论坛、丝路影像城市论坛、电影音乐会等多项活动，充分秉承"一带一路"理念下"共商、共建、共享"的交流、合作原则。

"第三届丝绸之路国际电影节"于2016年9月19日至23日在西安举办，共有57个国家和地区的320部优秀电影、170余名业界精英、500多家电影机构倾情展示，20多万观众热情参与，共同铸就了这一精彩纷呈、硕果丰盈的光影盛宴，充分彰显了丝路文化的独特魅力和蓬勃生命力。

"第四届丝绸之路国际电影节"于2017年11月28日至12月3日在福州举办，电影节共征集到67个丝路沿线及周边国家（地区）的588部外语影片和416部华语影片，涵盖日本、俄罗斯、意大利、印度尼西亚、斯洛伐克、捷克、法国、德国等。经过筛选，最终确定70部外语影片和30部华语影片进入展映单元，并在15家省内外影院与观众见面。福州还举办了首届丝绸之路国际纪录片学术盛典活动以及首届福州丝绸之路国际电影海报学术盛典活动，并精心打造了多个重点论坛，组织开展了系列高峰论坛，邀请国内外电影业的著名人士进行研讨，交流经验，探讨合作，共商推动电影发展繁荣大计。

作为"丝绸之路影视桥工程"的重点项目，"丝绸之路国际电影节"是贯彻落实国家"一带一路"倡议的重要举措，已成为展示世界电影人至臻风华的"中国印记"，成为弘扬新时代丝路精神的"光辉符号"。

9.3.4.2 在国际电影节中增设"一带一路"专题

除了"丝绸之路国际电影节"，我国还在"北京国际电影节""上海国际电影节"中创新引入了"一带一路"专题,使其成为我国两大电影节的亮点。

在2017年"北京国际电影节"的"探寻电影之美高峰论坛——'一带一路'电影发展与全球电影新格局"上,主办方宣布,作为"一带一路"国际电影交流活动的组成部分,每年将与沿线国家共同举办双边或多边电影展映,并推出"最佳金丝带"电影奖,当年这一奖项花落俄罗斯电影《白虎》。

2017年6月举办的第20届上海国际电影节收到了来自106个国家和地区的2 528部影片申报参赛参展,其中,来自"一带一路"沿线近50个国家和地区的电影人和电影机构共申报1 016部影片,数量超过往年。2015年,中国电影国际巡展在白俄罗斯举办。2017年9月中旬,中国电影国际巡展将走进塞尔维亚,让塞尔维亚的观众感受中国的历史文化,感受中国人民的生活和情感,感受中国正在发生的变化。

9.3.4.3　建立影视基地,发挥集聚效应

我国计划通过建立影视基地来促进沿线影视行业的快速发展,力图发挥规模效益,打造"一带一路"影视集聚生产基地。据英国《泰晤士报》报道,中国西南部地区于2017开始建设"一带一路"影视基地和主题公园。这个斥资17.5亿英镑的项目将在重庆市附近的一个县城落地,反映了我国提升出口文化软实力的决心。这个新的影视基地将利用"一带一路"这一主题吸引外国电影和电视合作者,并吸引其他外国合作伙伴,帮助生产基地、主题公园和"旅游城"的运营。基地负责人认为,该项目关于"一带一路"的定位不仅契合国家战略的文字表述,更是项目建设运营的行动纲领。将设置"一带一路"友谊小镇和影视主题体验乐园等业态板块,将由港澳台地区、欧洲片区、中东片区、美洲片区的十几个国家共同参与建设、运营,以此打造为"引进来"的国际文化、旅游、贸易平台。"'一带一路'影视创意文化产业城"的理念和构思将与众不同,不会复制任何影视文化基地进行打造。

9.3.5　中国电影在"一带一路"沿线的传播与接受效果及改进策略

2015年,北京师范大学中国文化国际传播研究院组织了第五届"中国电影国际传播"调研,调研选取"一带一路"沿线国家的受访者,着力调查中国电影在"一带一路"沿线区域的传播与接受效果。调研结果表明,中国电影在"一带一路"沿线区域的影响力欠佳,传播与接受效果并不理想,中国电影在"一带一路"沿线国家的宣传推广还需整体加强。为了解中国电影在"一带一路"沿线区域国际传播效果提供了大量分析数据和研究依据,以下内容摘录自该课题组发表在《现代传播》2016年第2期的调研报告。[①]

9.3.5.1　根据不同区域中国电影传播渠道的差异实施有针对性的推广方案

"中国电影国际传播"项目调研结果表明,中国电影在"一带一路"沿线国家的宣传和传播力度小,不同区域国家的受访者对中国电影的接触渠道有明显的差异性。东北亚、东南亚地区应多从免费网站、免费电视频道等渠道,加大对该地区中国电影的传播和

---

① 黄会林,朱政,方彬,孙振虎,丁宁.中国电影在"一带一路"战略区域的传播与接受效果——2015年度中国电影国际传播调研报告[J].现代传播,2016(2):17-25.

宣传。南亚地区应该多从免费网站、人际传播、影院播放的预告片等渠道,加大对该地区中国电影的传播和宣传。通过在该地区举办电影节、艺术节、电影文化交流活动等加强人际交流和传播。通过对该地区中国电影预告片的大力投放,增加对中国电影的宣传信息传播。中亚地区应该从免费网站、人际传播和影院播放的预告片入手,加大对中国电影的传播和宣传。

9.3.5.2 运用新媒体手段营销和传播中国电影

随着互联网的迅速发展,网络成为观看中国电影和传播宣传信息的主要渠道。中国电影在"一带一路"区域的传播中,对构建正面、积极的国家形象有着很好的作用,是当前中国文化国际传播的重要路径和鲜活载体。

9.3.5.3 提升中国电影的译制水平

调查数据显示,字幕翻译难懂是"一带一路"区域受访者对中国电影的最深印象。由于译制水平存在诸多问题,中国电影在走向海外的过程中无法很好地将片中的精神传达出去,难免出现"文化折扣"现象,降低了外国观众对中国电影的兴趣和期待。中国电影的译制需要提升到国家层面的文化战略,加大对外译制的资金投入,加强相关专业电影翻译人员的培训。针对"一带一路"沿线国家进行专业的语言及文化的培训,着实提高中国电影的小语种译制。避免语言差异带来的传播障碍,全面提升中国电影的译制水平,让其更加精准地传播中国文化。

9.3.5.4 用多元化的类型片吸引"一带一路"地区受众

调查数据显示,"功夫片"在所有中国电影类型中最受"一带一路"沿线区域的受访者喜欢,但是与动作片、剧情片、喜剧片、宗教片、动画片、纪录片等其他类型相比,功夫片所占优势并不是很大,各种类型片呈现齐头并进的趋势。由此可见,"一带一路"沿线区域受众对中国电影类型的接受渐趋多元,并非局限于某一特定类型。因此,在中国电影的对外传播过程中,整合各种电影类型,用更为多元的类型片吸引"一带一路"地区受众,为他们建构起对中国电影更为全面的印象。同时,需要根据不同地区和国家的差异考虑类型片选择因素,采取更符合当地文化传统的传播策略,力求更好的传播效果。

9.3.5.5 多数受访者对中国电影中的"中国形象"评价持积极肯定的态度,但不同地域、性别、年龄受访者对中国国家形象评价存在明显差异

从调查数据可以看出,中国电影国际传播与国家形象建设的关系亟待深入系统的研究。中国电影在"一带一路"沿线国家的传播对塑造中国国家形象具有客观且积极的影响,但是不同区域、不同性别、不同年龄受众,其认识和印象存在较为明显的差异性。为了使中国电影取得更好的传播和发行效果,需要在不同区域针对不同年龄、不同性别的受众,细分发行对象,"投其所好",采取更为细致的类型影片发行策略。从整体上来说,可以增加反映中国快速发展的影片投放,增加反映中国深厚精神文明的影片投放。如在区域投放方面,针对南亚的年轻女性观众,可以加强反应"友好的""和平的"的影片,接受度要高。

在调研中,虽然受访者认可的"中国形象"是"发展迅速的",但是对于"环境美好的""经济发达的"这两项评价并不高。不能因某一部影片而"一叶障目",这很有可能会影响到中国旅游市场的发展。

中国的快速发展在环境方面付出了很高的代价。在国家政策方面还要加强监管,从而给中国电影提供更好、更优的"大背景"。中国电影在国际传播中发现的一些国家形象建设问题应及时反馈到相关决策部门,形成反馈机制。当然,中国电影在"走出去"之前,也有必要从国家形象的角度形成必要的"过滤"。

中国电影在国际上的传播不仅关系到文化交流,更关系到中国国家形象建设的战略。中国电影国际传播与国家形象建设的关系是具有差异性、复杂性、独特性、理论性、实践性的重要课题,亟待进一步深入研究。

9.4 "一带一路"倡议下中国对外文化投资

9.4.1 我国文化企业对外投资状况

文化企业"走出去"的路径包括文化贸易和境外直接投资。文化贸易包括文化产品贸易和文化服务贸易,境外直接投资包括绿地投资和兼并收购两种形式。因为境外直接投资能够让中国文化企业在东道国拥有从事文化经营活动的主体,可以更直接、更有效地传播中国文化。一方面,它可以帮助文化企业有效打开当地文化市场,拓展海外市场规模,增加文化"走出去"的广度;另一方面,它更能够深入发掘当地文化市场,最大限度地为文化产品与服务"走出去"创造适宜的市场环境,也为其本土化提供更多保障,增加文化"走出去"的深度,实现从文化"走出去"到"走进去"再到"融进去"的过渡,从而对推动中华文化"走出去"提质增效具有重要意义。文化、体育和娱乐业对外直接投资净额从2007年的510万美元增至2015年的17.5亿美元,增幅达到340倍,对外投资的层次稳步提高。同时,我国文化企业海外并购数量也呈上升趋势,交易金额不断扩大。

9.4.1.1 近年来我国文化产业对外投资增长迅速

我国文化产业"走出去"起步较晚,近年来发展提速,从表9-13和表9-14可以看出,金融危机后,我国文化领域对外投资流量和存量都呈增长态势,文化、体育和娱乐业对外直接投资净额从2009年的19.76百万美元增至2016年的38.7亿美元。2015年,中国对外直接投资涵盖了国民经济的19个行业大类,在19个行业大类中,文化、体育和娱乐业是投资增长最快的领域;2015年,对外直接投资额17.5亿美元,同比增长236.6%,占当年对外直接投资比重的1.2%。截至2016年年末,中国文化/体育娱乐业累计实现对外文化投资79.1亿美元,占我国对外直接投资存量比重达到0.6%。

从中国境外分布的主要行业情况看,2015年年末,共有272家文化/体育娱乐业的企业,占境外企业总数的0.9%;2016年年末,共有488家文化/体育娱乐业的企业,占境外企业总数的1.3%(见表9-15)。

表 9-13 2009—2016 年中国文化、体育和娱乐业对外直接投资流量与占比

(单位:亿美元)

	2009 年	2010 年	2011 年	2012 年	2013 年	2014 年	2015 年	2016 年
文化/体育娱乐业	0.2	18.6	1.0	2.0	3.1	5.2	17.5	38.7
对外直接投资总额	565.3	688.1	746.5	878.0	1 078.4	1 231.2	1 456.7	1 961.5
文化/体育娱乐业占比	0.0%	2.7%	0.1%	0.2%	0.3%	0.4%	1.2%	2.0%

数据来源:商务部、国家统计局、国家外汇管理局. 2016 年度中国对外直接投资统计公报[R],中国统计出版社,2017

表 9-14 2009—2016 年中国文化/体育和娱乐业对外直接投资存量及占比

(单位:万美元)

	2009 年	2010 年	2011 年	2012 年	2013 年	2014 年	2015 年	2016 年
文化体育娱乐业	1.4	3.5	5.4	7.9	11.0	16.0	32.5	79.1
对外直接投资总额	2 457.6	3 172.1	4 247.8	5 319.4	6 604.8	8 826.4	10 978.6	13 573.9
文化体育娱乐业占比	0.1%	0.1%	0.1%	0.1%	0.2%	0.2%	0.3%	0.6%

数据来源:商务部、国家统计局、国家外汇管理局. 2016 年度中国对外直接投资统计公报[R],中国统计出版社,2017

表 9-15 2011—2016 年中国文化、体育和娱乐行业境外企业数量及占比

	2011 年	2012 年	2013 年	2014 年	2015 年	2016 年
文化体育娱乐业(家)	120	162	197	340	272	488
境外企业共计(家)	17 951	21 860	25 413	30 814	29 699	37 164
文化体育娱乐业占比(%)	0.7	0.7	0.8	1.1	0.9	1.3

数据来源:2011—2016 年度中国对外直接投资统计公报

从表 9-16 可知,中国文化/体育和娱乐业类对外投资主要流向中国香港、欧盟、美国和东盟这四大区域,2016 年度流向这四个区域的外资额越占中国文化体育娱乐业投资总额的近 94.4%,说明中国文化体育娱乐业对外投资区域比较集中。目的地过于集中的主要风险在于对个别发达国家的市场依存度过高,抗风险性能力较差,而且不利于进一步扩大中国文化在全球范围内的辐射力、渗透力和影响力。中国对欧盟的文化类投资晚于中国香港、美国和东盟,尽管这四大区域是中国文化类资本主要流向的区域,但每年流向这四大区域的中国文化类投资占比较小。

表 9-16 2011—2016 年中国文化/体育和娱乐业类对外投资流向

(单位:万美元)

		中国香港	欧盟	美国	东盟	非洲	合计
2011 年	流量	1 665	—	4 582	887	—	7 134
	比重	0.1%	—	2.5%	0.2%	—	68.0%*

续表

		中国香港	欧盟	美国	东盟	非洲	合计
2012年	流量	10 637	—	568	308	—	11 513
	比重	0.2%	—	0.1%	0.1%	—	58.6%*
2013年	流量	7 928	666	2 343	—	15 230	26 167
	比重	0.1%	0.2%	0.6%	—	4.0%	84.2%
2014年	流量	25 485	2 369	6 880	980	—	35 714
	比重	0.4%	0.2%	0.9	0.1%	—	68.8%*
2015年	流量	77 857	1 495	37 514	1 765	—	118 631
	比重	0.9%	0.3%	4.7%	0.1%	—	67.9%*
2016年	流量	130 595	45 059	186 555	3 149	—	365 358
	比重	1.1%	4.5%	11.0%	0.3%	—	94.4%*

说明：比重是指文化/体育和娱乐业对外投资额占中国对各区域对外直接投资额的比重；*指中国对四大区域文化/体育和娱乐业对外投资额占中国文化/体育和娱乐业对外投资总额的比重

数据来源：2011—2016年度中国对外直接投资统计公报

9.4.1.2 我国文化企业海外并购数量呈上升趋势，交易金额不断扩大

2003年至2013年，我国文化产业海外并购44起。2009年7月，北京聚集俏佳人传媒股份有限公司成功并购美国国际卫视，成立了"ICN电视联播网"，2011年2月又并购了美国大纽约侨声广播电台。2009年，中国港中旅集团所属天创国际演艺制作交流有限公司以354万美元收购了美国第三大演艺中心布兰森市的白宫剧院，在该剧院驻演中国优秀剧目，迈出了中国演艺企业境外收购和经营剧场的第一步。2012年，小马奔腾联合印度公司以3 000万美元并购了美国特效制作公司数字王国（Digital Domain）。万达集团积极打造全球电影制作、院线、发行产业链，成为全球规模最大的电影院线运营商。2012年，万达集团以26亿美元整体收购美国第二大院线AMC影院公司。

2013年，中国企业对外资并购中，文化/体育娱乐业共有8起，涉及并购金额4.8亿美元，在所有的对外并购中占比达0.9%；2014年，中国企业对外资并购中，文化/体育娱乐业共有11起，涉及并购金额1亿美元，在所有的对外并购中占比达0.2%，占文化/体育娱乐业对外投资总额的19%，说明文化/体育娱乐业的对外投资形式以绿地投资为主，并购为辅。2015年，中国企业对外资并购中，文化/体育娱乐业共有21起，涉及并购金额增长到32.3亿美元，在所有的对外并购中占比提高到5.9%，主要项目有北京万达文化产业集团公司以9亿美元收购美国世界铁人公司100%股份、以7.5亿美元收购瑞士盈方体育传媒有限公司90.4%股份等。2016年1月，万达集团宣布以不超过35亿美元现金（约230亿元人民币）收购美国传奇影业公司。这是中国文化产业最大的海外并购[1]。

---

[1] 来有为，张晓路. 全球化条件下引导和支持中国文化产业"走出去"［EB/OL］. https://theory.people.com.cn/n1/2016/0302/c83865-28165982.html.

9.4.1.3 "一带一路"沿线国家成为我国文化类对外投资的新亮点

"一带一路"倡议提出以来,我国对"一带一路"沿线相关国家和地区的对外直接投资增长迅速。据商务部统计,2015 年,我国对"一带一路"相关国家进行了直接投资,投资流量为 189.3 亿美元,同比增长 38.6%,是对全球投资增幅的 2 倍,占当年流量总额的 13%,投资主要流向新加坡、俄罗斯、印度尼西亚、阿联酋和印度等地。我国对"一带一路"沿线国家和地区的对外文化投资也日益成为新亮点,如安徽出版集团在波兰投资建立的国有独资企业——时代·马尔沙维克集团是中国出版企业在东欧国家设立的第一家对外文化投资实体。2015 年,北京求是园文化传播有限公司在"一带一路"沿线国家格鲁吉亚首都第比利斯成立了格鲁吉亚文化出版社,旨在建设成为在"一带一路"国家专业权威的中国图书外文出版平台。另据统计,截至目前,在涉及对外文化投资的 167 家上海企业中,已有 9 家企业的投资目的地是"一带一路"沿线国家和地区,如新加坡、阿联酋、缅甸及印度,其中投资新加坡的文化企业就有 4 家。[1]

9.4.1.4 中国文化企业境外直接投资经验不足

根据权威统计,全球 80%的资本流动仍集中在发达国家和地区之间。我国企业走出去的历史短暂,中国企业开始频繁地尝试在外国直接投资更只有短短十年左右的时间,而中国文化企业尝试境外直接投资的历史更加短暂。2012 年,万达收购 AMC 是我国文化企业开始大手笔境外收购的首次尝试,自此,中国文化企业通过境外直接投资走出去才开始进入世人的视野。境外直接投资,尤其是以兼并收购的形式进行的境外直接投资,面临着巨大的法律风险和投资风险。法律风险主要是因为不熟悉境外的法律带来的交易风险,法律风险包括交易审批、员工安置、产权交割等风险。对境外并购文化企业而言,最大的法律风险是交易审批风险,各国几乎都对外国投资人并购本国文化企业设置了前置审查程序,由于文化属于意识形态的范畴,各国对外国企业并购本国文化企业的审批标准难以准确界定,而且对于来自不同意识形态国家的外国企业,审核标准是不一致的,所以,在中国文化企业在某国家并购文化企业尚未积累到足够的案例之前,交易审批的不确定性较大。[2]

投资风险主要是因为不能判断交易标的物的价值带来的交易风险。作为智力密集型产业,文化企业的价值通常在于员工的创造力,但是员工的稳定性及创造力的持续性都是难以准确预期的,这无疑给文化企业的境外并购带来了更大的交易风险。万达在初次试水境外文化产业并购时选择影院经营商 AMC 作为并购标,很重要的一个原因是 AMC 的核心价值在于电影院和电影银幕等有形资产,这让万达可以更准确地评估其公司价值,并且能够在并购后持续控制这些资产。若要并购一家以编剧、导演、演员、制片人等人员的创造力为核心价值的电影制作公司,价值判断和持续控制的难度都会大幅增加。

---

[1] 李嘉珊,宋瑞雪."一带一路"倡议背景下中国对外文化投资的机遇与挑战[J]. 国际贸易,2017(2).
[2] 厉无畏. 中国文化企业走出去的机遇与挑战[N]. 团结报,2014-06-21(5).

9.4.2 中国出版企业对外投资状况

出版产业,说到底是内容产业,也是创意产业。出版企业面对的是高度市场化的国际环境,在国际出版市场上,"西强我弱"的国际竞争格局没有根本改变,使得我国出版企业走出去面临更大的挑战。"一带一路"倡议为我国出版企业走出去带来了新的发展机遇。在我国大力推进"一带一路"经济走廊建设的过程中,中国人的文化和生活观念也必将随着经济建设走进经济大走廊。出版作为文化传播载体的天然属性也必然随着这一历史进程走入沿线国家,从而形成充满活力的产业带和文化互通新景象。过去,我国的走出去发展规划一直把工作着眼点放在欧美等发达国家,如今实施"一带一路"的发展布局,使我们的视野跳出了欧美,在更广阔的大背景下讲好中国的故事,传播中华文化,同时通过文明互鉴丰富我们自身的文化内涵。2016年,原国家新闻出版广电总局再次就"丝路书香工程"项目进一步提出要求:要求全面深入贯彻习近平总书记系列讲话精神,以讲好中国故事为引领,以塑造国家良好形象、维护国家根本利益、传播中华优秀文化、服务党和国家对外战略为基本任务,加强内容建设,创新方式方法,强化布局布点,打造交流平台,全面推进务实合作,增强出版企业在周边和"一带一路"沿线国家的影响力和竞争力,发挥新闻出版促进文化交流、民心相通的独特作用,提高国家文化软实力。

9.4.2.1 出版企业对外投资发展历程

中国最早建立海外分社的历史可以追溯到20世纪30年代,中国出版巨擘——商务印书馆和中华书局在东南亚设立分馆或分局。20世纪末21世纪初,中国出版社在海外设立的第一个出版分支机构的是科学出版社1990年在美国纽约设立的Science Press New York, Ltd。20世纪末21世纪初,最早的中国新闻出版企业收购并购的案例是2002年中国外文局(现为中国国际出版集团)收购美国的中国书刊社,并成立长河出版社(Long River Press)。进入21世纪以后,中国新闻出版企业海外投资活动逐渐增多,大体可以分为以下三个阶段[①]:

(1)探索期(2000—2010年)。21世纪头十年,中国新闻出版企业海外投资活动处于试水阶段,主要采用在海外设立分支机构的方式。如2002年6月成立的上海外语教育出版社北美分社、2005年内蒙古新华发行集团在蒙古设立的塔鸽塔书店等。尤其是2008年奥运会前后,中国新闻出版机构海外投资活动增长迅速,十分频繁。这一时期开展海外投资活动的出版企业主体大多是资金实力雄厚的出版集团,或是在专业出版领域发展较好、拥有广泛的国际合作渠道的专业出版社,也有民营出版商;海外投资活动的主要方式是建立海外分支机构,但海外并购和收购的有影响力的案例也开始出现,比如,2008年人民卫生出版社美国有限责任公司成立时收购了加拿大BC戴克出版公司,获得了该公司的全部医学图书资产;2010年4月,上海世纪传媒有限公司投资50万港元在香港收购世纪出版有限公司(Century Publishers Limited)的全部股权,直接立足港台地区从事中文出版,开拓海外中文市场,并为将来从事亚太地区、辐射欧美国家的英文出版

---

① 钱凤强,刘叶华,刘莹晨. 中国新闻出版企业对外投资运作模式与策略选择[J]. 出版发行研究,2016(8):75-80.

做好准备。

(2)成长期(2011—2014年)。2011年到2014年,也就是"十二五"的前四年,中国新闻出版企业海外投资活动发展速度较快、资金投入较多、投资方式多元,特别是中国上市出版集团大手笔的并购兼并活动显得十分突出。如凤凰出版传媒集团2008年年底实现借壳上市以后,于2014年斥资8 500万美元收购了美国出版国际公司(PIL)的童书业务及其海外子公司的全部股权和资产。这一时期开展海外投资活动的出版企业中,大型出版集团仍然是海外投资活动的主力,但是,民营企业的力量不容小觑。截至2014年,云南新知集团已经在海外设立了7家华文书局。海外投资活动的主要方式虽然仍集中于中国企业直接投资和独资建立海外分支机构,但是与海外出版企业合作建立公司、并购和收购的案例开始增多,交易数额也十分可观,如广西师范大学出版社以200万美元收购澳大利亚Images出版公司等。

(3)发展期(2015年至今)。2015年初至今,中国新闻出版企业海外投资活动迅速增多,投资地域进一步拓展,企业经营活动十分丰富。大型出版集团和上市公司依然出手不凡,如凤凰传媒出版有限公司2015年直接投资2 500万美元成立凤凰美国控股公司。据2015年原国家新闻出版广电总局统计的"一带一路"沿线国家"走出去"项目显示,正在实施或者即将实施的"本土化"项目,即境外投资项目多达52项,参与的中国新闻出版企业有37家,覆盖蒙古、俄罗斯、哈萨克斯坦、吉尔吉斯斯坦、越南、马来西亚、新加坡、印度尼西亚、菲律宾、印度、巴基斯坦、尼泊尔、波兰、匈牙利、罗马尼亚、塞尔维亚、土耳其、阿联酋、黎巴嫩、约旦、以色列、埃及22个国家。

从"一带一路"沿线国家的投资项目中可以看出,2015年以来,中国新闻出版企业海外投资项目出现了新的转变和趋势:海外投资的地域从原来的主要面向西方发达国家转变为重视与国家战略息息相关的"一带一路"沿线国家;除与中国人文交流历史深远的东南亚国家和政治交往密切的蒙古、俄罗斯和中亚国家外,处于西亚和北非的阿拉伯国家成为中国新闻出版企业海外投资项目密集的地区;中国新闻出版企业在南亚和中东欧国家投资项目较少,与这些国家和地区新闻出版行业本土控制力较强不无关系。

9.4.2.2 出版企业对外投资的特点

(1)对外投资主体以国有企业为主。目前,在中国出版业走出去的过程中,无论是图书等出版物贸易、版权贸易还是出版企业对外投资,多数是以国有新闻出版企业和集团为实施主体,国有出版社和出版集团是开展中国文化海外推广和宣传的主要力量和组织保障。在出版物实物出口方面:中国国际图书贸易集团有限公司和中国图书进出口集团总公司是全国出版物实物出口的领军企业,两家企业的出版物实物出口约占全国出版物实物出口总额的45%。财力雄厚、国内外出版资源和经验丰富、销售渠道建设成熟和海外发展布局较早等构成了国有新闻出版企业实施海外投资的优势。近年来,新闻出版广电行业"走出去"的门槛逐渐降低,民营出版社享有对外出版权,未来民营出版社将凭借其灵活的市场经营方式,逐步发展为走出去的主力军。

(2)海外资本运作方式多样化。截至2016年年末,我国新闻出版企业已在50多个国家和地区投资或设立分支机构450多家,初步完成海外布局,本土化发展质量稳步提高。中国出版企业资本国际化运作方式多样化:

一是在海外设立独资分社。资本金雄厚、有长期海外出版合作经验的国有大型出版集团常采用这种方式走出去,如中国出版集团公司、中国国际出版集团、上海世纪出版集团、浙江出版联合集团、北方联合出版传媒(集团)、中国青年出版社、接力出版社、安徽少儿出版社等均在海外设立了自己的全资分支机构。

二是与海外出版企业合作。不同于出版资源和资本实力雄厚的大型出版集团,一些单体社通过版权贸易在海外积累了大量的信息和出版资源后,往往与海外出版企业合资合作,积极发展各类版权代理、交易机构,推动对外版权贸易,推动对外文化传播,借船出海。

三是进行跨国并购。2014年7月,凤凰出版传媒集团以8 500万美元收购一家美国童书生产商,实现了中国出版业有史以来最大规模的跨国并购。2015年,凤凰出版集团又斥资2 400万美元在芝加哥为自己的这家美国分公司买了办公楼。通过并购,凤凰传媒在海外特别是在北美拥有了拓展平台,从而可以和迪士尼、沃尔玛等国际知名大企业平等交往,并购后新公司第一个项目就是出版发行根据迪士尼同名动画片授权的图书《冰雪奇缘》,该书在美国发行量近500万册,创造了该公司有史以来的最高纪录。

(3)政府是推动中国新闻出版企业对外投资的主要力量。为了贯彻落实"一带一路"倡议,原国家新闻出版广电总局全面调动各方力量,统筹兼顾、设计规划,形成了"丝路书香"工程实施方案,并于2014年年底列入中宣部国际传播能力建设项目。2015年,本土化项目也列入丝路书香项目之中,这是第一个鼓励支持中国新闻出版企业海外投资活动的专项项目。2015年,入选丝路书香的本土化项目共有10项,资助金额1 400万元人民币。此前,中国新闻出版企业海外投资活动并没有设立专项支持,有的海外投资企业是通过商务部、原文化部、财政部或者主管部委获得了出口奖励或者是海外投资补贴。比如,人民卫生出版社美国分社和中国青年出版社伦敦分社的海外投资活动得到了商务部的资助。此外,有时地方政府也会拨付文化创业基金予以支持,比如,接力出版社埃及分社获得了广西壮族自治区人民政府70万元的资金支持。从2015年丝路书香本土化项目的地域布局来看,在阿拉伯语国家的布局设点最多,分别在阿联酋、埃及、黎巴嫩和约旦四个阿拉伯世界的出版大国,俄罗斯和东欧国家以及土耳其也设立了本土化项目,具有重要战略地位的以色列也有涉及,但是中亚、东南亚和南亚等国家还没有覆盖;从本土化项目参与主体的所有制性质来看,北京求是园文化有限公司是唯一在列的中国民营图书出版企业,表明政府在顶层设计方面力争实现多种所有制和多种经营方式互相借力、相辅相成的中国新闻出版企业海外投资新格局。

9.4.3 促进中国文化企业对外投资的措施建议

9.4.3.1 加强我国文化管理体制创新,特别是转变政府的文化管理职能

在发达国家的文化企业发展中,政府的引导起到了至关重要的作用。任何一个国家和地区要建立对外文化贸易的优势,必然要调动政府、企业、非政府组织等多方面的力量,必然是一个涉及文化内容、科技研发、对外贸易、法律政策等的系统工程。首先,政府的角色从直接参与转变为行政管理,将文化产业交给市场主体去经营,让文化企业接受市场的考验和洗礼,增强文化企业的市场竞争力,进而增强文化企业的国际竞争力,为文

化企业走出去练好内功。其次,我国应改变目前文化产业不同细分行业分头管理的局面,鼓励文化企业跨行业经营形成协同效应。最后,我国应进一步制定和落实相应的文化产业政策,以鼓励我国文化企业走出去,例如,落实政府引导资金对文化产业发展的投资力度,并加大对文化企业走出去的产业政策和金融支持。

9.4.3.2 加强建设文化对外投资信息渠道和信息平台

在中国文化企业积极布局海外市场的同时,我们也应注意到海外投资是一项复杂的跨境市场经济活动,成功的制约因素较多,特别是我国企业开展跨国并购面临的困难与风险要大于其他国家企业。再加上我国跨国投资专业中介机构发展薄弱,都使得国内企业在进行海外投资时面临着许多挑战。尽管商务部会定期发布《对外投资合作国别(地区)指南》《国别贸易投资环境报告》等对外投资合作指导性文件,但尚无无法为企业进行对外文化投资提供丰富信息和渠道,导致企业前期沟通成本较高,风险较大。因此,一方面,应积极搭建由政府牵头、学术机构,以及公关、财务、法律等专业服务公司携手的专门性对外文化投资公共服务平台;另一方面,应发挥已经建立的多边合作机制和新建立的产业博览会等平台,加强交流对接,更好地服务对外文化投资发展。[①]

9.4.3.3 鼓励和引导民间资本进入文化产业领域

鼓励和引导社会资本投入文化产业是加快完善文化产业投融资体系建设的重要内容,是加快文化产业发展的重要推动力量,也是经济新常态下更好发挥文化产业稳增长、调结构、扩内需作用的重要方面。社会资本是指国内投资主体,包括国有投资主体和非国有投资主体,目前,非国有投资主体代表民间资本。国有投资主体如华侨城、中国移动、中国电信、港中旅等大型央企、国企均已大规模投入文化产业,不仅为文化产业的繁荣发展做出了积极的贡献,同时也为与国民经济其他产业的融合发展指明了方向。为鼓励民间投资,国务院和相关部门先后出台了《国务院关于鼓励和引导民间投资健康发展的若干意见》《国务院办公厅关于鼓励和引导民间投资健康发展重点工作分工的通知》。2012年,原文化部印发了《关于鼓励和引导民间资本进入文化领域的实施意见》,通过政策支持推动民间资本进入文化领域。数据显示,2015 年,我国文化企业的数量已达 130 多万家,较 2012 年增长近 20%。在不少地区,民营文化企业已成为当地文化产业发展的主力军。例如,上海核心产业类文化企业中,民营文化企业占比已达 88%;广东的民营文化企业和从业人员数量均占到全省总数的 80%。除继续鼓励和引导民间资本投资传统和新兴的文化产业外,还要鼓励民间资本进入文化金融、文化企业孵化、文化众创空间等最近几年新兴起来的领域,鼓励民间资本积极进入海外文化市场。

9.4.3.4 要重视海外华人市场的带动作用,充分发挥全球华人的推广力

文化企业走出去的目标市场选择,在初期要重视海外华人市场的带动作用,充分发挥全球华人的推广力。由于文化传统的差异、生活环境以及语言的不同,当前海外华人

---

① 李嘉珊,宋瑞雪. "一带一路"倡议背景下中国对外文化投资的机遇与挑战[J]. 国际贸易,2017(2):53-57.

依旧是文化产品输出的主要消费群体,华人的推广在我国文化企业走出去过程中的作用不可小觑。自2009年以来,直接从中国大陆移居海外的华人数量增速惊人,随着新华侨华人的陆续移居,一些华侨将产业拓展至北美、西欧、澳大利亚等发达国家和地区,促使世界华商结构发生变化,同时拓展了文化贸易和文化投资的广度与深度,有利于中国文化企业有效选择国际目标市场。①

9.4.3.5 成立专门的政府机构为对外投资文化企业提供服务

借鉴国外先进经验,成立专门的政府机构为对外投资文化企业提供服务。例如,为本国文化企业提供目标市场国家的政治、经济、商业等信息;通过对外援助等方式组织本国文化企业到目标市场国家考察;积极协助企业培训海外技术人员,并为可行性项目的研究提供资金扶持等。在文化产业发展较为突出的国家均有此类机构,如日本的海外经济援助基金会、美国和加拿大的国际开发署机构等。

9.4.3.6 培养和引进文化产业"走出去"的复合型人才

文化产业的发展依赖于人的创造能力和创新能力,而且特别注重市场营销方法和手段。把我国文化产业的产品和服务推向国际市场,需要一批既了解国内市场特点,又熟悉国际市场,并具有现代市场营销理念的高级人才,如各类经纪人、中介人、策划人、律师、翻译等。可以通过"走出去""请进来"等多种方式,加强对各类经营管理人才的培训,并从发达国家和地区引进一批高层次人才,全面提升中国文化产业的人才国际化程度;同时,在国内有关高校设立相关专业,优化课程设置和师资配备,加快培养专门从事文化产业国际推广和市场运作的中高级人才,为我国文化产业更好地"走出去"提供有力的人才支持。②

9.5 案例:中俄影视合作与腾讯游戏海外布局

9.5.1 中俄影视合作助力"一带一路"建设

2017年7月4日,在习近平主席对俄罗斯进行国事访问之际,以"中俄合作新未来与媒体使命"为主题的第三届中俄媒体论坛在俄罗斯首都莫斯科举行。华策集团作为国内领先的影视内容提供商参加了此次论坛,并在论坛期间与俄罗斯独立广播公司CTC传媒及俄罗斯最大私人传媒集团之一"国家传媒集团"(NMG)签署了战略合作协议,助力"一带一路"建设。

华策集团认为,当今是中国影视文化"走出去"的黄金时期,而在这个进程中,打造"精品内容"才是中国影视走出国门的核心,因为"真正能够跨文化引起情感共鸣的文化产品,必然拥有优质的故事内核,而且要有高品质"。国际化是华策集团实现打造全球一

---

① 刘杨,张弘. 中国文化企业"走出去"的目标市场选择——基于直觉模糊算法的研究[J]. 贵州师范大学学报(社会科学版),2016(6):83-92.
② 来有为,张晓路. 全球化条件下引导和支持中国文化产业"走出去"[EB/OL]. https://theory.people.com.cn/n1/2016/0302/c83865-28165982.html.

流娱乐传媒集团愿景的一个重要战略和路径。作为"华流出海"的首倡者,华策在影视领域对文化走出去的探索可溯及 20 世纪 90 年代。到 2013 年,华策已与 10 余家海外媒体共同建设覆盖了包括中国香港、中国台湾及马来西亚、新加坡、印度、日本、俄罗斯、英国、法国、德国、美国、加拿大等 30 个以上国家和地区的华语节目播出平台"华语联播体",并开拓非洲及"一带一路"沿线国家和地区。此外,华策还在 YouTube、JungoTV、now TV、viki、Dailymotion、Dramafever 等合作平台开设了"海外华剧场"。截至 2017 年 6 月,已经累计将超过 10 000 小时的中国影视作品授权发行至全球 180 多个国家和地区。

在"一带一路"倡议下,华策选择开拓与俄罗斯同行的合作,首先是因为中俄两国观众有着共同的历史文化记忆,俄罗斯和中国的文化交流合作源远流长,俄国的很多文学名著和很多文化名人对中国人的影响非常大,很多诗歌、小说、歌曲、影视作品在中国深入人心,让中国人民吸收到这个民族很多优秀的文化。与此同时,中国传统文化对俄罗斯的影响也广泛而又深刻。中俄文化交流和影视合作非常有利于推动两国经济社会发展,也有利于两国同行之间的业务发展。

在推动"一带一路"建设的进程中,中俄两国文化交流不断升温。作为高度重视海外发行的民营影视企业,华策集团一直积极探索参与推进中俄影视领域合作的进程。中俄有很多自己的优秀电影人和创作内容。影视是一种很好的承载民族文化精神的艺术形态,中俄两国的影视深度合作,可以创作生产更多两国人民喜爱的电影,这不仅是文化的交融和创作,更有利于两国电影市场的发展和空间拓展。目前,华策集团在"一带一路"沿线国家和地区发行的中国影视作品总小时数也已经达到了 10 268 小时,覆盖了超过 20 个国家和地区。这次和俄企达成的战略合作协议是全面合作协议,包括影视内容的共同开发和合作,也包括一些内容的版权交流和播出合作。双方将在 IP 改编和合拍合作在内的版权发行和内容合作等方向开展多层次合作。比如,被称为"俄罗斯神剧"的俄优秀剧作《战斗民族养成记》正在计划推出中俄合拍电影版,目前已在剧本创作阶段,将由华策影业联合国内相关企业同 CTC 传媒合作推出,希望这些合作能够对东北亚地区的传媒业发展有积极的推动。[①]

9.5.2 腾讯游戏通过海外并购布局全球市场

腾讯目前的市值约为 2 400 亿美元,是亚洲市值最高的科技公司之一。按收入计算,腾讯已成为全球最大游戏发行商,超过了 EA、动视暴雪等美国知名游戏公司。腾讯能够在游戏行业取得这一地位,一方面是因为该公司在中国游戏市场的主导地位,另一方面则源于腾讯与外国游戏公司建立了战略联盟,积极拓展国际市场。腾讯自 2006 年以来的 10 年间,一共投资收购了 34 家游戏公司,其中只有 7 家是中国公司,其他主要位于美国、韩国以及日本。据 Newzoo 的数据显示,2016 年,全球游戏产业规模将达到 996 亿美元,其中,亚太区游戏市场份额占比 47%,将达到 466 亿美元,而北美游戏市场份额占比为 25%,产业值为 254 亿美元。2016 年,仅北美和亚太区游戏市场份额就占全球游戏市

---

① 汪嘉波."中俄影视合作助力'一带一路'建设"——访华策集团创始人、总裁赵依芳[N]. 光明日报,2017-07-29(9).

场总份额的72%,产业规模值将突破720亿美元,[①]得亚太和北美市场者将得全球市场。因此,腾讯游戏通过一系列的跨国并购交易,布局全球游戏市场。

9.5.2.1 在美国投资动视暴雪等公司

2012年7月,腾讯还以3.3亿美元收购Epic Games发行的48.4%的股份,后者的代表作为《战争机器》(Gears of War)系列。2013年,全球最大的游戏开发商以及游戏发行商动视暴雪斥资58.3亿美元回购其母公司法国维旺迪(Vivendi)持有的部分股权时,腾讯以唯一产业投资者的身份入股,腾讯斥资14亿美元战略入股,拥有动视暴雪约6%的股份。腾讯的一大战略是通过投资并购实现全球化。

除了注资动视暴雪之外,腾讯于2008年收购了Riots Games约92%的所有权,该公司当时在美国国内还没有任何产品,Riot Games的运营理念是专注于做好一款游戏,并实现快速迭代,其代表作《英雄联盟》自2011年起就成为美国、欧洲、中国、韩国等地最受欢迎的网络游戏之一。腾讯于2011年花费2.31亿美元收购Riots Games约92.78%的股份,并于2015年12月完成全额收购。《英雄联盟》为2015年最卖座的PC端游戏,创下16亿美元的巨额营收,也是全球营收最高的游戏。2015年4月,腾讯还以1.26亿美元获取手游厂商Glu Mobile约14.6%的股份,而Glu Mobile推出的产品包括《金·卡戴珊:好莱坞》(Kim Kardashian:Hollywood)等模拟类游戏。

9.5.2.2 在荷兰投资Supercell等公司

2016年6月,腾讯以86亿美元收购了芬兰游戏厂商Supercell 84.3%的股份,使其成为世界最大的游戏公司之一。收购Supercell后,腾讯在手游市场的地位将大大提高。2015年,Supercell旗下的《部落冲突》取得超过13亿美元收入,位列全球手游营收第一位,几乎是第二位的两倍。Supercell的收购对腾讯全球化战略有重要影响,腾讯重金收购Supercell,显示出其继续做大游戏业务的决心,而从Supercell目前在世界范围的影响力来看,腾讯是想借此收购为跳板,将腾讯旗下的游戏业务打入全球市场。以营收数据来看,在整个全球游戏行业,腾讯已排名第一。但从收入结构来看,腾讯游戏业务的主要来源仍是中国市场。但腾讯一直在努力打入全球游戏市场。Supercell旗下两款游戏《部落冲突》及《部落冲突:皇室战争》在全球范围内均有着令人满意的表现,借助这一收购,可以使腾讯游戏业务遍布全球。

9.5.2.3 在韩国投资Kakao,在日本扩大合作

在美国之外,韩国和日本也是腾讯投资游戏产业最多的国家。在韩国,仅2014年腾讯就投资了三家游戏厂商。2014年3月,腾讯斥资5亿美元收购游戏公司CJ Games 28%的股份,而当年9月,腾讯还以2 000万美元投资手游公司PATI Games。2014年11月,腾讯联手Line投资韩国游戏工作室4:33 Creative Lab大约1.1亿美元,获取后者25%的股份,成为其主要股东之一。

[①] 腾讯游戏海外投资为什么以美国和亚太区为主[EB/OL].(2016-09-27)[2017-10-08].https://www.woyoo.com/chanye/144178.html.

除了游戏厂商之外,腾讯还在 2012 年 4 月以 4.032 亿元投资韩国最大移动社交平台 Kakao,换取后者 13.84% 的股权。目前,在韩国 App Store 和 Google Play 游戏榜单前十位,就有多款游戏是通过 Kakao 平台发行的。

在日本,腾讯对日本手游厂商的投资更侧重于彼此之间的合作,包括引进对方的产品到中国,以及获取在日本手游产品的发行渠道。腾讯在日本不仅投资了游戏厂商 Aiming,还同 Konami、Mixi 和 GungHo 等游戏厂商或平台达成了合作协议,获得了《怪物弹珠》《智龙迷城》等手游产品在中国的代理权。

9.5.2.4 在东南亚和港澳台地区投资 Garena

除韩国、日本之外,腾讯还将扩张的步伐迈向了东南亚地区。在越南,腾讯在 2008 年就收购游戏公司 Vina Game 约 20.2% 的股份,并于 2009 年增至 22.34%,后者目前是越南当地最大游戏运营商,并开发出一款类似微信的通讯应用 Zalo。而在新加坡,腾讯于 2012 年 1 月以 2 695 万美元收购游戏公司 Level Up 约 49% 的股份,之后又进一步增持至 67%,从而获得后者在巴西、菲律宾等地的游戏发行渠道。

另外,在东南亚和港澳台地区,腾讯还曾投资当地最大游戏平台 Garena,后者在 2016 年 4 月完成了一笔 1.7 亿美元的 D 轮融资,估值达到 37.5 亿美元。而 Garena 还在东南亚和港澳台地区代理发行了腾讯的《英雄联盟》、《全民英雄》和《雷霆战机》等几款游戏产品。

腾讯在收购一系列海外公司之后,未来将携手海外合作伙伴,借助它们的资源和经验,将移动游戏推向全球市场,拓宽其在全球游戏收入来源。移动射击游戏《全民突击》就是典型的例子。2015 年秋,腾讯携手当地合作伙伴,将《全民突击》推向韩国市场,成为韩国 iOS 免费榜榜首。11 月,腾讯与 Glu Mobile 建立合作,开始共同拓展美国和其他西方市场。与之相对的是,凭借强大的渠道优势和运营能力,对于那些现阶段正想探索亚洲市场的欧美知名游戏公司来说,腾讯成了它们的首选。

参考文献

[1] 方英,魏婷,虞海侠. 中日韩文化创意产品贸易竞争关系的实证分析[J]. 亚太经济,2012(2).

[2] 刘佳. 我国图书版权贸易发展路径探析——"一带一路"战略布局下的文化输出[J]. 科技与出版,2016(4).

[3] 王大可. 2015 年"一带一路"出版工作述评[J]. 科技与出版,2016(5).

[4] 王利. 安少社:"四步走"战略布局"一带一路"[N]. 中国新闻出版广电报,2015-10-19(6).

[5] 喻志军. 中国外贸竞争力评价:理论与方法探源——基于"产业内贸易指数"与"显示性比较优势指数"的比较分析[J]. 统计研究,2009(5).

[6] 刘晓希. "一带一路":中国电影发展的新机遇与新使命[J]. 当代文坛,2015(6).

[7]马超,张青磊."一带一路"与中国—东盟旅游安全合作——基于亚洲新安全观的视角[J].云南社会科学,2016(4).

[8]吴杨玥.中国影视产业国际竞争力提升研究[D].青岛:中国海洋大学,2015.

[9]元春,陈永召,梁波.中国电影产业国际竞争力探析[J].商,2015(51).

[10]赵玉宏."一带一路"战略下我国影视文化产品"走出去"策略研究[J].现代传播,2016(2).

[11]黄会林,朱政,方彬,孙振虎,丁宁.中国电影在"一带一路"战略区域的传播与接受效果—2015年度中国电影国际传播调研报告[J].现代传播,2016(2):17-25.

[12]李嘉珊,宋瑞雪."一带一路"倡议背景下中国对外文化投资的机遇与挑战[J].国际贸易,2017(2).

[13]刘振林.中国对"一带一路"沿线国家直接投资现状与成因研究[J].国际贸易,2017(6).

[14]商务部,国家统计局,国家外汇管理局.2016年度中国对外直接投资统计公报[M],中国统计出版社,2017.

[15] UNESCO, 2009. 2009 UNESCO Framework for Cultural Statistics. Canada: UNESCO Institute for Statistics.

[16] UNCTAD, 2008. Creative Economy Report 2008: The Challenge of Assessing the Creative Economy: Towards Informed Policy-making. New York: UNCTAD.

[17] UNCTAD, 2014. Creative Economy Report 2013: The Challenge of Assessing the Creative Economy: Towards Informed Policy-making. New York: UNCTAD.

[18] WIPO, 2003 WIPO Guide on Surveying the Economic Contribution of the Copyright- based Industries, https://www.wipo.int/export/sites/www/freepublications/en/copyright/893/wipo_pub_893.pdf.

后　　记

　　经过十几年的辛勤耕耘,中国传媒大学经济与管理学院已建立起国际文化贸易本科、硕士和博士人才培养体系,并一直以建设政策咨询型、理论研究型、人才培养型、社会服务型四位一体的高质量教学科研机构为目标,积极开拓,不断进取。近年来,该专业的师生承担了中宣部、文化和旅游部、商务部、新闻出版广电总局以及地方政府和企业委托的一系列与文化贸易相关的理论研究与政策咨询课题,同时也开展了一系列有针对性的社会服务工作,以便形成理论研究与实践发展的良性对接。同时,基于多年的研究积累,李怀亮教授带领团队获得了国家社会科学基金重点项目"中国文化走出去效果评估研究"(项目编号:17AZD035),团队成员共同探究国际文化市场发展状况及中国文化产品和服务走出去的效果。

　　《国际文化市场报告》的编写工作一直得到文化和旅游部产业发展司领导的大力支持。《国际文化市场报告2014》《国际文化市场报告2017》两部出版后受到了广大读者的欢迎。2013年习近平总书记高屋建瓴地提出搭建"丝绸之路经济带"和"海上丝绸之路"的战略构想,这为带动中华文化"走出去"创造了良好的契机。随着"一带一路"建设加快,我国文化贸易发展也迎来了最好的时代。中国与"一带一路"沿线国家的文化贸易日益受到国家的重视,国家不断出台大量相关政策措施,推进对外文化贸易的发展。为加快发展对外文化贸易,推动文化企业在更大范围、更广领域和更高层次上参与国际文化合作和竞争,文化和旅游部产业发展司继续委托课题组研究国际文化市场,并编写出版第三部《国际文化市场报告2018》。

　　本书由李怀亮担任主编,方英担任副主编,汇聚了中国传媒大学经济与管理学院师生的集体力量编写而成,是课题组师生共同努力的结果,全书写作具体分工为:第一章:李怀亮、方英;第二章:王娟、曹宇;第三章:虞海侠;第四章:刘静忆;第五章:佟雪娜;第六章:葛欣航;第七章:王锦慧;第八章:薛华、曲婷旸、魏诗瑶;第九章:方英。由李怀亮教授牵头的"国际文化市场研究"课题组对有关国际文化贸易理论与政策措施、国际文化市场、文化产业管理等领域相关课题开展了专门化、系列化的研究工作。这个研究团队具有相当强的研究实力和深厚的学术积累,团队成员各有所长:

　　方英,博士,教授,国际文化贸易专业带头人、硕士研究生导师,曾在加拿大布鲁克大学商学院做访问学者,主要从事文化经济和国际文化贸易理论和政策的研究。

　　王娟,博士,副教授,主要从事国际图书版权贸易的教学与科研,曾出版专著《中国图书对外贸易问题研究》。

　　曹宇,博士,讲师,现任职于北京印刷学院经济管理学院,主要从事出版企业经营管理和图书版权贸易的教学和研究工作。

　　虞海侠,博士,副教授,美国西北大学做访问学者,曾出版专著《中国电影产业投融资机制研究》,主要从事电影产业投融资和电影贸易的研究。

　　刘静忆,博士,讲师,主要从事文化产业和文化贸易研究,尤其关注游戏市场。

佟雪娜，博士、教授，曾在美国田纳西州立大学研究美国音乐产业，主要从事音乐产业管理和音乐版权贸易研究，其博士论文《数字音乐的产业价值链研究》填补了我国音乐产业研究的空白。

葛欣航，博士，南京大学历史学院博士后，主要从事国际动漫市场和动漫政策的研究。

王锦慧，博士、副教授，曾在美国北卡罗来纳大学教堂山分校做访问学者，主要从事影视版权贸易、影视版权证券化研究。

薛华，博士、副教授，经济与管理学院文化产业管理系副主任，曾在美国乔治华盛顿大学做访问学者，有丰富的业界实践经验，主要从事文化产业管理、影视产品"走出去"的研究。

感谢国际文化贸易专业博士研究生巩育华、刘蕾，2017级工商管理硕士研究生邓宗珩，2017级国际新闻研究生福洋月（Futura Costaglione），2017级语言学及应用语言学研究生仇少花，2017级传媒经济学研究生金昭英，2018级产业经济研究生李思沅，2018级传媒经济学研究生王闪闪，2018级中国现当代文学研究生王璐，2018级外国语言学及应用语言学研究生张译，2016级传媒经济专业张涵笑、安绮梦和张愉康，2016级国际传媒教育学院文化产业管理专业曲婷旸和魏诗瑶，2017级国际文化贸易专业欧楚琦，2017级国际文化贸易专业李冬雪。他们为本报告收集和翻译了大量的数据资料。

本书主要介绍了全球文化产品贸易和文化服务贸易的发展概况，阐述了国际图书出版市场、国际游戏市场、国际电影市场、国际音乐市场、国际动漫市场和国际电视市场，国际创意设计服务市场的发展历史、发展规模和竞争格局，对国际文化市场运行机制进行了国别和区域比较，最后以中国对"一带一路"沿线国家的文化产品贸易数据为基础，探讨了中国与"一带一路"沿线国家文化贸易的格局，并提出促进中国与沿线国家文化贸易发展的对策建议。

由于本研究主题比较前沿，国内外相关研究资料缺乏，研究内容存在一些不足，有待后续研究的进一步深化和完善，敬请读者批评指正。

方　英
2019年6月